현업 이슈와 사례 해설을 더한

내부회계관리제도 감사 대응 실무서

제 **1** 판

내부회계관리제도 실무

공인회계사 **윤현택** 저

조세통람

Preface

우리나라는 기업재무제표의 신뢰성 확보를 위해 지난 수십 년간 다방면으로 노력해 왔으며, 그 중 대표적인 제도가 내부회계관리제도입니다.

기업은 재무제표를 독립적인 외부감사인이 외부감사 과정을 거쳐 검증하게 하고, 그렇게 검증된 재무제표를 정보이용자, 투자자들에게 제공하여 자본시장의 효익을 높이고자 하는 것이 외부감사제도이지만, 외부감사인의 재무제표에 대한 외부감사 절차만으로는 재무제표의 신뢰성 확보에는 한계가 존재합니다.

내부회계관리제도는 외부감사인의 재무제표 감사에만 의존하는 한계를 극복하고 재무제표의 신뢰성을 조금 더 높일 수 있는 방안으로서 미국에서 가장 먼저 시작되었습니다.

2001년 엔론, 월드컴 등 미국 대기업의 대규모 분식회계 사건을 계기로 외부감사인의 재무제표 감사만으로는 기업의 분식회계를 적시에 적발하지 못한다는 것이 밝혀졌고, 이로 인해 기업이 파산하는 등 자본시장은 큰 충격에 빠지게 되었습니다. 이에 미국은 2002년에 사베인스-옥슬리법(Sarbanes Oxley Act)이라는 회계개혁 법안이 탄생하게 되었습니다. 이 회계개혁 법안의 중심에 회사 경영진의 내부통제시스템의 강화가 포함되었으며, 미미국은 2004년부터 모든 상장법인에 대해 외부감사인이 재무제표 감사와 함께 회사 내부회계관리제도의 적정성에 관한 감사절차를 의무화하였습니다.

우리나라 자본시장도 미국과 비슷하게 여러 기업에서 회계분식이 이어지고 있었던 상황이어서, 미국과 유사하게 2005년부터 내부회계관리제도를 도입하여 회사가 내부회계관리제도를 설계 운영하도록 요구하였으며, 외부감사인의 재무제표 감사뿐만 아니라 회사의 내부회계관리제도에 대한 검토 절차도 의무화하였습니다.

다만, 외부감사인의 내부회계관리제도 검증절차는 적극적 확신을 표명하는 감사절차와 달리, 최초 도입 시 소극적 확신 수준의 표명을 요구하는 검토절차가 도입됨에 따라, 이후 내부회계관리제도에 대한 검증은 실질적으로 이루어지지 못하고 유명무실화되었습니다.

이에 2017년 외부감사법 전부개정으로 인해 일정규모 이상의 상장법인에 대해서는 내부회계관리제도에 대해 검토의무가 아닌 감사의무를 부여하여 외부감사인에게 이전과는 다른 책임을 부여하였습니다.

2005년부터 형식적으로만 내부회계관리제도를 설계 운영해온 상당수 상장법인은 이러한 외부감사환경의 변화에 적극적으로 대응해야만 하는 상황이 되었습니다.

이에 반해, 오랜 기간 형식적으로 내부회계관리제도를 설계 운영해온 상장법인은 관성적으로 외부감사인의 내부회계관리제도 감사에 대응하기 위해 형식적인 측면에 우선적으로 접근하다 보니, 실질적인 내부회계관리제도의 설계 운영 및 외부감사인의 감사대응 과정에서 여러 문제점이 발생하게 되었습니다.

이에 2001년부터 외부감사업무를 수행해온 저자도 2005년부터의 내부회계관리제도 검토업무와 2018년 이후의 내부회계관리제도 감사업무로의 변화를 경험하면서, 외부감사 현장에서 상장법인 입장에서의 실무적인 고민거리들, 외부감사인의 입장에서 불완전한 회사의 내부회계관리제도 설계 운영에 대한 감사과정에서의 실무적인 고민거리들에 대해 답안을 찾으려고 노력해 왔습니다.

기업 입장에서는 내부회계관리제도 설계 운영을 위해 통상 모범규준이라고 불리는 내부회계관리제도 운영위원회가 제정한 「내부회계관리제도 설계운영 개념체계」 및 「내부회계관리제도 설계운영 적용기법」과 금융감독원이 제정한 「내부회계관리제도 평가보고기준」 및 「내부회계관리제도 평가보고 가이드라인」의 요구사항을 충실히 적용하여 설계 운영하고자 노력하고 있으며, 이를 위해 내부회계관리 전담부서를 설치하거나 전담자를 운영하고 있습니다.

다만 내부회계관리제도가 각 회사의 재무제표 작성과정에서의 왜곡표시위험을 감소시키기 위한 활동이어서, 회사마다 내부회계관리제도의 내용이 회사의 조직, 시스템, 프로세스에 따라 다를 수밖에 없습니다.

이에 결국 실무진들이 모범규준의 여러 요구사항을 실무적으로 어떻게 구현하여 설계하고 운영할지, 그리고 어떻게 평가하고 보고할지에 대한 명쾌한 가이드가 부족한 게 현실입니다.

이에 저자는 모범규준의 각 요구사항의 내용에 대한 실무진의 이해도를 높이기 위해 내용 설명을 우선적으로 다루었고, 내용에 대한 이해가 부족할 수 있는 부분은 간단한 사례를 기초로 설명을 추가하였습니다.

또한, 내부회계관리제도 업무과정에서 내부회계관리 전담자들의 한국채택국제회계기준(K-IFRS) 회계기준에 대한 이해도가 낮을 수 있는 주요 회계처리 부분에 대한 설명도 사례와 함께 추가하여 설명하였습니다.

그에 더해 실무적으로 내부회계관리 전담자들이 주로 관리해야 하고, 외부감사인이 내부회계관리제도 감사과정에서 집중적으로 검증하는 회사의 내부회계관리제도 평가업무 중에서 중요한 항목들에 대해서는 실무 사례를 들어, 실무적으로 작성하는 방법까지 담으려고 노력하였습니다.

이 책을 출간하는 기회를 주시고 부실한 원고의 부족한 부분을 수정하는 데 많은 도움을 주신 조세통람사 여러분께 진심으로 감사 인사를 전합니다.

또한 지난 25년간 회계사로서 현장에서 외부감사 실무를 하면서 그리고, 수년간 여러 기관에서 내부회계관리제도 강의를 하는 과정에 끊임없이 질문을 던져 저자 스스로 내부회계관리제도에 대해 한번 더 고민하게 하고 최적의 대응방안을 찾게 해준 기업 실무진 여러분에게 감사의 마음을 표합니다.

2025년 11월

저자 윤현택

Contents

PART 01

내부회계관리제도 개요

PART 02

PLC 프로세스수준 통제

PART 02

PLC 프로세스수준 통제

PART 03

ELC 전사수준통제

Contents

PART 04

내부회계관리제도 평가

PART 05

사례별 설계운영평가

PART 05

사례별 설계운영평가

Contents

PART 06

내부회계관리제도 보고

PART 07

연결내부회계관리 제도

PART 08

내부회계관리제도 감사

내부회계관리제도 실무

PART 01

내부회계관리제도 개요

Chapter

CHAPTER

1-1 내부회계관리제도 개요/목적

01 재무정보 생성 프로세스

회계는 거래를 기록하는 비즈니스 언어라고 흔히들 얘기한다. 거래(去來)는 말의 의미대로 주고받는 것이고, 거래가 성사되려면 주고받는 것이 등가여야 한다. 즉, 100원의 가치를 제공하면 100원을 받게 되는 것이다. 이를 재무제표에 기록하는 것이 회계인 것이다.

기업은 회사의 모든 외부와의 거래를 기록한다. 즉, 현업부서의 다양한 활동을 회계시스템을 통해서 기록하게 되며, 이렇게 완성된 재무제표에 대하여 외부감사인의 재무제표 감사를 거쳐 정보이용자에게 회사의 재무제표가 제공되는 것이다.

외부감사인은 회사의 재무제표를 감사(audit)하는데, 이는 실제로 거래를 기록한 최종 결과물인 재무제표를 감사하는 것이다. 즉, 회사가 재무제표를 작성하는 과정까지 감사하지 못하는 한계가 있는 것이다.

제품을 50원에 판매했는데, 100원으로 기록할 가능성?

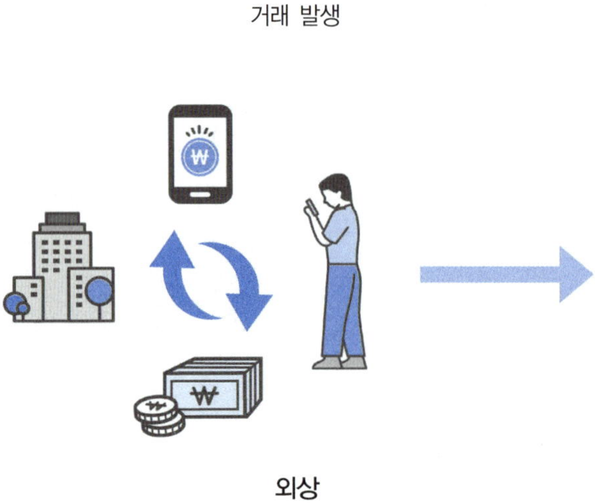

재무제표

재무상태표 (BS)			
[자산]		[부채]	
매출채권	100		
		[자본]	
Total		Total	

손익계산서 (IS)			
[비용]		[수익]	
		매출	100
이익			

재무제표 감사 → 재무제표 왜곡표시 여부

정보이용자에게 제공되는 기업의 재무제표는 감사만으로는 그 신뢰성이나 완전성을 완전히 확보하는 데 한계가 있을 수밖에 없다.

이를 극복하는 대안으로, 외부감사인에게 결과인 재무제표 자체를 감사하는 것뿐만 아니라, 재무제표를 작성하는 과정도 검증하도록 요구하게 되는데, 이것이 내부회계관리제도 감사(또는 검토)이다.

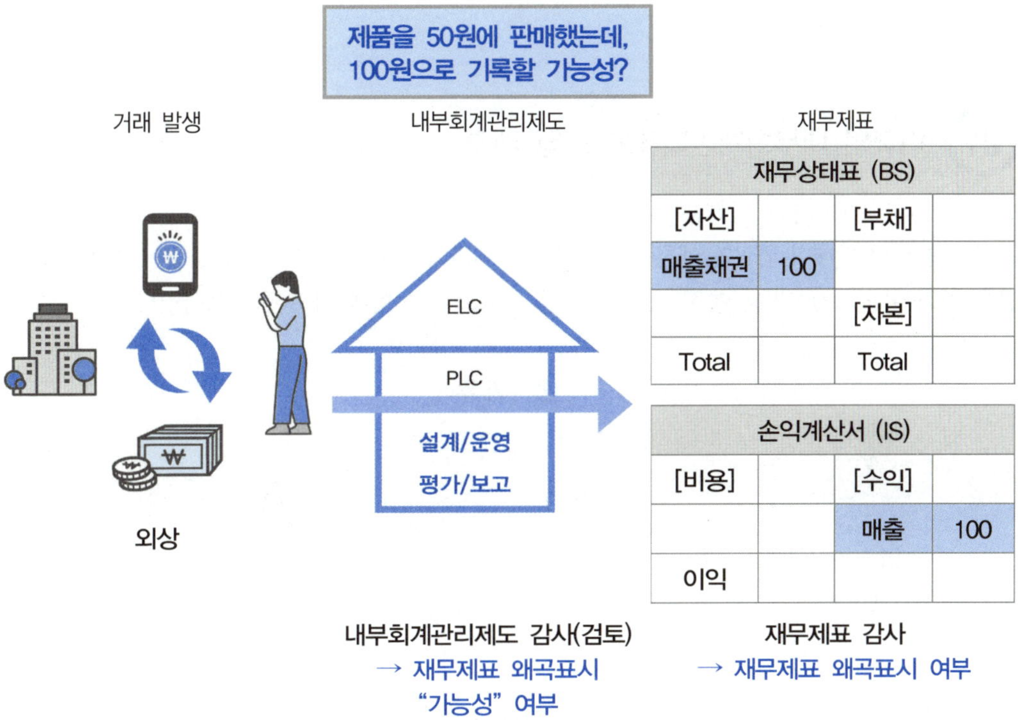

CHAPTER 1-2

내부회계관리제도 도입 배경

01 미국의 내부회계관리제도 도입 배경

2002년 미국의 대형 법인인 엔론이라는 에너지 대기업이 대규모 분식회계 사건이 발생하였으며, 같은 시기에 월드컴이라는 통신 대기업 또한 대규모 분식회계 사건이 발생하였다.

엔론 주가 추이

월드컴 주가 추이

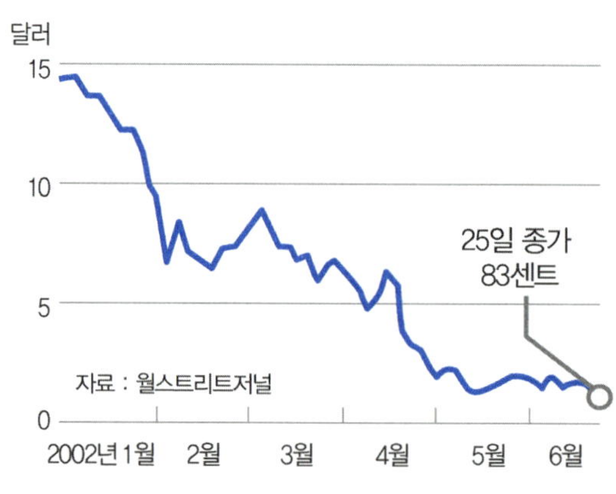

연이은 분식회계 사건에 엔론의 감사인인 아더앤더슨(Arthur Anderson)은 당기 글로벌 big5 회계법인이었으나, 이들 분식회계 사건을 조사하는 과정에서 감사조서를 임의로 삭제한 것이 밝혀지면서 아더앤더슨(Arthur Anderson) 회계법인은 역사속으로 사라지게 되었다. 이후 글로벌 회계시장은 현재의 big4 체제로 전환된 것이다.

미국에서는 이러한 대규모 분식회계와 부실감사 사건이 연이어 터지자, 회계개혁의 필요성이 제기되었으며, 그 결과 2002년 7월에 사베인스 옥슬리 법안(Sarbanes Oxley Act)이라는 회계개혁 법안이 탄생하게 되었다.

이 회계개혁 법안은 회사 경영진의 재무제표에 대한 인증 및 책임 강화, 내부통제시스템의 강화(사업보고서 등에 내부통제보고서가 포함되도록 함), 감사와 비감사 업무의 동시제공 제한, 감사인의 독립성 제고를 주요 내용으로 하고 있으며, 특히 기업 스스로의 내부통제제도를 강조하게 되었다.

이후 미국은 2005년부터 외부감사인이 기업의 재무제표 감사뿐만이 아니라, 내부회계관리제도까지 감사의견을 요구하게 되었으며, 이를 통상 SOX audit으로 불리게 되었다.

02 우리나라의 내부회계관리제도 도입 배경

우리나라는 비슷한 시기에 일부 대기업의 분식회계 사건이 발생하게 되었다. 우리나라는 IMF 이후 2000년 대우그룹 분식회계 사건으로 대우그룹이 해체되고, 대우그룹의 주요 그룹사를 외부감사하였던 KPMG산동회계법인이 2000년 11월, 대우그룹의 부실감사 문제로 인해 영업정지 처분을 받았고, 삼정회계법인이 KPMG산동회계법인 상당수 회계사와 고객사를 흡수하면서 산동회계법인은 역사속으로 사라지게 되었다.

대우그룹 분식회계 및 KPMG산동회계법인의 영업정지 이후에도, 2003년의 SK글로벌 분식회계 등이 자본시장의 주요 뉴스가 되고 있었다.

기사

[2003 금융계 결산](1);SK글로벌 분식회계 사건

(디지털타임스, 2003.12.18)

참여정부 출범 직후 우리경제는 SK글로벌(현 SK네트웍스)의 천문학적 규모의 분식회계 사건으로 충격에 휩싸였다. 재계를 대표하는 SK그룹 내부에서 터진 분식회계 사건으로 SK그룹은 물론 경제 전체가 혼란에 빠지고 국가 신인도까지 흔들리는 사상 초유의 사태가 벌어진 것이다.

SK글로벌의 분식회계 사건은 그간 불도저식으로 기업을 경영하며 투명성을 저버린 기업의 한계와 말로를 보여준 동시에, 우리 기업들에게 만연한 '도덕적 해이(모럴 해저드)'에 대한 경각심을 일깨워 준 사례였다.

검찰은 지난 3월 SK글로벌이 회계 분식을 통해 총 1조5587억원의 이익을 부풀렸다고 발표했다. 검찰은 최태원 SK 회장과 김동근 SK그룹 구조조정본부장 등 2명을 특정경제범죄가중처벌법(배임 등) 혐의로 구속기소했다.

검찰에 따르면 최 회장 등은 SK글로벌 2001회계연도에 은행명의의 채무잔액증명서를 위조, 1조1881억원의 은행채무를 없는 것처럼 처리하는 등의 방식으로 분식회계를 주도했던 것으로 밝혀졌다.

SK글로벌 분식회계 내용을 들여다보면 대차대조표상 이익잉여금 1조5587억원을 과대계상하고 손익계산서상 당기순손실 1226억원을 과소계상했다. 부문별로는 외화외상매입금(유전스) 누락이 1조1881억원으로 가장 많았고 가공외화외상매출채권 1498억원, 부실자산 대손충당금 미계상 447억원, 재고자산 과소계상 670억원, 투자유가증권 과대계상 2501억원 등이었다.

SK글로벌의 분식회계가 터진 직후 우리 금융시장은 그야말로 쑥대밭이 되고 말았다. SK텔레콤, (주)SK 등 SK그룹주와 SK글로벌에 돈을 빌려준 하나, 우리, 조흥은행, 신한지주 등 은행주가 폭락하면서 종합주가지수가 한때 530선 밑으로 주저앉았다.

특히 SK계열사들이 발행한 1조7800억원 규모의 회사채 중 MMF(머니마켓펀드)에 편입된 물량에 대한 환매사태가 이어지면서 자금시장마저 꽁꽁 얼려버렸다. 채권시장도 SK글로벌 분식회계 발생직후 5년만기 국고채가 연 5%대로 올라섰고, 서울외환시장에서 미 달러화는 한때 1238.20까지 폭등하는 등 금융시장 전체가 순식간에 아수라장으로 변했다.

설상가상으로 외국 언론들은 SK글로벌 사태를 '한국의 엔론'과 '한국의 월드콤'으로 비유하면서 "한국경제가 중대한 신용위기에 직면했다"고 보도, 국내 기업의 신용도 하락까지 부추겼다.

결국 이같은 참화를 겪던 SK그룹은 소버린자산운용이란 영국계 자본에 대주주 자리를 내주며 경영권마저 위협받는 상황에 직면했다.

SK글로벌의 분식회계는 한 기업의 분식회계가 국가경제 전체를 위협했었다는 점에서 우리에게 시사하는 바는 크다.

…(후략)…

회계법인인 외부감사인의 자본시장에 대한 감시기능을 강화하기 위해 미국에서 도입된 내부회계관리제도(US SOX)를 도입하기로 하였다.

이에 2003년 12월에 개정된 외부감사법에 의해 유가증권상장법인을 시작으로 순차적으로 모든 상장법인과 대형비상장법인은 내부회계관리제도에 대한 외부감사인의 검토의무가 지어지게 되었다.

내부회계관리제도 관련 외부감사법 등 관계법령은 변동 시기별로 아래와 같이 정리된다.

법령	시기	비고
기업구조조정 촉진법	2003년 이전	• 기업구조조정촉진법에 따라 도입 • 신용공여액이 500억원 이상인 회사 / 외부감사법 대상회사 • 외부감사인의 검증(검토/감사)의무 없음
외부감사법	2003년 12월 11일 개정	• 기존 기업구조조정촉진법의 내부회계관리제도 의무를 외부감사법으로 이관 • (2005년부터) 시장 기준 순차적으로 외부감사인 내부회계관리제도 검토 의무 강제함 • 대상 : 모든 상장법인
외부감사법	2018년 전면 개정	• (2019년부터) 규모 기준 순차적으로 외부감사인 내부회계관리제도 감사 의무 강제함 • 단, 자산1천억원 미만 상장법인과 자산 5천억원 이상 대형비상장법인은 기존의 검토 의무 유지함

외부감사법에 내부회계관리제도 검증(검토)을 최초 도입한 2005년의 내부회계관리제도 관련 금융감독원의 보도자료를 보면, 다음과 같다.

참고 금융감독원 보도자료 일부 2005. 6. 8.

내부회계관리제도 모범규준(안)의 주요내용 및 향후 발표일정

…(중략)…

7. 내부회계관리제도 적용 법인 현황

○ **내부회계관리제도***를 **도입**하게 될 **총 회사 수**는 **상장법인 1,553개사**, **비상장법인 1,832개사**로 **총 3,385개사**로 **전체** 외감대상법인의 **25.8%**임

* 외감법 개정에 따라 내부회계관리제도의 적용이 유예(2년)되는 자산 규모 500억원 미만 회사를 제외

자산총액	상장법인	비상장법인(A)	계(B)	비상장법인비율(A/B)
500억원 미만	696(44.8)	9,717(84.1)	10,413(79.5)	93.3
500억원~1,000억원 미만	304(19.6)	940(8.1)	1,244(9.5)	75.6
1,000억원 이상	553(35.6)	892(7.8)	1,445(11.0)	61.7
계	1,553(100.0)	11,549(100.0)	13,102(100.0)	88.1

내부회계관리제도를 최초 도입한 2005회계연도에 대한 외부감사인의 '내부회계관리제도 검토보고서' 예시는 다음과 같다.

참고 삼성전자 2005년 내부회계관리제도 검토의견

내부회계관리제도 검토의견

삼성전자주식회사

내부회계관리제도 검토보고서는 삼성전자주식회사의 2005년 12월 31일자로 종료되는 회계연도의 재무제표에 대한 감사업무를 수행하고 회사의 내부회계관리제도를 검토한 결과 주식회사의외부감사에관한법률 제2조의 3에 따라 첨부하는 것입니다.

첨부 : 내부회계관리제도 검토보고서

내부회계관리제도 검토보고서

삼성전자주식회사

대표이사 귀하

2006년 1월 27일

우리는 삼성전자주식회사의 2005년 12월 31일 현재의 내부회계관리제도 운영실태에 관한 보고내용을 검토하였습니다. 내부회계관리제도의 적정한 설계 및 운영 실태에 대한 보고책임은 주식회사의외부감사에관한법률 제2조의 2에 따라 삼성전자주식회사의 경영자에게 있으며, 우리의 책임은 동 보고내용에 대하여 검토를 실시하고 그 결과를 보고하는 데 있습니다.

우리는 주식회사의외부감사에관한법률 제2조의 3의 규정에 따라 회사의 내부회계관리제도 운영실태 보고내용을 검토하기 위하여 임·직원에 대한 질문, 관련문서의 확인, 내부회계관리제도 운영실태에 대한 점검 등 검토절차를 실시하였습니다. 우리는 감사를 실시하지 아니하였으므로 내부회계관리제도에 대한 감사의견을 표명하지 아니합니다.

우리의 검토 결과 삼성전자주식회사의 2005년 12월 31일 현재 주식회사의외부감사에관한법률 제2조의 2의 규정에 의한 내부회계관리제도의 설계 및 운영상의 중요한 취약점이 발견되지 아니하였습니다.

우리의 검토는 2005년 12월 31일 현재의 내부회계관리제도를 대상으로 하였으며 2005년 12월 31일 이후의 내부회계관리제도는 검토하지 않았습니다. 본 검토보고서는 주식회사의외부감사에관한법률에 근거하여 작성된 것으로서 다른 목적 또는 다른 이용자를 위하여는 적절하지 않을 수 있습니다.

본 검토의견은 내부회계관리제도에 대한 감사인의 검토 및 보고요령(회계감사기준위원회 2005.3.29)에 의한 것으로 '내부회계관리제도 모범규준'과 '내부회계관리제도 검토기준'이 시행되기 이전 기간에 대하여 적용되는 것입니다. 따라서, 모범규준과 검토기준에 의할 경우 상기 검토의견은 변동될 수 있습니다.

삼 일 회 계 법 인

대표이사 안 경 태

CHAPTER

1-3 미국 SOX Audit

01 미국 SOX Audit

2002년 미국의 대형 법인인 엔론이라는 에너지 대기업이 대규모 분식회계 사건이 발생하였으며, 같은 시기에 월드컴이라는 통신 대기업 또한 대규모 분식회계 사건이 발생하였다.

- SOX 302조(경영진의 재무 보고 책임) : CEO와 CFO는 분기별 및 연간 재무제표의 정확성에 대해 서약해야 합니다. 이는 재무 보고에 대한 경영진의 개인적 책임을 강화하는 조항입니다.
- SOX 404조(내부 통제) : 모든 상장 기업은 재무 보고의 신뢰성을 보장하기 위한 **내부회계관리제도**를 구축, 평가, 유지해야 합니다. 경영진은 매년 내부 통제 시스템의 효과성에 대한 보고서를 제출하고, 외부 감사인은 이 보고서에 대해 **독립적인 감사**를 수행해야 합니다.
- SOX 906조(형사 처벌) : 허위 재무 보고에 대해 **최대 20년의 징역형**까지 부과할 수 있는 강력한 형사 처벌 조항을 담고 있습니다. 이는 회계 부정에 대한 경각심을 높이는 데 기여했습니다.
- PCAOB(Public Company Accounting Oversight Board) 설립 : SOX법은 상장 기업의 감사를 감독하고 규제하는 독립적인 기관인 **상장회사회계감독위원회**를 설립했습니다. 이로 인해 감사인에 대한 기존의 자체 규제 시스템이 종식되고, 더욱 엄격한 감독이 가능해졌습니다.
- 내부 고발자 보호 : 기업 내부의 불법 행위를 신고하는 **내부 고발자를 보호**하고, 보복 행위를 금지하는 조항도 포함되어 있습니다.

이 사베인스-옥슬리법(Sarbanes-Oxley Act) 중 SOX 404조(내부통제)에 따라 모든 상장법인은 2004년부터 내부회계관리제도에 대해 감사(Audit)를 받게 되었다.

미국은 SOX로 인한 내부회계관리제도를 시행 첫해부터 검토(Review)가 아닌 감사(Aduit)의 수준으로 검증받게 되었다.

시행 첫해인 2004년부터 2022년까지 외부감사인의 내부회계관리제도 비적정의견의 비율은 다음과 같다.

시행 첫해에 외부감사인의 내부회계관리제도 감사 과정에서 여러 중요한 취약점들에 의해 외부감사인이 비적정의견을 표명하였으며, 이후 지속적인 개선과정을 거쳐 평균 6%대의 비적정의견 비율을 보이고 있다.

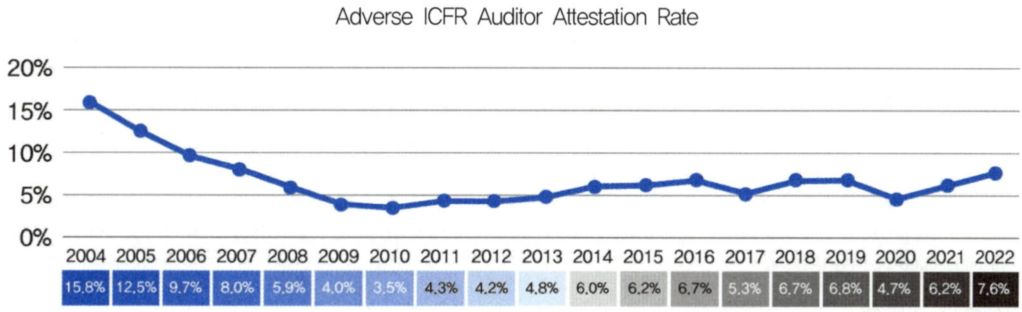

(출처 : Ideagen Audit Analytics, audit, 2023)

또한, 외부감사인이 비적정의견을 표명한 영역을 분석한 결과, 아래 영역들에서 외부감사인은 중요한 취약점이 있다고 판단하고 있다.

구분	2018년	2019년	2020년	2021년	2022년
1. IT통제(Information technology)	35.0%	46.2%	36.2%	42.7%	54.5%
2. 회계인력(Accounting personnel resources)	44.0%	50.6%	42.1%	48.8%	53.7%
3. 부적절한 공시통제 (Inadequate disclosure controls)	19.8%	23.9%	21.7%	24.9%	39.7%
4. 업무분장(Segregations of duties)	23.9%	30.4%	19.1%	32.9%	39.3%
5. 비경상적 거래(Non-routine transactions)	11.1%	7.3%	7.2%	13.6%	14.4%

(출처 : Ideagen Audit Analytics, audit, 2023)

참고로 미국 Apple 주식회사의 내부회계관리제도 감사보고서를 예시로 들면 다음과 같다.

Report of Independent Registered Public Accounting Firm

To the Shareholders and the Board of Directors of Apple Inc.

Opinion on Internal Control Over Financial Reporting

We have audited Apple Inc.'s internal control over financial reporting as of September 28, 2024, based on criteria established in *Internal Control – Integrated Framework* issued by the Committee of Sponsoring Organizations of the Treadway Commission (2013 framework) (the "COSO criteria"). In our opinion, Apple Inc. (the "Company") maintained, in all material respects, effective internal control over financial reporting as of September 28, 2024, based on the COSO criteria.

We also have audited, in accordance with the standards of the Public Company Accounting Oversight Board (United States) ("PCAOB"), the consolidated balance sheets of the Company as of September 28, 2024 and September 30, 2023, the related consolidated statements of operations, comprehensive income, shareholders' equity and cash flows for each of the three years in the period ended September 28, 2024, and the related notes and our report dated November 1, 2024 expressed an unqualified opinion thereon.

Basis for Opinion

The Company's management is responsible for maintaining effective internal control over financial reporting and for its assessment of the effectiveness of internal control over financial reporting included in the accompanying Management's Annual Report on Internal Control over Financial Reporting. Our responsibility is to express an opinion on the Company's internal control over financial reporting based on our audit. We are a public accounting firm registered with the PCAOB and are required to be independent with respect to the Company in accordance with the U.S. federal securities laws and the applicable rules and regulations of the Securities and Exchange Commission and the PCAOB.

We conducted our audit in accordance with the standards of the PCAOB. Those standards require that we plan and perform the audit to obtain reasonable assurance about whether effective internal control over financial reporting was maintained in all material respects.

Our audit included obtaining an understanding of internal control over financial reporting, assessing the risk that a material weakness exists, testing and evaluating the design and operating effectiveness of internal control based on the assessed risk, and performing such other procedures as we considered necessary in the circumstances. We believe that our audit provides a reasonable basis for our opinion.

Definition and Limitations of Internal Control Over Financial Reporting

A company's internal control over financial reporting is a process designed to provide reasonable assurance regarding the reliability of financial reporting and the preparation of financial statements for external purposes in accordance with generally accepted accounting principles. A company's internal control over financial reporting includes those policies and procedures that (1) pertain to the maintenance of records that, in reasonable detail, accurately and fairly reflect the transactions and dispositions of the assets of the company; (2) provide reasonable assurance that transactions are recorded as necessary to permit preparation of financial statements in accordance with generally accepted accounting principles, and that receipts and expenditures of the company are being made only in accordance with authorizations of management and directors of the company; and (3) provide reasonable assurance regarding prevention or timely detection of unauthorized acquisition, use, or disposition of the company's assets that could have a material effect on the financial statements.

Because of its inherent limitations, internal control over financial reporting may not prevent or detect misstatements. Also, projections of any evaluation of effectiveness to future periods are subject to the risk that controls may become inadequate because of changes in conditions, or that the degree of compliance with the policies or procedures may deteriorate.

/s/ Ernst & Young LLP

San Jose, California
November 1, 2024

내부회계관리제도 감사보고서 첫 번째 문단에 아래와 같이 기술하고 있다.

즉, 보고기간종료일(2024년 9월 28일) 현재 회사의 내부회계관리제도가 효과적으로 설계·운영되고 있다고 외부감사인이 의견을 표명한 것이다.

> "In our opinion, Apple Inc. (the "Company") maintained, in all material respects, effective internal control over financial reporting as of September 28, 2024, based on the COSO criteria."
>
> "우리의 의견으로는, Apple Inc.(이하 "회사")는 2024년 9월 28일 현재 중요성의 관점에서 COSO 기준에 따라 효과적인 내부회계관리제도를 유지하고 있습니다."

CHAPTER 1-4

우리나라 내부회계관리제도 체계

01 내부회계관리제도 관련 법규 구조

2005년부터 내부회계관리제도를 유지하고 있던 우리나라는 여전히 회계투명성에 대한 지적이 지속되어 있었으며, 외부감사인의 재무제표 감사에서도 지속적으로 문제점이 발견되고 있었다.

이에 외부감사를 다루는 '주식회사등의 외부감사에 관한 법률'(이하 '외부감사법')이 2017년 10월 31일자로 전부개정되었다.

이 외부감사법 개정으로 상장법인은 기존 내부회계관리제도의 검토의무에서 감사의무로 변경되었다.

외부감사법 제8조	⑥ 감사인은 회계감사를 실시할 때 해당 회사가 이 조에서 정한 사항을 준수했는지 여부 및 제4항에 따른 내부회계관리제도의 운영실태에 관한 보고내용을 검토하여야 한다. 다만, 주권상장법인의 감사인은 이 조에서 정한 사항을 준수했는지 여부 및 제4항에 따른 내부회계관리제도의 운영실태에 관한 보고내용을 감사하여야 한다.

우리나라 내부회계관리제도의 기본구조는 아래 3가지로 구성되어 있다.

1. **외부감사법 제8조**
2. **(회사) (약칭) 모범규준**
3. **(외부감사인) 회계감사기준 1100**

즉, 상위법으로 회사와 외부감사인 공통으로 해당하는 외부감사법 제8조(내부회계관리제도)가 법제화되어 있고, 세부적으로 회사가 참고해야 할 규정으로 (약칭)모범규준을, 외부감사인이 준수해야 할 기준으로 회계감사기준 1100을 규정하고 있다.

이를 도식화하면 다음과 같다.

외부감사법 (法 제8조)	• (회사) 내부회계관리제도 운영 규정 • (감사인) 내부회계관리제도에 대한 감사(검토) 규정 • 2017.10월 개정	
모범규준 (설계 · 운영)	모범규준 (평가 · 보고)	회계감사기준
• 회사*에 적용 • **내부회계관리제도 설계/운영 개념체계 및 적용기법** • 상장협 내부회계관리제도 운영위원회에서 제정 • 2018년 8월 제정	• 회사*에 적용 • **내부회계관리제도 평가/보고 기준 및 가이드라인** • 금융감독원에서 제정 • 2025년부터 의무적용 • 2025년부터 '자금부정통제' 공시 의무화	• 감사인에 적용 • 내부회계관리제도 감사(검토) 절차 규정 • 한국공인회계사회에서 제정 • 2018년 12월 '감사기준서 1100. 내부회계관리제도의 감사' 제정

* 회사(유한회사, SPC 제외)

✔주권상장법인

✔자산총액 5,000억 이상 비상장법인

02 외부감사법

2-1. 외부감사법 규정

외부감사법 제8조에서 규정하고 있는 내부회계관리제도의 내용은 다음과 같다.

> **주식회사등의 외부감사에 관한 법률 제8조(내부회계관리제도의 운영 등)**
>
> ① 회사는 신뢰할 수 있는 회계정보의 작성과 공시(公示)를 위하여 다음 각 호의 사항이 포함된 내부회계관리규정과 이를 관리 · 운영하는 조직(이하 "내부회계관리제도"라 한다)을 갖추어야 한다. 다만, 주권상장법인이 아닌 회사로서 직전 사업연도 말의 자산총액이 1천억원 미만인 회사와 대통령령으로 정하는 회사는 그러하지 아니하다.
>
> 1. 회계정보(회계정보의 기초가 되는 거래에 관한 정보를 포함한다. 이하 이 조에서 같다)의 식별 · 측정 · 분류 · 기록 및 보고 방법에 관한 사항

2. 회계정보의 오류를 통제하고 이를 수정하는 방법에 관한 사항
3. 회계정보에 대한 정기적인 점검 및 조정 등 내부검증에 관한 사항
4. 회계정보를 기록 · 보관하는 장부(자기테이프 · 디스켓, 그 밖의 정보보존장치를 포함한다)의 관리 방법과 위조 · 변조 · 훼손 및 파기를 방지하기 위한 통제 절차에 관한 사항
5. 회계정보의 작성 및 공시와 관련된 임직원의 업무 분장과 책임에 관한 사항
6. 그 밖에 신뢰할 수 있는 회계정보의 작성과 공시를 위하여 필요한 사항으로서 대통령령으로 정하는 사항

② 회사는 내부회계관리제도에 의하지 아니하고 회계정보를 작성하거나 내부회계관리제도에 따라 작성된 회계정보를 위조 · 변조 · 훼손 및 파기해서는 아니 된다.

③ 회사의 대표자는 내부회계관리제도의 관리 · 운영을 책임지며, 이를 담당하는 상근이사(담당하는 이사가 없는 경우에는 해당 이사의 업무를 집행하는 자를 말한다) 1명을 내부회계관리자(이하 "내부회계관리자"라 한다)로 지정하여야 한다.

④ 회사의 대표자는 사업연도마다 주주총회, 이사회 및 감사(감사위원회가 설치된 경우에는 감사위원회를 말한다. 이하 이 조에서 같다)에게 해당 회사의 내부회계관리제도의 운영실태를 보고하여야 한다. 다만, 회사의 대표자가 필요하다고 판단하는 경우 이사회 및 감사에 대한 보고는 내부회계관리자가 하도록 할 수 있다.

⑤ 회사의 감사는 내부회계관리제도의 운영실태를 평가하여 이사회에 사업연도마다 보고하고 그 평가보고서를 해당 회사의 본점에 5년간 비치하여야 한다. 이 경우 내부회계관리제도의 관리 · 운영에 대하여 시정 의견이 있으면 그 의견을 포함하여 보고하여야 한다.

⑥ 감사인은 회계감사를 실시할 때 해당 회사가 이 조에서 정한 사항을 준수했는지 여부 및 제4항에 따른 내부회계관리제도의 운영실태에 관한 보고내용을 검토하여야 한다. 다만, 주권상장법인(직전 사업연도 말의 자산총액이 1천억원 미만인 주권상장법인은 제외한다)의 감사인은 이 조에서 정한 사항을 준수했는지 여부 및 제4항에 따른 내부회계관리제도의 운영실태에 관한 보고내용을 감사하여야 한다. 〈개정 2023.1.17.〉

⑦ 제6항에 따라 검토 또는 감사를 한 감사인은 그 검토결과 또는 감사결과에 대한 종합의견을 감사보고서에 표명하여야 한다.

⑧ 제1항부터 제7항까지에서 규정한 사항 외에 내부회계관리제도의 운영 등에 필요한 사항은 대통령령으로 정한다.

2-2. 외부감사법 주요 내용

외부감사법 제8조에서 요구하고 있는 내부회계관리제도 관련 주요 내용은 다음과 같이 요약된다.

요약

1. 내부회계관리규정을 구비한다. (외감법 8조 1항)
2. 내부회계관리제도를 관리 · 운영하는 조직을 구성한다. (외감법 8조 1항)
3. 대표자는 내부회계관리자 1명을 지정한다. (외감법 8조 3항)
4. 회계정책서를 구비한다. (외감법 8조 1항)
5. 내부회계관리제도 관련 보고를 수행한다. (대표자, 감사, 외부감사인) (외감법 8조 4항~7항)

외부감사법 제8조에서 규정하고 있는 내부회계관리제도는 다음과 같이 정리할 수 있다.

(1) 내부회계관리규정을 구비한다

외부감사법 제8조에서는 내부회계관리제도를 다음과 같이 정의하고 있다.

> **내부회계관리제도** : 신뢰할 수 있는 회계정보의 작성과 공시(公示)를 위하여 다음 각 호의 사항이 포함된 내부회계관리규정과 이를 관리 · 운영하는 조직

즉, 내부회계관리제도를 1) 내부회계관리규정과 이를 2) 관리 · 운영하는 조직으로 규정하고 있다.

모든 상장법인은 사업보고서 공시에 '내부회계관리제도운영보고서' 공시를 요구하고 있으며, 여기에 1) 내부회계관리규정, 2) 관리 · 운영하는 조직을 공시하도록 요구하고 있다.

주요 상장법인의 1) 내부회계관리규정의 예시는 다음과 같다.

사례 삼성전자 내부회계관리규정_2024년 사업보고서 공시 내용

[출처 : 삼성전자 내부회계관리규정_2024년 사업보고서]

(1) 내부회계관리규정

제1장 총 칙

제1조(목 적)

이 규정은 「주식회사 등의 외부감사에 관한 법률(이하 '법'이라 한다)」 제8조 및 동법 시행령(이하 '영'이라 한다) 제9조, 외부감사 및 회계 등에 관한 규정(이하 '외감규정'이라 한다) 제6조가 정하는 바에 따라 회사의 내부회계관리제도(이하 '내부회계관리제도'라 한다)를 설계 · 운영 · 평가 · 보고하는 데 필요한 정책과 절차를 정하여 합리적이고 효과적인 내부회계관리제도를 설계 · 운영함으로써 재무제표 신뢰성을 제고하는 데 필요한 사항을 정함을 목적으로 한다.

제2장 회계정보의 관리

제4조(회계처리 및 공시의 일반원칙)

① 회사는 내부회계관리제도에 의하지 아니하고 회계정보를 작성하거나 내부회계관리제도에 따라 작성된 회계정보를 위조 · 변조 · 훼손 및 파기해서는 아니 된다.

② 회계정보의 식별 · 측정 · 분류 · 기록 및 보고 등 회계처리에 관하여는 법 제5조 제1항에서 정하는 회계처리기준 및 회계처리규정에 따른다.

제5조(회계정보의 식별 · 측정 · 분류 · 기록 및 보고)

① 회계정보에 대한 식별 · 측정 · 분류 · 보고 등 회계처리방법 및 회계기록에 관한 사항은 제4조의 일반원칙에 따라 처리하되, 다음 각 호의 요건을 충족하여야 한다.

1. 재무상태표에 기록되어 있는 자산, 부채 및 자본은 보고기간 종료일 현재 실제로 존재하여야 한다.
2. 재무상태표에 표시된 자산은 회사의 소유이며, 부채는 회사가 변제하여야 할 채무이어야 한다.
3. 거래나 사건은 회계기간 동안에 실제로 발생한 것이어야 한다.
4. 재무제표에 기록되지 않은 자산, 부채, 거래나 사건 혹은 공시되지 않은 항목이 없어야 한다.
5. 재무제표상의 자산, 부채, 자본, 수익과 비용 항목은 제4조의 일반원칙에 따라 적정한 금액으로 표시되어야 한다.

6. 회계 거래나 사건은 적절한 금액으로 재무제표에 기록되어야 하며, 수익이나 비용은 발생주의 원칙에 따라 적절한 회계기간에 배분되어야 한다.

7. 재무제표의 구성항목은 제4조의 일반원칙에 따라 분류, 기술 및 공시되어야 한다.

② 회사의 모든 회계정보는 원본서류 등과 함께 전표(전산시설을 포함)에 기록하여야 한다.

③ 내부회계관리제도에 의하여 작성된 회계정보는 정기적으로 내부회계관리자에게 보고되어야 한다.

제6조(회계정보의 오류통제, 수정 및 내부검증)

회사와 감사위원회는 회계정보를 처리하는 과정에서 오류가 발생하지 않도록 회사의 회계정보가 제4조 및 제5조에 따라 작성되었는지 여부를 제17조에 의한 점검 및 제18조에 의한 평가를 통해 확인한다.

제7조(회계기록의 관리 · 보존)

① 회계장부는 보조원장, 총계정원장 등의 회계보조장부와 재무제표로 구성된다.

② 회계장부는 전산운영시스템에 의한 전산장치에 보관하며, 권한 있는 자에 한해 접근 및 수정을 허용하고, 그 기록을 보관한다.

③ 회사는 내부회계관리제도에 의하지 아니하고 회계정보를 작성하거나 내부회계관리제도에 의해 작성된 회계정보를 위조 · 변조 · 훼손 및 파기하거나 그러한 행위를 지시하여서는 아니 된다.

④ 회사는 회계정보의 위조 · 변조 · 훼손 및 파기를 방지하기 위한 보안절차, 접근통제절차 등 필요한 절차를 수립하여 운영하여야 한다.

제3장 내부회계관리제도 관련 임직원의 업무 및 교육 등

제8조(업무분장과 책임)

① 회사는 신뢰할 수 있는 회계정보의 작성 · 공시를 담당하는 부서 임직원의 업무를 적절히 분장하고, 권한과 책임을 규정하여야 한다.

② 회사는 제17조에 따른 내부회계관리제도 운영실태 점검과 내부회계관리규정 관리 및 내부회계관리제도 변화관리 등의 업무를 담당할 내부회계관리 전담부서를 설치할 수 있다.

③ 회사는 제18조에 따른 내부회계관리제도 운영실태 평가 등 감사위원회의 업무를 지원하는 부서를 설치할 수 있다.

제9조(대표이사)

① 대표이사는 내부회계관리제도의 관리 · 운영을 책임지고, 이에 필요한 제반 사항을 지원한다. 다만, 대표이사가 수인인 경우에는 상위 직급자인 대표이사, 직급이 동일한 경우에는 최초 대표이사 선임일을 기준으로 가장 먼저 선임된 대표이사가, 선임된 일자가 같은 경우에는 가장 연장자인 대표이사가 이를 담당하되, 필요시 대표이사 간에 상호 협의로 정하는 대표이사가 이를 담당한다(이하 이 규정에서 같다).

② 대표이사는 제10조의2에 따라 내부회계관리자를 지정한다.

③ 대표이사는 제17조에 따라 내부회계관리제도 운영실태를 점검하고 보고한다. 다만, 대표이사가 필요하다고 판단하는 경우 이사회 및 감사위원회에 대한 보고는 내부회계관리자에게 위임할 수 있다.

④ 대표이사는 제3항 단서에 따라 내부회계관리자에게 보고를 위임하고자 하는 경우 보고전에 그 사유를 이사회 및 감사위원회에 문서로 제출하여야 한다.

⑤ 대표이사는 제11조 제4항에 따른 감사위원회의 요청 또는 감사인의 요청이 있을 경우 지체 없이 따라야 한다. 다만 특별한 사유가 존재할 경우 당해 요청을 거부할 수 있으며, 이 경우 해당 사유를 감사위원회 또는 감사인에게 문서로 제출한다.

제10조(내부회계관리자)

① 내부회계관리자는 내부회계관리제도의 설계 및 운영을 총괄하고 이에 필요한 제반 사항을 지원한다.

② 내부회계관리자는 내부회계관리제도 설계 및 운영의 효과성을 점검한다.

③ 내부회계관리자는 제9조 제3항 단서에 따라 이사회 및 감사위원회에 내부회계관리제도 운영실태를 보고한다.

제10조의2(내부회계관리자의 자격요건과 임면절차)

① 내부회계관리자는 다음 각 호의 요건을 모두 갖추어야 한다.

1. 회계 또는 내부통제에 관해 전문성을 갖출 것
2. 상근이사일 것

② 제1항에도 불구하고 제1항 제2호의 요건을 충족하는 자가 없는 경우 제2호는 '해당 이사의 업무를 집행하는 자'로 보아 이를 적용한다.

③ 대표이사는 인사발령 등의 사유로 내부회계관리제도 관련 업무의 수행이 불가능하거나 부적합하다고 판단하는 경우 내부회계관리자를 다시 지정한다.

④ 대표이사는 전사의 경영지원업무를 총괄하는 자를 내부회계관리자로 지정하며, 해당 직책의 임면절차로서 내부회계관리자의 임면절차를 갈음한다. 단, 내부회계관리제도 관련 업무의 수행이 불가능하거나 부적합하다고 판단하는 경우에는 예외로 한다.

제11조(감사위원회)

① 감사위원회는 제18조에 따라 내부회계관리제도 운영실태를 평가하고 보고한다.

② 감사위원회는 회사의 회계처리 위반사실을 감사인으로부터 통보받은 경우 외부전문가를 선임하여 위반사실 등을 조사하고, 그 결과에 따라 대표이사에게 위반내용의 시정 등을 요구한다.

③ 감사위원회는 제2항에 따른 조사결과 및 회사의 시정조치 결과 등을 즉시 증권선물위원회와 감사인에게 제출한다.

④ 감사위원회는 제1항 내지 제3항의 직무를 수행할 때 대표이사에게 필요한 자료, 정보 및 비용의 제공을 문서로 요청할 수 있다.

⑤ 감사위원회는 이사의 직무수행에 관하여 부정행위 또는 법령이나 정관에 위반되는 중대한 사실을 발견하면 감사인에게 통보한다.

제12조(교육계획의 수립 및 실시 등)

① 회사는 대표이사, 내부회계관리자, 감사위원회, 내부회계관리규정을 관리 · 운영하는 임직원 및 회계정보를 작성, 공시하는 임직원(이하 '대표이사 등'이라 한다)을 대상으로 내부회계관리제도 관련 법령 및 이 규정에서 정하는 사항 등의 이해에 필요한 교육계획을 수립하고, 필요한 교육을 실시한다.

② 회사는 제1항에 따른 교육의 성과평가를 실시하며, 그 결과는 차기 사업연도 교육계획에 반영한다.

③ 제2항의 평가결과는 제13조 제1항에서 정한 보상정책과 연계하여 운영할 수 있다.

제13조(감사위원회 평가결과와 보상정책의 연계)

① 회사는 제18조에 따른 감사위원회의 평가결과를 대표이사 등의 인사 · 보수 및 차기 사업연도 내부회계관리제도 운영계획 수립에 반영한다.

② 제1항을 적용하기 위한 세부적인 사항은 대표이사가 정하는 별도의 규정에 따른다.

제4장 내부회계관리제도의 설계 및 운영

제14조(내부회계관리제도 설계 및 운영의 준거기준)

회사는 내부회계관리제도운영위원회(이하 '운영위원회'라 한다)에서 발표한 '내부회계관리제도 설계 및 운영 개념체계'(이하 '개념체계'라 한다)에 따라 내부회계관리제도를 설계 및 운영한다.

제15조(내부회계관리제도의 설계 및 운영)

회사는 내부회계관리제도를 설계 및 운영시 제14조의 '개념체계'에서 규정하고 있는 5가지 구성요소에 대한 17가지 원칙을 준수하며, 각 원칙을 달성하기 위한 중점고려사항과 '운영위원회'에서 발표한 '내부회계관리제도 설계 및 운영 적용기법'은 회사의 상황을 고려하여 조정하여 적용한다.

제5장 내부회계관리제도의 평가 및 보고

제16조(내부회계관리제도 평가 및 보고의 준거기준)

대표이사, 내부회계관리자 및 감사위원회는 외감규정 시행세칙 제3조의2에 따른 '내부회계관리제도 평가 및 보고 기준(이하 '평가 및 보고 기준'이라 한다)'에 따라 제17조에 따른 점검 및 제18조에 따른 평가를 수행한다.〈개정 2024.11.29.〉

제17조(대표이사의 운영실태 점검·보고의 기준 및 절차)

① 회사는 내부회계관리제도의 효과성을 점검하기 위한 객관적인 성과지표를 마련한다.

② 대표이사는 사업연도마다 내부회계관리제도의 효과성에 대한 점검을 수행하고, 주주총회, 이사회 및 감사위원회에 보고한다.

③ 대표이사는 제2항에 따라 이사회 및 감사위원회에 점검결과를 보고할 경우 문서(이하 '내부회계관리제도운영실태보고서'라 한다)로 작성하여 대면(對面) 보고하여야 한다.

④ 제2항에 따른 점검, 보고는 다음의 각 호의 기준을 고려한다.

1. 내부회계관리제도가 회사에 적합한 형태로 설계·운영될 것
2. 신뢰할 수 있는 회계정보의 작성과 공시를 저해하는 위험을 예방하거나 적시에 발견하여 조치할 수 있는 상시적 정기적인 점검체계를 갖출 것
3. 제1항에 따른 성과지표
4. 대표이사가 제3호에 따른 성과지표 및 내부회계관리제도에 취약사항이 있는지에 대한 점검결과 등을 고려하여 회사의 내부회계관리제도가 효과적인지에 대한 의견을 제시할 것
5. 내부회계관리제도에 대하여 감리를 받은 경우 그 감리에 따른 시정조치 계획을 내부회계관리제도 시정조치 계획에 반영할 것

⑤ 제2항에 따른 점검, 보고는 다음의 각 호의 절차에 따른다.

1. 운영실태점검 계획의 수립
2. 운영실태점검 수행

3. 미비점 평가 및 개선방안 수립

4. 운영실태보고

제18조(감사위원회의 운영실태 평가 · 보고의 기준 및 절차)

① 감사위원회는 제17조 제3항에 따른 내부회계관리제도 운영실태보고서를 평가하고, 그 평가결과를 문서(이하 '내부회계관리제도 평가보고서'라 한다)로 작성하여 이사회에 사업연도마다 보고한다. 이 경우 내부회계관리제도의 관리 · 운영에 대하여시정 의견이 있으면 그 의견을 포함하여 보고한다.

② 제1항에 따른 평가를 위해 감사위원회는 대면(對面) 회의를 개최하여야 한다.

③ 감사위원회는 정기총회 개최 1주 전까지 내부회계관리제도 평가보고서를 이사회에 대면(對面) 보고하여야 한다.

④ 제1항에 따른 평가, 보고는 다음 각 호의 기준을 고려한다.

1. 경영진 및 회사 경영에 사실상 영향력을 미칠 수 있는 자가 회계정보의 작성 · 공시 과정에 부당하게 개입할 수 없도록 내부회계관리제도가 설계 및 운영되는지를 평가할 것
2. 내부회계관리규정이 실질적으로 운영되는지를 평가할 것
3. 대표이사가 내부회계관리제도 운영실태보고서 작성에 관한 기준 및 절차를 준수하는지를 평가할 것

제19조(평가보고서 비치)

감사위원회는 내부회계관리제도 평가보고서를 본점에 5년간 비치한다.

제20조(평가결과 공시)

대표이사 및 내부회계관리자는「자본시장과 금융투자업에 관한 법률」제159조에 따라 제출하는 사업보고서에 다음 각 호의 사항을 기재한 서류(이하 '내부회계관리제도 운영보고서'라 한다)를 첨부하여야 한다.

1. 법 제8조 제1항에 따른 내부회계관리규정과 이를 관리 · 운영하는 조직 및 인력에 관한 사항
2. 법 제8조 제6항에 따른 감사인의 검토의견 또는 감사의견
3. 내부회계관리제도 운영실태보고서
4. 내부회계관리제도 평가보고서

제6장 규정 위반 시 조치사항 등

제21조(관련 규정 위반의 조치 등)

다음 각 호의 사항을 포함하여 내부회계관리규정을 위반한 임직원의 징계에 관하여는 '인사규정'에서 정한 바를 따른다.

1. 규정에 위반한 회계정보를 작성하는 경우
2. 회계정보를 위조, 변조, 훼손 및 파기하는 경우
3. 규정에 위반한 내부회계관리제도를 설계 · 운영 및 평가 · 보고하는 경우
4. 상기 각 호를 지시하는 경우

제22조(규정 위반에 대한 대처방안)

① 회사의 대표자 또는 기타 임직원이 이 규정을 위반하여 회계정보를 작성하게 하거나 공시할 것을 지시하는 경우 해당 임직원은 이를 내부회계관리자에게 서면 또는 구두로 보고한다.

② 내부회계관리규정 위반을 지시한 임직원 또는 회사는 회사의 임직원이 내부회계관리규정에 위반한 지시를 거부하더라도 그와 관련하여 불이익한 대우를 하지 않는다.

③ 제1항을 적용함에 있어 다음 각 호에 해당하는 경우에는 감사위원회에 보고하거나 내부신고제도에 신고한다.

1. 내부회계관리자가 내부회계관리규정 위반을 지시하거나 그와 관련되어 있는 경우
2. 제1항에 따라 보고하는 것이 부적절하다고 판단되는 경우
3. 제2항에 불구하고 불이익한 대우를 하는 경우

④ 내부회계관리자가 제1항에 따라 보고를 받은 경우 또는 감사위원회가 제3항에 따라 보고를 받은 경우 내부회계관리자와 감사위원회는 보고받은 내용을 검토하여 필요한 조치를 하고, 보고자의 신분 등에 관한 비밀을 유지한다.

제23조(내부신고제도의 운영)

① 회사는 내부회계관리규정 위반행위를 방지하기 위해 내부신고제도를 운영한다.

② 내부신고제도는 신고자의 신원을 보호하여야 하며, 신고와 관련하여 직접 또는 간접적인 방법으로 신고자 등에게 불이익한 대우를 해서는 아니 된다.

제7장 보 칙

제24조(규정의 제 · 개정 및 세부사항)

① 이 규정의 제정 및 개정은 감사위원회의 승인 및 이사회의 결의를 거쳐야 한다.

② 제1항에 불구하고 법령, 다른 규정 등의 변경 및 조직체계의 변경 등에 의한 단순한 자구수정 및 용어변경 등 경미한 내용은 이사회 및 감사위원회 사후 보고로 갈음할 수 있다.
③ 감사위원회와 이사회는 제정 및 개정의 사유를 문서(전자문서 포함)로 작성 · 관리하여야 한다.
④ 이 규정의 효율적인 운영을 위해 필요한 경우 대표이사가 별도의 업무지침으로 세부적인 사항을 정할 수 있다.

부 칙

제1조(시행일)

이 규정은 2025년 1월 1일부터 시행한다. 〈개정 2024.11.29.〉

제2조(평가 및 보고 기준에 관한 적용례)

제16조의 개정규정은 2025년 1월 1일 이후 시작되는 사업연도부터 적용한다. 〈개정 2024.11.29.〉

(2) 당해 사업연도 중 내부회계관리 규정의 주요 개선내용

개선일자	개선 전	개선 후	비고(개선이유 등)
2024.11.29	제5장 제16조(내부회계관리제도 평가 및 보고의 준거기준) 대표이사, 내부회계관리자 및 감사위원회는 운영위원회에서 발표한 '내부회계관리제도 평가 및 보고 모범규준(이하 '모범규준'이라 한다)'에 따라 제17조에 따른 점검 및 제18조에 따른 평가를 수행한다.	제5장 제16조(내부회계관리제도 평가 및 보고의 준거기준) 대표이사, 내부회계관리자 및 감사위원회는 외감규정 시행세칙 제3조의 2에 따른 '내부회계관리제도 평가 및 보고 기준(이하 '평가 및 보고 기준'이라 한다)'에 따라 제17조에 따른 점검 및 제18조에 따른 평가를 수행한다.	'외부감사 및 회계 등에 관한 규정 시행세칙' 개정

※ 상기 개정규정은 2025년 1월 1일 이후 시작되는 사업연도부터 적용합니다.

(2) 내부회계관리제도를 관리 · 운영하는 조직을 구성한다.

외부감사법 제8조 제1항에서는 내부회계관리제도를 내부회계관리규정과 이를 관리 · 운영하는 조직으로 규정하고 있다.

외부감사법 및 외부감사법 FAQ, 모범규준 모두 내부회계관리 전담조직을 강제하지는 않지만, 회사의 규모가 클수록 내부회계전담조직을 운영하는 경우가 많으며, 최소한 1인의 내부회계관리 전담자는 운영하고 있는 것으로 파악된다.

내부회계관리제도 관련 조직과 관련된 survey 내용의 일부는 다음과 같다.

참고 내부회계관리운영조직 규모 survey(출처 : 삼정KPMG 2021 내부회계관리제도 담당조직 서베이 리포트 2021년 10월)

(신설) 내부회계관리조직 인원 분포_자산별

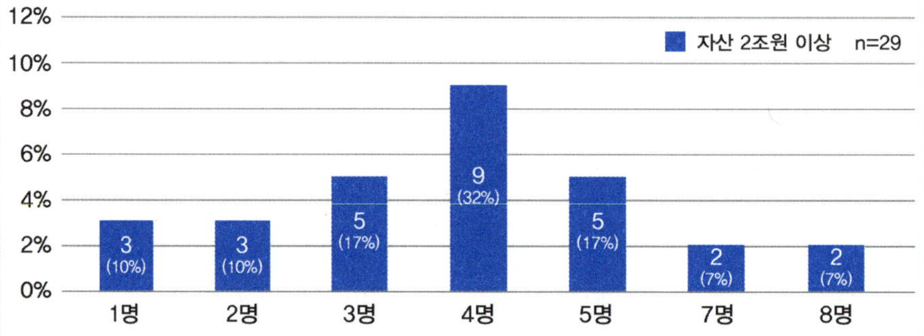

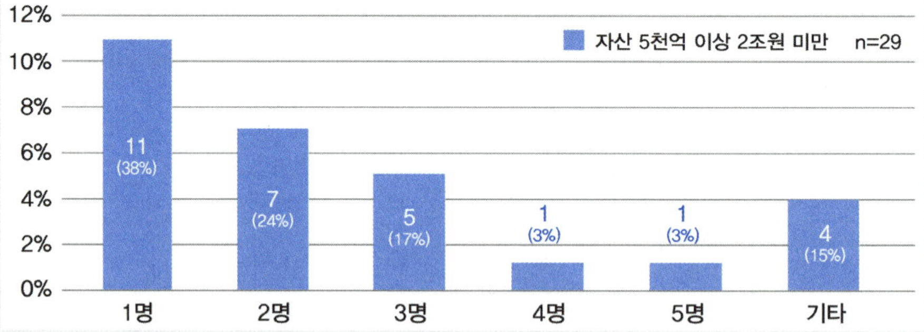

1. 이 survey에 의하면 내부회계관리조직 인원 규모는 2조원 이상 상장법인은 평균 4.0명이고, 5천억원 이상 상장법인은 평균 1.7명으로 파악됨
2. 전담자 1명으로만 구성된 상장법인은 2조원 이상은 10% 정도, 5천억원 이상은 38%로 회사의 규모가 작아질수록 전담자 1명으로 운영하는 회사의 비중은 증가하는 것으로 파악됨

3. survey 당시 2조원 이상 상장법인은 연결내부회계관리제도 운영도 필요하기 때문에 5천억 원 이상 상장법인 대비 인원 수가 상대적으로 큼

내부회계관리제도 감사 FAQ

43. 내부회계관리제도 전담 조직이 없거나 CFO 산하에 있으면 내부통제 미비점에 해당하는지요?

내부회계관리제도 전담 조직이 없거나 CFO 산하에 있더라도 회사가 평가 및 보고 적용기법, 모범규준 등 적용 FAQ*에 따라 객관적인 평가를 수행하는 조직을 운영한다면 미비점에 해당하지 않습니다.

* 평가 및 보고 적용기법 문단 17, 모범규준 등 적용 FAQ 29 참조

상기와 같은 미비점 해당 여부와는 별개로, 경영진이 객관적인 평가를 수행하였는지는 평가수행자의 객관성과 적격성에 영향을 받으므로 감사인은 평가수행자가 실질적으로 객관성과 적격성을 갖추었는지를 평가하여야 합니다.

해설 - 저자 주

내부회계관리제도 전담 조직의 존재 여부는 감사인의 내부회계 감사에 직접적인 영향을 미치지 않는다.

다만, 감사인이 주로 감사하는 회사의 내부회계관리제도 설계 · 운영평가가 전담조직이 없는 경우 객관성(독립성)과 적격성(전문성)을 확보하고 진행할 수 있는지에 대한 의구심을 가지게 된다.

감사인은 회사의 전담조직 여부보다는 설계 · 운영평가를 누가 수행하는지에 따라서 아래와 같이 판단하고 회사의 내부회계관리제도 효과성 여부 판단에 영향을 미친다.

설계 · 운영평가 주체	객관성 (독립성)	적격성 (전문성)	감사인의 추가 판단
회사의 각 현업부서	중간 이상	낮음	각 통제활동별 평가자에 대한 assign이 독립성과 전문성이 확보되었는지 검토 수행
내부회계 전담조직 (또는 전담자)	높음	중간 이상	• 내부회계 전담조직 (또는 전담자)의 독립성은 확보되나, 전문성에 대한 추가적인 검토 수행 • 특히, 매출채권 대손충당금 검토와 같은 MRC에 대해서는 상당히 높은 수준의 회계 전문성이 필요함
외부회계법인(PA) 용역	높음	높음	일반적으로 독립성, 전문성이 높다고 판단함

(3) 대표자는 내부회계관리자 1명을 지정한다. (외감법 8조 3항)

내부회계관리제도를 관리 · 운영하는 조직은 전담부서를 말하는 것인가? 이에 대해서 '내부회계관리제도 감사 FAQ'에서 전담조직 자체를 강제하지는 않는다고 답변하고 있다.

다만, 외부감사법 제8조 제3항에서는 관리 · 운영하는 조직을 '회사의 대표자'로 규정하고, 이를 담당하는 상근이사 1명을 '내부회계관리자'로 지정하도록 요구하고 있다.

결론적으로, 내부회계관리제도 관리 · 운영 조직은 아래처럼 구성되어 있는 것을 요구하고 있다.

- 회사의 대표자
- 내부회계관리자

Key Point

외부감사법에 따라 대표자는 상근이사 1명을 내부회계관리자로 지정해야 한다.
대표이사 본인은 내부회계관리자가 될 수 없으며, 상근이사가 없는 경우(예를 들어, CFO가 없는 경우) 회계팀장 등을 내부회계관리자로 지정해야 한다.

(4) 회계정책서를 구비한다. (외감법 8조 1항)

외부감사법 8조 1항에서는 내부회계관리규정을 요구하고 있고, 모든 상장법인은 내부회계관리규정을 사업보고서에 첨부해서 공시하고 있다. (상기 삼성전자 내부회계관리규정 참조)

다만, 외부감사법 8조 1항에서도 내부회계관리규정에는 아래의 '다음 각 호의 사항이 포함된'이라고 규정하고 있다.

그 각 호의 사항은 1 ~ 6호까지의 내용이고, 1 ~ 6호까지의 내용은 재무제표 작성 공시를 위한 회계처리의 식별, 측정, 기록 등의 방법을 포함하도록 요구하고 있다.

이러한 회계처리 식별, 측정, 기록 등의 방법을 기록한 문서를 **"회계정책서(accounting policy)"** 또는 **"회계매뉴얼(accounting manual)"**이라고 한다. 따라서, 내부회계관리제도를 운영하기 위해서는 이 '회계정책서'를 작성 · 유지하는 것이 필요하다.

다만, 회계정책서의 형태가 아니더라도 외부감사법 8조 1항의 요구사항이 문서화되어 있는 게 필요하다고 판단된다. (예를 들어, 엑셀파일에 메모 형식으로 작성 등)

외부감사법 8조 1항	① 회사는 신뢰할 수 있는 회계정보의 작성과 공시(公示)를 위하여 **다음 각 호의 사항이 포함된** 내부회계관리규정과 이를 관리 · 운영하는 조직(이하 "내부회계관리제도"라 한다)을 갖추어야 한다. 다만, 주권상장법인이 아닌 회사로서 직전 사업연도 말의 자산총액이 1천억원 미만인 회사와 대통령령으로 정하는 회사는 그러하지 아니하다. 1. 회계정보(회계정보의 기초가 되는 거래에 관한 정보를 포함한다. 이하 이 조에서 같다)의 식별 · 측정 · 분류 · 기록 및 보고 방법에 관한 사항 2. 회계정보의 오류를 통제하고 이를 수정하는 방법에 관한 사항 3. 회계정보에 대한 정기적인 점검 및 조정 등 내부검증에 관한 사항 4. 회계정보를 기록 · 보관하는 장부(자기테이프 · 디스켓, 그 밖의 정보보존장치를 포함한다)의 관리 방법과 위조 · 변조 · 훼손 및 파기를 방지하기 위한 통제 절차에 관한 사항 5. 회계정보의 작성 및 공시와 관련된 임직원의 업무 분장과 책임에 관한 사항 6. 그 밖에 신뢰할 수 있는 회계정보의 작성과 공시를 위하여 필요한 사항으로서 대통령령으로 정하는 사항

(5) 내부회계관리제도 관련 보고를 수행한다. (대표자, 감사, 외부감사인) (외감법 8조 4~7항)

내부회계관리제도는 보고의무가 있으며, 각 보고주체별 보고의무의 차이가 있다. 보고주체별 보고의무는 다음과 같다.

보고의무	보고서	보고대상
대표자	내부회계관리제도 운영실태보고서	대상 : 주주총회, 이사회, 감사(위원회)
감사(위원회)	내부회계관리제도 평가보고서	대상 : 이사회
외부감사인	내부회계관리제도 감사(검토)보고서	• 대상 : 주주총회, 이사회 • 재무제표 감사 보고대상과 동일함

03 (회사) 모범규준

3-1. 모범규준의 구조

외부감사법 8조에서는 회사와 외부감사인 각각의 의무를 규정하고 있고, 회사의 외부감사법 준수를 위한 기준은 별도의 내부회계관리제도 모범규준을 따르도록 하고 있다.

내부회계관리제도 모범규준은 다음으로 도식화할 수 있다.

내부회계관리제도 모범규준 개정된 체계

(상장협 내부회계관리제도 운영위원회, 2018.6월)

개정 전			개정(2018.11.1. 이후)		
모범규준	설계 · 운영		설계 · 운영 개념체계*		
	평가 · 보고	원론	(COSO)	적용기법	
		각론		적용사례	→ 2019.12.3.
	중소기업에 대한 적용			중소기업 적용기법	→ 2021.5.11.
적용해설서	설계 · 운영		평가 · 보고 모범규준*		
	평가 · 보고	원론	(미국 SEC)	X 적용기법	
		각론			
	중소기업 적용해설서			중소기업 적용기법	→ 2021.10.1.

* 설계 · 운영 개념체계 : 미국 COSO의 "New COSO Framework" 대응
평가 · 보고 모범규준 : 미국 SEC의 "SEC Management Guide" 대응

내부회계관리제도 평가 및 보고 "기준" 및 "가이드라인" (금융감독원)
→ 2023.12.29.

3-2. 구 모범규준(2005~2018년)

우리나라는 2005년부터 내부회계관리제도를 운영해야 했으므로, 2005년에 회사가 내부회계관리제도를 운영할 때 지켜야 할(참고해야 할) 가이드라인을 제정하였다.

2005년에 이 '내부회계관리제도 모범규준'(이하 '구 모범규준')을 제정하였다.

구 모범규준하에서 회사는 2005년부터 2018년까지 회사는 구 모범규준에 따라 내부회계관리제도를 운영하였으며, 외부감사인도 회사의 내부회계관리제도가 '구 모범규준'에 따라 운영하고 있는지에 대한 검토업무를 수행하여 왔다.

3-3. 신 모범규준(2019~2024년)

2017년 외부감사법이 전부개정되고, 2019년부터 내부회계관리제도 인증이 검토에서 감사로 바뀌는 시점에 맞추어 '구 모범규준'도 '신 모범규준'으로 개정이 되었다.

모범규준의 제정주체는 상장회사협의회의 '내부회계관리제도 운영위원회'이다.

(참조 : 내부회계관리제도 운영위원회 홈페이지 화면 https://www.k-icfr.org/)

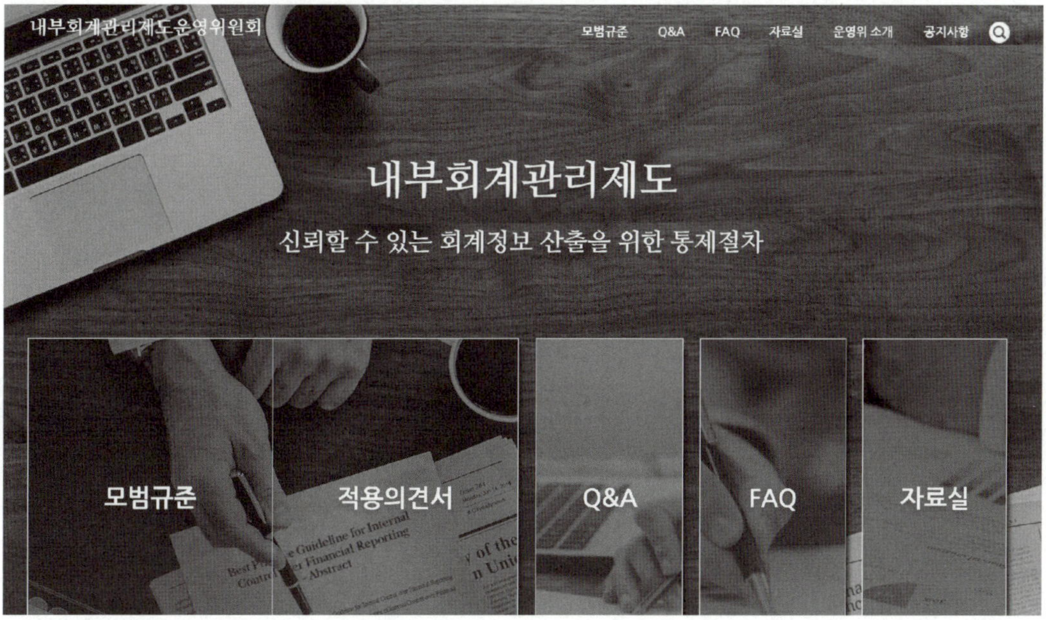

'신 모범규준'은 다음으로 구성되어 있다.

모범규준	구분	대상
설계 · 운영	내부회계관리제도 설계 · 운영 개념체계	• 설계 · 운영 개념체계 • 대기업, 중소기업 공통
	대기업 내부회계관리제도 설계 · 운영 적용기법	• 세부 적용기법 • 상장대기업 적용
	중소기업 내부회계관리제도 설계 · 운영 적용기법	• 세부 적용기법 • 상장중소기업/비상장대기업 적용
	(참고자료) 내부회계관리제도 설계 및 운영 적용사례	• 2019.12.3 제정 • 전사수준통제(ELC) 적용사례

모범규준	구분	대상
평가 · 보고	내부회계관리제도 평가 · 보고 모범규준	• 평가 · 보고 모범규준 • 대기업, 중소기업 공통
	대기업 내부회계관리제도 평가 · 보고 적용기법	• 세부 적용기법 • 상장대기업 적용
	중소기업 내부회계관리제도 평가 · 보고 적용기법	• 세부 적용기법 • 상장중소기업/비상장대기업 적용

설계 · 운영 개념체계는 내부회계관리제도에 적용할 수 있는 내부통제제도 체계(이하 "내부통제체계"라 함)를 제시하며, 대기업(중소기업)의 내부회계관리제도 설계 · 운영 적용기법은 내부회계관리제도 설계 및 운영 개념체계(이하 "설계 · 운영 개념체계"라 함)에서 제시한 원칙과 중점 고려사항을 실무적으로 적용하기 위한 기법을 제시하는 것을 목적으로 한다.

평가 · 보고 모범규준은 경영진이 선택한 내부통제체계에 따라 설계 · 운영한 내부회계관리제도의 평가 및 보고에 관한 지침을 제공하는 것을 목적으로 하고, 대기업 내부회계관리제도 평가 · 보고 적용기법은 평가 · 보고 모범규준을 준수하기 위한 추가적인 설명과 기법을 제시하여 회사의 내부회계관리제도 평가에 도움을 제공하는 것을 목적으로 하고 있다.

실무적으로 설계 · 운영 개념체계는 전사수준통제(ELC)의 설계 · 운영 관련 내용이 대부분이고, 프로세스수준통제(PLC) 관련 내용은 대부분 평가 · 보고 모범규준을 참고하여 수행하게 된다. 또한 설계 · 운영 개념체계 및 평가 · 보고 모범규준보다는 구체적인 각각의 적용기법에 따라 수행하게 된다.

참고 중소기업 여부

모범규준은 적용기업 수준에서는 대기업과 중소기업 적용기법을 구분하고 있다.

이는 1차적으로 상장기업과 비상장기업으로 구분하고, 상장대기업은 대기업 적용기법을 적용하고, 상장중소기업과 (금융회사를 제외한) 비상장법인은 중소기업 적용기법을 적용할 수 있다.

구분		적용기법 적용
상장법인	상장대기업	대기업 적용기법 적용
	상장중소기업	중소기업 적용기법 적용
비상장법인	(금융회사를 제외한) 모든 비상장법인	

따라서, 상장법인의 경우 대기업인지 중소기업인지 여부를 구분해야 하는데, 모범규준에서 규정하는 중소기업은 **'중소기업기본법'상의 중소기업**을 말한다.

중소기업기본법상 중소기업의 요건을 모두 충족하면 중소기업에 '중소기업기본법'상의 중소기업에 해당하고, 하나라도 충족하지 못하면 대기업으로 분류한다.

기준	내용
1. 규모 기준	• 자산총액 5,000억원 미만 • 주된 업종별 평균 매출액 기준(예 : 제조업 1,500억원 이하)
2. 독립성 기준	• 「독점규제 및 공정거래에 관한 법률」에 따른 공시대상기업집단에 속하는 회사가 아님 • 자본 독립성 : 자산총액 5,000억원 이상의 법인이 회사의 주식의 30% 이상을 소유하면서 최다 출자자가 아닌 경우

설명

법인세 세무조정계산서 1호 서식(법인세 과세표준 및 세액신고서)에 중소기업 여부 표시에 '중소기업'으로 표시되어 있는 것이 중소기업기본법상 중소기업이다. 따라서, 회사의 세무조정계산서에서 중소기업 여부를 확인하는 것을 권고한다.

■ 법인세법 시행규칙 [별지 제1호서식] 〈개정 2025. 3. 21.〉

법인세 과세표준 및 세액신고서

※ 뒤쪽의 신고안내 및 작성방법을 읽고 작성하여 주시기 바랍니다. (앞쪽)

① 사업자등록번호		② 법인등록번호	
③ 법인명		④ 전화번호	
⑤ 대표자성명		⑥ 전자우편주소	
⑦ 소재지			
⑧ 업태	⑨ 종목		⑩ 주업종코드
⑪ 사업연도	2025.01.01~2025.12.31	⑫수시부과기간	. . . ~ . . .

⑬ 법인 구분	①내국 2.외국 3.외투(비율 %)					⑭조정구분	①외부 2. 자기
⑮ 종류별 구분	중소기업	일반: 중견기업	일반: 상호출자제한기업	일반: 그외 기업	당기순이익 과세	⑯외부감사대상	1. 해당 ②미해당
영리법인 상장법인	11	71	81	91		⑰신고구분	①정기신고
영리법인 코스닥상장법인	21	72	82	92			2. 수정신고(가. 서면분석, 나. 기타)
영리법인 기타법인	㉚	73	83	93			3. 기한후 신고 4. 중도폐업신고
비영리법인	60	74	84	94	50		5. 경정청구
⑱ 법인유형별 구분			코드			⑲ 결산확정일	
⑳ 신고일						㉑ 납부일	
㉒ 신고기한 연장승인	1. 신청일					2. 연장기한	

구분	해당	미해당	구분	해당	미해당
㉓ 주식변동	1	②	㉔ 장부전산화	①	2
㉕ 사업연도의제	1	②	㉖ 결손금소급공제 법인세환급신청	1	②
㉗ 감가상각방법(내용연수)신고서 제출	1	②	㉘ 재고자산등평가방법신고서 제출	1	②
㉙ 기능통화 채택 재무제표 작성	1	②	㉚ 과세표준 환산시 적용환율		
㉛ 동업기업의 출자자(동업자)	1	②	㉜ 한국채택국제회계기준(K-IFRS)적용	1	②
㉝ 기능통화 도입기업의 과세표준 계산방법			㉞ 미환류소득에 대한 법인세 신고	1	②
㉟ 성실신고확인서 제출	1	②	㊱ 부동산임대업 주업법인	1	②

3-4. 신 모범규준 개정(2025년~현재)

2019년 이후 신 모범규준을 유지해 오다가, 2023년 5월 「외부감사규정」 개정으로 **내부회계관리제도 평가 및 보고에 관한 지침**을 제 · 개정할 권한을 **금융감독원으로 이관하고**, 경영진등의 책임의식 제고, 제도 운영 내실화, 외부감사 및 감리 시 준거기준 활용 등을 위해 「외부감사규정 시행세칙」에 근거 마련하여 금융감독원이 **"내부회계관리제도 평가 및 보고 기준"** 및 **"내부회계관리제도 평가 및 보고 가이드라인"**을 제정하였다.

이 평가 및 보고 기준 및 가이드라인은 2024년 1월 1일부터 시행하되, 실무부담 완화를 위해 기존 한국상장회사협의회의 모범규준 및 적용기법을 2024회계연도에 한해 적용할 수 있도록 1년간 유예기간을 부여하였으며, **2025년 1월 1일부터**는 평가 및 보고 기준 및 가이드라인에 따라 평가 및 보고업무를 수행하도록 요구하고 있다.

단, 기존의 상장회사협의회의 내부회계관리제도 운영위원회가 제정한 설계 · 운영 관련 개념체계 및 적용기법은 계속 유지된다.

모범규준	구분	대상
설계 · 운영	내부회계관리제도 설계 · 운영 개념체계	• 설계 · 운영 개념체계 • 대기업, 중소기업 공통
	대기업 내부회계관리제도 설계 · 운영 적용기법	• 세부 적용기법 • 상장대기업 적용
	중소기업 내부회계관리제도 설계 · 운영 적용기법	• 세부 적용기법 • 상장중소기업/비상장대기업 적용
	(참고자료) 내부회계관리제도 설계 및 운영 적용사례	• 2019.12.3 제정 • 전사수준통제(ELC) 적용사례
평가 · 보고 (금융감독원 제정)	내부회계관리제도 평가 및 보고 기준	• 기존의 평가 · 보고 모범규준 대체 • 대기업, 중소기업 공통
	내부회계관리제도 평가 및 보고 가이드라인	• 기존의 평가 · 보고 적용기업 대체 • 대기업, 중소기업 공통(가이드라인 내에서 중소기업 적용 내용 구분해서 제시함)

04 (외부감사인) 회계감사기준

4-1. 회계감사기준 개요

외부감사법 제8조에서는 회사와 외부감사인 각각의 의무를 규정하고 있고, 외부감사인의 외부감사법 준수를 위한 기준은 별도의 회계감사기준을 따르도록 하고 있다.

회계감사기준은 외부감사인의 재무제표 감사업무를 규정하는 단일의 기준이며, 한국공인회계사회에서 제정한다.

기존 내부회계관리제도 검토 당시에는 회계감사기준과 별개로 한국공인회계사회에서 제정한 별도의 '내부회계관리제도 검토기준'에 따라 검토업무를 수행해 왔다.

단, 현행 자산 1천억원 미만의 상장법인에 대해서는 여전히 내부회계관리제도 검토업무를 수행하고 있으며, 외부감사인은 기존 '내부회계관리제도 검토기준'에 따라 검토업무를 수행하게 된다.

2019년부터 자산 1천억원 이상 상장법인 등의 외부감사인은 내부회계관리제도 감사업무를 수행해야 하기 때문에, 한국공인회계사회는 기존의 회계감사기준에 '내부회계관리제도 감사' 기준서를 제정하여 추가하였다.

4-2. 회계감사기준 구조

회계감사기준의 기본 구조는 다음과 같다.

〈회계감사기준〉 (최근 2022.12.17 제정)

감사기준서 200. 독립된 감사인의 전반적인 목적 및 감사기준에 따른 감사의 수행
감사기준서 210. 감사업무 조건의 합의
…(중략)…
감사기준서 1100. 내부회계관리제도의 감사
감사기준서 1200. 소규모기업 재무제표에 대한 감사

외부감사인은 자산 1천억원 이상 상장법인에 대해 "감사기준서 1100. 내부회계관리제도의 감사"에서 요구하는 감사절차대로 내부회계관리제도 감사업무를 수행하게 된다.

외부감사인의 내부회계관리제도 감사의 구체적인 내용은 Part 8에서 다루기로 한다.

CHAPTER 1-5

상장법인 내부회계관리제도 구축대상 및 현황

01 상장법인 내부회계관리제도 구축대상 및 현황

우리나라 상장법인의 내부회계관리제도 구축 대상은 다음과 같다. (2025년 8월 현재 기준)

(전년도 말) 자산총액	신 모범규준 (2018년 제정)	별도재무제표 기준 내부회계관리제도 감사	연결재무제표 기준 내부회계관리제도 감사
[상장법인]			
자산 2조원 이상	2019년	2019년	2023년
자산 5천억원 이상	2020년	2020년	2029년
자산 1천억원 이상	2022년	2022년	2030년
자산 1천억원 미만	2023년	N/A(검토)	N/A
[대형비상장법인]			
(5천억원 이상)	2023년	N/A(검토)	N/A

* 기준 : 전년도 말 별도재무제표상 자산총액 기준임

금융감독원은 1년에 한 번씩 내부회계관리제도 감사의견 등에 대한 통계자료를 보도자료로 발표하고 있다. 2025년에 2024회계연도 내부회계관리제도 감사의견 등에 대한 보도자료 내용은 다음과 같다.

2024 회계연도 상장법인 재무제표와 내부회계관리제도 감사의견 분석 및 유의사항 안내

(금융감독원 보도자료 일부 2025.6.19.)

I. 재무제표 감사의견

…(중략)…

2024년 재무제표 감사의견 적정 상장법인 현황(단위 : 사, %)

구 분	시장별			규모별(2024년 말 자산기준)				합 계
	유가증권	코스닥	코넥스	1천억원 미만	1천억원~ 5천억원	5천억원~ 2조원	2조원 이상	
전 체	816	1,745	120	1,035	1,069	375	202	2,681
적정의견	800	1,704	111	987	1,052	374	202	2,615
(비 중)	(98.0)	(97.7)	(92.5)	(95.4)	(98.4)	(99.7)	(100.0)	(97.5)

II. 내부회계관리제도 감사의견

◈ 2024회계연도 내부회계관리제도(이하 '내부회계') 감사의견이 '적정'인 상장법인 비율은 분석대상(1,615사)의 98.0%(1,582사)로 전기(97.3%, 1,544사)보다 다소 개선

◈ 내부회계 '비적정' 상장법인은 33사이며, 내부회계 감독 강화와 기업의 개선 노력 등에 따라 전기(43사) 대비 10사 감소(23.3%↓)

1. 내부회계 감사 적정의견

□ 내부회계감사의견이 **'적정'**인 상장법인은 **분석 대상(1,615사)***의 **98.0%(1,582사)**로 **전기 (97.3%)** 대비 **다소 개선**(0.7%p↑)

* 상장법인 내부회계 감사대상 : 직전 사업연도 말 자산총액 1천억원 이상 회사 중 종업원 수 6인 미만 회사 등 제외

○ **(시장별) 코넥스는 100%, 유가증권** 및 **코스닥**은 **약 98%** 수준

○ **(규모별)** 기업 **자산규모**에 **비례**하여 **2조원 이상**의 적정 비중이 **100%**로 가장 높고, **5천억원 미만**은 **97.1%** 수준

- 특히, 2024년 중 자산규모 축소로 **2024년 말 자산이 1천억원 미만**으로 감소된 회사의 내부회계 **감사의견 적정비율**은 **81.6%**로 **가장 낮음**

○ **(연결 내부회계) 대상 기업 186사**는 **별도 · 연결** 모두 내부회계 **적정의견**

2024년 내부회계 감사의견 적정 상장법인 현황(단위 : 사, %)

구 분	시장별			규모별(2024년 말 자산기준)			합 계
	유가증권	코스닥	코넥스	~5천억원	5천억원 ~2조원	2조원 이상	
전 체	751	859	5	1,043	370	202	1,615
적정의견	735	842	5	1,013	367	202	1,582
(비 중)	(97.9)	(98.0)	(100.0)	(97.1)	(99.2)	(100.0)	(98.0)

2. 내부회계 감사 비적정의견

ㅁ **2024년**에 **내부회계 감사대상**이 **증가**(2023년 1,587사 → 2024년 1,615사)하였음에도, **내부회계 감사의견**이 **비적정**인 **기업**은 전기 대비 **10사 감소**(43사 → 33사)

○ 이는 **내부회계 감독강화***와 **기업**의 **개선 노력** 등에 기인한 것으로 보임

* 「내부회계관리제도 평가 및 보고 기준」 규정화, 내부회계 감리대상 확대(2025년 : 1천억원 이상 개별 · 별도 및 2조원 이상 연결), 내부회계 관련 유의사항 안내 등

○ **'의견거절**(감사범위제한)'은 **22사**로 전기(26사) 대비 **4사 감소**, **'부적정**(중요한 취약점 有)'은 **11사**로 전기(17사) 대비 **6사 감소**

- **내부회계 감사**의 **비적정의견**은 **금융상품 손상 · 평가**, **종속 · 관계기업 손상** 등 회계처리 관련 **내부통제 미비**가 주요 사유에 해당

2024년 내부회계 감사의견 비적정 상장법인 현황(단위 : 사, %)

구 분	2024년(A)				2023년(B)	증 감(A-B)	
		유가증권	코스닥	코넥스		회사수	비율
의견거절	22	10	12	-	26	△4	△15.4
부 적 정	11	6	5	-	17	△6	△35.3
합 계	33	16	17	-	43	△10	△23.3

3. 내부회계 감사의견과 재무제표 감사의견 비교

□ 2024년 **내부회계 감사의견**이 **비적정**인 **기업 33사** 중 23사(69.7%)는 **재무제표 감사의견**도 **비적정**으로, 양 의견 간 **상관관계**가 **높은 수준**

ㅇ **내부회계 감사의견**이 **비적정인 10사**(부적정 8사, 의견거절 2사)의 경우 **재무제표 감사의견**은 **적정의견***이 표명됨

* 내부회계의 중요한 취약점 등으로 인해 내부회계 감사의견이 비적정이더라도 재무제표 감사과정에서 오류사항이 적절히 수정 · 반영되었다면 재무제표는 적정의견이 가능

ㅇ 다만, **내부회계 감사의견 비적정 사유**가 **개선**되지 않을 경우, 향후 **내부회계 비적정 의견**이 **반복**되거나 **재무제표**가 **왜곡표시**될 우려가 있으므로

– 회사는 내부회계의 **중요한 취약점**에 대한 근본적인 **개선방안**을 **마련**하여 내부회계관리제도를 **효과적**으로 **운영**할 필요

2024년 내부회계 비적정 상장법인의 재무제표 감사의견(단위 : 사)

내부회계 감사의견		재무제표 감사의견			
		비적정			적정
			의견거절	한정	
내부회계 의견거절	22	20	20	–	2
내부회계 부적정	11	3	2	1	8
합 계	**33**	**23**	**22**	**1**	**10**

내부회계관리제도 실무

PART 02

PLC 프로세스수준 통제

Chapter

CHAPTER

2-1 Scoping(범위선정)

01 Scoping(범위선정) 개요

Key Point

> 내부회계관리제도는 모든 계정과목에 적용되는 것은 아니다. 예를 들어, 매출채권은 내부회계 관리가 필요하지만 임대보증금은 내부회계 통제가 요구되지 않을 수 있다.
> 이를 결정하는 게 범위선정(scoping)이다.

내부회계관리제도는 재무제표의 신뢰성을 유지하기 위한 제도이다. 다만, 그 대상이 재무제표의 모든 계정과목에 대한 통제를 의미하는 것은 아니고, '중요한' 계정과목에 대한 통제에 대해 내부회계 관리제도를 통해 재무제표의 신뢰성을 유지하는 것이 그 목적이다.

02 유의한 계정과목 등

이 중요성 기준을 선정하는 것이 내부회계관리제도의 출발점이라고 할 수 있다. 모범규준에서는 이를 '유의한 계정과목 등'으로 정의하고 있다. 여기에는 유의한 계정과목(significant accounts)뿐만 아니라 주석정보도 포함된다는 의미이다. 즉, 주석정보 중에서 특수관계자 공시 등 유의하다고 판단한 주석정보에도 내부회계관리제도의 설계가 필요하다는 의미이다.

평가보고 가이드라인

9. (유의한 계정과목과 주석정보의 파악)

가. 내부회계관리제도는 재무제표의 신뢰성에 대한 합리적 확신을 제공하는 것을 목적으로 하므로 모든 계정과목 및 주석정보에 대한 통제를 파악하고 설계 및 운영의 효과성을 평가하여야 하는 것은 아니며 유의한 계정과목과 주석정보(이하 '유의한 계정과목 등'이라 함)만을 대상으로 할 수 있다.

나. 계정과목 및 주석정보가 개별적 또는 다른 계정과목이나 주석정보와 결합하여 재무제표의 중요한 왜곡표시의 발생가능성이 낮지 않다면(Reasonable Possibility) 이를 유의한 계정과목 등이라 한다. 유의한 계정과목 등을 식별할 때에는 양적 요소와 질적 요소를 함께 고려한다.

다. 유의한 계정과목 등을 식별함에 있어 특정 계정과목 혹은 사업단위가 양적 요소를 충족시켜 평가범위에 포함되더라도 당해 계정과목 등과 관련된 업무프로세스의 위험평가 결과에 따라 평가자, 평가방법, 테스트 범위 및 시기 등을 유연하게 조정할 수 있다.

라. 중소기업의 경우에도 양적 요소뿐 아니라 질적 요소도 함께 고려하는 것이 중요하다. 중소기업의 경우 양적인 측면에서 중요성 금액을 초과하는 계정과목이라도 질적 요소를 고려할 때 중요한 재무제표 왜곡표시의 발생가능성이 크지 않다고 판단되는 경우에는 내부회계관리제도의 평가대상에서 제외할 수 있다. 단, 이 경우에는 평가대상에서 제외한 근거(질적 요소의 적용 내용과 결론 등)를 명확히 문서화하여야 한다. 반대로 중요성 금액에 미달하더라도 질적으로 중요한 경우 내부회계관리제도 평가 범위에 포함할 수 있다.

그러면, 유의한 계정과목 등은 어떻게 선정하는가?
모범규준에서는 양적중요성과 질적중요성을 고려하도록 요구하고 있다.

03 양적중요성

평가보고 가이드라인

10. (양적 요소)

가. 유의한 계정과목 등을 식별하기 위한 양적 요소는 계정과목의 금액을 고려하며 일반적으로 설계 · 운영 적용기법에서 제시하는 '중요성 금액'과 '수행 중요성(Performance Materiality)' 기준을 활용한다. 경영진은 내부회계관리제도 평가 과정에서 회사에 존재하는 미비점을 발견하지 못할 가능성에 대비하여 보수적으로 중요성 기준의 50~75%를 적용한 수행 중요성 기준으로 유의한 계정과목 등을 선정한다. 수행 중요성을 적용함에 따라 유의한 계정과목 등이 추가로 선정되어 회사의 내부회계관리제도 평가가 잘못 수행될 위험을 최소화할 수 있다.

나. 중요성 금액 또는 수행 중요성 기준을 설정한 이후 평가시점에서 실제 재무상태나 경영성과가 크게 변동된 경우에는 그 변경을 고려한다. 예를 들어, 중요성 금액을 당해 평가기간의 추정 세전순이익에 의해 결정한 경우 평가시점의 실제 세전순이익이 추정금액과 크게 다르다면 중요한 변화로 판단할 수 있다.

우선 양적중요성은 금액 기준으로 선정한다.

중요성 기준은 세전손익의 5% 또는 매출액의 1%가 가장 일반적이다. 또한, 지주회사의 경우에는 매출액 기준이 아닌 총자산 기준이 적절한 벤치마크이다.

이렇게 세전손익의 5% 등으로 산정된 금액을 중요성(Materiality) 금액이라고 한다.

한편, 중요성 금액은 벤치마크 및 비율 등 판단의 영역이 존재하므로 어느 정도 허용가능한 수준으로 그보다 낮게 선정해야 하는데, 이를 수행중요성(PM : Performance materiality)이라고 한다.

회사의 재무제표 계정과목 및 주석정보 중 수행중요성 이상에 해당하는 경우에만, 내부회계관리제도의 설계 대상이 되는 것이다.

중요성 및 수행중요성 예시 – ㈜ABC

Benchmark	총자산 기준	매출액 기준	세전순이익 기준
총자산(또는 세전순이익)	332,279,323	158,000,000	21,356,665
비율(Ratio)	1%	1%	5%
중요성(Materiality)	3,000,000	2,000,000	1,000,000
비율(Ratio)	75%	75%	75%
수행중요성(Performance materiality)	2,250,000	1,500,000	750,000

사례회사는 3가지 중요성 벤치마크에 대해서 중요성 금액과 수행중요성 금액을 산출하였으며, 이 중 최근 재무실적에 근거해서 가장 안정적인 수치인 매출액 기준을 중요성 기준의 벤치마크로 선정했다.

따라서, 사례회사[㈜ABC]의 중요성 금액은 다음과 같이 정리된다.

Benchmark	매출액 기준
총자산(또는 세전순이익)	158,000,000
비율(Ratio)	1%
중요성(Materiality)	**2,000,000**
비율(Ratio)	75%
수행 중요성(Performance materiality)	**1,500,000**

즉, 재무제표 계정과목 중 수행중요성(PM) 1,500,000원 이상인 계정과목은 중요한(significant) 것으로 판단하여 최소 1개 이상의 내부회계관리제도 통제활동이 설계 및 운영되어야 한다.

다만, 수행중요성(PM) 1,500,000원 미만의 계정과목은 내부회계관리제도 통제활동이 필요할지 혹은 필요하지 않을지 여부는 추가적으로 질적중요성을 고려하여야 한다.

감사인의 중요성 금액 선정

Key Point

> 내부회계관리제도의 범위선정(scoping)을 통한 중요성 금액 선정은 외부감사인의 중요성 금액과 일치하는 것이 바람직하다.

외부감사인은 모든 외부감사대상 회사(비상장법인 포함)에 대해서 중요성 금액을 선정한다.

외부감사인은 감사계획 단계 및 감사의견 형성 단계에서 중요성 금액을 선정하며, 중요성 기준을 감사절차에도 적용하고 있으며, 최종적으로 감사의견 형성 시에 발견된 회사의 재무제표 왜곡표시사항이 중요성 기준을 초과하여 감사의견에 영향을 미치는지를 판단하게 된다.

〈회계감사기준〉

감사기준서 320

9. 감사기준에서 사용되는 수행중요성이란 미수정왜곡표시와 미발견왜곡표시의 합계가 재무제표 전체의 중요성을 초과할 확률을 적절하게 낮은 수준으로 감소시키기 위해 감사인이 재무제표 전체의 중요성보다 작게 설정하는 금액을 의미한다. 또 어떤 경우에는, 감사인이 특정 거래유형과 계정잔액 및 공시에 대한 중요성 수준(들)보다 작게 설정한 금액을 말하기도 한다.

감사계획 수립 시 중요성과 수행중요성의 결정

11. 감사인은 중요왜곡표시위험을 평가하고 추가감사절차의 성격, 시기 및 범위를 결정하기 위하여 수행중요성을 결정하여야 한다.

내부회계관리제도 감사 FAQ

1. 감사인이 식별한 유의적인 거래유형, 계정과목 및 공시(이하 '유의적인 계정 등')가 경영진이 식별한 유의적인 계정 등과 다르면 내부회계관리제도 미비점에 해당하는지요?

경영진이 모범규준 등에서 제시한 방법*에 따라 유의적 계정 등을 식별하였다면 경영진이 식별한 유의적인 계정 등이 감사인과 다르다는 점 자체로 미비점에 해당하지는 않습니다.

*「설계 및 운영 적용기법」 문단 63~67, 「평가 및 보고 적용기법」 문단 38~44 참조

다만 감사인이 식별한 유의적인 계정 등을 경영진이 유의적인 계정 등으로 선정하지 않음에 따라 감사인이 테스트 대상으로 선정한 통제를 회사가 핵심통제로 선정하지 않았다면 이는 기업의 위험 평가프로세스에 미비점이 있음을 시사할 수 있습니다(FAQ 2 참조).

해설 - 저자 주

회사가 내부회계관리제도 통제활동이 대상을 선정하기 위해 범위선정(scoping)을 하듯이, 감사인도 내부회계관리제도 감사를 위해 범위선정(scoping)을 한다.

따라서, 회사와 감사인은 범위선정(scoping)의 과정이 다르게 되면 '유의한 계정과목 등'이 달라질 수 있다.

예를 들면 다음과 같다.

구분 기준		회사	감사인
중요성금액	벤치마크	세전순손익 기준 5%	매출액 기준 1%
	중요성 비율	매출액 기준 2%	매출액 기준 1%
수행중요성(PM)	수행중요성 비율	중요성 금액의 60%	중요성 금액의 75%

감사 FAQ에서는 회사의 감사인의 범위선정(scoping)이 달라지는 자체는 미비점은 아니라고 답변하고 있다. 다만, 회사와 감사인의 범위선정(scoping)이 달라지게 되면, 회사는 A계정을 scope out했는데, 감사인이 in scope하게 되는 경우, 감사인이 판단하는 유의한 계정과목 등에 대한 회사의 핵심통제활동이 설계 · 운영되지 않을 수 있다. 이럴 경우에 감사인은 미비점이라고 판단할 수 있게 된다.

결론적으로, 회사는 매년 범위선정(scoping)을 수행한 후, 운영 및 평가 이전에 감사인에게 리뷰를 요청하여 감사인의 범위선정(scoping)과 일치시키는 것이 바람직하다.

또한, 이 중요성 선정의 과정은 감사인의 '재무제표 감사'에도 필요하기 때문에 최종적으로는 아래 3가지가 일치하는 게 업무적으로 가장 바람직하다.

- (회사) 내부회계관리제도를 위한 범위선정(scoping) 시 중요성 금액 선정
- (외부감사인) 내부회계관리제도 감사를 위한 범위선정(scoping) 시 중요성 금액 선정
- (외부감사인) 재무제표 감사를 위한 중요성 금액 선정

따라서, 외부감사인은 외부감사 전체를 지배하는 중요성 기준 선정에 집중하게 된다.

감사인의 중요성 기준은 재무제표 감사뿐만 아니라, 내부회계관리제도 감사에서도 필요하며, 감사인은 회계법인 내부적으로 2개의 중요성 기준으로 일치시키도록 하고 있다. 그 이유는 내부회계관리제도의 목적 자체가 재무제표의 왜곡표시위험을 감소시키는 기업의 활동이므로 상반된 중요성 기준으로 재무제표 감사와 내부회계관리제도 감사를 취할 수 없기 때문이다.

또한, 감사인의 모든 외부감사대상 회사(비상장법인 포함)에 대해서 중요성 금액을 선정하고, 해당 중요성 기준 선정내용을 금융감독원에 제출한다.

[금융감독원 제출은 외부감사인(회계법인)이 회사의 감사보고서 Dart파일을 제출하는 동일한 시기에 금융감독원에 "감사인의 중요성 금액" dsd파일을 작성해서 제출한다.]

따라서, 감독당국인 금융감독원은 모든 외부감사대상 회사(비상장법인 포함)의 중요성 금액을 인지하고 있으며, 이는 추후 재무제표 감리 등에서 감리조치 사항이 나왔을 때 감리조치의 단계를 결정하는 데 중요한 역할을 하게 된다.

감사인의 중요성 금액

(사업보고서제출 대상법인 – 별도제출용, 대외공시를 원하지 않는 경우)

「외부감사 및 회계 등에 관한 규정」 제19조 제1항의 규정에 의하여 감사인의 중요성 금액을 첨부합니다.

1. 감사대상업무

회사명	주식회사 ABC			
감사대상 사업연도	2025년 01월 01일	부터	2025년 12월 31일	까지
감사대상 회사 법인구분	유가증권시장주권상장법인			
연결재무제표 작성 여부	아니오			

2. 감사인의 중요성 금액

※ 중요성은 감사인이 감사를 계획하고 수행하며 감사의견을 형성하는 전반적인 감사 과정에서 적용되는 기준으로, 재무제표 왜곡표시가 개별적 또는 집합적으로 중요한지 여부를 결정할 때에는 양적 측면뿐만 아니라 상황에 따른 질적 특성을 고려하여 이루어집니다. 감사대상 회사에 대해 적용한 중요성 기준은 다음과 같습니다.

– 재무제표

(단위 : 천원)

구분	당기	전기	판단근거
재무제표 전체 중요성	2,000	2,000	매출액의 1% 적용
수행 중요성	1,500	1,500	중요성의 75% 적용
특정 거래유형과 계정잔액 및 공시에 대한 중요성	–	–	–

감사인은 상기 중요성금액을 금융감독원에 제출하기 위해, 또는 재무제표 감사절차를 취하기 위해 감사계획 단계와 감사종결 단계 2단계에 걸쳐 중요성 금액을 선정한다.

시기적으로 내부회계관리제도 범위선정(scoping)하는 시기에는 감사인의 감사계획 단계의 중요성 금액은 선정되었을 가능성이 높기 때문에 감사인에게 아래 3가지를 요청하여 참고해서 중요성 금액을 선정하는 것이 필요하다.

- 중요성 선정 벤치마크(매출액 등)
- 중요성 선정 비율(매출액의 1% 등)
- 수행중요성 선정 비율(중요성 금액의 75% 등)

04 질적중요성

내부회계관리제도의 적용 범위를 금액적 중요성 기준에만 의존하여 선정할 경우, 매년 범위가 달라지는 제도의 특성상 금액적으로는 중요성 기준에 미치지 않지만 질적으로는 중요한 계정과목이 범위에서 제외될 수 있다.

따라서, 내부회계관리제도의 대상이 되는 유의한 계정과목 등을 선정할 때는 질적중요성도 고려하도록 요구하고 있다.

Key Point

실무적으로 대부분 주요 계정과목은 양적중요성 이상인 경우가 많아, 질적중요성을 고려하는 경우는 적을 수 있다.
그러나, 질적중요성의 11가지가 외부감사인이 특히나 내부회계관리제도 감사할 때 중요하게 생각하는 항목들이 되며, 핵심통제가 될 가능성이 높다.

평가보고 가이드라인

11. (질적 요소)

유의한 계정과목 등을 식별하기 위해 고려할 질적 요소는 다음과 같다.

가. (계정과목 내 개별 거래의 복잡성, 동질성) 특정 계정과목이 다양한 거래와 관련하여 처리되거나 관련 거래가 복잡할수록 그 계정과목(예를 들어, 복잡한 구조의 투자 상품)은 재무제표 왜곡표시를 야기할 위험이 크기 때문에 중요성 금액 또는 수행중요성 기준 이하라 하더라도 내부회계관리제도의 평가범위에 포함할 것을 고려한다.

나. (추정이나 판단이 개입되는 회계처리 및 평가) 회계처리상 복잡한 추정이나 판단을 요하거나 불확실성이 높은 계정과목(예를 들어, 판매보증충당부채, 공사손실충당부채, 소송충당부채 등)은 계산상의 오류나 경영진의 의도적인 재무제표 왜곡표시가 발생할 가능성이

상대적으로 높다.

다. (회계처리 및 보고의 복잡성) 신규 또는 복잡한 회계처리의 영향을 받는 계정과목(특히, 당해 회계처리와 관련하여 다양한 해석이 존재하는 경우)은 재무제표 왜곡표시의 위험이 상대적으로 높다.

라. (우발채무의 발생가능성) 특정 계정과목과 관련되어 수행하는 업무프로세스에서 유의한 우발채무가 발생할 가능성이 높은 경우 양적 요소에 추가하여 고려한다.

마. (특수관계자와 유의적 거래의 존재 여부) 특수관계자와의 거래는 제3자와의 거래에 비하여 의도적인 재무제표 왜곡표시의 가능성이 상대적으로 높기 때문에 양적 요소에 추가하여 고려한다.

바. (계정과목 성격의 변화 및 당기 금액 변화 정도) 회사 회계정책 등의 변경으로 당기 계정과목의 성격이 변화한 경우나 당기 금액의 급격한 변화가 존재하는 경우에는 재무제표 왜곡표시 위험이 상대적으로 높다. 당기 이전부터 계속 유의한 계정과목으로 분류된 계정과목의 금액이 당기에 중요성 금액 또는 수행중요성 기준에 미치지 못하는 경우 계정과목 규모의 감소가 일시적인 것인지 여부를 추가적으로 검토하고, 향후 지속적으로 양적 요소를 충족시키지 못할 가능성이 낮지 않은 경우에는 유의한 계정과목 등으로의 분류를 고려한다.

사. (비경상적인 거래) 빈번하게 발생하지 않는 거래와 관련된 회계처리의 경우 재무제표 왜곡표시위험이 크다고 판단할 수 있다.

아. (관련 회계처리기준의 변경) 회사가 회계처리 기준을 변경하거나 새로운 회계처리 기준의 도입과 관련된 계정과목 역시 재무제표 왜곡표시 위험이 증가한다.

자. (법규 및 감독당국의 강조 사항) 금융감독원 등의 규제기관에서 중점 점검항목으로 강조하거나 감리 등을 통해 지적되는 항목은 일반적으로 재무제표 왜곡표시 위험이 크다고 판단할 수 있다.

차. (주요한 외부환경의 변화가 존재하는 계정) 회사의 사업을 영위하는 외부환경에 중요하거나 급격한 변화가 존재하는 경우 이와 관련된 계정과목은 일반적으로 재무제표 왜곡표시 위험이 크다고 판단할 수 있다.

카. (부정 발생의 가능성) 부정한 재무보고, 자산의 남용 및 부패와 같은 부정에 쉽게 노출될 가능성을 고려하는 것으로 문단 12(부정위험 평가)를 참조한다.

양적중요성과는 별개로 평가보고 가이드라인에서는 상기 11가지 요소가 재무제표가 왜곡표시될 가능성이 높은 중요한 사항으로 분류하고 있다.

이를 하나씩 설명하면 다음과 같다.

4-1. 계정과목 내 개별 거래의 복잡성, 동질성

특정 계정과목이 다양한 거래와 관련하여 처리되거나 관련 거래가 복잡할수록 그 계정과목(예를 들어, 복잡한 구조의 투자 상품)은 재무제표 왜곡표시를 야기할 위험이 크기 때문에 중요성금액 또는 수행중요성 기준 이하라 하더라도 내부회계관리제도의 평가범위에 포함할 것을 고려한다.

계정과목 내의 개별거래의 복잡성은 매출액 계정과 임차보증금 계정이 대표적인 예이다.

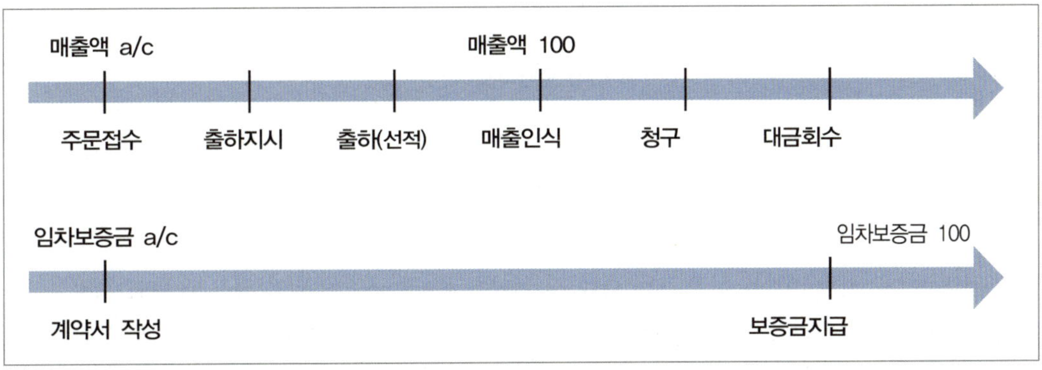

거래의 복잡성이 높은 대표적인 경우가 매출액이다.
매출액에 대한 회계처리는 다음과 같다.

[회계처리]

회사는 제품을 1,000원에 판매하고, 매출 수익인식 회계처리한다. (수출 가정, 부가세예수금 없음)

수익인식시점

(차변)		(대변)	
매출채권	1,000	매출액	1,000

수익인식 기준을 충족하면 상기 매출채권/매출액 회계처리를 통해 재무제표의 자산과 수익이 증가된다.

단순해 보이지만, 실제 이 매출액 회계처리를 하기 위해서는 고객사 등록/주문접수/생산지시/제품출하/청구 등의 일련의 복잡한 과정을 거쳐야지만, 비로소 이 매출액 회계처리를 하게 되는 것이다.

예를 들어, 주문접수를 부정확하게 했다거나, 제품출하 시점이 불일치한다거나, 청구 정보가 부정확하다고 하면 상기 매출채권/매출액 회계처리는 틀릴 가능성이 높다.

이렇게 복잡한 과정을 거치는 경우 곳곳에서의 오류가 최종적으로 재무제표의 왜곡으로 이어질 수 있기 때문에 이들은 질적으로 중요하게 보고 · 관리되어야 하는 것이다.

상대적으로 거래의 복잡성이 낮은 경우는 다음과 같다.

임차보증금의 회계처리는 다음과 같다.

[회계처리]

회사는 사무실 임차하는 데 1,000원을 임대인에게 임차보증금으로 지급하였다.

임차보증금 지급시점

(차변)		(대변)	
임차보증금(자산)	1,000	현금(자산)	1,000

이 거래는 임대인과 계약을 하고, 보증금을 지급하는 단순한 구조로 되어 있기 때문에, 계약시점과 지급시점에 오류가 없는지 여부만 체크하면 재무제표 왜곡가능성이 낮기 때문에 질적으로 관리대상에서 제외될 가능성이 높다.

결론적으로, 매출액은 질적으로 중요한 계정과목이고, 임차보증금은 질적으로 중요하지 않은 계정과목이므로, 매출액 계정에 대해서는 통제활동 설계 및 운영이 필요하고, 임차보증금 계정은 통제활동 설계 및 운영이 필요하지 않을 수 있다.

4-2. 추정이나 판단이 개입되는 회계처리 및 평가

회계처리상 복잡한 추정이나 판단을 요하거나 불확실성이 높은 계정과목(예를 들어, 판매보증충당부채, 공사손실충당부채, 소송충당부채 등)은 계산상의 오류나 경영진의 의도적인 재무제표 왜곡표시가 발생할 가능성이 상대적으로 높다.

재무제표는 거래를 기록하는 거래분개와 거래와 직접적인 연관이 없는 결산조정분개로 구분된다.

거래분개를 제품을 판매하거나, 차입금을 차입하거나 등의 거래가 발생한 경우의 회계처리이고, 결산조정분개는 재무제표의 5가지 구성요소인 자산, 부채, 자본, 수익, 비용의 정의를 충족하기 위한 회계처리이다.

거래를 기록하는 거의 대부분 거래분개는 추정하지 않는다. 제조업이 제품을 100원에 판매하는 경우, 매출채권 100원/매출액 100원의 회계처리만 하면 된다.

반면, 이 매출채권이 기말시점에 아직 회수되지 않은 경우 기말 재무상태표에 매출채권 100원이 남게 되는데, 이 매출채권은 자산이므로 자산의 정의인 최소한 100원 이상의 미래 경제적 효익이 있어야 한다. 만약 매출거래처의 재무적 위험(파산, 연체 등)이 발생하면 매출채권 100원은 100원 이상의 미래 경제적 효익이 있다고 말하기 어려울 수도 있다.

그래서 기준서에서는 기말 시점 매출채권 등의 회수가능성을 '추정'하여 대손충당금을 인식하는 결산조정분개를 요구하고 있다. 이 '추정'은 거래분개가 아니므로, 회사 스스로 그 회수가능성에 대해 추정해야 하기 때문에, 추정으로 인한 불확실성 및 편의가 개입할 가능성 등으로 인하여 재무제표 왜곡표시 가능성이 거래분개보다는 매우 높게 된다.

모범규준에서는 추정의 예로 판매보증충당부채, 공사손실충당부채, 소송충당부채를 예로 들었으나, 이외에도 매출채권 대손충당금, 재고자산평가충당금, 유형자산(또는 현금창출단위)의 손상차손, 종속기업/관계기업투자주식 손상차손도 모두 추정의 영역이다.

감사인도 재무제표 감사절차에서 가장 시간을 많이 투자하는 감사영역이며, 또한 이는 외부증빙을 통해서 감사증거를 수집하는 게 아니라, 대부분의 회사의 추정 과정을 검증하는 게 기본적인 절차이므로(예를 들어, 매출채권 대손충당금 계산파일을 검증), 회사의 내부 추정과정이 가장 중요한 영역이다.

따라서, 이 추정의 영역은 특히나 내부회계관리제도에서 우선적으로 관리되어야 한다. 대부분은 추후에 설명한 경영진에 의한 검토통제(MRC : Management Review Control)에 해당되는 통제가 필요한 것이다.

4-3. 회계처리 및 보고의 복잡성

> 신규 또는 복잡한 회계처리의 영향을 받는 계정과목(특히, 당해 회계처리와 관련하여 다양한 해석이 존재하는 경우)은 재무제표 왜곡표시의 위험이 상대적으로 높다.

회계처리의 복잡성은 매출액에 해당할 수 있지만, 회계처리와 관련된 다양한 해석이 존재하는 경우도 있다.

특히나 IFRS의 본질적인 특징인 원칙 중심(principle based)의 회계의 특성으로 인해 K-IFRS 기준서에서 모든 거래에 대한 일괄적인 방안이 존재하지 않는 경우가 많다.

최근 자본시장에서 많이 거론되는 주제들은 다음의 예가 있을 수 있다.

- 전환사채 발행자의 전환권을 자본으로 인식할지, 부채(파생상품부채)로 인식할지에 대한 이슈 (K-IFRS 1032호 금융상품 : 표시)
- 매출을 총액으로 인식할지, 순액으로 인식할지에 대한 이슈 - 본인/대리인 판단 이슈(K-IFRS 1115호 고객과의 계약에서 생기는 수익)

• 사실상의 지배력 구분(K-IFRS 1110호 연결재무제표)

이러한 복잡하고 다양한 해석이 존재하는 경우는 회계처리과정에서 왜곡발생 가능성이 크니, 질적으로도 중요한 계정과목에 해당한다.

4-4. 우발채무의 발생가능성

특정 계정과목과 관련되어 수행하는 업무프로세스에서 유의한 우발채무가 발생할 가능성이 높은 경우 양적 요소에 추가하여 고려한다.

거래발생과정에서 부채의 정의인 지급의무를 충족하게 되면, 부채로 인식해야 한다.

반면, 부채의 인식가능성은 존재하나 현재기준 정의를 충족하지 않는 경우, 부채로 인식하지 아니하고 우발부채로 주석에 공시하는 경우가 있다.

K-IFRS 1037호(충당부채, 우발부채 및 우발자산)에서는 우발부채를 다음과 같이 정의하고 있다.

K-IFRS 1037호(충당부채, 우발부채 및 우발자산)

충당부채와 우발부채의 관계

문단 13

충당부채와 우발부채는 다음과 같이 구별된다.

(1) 충당부채는 현재의무이고 이를 이행하기 위하여 경제적 효익이 있는 자원을 유출할 가능성이 높고 해당 금액을 신뢰성 있게 추정할 수 있으므로 부채로 인식한다.

(2) 우발부채는 다음의 (가)나 (나)의 이유로 부채로 인식하지 아니한다.

(가) 기업이 경제적 효익이 있는 자원을 유출할 현재의무를 가지고 있는지가 아직 확인되지 않은 잠재적 의무이다.

(나) 현재의무이지만 이를 이행하기 위하여 경제적 효익이 있는 자원을 유출할 가능성이 높지 않거나 해당 금액을 신뢰성 있게 추정할 수 없으므로 이 기준서의 인식 기준을 충족하지 못한다.

대표적인 우발부채가 소송인데, 기업이 소송사건이 피소된 경우, 자원의 유출 현재의무가 확인되지 않았거나, 경제적 효익이 있는 자원을 유출할 가능성이 높지 않거나, 금액을 신뢰성 있게 추정할 수 없는 경우는 우발부채로 주석에 그 사실을 공시한다.

다만, 이러한 우발부채 주석공시사항은 시간이나 사건의 경과에 따라 부채의 정의를 충족할 수도 있기 때문에, 질적으로 중요한 주석공시사항에 해당한다.

4-5. 특수관계자와 유의적 거래의 존재 여부

특수관계자와의 거래는 제3자와의 거래에 비하여 의도적인 재무제표 왜곡표시의 가능성이 상대적으로 높기 때문에 양적 요소에 추가하여 고려한다.

기업의 거래는 외부 제3자와의 거래와 특수관계자와의 거래가 혼합되어 있다. 다만, 특수관계자는 그 특성상 의도적으로 재무제표를 왜곡표시할 가능성이 높기 때문에 특수관계자와의 거래항목은 중요한 항목이 된다.

K-FRS 1024호(특수관계자 공시) 기준서에서는 특수관계자의 범위와 특수관계자와의 거래 등을 주석에 공시하도록 요구하고 있다.

특수관계자 관련해서는 아래 2가지로 구분해서 질적으로 중요한 계정과목으로 구분하고 관련 통제활동의 설계 운영이 필요하다.

- 특수관계자 거래가 포함된 손익항목과 거래잔액이 포함된 자산부채항목
- 특수관계자 공시(주석공시사항의 정확성 및 완전성)

4-6. 계정과목 성격의 변화 및 당기 금액 변화 정도

회사 회계정책 등의 변경으로 당기 계정과목의 성격이 변화한 경우나 당기 금액의 급격한 변화가 존재하는 경우에는 재무제표 왜곡표시 위험이 상대적으로 높다. 당기 이전부터 계속 유의한 계정과목으로 분류된 계정과목의 금액이 당기에 중요성 금액 또는 수행 중요성 기준에 미치지 못하는 경우 계정과목 규모의 감소가 일시적인 것인지 여부를 추가적으로 검토하고, 향후 지속적으로 양적 요소를 충족시키지 못할 가능성이 낮지 않은 경우에는 유의한 계정과목 등으로의 분류를 고려한다.

회계정책은 K-IFRS 1008호(회계정책, 회계추정치 변경과 오류)에서 정의하듯이 회계처리를 위해 적용하는 원칙 등을 말한다.

K-IFRS 1008호(회계정책, 회계추정치 변경과 오류)

용어의 정의

문단 5

회계정책 : 기업이 재무제표를 작성 · 표시하기 위하여 적용하는 구체적인 원칙, 근거, 관습, 규칙 및 관행

예를 들어, 유형자산의 후속측정모형을 원가모형이나 재평가모형의 2개의 선택대안 중 1개를 회계정책으로 정하거나, 투자부동산의 후속측정모형을 원가모형이나 공정가치모형 중 선택하는 것 등을 의미한다.

또한, 리스와 관련해서 2018년까지 적용하였던 K-IFRS 1017호(리스) 기준서가 폐기되고, 새로운 리스 기준서인 K-IFRS 1116호(리스)를 2019년부터 적용해야 하는 경우와 같이 기업회계기준서의 제개정으로 인한 회계정책의 선택 변경도 존재한다.

예를 들어, 회사가 투자부동산의 후속측정모형을 원가모형으로 선택하여 적용하여 오다가, 올해(당기)부터 공정가치모형으로 회계정책을 변경하게 되면, 기말 재무제표상의 투자부동산 장부금액은 아래와 같이 달라진다.

즉, 전기말 회계정책이 원가모형이었던 100원은 취득원가로 측정한 결과이고, 당기말에 공정가치모형으로 회계정책을 변경하면 당기말 현재의 공정가치(예 : 감정평가액)인 200원으로 측정한 결과가 된다. (물론, 이러한 회계정책의 변경을 하게 되면, 비교표시되는 전기말 금액도 소급적용해야 한다.)

재무상태표 (BS)				
[자산]	당기말	전기말	[부채]	
투자부동산	200	100		

즉 전기말 원가로 측정한 100원과 당기말 공정가치로 측정한 200원은 그 성격이 완전히 달라지게 된다. 전기말 100원과 달리 당기말 200원의 장부금액은 거래를 측정한 것이 아니라, 누군가(예 : 감정평가법인)에 의해서 공정가치 추정치에 대한 정보를 취득하고 회계처리 하는 것이기 때문에 공정가치 평가액(예 : 감정평가액)의 측정이 적정한지에 대한 검토 통제활동이 필요하므로 질적으로 중요한 계정과목이 된다.

4-7. 비경상적인 거래

빈번하게 발생하지 않는 거래와 관련된 회계처리의 경우 재무제표 왜곡표시 위험이 크다고 판단할 수 있다.

계속사업을 영위하는 일반적인 상황에서는 비경상적인 거래의 발생이 흔하지 않다.
비경상적인 거래는 다음과 같은 거래를 예시로 들 수 있다.

- 제품만을 판매하는 기업이 당기에 상품매출이 발생한 경우
- 매월 일정한 수준의 매출이 발생하는 기업이 12월에 갑자기 매출이 증가되는 경우

범위선정(scoping) 과정에서 금액적 변동이나 비경상적인 거래가 발견된 거래는 질적으로 중요하므로, 내부회계관리제도 통제활동을 통한 검토가 필요하다.

4-8. 관련 회계처리 기준의 변경

회사가 회계기준을 변경하거나 새로운 회계기준의 도입과 관련된 계정과목 역시 재무제표 왜곡표시 위험이 증가한다.

우리나라 상장법인은 의무적으로 K-IFRS를 적용해야 하기 때문에 회계기준을 변경할 경우는 없을 것이다. 다만, 2025년 기준 41개로 구성된 기준서와 19개로 구성된 해석서는 지속적으로 과거의 기준서가 폐기되고 새로운 기준서가 제정되기도 하고, 기존 기준서의 일부 내용이 개정되기도 한다.

회사는 K-IFRS 체계하에서 기준서의 제개정사항들을 적절히 반영해서 재무제표 왜곡표시위험을 감소시킬 필요가 있다.

최근 K-IFRS 기준서의 변경 현황은 다음과 같다.

2018년에는 금융상품 및 수익인식 기준서의 개정이 있었으며, 2019년에는 리스 기준서의 개정이 있었다.

또한, 2023년은 보험계약 관련 기존 기준서인 K-IFRS 1104호(보험계약)가 새로운 보험계약 기준서인 K-IFRS 1117호(보험계약)로 개정되었다.

2018년 적용 제정 기준서

K-IFRS	기준서		K-IFRS	기준서
제1032호	금융상품 : 표시		제1032호	금융상품 : 표시
제1039호	금융상품 : 인식과 측정	X →	제1109호	금융상품
제1107호	금융상품 : 공시		제1107호	금융상품 : 공시
제1113호	공정가치측정		제1113호	공정가치측정
제1011호	건설계약			
제1018호	수익	X →	제1115호	고객과의 계약에서 생기는 수익
제2031호	광고용역의 교환거래			
제2113호	고객충성제도			
제2115호	부동산건설약정			
제2118호	고객으로부터의 자산이전			

2019년 적용 제정 기준서

K-IFRS	기준서		K-IFRS	기준서
제1017호	리스			
제2015호	운용리스 : 인센티브	X →	제1116호	리스
제2027호	법적 형식상의 리스를 포함하는 거래의 실질에 대한 평가			
제2104호	약정에 리스가 포함되어 있는지의 결정			

그리고, 현재는 K-IFRS 1118호(재무제표 표시와 공시)가 2027년 1월 1일부터 시행 예정이다. 다만, 현재 국제회계기준인 IFRS 18호를 최종적으로 한국채택국제회계기준인 K-IFRS 1118호(재무제표 표시와 공시)의 도입은 최종 결정이 되지는 않고 있으며, 2025년 하반기에 최종 공포 예정이다.

K-IFRS 1118호(재무제표 표시와 공시)의 주요 내용은 다음처럼 도식화할 수 있다.

K-IFRS 1001 영업손익 vs. IFRS 18 영업손익

현행 K-IFRS 1001호		IFRS 18에 따른 표시	
수익	영업	수익	영업
매출원가		매출원가	
매출총이익		매출총이익	
판매비		판매비	
관리비		관리비	
		무형자산손상차손	
		유형자산처분이익	
영업손익		영업손익	
지분법손익	영업외손익	지분법손익	투자
무형자산손상차손		재무손익 및 법인세 차감전손익	
유형자산처분이익		차입금 및 리스부채 이자비용	재무
이자비용		퇴직급여부채 이자비용	
법인세비용차감전순이익		법인세비용차감전순이익	
법인세비용		법인세비용	
당기순이익		당기순이익	

K-IFRS 1118호(재무제표 표시와 공시)가 기존 재무제표 표시와 공시 기준서인 K-IFRS 1001호(재무제표 표시) 대비 가장 큰 차이점은 포괄손익계산서의 표시 이슈이다.

우리나라는 국제회계기준인 IFRS를 그대로 채택하여 글로벌하게 IFRS를 채택하고 있는 168개 나라 중 하나이다.

다만, 우리나라의 사정을 반영해서 국제회계기준위원회(IASB)의 동의하에 포괄손익계산서에 영업손익의 표시를 강제하지 않는 IFRS 1호와 달리 K-IFRS 1001호에서 영업손익을 반드시 구분 표시하도록 요구하고 있다.

K-IFRS 1001호(재무제표 표시)

문단 한 138.2

기업은 수익에서 매출원가 및 판매비와관리비(물류원가 등을 포함)를 차감한 영업이익(또는 영업손실)을 포괄손익계산서에 구분하여 표시한다. 다만 영업의 특수성을 고려할 필요가 있는 경우(예 : 매출원가를 구분하기 어려운 경우)나 비용을 성격별로 분류하는 경우 영업수익에서 영업비용을 차감한 영업이익(또는 영업손실)을 포괄손익계산서에 구분하여 표시할 수 있다.

현행 K-IFRS 1001호(재무제표 표시)에서는 영업손익과 기타손익을 구분하도록 요구하고 있고, 일반적으로 유형자산처분손익, 무형자산손상차손 등은 기타손익으로 인식된다.

반면, 제정 예정인 K-IFRS 1118호(재무제표 표시와 공시)는 영업활동과 관련이 있는 유형자산, 무형자산 등의 관련 손익도 영업활동으로 분류하고 영업손익에 포함하도록 요구하고 있다.

이로 인해, K-IFRS를 적용하는 상장법인은 이러한 새로운 표시 이슈로 인해서 아래와 같은 결산프로세스의 변화가 예상된다.

- 기존 계정코드(COA)의 변화
- 추가적인 주석공시사항(MPM : Management Performance Measures, 경영진이 정의한 성과측정치) 등의 작성 및 공시
- 관련한 신규 업무프로세스 개발 및 관련 통제활동(RCM) 추가 필요

4-9. 법규 및 감독당국의 강조 사항

금융감독원 등의 규제기관에서 중점 점검항목으로 강조하거나 감리 등을 통해 지적되는 항목은 일반적으로 재무제표 왜곡표시 위험이 크다고 판단할 수 있다.

〈금융감독원 감리〉

금융감독원은 전체 상장법인 중 1년에 100여 개 정도 상장법인에 대한 재무제표 왜곡표시 여부에 대한 감리업무를 진행한다. 이 중 재무제표 왜곡표시 정도가 중요한 기업에 대해서는 금융위원회의 증권선물위원회 의결로 감리조치를 하게 된다.

금융감독원은 1년에 1회 정도 감리지적 통계자료를 공개한다.

다음은 최근(2024년 12월)에 공개한 감리지적사례 통계자료이다.

위반유형별 적발건수*1

유형별 구분	2015	2016	2017	2018	2019	2020	2021	2022	2023	2024*2
A. 당기손익, 잉여금, 자기자본 등에 영향을 미치는 사항	135	85	55	66	114	116	109	82	81	78
1. 매출채권, 매출 과대(소) 계상	4	16	11	8	14	15	20	13	19	15
2. 재고자산, 매출원가 과대(소)계상	3	7	7	3	9	3	5	8	9	4
3. 유가증권 및 투자유가증권 관련	24	6	7	11	13	19	16	14	12	11
4. 고정자산 과대계상	5	7	2	5	8	7	9	2	5	8
5. 개발비 과대계상	–	3	2	11	11	4	5	1	2	2
6. 기타의 자산 과대계상	3	5	9	6	17	18	7	9	3	11
7. 미지급비용, 차입금, 충당부채 등 부채 과소계상	23	11	8	6	9	16	16	10	9	11
8. 대손충당금 과소계상	35	15	4	5	13	17	9	4	3	3
9. 자산평가손실 및 감액손실 과소계상	22	6	3	3	2	6	13	12	11	3
10. 기타손익 과대(소) 계상	16	9	2	8	18	11	9	9	8	10
B. 자산·부채 과대 계상 등	8	16	10	15	17	13	25	15	13	16
1. 자산·부채 과대(소) 계상	4	6	7	7	9	9	10	7	7	10
2. 매출·매입 과대(소) 계상	4	10	3	8	8	4	15	8	6	6
C. 주석 미기재	26	41	30	27	32	27	42	15	20	16
1. 특수관계자 등과의 거래내역 등	9	28	11	15	24	21	24	9	14	12
2. 지급보증 및 담보제공	14	12	12	9	8	3	4	1	1	0
3. 기타 주석 미기재	3	1	7	3	–	3	12	5	5	4
D. 계정과목 분류 오류 등	4	8	14	18	26	20	16	30	7	9
E. 외부감사방해 등 회계기준 외의 관련법규 위반사항	4	30	15	4	2	15	9	1	1	10
합 계	177	180	124	130	191	191	201	143	122	129

(출처 : 금융감독원 회계현안 설명회 자료, 2024.12)

*1 제재조치한 회사별로 2개 이상의 위반유형이 적발된 경우 중복 계산

*2 2023.11월말 기준

또한, 금융감독원 홈페이지를 통해 기업별 감리조치사항과 유형별 감리지적사례를 공개하고 있다. 이러한 감리지적사례는 최근 금융감독원(감독당국)이 강조하는 사항이므로, 내부회계관리제도에서 질적으로 중요한 항목으로 분류하고 관련 통제활동을 설계·운영하는 것이 필요하다.

〈금융감독원 중점심사항목〉

또한, 금융감독원은 감리제도의 한계(전체 2,500여 개 상장법인 중 1년에 100여 개 정도만 수행)를 보완하기 위해 2014년부터 중점심사항목을 매년 4가지씩 선정하여 전체 상장법인에 대해 심사업무를 진행하고 있다.

특히, 이 중점심사항목은 매년 선정하며 최근 감독당국이 자본시장의 회계감독에서 중요하다고 판단하는 영역이므로, 유의할 필요가 있다.

다음은 2014년부터 금융감독원이 중점점검항목으로 매년 선정한 4가지 항목이다.

심사대상 재무제표	중점점검 회계이슈	심사대상 재무제표	중점점검 회계이슈
2013년	① 퇴직급여부채의 보험수리적 현재가치 측정 ② 무형자산(영업권, 개발비) 평가 ③ 신종증권 등의 자본과 부채 분류기준 ④ 장기공사계약 관련 수익인식	2019년	㉕ 新리스기준서에 따른 회계처리의 적정성 ㉖ 충당부채 · 우발부채 등의 인식 · 측정 및 관련 주석 ㉗ 장기공사계약(조선 · 건설 외) 등 관련 수익인식 ㉘ 유동 · 비유동 분류의 적정성
2014년	⑤ 매출채권 매각 관련 회계처리의 적정성 ⑥ 특수관계자 거래 주석기재의 적정성 ⑦ 영업이익 · 이자비용 산정의 적정성 ⑧ 이연법인세자산 회계처리의 적정성	2020년	㉙ 재고자산 회계처리의 적정성 ㉚ 무형자산 회계처리의 적정성(영업권, 개발비 제외) ㉛ 국외매출 회계처리의 적정성 ㉜ 이연법인세 회계처리 적정성
2015년	⑨ 미청구공사(초과청구공사) 금액의 적정성 ⑩ 원자재등 비금융자산공정가치평가 및 관련공시 ⑪ 현금흐름표상 영업현금흐름 공시의 적정성 ⑫ 유동 · 비유동 분류의 적정성	2021년	㉝ 종속 · 관계기업 투자주식에 대한 손상처리의 적정성 ㉞ 특수관계자에 대한 수익 인식의 적정성 ㉟ 금융부채 인식 및 측정의 적정성 ㊱ 영업이익 표시 및 영업부문정보 공시의 적정성
2016년	⑬ 외부평가기관에 의한 비시장성 자산평가 ⑭ 수주산업 공시의 적정성 ⑮ 반품 · 교환 회계처리의 적정성 ⑯ 신주인수권 등 파생상품 회계처리의 적정성	2022년	㊲ 수익 인식 ㊳ 현금및현금성자산의 실재성과 현금흐름표 표시 ㊴ 상각후원가 측정 금융자산 손실충당금 ㊵ 사업결합
2017년	⑰ 개발비 인식 · 평가의 적정성 ⑱ 국외매출(수주산업 제외) 관련 회계처리의 적정성 ⑲ 사업결합 회계처리의 적정성 ⑳ 매출채권 대손충당금 회계처리의 적정성	2023년	㊶ 매출채권 손실충당금 ㊷ 전환사채 콜옵션 ㊸ 장기공사수익 ㊹ 우발부채 공시
2018년	㉑ 新수익기준서에 따른 수익인식의 적정성 ㉒ 新금융상품 공정가치 측정 금융자산 ㉓ 외부평가기관에 의한 비시장성 자산평가 ㉔ 무형자산 인식 · 평가의 적정성	2024년	㊺ 수익인식 회계처리 ㊻ 비시장성 자산평가 ㊼ 특수관계자 거래 회계처리 ㊽ 가상자산 회계처리

(출처 : 금융감독원 회계현안 설명회 자료, 2024.12)

참고로 2025년 6월에 추가적으로 중점점검항목을 선정하여 공개하였다. (2025.6.24 금융감독원 보도자료 참고) 즉, 2025년 6월에 상장법인의 2025년 재무제표에 대해서 아래 4가지 회계이슈에 대해 2026년에 중점심사항목으로 선정 · 감독하겠다는 의미이다.

아래 중점심사항목과 관련된 회사의 계정과목이 존재하는 경우(전환사채, 종속기업투자주식 등), 2025년 내부회계관리제도에서 질적으로 중요하다고 볼 수 있다.

2025년 재무제표에 대한 중점심사 회계이슈

투자자 약정	주주 · 채권자 등의 투자계약 시 다양한 약정이 부가되는 경우, 기업의 의무가 있다면 금융부채로 분류하여야 하는지 확인하고, 관련 내용을 주석에 충실하게 기재
전환사채 발행 및 투자	전환사채와 관련하여 콜 · 풋옵션이 부여된 경우 파생상품 회계처리에 유의하고, 특수관계자 거래, 담보제공 등 주석공시를 철저히 수행
공급자금융약정 공시 (유통업, 제조업)	다수의 공급자로부터 재화를 구매하는 기업이 공급자금융약정을 이용하는 경우 동 약정의 조건, 관련 장부금액 등을 주석에 상세히 기재
종속 · 관계기업 투자주식 손상	당기순손실 지속 발생 등 실적이 악화된 종속 · 관계기업에 대해 합리적인 가정에 근거한 회수가능액을 산정하는 등 손상검토를 충실하게 수행

4-10. 주요한 외부환경의 변화가 존재하는 계정

회사의 사업을 영위하는 외부환경에 중요하거나 급격한 변화가 존재하는 경우 이와 관련된 계정과목은 일반적으로 재무제표 왜곡표시 위험이 크다고 판단할 수 있다.

기업은 끊임없이 외부환경에 중요하거나 급격한 변화에 시의적절하게 대응할 수 있는 장치를 마련하고자 한다. 그러나, 때로는 불가피하게 외부환경의 변화 등에 적절하게 대응하지 못하는 경우도 있다.

일반적인 사례는 다음과 같을 수 있다.

- 코로나19로 인한 영향 - 여행업종 매출액의 급격한 감소
- 기상이변으로 인한 영업환경의 변화(겨울에 한파가 없는 경우) - 의류업종의 코트류(재고자산) 누적으로 인한 재고자산 NRV 평가 이슈
- 환경규제로 인한 부담금 발생 - 정부 환경규제로 인한 충당부채(온실가스충당부채 등)

4-11. 부정 발생의 가능성

부정한 재무보고, 자산의 남용 및 부패와 같은 부정에 쉽게 노출될 가능성을 고려하는 것으로 문단 12(부정위험 평가)를 참조한다.

평가보고 가이드라인

12. (부정위험 평가)

가. 경영진은 위험식별 과정에서 계정과목과 프로세스에서 부정에 쉽게 노출되어 부정 행위가 발생할 가능성의 정도를 고려하여야 한다. 부정위험 평가에 요구되는 업무의 정도는 회사의 운영 활동과 재무보고 환경의 규모 및 복잡성에 비례한다.

나. 경영진은 부정에 의한 왜곡표시 위험이 규모나 유형에 관계없이 모든 조직에 일반적으로 존재하며 특정 지역 또는 부문 및 개별 재무보고 요소에 따라 다를 수 있음을 인식하여야 한다. 예를 들어, 모든 규모와 유형의 회사에서 부정한 재무보고를 초래할 수 있는 부정위험의 유형은 경영진의 내부회계관리규정이나 통제를 무시할 위험이다.

내부회계관리제도 평가 및 보고 기준에서는 "부정위험"을 다음과 같이 정의하고 있다.

평가보고기준

2. (용어의 정의)

사. **부정위험**이란 부정한 재무보고, 자산의 남용 및 부패와 같은 부정에 대한 기업의 취약점과 해당 취약점으로 인해 재무제표가 왜곡표시 될 위험을 말한다.

상기 부정위험의 정의에 기초하여 내부회계관리제도에서는 "오류"로 인한 재무제표 왜곡표시위험뿐만 아니라, "부정"으로 인한 재무제표 왜곡표시위험을 통제하는 활동이 필요하다.

부정(fraud)은 회사마다 다를 수 있지만, 외부감사인은 기업의 재무제표를 감사할 때 기본적으로 아래 2가지 영역에서 부정으로 인한 재무제표 왜곡표시위험이 발생할 가능성이 있다고 판단한다.

〈회계감사기준〉

감사기준서 240 재무제표감사에서 부정에 관한 감사인의 책임

부정으로 인한 중요왜곡표시위험의 식별과 평가

수익인식의 부정위험(문단 27 참조)

A29 수익의 인식과 관련하여 부정한 재무보고로 인한 중요한 왜곡표시는 종종 수익의 조기인식이나 가공수익의 계상 등에 의한 과대계상에 기인하며, 수익의 부적절한 이연인식 등 수익의 과소계상에 기인할 수도 있다.

회사는 부정위험을 평가하고, 이에 대한 부정위험에 대응할 수 있는 통제활동 설계 · 운영이 필요하다.

부정위험과 관련된 통제활동은 후술하는 전사수준통제(ELC) **(원칙 8. 부정위험 평가)**에서 구체적으로 설명한다.

원칙 8	**(부정위험 평가)** 내부회계관리제도 목적 달성에 대한 위험 평가 시 잠재적인 부정 가능성을 고려한다.

05 경영자 주장의 식별

중요성 금액 선정에 따른 유의한 계정과목 등을 선정하면, 이제 이 유의한 계정과목 등 각각에 대한 내부회계관리제도, 즉 통제활동을 설계하고 운영하면 된다.

그런데, 이 유의한 계정과목 등에 대한 통제활동은 각 계정과목별로 왜곡표시 위험의 유형이 달라질 수 있다는 점을 알아야 한다.

Key Point

내부회계관리제도는 매출채권에 대해서 통제활동을 설계하는 것이 아니다. 매출채권 총액에 대한 왜곡표시위험을 감소시키는 통제활동과 매출채권 대손충당금에 대한 왜곡표시위험을 감소시키는 통제활동을 구분해서 설계 · 운영하는 것이다.

5-1. 재무제표 감사에서의 경영자 주장

외부감사인의 재무제표에 대한 감사절차를 설명하면 다음과 같다.

회사의 공시된 재무상태표에 매출채권이 100원이 있다고 하자. 재무상태표에 공시된 매출채권 100원은 회사의 회계처리(전표)가 아니다.

회사는 실제 매출채권 총액 120원을 회계처리하고, 대손충당금 20원을 차감회계처리한 것이고, 그 결과 순액으로 재무상태표에 공시하는 것이다.

따라서, 외부감사인은 회사 재무제표의 적정성을 확인하기 위해서는 매출채권 총액 120원에 대한 감사절차로서 채권채무조회서를 발송 회수하면서 채권잔액의 적정성을 확인하고, 매출채권 대손충당금 20원에 대해서는 회사의 대손충당금 계산파일을 입수하여 추정의 적정성을 검증한다.

즉, 각 회계처리 단위인 재무제표 계정과목별로 감사절차를 취해서 재무제표의 적정성을 검증한다.

결론적으로, 외부감사인의 감사절차는 계정과목별로 수행하는 것이 아니라, "각 계정과목의 경영자 주장별"로 수행하는 것이다.

5-2. 내부회계관리제도에서의 경영자 주장

내부회계관리제도 역시 외부감사인의 재무제표 감사절차와 유사하게, 매출채권 총액 120원에 대한 왜곡표시위험을 감소시키기 위한 통제활동이 필요하고, 매출채권 대손충당금 20원에 대한 왜곡표시위험을 감소시키기 위한 통제활동이 필요하다.

재무제표

재무상태표 (BS)			
[자산]		[부채]	
매출채권	100	→	
		[자본]	
Total		Total	

손익계산서 (IS)			
[비용]		[수익]	
이익			

매출채권	120
대손충당금	△20

〈경영자 주장〉

경영자 주장이란, 기업의 경영진이 재무제표에 계정과목별로 금액을 기록하는데, 이 금액을 기록하는 내용이 경영자가 주장하는 것이 다르다는 의미이다.

예를 들면,

회사의 재무제표에 매출채권(자산) 100원과 차입금(부채) 100원이 있다고 하면, 매출채권(자산)의 왜곡표시 위험은 100원이 실제 존재하는지 여부인 반면, 차입금(부채)의 왜곡표시 위험은 100원 이외에 누락된 부채가 없는지 여부로 그 방향이 완전 반대 개념인 것이다.

그래서, 실제 존재하는지 여부를 확인하는(실재성) 통제활동과 누락된 것이 없는지 여부를 확인하는(완전성) 통제활동은 각각 다르게 설계 · 운영하여야 한다.

매출채권이 100원 진짜 있어요!
(실재성)

재무상태표 (BS)			
[자산]		[부채]	
매출채권	100		
		[자본]	
Total		Total	

손익계산서 (IS)			
[비용]		[수익]	
이익			

차입금이 100원밖에 없어요!
(완전성)

재무상태표 (BS)			
[자산]		[부채]	
		차입금	100
		[자본]	
Total		Total	

손익계산서 (IS)			
[비용]		[수익]	
이익			

평가보고 가이드라인

13. (경영자 주장)

가. 경영진은 파악된 유의한 계정과목 등에 대한 경영자 주장을 식별한다. 재무제표에 대한 경영자 주장(Financial Statements Assertions)이란 재무제표의 계정과목 및 주석사항에 대하여 경영자가 명시적 혹은 묵시적으로 주장하는 내용을 말하며 회계처리기준에 따라 재무제표를 작성 및 공시하였다는 사실을 주장하는 것이다.

5-3. 7가지 경영자 주장

평가보고 가이드라인에서는 경영자 주장을 7가지로 분류하고 있다.

〈경영자 주장 7가지〉

- 실재성(Existence)
- 완전성(Completeness)
- 권리와 의무(Rights and Obligations)
- 평가(Valuation)

- 재무제표 표시와 공시(Presentation and Disclosure)
- 발생사실(Occurrence)
- 측정(Measurement)

(1) 실재성(Existence)

실재성이란 재무상태표에 기록되어 있는 자산, 부채 및 자본이 보고기간 종료일 등 주어진 특정일 현재 존재하고 있으며, 기록된 거래들이 특정기간 동안 실제로 발생한 사건을 기록하고 있음을 주장하는 것이다. 예를 들면, 재무상태표상의 **재고자산**은 회사가 보고기간 종료일 현재 실제로 보유하고 있는 자산을 나타낸다고 경영진은 주장한다.

실재성(Existence)은 위 사례의 매출채권처럼 우리 재무제표상 매출채권 100원이 "실재 존재합니다"라는 경영자의 주장이다.

회사의 통제기술서(RCM)에는 각 통제활동마다 관련 유의한 계정과목 등과 해당 경영자 주장을 표시한다. 그 이유는 기업마다 유의한 계정과목 등과 경영자 주장에 대해서 관련 통제활동이 필요하기 때문이다.

예를 들어 생산/재고 프로세스에서는, 재고자산이라는 중요한 계정과목의 실재성을 확인하기 위해 재고실사라는 핵심적인 통제활동이 수행된다.

생산/재고 프로세스 통제기술서(RCM) 예시

Sub-Process	Activity	Risk	Control	유의한 계정과목	경영자 주장
재고관리	재고실사를 수행한다.	실제 재고자산 수량과 수불부상 재고 수량이 일치하지 않아 재고자산이 왜곡될 위험	**재고실사의 실시**	**재고자산**	**실재성(E)**

(2) 완전성

완전성이란 특정한 기간 동안 발생한 모든 거래와 사건들이 해당 기간의 기록으로 모두 기록되었음을 주장하는 것이다. 이는 재무제표에 기록되지 않은 자산, 부채, 거래나 사건 혹은 공시되지 않은 항목은 없다는 주장이다. 예를 들어, 경영자는 모든 **이자비용**이 빠짐없이 (포괄)손익계산서에 표시되었고 재무상태표에 표시되지 않은 부채는 존재하지 않는다고 주장한다.

> 완전성에 대한 주장은 재무제표에 포함되어야 할 항목의 누락 여부에 관한 주장으로 일반적으로는 부채와 비용 계정과 관련되는 것에 반하여, 실재성 또는 발생사실의 주장은 재무제표에 포함되지 않아야 할 가공의 항목이 없다는 사실에 관한 주장으로 자산이나 수익 계정과 더 밀접하게 관련된다.

완전성(Completeness)은 위 사례의 차입금처럼 우리 재무제표상 차입금 100원이 "100원밖에 없습니다"라는 경영자의 주장이다.

자금 프로세스의 예를 들면, 차입금의 누락 여부, 즉 차입금의 완전성 관련 재무제표 왜곡표시위험을 감소하기 위해 "차입금명세서와 은행연합회 자료와의 대사" 통제활동이 필요한 것이다.

자금 프로세스 통제기술서(RCM) 예시

Sub-Process	Activity	Risk	Control	유의한 계정과목	경영자 주장
차입금 관리	차입금을 차입한다.	차입금이 재무제표에 누락될 위험	**차입금명세서와 은행연합회 자료의 대사**	**차입금**	**완전성(C)**

(3) 권리와 의무

> 권리와 의무는 재무제표에 표시된 자산에 대해 해당 일자에 회사가 소유권 혹은 독점적인 사용권을 보유하고 있으며 부채는 해당 일자에 회사가 변제하여야 할 의무가 있는 채무가 존재한다는 주장이다. 예를 들어, 회사가 차입을 통하여 **유형자산**을 구입한 경우 재무상태표상의 유형자산은 회사가 미래 경제적 효익을 받을 수 있는 독점적 권리를 나타내고 **차입금**은 회사가 상환하여야 하는 의무를 나타낸다는 주장이다.

권리와 의무(Rights and Obligations)는 자산과 관련된 권리, 부채와 관련된 의무에 해당하는 것이다.

대표적으로 부동산의 경우 그 권리를 부동산등기부등본 등으로 확인할 수 있다. 차입금은 부채의 정의, 즉 지급의무를 기록하는 것이기 때문에 차입금은 의무에 해당한다.

차입금 관련 경영자 주장이 "완전성"일 경우와 "권리와 의무"일 경우의 통제활동은 아래와 같이 각각의 경영자 주장별로 달라질 수 있는 것이다.

자금 프로세스 통제기술서(RCM) 예시

Sub-Process	Activity	Risk	Control	유의한 계정과목	경영자 주장
차입금 관리	차입금을 차입한다.	차입금이 재무제표에 누락될 위험	**차입금명세서와 은행연합회 자료의 대사**	차입금	**완전성(C)**
차입금 관리	차입금을 차입한다.	차입금이 재무제표에 누락될 위험	**차입 약정서상의 의무내역 검토***	차입금	**권리와 의무(R)**

* 차입약정서상의 약정내용 예시 : 부채비율이 200%를 초과하면 차입금 10% 즉시 상환한다 또는 이자율 1% 상승한다 등

(4) 평가

재무제표상의 자산, 부채, 자본, 수익과 비용 항목은 회계기준에 따라 적정한 금액으로 표시되었다는 주장이다. 거래들이 수학적으로 옳게 계산되고 적절하게 요약되어 회사의 장부에 반영되었음을 의미한다. 예를 들어, 재고자산은 제조원가 또는 매입가액에 부대비용이 가산되어 원가계산방법에 따라 산정된 취득원가(순실현가능가치가 취득원가보다 낮은 경우에는 순실현가능가치)로 기록되었고, 금융자산은 보고기간 종료일 현재 공정가치 등으로 평가되었다는 주장이다.

평가(Valuation)는 상기 금융감독원 가이드라인에서는 K-IFRS 회계기준의 측정(원가측정 또는 공정가치측정)을 주장하고 있는 것으로 보인다.

다만, 실무에서 평가(Valuation)라는 경영자 주장은 대손충당금 추정 등과 같은 추정치에 일반적으로 적용한다.

현재 내부회계관리제도에서 외부감사인이 가장 강조하고 중요하게 접근하는 통제활동의 중심은 대부분 평가(Valuation)와 관련된 것이고, 이 중 상당수가 "경영진에 의한 검토통제(MRC : Management Review Control)"에 해당되기도 한다.

그 일차적인 이유는 평가(Valuation) 절차 자체가 대부분 "추정"에 기반하고, 추정과정을 시스템에서 자동으로 하지 않고, 사람(회사 임직원 또는 외부전문가)이 수행하기 때문에 재무제표 왜곡가능성이 높기 때문이다.

외부감사인이 재무제표 감사에서 이 항목들에 집중하는 이유와 일맥상통하는 것이다.

평가(Valuation)의 경영자 주장과 관련된 항목의 주요 예시는 다음과 같다.

- 매출채권 대손충당금 평가
- 재고자산 평가충당금 평가
- 유무형자산 또는 종속기업 관계기업투자주식 손상차손 평가
- 이연법인세자산 실현가능성 평가

매출 프로세스 통제기술서(RCM) 예시

Sub-Process	Activity	Risk	Control	유의한 계정과목	경영자 주장
대손 관리	매출채권 대손충당금을 인식한다.	매출채권의 회수가능성 평가가 부정확하여 대손충당금이 과소계상될 위험	**매출채권 대손충당금 검토(MRC)**	매출채권	**평가(V)**

(5) 재무제표 표시와 공시

재무제표 구성항목 및 주석사항은 회계처리기준에 따라 공시, 분류 및 기술되어 있다는 주장이다. 예를 들어, 재무상태표상 장기차입금으로 기록된 채무는 1년 이내에 상환되지 않는 채무임을 주장하는 것이다.

재무제표 표시와 공시(Presentation and Disclosure) 경영자 주장은 실무적으로 주석공시사항과 관련되어 있다.

재무제표는 재무상태표, 포괄손익계산서, 자본변동표, 현금흐름표, 주석을 합해서 재무제표라 한다. (K-IFRS 1001. 재무제표 표시. 문단 10) 표시(Presentation)는 재무상태표, 포괄손익계산서, 자본변동표, 현금흐름표에 기록하는 것을 의미하고, 공시(Disclosure)는 주석에 기록하는 것을 의미한다.

K-IFRS 1032호 기준서 특수관계자 공시의 의미는 특수관계자와의 거래 및 채권채무 잔액 등은 주석에만 공시한다는 의미이다. 즉, 특수관계자 표시 개념은 존재하지 않는 것이다.

특수관계자 공시를 포함한 주석공시사항은 해당 주석이 적절하게 재무제표 표시내용의 보충적 정보를 충실하게 공시하고 있는지 여부에 대한 검토 통제활동이 필요하다.

재무결산 프로세스 통제기술서(RCM) 예시

Sub-Process	Activity	Risk	Control	유의한 계정과목 등	경영자 주장
결산재무제표 작성 보고	특수관계자 거래내역을 파악 주석 공시한다.	특수관계자 주석사항이 부적절하게 공시될 위험	**특수관계자 거래 내역의 검토**	특수관계자 공시	**재무제표 표시와 공시(P)**

(6) 발생사실

거래나 사건은 회계기간 동안에 실제로 발생하였다는 주장으로 일반적으로 (포괄)손익계산서 계정과목에 해당한다. 예를 들어, (포괄)손익계산서의 **이자수익**은 예금 또는 대여금을 통해 당기 중에 실제로 발생한 금액이라고 경영진은 주장한다.

발생사실(Occurrence)은 포괄손익계산서에 인식하는 수익항목이 실제 발생했다는 경영자 주장이다. 이는 재무상태표의 자산항목의 실재성과 같은 개념이다.

일부 회계법인은 '실재성과 발생사실'을 하나의 경영자 주장으로 묶어서 실제 존재 여부를 확인하는 경영자 주장으로 관련 통제활동을 설계 · 운영한다.

(7) 측정

회계적인 거래나 사건은 적절한 금액으로 재무제표에 기록되었으며, 수익이나 비용은 발생주의 원칙에 따라 적절한 회계기간에 배분되었다는 주장이다. 예를 들어, 유형자산의 취득가액은 적절한 내용연수 동안에 체계적인 방법을 통하여 **감가상각비**로 배분되었다는 주장이다.

측정(Measurement)은 금융감독원 가이드라인의 예시처럼 감가상각비 배분 등에 해당한다.

K-IFRS 회계기준에서 측정은 원가측정과 공정가치측정으로 구분되나, 금융감독원 가이드라인에서는 원가측정 또는 공정가치측정을 평가(Valuation)로 구분하고 있다.

따라서, 금융감독원 가이드라인의 측정은 감가상각비 배분 정도로 이해하면 될 듯하다.

5-4. 경영자 주장 사례

예시

재 무 상 태 표

제 56 기 : 2024년 12월 31일 현재

제 55 기 : 2023년 12월 31일 현재

삼성전자주식회사 (단위 : 백만원)

과 목	주석	제 56 (당) 기		제 55 (전) 기	
자 산					
Ⅰ. 유 동 자 산			82,320,322		68,548,442
1. 현금및현금성자산	4, 28	1,653,766		6,061,451	
2. 단기금융상품	4, 28	10,187,991		50,071	
3. 매출채권	4, 5, 7, 28	33,840,357		27,363,016	
4. 미수금	4, 7, 28	3,249,731		1,910,054	
5. 선급비용		1,381,781		1,349,755	
6. 재고자산	8	29,154,115		29,338,151	

7. 매출채권 및 미수금:

가. 보고기간종료일 현재 매출채권 및 미수금의 내역은 다음과 같습니다.

(단위 : 백만원)

구 분	당기말		전기말	
	매출채권	미수금	매출채권	미수금
채권액	33,967,334	3,263,714	27,421,756	1,927,564
차감: 손실충당금	(126,977)	(4,303)	(58,740)	(6,230)
소 계	33,840,357	3,259,411	27,363,016	1,921,334
차감: 장기 채권	-	(9,680)	-	(11,280)
유동항목	33,840,357	3,249,731	27,363,016	1,910,054

설명

삼성전자의 재무상태표상 공시된 매출채권(순액)은 33,840,357백만원이지만, 실제 재무제표는 매출채권(총액)은 33,967,334백만원이고, 손실충당금(대손충당금) 126,977백만원을 차감한 후 순액인 27,363,016백만원이 공시되는 것이다.

매출채권(순액)은 33,840,357백만원에 대한 재무제표의 경영진 주장은 아래 2가지로 구분된다.

필드	필드값(예시)	경영자 주장 및 감사절차
매출채권	33,967,334백만원	• 실재성 • 실재성 확인을 위해 채권채무조회서 발송/회수
손실충당금 (대손충당금)	126,977백만원	• 평가 • 평가 확인을 위해 대손충당금 평가에 대한 적정성 검증

06 유의한 업무프로세스의 파악 및 평가 대상 사업단위의 선정

중요성 금액 선정에 따른 유의한 계정과목 등을 선정하고 각 유의한 계정과목 등에 대한 경영자 주장을 식별한 다음에, 본격적으로 내부회계관리제도를 설계하게 된다.

다만, 유의한 계정과목 등의 선정과 경영자 주장을 내부회계관리제도라는 통제'활동'의 형태로 변환이 필요하게 된다. 그래서, 각 유의한 계정과목 등과 관련 경영자 주장과 관련된 '업무프로세스'를 매핑하는 과정이 필요하다.

예를 들어, 매출채권의 실재성과 관련된 내부회계관리제도를 설계하기 위해서는 매출 프로세스로 매핑을 한 후에 매출 프로세스에서 내부회계관리제도를 설계해야 한다.

모범규준에서는 업무프로세스를 다음과 같이 정의하고 있다.

평가보고 가이드라인

14. (유의한 업무프로세스 파악)

가. 유의한 계정과목 등, 그리고 이와 관련된 경영자 주장을 파악한 후 경영진은 해당 계정과목 및 주석정보에 영향을 미치는 주요 거래유형별 유의한 업무프로세스를 파악한다.

나. 신뢰할 수 있는 재무제표의 작성 및 공시를 위해서는 재무제표 작성 및 보고 절차뿐만 아니라 장부상에 기록된 개별 거래들이 발생, 승인, 기록 및 처리되는 전체 과정이 중요하기 때문에 경영진은 내부회계관리제도의 평가 시 회계나 경리 부서뿐만 아니라 회계처리의 기초가 되는 정보와 관련된 회사의 유의한 업무프로세스를 고려한다.

15. (업무프로세스 위험평가 시 고려사항)

가. 계정과목의 특성을 고려한 질적 평가 시 관련된 프로세스 위험평가를 한꺼번에 고려하여 수행하거나 별도로 프로세스별 위험평가를 수행할 수 있다.

나. 유의한 업무프로세스 및 그 프로세스 내에서 수행되는 일련의 활동인 하위프로세스는 영위하는 사업의 내용이나 환경 등에 따라 회사마다 다를 수 있다. 예를 들어, 연구개발비 계정과 관련된 업무프로세스는 제조업(특히 첨단산업)의 경우에는 중요할 수 있으나 금융업을 영위하는 회사에서는 상대적으로 중요하지 않을 수도 있다.

다. 프로세스별 위험평가 시에는 회사의 특성을 감안하여 계정과목과의 직접적인 연관성 정도, 프로세스의 복잡성, 프로세스의 변경 정도, 중앙 집중화 및 동질성 정도, 프로세스를 지원하는 IT 시스템의 복잡성 및 변화 정도, 프로세스에 개입하는 내 · 외부 이해관계자의 수(혹은 부서의 수) 등을 고려할 수 있다.

라. 유의한 업무프로세스라 하더라도 관련 하위프로세스를 모두 동일한 비중으로 고려하기보다는 각 하위프로세스별 위험평가를 통해 내부회계관리제도 평가자, 평가방법, 범위 및 시기 등을 적절히 조정하는 것이 바람직하다.

마. 기말재무제표 작성절차는 내부회계관리제도에서 차지하는 중요성으로 인해 항상 유의한 업무프로세스로 식별되어야 한다.

아래는 기존 상장협의 내부회계관리제도 평가보고 적용기법에서 예시로 제시한 Scoping(범위선정) 사례이다.

예를 들어, 매출채권이라는 계정과목이 중요성 이상이라 유의한 계정과목 등의 선정되었으며, 내부회계관리제도(통제활동)를 설계하기 위해서 관련 유의한 업무프로세스를 "수익 프로세스"로 구분한 것이다.

사례 양적 요소와 질적 요소를 고려한 유의한 계정과목 선정 사례(제조업의 경우)

재무상태표

(단위 : 백만원)

계정과목	금액	유의한 계정과목 여부			관련 업무프로세스
		양적	질적	결론	
현금 및 현금성자산	32,000	포함		포함	자금
단기금융상품	95,000	포함		포함	자금
매출채권	170,000	포함		포함	수익
(대손충당금)	(3,000)	제외	포함	포함	수익
단기대여금	1,700	제외	제외	제외	자금
미수금	2,900	제외	제외	제외	자금
선급금	3,300	제외	제외	제외	자금
제품	20,000	포함		포함	재고자산관리 및 원가계산
원재료	10,000	포함		포함	
재공품	4,000	제외	포함	포함	
상품	8,000	포함		포함	
장기금융상품	3,200	제외	포함	포함	자금
당기손익-공정가치 측정 금융자산	2,000	제외	포함	포함	자금
상각후원가 측정 금융자산	200	제외	포함	포함	자금
보증금	2,500	제외	제외	제외	자금
토지	37,000	포함		포함	유형자산
건물	82,000	포함		포함	유형자산
기계장치	150,000	포함		포함	유형자산

계정과목	금액	유의한 계정과목 여부			관련 업무프로세스
		양적	질적	결론	
공구와 기구	20,000	포함		포함	유형자산
개발비	1,200	제외	제외	제외	R&D
자산총계	642,000				
매입채무	140,000	포함		포함	구매
미지급금	77,000	포함		포함	구매
선수금	700	제외	제외	제외	수익
예수금	1,800	제외	제외	제외	자금
미지급법인세	20,000	포함		포함	세무
장기차입금	61,000	포함		포함	자금
퇴직급여부채	13,000	포함		포함	인사 및 급여
판매보증충당부채	15,000	포함		포함	수익
이연법인세부채	1,500	제외	포함	포함	세무
보통주자본금	150,000	포함		포함	자금
이익준비금	17,000	포함		포함	자금
이익잉여금	145,000	포함		포함	자금
부채 및 자본총계	642,000				

(포괄)손익계산서

(단위 : 백만원)

계정과목	금액	유의한 계정과목 여부			관련 업무프로세스
		양적	질적	결론	
제품 매출액	790,000	포함		포함	수익
상품 매출액	300,000	포함		포함	수익
매출원가	900,000	포함		포함	재고자산 관리 및 원가계산
매출총이익	190,000				
판매비와관리비	52,870				
급상여	27,470	포함		포함	인사 및 급여
퇴직급여	2,700	제외	포함	포함	인사 및 급여

계정과목	금액	유의한 계정과목 여부			관련 업무프로세스
		양적	질적	결론	
복리후생비	4,000	제외		제외	인사 및 급여
세금과공과	2,800	제외	제외	제외	세무
수선비	2,200	제외	제외	제외	유형자산
보증수리비	3,000	제외	포함	포함	수익
감가상각비	9,000	포함		포함	유형자산
무형자산상각비	120	제외	제외	제외	무형자산
대손상각비	100	제외	포함	포함	수익
접대비	480	제외	제외	제외	경비
경상연구개발비	1,000	제외	제외	제외	R&D
영업이익	137,130				
영업외수익	10,000				
이자수익	5,000	포함		포함	자금
부산물매각	5,000	포함		포함	재고자산 관리 및 원가계산
영업외비용	7,130				
이자비용	5,000	포함		포함	자금
재고자산평가손실	130	제외	포함	포함	재고자산 관리 및 원가계산
기부금	2,000	제외		제외	경비
법인세비용 차감전순이익	140,000				
법인세비용	30,000	포함		포함	세무
당기순이익	110,000				

• 본 사례에서는 양적 요소로 중요성 금액을 세전순이익의 5%, 수행중요성 기준을 중요성 금액의 70%로 가정하였으며, 회사의 상황에 따라 다르게 적용할 수 있음
  - 중요성 금액 : 세전순이익(140,000백만원)×일정비율(5%)=7,000백만원
  - 수행중요성 기준 : 중요성 금액(7,000백만원)×일정비율(70%)=4,900백만원

• 양적 기준에 미달하는 계정과목에 대해서는 추가적으로 질적 요소를 고려하였으며, 본 사례의 경우 매출채권 대손충당금, 장기금융상품, 매도가능증권, 이연법인세부채 등을 추가적으로 유의한 계정과목으로 분류함

CHAPTER 2-2

PLC 프로세스수준 통제 설계 운영

01 내부회계관리제도의 설계 개요

Key Point

내부회계관리제도는 Activity - Risk - Control의 조합이다. Activity가 없으면 Risk가 없기 때문에 Control이 필요 없다. 또한, Activity에 Risk가 없으면 Control이 필요 없다.

비가 오고 우산을 쓰는 상황을 가정해 보자.

Activity

Risk

Control

구분	내용
Activity	비 오는 거리를 걷는다. **("비가 온다"가 아님)**
Risk	비를 맞을 위험
Control	우산을 쓴다.

내부회계관리제도를 설계한다는 의미는 우산을 예를 들면, '우산을 쓴다'이다. 이 '우산을 쓴다'를 Control(통제활동)이라고 한다.

그러면, 우산을 왜 쓰는가? 우산을 쓰는 이유는 '비를 맞을 위험'(Risk)을 피하기 위해서이다. 비를 맞을 위험은 언제 생기느냐? 이는 '비가 온다'가 아니라, '비가 오는 거리를 걷는다'(Activity)

이다.

이 Activity-Risk-Control의 조합이 내부회계관리제도의 기본이다.

비가 오더라도 비 오는 거리를 걷지 않으면 비 맞을 위험이 없기 때문에, 우산을 쓴다는 control이 필요 없는 것이다.

재고자산이 없는 서비스업은 재고자산 수불부 등에 대한 검토 통제가 필요 없는 것이다.

Key Point

내부회계관리제도는 Activity - Risk - Control의 조합에서 Activity와 Control Activity를 구분하는 것이 중요하다. Activity와 Control Activity의 본질적인 차이는 대응할 Risk가 존재하느냐이다.

연습 - Activity/Control 구분

Activity/Control	위험(Risk)
9시 출근	9시 출근시간을 넘어 정시에 업무를 하지 못할 위험
노트북 Lock	노트북 도난 위험
주기적인 password 변경	Password의 외부노출로 부정한 접근 위험
사무실 출입통제	사무실 부정한 출입 위험
법인카드 전자결제	규정에서 벗어난(부정한) 경비 사용 위험

상기 사례를 일상에서도 흔히 있는 Activity-Risk-Control의 조합이다.

예를 들어, '9시 출근'은 Activity가 아니고, Control이다. 이 간단한 예에서는 출근한다가 Activity, 정시에 출근하지 않아 회사 업무를 제대로 하지 못할 위험이 Risk, 이 위험을 감소하기 위해 9시에 출근하도록 control을 설정한 것이다.

Key Point

내부회계관리제도에서 설계·운영이 필요한 Control은 일반적인 Control이 아니라, 재무제표 왜곡표시위험과 관련된 통제활동(Control)이다.

그러면, 이 9시 출근은 내부회계관리제도의 control(통제활동)로 설계해야 하는 것인가? 그렇지 않다. 내부회계관리제도의 목적은 재무제표의 왜곡표시위험을 감소하는 것인데, 이 9시 출근이라는 통제는 재무제표의 왜곡표시위험과는 거리가 상당히 멀기 때문에, 내부회계관리제도에서 통제로 설계하지 않는다.

내부회계관리제도 설계 시에는 재무제표 왜곡표시위험과 관련된 통제활동(Relevant Control)을 설계하여야 한다.

02 업무프로세스

평가보고 가이드라인 28. (문서화에 포함할 사항)

가. (업무프로세스)

회사의 주요 사업 및 업무처리 절차를 구분하여 표시한 것으로 회사 특성에 따라 다양하게 구분한다.

(1) 주요 거래유형별 업무프로세스를 구분하되 외부 재무보고 목적과 관련된 프로세스가 누락되지 않도록 한다. 특히, 외부 재무보고 목적상 중요하다고 판단하는 유의한 업무프로세스가 누락되는 경우 해당 프로세스의 통제가 식별되어 문서화되지 않고 이에 따라 관련 통제가 설계 및 운영의 평가 대상에 포함되지 않을 수 있다. 이를 방지하기 위해서는 지속적인 변화관리 및 계정과목과 프로세스 연계표의 작성, 추적조사(Walkthrough) 등을 통한 보완작업이 필요하다.

(2) 구분된 프로세스와 관련된 부서, 프로세스책임자 및 관련 업무흐름도를 추가하고 문서화하는 것은 관련 업무 수행의 효율성을 제고할 수 있음을 고려한다.

Scoping(범위선정)을 통해서 유의한 업무프로세스가 선정된다.

이 선정된 유의한 업무프로세스별로 내부회계관리제도를 설계 · 운영한다. 업무프로세스별 설계 · 운영의 최종 산출물은 통제기술서(RCM)가 된다.

내부회계관리제도는 크게 ELC, PLC (및 ITGC)로 구분된다.

- ELC(Entity Level Control : 전사수준 통제)
- PLC(Process Level Control : 업무프로세스수준 통제)
- ITGC(IT General Control : 정보기술 일반통제)

2-1. PLC(Process Level Control : 업무프로세스수준 통제)

업무프로세스수준 통제(PLC)는 회사의 재무제표와 관련된 여러 프로세스를 주요 거래유형별로 구분한다. 업무프로세스수준 통제(PLC)와 관련된 업무프로세스 구분 예시는 다음과 같다.

매출, 구매 등을 실무적으로 Mega Process라 하고, 그 밑에 하위단위를 Sub Process라고 한다. Mega Process와 Sub Process 사이에 Major Process를 넣어 프로세스 단계를 3단계로 구분하는 경우도 있다.

업무프로세스(PLC) 구분 예시

Mega Process	Sub Process	Mega Process	Sub Process
매출	고객정보 관리	인사급여	인사마스터 관리
	계약 관리		근태 관리
	주문 관리		급여계산 지급
	출하 관리		퇴직금 관리
	매출인식		스톡옵션 관리
	채권 관리	자금	계좌 인감 관리
구매	구매업체 관리		법인카드 관리
	구매요청 및 주문 관리		입출금 관리
	입고 관리		자금일보 관리
	구매송장 관리		자금운용 관리
생산재고	생산공정 관리		자금조달 관리
	재고 관리	재무결산	회계정책 관리
	외주가공 관리		계정과목 관리
	원가 관리		전표 관리
고정자산	고정자산 취득		결산마감 관리
	감가상각		결산 관리
	고정자산 매각		세무 관리
	유지보수 관리		
	리스자산 관리		
	고정자산 손상		

2-2. ITGC(IT General Control : 정보기술 일반통제)

정보기술 일반통제(ITGC) 자체를 하나의 Mage Process로 본다면, 정보기술 일반통제(ITGC)는 4가지 Sub Process로 구분된다.

정보기술 일반통제(ITGC) 구분 예시

Mega Process	Sub Process
ITGC	프로그램 개발
	프로그램 변경
	프로그램과 데이터에 대한 접근보안
	컴퓨터 운영

2-3. ELC(Entity Level Control : 전사수준 통제)

전사수준 통제(ELC)는 업무프로세스가 아니다. 전사수준 통제(ELC)는 업무프로세스수준 통제(PLC)가 효과적으로 설계 · 운영되기 위한 통제환경 등을 의미한다.

다만, 전사수준 통제(ELC)는 Maga Process, Sub Process 개념이 아니라, 5가지 구성요소와 17가지 원칙을 충족하는 각각의 통제활동을 매핑하는 게 일반적이다. 5가지 구성요소가 업무프로세스수준 통제(PLC)의 Sub process와 유사한 역할을 하게 된다.

전사수준 통제(ELC) 구분 예시

5가지 구성요소	17가지 원칙
통제환경	(원칙1) 도덕성과 윤리적 가치에 대한 책임을 강조
	(원칙2) 이사회는 내부회계관리제도의 설계 및 운영을 감독
	(원칙3) 이사회의 감독을 포함한 조직구조, 적절한 책임과 권한을 정립
	(원칙4) 적격성 있는 인력을 선발, 육성하고 관리
	(원칙5) 조직 구성원들에게 필요한 책임을 부여
위험식별	(원칙6) 내부회계관리제도의 목적을 명확하게 설정
	(원칙7) 위험을 전사적으로 식별하고, 위험을 분석
	(원칙8) 잠재적인 부정 가능성을 고려
	(원칙9) 중요한 영향을 미칠 수 있는 변화를 식별 · 분석
통제활동	(원칙10) 통제활동을 선택하고 구축
	(원칙11) 정보기술 일반통제를 선정하고 구축
	(원칙12) 정책과 절차를 통하여 통제활동을 적용
정보 및 의사소통	(원칙13) 관련 있는 양질의 정보를 취득 또는 생산하고 사용
	(원칙14) 내부적으로 의사소통
	(원칙15) 외부관계자와 의사소통

5가지 구성요소	17가지 원칙
모니터링	(원칙16) 내부회계관리제도 설계 및 운영의 적정성을 평가
	(원칙17) 미비점을 평가하고 필요한 개선활동을 적시에 수행

아래 업무프로세스수준 통제활동(PLC) 통제기술서(RCM) 3개 통제활동을 예시로 하여 이하 통제활동 등에 대한 설명을 하고자 한다.

회사의 내부회계관리제도 업무프로세스수준 통제활동(PLC) 통제기술서(RCM) 예시

No.	Mega Process	Activity	Risk	Control	통제 담당자	통제 속성
C1	매출 프로세스	매출채권 대손충당금을 인식한다.	매출채권의 회수가능성 평가가 부정확하여 대손충당금이 과소계상될 위험	**매출채권 대손충당금 검토 (MRC)**	회계팀장	수동통제
C3	고정자산 프로세스	고정자산을 취득한다.	부적절한 유형자산의 구입이 이루어질 위험	**고정자산 취득 승인**	경영지원 본부장	IT의존 수동통제
C2	결산 프로세스	전표를 작성, 승인한다.	전표발행 및 승인이 부적절하여 재무제표가 왜곡될 위험	**전표 작성자와 전표 승인권자의 권한 분리**	전산팀장	자동통제

03 통제목표, 통제실패위험, 통제활동

평가보고 가이드라인 28. (문서화에 포함할 사항)

나. (통제목표 또는 통제실패위험)

(1) 통제목표란 경영자가 수립한 목표로써 통제목표가 달성되는 경우에는 식별된 위험을 허용 가능한 수준으로 감소시킬 수 있다. 내부회계관리제도 목적상으로는 유의한 계정과목 등에 내재된 경영자 주장 및 자산의 보호, 부정방지 등을 달성하는 것이 통제목표를 구성한다.

(2) 통제실패위험이란 통제목표가 달성되지 않을 경우 재무제표 왜곡표시를 야기할 가능성을 의미한다. 예를 들어, '완전성'이라는 경영자 주장과 관련하여 '구매부서가 매월 결산 시 구매 주문의 진행상태를 확인하고 실재 현황에 따라 거래의 현황을 업데이트 한다'라는 통제목표를 설정한 경우, '구매주문 물품이 입고되었음에도 입고처리 되지 않을 위험'이나

'구매주문 물품이 입고처리 되었음에도 매입채무 기표가 이루어지지 않을 위험' 등의 위험이 존재할 수 있다.

(3) 구체적인 통제목표는 통제실패위험을 유추할 수 있으므로 통제목표와 통제실패위험 모두를 문서화하는 것이 필수적이지는 않으나 통제목표의 다양한 기술 수준을 고려하는 측면을 고려한다면 양자를 모두 문서화에 포함하는 것이 바람직하다. 또한, 통제목표가 구체적으로 기술될수록 관련 통제실패위험과 통제활동을 유추할 수 있다는 사항을 고려한다. 이러한 통제목표는 외부 재무보고 목적을 중점적으로 기술하되 자산의 보호나 부정방지 목적으로 기술되고 구분될 수 있다.

다. (통제활동)

(1) 통제활동이란 통제목표를 달성하기 위해(또는 위험을 허용가능한 수준으로 감소시키기 위해) 경영진이 수립한 정책이나 절차, 활동 및 체계 등을 의미한다. 특히, 내부회계관리제도와 관련해서는 회사의 재무제표를 일반적으로 인정된 회계원칙에 따라 작성 및 공시하는 목적을 달성하기 위한 정책이나 절차 등을 의미한다.

(2) 유의한 계정과목 등에 대한 경영자 주장 및 이와 관련된 유의한 업무프로세스가 파악되면 경영진은 유의한 업무프로세스에서 재무제표 왜곡표시가 발생할 수 있는 위험을 관리하기 위한 통제를 식별하고 문서화한다.

(3) 통제활동은 회사 일상 업무의 일부가 되어야 하며 개별 통제목표에 따라 그 형태 및 세부 운영수준은 다를 수 있으나 목적과 관리 대상 위험이 불명확한 경우에는 통제 설계의 미비점이 될 수 있다.

내부회계관리제도 기준에서 통제목표, 통제실패위험, 통제활동은 다음과 같이 정의하고 있다. [평가보고 가이드라인 28. (문서화에 포함할 사항)]

3-1. 우산 사례

이해 편의를 위해 앞에서 설명한 "우산을 쓴다" 통제활동을 예로 들면 다음과 같다.

구분	정의	예시
통제목표	통제목표란 경영자가 수립한 목표로써, 통제목표가 달성되는 경우 식별된 위험을 허용가능한 수준으로 감소시킬 수 있다.	(비 오는 거리를 걸어가야 하는 상황에서) 비를 맞을 위험을 허용가능한 수준으로 감소한다.
통제실패위험 (Risk of failure)	통제실패위험이란 통제목표가 달성되지 않을 경우 재무제표 왜곡표시를 야기할 가능성을 의미한다.	비를 맞을 위험
통제활동	통제활동이란 통제목표를 달성하기 위해 (또는 위험을 허용가능한 수준으로 감소하기 위해) 경영진이 수립한 정책이나 절차, 활동 및 체계 등을 의미한다.	우산을 쓴다.

"우산을 쓴다"라는 통제활동이 필요한 이유는 비 오는 거리를 걸어가야 하고, 비를 맞을 위험이 있기 때문에 "우산을 써서" 비를 맞을 위험을 허용가능한 수준으로 감소하는 게 통제목표가 된다.

한편, "비를 맞을 위험"인 통제실패위험(Risk of failure)은 높을 수도 있고, 낮을 수도 있는 걸까?

- 우산이 매우 크면 비를 맞을 위험이 낮을 것이다. (즉, 비 맞는 양을 허용가능한 수준으로 낮출 수 있을 것이다.)
- 우산이 매우 작거나, 찢어진 우산인 경우, 비를 맞을 위험이 높을 것이다. (즉, 비 맞는 양을 허용가능한 수준으로 낮추기가 어려울 것이다.)

모든 회사는 이 통제실패위험을 최대한 낮출 수 있는 통제활동을 설계 · 운영하려고 할 것이다.

만약 "우산을 쓴다"라는 통제활동이 효과적으로 '운영'되고 있는지 확인하기 위해서는 통제실패위험이 높은 경우에는 실제 그랬는지를 많이 봐야 하고, 통제실패위험이 낮은 경우에는 실제 그랬는지를 조금만 봐도 통제목표를 달성했는지에 대한 확신을 가지게 될 수 있다.

Key Point

통제실패위험(Risk of failure)은 각 통제활동별로 설계 시점에 평가하여야 하고, 이는 추후 내부회계관리제도 운영평가 시 표본 수(sample size) 결정에 영향을 미친다.

3-2. 모범규준상 통제목표 등

내부회계관리제도 기준에서 통제목표, 통제실패위험, 통제활동은 다음과 같이 정의하고 있다.
[평가보고 가이드라인 28. (문서화에 포함할 사항)]

구분	정의	예시
통제목표	통제목표란 경영자가 수립한 목표로써, 통제목표가 달성되는 경우 식별된 위험을 허용가능한 수준으로 감소시킬 수 있다.	"구매부서는 매월 결산 시, 구매 주문의 진행 상태를 확인하고 실재 현황에 따라 거래의 현황을 업데이트 한다."
통제실패위험 (Risk of failure)	통제실패위험이란 통제목표가 달성되지 않을 경우 재무제표 왜곡표시를 야기할 가능성을 의미한다.	• "구매주문 물품이 입고되었음에도 입고처리 되지 않을 위험" • "구매주문 물품이 입고처리되었음에도 매입채무 기표가 이뤄지지 않을 위험"
통제활동	통제활동이란 통제목표를 달성하기 위해 (또는 위험을 허용가능한 수준으로 감소하기 위해) 경영진이 수립한 정책이나 절차, 활동 및 체계 등을 의미한다.	

3-3. '매출채권 대손충당금 검토 통제(MRC)' 사례

이를 상기 예시에서의 '매출채권 대손충당금 검토 통제(MRC)'를 예를 들면 다음과 같이 정리될 수 있다.

회사의 내부회계관리제도 업무프로세스수준 통제활동(PLC) 통제기술서(RCM) 예시

No.	Mega Process	Activity	Risk	Control	통제담당자	통제속성
C1	매출 프로세스	매출채권 대손충당금을 인식한다.	매출채권의 회수가능성 평가가 부정확하여 대손충당금이 과소계상될 위험	**매출채권 대손충당금 검토(MRC)**	회계팀장	수동통제

구분	정의	예시
통제목표	통제목표란 경영자가 수립한 목표로써, 통제목표가 달성되는 경우 식별된 위험을 허용가능한 수준으로 감소시킬 수 있다.	"매출채권 대손충당금이 적절하게 계산되어 재무제표에 회수가능성을 적절하게 평가한다."
통제실패위험 (Risk of failure)	통제실패위험이란 통제목표가 달성되지 않을 경우 재무제표 왜곡표시를 야기할 가능성을 의미한다.	"매출채권의 회수가능성 평가가 부정확하여 대손충당금이 과소계상될 위험"
통제활동	통제활동이란 통제목표를 달성하기 위해 (또는 위험을 허용가능한 수준으로 감소하기 위해) 경영진이 수립한 정책이나 절차, 활동 및 체계 등을 의미한다.	매출채권 대손충당금 검토(MRC)

Key Point

통제활동은 각각 1개의 활동으로 구성되어야 하며, 통제활동 설명은 육하원칙에 의해 설계되고 운영되는 것이 필요하다.

〈올바른 예시〉

회사의 내부회계관리제도 업무프로세스수준 통제활동(PLC) 통제기술서(RCM) 예시

No.	Mega Process	Activity	Risk	Control	통제활동 설명	통제 담당자	통제 속성
C1	매출 프로세스	매출채권 대손충당금을 인식한다.	매출채권의 회수가능성 평가가 부정확하여 대손충당금이 과소계상될 위험	**매출채권 대손충당금 검토(MRC)**	회계팀 대리는 매출채권 대손충당금을 계산한 후, 회계팀 차장의 검토 이후 회계팀장의 검토가 이루어진다.	회계팀장	수동통제

설명

상기 통제활동은 통제담당자(회계팀장)가 업무담당자(회계팀 대리)가 수행한 대손충당금 계산내역(Activity)을 재무제표 왜곡표시위험(대손충당금이 잘못 계산될 위험)(Risk)이 허용가능한 수준으로 감소시키기 위해 업무담당자(회계팀 대리)와는 독립적인 통제담당자(회계팀장)가 검토 통제활동(Control Activity)을 수행하는 것이다. 따라서, 통제활동 설명에 업무활동(activity)까지 포함하는 것은 적절하지 않다.

〈올바른 통제활동 기술 예시〉

회사의 내부회계관리제도 업무프로세스수준 통제활동(PLC) 통제기술서(RCM) 예시

No.	Mega Process	Activity	Risk	Control	통제활동 설명	통제 담당자	통제 속성
C1	매출 프로세스	매출채권 대손충당금을 인식한다.	매출채권의 회수가능성 평가가 부정확하여 대손충당금이 과소계상될 위험	**매출채권 대손충당금 검토(MRC)**	회계팀장은 회계팀 대리가 계산한 매출채권 대손충당금 내역의 오류가능성을 검토한다.	회계팀장	수동통제

설명

통제활동 : 회계팀장은 회계팀 대리가 계산한 매출채권 대손충당금 내역의 오류가능성을 검토한다.

육하원칙	예시	비고
누가	회계팀장이	수동통제는 통제담당자를, 자동통제는 통제가 수행되는 IT 시스템을 구체적으로 기술
언제	매분기말	• 통제담당자가 수행하는 통제수행주기를 명확히 해야 함 • 수시통제(사건발생 시) 또는 주기통제(월별, 분기별 등)
어디서	수기로 (또는 시스템에서)	시스템의 경우, IT시스템의 어디에서 하는지 명확히(ERP 시스템의 영업모듈에서 또는 SAP ERP가 T-code)
무엇을	대손충당금 계산파일을	통제활동의 대상을 명확히 할 필요
어떻게	검토 통제활동을	통제활동을 승인, 검토, 실사 등 명확하게 정의하는 게 필요
왜	대손충당금 계산의 재무제표 왜곡표시위험을 감소하기 위해	이것은 통제기술서(RCM)의 위험에 기재함

04 관련 계정과목 및 경영자 주장

평가보고 가이드라인 28. (문서화에 포함할 사항)

라. (관련 계정과목 및 경영자 주장)

(1) 각 통제활동과 관련된 계정과목 및 경영자 주장은 통제목표의 구체적인 기술을 통해 확인될 수도 있으나 별도로 관련 계정과목이나 경영자 주장을 문서에 명시하는 것이 바람직하다. 단, 중소기업의 경우에는 통제목표의 구체적인 기술을 통해 경영자 주장을 확인할 수 있는 경우 이를 별도로 문서화하지 않을 수 있다.

(2) 통제활동이 프로세스에 존재하고 발생하므로 선행하는 프로세스의 통제활동은 관련된 계정이 너무 많거나 확정되지 않은 경우도 존재한다. 이러한 사항을 고려하여 해당 프로세스의 대상 거래의 정보처리목적(Information Processing Objectives)에 해당하는 완전성, 정확성, 유효성 및 접근제한을 이용한 표시도 가능하다. 이러한 접근 방식은 특정 프로세스에서 발생할 수 있는 통제실패위험을 누락 없이 고려하여 적절한 통제활동 설계의 기반이 되기도 한다.

일반적으로 통제기술서(RCM)에 각 통제활동별로 해당 통제활동이 어떠한 유의한 계정과목 등의 어떠한 경영자 주장에 대응하는 통제활동인지를 구분하는 것이 바람직하다. [평가보고 가이드라인 문단 28 라 (1)]

예시 통제기술서(RCM)의 3가지 통제활동의 유의한 계정과목 등과 경영자 주장을 명시하는 예는 다음과 같다.

회사의 내부회계관리제도 업무프로세스수준 통제활동(PLC) 통제기술서(RCM) 예시

No.	Mega Process	Activity	Risk	Control	유의한 계정과목 등	경영자 주장
C1	매출 프로세스	매출채권 대손충당금을 인식한다.	매출채권의 회수가능성 평가가 부정확하여 대손충당금이 과소계상될 위험	**매출채권 대손충당금 검토 (MRC)**	매출채권 (대손충당금)	V(평가)
C3	고정자산 프로세스	고정자산을 취득한다.	부적절한 유형자산의 구입이 이루어질 위험	**고정자산 취득 승인**	유형자산, 무형자산	A(실재성)
C2	결산 프로세스	전표를 작성, 승인한다.	전표발행 및 승인이 부적절하여 재무제표가 왜곡될 위험	**전표 작성자와 전표 승인권자의 권한 분리**	All	All

다만, 중소기업은 상기 통제활동 관련 유의한 계정과목 등과 관련 경영자 주장을 통제기술서(RCM)에 구분하여 문서화하지 않을 수 있다. [평가보고 가이드라인 문단 28 라 (1) 후단]

05 통제의 속성

5-1. 통제의 속성 개요

평가보고 가이드라인 28. (문서화에 포함할 사항)

마. (통제의 속성)

(1) 통제유형, 수행빈도 등 통제의 속성은 내부회계관리제도 운영 효과성 평가의 방법 및 범위 등을 결정하는 요소가 될 뿐만 아니라 통제의 설계가 적절히 이뤄졌음을 확인할 수 있는 방안이므로 식별된 통제에 대한 속성을 파악하여 문서화한다.

(2) 즉, 통제유형(예를 들면, 자동통제와 수동통제)과 수행빈도는 운영 효과성 평가를 위한 테스트 절차 및 표본 수 결정 시 고려되며, 통제가 통제목표를 달성하기에 충분한 빈도로

수행되지 않는다면(예를 들어, 은행의 예금잔고와 장부의 일치 여부를 확인하는 절차가 연 1회만 수행되는 경우 등) 설계상의 미비점이 될 수도 있다. 또한, 하나의 유형에 편중되거나 고려되지 않은 경우에도 설계상의 미비점이 될 수 있다.

(3) 회사가 통제를 관리하기 위한 추가적인 유형을 구분한 경우(예 : 승인, 검증, 물리적 통제, 기준정보 관리 통제, 대사, 감독통제 등)에는 해당 구분을 추가하여 문서화한다.

통제기술서(RCM)에 통제활동을 설계하는 목적은 1차적으로 해당 목적달성을 위한 통제활동을 각 통제담당자가 효과적으로 운영하기 위한 것이다. 따라서, 통제기술서(RCM)는 각 통제담당자가 오해 없이 충실히 설계된 대로 운영할 수 있는 가이드 역할을 하여야 한다.

통제담당자로 assign된 임직원인 통제담당자 본인이 연간 수행해야 하는 통제활동을 언제, 어떤 시스템을 통해, 또는 어떤 문서나 증빙 등을 통해서 수행해야 하는지를 명확하게 이해하고 통제를 운영하는지를 통제기술서(RCM)에서 설계된 대로 운영하게 된다.

금감원 평가보고 기준 및 가이드라인에서 제시하고 있는 통제속성은 다음과 같이 구분된다. 통제기술서(RCM)에 설계된 모든 통제활동은 최소 아래 3가지 통제속성의 구분은 필요하다.

구분	내용
통제속성	예방통제/적발통제
통제속성	수동통제/자동통제/IT의존 수동통제
통제주기(수행빈도)	수시/주기(일별/월별/분기별/연별) 등

회사의 내부회계관리제도 업무프로세스수준 통제활동(PLC) 통제기술서(RCM) 예시

No.	Mega Process	Activity	Risk	Control	통제 속성	통제 유형	통제주기 (수행빈도)	통제 담당자	IT 시스템
C1	매출 프로세스	매출채권 대손충당금을 인식한다.	매출채권의 회수가능성 평가가 부정확하여 대손충당금이 과소계상될 위험	**매출채권 대손충당금 검토** (MRC)	적발통제	수동통제	분기	회계팀장	수동 통제
C3	고정자산 프로세스	고정자산을 취득한다.	부적절한 유형자산의 구입이 이루어질 위험	**고정자산 취득 승인**	예방통제	IT의존 수동통제	사건 발생 시	경영지원 본부장	IT의존 수동 통제
C2	결산 프로세스	전표를 작성, 승인한다.	전표발행 및 승인이 부적절하여 재무제표가 왜곡될 위험	**전표 작성자와 전표 승인권자의 권한 분리**	예방통제	자동통제	수시	전산팀장	자동 통제

5-2. 통제유형 : 예방통제와 적발통제(Preventive/Detective)

평가보고 가이드라인 28. (문서화에 포함할 사항)

바. [**통제유형 : 예방통제와 적발통제**(Preventive/Detective)]

(1) 예방통제란 거래처리 시 재무제표의 왜곡표시를 야기하는 오류나 부정위험이 발생하지 않도록 사전에 예방하는 통제를 말하며 거래의 사전 승인, 시스템의 입력통제, 자산에 대한 물리적 접근통제, 전산시스템에의 논리적 접근통제, 업무분장 등이 이에 해당한다.

(2) 적발통제란 오류나 부정이 이미 발생하여 이로 인해 재무제표의 왜곡표시가 발생했거나 가져올 것으로 예상되는 경우 당해 오류나 부정을 적시에 적발하는 것을 목적으로 하는 통제를 말하며 중간관리자의 검토, 실물자산 실사, 매출채권·은행 거래 조회 등이 이에 해당한다.

평가보고 가이드라인 39. (내부회계관리제도 설계의 효과성 평가)

다. 효과적으로 설계된 내부회계관리제도는 각 업무프로세스별 통제목표 달성을 위한 예방통제와 적발통제가 적절히 결합되는 것이 바람직하다. 예를 들어, 승인받지 않은 자금거래의 발생을 방지하기 위한 예방통제(펌뱅킹상의 승인절차, 접근제한, 인증서 관리 등) 없이 주기적인 예금결산절차를 통한 예금잔액과 장부와의 대사를 수행하는 절차(적발통제)만으로는 실재성, 완전성 등 예금계정에 대한 경영자 주장을 만족시키기에 충분하지 않을 수 있다. 단, 업무프로세스가 상대적으로 단순하고 예방통제와 적발통제의 균형을 고려할 정도의 인력이 뒷받침되지 않는 중소기업의 경우에는 예방통제나 적발통제 중 보다 효과적인 유형을 중심으로 통제를 설계할 수 있다.

구분	정의	예시
예방통제	거래처리 시 재무제표의 왜곡표시를 야기하는 오류나 부정위험이 발생하지 않도록 사전에 예방하는 통제활동	• 거래의 사전 승인 • 시스템의 입력통제 • 자산에 대한 물리적 접근통제 • 전산시스템에의 논리적 접근통제 • 업무분장 등
적발통제	오류나 부정이 이미 발생하여 이로 인해 재무제표의 왜곡표시가 발생했거나 가져올 것으로 예상되는 경우 당해 오류나 부정을 적시에 적발하는 것을 목적으로 하는 통제활동	• 중간관리자의 검토 • 실물자산 실사 • 매출채권/은행 거래 조회 등

예방통제와 적발통제 모두 재무제표 왜곡표시위험을 감소시키기 위한 일련의 통제활동이다.

예방통제와 적발통제를 구분하는 기준은 왜곡표시를 발생시키는 '거래(사건)' 이전에 하는 통제활동이면 예방통제이고, 이후에 하는 통제활동이면 적발통제이다.

대손충당금 검토통제가 **재무제표가 공시되기 전에 하는 통제활동이므로 예방통제라고 오해**하면, 회사의 통제기술서(RCM)에 있는 모든 통제활동은 예방통제로 잘못 인식하게 되니 유의해야 한다.

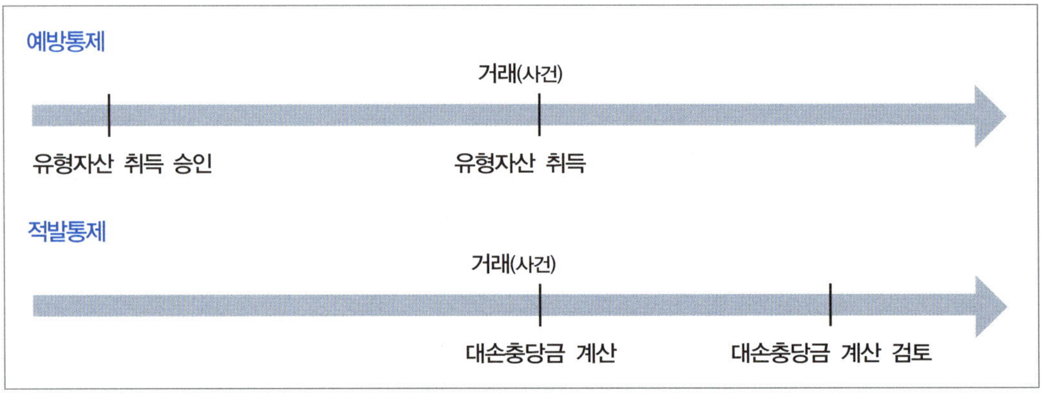

평가보고 가이드라인에서는, 예방통제와 적발통제의 적절한 결합을 권고하고 있다. 회사의 통제기술서(RCM)에 통제활동이 모두 200개라고 가정하면, 대부분이 예방통제로만 구성되거나, 적발통제로만 구성되면, 균형 잡힌 내부회계관리제도의 설계·운영이라고 보기 어렵다. [평가보고 가이드라인 문단 39(다)]

예를 들어, 승인받지 않은 자금거래의 발생을 방지하기 위한 예방통제(펌뱅킹상의 승인절차, 접근제한, 인증서 관리 등) 없이 주기적인 예금결산절차를 통한 예금잔액과 장부와의 대사를 수행하는 절차(적발통제)만으로는 실재성, 완전성 등 예금계정에 대한 경영자 주장을 만족시키기에 충분하지 않을 수 있다.

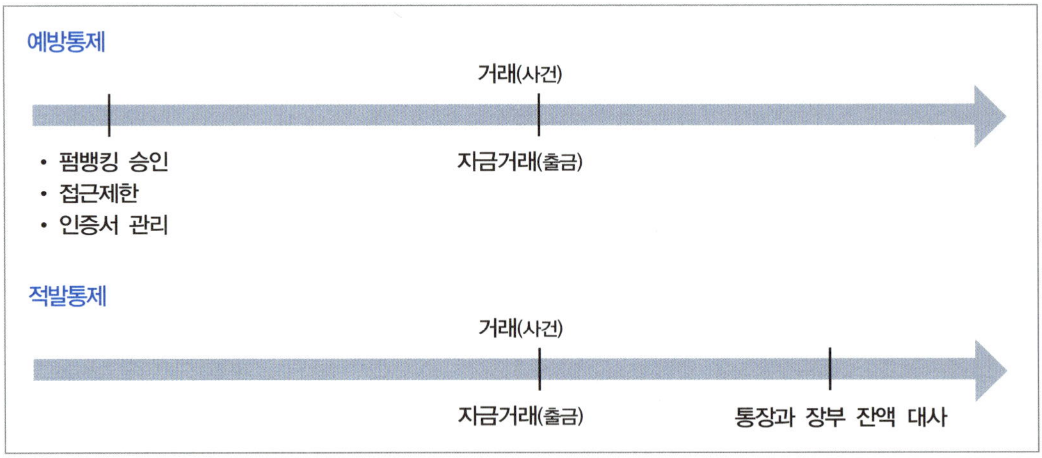

Key Point

모든 통제활동은 예방통제 또는 적발통제로 구분하긴 하나, 실제 내부회계 업무 과정에서 예방통제 또는 적발통제로의 구분으로 인한 업무 차이점은 없다.

5-3. 통제유형 : 자동통제와 수동통제(Automated/Manual)

평가보고 가이드라인 28. (문서화에 포함할 사항)

사. [통제유형 : 자동통제와 수동통제(Automated/Manual)]

(1) 거래처리 시 재무제표의 왜곡표시를 야기하는 오류나 부정위험을 회사의 시스템을 통해 자동으로 관리하는 활동을 자동통제(예 : 신용한도를 초과한 주문에 대해 전산을 통한 주문 입력 발생 시 시스템이 해당 거래를 자동으로 잠금 처리하는 통제는 신용한도를 초과한 주문위험을 시스템이 자동으로 관리한다), 수작업으로 수행되는 통제(예 : 구매주문서 승인 절차에서 승인자가 거래처의 현재 거래총액을 확인하고 한도 내에 존재하는 경우 승인을 하는 통제절차는 신용한도를 초과한 주문위험을 관리한다)는 수동통제로 분류한다.

(2) 구매주문 승인자가 거래총액을 확인하는데 시스템에서 산출되는 정보를 기반으로 통제를 수행하는 경우 이는 IT의존 수동통제(IT Dependent Manual Control)로 구분한다. 이러한 IT기반 수동통제와 자동통제가 핵심통제로 구분되는 경우 관련된 시스템은 정보기술 일반통제의 대상을 파악하는 데도 유용하다.

Key Point

모든 통제활동은 자동통제, 수동통제 또는 IT의존 수동통제로 구분한다. 이 구분에 따라 해당 통제담당자의 통제활동의 형태가 달라지며, 또한, 추후 내부회계관리제도 운영평가 시 표본 수(sample size) 결정에 중요한 구분 기준이 된다.

구분	정의	예시
자동통제	거래처리 시 재무제표의 왜곡표시를 야기하는 오류나 부정위험을 회사의 시스템을 통해 자동으로 관리하는 활동	신용한도를 초과한 주문에 대한 전산을 통한 주문 입력 발생 시, 해당 거래를 자동으로 잠금 처리하는 통제활동은 신용한도를 초과한 주문위험을 시스템이 자동으로 관리한다.
수동통제	거래처리 시 재무제표의 왜곡표시를 야기하는 오류나 부정위험을 수작업으로 수행되는 통제활동	구매주문서 승인 절차에서, 거래처의 현재 거래 총액을 확인하고 한도 내에 존재하는 경우 승인을 하는 통제절차는 승인자가 신용한도를 초과한 주문위험을 관리한다.
IT의존 수동통제	• 수동통제 + 자동통제(예 : SGR*) • 시스템에서 생성된 데이터를 사람이 수동으로 검토하거나 비교하는 통제활동	구매주문 승인자가 거래총액을 시스템에서 산출되는 정보를 기반으로 통제활동을 수행한다.

* SGR : System Generated Report

1. 의미

SGR(System Generated Report)은 기업의 정보시스템이 자동으로 산출하는 보고서/자료를 의미하며, SAP, Oracle 등의 ERP시스템 또는 MES, WMS 등의 legacy 시스템에서 자동 생성된 재무 · 회계 · 운영 관련 보고서를 의미한다.

2. 예시

각종 IT시스템에서 제공하는 SGR의 예시는 다음과 같다.

IT시스템	예시
SAP FI 모듈	• 계정원장 잔액 보고서(Trial Balance) • 계정별 회계전표 내역(Line Item Report)
매출/매입	• 일별/월별 매출 집계표(by 고객, 제품, 지역) • 매입 · 지급 현황 보고서 • 매출채권 연령분석 보고서
인사/급여 시스템	• 근태 집계표 • 급여대장 / 퇴직급여충당 계산서
제조/MES	• 생산량/재공재고 현황 보고서 • 표준원가 vs 실제원가 비교표

3. 내부회계관리제도에서의 활용

내부회계관리제도에서 IT의존 수동통제(ITDM : IT Dependent Manual Control)는 상당부분 시스템에서 자동으로 생성된 정보(SGR : System Generated Report)를 가지고, 사람이 통제활동을 수행하는 것을 의미한다.

이 경우 해당 IT의존 수동통제(ITDM) 통제활동이 효과적이려면 사람이 수행하는 통제활동이 효과적으로 설계되고 운영되었는지를 평가함과 동시에 해당 SGR(System Generated Report)이 문제가 없는지도 확인이 필요하다.

회사의 내부회계관리제도 업무프로세스수준 통제활동(PLC) 통제기술서(RCM) 예시

No.	Mega Process	Activity	Risk	Control	통제 속성	통제 유형	통제주기 (수행빈도)	통제 담당자	IT 시스템
C4	매출 프로세스	매출실적을 기록한다.	매출실적이 정확하게 장부(총계정원장)에 기록되지 못할 위험	**매출 집계자료와 총계정원장 비교 검토**	적발 통제	IT의존 수동통제	매월	회계팀 차장	SAP 매출 집계 보고서 (T-code : ZSD001)

이 통제는 회계팀 차장이 매월 매출집계자료와 총계정원장을 비교 검토하는 통제활동이므로 수동통제이다. 다만, 통제담당자인 회계팀 차장이 해당 통제활동을 수행하는 과정에서 매출집계자료를 IT시스템[예 : SAP 매출 집계 보고서(T-code : ZSD001)]을 활용해서 수행하는 경우, 이러한 통제활동은 수동통제로 분류하지 않고 IT의존 수동통제(ITDM : IT dependent Manual Control)로 분류한다.

자동통제/수동통제/IT의존 수동통제 비교

구분	통제담당자	관련 시스템	문서	운영평가
자동통제(A)	통제담당자 없음	관련 시스템 존재함	일반적으로 없음	샘플사이즈 1개
수동통제(M)	통제담당자 있음	없음	일반적으로 통제 관련 문서가 존재함	통제주기에 따라 샘플사이즈 차이 남 (연통제를 제외하고는 자동통제보다는 많음)
IT의존 수동통제(W)	통제담당자 있음	관련 시스템 존재함	일반적으로 통제 관련 문서가 존재함	• 자동통제 요소 – 샘플사이즈 1개 • 수동통제 요소 – 통제주기에 따라 샘플사이즈 차이 남 (연통제를 제외하고는 자동통제보다는 많음)

- 자동통제(A) : Automated control
- 수동통제(M) : Manual Control
- IT의존 수동통제(W) : IT dependent Manual Control(또는 Manual with automated component control)

IT의존 수동통제(ITDM)는 상기 자동통제의 요소와 수동통제의 요소의 결합이므로, 두 요소에 해당하는 모든 통제속성을 고려해야 한다. 즉, IT의존 수동통제(ITDM)는 통제담당자도 정해야 하고, 관련 시스템도 정의해야 한다.

추가적으로 SGR(System Generated Report) 정보를 통제활동에 활용한다면, 해당 SGR이 적정한 정보인지에 대한 추가 검증 절차가 필요하다.

이러한 SGR은 IPE(Information Produced by Entity)의 한 종류이고, IPE에 대해서는 그 정확성과 완전성을 추가 검토해야 한다.

IPE와 관련된 통제활동은 후술하는 전사수준통제(ELC)(ELC_20, IPE의 식별 및 평가)에서 구체적으로 설명한다.

ELC_20 IPE의 식별 및 평가

내부회계관리제도 감사 FAQ

22. 자동으로 수행되는 자동계산, 인터페이스는 통제에 해당하는지요?

자동계산은 부정확한 계산을 방지하기 위해 일관된 처리를 보장하므로 통제에 해당합니다. 다만 자동계산 통제를 테스트할 때는 시스템상 로직이 거래나 제품 유형별로 적용되는 다양한 사업규칙이나 요건들을 반영하고 있는지, 계산이 실행될 때 입력되는 매개변수와 계산에 사용되는 데이터가 완전하고 정확한지 등을 고려해야 합니다.

기업은 시스템 간 데이터가 전송되는 과정에서 수작업의 개입으로 데이터가 훼손, 변경될 위험을 방지하기 위하여 자동 인터페이스를 설계 · 운영할 수 있습니다. 이러한 자동 인터페이스 과정에서 다른 위험, 예를 들어 부정확한 데이터가 전송될 위험, 데이터가 훼손 · 변경될 위험, 같은 데이터가 두 번 이상 전송될 위험 등이 발생할 수 있습니다. 많은 경우 기업은 record count, control totals, hash-totals, 유효성 체크 등의 자동통제를 해당 위험에 대처하는 인터페이스 과정에 통합하여 수행하며 감사인은 데이터 전송 및 처리 과정에서 발생할 수 있는 위험을 이해하고 식별된 위험에 대응하는 회사의 적절한 통제를 식별하여 테스트하여야 합니다. 인터페이스 과정에서 이러한 자동통제가 수행되지 않는 경우 감사인은 유사한 수동통제를 회사의 프로세스상에서 추가로 식별하고 테스트할 필요가 있을 수도 있습니다.

해설 - 저자 주

자동계산과 인터페이스 모두 통제에 해당하며 대표적인 자동통제(Automated control)에 해당한다.

아래 통제활동은 그 예시이다.

1. **감가상각비 자동계산**

   ERP의 고정자산 모듈에서 수행하는 감가상각비 자동계산은 회사의 재무보고 과정에서 필요한 감가상각비 계산을 수동(엑셀)으로 하는 과정에서의 계산상의 오류 등을 방지하기 위한 통제활동으로서, 대표적인 자동통제이다.

   다만, 감가상각비 계산을 위한 기초가액, 내용연수, 감가상각방법, 잔존가치 등의 parameter들이 왜곡되어 입력되면, 자동계산을 하더라도 잘못된 감가상각비 금액이 계산되므로, 이에 대한 추가적인 검토 통제활동은 필요하다.

2. 감가상각비 자동계산 결과의 인터페이스

ERP(SAP) FI-AA(Financial Accounting-Asset Accounting) 모듈에서 계산된 감가상각비 결과치가 100원이라고 하자. 이를 FI(재무회계) 모듈에 수동으로 전표를 입력하게 되면, 100원이 아닌 1,000원으로 입력하는 오류가 발생할 수도 있다.

이를 예방하기 위한 대표적인 통제가 모듈 간 자동 인터페이스(interface)하는 것이다. 상당수 ERP는 각 모듈 간 [특히나, 다른 모듈의 정보들이 FI(재무) 모듈로 자동으로 전표생성되는 것] 자동 인터페이스(interface)하게 하여 업무효과성을 높이고 있다.

자동계산과 인터페이스 통제활동을 설계 · 운영하는 것이 추후 관리 목적(특히, 운영평가 시 샘플 수 등) 수동통제들보다 효과적으로 테스트를 수행할 수 있다.

5-4. 수행빈도

평가보고 가이드라인 28. (문서화에 포함할 사항)

아. (수행빈도)

(1) 수행빈도는 실제 업무에서 통제가 수행되는 주기 또는 빈도를 의미하며 일별 수시(More Than Daily), 일별, 주별, 월별, 분기별, 반기별, 연간 또는 수시(Event Driven : 특정한 주기 없이 거래 발생 시마다 이루어지는 통제. 예 : 유형자산 취득 또는 처분의 승인) 등으로 구분될 수 있다.

(2) 수행빈도는 거래규모, 거래 또는 통제의 속성, 회사의 인력구성 등을 고려하여 경영진이 합리적으로 결정할 수 있으나 부정이나 오류에 의한 재무제표 왜곡표시를 적절히 예방 또는 적발하기에 충분한 빈도 또는 주기로 수행되어야 한다.

구분	내용
수행빈도	수행빈도는 실제 업무에서 통제활동이 수행되는 주기 또는 빈도를 의미하며, 일별 수시(More than Daily), 일별, 주별, 월별, 분기별, 반기별, 연간 또는 수시(Event Driven : 특정한 주기 없이 거래 발생 시마다 이루어지는 통제. 예 : 유형자산 취득 또는 처분의 승인) 등으로 구분될 수 있다.
수행빈도의 결정	수행빈도는 거래규모, 거래 또는 통제의 속성, 회사의 인력구성 등을 고려하여 경영진이 합리적으로 결정할 수 있으나, 부정이나 오류에 의한 재무제표 왜곡표시를 적절히 예방 또는 적발하기에 충분한 빈도 또는 주기로 수행되어야 한다.

수행빈도(control frequency) – 주기통제/수시통제

구분	IT의존 수동통제(W)
주기통제(Periodic)	일별, 주별, 월별, 분기별, 반기별, 연간
수시통제(Recurring)	• 일별 수시(More than Daily) • 수시(Event Driven : 특정한 주기 없이 거래 발생 시마다 이루어지는 통제. 예 : 유형자산 취득 또는 처분의 승인)

Key Point

통제활동(Control) 수행빈도는 관련 업무활동(Activity)의 활동빈도와 반드시 일치할 필요는 없다.

수행빈도는 통제활동의 특성상 정해진 경우도 있으나, 회사의 경영진이 합리적으로 결정할 수 있다. [평가보고 가이드라인 28 아 (2)]

만약, 회사가 매출채권의 대손충당금 평가를 매월 수행한다고 해도, 대손충당금 검토통제(MRC)를 매월(monthly) 수행하지 않고, 분기별(quarterly)로 수행하는 것이 가능하다.

반면, 1년에 월 1회 진행하는 재고실사에 대한 통제활동은 업무활동(Activity)이 연 1회 수행되기 때문에, 통제활동의 수행빈도도 연별(yearly)로 할 수밖에 없다.

회사의 내부회계관리제도 업무프로세스수준 통제활동(PLC) 통제기술서(RCM) 예시

No.	Mega Process	Activity	Risk	Control	통제 속성	통제 유형	통제주기 (수행빈도)	통제 담당자	IT 시스템
C1	매출 프로세스	매출채권 대손충당금을 인식한다.	매출채권의 회수가능성 평가가 부정확하여 대손충당금이 과소계상될 위험	**매출채권 대손충당금 검토 (MRC)**	적발 통제	수동 통제	분기	회계 팀장	수동 통제
C3	고정자산 프로세스	고정자산을 취득한다.	부적절한 유형자산의 구입이 이루어질 위험	**고정자산 취득 승인**	예방 통제	IT의존 수동 통제	사건 발생 시	경영 지원 본부장	IT의존 수동 통제
C2	결산 프로세스	전표를 작성, 승인한다.	전표발행 및 승인이 부적절하여 재무제표가 왜곡될 위험	**전표 작성자와 전표 승인권자의 권한 분리**	예방 통제	자동 통제	수시	전산 팀장	자동 통제

Key Point

통제활동(Control) 수행빈도는 내부회계 운영평가시점의 표본 수(sample size)에 가장 중요한 영향을 미친다. 모집단의 크기가 클수록 표본 수(sample size)는 증가하게 된다.

06 기타 통제 설계사항

6-1. 통제운영자의 적격성

평가보고 가이드라인 28. (문서화에 포함할 사항)

자. (통제운영자의 적격성 요건)

직무기술서나 기타 문서를 통해 통제수행자의 적격성 요건이 명시되는 것이 바람직하나 재무보고와 관련된 인원의 적격성 관리가 실무적으로 어려운 경우 통제기술서에 포함된 통제운영자의 적격성 요건을 기술하고 평가 대상에 포함할 수 있다.

통제운영자(또는 통제담당자)는 통제활동을 실제 수행하는 담당자를 의미하며, 통제운영자가 수행하는 통제활동이 실패하지 않으려면 통제운영자가 능력이 있어야 한다. 이를 통제운영자의 '적격성(competency)'이라고 한다.

통제운영자는 적격성과 권한을 가지고 있어야 해당 통제활동이 효과적으로 운영될 수 있다. 따라서, 통제활동을 설계할 때부터 적격성과 권한이 있는 통제운영자를 assign하는 것이 중요하다.

다만, 자동통제는 통제운영자가 없기 때문에 통제운영자의 적격성 요건을 평가할 필요도 없다.

회사의 내부회계관리제도 업무프로세스 수준 통제활동(PLC) 통제기술서(RCM) 예시

No.	Mega Process	Activity	Risk	Control	통제 속성	통제 유형	통제주기 (수행빈도)	통제 담당자	IT 시스템
C1	매출 프로세스	매출채권 대손충당금을 인식한다.	매출채권의 회수 가능성 평가가 부정확하여 대손충당금이 과소계상될 위험	**매출채권 대손충당금 검토(MRC)**	적발 통제	수동 통제	분기	회계 팀장	수동 통제
C3	고정자산 프로세스	고정자산을 취득한다.	부적절한 유형자산의 구입이 이루어질 위험	**고정자산 취득 승인**	예방 통제	IT의존 수동 통제	사건 발생 시	경영 지원 본부장	IT의존 수동 통제
C2	결산 프로세스	전표를 작성, 승인한다.	전표발행 및 승인이 부적절하여 재무제표가 왜곡될 위험	**전표 작성자와 전표 승인권자의 권한 분리**	예방 통제	자동 통제	수시		자동 통제

6-2. 관련된 정책 및 절차

평가보고 가이드라인 28. (문서화에 포함할 사항)

차. (관련된 정책 및 절차)

통제활동은 별도로 존재하는 것이 아닌 회사의 정책 및 절차의 일부이다. 기술된 통제활동이 효과적으로 운영되기 위해서는 회사의 정책 등으로 명문화하는 것이 바람직하며, 공식적인 문서화가 부족한 경우에는 조직 및 하부 조직의 관리자 등 관련자가 해당 절차와 통제활동을 명확하게 인지할 수 있는 체계를 갖추는 것이 필요하다.

일반적으로 기업들은 회사의 정책과 절차를 문서화한다. 이는 '사규' 또는 '규정집' 등으로 불린다. 사규, 규정 등의 정비가 잘 되어 있는 회사는 임직원들이 사규, 규정에 의해서 업무활동을 체계적으로 수행하고 관리할 수 있다.

효과적인 내부회계관리제도를 운영하기 위해서는 회사의 정책과 절차가 사규 또는 규정집 등으로 문서화되어야 하고, 문서화의 내용이 체계적이고 합리적이어야 한다.

이는 전사수준 내부회계관리(ELC)에서도 아래의 원칙을 강조하고 있다.

원칙 12	**(정책과 절차를 통한 실행)** 회사는 기대사항을 정한 정책과 그 정책을 실행하기 위한 절차를 통하여 통제활동을 적용한다.

6-3. 출발점(Baseline)

평가보고 가이드라인 28. (문서화에 포함할 사항)

카. [출발점(Baseline)]

통제활동의 변화 여부를 확인하고 설계평가를 수행하여야 하는지 판단하기 위해 가장 최근의 내부통제 설계평가를 수행한 시점을 문서화한다. 예를 들어, 매출 프로세스 등의 변화가 발생한 경우 관련된 통제를 확인하고 각 통제별 출발점으로 기술된 일자의 설계평가 문서 등을 확인하고 해당 통제가 변경되어야 하는지 여부를 확인할 수 있다. 통제가 변경되는 경우 해당 통제 설계의 적정성을 평가하고 출발점으로 기술된 일자를 업데이트한다.

통제활동은 한 번 설계 운영해서 운영하면 계속 유지되는 경우도 있지만, 그렇지 않은 경우도 많다. 일상적으로는 회사의 기존 조직, 시스템, 프로세스의 변동이 발생하면, 관련된 통제활동(RCM)은 연계해서 변동이 필요하게 된다.

주요한 내부회계관리제도의 변화 상황은 다음의 예시와 같다.

구분	변화	영향	변화관리
조직 · 사업 구조 변화	• 합병, 분할, 지주사 전환 • 종속기업 신규 편입/매각 • 신규 사업 진출	• 범위(Scope) 변경 • 기존 통제(RCM, Flowchart) 무력화	• 통제활동(RCM, Flowchart) 재설계 • 신규 법인/사업부 프로세스 반영
정보시스템/프로세스 변경	• ERP 교체(SAP, Oracle 등) • 매출 · 원가 프로세스 개편 • 외주/위탁 생산 도입	• 기존 ITGC, IPE 근거 상실 • 운영통제 프로세스 불일치	• 통제활동(RCM, Flowchart) 재설계 • ITGC · IPE 재테스트
회계기준 · 규제 변화	• IFRS 15(수익), IFRS 16(리스) 등 도입 • 자본시장법 · 금감원 가이드라인 개정	• 기존 회계처리 프로세스 불적합 • 새로운 위험 발생	통제활동(RCM, Flowchart) 재설계
중대한 통제 미비 발견	• 외부감사에서 중요한 취약점(Material Weakness) 또는 유의한 미비점(Significant Deficiency) 지적 • 반복적 오류 다수 발견	• 기존 baseline 신뢰성 상실 • 운영 효과성 입증 불가	통제활동(RCM, Flowchart) 재설계
경영환경/인력 변화	대표이사/내부회계관리자 교체	• 통제 환경(ELC) 흔들림 • 기존 위험평가 미적합	• Tone at the Top 재정립 • 위험평가 및 ELC 재평가

만약 회사가 당기에 과거의 통제활동을 변경하거나 신규 통제활동을 설계하게 되면, 이 새로운 통제활동이 회사의 내부회계관리제도 체계하에 통제기술서(RCM), 업무흐름도(Flowchart) 등에 포함되어야 한다. 이러한 새로운 통제활동이 시작되는 날을 출발점(Baseline)이라고 한다.

다만, 출발점(Baseline)은 새로운 통제활동이 시작된 날인지(즉, 운영이 시작된 날인지), 아니면 〈평가보고 가이드라인〉 문단에서 규정하듯이 새로운 통제활동의 설계평가를 수행하는 시점인지에 대한 의견이 존재할 수 있다.

출발점(Baseline)은 새로운 통제가 시작한 날이라고 하면 해당 신규통제가 효과적으로 설계되지 않을 수도 있으므로, 새로운 통제활동의 설계평가를 수행하는 시점이 타당한 것으로 보인다.

이는 전사수준 내부회계관리(ELC)에서도 아래의 원칙을 강조하고 있다.

원칙 9	**(중요한 변화의 식별과 분석)** 회사는 내부회계관리제도에 중요한 영향을 미치는 변화를 식별 · 분석하여 내부회계관리제도를 유지 · 관리한다.

6-4. 통제운영책임자(Control Owner)

평가보고 가이드라인 28. (문서화에 포함할 사항)

타. [통제운영책임자(Control Owner)]

통제활동의 설계와 운영의 책임을 지는 인원을 통제운영책임자로 기술하고 필요에 따라 통제를 실제 수행하는 부서, 책임자, 수행자 등을 구분하여 표시하는 것이 해당 통제활동의 권한과 책임을 명확히 하고 미비점에 대한 개선조치를 포함한 변화관리에도 유용하다.

자동통제를 제외한 수동통제 및 IT의존수동통제는 통제활동을 실제 수행하는 통제담당자의 역할이 중요하지만, 통제담당자의 부서장 등 통제운영책임자(Control Owner)가 해당 통제담당자의 통제활동이 효과적으로 설계 운영되고 있는지에 대한 감독책임을 부여해야 한다.

회사의 통제기술서(RCM)에는 통제운영자(담당자) 이외에 통제운영책임자를 구분 설계하는 것이 필요하다.

회사의 내부회계관리제도 업무프로세스 수준 통제활동(PLC) 통제기술서(RCM) 예시

No.	Mega Process	Activity	Risk	Control	통제팀	통제담당자	통제운영책임자
C1	매출 프로세스	제품을 출하한다.	출하요청과 다르게 출고될 위험	**출고 전 주문서와 대조확인함**	출하팀	홍길동 대리	**출하팀 이순신 팀장**

07 거래수준 내부회계관리제도 문서화의 유형

7-1. 문서화 개요

> 평가보고 가이드라인
>
> **29. (거래수준 내부회계관리제도 문서화의 유형)**
>
> 내부회계관리제도 설계의 문서화 목적상 거래의 흐름을 파악하기 위한 업무흐름도와 업무프로세스수준에서의 통제목표(또는 위험), 통제활동, 경영자 주장, 관련 계정과목 등을 일목요연하게 정리할 수 있는 통제기술서를 일반적으로 사용하며 업무기술서 및 업무분장표를 추가할 수 있다. 단, 업무프로세스가 단순하고 인력이 충분하지 않은 중소기업의 경우에는 통제기술서를 위주로 거래수준의 내부회계관리제도를 문서화할 수 있다.

평가보고 가이드라인에서는 거래수준 내부회계관리제도(PLC)에서는 기본적으로 아래의 문서화를 요구하고 있다.

- 업무흐름도(Flow Chart)
- 통제기술서(RCM : Risk Control Matrix)
- 업무기술서(Job Description)
- 업무분장표(SOD : Segregation of Duty)

평가보고 가이드라인에서는 업무흐름도(Flow Chart)와 통제기술서(RCM)는 기본적으로 문서화하고, 업무기술서, 업무분장표(SOD)는 보조적으로 회사의 상황에 맞게 문서화가 가능하도록 요구하고 있다.

다만, 중소기업의 경우는 통제기술서(RCM)만 문서화하는 것도 가능하도록 하고 있다.

내부회계관리제도 통제 설계에 대한 문서화와 관련해서 모범규준 FAQ에서는 문서화 내역을 아래와 같이 정리하고 있다.

> 내부회계관리제도 모범규준 등 적용 FAQ(2024.12) (내부회계관리제도운영위원회, 2024.12.17.)
>
> **4. 내부회계관리제도와 관련하여 문서화된 근거자료를 갖추어야 하는 이유는 무엇이며, 회사가 준비하여야 할 자료는 어떤 것들이 있나요?**

2) 경영자 자체 평가 근거 자료

(2) 내부회계관리제도 설계 관련 문서

자료명	관련 근거	비 고
통제기술서	평가 · 보고 가이드라인 문단 28, 29. 가	• 업무프로세스 내의 하위프로세스별 통제목표 또는 위험과 이를 관리하기 위한 통제활동 및 경영자 주장, 통제 유형 및 수행빈도 등을 일목요연하게 제시 • 통제활동에 대한 설명과 유형, 수행빈도 등의 항목을 포함하여 작성
업무흐름도	평가 · 보고 가이드라인 문단 29. 나	• 조직 내에서의 업무흐름 및 제반 문서 등을 도식적 · 동태적으로 표현하기 위한 것으로 주로 하위프로세스 단위로 작성 • 일반적으로는 통제기술서를 보완하는 목적으로 활용(없는 경우 변화관리의 어려움이 있음)
업무기술서	평가 · 보고 가이드라인 문단 29. 다	• 각 업무프로세스에서 수행되는 업무의 내용을 설명 형식으로 기술한 문서로 업무의 출발점, 수행되는 업무처리 절차 및 통제의 내용, 관련 서류 등을 명확하게 기술 • 업무흐름도와 같이 통제기술서를 보완하거나, 업무흐름도를 보완하는 목적으로 활용
업무분장표	평가 · 보고 가이드라인 문단 29. 라	업무프로세스 내에서 거래의 승인기능, 자산의 보관기능 및 회계기능 등 상충되는 업무가 적절히 분장되었는지의 여부를 확인하는 보조적인 수단

또한 모범규준 FAQ에서는 설계 문서화가 필요한 이유를 아래와 같이 정리하고 있다.

내부회계관리제도 모범규준 등 적용 FAQ(2024.12) (내부회계관리제도운영위원회, 2024.12.17.)

8. 내부회계관리제도 설계의 문서화가 필요한 이유는 무엇이며, 문서화의 적정성은 어떻게 확인할 수 있나요?

내부회계관리제도 설계의 문서화는 효과적인 내부회계관리제도의 설계 및 운영을 위하여 회사의 각 조직 및 기능별로 역할과 통제절차를 명확하게 이해하고 수행할 수 있도록 한다는 측면에서 매우 중요하며, 내부회계관리제도의 효과적인 운영 및 평가를 위한 출발점이 됩니다(평가 · 보고 가이드라인 문단 26).

내부회계관리제도 설계 문서화의 범위에는 내부회계관리제도의 다섯 가지 구성요소(전사적 수준과 거래 수준의 내부회계관리제도)가 포함되어야 합니다. 또한, 외부 재무보고목적상 중요하다고 판단하는 유의한 업무프로세스가 모두 포함되어야 하나[평가 · 보고 가이드라인 문단 28. 가. (1)], 이러한 프로세스 내에 존재하는 모든 통제를 문서화할 필요는 없고 경영진이 재무보고 위험을 적절한 수준으로 감소시킬 수 있다고 판단한 통제만 포함할 수 있습니다(평가 · 보고 가이드라인 문단 27. 나.).

내부회계관리제도 설계 문서는 업무수행 담당자뿐만 아니라 합리적인 지식을 보유한 제3자가 업무흐름과 수행되는 통제를 이해할 수 있을 정도로 구체적으로 기술하여야 합니다. 거래 수준의 내부회계관리제도 설계의 문서화에는 통제기술서가 널리 사용되며, 업무흐름도, 업무기술서, 업무분장표 등을 통제기술서를 보완하는 목적으로 활용할 수 있습니다(평가 · 보고 가이드라인 문단 29).

또한, 통제목표 또는 통제위험, 통제활동, 관련 계정과목 및 경영자 주장, 통제의 속성, 통제유형, 수행빈도, 통제운영자의 적격성 요건, 관련된 정책과 절차, 출발점(Baseline), 통제운영책임자(Control Owner) 등이 포함되는 것이 바람직합니다(평가 · 보고 가이드라인 문단 28).

7-2. 통제기술서

평가보고 가이드라인 29. (거래수준 내부회계관리제도 문서화의 유형)

가. (통제기술서)

통제기술서는 업무프로세스 내의 하위프로세스별 통제목표 또는 위험과 이를 관리하기 위한 통제 및 경영자 주장, 통제 유형 및 수행빈도 등을 일목요연하게 표현하는 데 매우 유용하며 내부회계관리제도 문서화 목적으로 널리 사용된다.

(1) 통제기술서는 주로 통제에 대한 설명과 유형, 수행빈도 등 문단 28에서 제시하는 항목을 포함하여 작성되는 문서이나 프로세스의 시작부터 재무제표에 반영되는 복잡한 프로세스에 대한 기술과 관련된 위험을 포함하지 않는 것이 일반적이다. 이에 회사 프로세스에 대한 설명과 관련된 위험을 확인하고 통제 설계의 적정성을 검토하기 위해 업무흐름도와 업무기술서는 매우 유용할 것이다.

(2) 또한, 통제기술서상에 각각의 통제와 관련하여 실제로 회사가 수행하는 절차를 구체적으로 기술함으로써 내부회계관리제도 설계의 효과성 평가에 활용할 수 있다.

Key Point

통제기술서(RCM)는 회사의 내부회계관리제도 통제활동의 설계한 최종산출물이다. 통제운영자는 이 통제기술서(RCM)에 설계된 대로 통제를 운영해야 한다.

통제기술서(RCM) 예시 - 고정자산 취득승인 통제

Process Details			Risk Details	Sub-Ledger	경영자주장				
메가프로세스	서브프로세스	Sub-Process Activity	관련 위험	관련계정과목 또는 주석	E	C	R	V	P
50.고정자산	50.10.고정자산 취득관리	고정자산을 취득한다.	부적절한 유형자산의 구입이 이루어질 위험	유형자산	V		V		

Control Details										
Control Summary				Control nature						
통제 활동명	통제목표	통제활동 설명	핵심 통제 (Y/N)	MRC 여부 (Y/N)	IPE 대상 (Y/N)	통제 주기	통제 속성	통제 유형	관련 시스템	관련 문서
고정 자산 취득 승인	고정자산의 취득기록은 실제로 회사가 취득한 자산에 대해서만 이루어진다	구매팀장은 구매팀 고정자산담당자의 현업부서 고정자산 취득요청을 검토하고, 비교견적 이후 위임전결규정에 따라 승인한다.	N	N	N	사건 발생 시	예방 통제	수동 통제		승인된 취득품의서, 첨부 비교견적서

통제 담당자			통제 책임자				재무보고에 대한 내부 통제 위험 평가 결론		
본부/실	팀	직급/이름	본부/실	팀	직급/이름	적정성	고유위험	통제 실패 위험	통제위험 (종합)
	구매팀	홍길동 팀장		구매팀	이순신 경영지원 본부장		하	낮음	Low

Control Test			
운영평가방법	운영평가 상세내용	모집단	Sample Size
문서검사	1. 취득품의서가 전결규정에 따라 승인되었는지 확인한다. (문서검사) 2. 취득품의서에 포함된 취득증빙이 적절하게 구비되어 있는지를 확인한다. (문서검사) 3. 취득부서의 비교견적이 적절한 절차로 진행되었는지를 확인한다. (문서검사)	유형자산 취득 리스트	추후 확정

통제기술서(RCM)의 모든 통제활동은 다음의 구조에 따라 각 필드값을 설계한다.

필드	필드값(예시)	비고
Mega Process	고정자산	
Sub Process	고정자산 취득관리	
(Sub Process) Activity	고정자산을 취득한다.	
관련 위험(Risk)	부적절한 유형자산의 구입이 이루어질 위험	
통제활동명	고정자산 취득승인	
통제활동 설명	현업의 고정자산 취득 요청은 위임전결규정에 따라 총무팀장이 검토 후 승인한다.	
핵심통제	N	• 핵심통제(Key Control) 여부를 결정한다. • Key Control / Non-Key Control • 추후 설계운영평가는 핵심통제(Key Control)에 대해서만 평가한다.
MRC	N	• MRC(Management Review Control : 경영진에 의한 검토통제) • Y/N • MRC와 MRC가 아닌 통제로 구분됨
IPE	N	• IPE(Information Produced by Entity 기업이 생성한 정보) • 이 통제를 수행하는 데 사용한 IPE가 있으면 Yes 체크 • IPE에 대해서는 C&A(Completeness&Accuracy 완전성과 정확성) Test 추가 필요
통제주기	사건발생 시	• 사건발생 시 또는 주기(일, 주, 월, 분기, 반기, 연)
통제속성	예방통제	• 예방통제/적발통제 • 단, 이후 업무에 영향 없음
통제유형	수동통제	• 자동통제(Automated)/수동통제(Manual)/IT의존 수동통제(ITDM : IT Dependent Manual) • A/M/W로 체크(W는 manual control With automated component)
관련 시스템	N/A	• 자동통제(Automated)와 IT의존 수동통제(ITDM : IT Dependent Manual)는 관련 시스템 정의 필요 • ERP 경우 구체적인 모듈 코드 등 구체화 필요 • 수동통제(Manual)는 관련 시스템 정의하지 않음
관련 문서	취득품의서	• 수동통제(Manual)는 통제수행과정에 사용한 문서를 정의해야 함

필드	필드값(예시)	비고
통제담당자(팀)	총무팀	• 수동통제(Manual)는 사람이 수행하는 것이기 때문에, 통제담당자(부서)와 통제담당자가 정의되어야 함 • IT의존 수동통제(ITDM : IT Dependent Manual)도 통제담당자(부서)와 통제담당자가 정의되어야 함
통제담당자(이름)	홍길동 팀장	• 상동
통제실패위험	낮음(L)	• 통제가 실패할 가능성을 판단해야 함(평가 · 보고 가이드라인 문단 28)
설계평가방법	추적조사	• 설계평가 시 평가방법도 RCM 설계내용에 포함하는 게 필요함 • 고정자산 취득 관련 통제는 설계평가로 추적조사가 가능한 통제활동임
운영평가방법	문서검사	• 운영평가 시 평가방법도 RCM 설계내용이 포함하는 게 필요함 • 평가방법은 1개 또는 1개 이상일 수 있음(예 : 질문 및 문서검사)
모집단 정의	유형자산 취득품의서	• 추후 운영평가 시 모집단에서 운영평가를 위한 표본추출을 수행하므로, 모집단을 설계시점에 정의하는 게 필요함
표본 수 (Sample Size)	TDB (추후 결정)	• 모집단은 정의하고 표본 수(Sample Size)도 사전에 정의하는 게 필요함 • 예 : 분기통제 샘플사이즈 - 2개 • 다만, 수시통제는 모집단을 설계시점에 모르기 때문에 '추후 결정' 등으로 표시함

내부회계관리제도 감사 FAQ

25. 경영진 검토 통제에 포함되는 통제의 유형은 무엇인지, 그리고 다른 거래 수준 통제를 경영진 검토 통제를 대신하여 식별하고 테스트 대상으로 선정할 수 있는지요?

경영진 검토 통제는 주관적이고 복잡한 판단이 필요하여 특별한 설계 · 운영 테스트가 필요한 유형의 검토 통제를 의미합니다. 따라서 감사인은 통제가 대응하는 관련 경영진 주장의 왜곡표시위험이 높으며 주관적이고 복잡한 판단이 수반되는 통제를 경영진 검토 통제로 식별합니다. 통제의 목적과 유형을 고려하여 단순한 대사 · 승인 목적의 통제 등 지나치게 많은 통제가 경영진 검토 통제로 선정되지 않도록 유의할 필요가 있습니다.

경영진 검토 통제를 대신할 수 있는 다른 거래 수준 통제가 존재할 수 있습니다. 따라서 감사인은 회사의 활동을 세분화하여 경영진 검토 통제를 대신할 수 있는 다른 거래 수준 통제를 식별하고 해당 통제가 효과적으로 설계 · 운영될 것으로 기대하는 경우 해당 통제를 테스트 대상으로 선정할 것입니다.

해설 - 저자 주

경영진 검토 통제는 MRC(Management Review Control)를 말하며, 주관적이고 복잡한 판단이 필요한 통제를 말한다.
이는 재무제표 작성과정에서 거래사실을 기록하는 것 이외에 평가(valuation)라는 경영진주장에 대해 주관적이고 복잡한 판단을 해야 되는 경우가 많고, 일반적으로 결산조정사항들이 이에 해당한다.
대표적으로 매출채권 대손충당금 검토 통제, 재고자산 순실현가능가치 평가 검토 통제, 유형자산(CGU) 또는 종속기업투자주식에 대한 손상평가 검토 통제 등이 이에 해당한다.
특히나 이러한 MRC통제들은 대부분은 수동통제로서, 통제담당자의 적격성이 매우 중요한 통제활동이며, 통제활동을 실질적으로 수행했는지를 확인하기 위해서 MRC 체크리스트 등을 설계하여 운영하는 것이 일반적이다.

7-3. 업무흐름도

평가보고 가이드라인 29. (거래수준 내부회계관리제도 문서화의 유형)

나. (업무흐름도)

업무흐름도는 조직 내에서의 업무흐름 및 제반 문서 등을 도식적, 동태적으로 표현하기 위한 것으로 주로 하위프로세스 단위로 작성된다.

(1) 업무흐름도에는 특정 계정과 관련된 업무프로세스의 시작과 끝을 포함하고 있으며 거래과정의 위험과 통제가 통제 설계의 적정성을 확인할 수 있도록 제시된다. 필요한 경우 몇 개의 하위프로세스를 통합하거나 하나의 하위프로세스를 세분하여 작성할 수 있다.

(2) 업무흐름도를 통해 업무프로세스 내에서 발생 가능한 위험 및 관련 통제 등을 쉽게 파악할 수 있는 장점이 있으나 그 자체만으로는 통제목표나 경영자 주장 및 재무제표 계정과목 등과 연계하여 표시하기 어려운 단점이 있어 일반적으로는 통제기술서를 보완하는 목적으로 활용된다.

Key Point

업무흐름도(Flow Chart)에서 식별된 위험(Risk)과 통제활동(Control)은 그대로 통제기술서(RCM)로 옮겨지게 된다.

인사프로세스 관련 업무흐름도(Flow Chart) 예시 – 인사프로세스 관련

Process No.	Mega Process	Major Process	Sub Process	작성일자	최종수정일
HR.01.01	인사/급여	퇴직급여	퇴직금 지급	202x.xx.xx	

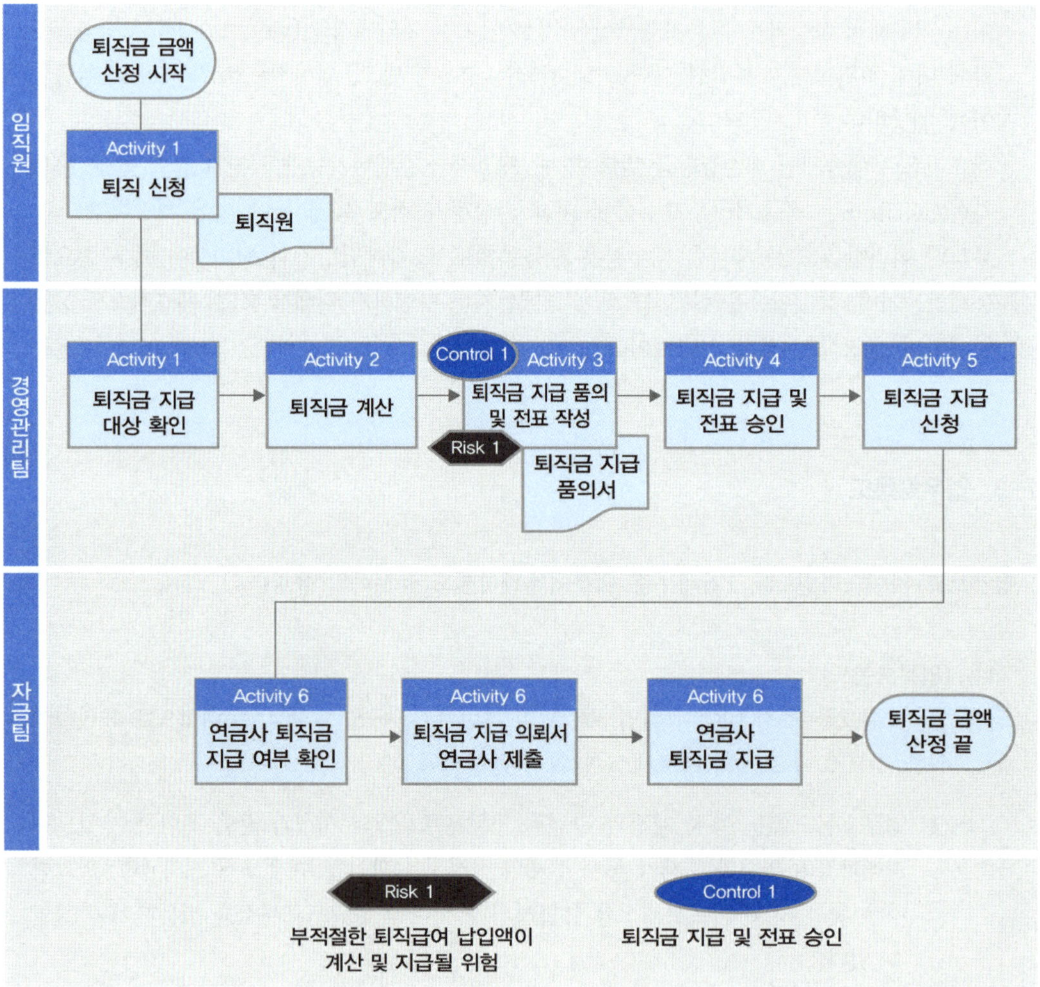

〈업무흐름도(Flow Chart) 작성절차 및 유의사항〉

업무흐름도(Flow Chart)는 회사의 업무흐름을 구체적으로 파악하여 도식화한 표를 말한다. 매출 프로세스를 예를 들면,

Mega Process의 업무흐름도(Flow Chart)는 그 하위인 Sub Process별로 업무흐름도(Flow Chart)를 1장표씩 작성한다.

아래 매출 Mega Process를 예를 들면, 매출 Mega Process하에 6개의 Sub Process로 프로세스가 구분되어 있으므로, 각 Sub Process별로 1장표씩 작성한다.

Mega Process	Sub Process
매출	고객정보관리
	계약관리
	주문관리
	출하관리
	매출인식
	채권관리

업무흐름도(Flow Chart)는 각 Sub Process별로 거래의 시작부터 끝까지를 도식화하면서 해당 Sub Process에서의 주요 업무활동(Activity)을 식별하여 도식화하는 게 중요하다. 그러한 주요 업무활동(Activity)을 흐름별로 기술하다 보면, 관련 위험(Risk)이 식별되는 경우가 있다. 이러한 위험(Risk)이 식별되면, 회사와의 인터뷰 등을 통해 관련 위험(Risk)에 대응하는, 즉 관련 위험(Risk)을 허용가능한 수준으로 감소시킬 수 있는 통제활동(Control)이 존재하는지를 파악하고, 회사에 해당 통제활동(Control)이 존재하는 경우, 이 통제활동(Control)이 설계된 것이다.

업무흐름도(Flow Chart)에서 식별된 통제활동(Control)이 통제기술서(RCM)에 그대로 옮겨지는 것이다.

No.	Activity	Risk	Control
1	영업팀 담당자는 거래처로부터 주문 내역을 접수한다. (이메일, 메시지, 전화 등)	N/A	N/A
2	영업팀 담당자는 거래처 주문내역을 접수하여 ERP에 주문서를 입력한다.	주문과 다르게 ERP에 주문서 입력될 위험	영업부서 부서장은 영업팀 담당자가 ERP에 입력한 거래처 주문서 내역을 주기적으로 검토하여 주문의 실재성을 확인한다.

7-4. 업무기술서

평가보고 가이드라인 29. (거래수준 내부회계관리제도 문서화의 유형)

다. (업무기술서)

업무기술서는 각 업무프로세스에서 수행되는 업무의 내용을 설명 형식으로 기술한 문서로 업무의 출발점, 수행되는 업무처리 절차, 통제의 내용 및 관련 서류 등을 명확하게 기술한다.

(1) 업무흐름이 복잡하지 않고 단순하여 설명 형식으로 기술하기가 용이할 때 이용할 수 있는 방법으로 업무흐름도와 유사한 목적을 가진다. 업무기술서는 업무프로세스에서 수행되는

업무, 통제 및 관련 문서 등을 시간의 흐름에 따라 순차적으로 표현할 수 있는 장점이 있다.

(2) 반면, 프로세스가 복잡한 경우 프로세스와 관련된 위험과 통제의 일목요연한 파악이 어려워 통제 설계의 적정성을 파악하기에 부적절할 수 있다. 또한, 기술된 통제의 내용을 관련 통제목표나 경영자 주장 및 재무제표 계정과목 등과 연계시키기 어렵기 때문에 통제기술서를 대체하기에는 부적절하며 업무흐름도를 보완하는 문서나 간단한 프로세스의 경우 업무흐름도를 대체하는 수단으로 활용될 수 있다.

업무기술서는 각 업무프로세스에서 수행되는 업무의 내용을 설명 형식으로 기술한 문서로 업무의 출발점, 수행되는 업무처리 절차, 통제의 내용 및 관련 서류 등을 명확하게 기술한다.

다만, 업무기술서는 업무프로세스가 단순한 경우에는 역할이 의미가 있으나, 복잡한 경우에는 역할이 미미하여 업무흐름도를 별도로 설계할 필요가 있다.

이를 정리하면 다음과 같다.

구분	주요 내용
업무프로세스가 단순한 경우	• 업무기술서가 적합함 • 업무흐름도와 유사한 목적
업무프로세스가 복잡한 경우	• 업무기술서 자체로는 통제 설계의 적정성을 파악하기에 부적절할 수 있음 • 기술된 통제의 내용을 관련 통제목표나 경영자 주장 및 재무제표 계정과목 등과 연계시키기 어렵기 때문에 통제기술서를 대체하기에는 부적절함 • 업무흐름도를 보완하는 문서나 간단한 프로세스의 경우 업무흐름도를 대체하는 수단으로 활용될 수 있음

외부감사인 간의 차이는 존재하나, 일반적으로 통제기술서(RCM) 및 업무흐름도(Flowchart)는 외부감사인이 필수적으로 요구하지만, 업무기술서는 요구하지 않을 수 있다.

7-5. 업무분장표

평가보고 가이드라인 29. (거래수준 내부회계관리제도 문서화의 유형)

라. (업무분장표)

(1) 상충되는 업무의 적절한 분장은 오류 및 부정을 사전에 예방하고 적시에 발견할 수 있는 강력한 통제수단이 된다. 업무분장표는 업무프로세스 내에서 거래의 승인기능, 자산의 보관기능 및 회계기능 등 상충되는 업무가 적절히 분장되었는지 여부를 확인하는 데 유용하게 활용될 수 있다.

(2) 그러나, 업무분장표 그 자체로 내부회계관리제도의 문서화 목적을 모두 충족시키기는 어렵고 보조적인 수단으로 활용된다. 즉, 업무분장표를 별도로 작성 및 유지하는 것이 권장될 수는 있으나 업무분장과 관련된 내용을 통제기술서 등 타 문서에 충분히 기술하고 내부회계관리제도 설계 및 운영의 효과성 평가를 수행할 수 있다.

(3) 단, 회사의 업무분장에 대한 규정과 지침은 명확하게 제시되는 것이 필요하다.

업무분장표(SOD : Segregation of Duty)는 조직 내에서 한 사람이 동시에 여러 핵심적인 권한을 가지지 않도록 역할과 책임을 구분해 놓은 표를 말한다.

업무분장이 효과적으로 되어 있지 않은 경우, 회사의 업무 및 재무제표는 부정과 오류에 노출될 가능성이 높다.

대표적인 예로, 자금팀장이 자금 요청도 하고, 자금 집행(자금이체)도 직접 수행하는 경우 자금팀장에 의한 자금횡령 등이 발생할 수도 있다.

따라서, 업무분장(SOD)은 기본적으로 '요청(Request) → 승인(Approve) → 집행(Execute) → 기록(Record)'의 업무프로세스 과정에서 각각의 업무가 동일인(동일ID)에 의해서 이루어지지 않도록 예방하는 것이 중요하다.

단순하게 회계, 구매, 자금 부문 정도의 업무분장(SOD)의 예시는 다음과 같다.

부문	업무 프로세스	세부 업무	담당부서/직위	분장 원칙(통제포인트)
회계	전표 처리	전표 입력	회계담당자	입력자 ≠ 승인자
회계	전표 처리	전표 승인	회계팀장/재무팀장	승인권한은 상위자만
회계	결산/보고	재무제표 작성	회계담당자	작성자 ≠ 검토자
회계	결산/보고	재무제표 검토/승인	재무팀장, CFO	작성자와 분리
자금	자금 집행	지급 요청	자금담당자	요청자 ≠ 결재자
자금	자금 집행	지급 승인	재무팀장, CFO	승인자 별도
구매	구매 프로세스	구매요청	사용자부서	요청자 ≠ 발주자
구매	구매 프로세스	발주/계약	구매팀	요청자와 분리
구매	구매 프로세스	검수	사용자부서	검수자 ≠ 발주자
구매	구매 프로세스	대금지급 승인	재무팀장	지급담당자와 분리
IT	권한관리	신규 계정 생성 요청	사용자부서장	요청자 ≠ 생성자
IT	권한관리	계정 생성/권한 부여	전산팀 담당자	생성자 ≠ 승인자
IT	권한관리	계정 승인	전산팀장/정보보호팀	분리 승인 필수

한편, 전사수준통제(ELC)에서도 업무분장을 강조하고 있으며, 대부분 기업들은 전사수준통제(ELC)에서 아래와 같은 업무분장 관련 통제를 설계 운영하고 있다.

업무분장(SOD)에 대한 구체적인 실무 사례는 전사수준통제 예시(ELC_17)에서 다루고 있다.

ELC_17	업무분장/접근권한 기준 수립 및 모니터링

08 전사적 수준의 내부회계관리제도 문서화

평가보고 가이드라인

30. (전사적 수준의 내부회계관리제도 문서화)

가. 전사적 수준의 통제에 대한 문서화 내용 역시 거래수준의 문서화와 크게 다르지 않다. 단, 거래수준 통제의 문서화가 거래수준의 통제 자체를 문서화하는 반면, 전사적 수준 통제의 문서화는 17가지 원칙과 회사가 선택한 중점고려사항을 준수하기 위한 정책 및 절차가 적용될 수 있는 통제를 기술하는 것이다.

나. 이는 때로는 회사의 정책과 절차가 존재하고 관련된 업무수행 결과가 존재하는 것만으로도 수용될 수 있다. 예를 들어, 위험평가 원칙과 관련된 내부회계관리규정이나 지침에 회사가 수행할 위험평가 절차를 제시하고 이에 따라 재무제표를 기준으로 평가 대상을 선정하고 보고하는 절차가 적절히 이뤄졌음을 증명할 수 있는 문서가 존재하는 경우에는 관련된 원칙이 준수되었음을 확인할 수 있다. 물론 이러한 경우에도 위험평가가 효과적으로 수행되기 위한 통제(예 : 위험평가의 기반은 내부회계관리제도 평가 계획의 감사(또는 감사위원회) 보고 및 검토 절차)가 기술되는 것이 바람직하다. 회사가 선택한 중점고려사항을 고려하는 것은 필요하나 중점고려사항별로 통제가 설계되지 않을 수 있다.

다. 전사적 수준 통제의 문서화에는 외부감사법 등에서 요구하는 내부회계관리규정 및 보고절차 등이 반드시 포함되어야 한다. 내부회계관리규정이나 지침에는 외부감사법 등에서 요구하는 항목의 반영과 적용을 위한 절차가 마련되는 것이 바람직하다.

라. 경영자의 내부회계관리규정 위반이나 내부통제 무시에 대처할 수 있는 부정방지 프로그램 역시 중요한 항목이다. 부정방지 프로그램과 관련된 전사적 수준의 통제는 다음과 같은 사항이 원활하게 수행될 수 있는 통제를 의미한다.
(1) 감사(또는 감사위원회) 및 이사회의 감독 기능
(2) 윤리강령의 제정, 준수 여부 조사에 관한 사항
(3) 회계처리, 회계감사 및 내부회계관리제도 등과 관련한 예외사항에 대한 처리절차(예 : 경영자가 내부회계관리규정을 위반하여 회계정보의 작성, 공시를 지시하는 경우에 있어서의 구성원의 대처방법 등)
(4) 부정사건(회사 재산의 횡령, 유용 등) 및 내부회계관리규정 위반사항에 대한 내부고발자제도 및 고발자 보호
(5) 발견 또는 제보된 내부고발 사항의 조사 및 징계에 관한 사항

전사적 수준의 통제(ELC)에 대한 문서화 내용 역시 거래수준(PLC)의 문서화와 크게 다르지 않으며, 거래수준 통제의 문서화가 거래수준의 통제 자체를 문서화하는 거래수준(PLC)의 문서화 대비해 봤을 때, 전사적 수준의 통제(ELC) 문서화는 17가지 '원칙'과 회사가 선택한 중점고려사항을 준수하기 위한 정책 및 절차가 적용될 수 있는 '통제'를 기술한다는 차이점이 존재한다.

전사적 수준 내부회계관리제도(ELC) 문서화 내용을 요약하면 다음과 같다.

구분	주요 내용	예시/세부 항목	관련 증빙
문서화 성격	거래수준 통제와 달리, 전사적 수준 통제는 정책 · 절차 중심 문서화	COSO 17가지 원칙 및 회사의 중점고려사항 준수 설명	내부회계관리규정, 절차서
정책 · 절차 인정 기준	규정 · 지침 존재 + 수행 결과 문서로 원칙 준수 확인 가능	위험평가 규정 + 위험평가 보고서	위험평가 계획, 보고자료
실효성 보장 통제	정책만으로는 부족 → 효과적 운영 확인 절차 필요	감사위원회 보고 · 검토 절차	감사위원회 회의록
필수 포함 문서	외부감사법에서 요구하는 항목 포함	• 내부회계관리규정 • 보고절차	관련 규정집, 보고체계도
부정방지 프로그램	경영진 위반 · 내부통제 무시에 대응하는 전사적 통제	① 감사(위원회) · 이사회의 감독 ② 윤리강령 제정 · 준수 점검 ③ 회계처리/공시 예외 상황 대응절차 ④ 내부고발제도 및 보호 ⑤ 제보사항 조사 및 징계	윤리강령 문서, 내부고발 제도 운영규정, 조사보고서, 징계 기록

CHAPTER

2-3 정보기술 일반통제(ITGC)

01 정보기술 일반통제(ITGC) 개요

내부회계관리제도 통제활동은 1) 수동통제, 2) 자동통제, 3) IT의존 수동통제로 구분된다.

통제활동을 사람이 수행하는 수동통제는 통제활동이 효과적으로 운영되기 위해서 통제를 수행하는 사람(다음의 그림 예의 회계팀장)의 능력(적격성)이 중요하다.

반면, 통제활동을 IT시스템이 수행하는 자동통제는 통제활동이 효과적으로 운영되기 위해서 통제를 수행하는 IT시스템(다음의 그림 예의 ERP시스템)의 능력(적격성)이 중요하다.

따라서, 수동통제에서는 통제를 수행하는 사람(회계팀장)이 능력이 있는지 여부를 따져봐야 하고(통제담당자의 적격성 평가), 이와 마찬가지로 자동통제에서는 통제를 수행하는 IT시스템 (ERP시스템)이 능력이 있는지 여부를 따져봐야 한다.

이 IT시스템이 능력이 있는지 여부는 '정보기술 일반통제(ITGC)' 테스트를 통해서 따지게 된다. 즉, 아래 '전표 작성자와 전표 승인권자의 권한 분리'라는 통제활동이 효과적으로 운영되기 위해서는 해당 통제활동이 수행되고 있는 'ERP시스템'이 효과적인지 여부를 '정보기술 일반통제(ITGC)' 테스트를 통해서 검증해야 한다.

만약 해당 'ERP시스템'에 대한 '정보기술 일반통제(ITGC)' 테스트 수행결과, 해당 해당 'ERP시스템'이 효과적이지 않다고 판단되면 해당 '전표 작성자와 전표 승인권자의 권한 분리'라는 통제활동은 효과적으로 설계 · 운영되고 있다고 결론 지을 수 없다.

자동통제/수동통제(Automated/Manual)

			설계			운영	
No.	Mega Process	Activity	Risk	Control	통제 속성	시스템	통제 담당자
…	…						
C15	매출 프로세스	매출채권 대손충당금을 인식한다.	매출채권의 회수가능성 평가가 부정확하여 대손충당금이 과소계상될 위험	**매출채권 대손충당금 검토(MRC)**	수동통제	N/A	회계팀장
…	…						
C120	결산 프로세스	전표를 작성, 승인한다.	전표발행 및 승인이 부적절하여 재무제표가 왜곡될 위험	**전표 작성자와 전표 승인권자의 권한 분리**	자동통제	ERP	N/A
…	…						
C180	고정자산 프로세스	고정자산을 취득한다.	부적절한 유형자산의 구입이 이루어질 위험	**고정자산 취득 승인**	IT의존 수동통제	그룹웨어	총무팀장

02 IT Scoping

회사에는 IT시스템이 많이 있는데, 모든 IT시스템 각각에 대해서 '정보기술 일반통제(ITGC)' 테스트를 수행해야 할까? 그렇지 않다.

'정보기술 일반통제(ITGC)' 테스트도 내부회계관리제도 목적이기 때문에 회사의 통제활동으로 설계된 통제활동 중에서 IT시스템을 거치는 자동통제에 해당하는 IT시스템만 ITGC테스트를 수행한다. 회사의 많은 IT시스템 중에 ITGC테스트를 수행할 IT시스템을 선정해야 하는데, 이를 'IT scoping(IT 범위선정)'이라고 한다.

Key Point

(현실적으로 불가능하지만) 내부회계관리제도의 모든 통제활동이 수동통제라면, IT Scoping 및 ITGC는 필요 없다.

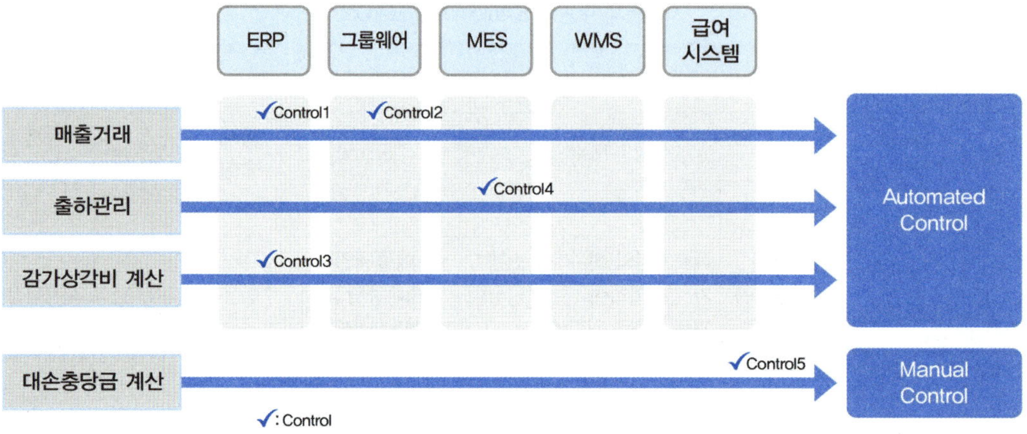

회사에 IT시스템이 5개 있다고 가정하자. (ERP, 그룹웨어, MES, WM S, 급여시스템)
이 모든 IT시스템의 업무효과성 등을 위해 도입한 시스템이다. 반면, 회사의 내부회계관리제도를 위한 통제활동에 활용되는 IT시스템을 식별해 보면, 이 5개 시스템 중에 3개 시스템(ERP, 그룹웨어, MES)만 활용되고 있다.

따라서, 이 3개 시스템(ERP, 그룹웨어, MES)은 각각의 통제활동이 효과적이려면 이 3개 시스템(ERP, 그룹웨어, MES) 자체가 효과적인지 여부를 확인해야 한다.

이 3개 시스템(ERP, 그룹웨어, MES)을 정하는 것을 **IT Scoping**이라 하고, 각 시스템이 효과적인지 여부를 확인하는 것이 ITGC인 것이다.

IT시스템	통제활동(Control)	ITGC 대상 여부
ERP	Control 1 Control 3	In scope
그룹웨어	Control 2	
MES	Control 4	
WMS	N/A	Scope out
급여시스템	N/A	

단, 매출채권 대손충당금 계산 같은 활동(Activity)은 회사의 IT시스템을 통하지 않기 때문에, 매출채권 대손충당금 검토와 같은 통제활동(Control 5)도 IT시스템이랑 무관하다. 이러한 수동통제는 애당초 IT Scoping의 대상이 될 수 없다.

IT Scoping은 아래 예시와 같이 회사의 모든 IT시스템에 대한 정보를 나열하고, 해당 IT시스템이 내부회계관리제도의 특정 통제활동이 수행되는지 여부를 파악하는 순서로 이루어진다.

응용프로그램(application) 일반정보							
System 범주	관련 프로세스	Application 명칭	Application 주요기능설명	대상 (In-Scope) 여부	Application 유형	커스터 마이즈 여부	Interface From
Business Application	All	SAP		Yes	ERP	Yes	영업시스템 A시스템 B시스템
Business Application	매출	영업 시스템	제품 판매를 위한 시스템으로 고객의 계약 요청, 계약승인, 생산요청, 재고관리, 출고, 제품 운송관리 등 포괄적인 업무를 통합 지원하는 기간영업 시스템	Yes	ERP	Yes	주문접수 시스템
Business Application	매출	주문접수 시스템	…	…	…	…	…

응용프로그램(application) 일반정보						Application 기술 정보			
Interface To	도입년도	지역구분 (전사/국내/해외)	주사용 현업 부서기재	담당 IT 운영 부서	담당 IT 기획/관리 부서	Server 이름	Data Center Location	Operating System Platform	Database
	2010년	전사	전사	전산팀	전산팀				
SAP	2010년	전사	영업팀	전산팀	전산팀			IBM AIX 6.1	Oracle 11g
…	…	…	…	…	…				

03 정보기술의 사용에 따른 위험

IT시스템을 활용하면 업무활동의 효과성, 효율성을 향상시키는 등 효익이 많이 있다. 반면에, IT시스템도 여러 위험이 존재할 수 있으며, 이 여러 위험에 대해 평가보고 가이드라인에서는 다음과 같이 제시하고 있다.

평가보고 가이드라인

23. (정보기술의 사용에 따른 위험)

정보기술의 사용은 회사의 업무환경과 밀접한 관계가 있다. 날로 발전하는 정보기술로 수작업 처리 업무절차가 시스템에서 자동화되고 각종 문서들이 전자적인 형식으로 대체된다. 이러한 정보기술은 회사의 업무처리의 효율성과 효과성을 증대시키기도 하지만 다음과 같은 위험을 초래하기도 한다.

가. 데이터를 잘못 처리하거나 잘못된 데이터를 처리하는 시스템에 의존할 위험
나. 데이터에 대한 승인되지 않은 접근으로 데이터가 위조, 변조, 훼손 및 파기될 위험
다. IT부서 인원이 과도한 권한을 보유하여 업무분장이 적절하지 않을 위험
라. 승인되지 않은 마스터 파일의 수정
마. 승인되지 않은 시스템 및 프로그램의 수정
바. 시스템이나 프로그램에 필요한 변경이 적절히 이루어지지 못할 위험
사. 데이터 유실 위험 또는 필요한 데이터를 사용하지 못할 위험

평가보고 가이드라인에서 제시하는 IT 사용에 따른 위험을 다음과 같이 구분할 수 있다. 이 정보기술의 사용에 따른 위험이 Activity - Risk - Control에서 Risk에 해당하는 것이고, ITGC는 각각의 In Scope된 IT시스템에 대해서 이 Risk를 감소시킬 수 있는 Control(통제활동)을 설계 운영하는 것이다.

평가보고 가이드라인에서 제시하는 IT 사용에 따른 위험과 이에 대응하기 위해 필요한 ITGC 통제를 예시로 매핑하면 다음과 같다.

정보기술의 사용에 따른 위험	분류	위험 예시	ITGC 통제 (Sub Process 예시)
가. 데이터를 잘못 처리하거나 잘못된 데이터를 처리하는 시스템에 의존할 위험	데이터 무결성 (Data Integrity)	• 잘못된 시스템의 설계 등으로 정확한 데이터를 입력하더라도 결과가 틀리게 나오는 오류 • 예 : 재고관리시스템이 특정 상품의 출고량을 잘못 계산하여 실제 재고와 시스템상의 재고가 불일치하지 않는 경우	• 프로그램 개발 (Program Development) • 프로그램과 데이터에 대한 접근 보안(Access to Program and Data)
나. 데이터에 대한 승인되지 않은 접근으로 데이터가 위조, 변조, 훼손 및 파기될 위험	데이터 보안 (Data Security)	• 권한이 없는 사람이 중요한 데이터에 접근하여 정보를 위조, 변조할 위험 • 예 : 개인정보 유출, 금융 정보 위조, 기업 기밀 자료 변조 등 위험	프로그램과 데이터에 대한 접근 보안(Access to Program and Data)

정보기술의 사용에 따른 위험	분류	위험 예시	ITGC 통제 (Sub Process 예시)
다. IT부서 인원이 과도한 권한을 보유하여 업무분장이 적절하지 않을 위험	권한 분리 (Segregation of Duties)	• 슈퍼유저(Super User, 시스템 관리자) 권한 위험 • 슈퍼유저 계정의 해킹으로 인한 회사 모든 시스템에 부정적인 접근 발생 가능성 • 예 : 슈퍼유저(Super User, 시스템 관리자) 과다한 권한으로 인해 부적절한 접근 및 데이터 수정 위험	프로그램과 데이터에 대한 접근 보안(Access to Program and Data)
라. 승인되지 않은 마스터 파일의 수정	마스터 파일	• 마스터 파일에 있는 고객정보, 제품 정보, 계정 정보 등 기업 운영에 필수적인 핵심 데이터에 대한 부적절한 임의 수정 가능성 • 예 : 고객의 주소 정보가 승인 없이 변경될 경우 운송 오류 가능성	• 프로그램과 데이터에 대한 접근 보안(Access to Program and Data) • 프로그램 변경(Program Changes)
마. 승인되지 않은 시스템 및 프로그램의 수정	변경 관리 (Change Management)	• 시스템 불안정성 및 보안 취약점 발생 가능성 • 예 : 시스템 변경의 적정성에 대한 검토 승인 없이 시스템 변경하여 오류 충돌 등 발생 가능성	프로그램 변경 (Program Changes)
바. 시스템이나 프로그램에 필요한 변경이 적절히 이루어지지 못할 위험	변경 관리 (Change Management)	• 시스템 환경 변화나 새로운 요구사항에 맞춰 시스템이 업데이트되지 않아 시스템이 비효율적, 비효과적으로 운영될 위험 • 예 : 보안패치의 적시성 있는 반영이 이루어지지 못해 시스템이 외부 위험에 쉽게 노출될 가능성	프로그램 변경 (Program Changes)
사. 데이터 유실 위험 또는 필요한 데이터를 사용하지 못할 위험	데이터 가용성 (Data Availability)	• 하드웨어 고장, 자연재해, 해킹, 시스템 오류 등으로 인해 데이터를 적정하게 사용하지 못할 위험 • 예 : 서버가 다운되어 모든 고객 주문 내역이 사라질 가능성	컴퓨터 운영 (Computer Operation)

04 정보기술 일반통제(ITGC) 영역

평가보고 기준

10. (정보기술 일반통제)

가. 경영진이 식별한 통제가 자동통제이거나 정보기술에 의존하는 경우, 해당 통제의 효과성에 영향을 미치는 정보기술 일반통제의 설계 및 운영에 대해 평가하여야 한다.

나. 경영진은 프로그램 개발, 프로그램 변경, 컴퓨터 운영 및 프로그램과 데이터에 대한 접근보안 등 재무보고 위험과 관련된 정보기술 일반통제를 평가한다.

평가보고 가이드라인

24. (정보기술 일반통제)

가. 정보기술 일반통제란 정보기술 사용에 따른 위험을 적절히 예방 · 적발하기 위한 통제로 정보시스템이 구입 · 개발되고 유지 · 보수되며 운영되는 전반적인 통제를 의미한다.

나. 정보기술 일반통제는 단독으로 재무보고 위험을 적발 또는 예방할 수 없는 것이 일반적이나 자동통제 또는 회사의 제반 IT 기능은 효과적인 정보기술 일반통제에 의존한다. 따라서, 재무보고 위험과 관련된 핵심통제가 자동통제 또는 전산에 기반한 수동통제인 경우 해당 통제의 효과성에 영향을 미치는 정보시스템의 정보기술 일반통제를 평가한다.

다. 중소기업의 경우에는 정보기술 일반통제의 평가범위는 정보시스템에의 의존 정도, 정보시스템의 복잡도, 회사의 규모나 업종 등에 따라 달라질 수 있다. 예를 들어, 중소기업의 정보기술 환경은 규모가 작고 복잡도가 낮을 수 있어 관리가 중앙집중화되고 관련 규정이나 절차가 공식적으로 문서화되지 않을 수도 있다. 또한, 인력 제한 등으로 인하여 프로그램 개발자가 운영환경에 직접 접근하는 등 충분한 업무 분장이 이루어지지 않을 수도 있다. 이러한 경우에는 시스템에서 산출된 자료의 정확성을 확인하는 통제 위주로 내부회계관리제도를 설계 · 운영할 수 있다.

25. (내부회계관리제도 목적의 정보기술 일반통제의 범위)

경영진은 업무프로세스 및 자동통제나 IT에 의존하는 수동통제와 관련된 시스템 및 해당 시스템의 정보기술 일반통제 간의 연관성을 파악한다. 정보기술 일반통제에는 전산화 계획의 수립, 재난복구계획 등 다양한 영역이 존재하며 회사의 정보시스템에의 의존 정도, 회사의 규모나 업종 등에 따라 달라질 수 있으나 내부회계관리제도 목적상으로는 일반적으로 다음 (가)~(라)의 영역이 포함된다.

평가보고 가이드라인에서는 정보기술 일반통제를 다음과 같이 정의하고 있다.

> 정보기술 일반통제란 정보기술 사용에 따른 위험을 적절히 예방 · 적발하기 위한 통제로 정보시스템이 구입 · 개발되고 유지 · 보수되며 운영되는 전반적인 통제를 의미한다. (평가보고 가이드라인 문단 24. 가)

즉, 앞서 규정한 '정보기술 사용에 따른 위험'을 예방 · 적발하기 위한 통제를 정보기술 일반통제(ITGC)로 정의하고 있다.

또한, 내부회계관리제도 목적상 정보기술 일반통제(ITGC)를 4가지 영역으로 구분하고 있다. 그 4가지 영역은 다음과 같다.

ITGC 영역	위험 예시	ITGC 통제 (Sub Process 예시)
1. 프로그램 개발 (Program Development)	인가, 테스트, 승인, 적절한 적용, 문서화된 것만 개발 또는 도입되도록 하는 프로그램 개발 통제	새로운 시스템 개발 시 승인
2. 프로그램 변경 (Program Changes)	인가, 테스트, 승인, 적절한 적용, 문서화된 것만 변경되도록 하는 프로그램 변경 통제	새로운 프로그램 변경 시 승인
3. 프로그램과 데이터에 대한 접근 보안 (Access to Program and Data)	정보시스템의 접근을 제한(예방/적발)하고 개인이 에러 또는 불규칙을 저지르거나 숨기는 것에 대해 예방하는 접근 통제	계정, 패스워드, 슈퍼유저 등
4. 컴퓨터 운영 (Computer Operation)	시스템 처리는 적절하게 인가되고 스케줄 되어 있으며, 에러 발생 시 식별 및 해결될 수 있도록 하는 컴퓨터 운영 통제	백업, 복구 등

4-1. 프로그램 개발(Program Development)

평가보고 가이드라인

25. (내부회계관리제도 목적의 정보기술 일반통제의 범위)

가. [프로그램 개발(Program Development)]

프로그램 개발과 관련하여 고려되어야 할 통제에는 일반적으로 다음의 항목을 포함한다. 단, 사업의 구조가 단순하고 복잡한 정보시스템이 요구되지 않는 중소기업에서 회사의 개별적인 수정이 허용되지 않는 범용소프트웨어를 도입하는 경우에는 일반적인 프로그램 개발방법론의 모든 영역을 고려하지 않을 수 있다.

(1) 새로운 시스템의 개발 및 도입은 적절한 경영진에 의해 승인된다.
(2) 전산시스템 및 응용 프로그램의 개발은 적절한 통제가 내재된 개발방법론을 적용하여 수행한다.
(3) 새로운 시스템의 구축에 의해 영향을 받을 수 있는 기존의 통제는 수정되거나 완전성의 유지를 위해 재설계된다.
(4) 전산시스템 및 응용프로그램의 개발은 현업부서 및 전산관련 부서의 적절한 테스트과정을 거친다.
(5) 새로운 전산시스템과 응용프로그램에 대해 시스템, 사용자, 관련 통제에 대한 적절한 문서화가 이루어진다.
(6) 새로운 시스템을 운영환경으로 이전함에 있어 접근통제가 수행된다.
(7) 새로운 시스템으로 이전된 데이터는 완전성을 유지한다.
(8) 시스템 사용자는 새로운 시스템과 응용프로그램을 사용하기에 적절한 수준의 지식을 보유하고 있다.

프로그램 개발(Program Development) 단계와 관련된 통제활동 설계는 다음의 예시와 같다.

No.	Activity	Risk	통제활동명	통제 주기	통제 속성	통제 유형	관련 시스템	관련 문서
1	개발 프로젝트 절차서를 검토한다.	프로젝트 진행 시 단계별 수행 업무 및 산출물 관리가 되지 않아 재무데이터 왜곡이 발생할 위험	**프로그램 개발 활동을 관리하는 방법론, 정책 및 절차의 수립**	상시	예방 통제	수동 통제		개발 프로젝트 절차서
2	프로그램 설계문서를 작성한다.	현업의 요구사항이 반영되지 않은 시스템이 개발되어 업무에 활용이 불가능할 위험	**시스템 개발/도입 계획 검토 및 승인**	사건 발생 시	예방 통제	수동 통제		개발 프로젝트 설계서
3	테스트를 수행한다.	충분하지 않은 테스트 수행으로 시스템의 중요한 문제점을 개발 완료 전에 발견하지 못하여 재무제표에 영향을 미칠 위험	**시스템 개발/도입 시 테스트**	사건 발생 시	예방 통제	수동 통제		개발 프로젝트 테스트 시나리오, 테스트 결과서
4	Data 이관을 수행한다.	데이터 이관이 제대로 수행되지 않아 재무제표에 필요한 데이터가 왜곡될 위험	**데이터 이관 계획 승인**	사건 발생 시	예방 통제	수동 통제		개발 프로젝트 Data 이관계획서, Data 이관보고서
5	사용자/운영자 교육을 수행한다.	사용자의 잘못된 시스템 운용으로 인한 데이터의 무결성에 영향을 미칠 위험	**사용자/운영자 교육**	사건 발생 시	예방 통제	수동 통제		사용자/운영자 매뉴얼

(1) 프로그램 개발활동을 관리하는 방법론, 정책 및 절차의 수립

No.	Activity	Risk	통제활동명	통제 주기	통제 속성	통제 유형	관련 시스템	관련 문서
1	개발 프로젝트 절차서를 검토한다.	프로젝트 진행 시 단계별 수행업무 및 산출물 관리가 되지 않아 재무데이터 왜곡이 발생할 위험	**프로그램 개발 활동을 관리하는 방법론, 정책 및 절차의 수립**	상시	예방 통제	수동 통제	S-ERP 시스템	개발 프로젝트 절차서

프로그램 개발(Program Development) 단계에서는 사전에 승인된 프로그램 개발방법론 수립하는 것이 필요하다.

IT프로그램 개발은 일반적으로 다음의 단계 등을 거쳐 진행하도록 정책 및 절차를 수립하고 있다.

IT프로그램 개발방법 단계

프로그램 개발단계	관련 문서 등
1. 요구분석(Requirement)	• 고객 및 사용자의 요구사항을 수집하고 명확히 정의 • 시스템이 해결해야 할 문제와 기능을 문서화
2. 프로그램 설계(Design)	• 정의된 요구사항을 바탕으로 시스템의 구조를 설계 • 데이터베이스 구조, 사용자 인터페이스, 시스템 아키텍처 등을 구체화
3. 프로그램 구현(Implementation)	• 설계서를 기반으로 실제 프로그램을 코딩하고 모듈을 개발 • 개발된 모듈들을 통합하여 하나의 시스템으로 구성
4. 테스트(Verification)	• 개발된 시스템이 요구사항을 정확히 충족하는지 검증 • 시스템의 오류를 찾아내고 수정하며, 안정성을 확보
5. 유지보수(Maintenance)	• 시스템 배포 후 발생하는 오류를 수정 • 사용자의 피드백을 반영

프로그램 개발방법론을 포함한 회사의 프로그램개발 정책서 예시는 다음과 같다.

예시 IT프로그램 개발정책서

㈜ABC

IT프로그램 개발정책서

제정일자 : 2020.1.1

개정일자 : 2025.3.1.(version 3.1)

1. 목적

본 정책은 회사의 정보시스템 프로그램 개발과 관련된 업무가 적정하게 수행되도록 하여,

재무보고에 영향을 미칠 수 있는 오류 또는 부정행위를 예방 · 탐지하고, 내부회계관리제도의 신뢰성을 확보하는 것을 목적으로 한다.

2. 적용 범위

- 본 정책은 재무보고 관련 주요 시스템(ERP, 회계시스템, 판매/구매 관리시스템 등) 및 해당 시스템과 연계된 프로그램 개발 활동 전반에 적용한다.
- 신규 개발, 기능 개선, 유지보수(패치 포함) 모두 포함한다.

3. 역할 및 책임

- 개발 부서 : 프로그램 개발 요청에 따른 설계, 개발, 단위 테스트 수행 / 개발 결과물에 대한 기술 문서화
- 업무 부서(요청 부서) : 프로그램 개발 요청서 제출 / 개발 산출물 검토 및 사용자 테스트 수행
- IT 관리 부서(운영팀) : 운영 환경 반영 승인 및 배포 수행 / 변경 내역 기록 유지
- 내부회계 담당 부서 : 통제 설계 및 정책 준수 여부 점검 / 정기적 검토 및 테스트 수행

4. 정책 내용

4.1 프로그램 개발 요청 및 승인

- 모든 프로그램 개발은 업무 부서의 요청서와 승인 문서가 사전에 확보되어야 한다.
- 개발 요청은 전자결재 시스템 또는 표준 양식을 활용하여 기록 · 보관한다.

4.2 설계 및 개발 표준

- 개발자는 회사가 정한 개발 표준(코딩 규칙, 보안 기준)을 준수한다.
- 주요 변경 사항은 재무보고 관련 영향 분석 문서를 작성하여 내부회계 담당 부서에 제공한다.

4.3 테스트 및 검증

- 개발 환경과 운영 환경은 분리되어야 한다.
- 단위 테스트(Unit Test) → 통합 테스트(Integration Test) → 사용자 테스트(User Acceptance Test, UAT)순으로 진행한다.
- 테스트 결과는 기록으로 보관하고, 승인 절차 후 운영 반영한다.

4.4 이관 및 배포

- 개발자는 운영 환경에 직접 접근할 수 없다.
- 운영 환경 반영은 IT 관리 부서가 수행하며, 관련 승인 기록을 반드시 보관한다.
- 모든 배포 내역은 배포관리대장(Change/Release Log)에 기록한다.

4.5 변경 관리 기록

- 프로그램 개발 관련 모든 요청, 승인, 테스트, 배포 내역은 최소 5년간 보관한다.
- 변경 관리 로그에는 다음 항목이 포함되어야 한다.
  - 요청 ID, 요청자, 승인자
  - 개발 내역, 테스트 내역
  - 배포일시, 배포자

5. 모니터링 및 점검

- 내부회계 담당 부서는 연 1회 이상 정책 준수 여부를 점검한다.
- 외부감사 또는 내부감사 수행 시 증빙 자료를 제공한다.

6. 위반 시 조치

- 본 정책을 위반할 경우, 관련 부서장에게 보고되며, 회사 인사 규정에 따른 조치가 취해질 수 있다.

7. 부칙

- 제정일 : 2020년 1월 1일
- 개정일 : 2025년 3월 1일
- 본 정책은 대표이사의 승인을 받은 날로부터 시행한다.

(2) 시스템 개발/도입 계획 검토 및 승인

No.	Activity	Risk	통제활동명	통제 주기	통제 속성	통제 유형	관련 시스템	관련 문서
2	프로그램 설계문서를 작성한다.	현업의 요구사항이 반영되지 않은 시스템이 개발되어 업무에 활용이 불가능할 위험	**시스템 개발/도입 계획 검토 및 승인**	사건 발생 시	예방 통제	수동 통제		개발 프로젝트 설계서

기업들은 끊임없이 새로운 IT시스템/프로그램을 도입, 개발하는데, 이렇게 새로운 IT시스템/프로그램을 신규 도입하는 경우, 이에 대한 프로그램 설계 계획을 검토하고 승인하는 통제활동이 필요하다.

'IT프로그램 설계서'의 예시는 다음과 같다.

예시 온라인쇼핑몰 도입(개발)

제목 : 온라인쇼핑몰 도입(개발) 프로젝트 설계서

일자 : 2025년 1월 10일~2025년 10월 5일 완료(예정)

부서 : 개발팀, QA팀, 외주사(K사)

1. 온라인쇼핑몰 DB 설계서(안)

1) 회원정보(users) 테이블

컬럼 명	데이터 타입	NULL 허용	PK/FK/UQ	설명
user_id	INT	N	PK, AI	사용자 고유 식별자
email	VARCHAR(100)	N	UQ	사용자 이메일 (로그인 ID)
password	VARCHAR(255)	N		비밀번호 (단방향 암호화 필수)
name	VARCHAR(50)	N		사용자 이름
phone	VARCHAR(20)	Y		전화번호
address	VARCHAR(255)	Y		기본 배송 주소
created_at	DATETIME (DEFAULT CURRENT_TIMESTAMP)	N		회원 가입 일시
updated_at	DATETIME (ON UPDATE CURRENT_TIMESTAMP)	Y		최종 정보 수정 일시

2. 온라인쇼핑몰 데이터 인터페이스 설계서(안)

파라미터명	타입	필수 여부	설명	예시
Category	String	선택	특정 카테고리 상품 필터링을 위한 카테고리 코드 또는 이름	의류, 식품
Keyword	String	선택	상품명에 대한 검색어(부분 일치)	커피, 지갑
sort	String	선택	정렬 기준(price_asc, price_desc, latest)	price_desc
page	Integer	선택	조회할 페이지 번호	1(기본값)
limit	Integer	선택	페이지당 조회할 상품 수	10(기본값), 50

3. 온라인쇼핑몰 화면 및 보고서 설계서(안)

[HEADER] [로고] [검색창 (통합 검색) 🔍] [로그인] [마이페이지] [🛒 (3)]

[메인 비주얼 슬라이더 영역] ◀ [프로모션 이미지 1 (Ex: 가을 신상 20% 할인)] ▶ [• • •] (페이지 인디케이터)

[핵심 카테고리] | 의류 | | 식품 | | 가전 | | 생활용품 |

[신상품 NEW] 상품명1 가격1 상품명2 가격2 상품명3 가격3 상품명4 가격4

[베스트셀러 BEST] 상품명A 가격A 상품명B 가격B 상품명C 가격C 상품명D 가격D

[FOOTER] (주)온라인쇼핑 / 고객센터 1588-1234 / 이용약관 / 개인정보처리방침 / SNS

(3) 시스템 개발/도입 시 테스트

No.	Activity	Risk	통제활동명	통제 주기	통제 속성	통제 유형	관련 시스템	관련 문서
3	테스트를 수행한다.	충분하지 않은 테스트 수행으로 시스템의 중요한 문제점을 개발 완료 전에 발견하지 못하여 재무제표에 영향을 미칠 위험	**시스템 개발/ 도입 시 테스트**	사건 발생 시	예방 통제	수동 통제		개발 프로젝트 테스트 시나리오, 테스트 결과서

IT프로그램을 신규 도입, 개발하면 프로그램의 정합성을 확인하기 위해 실사용 이전에 테스트를 수행한다. 테스트 수행 결과에 대한 예시는 다음과 같다.

예시 온라인쇼핑몰 도입(개발)

제목 : 온라인쇼핑몰 도입(개발) 시스템 도입 테스트 결과 요약 보고서
일자 : 2025년 10월 10일
부서 : 전산팀, 온라인쇼핑몰 도입 TFT

1. 테스트 개요 및 목적

본 문서는 온라인쇼핑몰 구축 프로젝트의 **시스템 도입 전 최종 검증 단계인 통합/시스템 테스트 결과**를 요약하여 보고합니다. 개발된 온라인쇼핑몰 시스템이 기획된 요구사항과 설계 명세에 따라 정상적으로 동작하는지, 사용자에게 안정적인 서비스를 제공할 준비가 되었는지 종합적으로 평가하는 것을 목적으로 합니다.

테스트는 기능적 요구사항(로그인, 상품 조회, 장바구니, 주문/결제 등)과 비기능적 요구사항(성능, 보안, 사용성 등)을 포함하여 전반적인 시스템의 완성도를 검증했습니다.

2. 테스트 환경

- 테스트 대상 시스템 : 온라인쇼핑몰 백엔드 API 서버, 웹 프론트엔드 애플리케이션
- 서버 환경 : AWS EC2(t3.medium), Ubuntu 22.04, Nginx, Java 17, Tomcat 9
- 데이터베이스 : AWS RDS(MySQL 8.0)
- 테스트 클라이언트 : Chrome(Windows/macOS), Safari(iOS), Android Chrome
- 테스트 데이터 : 더미 사용자 100명, 더미 상품 500개, 더미 주문 1,000건

3. 테스트 케이스 요약

총 120개의 테스트 케이스를 수행하였으며, 그 결과는 다음과 같습니다.

구분	총 테스트 케이스 수	성공	실패	미실행	성공률
기능 테스트	100건	95건	5건	0건	95%
성능 테스트	10건	8건	2건	0건	80%
보안 테스트	5건	5건	0건	0건	100%
사용성 테스트	5건	4건	1건	0건	80%
총계	120건	112건	8건	0건	93.3%

4. 주요 테스트 시나리오 및 결과

4.1. 로그인 기능(TC-AUTH-001~005)

테스트 항목	예상 결과	실제 결과	결과
회원 로그인	성공적으로 로그인 후 메인 페이지 이동	성공적으로 로그인 및 메인 페이지 이동	PASS
잘못된 비밀번호	로그인 실패 및 오류 메시지 표시	로그인 실패 및 "비밀번호 오류" 메시지 표시	PASS
존재하지 않는 ID	로그인 실패 및 오류 메시지 표시	로그인 실패 및 "ID 없음" 메시지 표시	PASS
비정상 세션 유지	세션 만료 후 재로그인 유도	세션 만료 후 재로그인 페이지로 리다이렉션	PASS
계정 잠금 정책	5회 실패 시 계정 잠금	5회 실패 시 계정 잠금 및 메시지 표시	PASS

4.2. 상품 검색 기능(TC-PROD-010~015)

4.3. 장바구니 기능(TC-CART-001~007)

4.4. 주문/결제 기능(TC-ORDER-001~009)

5. **결함 요약(Defect Summary)**

테스트 결과, 총 8건의 결함이 발견되었으며, 주요 결함은 다음과 같습니다.

결함 ID	심각도	유형	발생 시나리오	상세 내용	조치 계획 및 우선순위
DEF-PROD-01	Minor	기능 오류	상품 검색	한글/영문 혼합 검색 시 일부 상품 누락	High
DEF-CART-01	Major	기능 오류	장바구니 비우기 기능	'장바구니 비우기' 버튼 클릭 시 동작 안 함	High
DEF-PAY-01	Critical	결제 오류	주문 결제	PG사 결제 모듈 연동 실패	Critical

6. **종합 평가 및 시스템 도입 결정**

전반적인 시스템 기능은 양호하게 동작하나, **결제 모듈 연동 실패(Critical)** 및 장바구니 비우기 기능 오류(Major)와 같은 핵심 기능에 대한 결함이 발견되었습니다. 이 결함들은 사용자 경험에 치명적인 영향을 미칠 수 있으므로, **모두 해결되어야 시스템 도입이 가능**합니다. 따라서, 현재 시점에서는 시스템 도입을 보류하며, 발견된 Critical/Major 결함에 대한 **긴급 수정 및 재테스트(Re-test)** 후 최종 도입 여부를 재검토할 것을 제안합니다.

(4) 데이터 이관 계획 승인

No.	Activity	Risk	통제 활동명	통제 주기	통제 속성	통제 유형	관련 시스템	관련 문서
4	Data 이관을 수행한다.	데이터 이관이 제대로 수행되지 않아 재무제표에 필요한 데이터가 왜곡될 위험	**데이터 이관 계획 승인**	사건 발생 시	예방 통제	수동 통제		개발 프로젝트 Data 이관계획서, Data 이관보고서

데이터 이관(data migration)은 신규 시스템 도입에 매우 중요한 업무활동이다. 즉, 과거 시스템의 데이터가 완전하고 오류 없이 신규 시스템에 이관되는 게 필요하다. 데이터 이관 테스트 결과에 대한 예시는 다음과 같다.

예시 온라인쇼핑몰 도입(개발)

제목 : 온라인쇼핑몰 도입(개발) 시스템 도입 데이터 이관 테스트 결과 보고서

일자 : 2025년 10월 20일

부서 : 전산팀, 온라인쇼핑몰 도입 TFT

1. **테스트 개요 및 목적**

본 문서는 온라인쇼핑몰 구축 프로젝트의 핵심 단계인 **데이터 이관(Data Migration) 작업에 대한 테스트 결과**를 요약하여 보고합니다. 기존에 사용되던 상품 데이터를 새롭게 구축된 온라인쇼핑몰 시스템의 데이터베이스(IT-DB-001 참조)로 **안전하고 정확하게** 이전되었는지 검증하는 것을 목적으로 합니다.

테스트는 온라인쇼핑몰 데이터 변환 설계서(IT-DT-001)에 명시된 매핑 및 변환 규칙에 따라 데이터가 올바르게 처리되었는지, 데이터 손실이나 손상 없이 목표 시스템에 적재되었는지에 중점을 두고 진행되었습니다.

2. **테스트 환경**

- **원본 시스템** : 기존 상품 관리 시스템(CSV 파일, 10,000건의 상품 데이터 포함)
- **대상 시스템** : 신규 온라인쇼핑몰 데이터베이스(AWS RDS MySQL 8.0)
  - 대상 테이블 : products
- **이관 도구** : Python 기반 ETL 스크립트(개발팀 자체 개발)
- **테스트 데이터** :
  - 상품 기본 데이터(10,000건)
  - 카테고리 매핑 데이터(100건)
  - 고의적인 오류 데이터(50건-가격 형식 오류, 재고 음수 등)

3. **테스트 케이스 요약**

총 50개의 데이터 이관 테스트 케이스를 수행하였으며, 그 결과는 다음과 같습니다.

구분	총 테스트 케이스 수	성공	실패	미실행	성공률
데이터 매핑 정확성	20건	20건	0건	0건	100%
데이터 타입 변환	10건	8건	2건	0건	80%
데이터 유효성 검증	10건	7건	3건	0건	70%
오류 데이터 처리	5건	5건	0건	0건	100%
성능 테스트	5건	5건	0건	0건	100%
총계	50건	45건	5건	0건	90%

4. 주요 테스트 시나리오 및 결과

4.1. 상품 기본 정보 이관(TC-MIG-PROD-001~005)

테스트 항목	예상 결과	실제 결과	결과	비고
상품명 이관	products.name에 정확히 매핑	100% 정확하게 이관 완료	PASS	VARCHAR(200) 초과 데이터 없음
상세 설명 이관	products.description에 정확히 매핑	100% 정확하게 이관 완료	PASS	
created_at 이관	products.created_at에 DATETIME 형식으로 이관	100% 정확하게 이관 완료	PASS	

4.2. 데이터 타입 변환(TC-MIG-PROD-006~008)

테스트 항목	예상 결과	실제 결과	결과	비고
가격 변환 (DECIMAL)	"25,000원" → 25000.00	정상 변환 완료	PASS	
재고 변환(INT)	"100개" → 100	정상 변환 완료	PASS	
특정 상품 가격 변환 오류	오류 로그 기록 및 0.00으로 처리	일부 가격 값에서 문자열 혼용으로 변환 실패	FAIL	원본 "이만오천원" → 0.00 처리됨. 로그 확인 필요

4.3. 카테고리 매핑(TC-MIG-PROD-009~012)

테스트 항목	예상 결과	실제 결과	결과	비고
표준 카테고리 매핑	"식품 > 음료 > 커피" → "BEVERAGE_COFFEE"	98% 정상 매핑 완료	PASS	
미매핑 카테고리 처리	"UNCATEGORIZED"로 처리 및 오류 로그 기록	null 값으로 이관됨	FAIL	변환 설계서의 "UNCATEGORIZED" 처리 누락

4.4. 이미지 URL 변환(TC-MIG-PROD-013~015)

테스트 항목	예상 결과	실제 결과	결과	비고
이미지 경로 변환	/images/legacy/coffee.jpg → https://newshop.com/product_images/images/legacy/coffee.jpg	정상 변환 완료	PASS	
누락 이미지 경로 처리	https://newshop.com/default_image.jpg로 처리	null 값으로 이관됨	FAIL	변환 설계서의 기본 이미지 URL 처리 누락

5. **결함 요약(Defect Summary)**

테스트 결과, 총 5건의 결함이 발견되었으며, 주요 결함은 다음과 같습니다.

결함 ID	심각도	유형	발생 시나리오	상세 내용	조치 계획 및 우선순위
MIG-DT-001	Major	데이터 변환 오류	가격(DECIMAL) 변환	일부 가격 값(비숫자 형식) 0.00 처리, 로그 기록 필요	High
MIG-DT-002	Major	데이터 매핑 오류	카테고리 매핑	미매핑 카테고리 null 이관, UNCATEGORIZED 처리 필요	High
MIG-DT-003	Major	데이터 변환 오류	이미지 URL 변환	누락된 이미지 경로 null 이관, 기본 이미지 URL 처리 필요	High
MIG-DT-004	Minor	데이터 유효성 오류	재고(INT) 변환	소수점 재고 값(10.5)이 10으로 절단됨, 경고 로그 필요	Medium
MIG-DT-005	Minor	이관 성능	10,000건 이관 시간	10,000건 이관에 30초 소요, 향후 대용량 대비 최적화 필요	Low

6. **종합 평가 및 최종 권고**

데이터 이관 테스트 결과, 상품 기본 정보의 대부분은 성공적으로 이관되었으나, **데이터 타입 변환, 카테고리 매핑, 이미지 URL 변환 등 변환** 로직의 일부에서 Major 수준의 결함 3건이 발견되었습니다. 특히, 미매핑 카테고리 및 누락 이미지 경로 처리는 IT-DT-001 설계서에 명시된 규칙(UNCATEGORIZED 처리, 기본 이미지 URL 할당)이 구현되지 않아 발생했습니다.

이러한 결함들은 데이터의 **정합성과 사용자 경험에 직접적인 영향**을 미칠 수 있으므로, 해당 결함들에 대한 긴급 수정 및 재테스트(Re-test)가 필수적입니다. 모든 Major 결함이 해결되고 재검증 완료된 후에 최종 데이터 이관을 진행할 것을 강력히 권고합니다.

(5) 사용자/운영자 교육

No.	Activity	Risk	통제활동명	통제 주기	통제 속성	통제 유형	관련 시스템	관련 문서
5	사용자/운영자 교육을 수행한다.	사용자의 잘못된 시스템 운용으로 인한 데이터의 무결성에 영향을 미칠 위험	**사용자/운영자 교육**	사건 발생 시	예방 통제	수동 통제		사용자/운영자 매뉴얼

신규 시스템 도입으로 인해 일상적인 업무에 영향을 받는 모든 부서는 해당 신규 시스템 도입에 따른 적용상의 오류 가능성을 방지하기 위해 교육을 수행하게 된다. 사용자 교육 수행에 대한 예시는 다음과 같다.

예시 온라인쇼핑몰 도입(개발)

제목 : 온라인쇼핑몰 시스템 사용자/운영자 교육 계획서
일자 : 2025년 11월 5일
부서 : 전산팀, 온라인쇼핑몰 도입 TFT

1. 교육 개요 및 목적

본 문서는 온라인쇼핑몰 구축 프로젝트의 성공적인 시스템 도입을 위한 사용자 및 운영자 교육 계획을 정의합니다. 새롭게 구축된 시스템의 기능과 사용 방법을 각 역할에 맞게 효과적으로 교육하여, 시스템 활용도를 극대화하고 업무 효율성을 높이는 것을 목적으로 합니다. 성공적인 교육은 다음과 같은 목표를 달성하는 데 기여할 것입니다.

- **시스템 조기 안정화** : 사용자 및 운영자가 시스템에 빠르게 적응하여, 초기 운영 단계에서의 혼란과 오류를 최소화합니다.
- **업무 생산성 향상** : 각자의 업무에 필요한 기능을 정확히 숙지하고 활용하여, 효율적인 업무 처리를 가능하게 합니다.
- **시스템 활용 극대화** : 시스템이 제공하는 다양한 기능과 데이터를 충분히 이해하고 활용함으로써, 비즈니스 성과 향상에 기여합니다.
- **문제 해결 능력 증대** : 기본적인 시스템 문제 발생 시 스스로 해결할 수 있는 능력을 배양하여, IT 지원팀의 업무 부담을 경감합니다.

…(내용 후략)…

2. 교육 대상 및 목표
3. 교육 프로그램 상세
4. 교육 방법 및 자료

4-2. 프로그램 변경(Program Changes)

평가보고 가이드라인

25. (내부회계관리제도 목적의 정보기술 일반통제의 범위)

나. [프로그램 변경(Program Changes)]

프로그램(하드웨어 및 네트워크 포함) 변경 과정이 적절하게 통제되지 않는 경우 재무제표의 신뢰성에 중요한 영향을 미칠 수 있으며 '프로그램 변경'과 관련된 통제는 일반적으로 다음의 사항들을 충족시킬 수 있도록 설계 · 운영한다. 단, 범용소프트웨어를 사용하는 중소기업의 경우에는 회사의 재무보고 프로세스에 직접적인 영향을 미치는 사항의 변경이 있는지를 확인하고 기존에 설계 · 운영 중인 내부회계관리제도의 변경 필요성을 판단하여 조치하는 것으로 시스템 변경에 대한 통제를 수행할 수 있으며 동 과정의 문서화가 대기업에 비해 덜 공식적일 수 있다.

(1) 시스템에 대한 변경 요청은 적절한 경영진의 승인을 받는다.
(2) 시스템 변경의 영향을 적절히 반영하기 위해 관련 시스템, 사용자, 관련 통제문서 등을 적절히 수정한다.
(3) 시스템의 변경을 적절히 테스트하고 그 결과를 문서화한다.
(4) 운영환경에 적용된 시스템은 적절한 관리자의 승인 없이 변경되지 않는다.
(5) 변경된 시스템과 응용 프로그램을 운영환경으로 이전하기 전에 적절한 관리자가 승인한다.
(6) 각 사용자는 변경된 시스템 및 응용프로그램을 사용하기에 적절한 지식을 보유하고 있다.

프로그램 변경(Program Change) 단계는 프로그램 개발(Program Development) 단계와 유사한 업무활동과 통제활동이 수행된다.

프로그램 개발(Program Development)과 프로그램 변경(Program Change)은 기본적으로 아래와 같이 내용적으로 업무적으로 구분된다.

구분	프로그램 개발 (Program Development)	프로그램 변경 (Program Change)
목적	새로운 기능 또는 시스템을 창조하는 것	기존 프로그램의 문제점을 수정하거나 성능을 개선하는 것
범위	기획, 요구사항 분석, 설계, 구현, 테스트, 배포 등 소프트웨어 개발 생애 주기(SDLC) 전체를 포함	특정 기능 추가, 버그 수정, 성능 최적화, 보안 업데이트 등 부분적인 수정에 초점
프로세스	요구사항 정의 → 시스템 설계 → 코딩 → 테스트 → 배포 등 순차적이거나 반복적인 개발 프로세스를 따름	변경 요청 접수 → 영향도 분석 → 변경 계획 수립 → 구현 및 테스트 → 배포 및 검증 등 변경 관리 프로세스를 따름
위험도	프로젝트 실패, 예산 초과, 일정 지연 등 전체 프로젝트의 위험을 관리	변경으로 인한 기존 기능의 오류, 시스템 불안정성 등 부수적인 위험을 관리.
문서화	개발 초기 단계부터 상세한 요구사항 명세서, 설계 문서 등 방대한 문서를 작성	변경 요청서(RFC), 변경 로그 등 변경 이력 및 사유에 대한 문서를 주로 관리

구분	프로그램 개발 (Program Development)	프로그램 변경 (Program Change)
예시	새로운 온라인쇼핑몰 시스템 개발	• 온라인쇼핑몰에 새로운 결제 수단(예 : 간편 결제 서비스)을 추가 • 특정 제품 상세페이지의 버그를 수정

프로그램 변경(Program Change) 단계와 관련된 통제활동 설계의 예시는 다음과 같다.

No.	Activity	Risk	통제활동명	통제 주기	통제 속성	통제 유형	관련 시스템	관련 문서
1	정보시스템의 운영을 관리한다.	응용시스템의 프로그램 신규 개발 또는 변경(보고서, 설정 값, 인터페이스 등)이 현업 업무 또는 IT환경에 적절하지 않을 위험	**프로그램 변경 요청에 대한 승인**	사건 발생 시	예방 통제	수동 통제		정보처리 지원 요청서 품의서
2	변경/개발된 시스템을 테스트한다.	충분하지 못한 사용자 테스트로 인해 프로그램이 현업 요청자의 요구대로 작동되지 못할 위험	**사용자 테스트 수행 및 결과 등록**	사건 발생 시	예방 통제	수동 통제		사용자 테스트 결과서
3	승인된 프로그램을 배포한다.	검토되지 않은 부적절한 프로그램 변경이 발생하여 데이터의 무결성이 저해될 위험	**테스트 완료된 프로그램의 운영계 배포 전 승인**	사건 발생 시	예방 통제	수동 통제		프로그램 수정 배포 List
4	승인된 프로그램을 이관한다.	승인받지 않은 사용자가 프로그램 이관 권한을 획득하여 재무데이터의 기밀성 및 무결성에 부정적인 영향을 미칠 위험	**개발자와 이관자의 권한 분리**	상시	예방 통제	자동 통제	S-ERP 시스템	프로그램 이관 권한 List

(1) 프로그램 변경 요청에 대한 승인

No.	Activity	Risk	통제활동명	통제 주기	통제 속성	통제 유형	관련 시스템	관련 문서
1	정보시스템의 운영을 관리한다.	응용시스템의 프로그램 신규 개발 또는 변경(보고서, 설정 값, 인터페이스 등)이 현업 업무 또는 IT환경에 적절하지 않을 위험	**프로그램 변경 요청에 대한 승인**	사건 발생 시	예방 통제	수동 통제		정보처리 지원 요청서 품의서

프로그램 변경(Program Change)은 프로그램 개발(Program Development)과 달리 일상적이고, 작은 규모로 이루어지는 것이 일반적이다.

다만, 프로그램 변경(Program Change)이 부적절하게 이루어진다면 회사의 IT시스템에 오류 발생가능성이 높으므로, 프로그램 변경(Program Change)에 대해서는 발생 건마다 사전에 승인권자의 승인을 득하는 것이 필요하다.

다음은 프로그램 변경 요청에 대한 품의서 예시이다.

예시 프로그램 변경 요청 품의서

㈜ABC 프로그램 변경 요청 품의서

제목	ERP 프로그램 변경 요청(영업팀 - 매출집계 보고서 수정)		
요청 부서	영업팀	요청자	김영업 과장
요청 일자	2025.9.15.	관련 시스템	ERP 시스템
첨부 문서	화면 변경 시안, 테스트 결과 보고서		
변경 요청 내용	ERP 매출집계 보고서에 '호남권' 지역 필터 추가		
요청 사유	지역별 매출 전략 수립 필요		
예상 효과	지역별 매출 분석 가능 → 전략적 의사결정 지원		
검토 의견(정보시스템팀)	시스템 안정성 및 데이터 무결성 영향 없음, 승인 가능		

1.1 결재

요청자	부서장	전산팀장	IT담당 임원
서명 : 날짜 :	서명 : 날짜 :	서명 : 날짜 :	서명 : 날짜 :

(2) 사용자 테스트 수행 및 결과 등록

No.	Activity	Risk	통제활동명	통제 주기	통제 속성	통제 유형	관련 시스템	관련 문서
2	변경/개발된 시스템을 테스트한다.	충분하지 못한 사용자 테스트로 인해 프로그램이 현업 요청자의 요구대로 작동되지 못할 위험	**사용자 테스트 수행 및 결과 등록**	사건 발생 시	예방 통제	수동 통제		사용자 테스트 결과서

프로그램을 변경(Program Change)하게 되면, 즉각적으로 해당 프로그램이 사용자(user)가 사용하기 적합한지를 검증하기 위해 사용자(user) 테스트를 수행하고, 그 결과를 등록한다.

이를 예시로 제시하면 다음과 같다.

예시 사용자 테스트 결과 보고서

사용자 테스트 결과 보고서

문서번호 : ITGC-ACCT-2025-007
작성일자 : 2025.09.21.
관련 시스템 : ERP 시스템 및 그룹웨어

1. 기본 정보

- 프로그램명 : ERP 매출관리 모듈(세금계산서 자동 발행 기능)
- 개발/변경 요청부서 : 전산팀
- 개발 담당부서 : IT개발팀
- 테스트 수행일자 : 2025년 9월 23일
- 테스트 수행자 : 김OO(전산팀), 박OO(전산팀)

2. 테스트 목적

본 테스트는 ERP 매출관리 모듈에 신규 반영된 전자세금계산서 자동 발행 기능이 요청 사양에 맞게 정상적으로 작동하는지 검증하기 위함이다.

3. 테스트 시나리오 및 결과

시나리오 번호	테스트 내용	예상 결과	실제 결과	테스트 여부
1	정상 매출 거래 입력 후 세금계산서 자동 발행	자동 발행 정상 완료	정상 발행 확인	Pass
2	동일 거래 재발행 시도	중복 발행 방지 메시지 출력	"이미 발행된 거래입니다" 메시지 확인	Pass
3	오류 데이터 입력 (거래일자 누락)	오류 메시지 출력 및 발행 불가	"거래일자가 누락되었습니다" 메시지 확인	Pass
4	발행 완료 후 ERP 매출원장 반영 확인	매출원장 자동 반영	원장 정상 반영 확인	Pass

4. 테스트 종합 의견

- 모든 테스트 시나리오가 예상대로 수행되었으며, 오류 없이 정상 작동함
- 금번 변경된 기능(전자세금계산서 자동 발행)은 운영 환경 적용 가능함

5. **승인**

- 테스트 수행자 :
  - 전산팀 김OO (서명)
  - 전산팀 박OO (서명)
- 검토/승인 :
  - IT개발팀장 이OO (서명)
  - 내부통제 담당자 최OO (서명)

(3) 테스트 완료된 프로그램의 운영계 배포 전 승인

No.	Activity	Risk	통제활동명	통제 주기	통제 속성	통제 유형	관련 시스템	관련 문서
3	승인된 프로그램을 배포한다.	검토되지 않은 부적절한 프로그램 변경이 발생하여 데이터의 무결성이 저해될 위험	**테스트 완료된 프로그램의 운영계 배포 전 승인**	사건 발생 시	예방 통제	수동 통제		프로그램 수정 배포 List

프로그램을 변경(Program Change)하고 사용자(user) 테스트 결과 문제가 없으면 운영계, 즉 실제 사용부서에 해당 변경된 프로그램을 배포해야 하는데, 배포 전에 적절성에 대해 승인권자의 승인을 받아야 한다.

다음은 특정 변경된 프로그램을 운영계에 배포하기 전에 승인하는 예시를 보여준다.

예시 프로그램 변경 배포 보고서

프로그램 변경 배포 보고서

문서번호 : ITGC-2025-01
작성일자 : 2025.09.23.
작성부서 : 전산팀
관련시스템 : ERP / 온라인 쇼핑몰 결제 모듈

1. **개요**
   - 변경 요청 배경 : 카드사 정책 개편으로 기존 결제 API 폐기 예정
   - 변경 목적 : 새로운 카드사 API 연동을 위한 프로그램 수정
   - 변경 범위 : PaymentService.java 소스코드 및 결제 모듈 배포

2. **변경 요청**

- 요청 부서 : 전산팀
- 요청 일자 : 2025.09.10
- 제출 문서 : "결제모듈_v2.1_변경요청서"
- 요청 내용 : 신규 카드사 API에 맞게 결제 승인/취소 로직 수정

3. **개발 및 테스트**

구분	테스트 내역
1. 개발팀 수행 내역	• 프로그램 소스 수정 및 단위 테스트 완료 • 테스트 환경 배포 후 정상 작동 검증
2. QA팀 테스트 결과	• 시뮬레이션 100건 중 오류율 0% • 테스트 결과보고서(첨부1) 제출

4. **승인 절차**

변경관리위원회(CAB) 회의 :

- 일시 : 2025.09.15
- 참석자 : IT부서장, 보안담당자, 개발PM, 운영팀장
- 검토 항목 : 테스트 완료 여부, 보안 리스크, 롤백 계획
- 결과 : 운영 배포 승인(조건 : 주말 야간 배포 진행)
- 승인 문서 : 프로그램 변경 승인서(전자결재 첨부2)

5. **운영 배포**

- 배포 일자 : 2025.09.17.(토요일 23:00)
- 배포 방식 : Jenkins(배포자동화 툴) 활용
- 검증 결과 : 운영환경 거래 테스트 5건 성공
- 배포 로그 : 첨부3

6. **사후 관리**

증적 관리 :

- 변경 요청서(첨부1)
- 테스트 결과보고서(첨부2)
- 변경 승인서(첨부3)
- 배포 로그 파일(첨부4)비고 : 배포 후 1주일간 운영 모니터링 결과 이상 없음

(4) 개발자와 이관자의 권한분리

No.	Activity	Risk	통제활동명	통제 주기	통제 속성	통제 유형	관련 시스템	관련 문서
4	승인된 프로그램을 이관한다.	승인받지 않은 사용자가 프로그램 이관 권한을 획득하여 재무데이터의 기밀성 및 무결성에 부정적인 영향을 미칠 위험	**개발자와 이관자의 권한 분리**	상시	예방 통제	자동 통제	S-ERP 시스템	프로그램 이관 권한 List

프로그램 개발과 개발된 프로그램 이관을 동일인이 수행하게 되는 경우, 프로그램 개발과정에서의 오류를 적발하지 못하고 운영계에 적용하는 오류가 발생할 수 있다.

그래서 프로그램 개발자와 이관업무를 수행하는 이관자는 권한이 분리되어야 한다.

개발자와 이관자의 권한분리가 필요한 사항의 예시는 다음과 같다.

업종/시스템	개발자 역할	이관자 역할	추가 통제
ERP 시스템 (SAP, Oracle EBS)	테스트 서버까지만 접근 가능, 운영 서버 접근 불가	운영 서버 접근 및 승인된 변경 요청만 반영	이관 로그 자동 생성, 감사팀 정기 검토
은행 IT 시스템	개발 환경 및 테스트 환경에서만 반영 가능	Change Management Tool을 통해 운영 반영	CAB(Change Approval Board) 승인 후 진행
제조업체 MES/ERP 시스템	소스 코드 저장소(Git, SVN) 권한만 보유	CI/CD 배포 툴로 운영 반영	자동화 도구로 승인되지 않은 commit 차단
온라인 쇼핑몰 운영 시스템	스테이징 서버에서만 테스트 가능	운영 서버 배포 담당, Change Ticket 입력 필수	배포 완료 후 로그/증적 저장, 감사 시 제출

4-3. 프로그램과 데이터에 대한 접근보안(Access to Program and Data)

평가보고 가이드라인

25. (내부회계관리제도 목적의 정보기술 일반통제의 범위)

다. [프로그램과 데이터에 대한 접근보안(Access to Program and Data)]

재무제표의 신뢰성을 유지하기 위해서는 프로그램 및 데이터에 대한 접근보안이 전제되어야 한다. '프로그램과 데이터에 대한 접근보안'과 관련된 통제는 일반적으로 다음의 사항들을 충족시킬 수 있도록 설계 및 운영한다. 단, 소규모의 덜 복잡한 정보기술 환경을 보유한 중소기업의 경우에는 보안관리가 중앙집중화되고 규정과 절차의 문서화 수준이 높지 않으며 소수의 인원 또는 한 명의 개인이 파트타임으로 보안 관리와 모니터링을 지원하는 경우도 있다. 이러한 경우 운영체제, 데이터, 응용 프로그램에 대한 접근제한 및 업무분장의 결여로 야기되는 위험은 관련 업무에 대한 적발통제 혹은 모니터링 절차 등을 통해 보완할 수 있다.

(1) 정보보안 정책을 수립하고 있으며 보안실무를 고려하여 그 적정성을 정기적으로 검토한다.
(2) 구성원이 수행하는 업무의 내용 및 직무기술서 등을 고려하여 시스템 접근권한의 적정성을 정기적으로 검토한다.
(3) IT 자원(하드웨어, 소프트웨어, 데이터를 포함)에 대한 접근을 관리하기 위한 물리적인 접근통제 및 논리적인 접근통제(식별, 인증, 승인 메커니즘 등)를 수립하고 적용하고 있다.
(4) 적시에 사용자 계정을 추가, 수정, 삭제할 수 있는 절차를 수립하고 적용하고 있다.
(5) 보안활동에 대한 기록, 발생가능한 보안위반 사항에 대한 식별, 이에 대한 전달 및 적시대응 등을 포함한 효과적인 보안체제를 구축하고 있다.

프로그램과 데이터에 대한 접근보안(Access to Program and Data) 단계는 IT시스템에 대한 부적절한 접근에 대한 통제를 통한 안전한 회사 프로그램과 데이터의 관리 및 운영을 목표로 한다.

No.	Activity	Risk	통제활동명	통제 주기	통제 속성	통제 유형	관련 시스템	관련 문서
1	사용자 계정 권한을 관리한다.	시스템과 업무 관련성이 없는 사용자가 중요한 데이터나 파일 및 시스템에 접근이 가능할 경우 재무데이터의 기밀성 및 무결성에 부정적인 영향을 미칠 위험	**사용자 계정 생성 및 권한 부여 승인 (신규 및 퇴사자, 부서이동)**	사건 발생시	예방 통제	수동 통제		사용자 등록/수정 요청서 (신규입사자, 권한변경자, 퇴사자)
2	슈퍼 권한을 관리한다.	비인가된 슈퍼권한 보유자에 의해 검토되지 않은 임의의 프로그램 변경이 발생하여 운영환경 프로그램 및 데이터 신뢰성이 훼손될 위험	**슈퍼 권한 접근제한 관리**	상시	예방 통제	자동 통제	S-ERP 시스템	Super User 권한 List
3	권한부여 현황을 검토한다.	업무와 무관 또는 과도한 권한이 부여되어 있음을 적시에 발견하지 못하여 재무데이터의 기밀성 및 무결성에 부정적인 영향을 미칠 위험	**주기적인 권한 적절성 검토**	분기	적발 통제	수동 통제		사용자 계정별 권한 List

No.	Activity	Risk	통제활동명	통제 주기	통제 속성	통제 유형	관련 시스템	관련 문서
4	패스워드 정책을 설정한다.	취약한 패스워드 설정으로 인해 승인받지 않은 사용자가 중요한 데이터나 파일 및 시스템에 접근이 가능할 경우 재무데이터의 기밀성 및 무결성에 부정적인 영향을 미칠 위험	**패스워드 입력통제 및 주기적 변경관리**	상시	예방 통제	자동 통제	S-ERP 시스템	
5	서버 접근 권한을 관리한다.	승인받지 않은 사용자가 시스템 관련 서버의 관리자 권한을 획득하여 재무데이터의 기밀성 및 무결성에 부정적인 영향을 미칠 위험	**OS 서버 계정 관리**	상시	예방 통제	자동 통제	S-ERP 시스템	서버 접근 권한 List
6	DB 관리자 계정을 관리한다.	승인받지 않은 사용자가 시스템 관련 DB의 관리자 권한을 획득하여 재무데이터의 기밀성 및 무결성에 부정적인 영향을 미칠 위험	**DB 관리자 계정 관리**	상시	예방 통제	자동 통제	S-ERP 시스템	DB 관리자 계정 접근 권한 List
7	전산실의 접근을 통제/관리한다.	승인받지 않은 사용자가 중요한 데이터나 파일 및 시스템에 접근하여 데이터의 기밀성 및 무결성에 부정적인 영향을 미칠 위험	**전산실 출입통제**	상시	예방 통제	수동 통제		전산실 출입대장

(1) 사용자 계정 생성 및 권한 부여 승인(신규 및 퇴사자, 부서이동)

No.	Activity	Risk	통제활동명	통제 주기	통제 속성	통제 유형	관련 시스템	관련 문서
1	사용자 계정 권한을 관리한다.	시스템과 업무 관련성이 없는 사용자가 중요한 데이터나 파일 및 시스템에 접근이 가능할 경우 재무데이터의 기밀성 및 무결성에 부정적인 영향을 미칠 위험	**사용자 계정 생성 및 권한 부여 승인(신규 및 퇴사자, 부서이동)**	사건 발생 시	예방 통제	수동 통제		사용자 등록/수정 요청서 (신규입사자, 권한변경자, 퇴사자)

IT시스템 환경하에 신규입사, 퇴사, 부서이동 등 회사 임직원의 역할의 변화가 발생하면 회사 IT시스템도 변화를 주게 된다.

이 경우 각 임직원에게 적절한 IT시스템상의 권한 등을 부여해야 한다.

회사는 신규입사자 및 퇴사자, 부서이동자에 대하여 사용자 계정을 신규생성하거나, 기존 사용자 계정을 삭제 및 변경하는 통제활동을 수행하게 된다.

아래는 신규입사자에 대한 사용자 계정 생성 품의서 예시이며, 신규입사자에 대한 품의서가 승인이 된 이후에는 해당 신규입사자의 사용자 계정이 실제 IT시스템에서 적절한 권한부여가 되어 있는지 확인하는 통제활동이 포함되어야 한다.

예시 신규입사자 사용자 계정 생성 품의서

㈜ABC

사용자 계정 생성 품의서

문서번호 : ITGC-ACCT-2025-007
작성일자 : 2025.9.21.
관련 시스템 : ERP 시스템 및 그룹웨어

1. 신청 내역

신규입사자 성명	홍길동
부서/직위	온라인영업팀/대리
입사일자	2025.9.15.
사번	2025-1234

계정 ID 제안 : hong.gd

2. 요청 권한 범위

시스템 구분	요청 권한	부여 사유
쇼핑몰 관리자 페이지	상품등록/조회, 주문조회	온라인영업팀 업무 수행
ERP(회계연동)	매출/매입 데이터 조회	판매실적 확인
CRM	고객정보 열람(조회 전용)	고객 CS 지원

※ 권한 최소화 원칙(Least Privilege)에 따라 업무수행 필수 범위만 요청

3. 보안 준수 확인

- 개인정보취급자 서약서 제출 완료
- 보안정책/정보보호 교육 이수 확인(2025.9.16.)
- 계정 공유 금지, 비밀번호 관리 준수 서명 완료

4. 승인 절차

구분	성명/직위	서명/날인	일자
신청자	팀장 김철수		
부서장 검토	본부장 이민정		
IT 관리자	전산팀장 박철수		
정보보호팀	보안책임자(CISO)		
최종 승인	CIO		

5. 계정 생성 완료 보고(IT관리자 작성)

계정 생성일 : 2025.9.21

생성 담당자 : IT운영팀 김지훈

부여 권한 확인 : 요청 범위와 일치 여부 검증 완료

비밀번호 초기화 안내 : 사용자 본인 이메일로 발송

6. 통제 목적

- 신규 사용자 계정은 적절한 승인 절차를 거쳐 생성되어야 함(자산 보호, 권한 오남용 방지)
- 권한은 업무 수행에 필요한 최소한 범위로만 부여
- 보안 교육 및 서약 절차 이행 확인

(2) 슈퍼 권한 접근제한 관리

No.	Activity	Risk	통제활동명	통제 주기	통제 속성	통제 유형	관련 시스템	관련 문서
2	슈퍼 권한을 관리한다.	비인가된 슈퍼권한 보유자에 의해 검토되지 않은 임의의 프로그램 변경이 발생하여 운영환경 프로그램 및 데이터 신뢰성이 훼손될 위험	**슈퍼 권한 접근제한 관리**	상시	예방 통제	자동 통제	S-ERP 시스템	Super User 권한 List

슈퍼유저(Super User)는 시스템의 모든 파일, 설정, 데이터를 수정하거나 삭제할 수 있는 **무제한적인 권한**을 가진다.

따라서 이 계정이 오남용될 경우 시스템 전체의 보안을 심각하게 위협하는 치명적인 결과를 초래할 수 있다. 예를 들어, 외부 해커가 슈퍼유저(Super User) 계정을 획득하면 시스템의 모든 데이터를 파괴하거나 중요한 정보를 유출할 수 있게 된다.

슈퍼유저(Super User)는 일반적으로 회사의 IT부서(전산팀)에게만 부여하고, 이외 부서에는 슈퍼유저(Super User) 권한을 부여하지 않는다.

회사가 대표이사, CFO, 회계팀 등 IT부서(전산팀) 이외 부서나 인원에게 슈퍼유저(Super User) 권한을 부여하는 것은 적절하지 않을 수 있다.

회사는 슈퍼유저(Super User) 권한 리스트를 지속적으로 관리하여야 하며, 리스트 예시는 다음과 같다.

예시 슈퍼유저(Super User) 권한 리스트

부서명	사번	이름	직급	이메일	구분	권한
전산팀	xxx	홍길동	부장	hong.gd@abc.co.kr	시스템 관리자 (super user)	All
전산팀	xxx	xxx	차장	xxx	시스템 관리자 (super user)	All
전산팀	xxx	xxx	대리	xxx	시스템 관리자 (super user)	All
전산팀	xxx	xxx	대리	xxx	시스템 관리자 (super user)	All

한편, 기술적으로 슈퍼유저(Super User) 접근제한 관리는 다양한 기술적, 절차적 방법을 통해 이루어질 수 있다.

관리방안	세부 방안(예시)
1. 슈퍼 계정 직접 접속 제한	• SSH 루트(root) 계정 원격 접속 차단 • 접근 가능한 IP 주소 제한
2. 권한 상승(Privilege Escalation) 관리	• sudo 명령어 사용 • sudoers 파일 관리
3. 접근 제어 및 감사	• 일회용 비밀번호(OTP) • 접근 로그 기록 및 모니터링 • 권한 승인 워크플로우

(3) 주기적인 권한 적절성 검토

No.	Activity	Risk	통제 활동명	통제 주기	통제 속성	통제 유형	관련 시스템	관련 문서
3	권한부여 현황을 검토한다.	업무와 무관 또는 과도한 권한이 부여되어 있음을 적시에 발견하지 못하여 재무데이터의 기밀성 및 무결성에 부정적인 영향을 미칠 위험	**주기적인 권한 적절성 검토**	분기	적발 통제	수동 통제		사용자 계정별 권한 List

IT권한은 신규입사자, 퇴사자, 부서이동자 등에 의해 신규권한 부여, 삭제 또는 권한변경 등을 수행한다. 이는 예방통제에 해당하고, 주기적으로 인원 변경으로 인한 권한부여 변경사항이 적절하게 진행되고 있는지에 대한 모니터링(적발통제)을 병행하는 것이 필요하다.

사용자 계정별 권한 적정성 검토는 분기별로 주기적으로 수행하는 것이 일반적이며, 그 예시는 다음과 같다.

예시 사용자 계정별 권한 적정성 검토 보고서

IT 권한 적절성 정기 검토 보고서

문서번호 : ITGC-ACCESS-2025-001

작성일자 : 2025.9.21.

검토기간 : 2025.7.1 ~ 2025.9.20.(분기별 검토)

검토자 : IT운영팀장 박철수

승인자 : 정보보호책임자(CISO) 이민정

1. 검토 목적

- 온라인 쇼핑몰 ERP/CRM/주문 · 배송 관리 시스템의 사용자 권한이 업무에 필요한 최소 권한(Least Privilege) 범위 내에서 적절하게 유지되고 있는지 검토
- 퇴직자, 전보자, 장기 휴직자의 계정 권한 회수 여부 확인
- 권한 과다 부여 여부 점검

2. 검토 대상 시스템

- 온라인 쇼핑몰 관리자 페이지
- ERP(회계 연동 시스템)
- CRM(고객관리 시스템)

3. 검토 내역

사용자명	부서/직위	계정 ID	현재 권한	적정 여부	조치 필요 여부	조치내용
홍길동	영업팀/대리	hong.gd	상품등록/주문조회	적정	N	–
김철수	영업팀/퇴직(2025.8)	kim.cs	ERP/CRM 접근 가능	부적정	Y	계정 비활성화 요청

사용자명	부서/직위	계정 ID	현재 권한	적정 여부	조치 필요 여부	조치내용
이민지	재무팀/과장	lee.mj	ERP 전표 입력/조회	적정	N	–
박지훈	영업팀/휴직(2025.7.~)	park.jh	CRM 고객조회	부적정	Y	권한 임시 중지

4. 검토 결과 요약

총 사용자 : 42명

검토 결과 :

- 적정 권한 유지 : 39명(93%)
- 권한 조정 필요 : 3명(7%)

5. 후속 조치 계획

- 퇴직자 계정 kim.cs → 즉시 비활성화
- 휴직자 계정 park.jh → 휴직 종료 시 재부여 검토
- 권한 변경 내역은 보안팀에 보고 후 로그 보관(1년간)

6. 결재

구분	성명/직위	서명/날인	일자
검토자	IT운영팀장 박철수		
확인자	정보보호팀장 김영수		
승인자	CISO 이민정		

(4) 패스워드 입력통제 및 주기적 변경관리

No.	Activity	Risk	통제활동명	통제 주기	통제 속성	통제 유형	관련 시스템	관련 문서
4	패스워드 정책을 설정한다.	취약한 패스워드 설정으로 인해 승인받지 않은 사용자가 중요한 데이터나 파일 및 시스템에 접근이 가능할 경우 재무데이터의 기밀성 및 무결성에 부정적인 영향을 미칠 위험	**패스워드 입력통제 및 주기적 변경관리**	상시	예방 통제	자동 통제	S-ERP 시스템	

패스워드는 부적절한 인원이 회사의 IT시스템에 접근하여 IT오류가 발생할 가능성을 차단하기 위해, 사전에 입력통제 및 주기적인 변경관리가 필요하다.

패스워드 입력통제 및 주기적 변경관리 관련 회사의 통제활동은 다음 예시와 같이 주기적으로 운영된다.

예시 패스워드 입력통제 및 주기적 변경관리

㈜ABC

패스워드 입력통제 및 주기적 변경관리

문서번호 : ITGC-PWD-2025-001
작성일자 : 2025.9.21.
담당부서 : IT운영팀
승인자 : 정보보호책임자(CISO)

1. 목적

온라인 쇼핑몰 ERP/CRM 시스템의 사용자 계정 보안을 강화하기 위하여, 비밀번호 입력 오류 제한 및 주기적 비밀번호 변경 관리 절차를 수립하고 운영한다.

2. 적용 범위

- 대상 시스템 : ERP, CRM, 쇼핑몰 관리자 페이지, 그룹웨어(SSO)
- 적용 사용자 : 모든 정규직, 계약직, 외부 협력업체 계정

3. 통제 항목

(1) 비밀번호 입력 통제
  - 로그인 시 비밀번호 입력 오류 5회 이상 시 계정 잠금
  - 계정 잠금 해제는 IT운영팀 승인 후 본인 확인 절차를 거쳐 진행
  - 계정 도용 방지를 위해 로그인 실패 내역은 시스템 로그에 자동 기록 및 1년 보관

(2) 비밀번호 주기적 변경
  - 모든 사용자는 최소 90일마다 비밀번호 변경
  - 변경 시 최근 3회 사용한 비밀번호는 재사용 불가
  - 비밀번호는 최소 8자리 이상, 대문자/소문자/숫자/특수문자 포함
  - 장기 미사용 계정(180일 이상)은 자동 비활성화 처리

4. 운영 절차

구분	운영 방안	관리 주체	증빙
비밀번호 오류 제한	5회 실패 시 계정 잠금	시스템 자동	시스템 로그
계정 잠금 해제	본인 확인 후 해제	IT운영팀	계정 해제 요청서
비밀번호 변경 주기	90일 주기, 최근 3회 재사용 금지	사용자 / 시스템 자동 알림	변경 이력 로그
장기 미사용 계정	180일 초과 시 비활성화	시스템 자동 / 보안팀 검토	계정 상태 보고서

5. 검토 및 점검

- IT운영팀은 분기별로 비밀번호 변경 현황 및 잠금 해제 내역을 점검
- 점검 결과는 정보보호팀(CISO)에 보고 후 개선 필요시 조치 계획 수립
- 외부 감사 대응 시 로그 기록 및 보고서 제출 가능하도록 관리

6. 결재

구분	성명/직위	서명/날인	일자
작성자	IT운영팀장 박철수		
확인자	보안팀장 김영수		
승인자	CISO 이민정		

(5) OS 서버 계정 관리

No.	Activity	Risk	통제 활동명	통제 주기	통제 속성	통제 유형	관련 시스템	관련 문서
5	서버 접근 권한을 관리한다.	승인받지 않은 사용자가 시스템 관련 서버의 관리자 권한을 획득하여 재무데이터의 기밀성 및 무결성에 부정적인 영향을 미칠 위험	**OS 서버 계정 관리**	상시	예방 통제	자동 통제	S-ERP 시스템	서버 접근권한 List

회사의 IT시스템인 OS(Operating System)서버와 DB(Database)서버에 대해서는 외부 권한 없는 자의 접근이 제한되어야 한다.

OS(Operating System)서버와 DB(Database)서버는 기본적으로 아래와 같이 구분된다.

구분	OS 서버	DB 서버
목적	• 운영체제 및 기본 플랫폼 제공	• 데이터 저장 · 관리
설치 소프트웨어 예시	• Windows Server 2019, RedHat Linux, Ubuntu Server	• Oracle DB Server, MS SQL Server, MySQL Server
역할	• 사용자 계정 관리 • 파일 시스템 관리 • 네트워크 통신 관리 • 보안 정책 적용(방화벽, 권한관리 등)	• 데이터 보안(암호화, 접근제어) • 백업 · 복구 • SQL 쿼리 처리
온라인 쇼핑몰 [㈜ABC] 예시	• 쇼핑몰 웹 애플리케이션 실행 (예 : Apache, Tomcat, IIS) • 사용자 로그인 처리, 장바구니 기능, 결제 요청 전달 등 비즈니스 로직 처리 • 계정 · 네트워크 권한 관리	• 고객 계정정보(ID, 비밀번호 해시값) 저장 • 상품 정보(상품명, 재고, 가격) 저장 • 주문 내역(주문번호, 결제상태, 배송상태) 저장 • 쿼리(SQL) 처리 → "이 고객의 주문 내역 보여줘" 같은 요청 응답
온라인 쇼핑몰 (㈜ABC) 예시상황	• 고객이 쇼핑몰 웹사이트에 접속해서 "로그인 → 상품 담기 → 결제하기" 버튼 클릭 • OS 서버가 이 요청을 받아서 "DB 서버에 고객정보 / 상품정보 / 주문내역을 조회 or 저장" 요청을 보냄	• OS 서버가 "상품번호 12345의 재고 몇 개 남았어?"라고 요청 → DB 서버가 "재고=5"라는 데이터를 응답 • 결제 완료 시, 주문 테이블에 새로운 레코드 삽입

온라인쇼핑몰[㈜ABC] OS서버 및 DB서버 예시

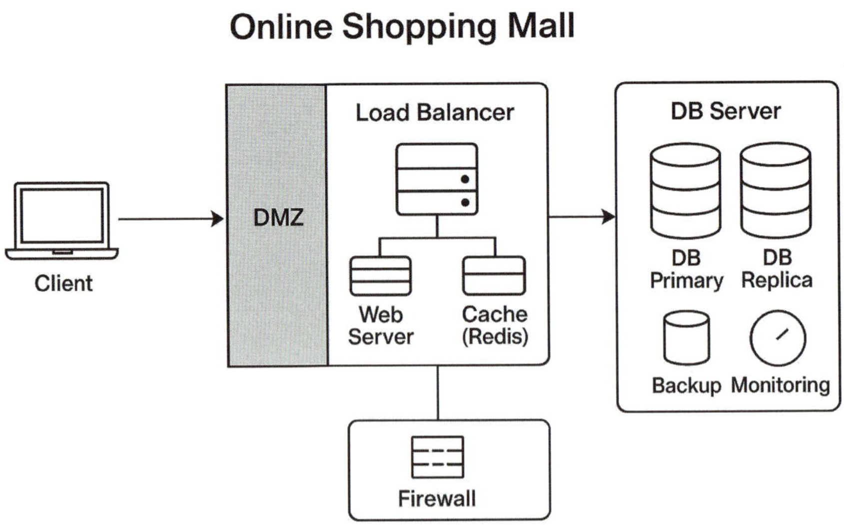

이 온라인쇼핑몰[㈜ABC] OS서버 및 DB서버 예시 그림을 순차적으로 구분 설명하면 다음과 같다.

구분	OS 서버
Client(사용자 PC, 스마트폰 등)	• 고객이 웹브라우저나 앱을 통해 쇼핑몰에 접속한다. • "로그인", "상품 검색", "주문하기" 같은 요청을 발생시킨다.
Firewall(방화벽)	• 외부 인터넷에서 들어오는 트래픽을 필터링한다. • 악성 접근을 차단하고, 허용된 요청만 내부 시스템(DMZ)으로 전달한다.
DMZ(Demilitarized Zone, 중간 보호망 구간)	• 인터넷과 내부망(DB 서버 등) 사이에 위치한 완충지대이다. • Load Balancer(부하분산기) : 다수의 웹 서버로 요청을 분산시켜 처리량을 높이고 안정성을 확보한다. • **Web Server(웹/앱 서버, OS 서버**에 해당) : 고객의 요청을 실제 애플리케이션 로직으로 처리한다(예 : 로그인 검증, 장바구니 담기, 결제 API 호출 등). • Cache 서버(Redis 등) : 자주 조회되는 데이터(예 : 상품 리스트, 베스트셀러, 장바구니 임시 저장)를 메모리에 저장해 빠른 응답을 제공한다.
DB Server (데이터베이스 서버)	• DB Primary(주 DB) : 실제 데이터가 저장되는 메인 데이터베이스이며, 상품정보, 고객정보, 주문내역 등 모든 핵심 데이터를 보관한다. • DB Replica(복제 DB) : 주 DB를 복제해서 읽기 전용으로 사용하며, 조회 요청을 분산시켜 성능을 높이고, 장애 시 백업 역할도 한다. • Backup & Monitoring : 정기적으로 데이터를 백업해서 장애나 해킹 발생 시 복구 가능하도록 한다.

OS서버 계정관리는 다음의 통제속성(control attribute)들을 통해 이루어진다.

구분	OS 서버 계정 관리
통제목적	• 서버 관리자 권한을 직무와 무관하게 부여하지 않고, 시스템 보안을 유지
권한 부여/변경	• 신규 관리자 권한 요청 시 권한신청서+부서장 · 보안팀 승인 • 최소한의 인원에게만 관리자 권한 부여
정기 검토	• 분기별로 OS 서버 관리자 계정 리스트 검토 • 인사이동 발생 시 즉시 권한 회수
비밀번호/인증	• 개인별 관리자 계정 사용, 공유 ID 금지 • 90일 주기 비밀번호 변경, 복잡성 요건 적용
로그/모니터링	• 서버 접속/명령 실행 로그 자동 기록 • 비정상 접속 패턴 보안관제
종료/권한 회수	• 퇴직/전보 시 즉시 계정 삭제 또는 관리자 권한 회수 • 인사팀 명단과 대조

(6) DB 서버 계정 관리

No.	Activity	Risk	통제활동명	통제 주기	통제 속성	통제 유형	관련 시스템	관련 문서
6	DB 관리자 계정을 관리한다.	승인받지 않은 사용자가 시스템 관련 DB의 관리자 권한을 획득하여 재무데이터의 기밀성 및 무결성에 부정적인 영향을 미칠 위험	**DB 관리자 계정 관리**	상시	예방 통제	자동 통제	S-ERP 시스템	DB 관리자 계정 접근 권한 List

OS(Operating System)서버 계정관리와 더불어 회사의 DB(Database)서버에 대해서는 외부 권한 없는 자의 접근이 제한되어야 한다.

DB(Database)서버 권한은 전산팀 등 특정부서, 인원들에게만 부여하는데, DB(Database)서버 권한 리스트 예시는 다음과 같다.

예시 DB(Database)서버 권한 리스트

기능 구분 (DB User Group)	계정 예시 (ID)	담당자	권한 범위	통제 포인트
1. 운영관리 계정 (DB Admin)	DBADMIN, SYSDBA	홍길동	DB 전체 관리(계정 생성/삭제, 권한 부여)	DBA 권한 계정은 최소한으로 운영, 활동로그 정기 검토
2. 개발/테스트 계정 (Dev/Test)	DEV_USER, TEST_APP	김영희	개발·테스트 전용 DB 접근, 운영 DB 접근 불가	운영/개발 환경 분리, 운영 DB 직접 접근 차단
3. 업무 애플리케이션 계정(App User)	ERP_APP, HR_APP	김영수	ERP/인사시스템 등 응용프로그램을 통한 DB 접근	애플리케이션 전용 계정만 사용, 직접 쿼리 불가
4. 조회 전용 계정 (Read Only)	AUDIT_USER, REPORT	김철수	특정 테이블에 대한 SELECT 권한만 보유	보고용 계정은 UPDATE/DELETE 금지, 로그 기록

(7) 전산실 출입통제

No.	Activity	Risk	통제활동명	통제 주기	통제 속성	통제 유형	관련 시스템	관련 문서
7	전산실의 접근을 통제/관리한다.	승인받지 않은 사용자가 중요한 데이터나 파일 및 시스템에 접근하여 데이터의 기밀성 및 무결성에 부정적인 영향을 미칠 위험	**전산실 출입통제**	상시	예방 통제	수동 통제		전산실 출입대장

전산실 출입통제는 승인받지 않은 자가 전산실에 출입하여 서버, 네트워크 장비, 데이터 저장 장치 등 중요 IT 자산을 무단으로 조작하거나 손상시키는 위험을 방지하기 위한 통제활동이다.

전산실 출입통제와 관련된 통제활동은 다음과 같은 여러 형태로 설계 운영할 수 있다.

구분	OS서버 계정 관리
출입 권한 부여	• 전산실 출입은 IT 인프라 관리 담당자 등 최소 인원에게만 승인 • 신규/퇴직 시 출입 권한을 즉시 등록 · 해제
출입 이력 기록 (출입대장 관리)	• 카드키, 생체인식, 출입증 시스템 등을 활용하여 출입 일시/인원을 자동 기록 • 정기적으로 보안관리자가 출입기록을 점검하여 이상 접근 여부 확인
물리적 보안 강화	• CCTV 설치 및 녹화 자료 보관 • 출입문은 이중 잠금장치 적용(카드키+지문/홍채) • 무단 출입 시 알람이 발생하는 보안시스템 설치
비밀번호/인증	• 개인별 관리자 계정 사용, 공유 ID 금지 • 90일 주기 비밀번호 변경, 복잡성 요건 적용

4-4. 컴퓨터 운영(Computer Operation)

평가보고 가이드라인

25. (내부회계관리제도 목적의 정보기술 일반통제의 범위)

라. [컴퓨터 운영(Computer Operation)]

재무제표의 신뢰성을 확보하기 위해서는 재무정보가 입력, 처리 및 산출되는 제반 정보시스템을 적절히 운영하여야 한다. '컴퓨터 운영'과 관련된 통제는 다음의 사항을 충족시킬 수 있도록 통제를 설계 및 운영한다. 단, 소규모의 덜 복잡한 정보기술 환경을 보유한 중소기업의 경우에는 공식적인 정보시스템 운영기능이나 장애 관리 또는 데이터의 저장 및 보존에 관한 공식적인 정책이 존재하지 않거나 관련 절차들이 수작업으로 진행될 수도 있다.

(1) 재무보고에 필요한 데이터, 거래, 프로그램을 복구하기 위해 적절한 백업 및 복구절차가 존재한다.

(2) 복구절차의 효과성과 백업자료의 질을 정기적으로 테스트하기 위한 절차가 존재한다.

(3) 백업자료에 대한 접근을 승인된 구성원에게만 허용할 수 있는 통제절차가 존재한다.

(4) 시스템과 관련된 장애나 오류 등을 기록하고 분석하여 동일한 문제의 재발을 방지할 수 있는 절차가 존재한다.

(5) 재무보고와 관련된 응용 프로그램이나 데이터에 관한 일괄처리(Batch Job) 및 온라인(On-Line) 거래가 정확하며 완전하고 적시에 처리된다.

컴퓨터 운영(Computer Operation) 단계와 관련된 통제활동 설계의 예시는 다음과 같다.

No.	Activity	Risk	통제활동명	통제 주기	통제 속성	통제 유형	관련 시스템	관련 문서
1	백업데이터를 복구한다.	하드웨어 또는 소프트웨어의 문제 발생 시 데이터가 유실되거나 정확히 복구되지 못할 위험	**백업 결과에 대한 모니터링**	사건 발생 시	적발 통제	수동 통제	S-ERP 시스템	백업일지
2	시스템 장애에 대응한다.	재무데이터와 직간접적으로 연관된 시스템의 장애 발생으로 인해 재무데이터에 비정상적 영향을 미칠 위험	**장애에 대한 원인분석 및 조치**	사건 발생 시	예방 통제	수동 통제	S-ERP 시스템	장애발생 보고서
3	배치프로그램을 모니터링한다.	배치잡(Batch Job)의 오류를 인지하지 못하여 데이터의 무결성이 저해될 위험	**배치작업 모니터링**	사건 발생 시	적발 통제	수동 통제	S-ERP 시스템	배치프로그램 장애발생 보고서

(1) 백업 결과에 대한 모니터링

No.	Activity	Risk	통제활동명	통제 주기	통제 속성	통제 유형	관련 시스템	관련 문서
1	백업데이터를 복구한다.	하드웨어 또는 소프트웨어의 문제 발생 시 데이터가 유실되거나 정확히 복구되지 못할 위험	**백업 결과에 대한 모니터링**	사건 발생 시	적발 통제	수동 통제	S-ERP 시스템	백업일지

기업들은 회사의 IT시스템에 저장되어 있는 데이터가 효과적인 수준으로 유지 관리하기 위해서 주기적으로 데이터 백업 결과에 대해 모니터링을 수행한다.

백업데이터를 포함한 월간 IT정기 모니터링 예시는 다음과 같다.

예시 백업 모니터링 등 월간 IT정기점검 보고서

월간 IT정기점검 보고서

- 회사명 : ㈜ABC(온라인쇼핑몰)
- 부서명 : 전산팀
- 점검주기 : 매월 1회(정기점검)
- 점검대상 : 주요 IT 시스템 및 데이터베이스(Shopping DB 등)

1. 점검 목적

온라인쇼핑몰의 주요 IT 시스템 운영의 안정성과 보안성을 확보하고, 내부회계관리제도의 신뢰성을 유지하기 위하여 월간 정기점검을 수행한다.

2. 점검 항목

① 데이터베이스 백업 수행 여부 점검(Shopping DB)(첨부1)
② 신규/퇴사자 계정 접근 권한 검토
③ 시스템 로그 모니터링 및 이상 징후 점검
④ 서버 및 네트워크 가용성 확인
⑤ 주요 보안 패치 적용 여부 확인

3. 점검 결과

점검 항목	점검일자	담당자	점검 결과
데이터베이스 백업 (Shopping DB)	2025-01-31	전산팀(홍길동)	매주 월요일 새벽 Full 백업 정상 수행 확인
계정 권한 검토	2025-01-31	전산팀(김철수)	신규 입사자 2명 계정 생성 → 승인 절차 적정
시스템 로그 모니터링	2025-01-31	전산팀(이영희)	관리자 계정 1회 로그인(정상), 이상징후 없음
서버/네트워크 가용성	2025-01-31	전산팀(박민수)	ABC-SVR-DB1 및 쇼핑몰 웹서버 가동률 100% 확인
보안 패치 적용 여부	2025-01-31	전산팀(최수진)	운영 서버 최신 보안패치 적용 완료

4. 개선 및 조치사항

• 백업 로그 자동화 보고 기능 추가 필요
• 계정 권한 검토 시 정기적인 비활성 계정 점검 강화 예정
• 보안패치 적용 내역 자동화 검증 기능 도입 검토

5. 결론

㈜ABC 온라인쇼핑몰 IT 시스템은 전반적으로 안정적으로 운영되고 있으며, 내부회계관리제도의 통제 목적을 충족하고 있음

〈첨부1〉

백업데이터 모니터링 결과(2025년 1월)

DB name	backup_ start_date	backup_ finish_date	backup_name	user_ name	server_name	recovery _model
Shopping DB	2025-01-05 7:00	2025-01-06 5:10	ShoppingDB_ backup_2025_01_05	aa	ABC-SVR-DB1	FULL
Shopping DB	2025-01-08 6:00	2025-01-09 6:01	ShoppingDB_ backup_2025_01_08	aa	ABC-SVR-DB1	FULL
Shopping DB	2025-01-09 6:00	2025-01-10 2:51	ShoppingDB_ backup_2025_01_09	aa	ABC-SVR-DB1	FULL

(2) 장애에 대한 원인분석 및 조치

No.	Activity	Risk	통제활동명	통제 주기	통제 속성	통제 유형	관련 시스템	관련 문서
2	시스템 장애에 대응한다.	재무데이터와 직간접적으로 연관된 시스템의 장애 발생으로 인해 재무데이터에 비정상적 영향을 미칠 위험	**장애에 대한 원인분석 및 조치**	사건 발생 시	예방 통제	수동 통제	S-ERP 시스템	장애발생 보고서

IT시스템은 완전하지 않기 때문에, 때로는 시스템적인 장애가 발생할 수 있다. IT시스템에 장애가 발생했을 때 회사가 얼마나 신속하고 정확하게 장애를 개선하는지가 중요하다.

장애가 발생한 경우 월간 IT정기점검 보고서 예시는 다음과 같다.

예시 월간 IT정기점검 보고서 - 장애가 발생한 경우

월간 IT정기점검 보고서

- 회사명 : ㈜ABC(온라인쇼핑몰)
- 부서명 : 전산팀
- 점검주기 : 매월 1회(정기점검)
- 점검대상 : 주요 IT 시스템 및 데이터베이스(Shopping DB 등)

1. 점검 목적

온라인쇼핑몰의 주요 IT 시스템 운영의 안정성과 보안성을 확보하고, 내부회계관리제도의 신뢰성을 유지하기 위하여 월간 정기점검을 수행한다.

2. 점검 항목

① 데이터베이스 백업 수행 여부 점검(Shopping DB)
② 신규/퇴사자 계정 접근 권한 검토
③ 시스템 로그 모니터링 및 이상 징후 점검
④ 서버 및 네트워크 가용성 확인
⑤ 주요 보안 패치 적용 여부 확인

3. 점검 결과

점검 항목	점검일자	담당자	점검 결과
데이터베이스 백업 (Shopping DB)	2025-02-28	전산팀(홍길동)	정상 수행(Full 백업 확인)
계정 권한 검토	2025-02-28	전산팀(김철수)	신규 입사자 1명 계정 생성 → 승인 절차 적정
시스템 로그 모니터링	2025-02-28	전산팀(이영희)	관리자 계정 정상 로그인 / 이상징후 없음
서버/네트워크 가용성	2025-02-28	전산팀(박민수)	**2월 중 서버 장애 2건 발생, 복구 완료**
보안 패치 적용 여부	2025-02-28	전산팀(최수진)	최신 보안패치 적용 완료

4. 장애 발생건수 (2건)

K-IFRS 기준서	발생 일시	장애 원인	조치 내용	재발 방지
장애 ①: DB 서버 디스크 오류	2025-02-13 02:15	메인 DB 서버 (ABC-SVR-DB1) 디스크 오류	직전 Full Backup+로그 백업 복구 → 45분 만에 서비스 정상화	DB 이중화 구성 강화, 백업 주기 단축
장애 ②: 쇼핑몰 웹서버 다운	2025-02-22 21:40	트래픽 급증으로 인한 웹서버 과부하	긴급 증설 및 로드밸런싱 적용 → 30분 만에 서비스 정상화	트래픽 모니터링 강화, 자동 확장(Auto-Scaling) 정책 도입

5. 개선 및 조치사항

- 장애 재발 방지를 위해 DR(Disaster Recovery) 체계 강화
- 웹서버 부하 대응을 위한 자동 확장 정책 도입 검토
- 계정 관리 및 백업 로그 자동화 보고 기능 강화 예정

6. 결론

2월 정기점검 결과, 전반적인 IT 운영은 안정적으로 관리되고 있음. 다만 DB 서버 장애와 웹서버 장애 2건이 발생하였으나 모두 신속히 복구 완료하였으며, 향후 DR 강화 및 인프라 확장 정책을 통해 안정성을 더욱 제고할 예정임

(3) 배치작업 모니터링

No.	Activity	Risk	통제활동명	통제 주기	통제 속성	통제 유형	관련 시스템	관련 문서
3	배치프로그램을 모니터링한다.	배치잡의 오류를 인지하지 못하여 데이터의 무결성이 저해될 위험	**배치작업 모니터링**	사건 발생 시	적발 통제	수동 통제	S-ERP 시스템	배치프로그램 장애발생 보고서

배치(Batch)작업은 반복적이고 대량의 업무를 자동으로, 주기적으로, 비실시간으로 처리하는 방식을 말한다. 상대적으로 이와 반대되는 개념은 온라인 처리(OLTP)로, 온라인 처리(OLTP)는 계좌이체, 쇼핑몰 결제 승인 등 입력 즉시 결과가 나오는 방식을 말한다.

기업들은 일반적으로 아래 업무들을 배치(Batch)작업을 통해서 수행하고 있다.

배치(Batch)작업	내용	예시
ERP 회계 전표 자동 생성	각 부서(구매, 영업, 인사)에서 발생한 데이터를 ERP가 실시간 반영하지 않고, 하루 단위로 모았다가 배치로 회계 전표 생성	• 매일 밤 11시, 매출 · 매입 데이터를 모아 전표 자동 생성 • 오류 발생 시 로그 파일 생성 → 다음날 회계팀 검토
급여 정산	인사/근태 데이터를 모아서 월 단위로 급여 계산	• 매월 25일, 근태/성과/상여 데이터를 배치로 반영 → 급여계좌 이체 파일 생성 • 개인별 세금 · 4대보험 공제 계산도 동시에 처리
온라인 쇼핑몰 주문 집계	하루 동안 들어온 수만 건의 주문/배송 데이터를 집계	• 자정마다 주문 데이터를 모아 택배사 시스템에 일괄 송신 • 카드사/PG사 결제 정산 내역을 모아 회계에 반영
데이터 백업 및 로그 집계	대량 데이터를 업무 시간에 백업하면 성능 저하 → 야간 배치 처리	• 매일 새벽 3시 서버 로그 압축 및 백업 • 보안 시스템의 접근 기록을 배치로 모아 이상징후 탐지

배치(Batch)작업에서 장애가 발생했을 때 조치하고 보고하는 사례는 다음과 같다.

예시 배치프로그램 장애발생 보고서

배치프로그램 장애발생 보고서

- 회사명 : ㈜ABC(온라인쇼핑몰)
- 부서명 : 전산팀
- 점검주기 : 배치 장애 발생 시

㈜ABC는 매일 자정에 S-ERP 시스템에서 매출, 재고, 구매 관련 데이터를 자동으로 집계하는 배치프로그램을 운영하고 있다.

2025년 4월 한 차례 배치작업 오류로 인해 매출데이터 일부가 반영되지 않은 사례가 발생하였다. 이에 따라 ㈜ABC는 다음과 같은 모니터링 통제활동을 운영하고 있다.

1. 담당자(경영정보팀)는 배치작업 완료 후 시스템에서 제공하는 배치 로그 및 에러 리포트를 확인한다.
2. 오류 발생 시, 즉시 장애발생 보고서를 작성하여 IT관리팀 및 관련 부서에 통보한다.
3. 오류 원인을 분석하고, 정상 처리 재실행 및 데이터 검증을 거쳐 최종 반영한다.
4. 이러한 과정은 모두 배치작업 장애발생 보고서에 기록되며, 내부회계관리제도 평가 시 증적자료로 활용된다.

내부회계관리제도 실무

PART 03

ELC 전사수준 통제

Chapter

CHAPTER

3-1 ELC 전사수준통제 설계/운영

01 전사수준통제(ELC) 개요

1-1. 내부통제제도의 목적

기업의 내부회계관리제도는 실무적으로 전사수준통제(ELC : Entity Level Control)과 업무(프로세스)수준통제(PLC : Process Level Control)로 구성된다.

전사수준통제활동이 효과적으로 설계 운영되기 위해 준수해야 하는 모범규준이 '설계운영 개념체계' 및 '적용기법'이다.

설계운영 개념체계 문단5

내부회계통제제도

5. 내부통제제도는 다음의 세 가지 목적달성에 대한 합리적 확신을 제공하기 위하여 조직의 이사회, 경영진 및 여타 구성원에 의해 지속적으로 실행되는 일련의 과정이다.
   - 기업운영의 효율성 및 효과성 확보(운영목적)
     - 회사가 업무를 수행함에 있어 자원을 효과적이고 효율적으로 사용하고 있다.
   - 보고 정보의 신뢰성 확보(보고목적)
     - 회사는 내부 및 외부 보고를 위해 정확하고 신뢰할 수 있는 재무정보와 비재무정보의 작성 및 보고체계를 유지하고 있다.
   - 관련 법규 및 정책의 준수(법규준수목적)
     - 회사의 모든 활동은 관련 법규, 감독규정, 내부정책 및 절차를 준수하고 있다.

'설계운영 개념체계'에서 제시하는 내부통제제도의 목적은 다음의 3가지로 구분된다.

내부통제제도의 목적	내용
1. 기업운영의 효율성 및 효과성 확보(운영목적)	회사가 업무를 수행함에 있어 자원을 효과적이고 효율적으로 사용하고 있다.
2. 보고 정보의 신뢰성 확보(보고목적)	회사는 내부 및 외부 보고를 위해 정확하고 신뢰할 수 있는 재무정보와 비재무정보의 작성 및 보고체계를 유지하고 있다.
3. 관련 법규 및 정책의 준수(법규준수목적)	회사의 모든 활동은 관련 법규, 감독규정, 내부정책 및 절차를 준수하고 있다.

1-2. 내부통제제도의 구성요소

효과적인 내부통제제도를 위한 5가지 구성요소와 각 구성요소를 충족하는 원칙을 달성해야 내부통제제도는 본래의 목적대로 운영될 수 있다.

5가지 구성요소와 원칙은 다음으로 구성된다. (설계운영 개념체계 문단6)

회사는 아래의 5가지 구성요소를 충족하는 17가지 원칙을 달성할 수 있는 통제활동을 설계 운영해야 재무제표 왜곡표시위험을 감소시키는 내부회계관리제도를 효과적으로 설계운영할 수 있는 것이다.

내부통제의 구성요소	내용	원칙
통제환경 (Control Environment)	내부통제제도의 기반을 이루는 구성요소로 도덕성과 윤리적 가치에 대한 태도를 기반으로 이사회 및 감사 및 감사위원회를 포함한 내부통제제도 관련 조직의 책임을 명확히 하고 해당 업무를 수행할 수 있는 조직 체계의 구성, 교육을 포함한 인력 운용 및 성과평가와의 연계가 이뤄질 수 있는 체계를 포함한다.	원칙 1~5
위험평가 (Risk Assessment)	내부통제제도의 목적 달성을 저해하는 위험을 식별하고 평가 및 분석하는 활동을 의미한다. 구체적이고 명확한 목적을 설정하여 관련된 위험을 파악하고, 파악된 위험의 중요도(심각성) 정도를 평가한다. 동 절차에서 부정위험 평가를 포함하여 고려하고, 회사의 중요한 변화사항을 고려하여 기존에 평가한 위험을 지속적으로 유지 · 관리하는 것을 포함한다.	원칙 6~9
통제활동 (Control Activities)	조직 구성원이 이사회와 경영진이 제시한 경영방침이나 지침에 따라 업무를 수행할 수 있도록 마련된 정책 및 절차가 준수될 수 있는 통제활동이 선택 및 구축될 수 있는 체계를 포함한다. 통제활동은 경영진의 업무성과 검토, 정보기술 일반통제, 승인, 대사 및 물리적 통제 등 다양한 방법이 포함된다.	원칙 10~12
정보 및 의사소통 (Information & Communication)	조직 구성원이 내부통제제도의 책임을 수행할 수 있도록 신뢰성 있는 정보를 활용할 수 있는 체계를 구비하고 4가지 통제 구성요소에 대한 대 · 내외 의사소통이 원활하게 이뤄질 수 있는 체계를 포함한다.	원칙 13~15

내부통제의 구성요소	내용	원칙
모니터링 (Monitoring)	내부통제제도의 설계와 운영의 효과성을 평가하고 유지하기 위해 상시적인 모니터링과 독립적인 평가 또는 두 가지의 결합을 고려한 평가를 수행하고 발견된 미비점을 적시에 개선할 수 있는 체계를 포함한다.	원칙 16~17

이러한 내부통제의 5가지 구성요소와 17가지 원칙은 미국의 COSO(Committee of Sponsoring Organizations of the Treadway Commission)라는 기업 지배구조, 비즈니스 윤리, 내부 통제, 기업 위험 관리(ERM), 사기 방지 등에 대한 지침을 제공하는 목적의 민간기구에서 발표한 framework에 기초한다.

COSO framework은 오랜기간 동안 변화해 왔지만, 가장 최근의 COSO framework은 2013년에 제정한 framework으로 아래 그림으로 표현된다.

COSO framework 2013

1-3. 효과적인 내부회계관리제도

내부회계관리제도는 내부통제제도의 일반적인 5가지 구성요소(통제환경, 위험평가, 통제활동, 정보 및 의사소통, 모니터링 활동)와 각 구성요소별 원칙을 모두 고려하여 설계하고, 이사회, 경영진, 감사(위원회) 및 중간관리자와 일반 직원 등 조직 내 모든 구성원들에 의해 운영된다. (설계운영 개념체계 문단15)

효과적인 내부회계관리제도를 유지하기 위해서는 5가지 구성요소와 17가지 원칙이 아래와 같이 연계되어 설계운영되어야 한다.

내부회계관리제도	내용	설계 · 운영 개념체계
효과적인 내부회계관리제도의 요건	내부회계관리제도의 각 구성요소와 관련 원칙이 존재하고 기능한다.	문단 16
원칙 달성을 위한 중점 고려사항	내부회계관리제도의 구성요소별 원칙 달성을 위한 중요한 항목으로 중점 고려사항을 제시하고 있다.	문단 22
통제 설계	경영진은 내부회계관리제도의 5가지 구성요소와 관련 원칙을 달성하기 위해 구성요소 내에 통제를 설계하고 구축한다.	문단 25

1-4. 효과적인 내부회계관리제도를 위한 필수 요건

효과적인 내부회계관리제도를 설계 및 운영할 수 있도록 본 설계 · 운영 개념체계에서는 5가지 구성요소에 대한 17가지 원칙 및 각 원칙을 달성하기 위한 중점 고려사항을 제시하고 있다. 내부회계관리제도의 구성요소 및 17가지 원칙은 효과적인 내부회계관리제도의 필수적인 요구사항이며, 원칙 달성을 위한 중점 고려사항은 회사의 상황에 따라 적절히 조정하여 적용할 수 있다. (설계운영 개념체계 문단26)

따라서, 상기 피라미드 구조를 4가지로 구분하면 다음과 같다.

내부회계관리제도	내용	비고
5가지 구성요소	필수	설계운영 개념체계 본문
17가지 원칙	필수	설계운영 개념체계 본문
원칙 달성을 위한 중점 고려사항	Optional	설계운영 개념체계 보론A
원칙별 중점 고려사항을 반영한 통제 설계	optional	설계운영 개념체계 적용기법

1-5. 5가지 구성요소와 17가지 원칙

Key Point

평가보고 적용기법에서는 5가지 구성요소와 17가지 원칙이 존재하지 않거나 기능하지 않는 경우에는 감사(위원회)가 주목하는 항목으로 **유의한 미비점이나 중요한 취약점으로 분류되어야 한다고 요구하고 있다.** (평가보고 적용기법 문단 142)

전사수준통제(ELC) 검토할 경우에는 5가지 구성요소와 17가지 원칙을 충족하는 통제활동이 설계 운영되고 있는지를 체크해야 한다.

예를 들어, 회사의 전사수준통제(ELC) RCM에 있는 통제활동을 검토하니, 원칙6을 충족하는 통제활동이 설계되어 있지 않거나 운영되지 않는 경우, 그 자체가 '유의한 미비점'이나 '중요한 취약점'으로 결론 지을 수 있다는 의미이다.

전사수준통제(ELC)에서 필요한 5가지 구성요소와 17가지 원칙을 정리하면 다음과 같다.

5가지 구성요소	17가지 원칙
통제환경	(원칙1) 도덕성과 윤리적 가치에 대한 책임을 강조 (원칙2) 이사회는 내부회계관리제도의 설계 및 운영을 감독 (원칙3) 이사회의 감독을 포함한 조직구조, 적절한 책임과 권한을 정립 (원칙4) 적격성 있는 인력을 선발, 육성하고 관리 (원칙5) 조직 구성원들에게 필요한 책임을 부여
위험식별	(원칙6) 내부회계관리제도의 목적을 명확하게 설정 (원칙7) 위험을 전사적으로 식별하고, 위험을 분석 (원칙8) 잠재적인 부정 가능성을 고려 (원칙9) 중요한 영향을 미칠 수 있는 변화를 식별 · 분석
통제활동	(원칙10) 통제활동을 선택하고 구축 (원칙11) 정보기술 일반통제를 선정하고 구축 (원칙12) 정책과 절차를 통하여 통제활동을 적용

5가지 구성요소	17가지 원칙
정보 및 의사소통	(원칙13) 관련 있는 양질의 정보를 취득 또는 생산하고 사용 (원칙14) 내부적으로 의사소통 (원칙15) 외부관계자와 의사소통
모니터링	(원칙16) 내부회계관리제도 설계 및 운영의 적정성을 평가 (원칙17) 미비점을 평가하고 필요한 개선활동을 적시에 수행

전사수준통제(ELC)의 5가지 구성요소와 17가지 원칙에 대한 통제활동의 설계운영에 도움을 주기 위해 '내부회계관리제도 운영위원회'는 2019년 12월에 '내부회계관리제도 설계운영 적용사례집'을 발표하였다.

전사수준통제(ELC)와 관련해서 다음과 같이 사례회사의 예시를 들면 다음과 같다.

no	COSO	No.	17가지 원칙	통제활동 ID	통제활동명
1	통제환경	01	도덕성과 윤리적 가치에 대한 책임	C.EL.CE.01.01	윤리규범 공지 및 강조
2	통제환경	01	도덕성과 윤리적 가치에 대한 책임	C.EL.CE.01.02	윤리강령 제 · 개정
3	통제환경	01	도덕성과 윤리적 가치에 대한 책임	C.EL.CE.01.03	윤리교육 수행
4	통제환경	01	도덕성과 윤리적 가치에 대한 책임	C.EL.CE.01.04	내부임직원 윤리서약서 징구
5	통제환경	01	도덕성과 윤리적 가치에 대한 책임	C.EL.CE.01.05	외부업체 윤리실천서약서 징구
6	통제환경	01	도덕성과 윤리적 가치에 대한 책임	C.EL.CE.01.06	윤리감사 수행 및 보고
7	통제환경	01	도덕성과 윤리적 가치에 대한 책임	C.EL.CE.01.07	내부고발제도 운영 및 적절한 조치
8	통제환경	02	내부회계관리제도 감독 책임	C.EL.CE.02.01	이사회 및 감사위원회의 감독 책임 정립
9	통제환경	02	내부회계관리제도 감독 책임	C.EL.CE.02.02	감사위원회 전문성/독립성 평가
10	통제환경	03	조직구조, 권한 및 책임 정립	C.EL.CE.03.01	내부회계조직 명시 및 역할정의
11	통제환경	03	조직구조, 권한 및 책임 정립	C.EL.CE.03.02	전결규정 수립 및 업데이트
12	통제환경	03	조직구조, 권한 및 책임 정립	C.EL.CE.03.03	재무보고 관련 Outsourcing 업체 관리
13	통제환경	04	적격성 유지	C.EL.CE.04.01	통제수행자의 적격성 평가
14	통제환경	04	적격성 유지	C.EL.CE.04.02	내부회계관리제도 교육 수행
15	통제환경	04	적격성 유지	C.EL.CE.04.03	내부회계관리자의 승계 계획
16	통제환경	05	내부회계관리제도 책임 부여	C.EL.CE.05.01	성과평가 및 보상정책 적용
17	통제환경	05	내부회계관리제도 책임 부여	C.EL.CE.05.02	성과평가기준(KPI)의 적정성

no	COSO	No.	17가지 원칙	통제활동 ID	통제활동명
18	위험평가	06	구체적인 목적 수립	C.EL.RA.06.01	회계정책서의 작성 및 업데이트
19	위험평가	07	위험 식별 및 분석	C.EL.RA.07.01	위험평가 수행
20	위험평가	07	위험 식별 및 분석	C.EL.RA.07.02	내부회계관리제도 평가계획보고
21	위험평가	08	부정위험 평가	C.EL.RA.08.01	부정 위험을 고려한 내부감사 수행 및 보고
22	위험평가	09	중요한 변화의 식별과 분석	C.EL.RA.09.01	내부회계관리제도 변화관리
23	통제활동	10	통제활동의 선택과 구축	C.EL.CA.10.01	통제활동의 수립
24	통제활동	10	통제활동의 선택과 구축	C.EL.CA.10.02	업무분장/접근권한 기준 수립 및 모니터링
25	통제활동	12	정보기술 일반통제의 선정과 구축	C.EL.CA.11.01	EUC 관리대장 유지 관리
26	통제활동	12	정책과 절차를 통한 실행	C.EL.CA.12.01	경영진의 지침 전달을 지원하기 위한 정책 및 절차 수립
27	정보 및 의사소통	13	관련 있는 정보의 사용	C.EL.IC.13.01	IPE의 식별 및 평가
28	정보 및 의사소통	14	내부 의사소통	C.EL.IC.14.01	내부회계관리제도의 목적과 책임 안내
29	정보 및 의사소통	15	외부 의사소통	C.EL.IC.15.01	외부 관계자와의 의사소통
30	정보 및 의사소통	15	외부 의사소통	C.EL.IC.15.02	감사위원회의 독립적 평가
31	모니터링	16	상시적인 모니터링과 독립적인 평가 수행	C.EL.MO.16.01	내부회계관리제도 평가 보고
32	모니터링	17	미비점 평가와 의사소통	C.EL.MO.17.01	예외사항 평가

02 통제환경

원칙 1	(도덕성과 윤리적 가치에 대한 책임) 회사는 도덕성과 윤리적 가치에 대한 책임을 강조한다.

보론 A. 원칙달성을 위한 중점고려사항

구분	내용
경영진과 이사회의 의지 (문단 38.1)	A1. 경영진과 이사회는 회사를 둘러싼 다양한 이해관계자의 기대사항과 회사가 운영되는 시장의 사회적, 윤리적, 법적 기준을 반영한 최고위층의 의지를 설정할 필요가 있다. 설정된 최고위층의 의지는 회사의 헌장, 윤리강령, 정책 및 절차, 경영방식, 경영진의 의사결정, 윤리강령 위반사항에 대한 조치 그리고 비공식적인 의사소통과 행동방식 등 다양한 형태로 표현될 수 있다. 이러한 최고위층의 의지는 단순히 법과 규정을 준수하는 것이 아닌 기업가치에 부합하는 옳은 행위를 수행하는 것을 명확하게 제시하여, 회사 임직원에게 우선순위가 무엇인지를 이해하게 하고 행동에 옮기게 한다.
	A2. 설정된 최고위층의 의지는 경영진과 이사회뿐만 아니라 회사의 전체 조직에 공유되고 적용되어야 한다. 회사의 운영 방식, 경영진과 이사회의 개인적인 행위, 위험에 대한 태도, 보수적이거나 공격적인 성향, 규정에 기반한 운영 방식 등은 최고위층의 의지에 영향을 미치고 회사 전체에 메시지를 전달하게 된다. 개인에 대한 차별, 부당한 성과평가 및 보상 등은 기업문화에 영향을 미치고 적절치 못한 행동을 유발시킬 수 있다. 이와 반대로 경영진과 이사회 등의 윤리적이고 책임 있는 일련의 행동과 부적절한 행위에 대한 엄격한 대처는 회사가 기업가치와 윤리를 추구한다는 강력한 메시지가 된다.
윤리강령 수립 (문단 38.2)	A3. 최고위층의 의지는 내부회계관리제도가 효과적으로 작동하기 위한 기반이 되며, 회사 내의 전체 조직이 회사의 가치, 임직원 및 협력업체 등에게 기대되는 행동에 대한 공통의 이해를 수립하는 데 도움을 준다. 내부통제를 강조하는 조직 문화를 만들기 위한 최고위층의 의지가 없다면 인지된 위험이 저평가되거나, 위험에 대한 대응절차가 부적절하거나, 통제활동이 잘못 설계 또는 운영되거나, 정보에 대한 의사소통이 약화되거나, 모니터링 활동이 수행되지 않을 수 있다. 따라서 최고위층의 의지를 어떻게 설정하느냐에 따라 효과적인 내부회계관리제도를 지원하는 요인이 되거나, 이를 가로막는 장벽이 될 수도 있다.
	A4. 윤리강령은 회사가 목적을 달성하는 과정에서 옳고 그른 것에 대한 판단 기준, 위험의 존재 여부에 대한 판단 기준, 그리고 법률 또는 규제사항 등 회사에 요구되는 다양한 기대사항을 반영하는 방식에 대한 판단 기준을 제시하고 행동강령을 포함한다. 이는 회사의 의사결정 및 활동에 영향을 미친다. 따라서 회사는 어려운 의사결정에 직면하였을 때 지속적으로 윤리강령을 준수함으로써 회사가 도덕성 및 윤리적인 가치를 고수함을 증명할 수 있다. 도덕성과 윤리적 가치는 회사의 의사소통과 교육프로그램의 핵심적인 메시지일 것이다.

구분	내용
윤리강령 수립 (문단 38.2)	A5. 외부서비스 제공자 또는 협력업체의 부적절한 행위는 경영진에게 궁극적인 책임이 있으며, 고객, 회사의 이해관계자 및 회사의 명성에 피해를 발생시키고 많은 비용이 유발되는 대책 마련이 필요해진다. 따라서 경영진은 외부서비스 제공자 또는 협력업체에게 위임된 업무에 대해서도 회사의 윤리강령을 준수할 수 있도록 의사소통 및 감독할 책임이 있다.
윤리강령 준수 평가 (문단 38.3)	A6. 윤리강령은 회사 내부 및 외부서비스 제공자의 도덕성 및 윤리적 가치의 준수 여부를 평가하는 판단 기준이 되며, 회사의 정책 및 절차 또는 다양한 계약문서를 통하여 공유된다. 실무적으로 윤리강령이 준수되고 있는지 확인하기 위하여 업무 담당자들의 행동, 의사결정, 태도가 경영진 또는 독립적인 인원에 의하여 평가된다. 회사가 용인할 수 있는 윤리강령 위반사항의 수준 및 범위가 정의되고 구성원들에게 공유되어야 한다. 위반사항이 회사에 미치는 영향의 정도에 따라 회사가 취해야 하는 조치사항은 다양할 수 있으나, 조치사항의 적용에 있어서는 일관성이 요구된다. 윤리강령의 준수 여부는 경영진의 상시적인 감독 또는 독립적인 검토를 통하여 평가될 수 있다. 구성원들은 공식적인 또는 비공식적인 다양한 의사소통 방식을 통하여 부적절한 사항을 확인하고 보고할 수 있어야 한다.
	A7. 윤리강령의 평가 절차로 다음과 같은 사항을 고려하여야 한다. • 외부서비스 제공자를 포함한 조직 전체의 행동규범 준수 여부를 확인할 수 있는 지표의 정의 • 지속적이며, 주기적인 평가 절차의 수립 • 인사부서나 내부고발제도 등을 포함한 발견된 문제점에 대한 보고체계 • 성과평가, 보상 및 승진에 대한 결정 시 고려 • 독립된 인원에 의한 평가 방식 • 발견된 문제점에 대한 개선 체계 수립
윤리강령 위반사항의 적시 처리 (문단 38.4)	A8. 윤리강령의 위반사항은 적시에 일관된 방식으로 식별되고 개선되어야 한다. 경영진은 위반사항에 대한 평가를 수행하고, 위반사항의 심각성에 따라 경고, 정직 또는 퇴사 등의 적절한 조치를 취해야 하고 해당 조치에 대해 적절한 방법을 선택하여 회사 임직원과 공유한다.

〈적용사례집〉

사례 **회사의 윤리경영 선언 및 공표**

회사는 윤리경영을 실천하고 임직원 및 이해관계자에게 도덕성과 윤리적 가치의 중요성을 강조하기 위해, 최고경영자가 윤리경영을 선언하고, 윤리경영에 대한 홈페이지 사이트운영 및 메시지, 교육 등을 제공한다.

또한, 윤리강령 및 윤리강령 실천지침을 제정하여 내부회계관리제도가 효과적으로 기능할 수 있도록 하고, 회계부서를 포함한 회사의 재무보고 과정에서 발생할 수 있는 도덕적해이를 방지하기 위한 다음의 항목을 포함하고 있다.

1. 모든 임직원이 올바른 윤리 가치관을 공유하고 윤리경영을 실천하고자 한다.
2. 공정, 투명, 건전한 기업경영의 실천과 기업가치의 극대화를 통해 종업원, 고객, 주주, 협력업체, 경쟁사, 사회공동체가 더불어 발전하며 공존 · 공생하는 상생의 경영을 실현하고자 한다.
3. 윤리강령을 제정하여 모든 임직원이 이를 공유함으로써 올바른 가치판단과 행위의 기준으로 삼는다.
4. 모든 임직원은 직무수행에 있어서 항상 윤리강령의 준수 여부를 스스로 판단하고 윤리규범을 자율적으로 실천함으로써 회사의 명예와 품위를 지키기 위해 노력한다.

〈적용사례집〉

사례1 윤리경영 사이트 운영

회사는 사내 인트라넷과 인터넷 홈페이지에 윤리경영 사이트(홈페이지)를 운영한다. 윤리경영 사이트는 '국문, 영문'으로 제작하여 운영하고 있으며, 해당 윤리경영 페이지에는 부정행위를 신고할 수 있도록 한다.
해당 사이트에는 임직원의 윤리의식 공유 및 실천을 위하여 윤리강령 등을 문서화하여 운영하며 또한 회사와 협업을 하는 외부서비스 제공자나 협력업체에도 윤리경영에 필요한 사항을 전달하고 있고, "윤리경영에 적극 동참한다"는 내용의 윤리실천서약서를 징구하고 있다.

사례2 윤리경영준수협약서 작성 및 원칙 준수 협조 공문 발송

회사는 평소 공급업체와 거래 시 계약서에 청탁금지법 등의 내용이 포함된 윤리경영준수협약서를 첨부하여 계약을 체결하고 있다. 또한, 회사는 거래가 지속되고 있는 업체를 선별하여 회사의 비즈니스 윤리 준수 사항을 안내하는 협조공문을 발송하고 있다.

〈적용사례집〉

사례1 윤리(준법)경영 교육

회사는 임직원 및 이해관계자가 윤리강령을 숙지하고 이를 실천에 옮길 수 있도록 다음과 같은 절차를 마련하여 제공한다.

1. 임직원
   1) 직업윤리 준수 강화 제도 수립
   2) 정기적인 윤리교육 및 평가(연 1회)
   3) 윤리준수서약서 징구(연 1회)

2. 이해관계자
   1) 협력사 평가 시 윤리 항목 포함
   2) 공정거래질서 자율준수서약서 징구(계약 시)
   3) 필요시, 협력사 임직원 직무교육(윤리 포함) 시행 고려

사례2 중요한 사업관계에 있는 외부 조직을 포함한 회사 임직원의 윤리규범 준수 여부 모니터링

회사의 내부감사부서는 정기 감사를 실시하여 모든 임직원 및 중요한 사업관계에 있는 외부 조직이 윤리규범에 대해 교육을 받고 내용을 이해하고 있으며 해당 업무에 윤리규범을 적용하고 있는지를 확인한다. 이를 통해서 임직원 및 중요한 사업관계에 있는 외부 조직이 회사 자산을 보호하고, 부정사례, 경영진의 통제활동 우회 또는 불법적인 거래를 신고하도록 한다.

사례3 업적평가 시 윤리경영 요소 반영 및 포상 징계제도

회사의 인사부서는 성과·업적평가 시 윤리경영 요소를 반영하여 가점 및 감점을 하는 윤리경영 성과평가제도를 실시하고 있으며, 임직원의 업무성과에 대한 포상제도와 규정위반에 따른 징계제도를 운영한다. 징계는 징계위원회의 심의·의결에 따라 징계 수위를 결정한다.

〈적용사례집〉

사례 1 내부고발제도 운영

회사는 비윤리적 행위를 적발하기 위한 내부고발제도를 운영한다. 담당부서는 내부고발제도 관련 절차를 수행 및 관리한다. 내부고발제도는 회사의 윤리경영 사이트(홈페이지)와 연결되어 있으며 전화, 팩스, 주소(서면) 및 홈페이지에서의 직접 제보 등 다수의 신고 방법을 제공한다.
회사는 내부고발 항목에 대하여 대표이사 및 감사위원회에 결과 보고를 하고 있고, 다음 방안을 포함하여 검토하고 있다.

1. 내부고발자 익명성 보호
2. 모든 고발 내용에 대한 적절한 대응이 이뤄졌음을 확인할 수 있는 보고

3. 내부회계관리제도 위반사항에 대한 보고 포함 여부 및 각 항목별 대응 조치 및 결과 – 중요한 건은 개별 보고하고, 그렇지 않은 경우는 종합보고로 갈음한다.

사례2 윤리규범 위반자 공지

회사는 징계위원회를 개최하여 윤리규범 위반자의 징계를 확정하고, 대상자는 3일 이내에 회사의 게시판 인사명령 페이지에 징계 결과가 게시된다.

상기 적용사례집과 실무사례를 바탕으로 **(원칙 1. 회사는 도덕성과 윤리적 가치에 대한 책임을 강조한다)**를 충족하는 통제활동은 다음과 같이 설계될 수 있다.

ELC_01	윤리규범 공지 및 강조

중분류		소분류		위험 설명	통제 활동명	통제활동 설명	통제 담당팀	통제 유형	통제 구분	통제 주기
Code	내부통제 구성요소	원칙	모범규준 17원칙							
CE	통제 환경	01	도덕성과 윤리적 가치에 대한 책임	경영진과 이사회의 윤리경영 의지의 부재로 인하여 효과적인 내부회계관리제도가 정착되지 않을 위험	**윤리 규범 공지 및 강조**	[윤리규범 강조] 대표이사는 주기적으로 도덕성을 강조하고 윤리규범의 철저한 준수를 촉구하는 내용의 이메일을 신년사, 창립기념사 등을 통해 전사 임직원에게 송부하고 있다.	기획팀	예방	수동 통제	연 단위

윤리규범 공지 및 강조 통제는 다양한 형태로 설계·운영될 수 있다.

(1) 윤리경영 홈페이지 운영

상당수 상장법인은 회사의 홈페이지 또는 별도의 홈페이지를 통해 윤리경영을 운영하고 있다. 윤리경영 홈페이지에는 회사의 윤리준수 의지를 표명하고, 윤리강령 등을 업로드 공유하고, 회사의 부정행위에 대한 제보 등의 채널을 같이 운영하고 있다.

(출처 : 삼성전자 홈페이지)

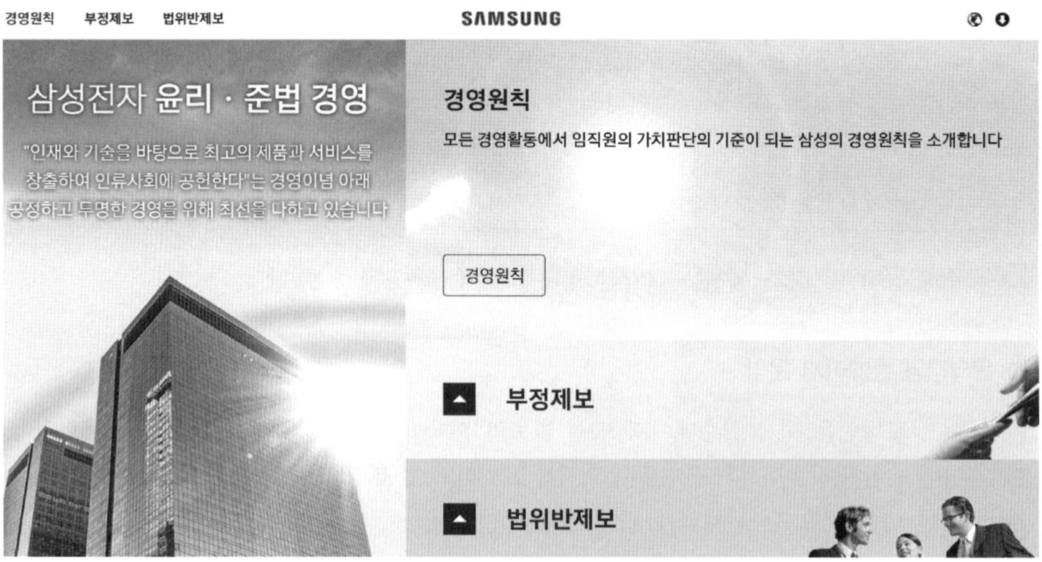

(출처 : 삼성전자 홈페이지)

ELC_02 윤리강령 제 · 개정

중분류		소분류		위험 설명	통제 활동명	통제활동 설명	통제 담당팀	통제 유형	통제 구분	통제 주기
Code	내부통제 구성요소	원칙	모범규준 17원칙							
CE	통제 환경	01	도덕성과 윤리적 가치에 대한 책임	경영진(이사회)이 추구하는 도덕성 및 윤리적 가치가 임직원과 외부 이해관계자에게 전달되지 못할 위험	**윤리강령 제 · 개정**	[윤리강령 등의 제 · 개정] 1. 회사는 회사 윤리강령을 제정하고 있으며, 윤리강령의 제 · 개정 사유가 존재 시 경영진의 승인을 득하고 있다.	기획팀	예방	수동 통제	연단위

대부분 상당법인은 사규로 윤리강령을 제정 · 운영하고 있다. 윤리강령은 회사의 홈페이지 등에 업로드하여 이해관계자들과 공유하고 있다.

ELC_03 윤리교육 수행

중분류		소분류		위험 설명	통제 활동명	통제활동 설명	통제 담당팀	통제 유형	통제 구분	통제 주기
Code	내부통제 구성요소	원칙	모범규준 17원칙							
CE	통제 환경	01	도덕성과 윤리적 가치에 대한 책임	경영진(이사회)이 추구하는 도덕성 및 윤리적 가치가 임직원과 외부 이해관계자에게 전달되지 못할 위험	**윤리 교육 수행**	[윤리교육] 1. 기획팀에서는 임직원을 대상으로 다양한 법정 윤리교육을 수행하고 있다. – 직장내 괴롭힘 예방교육 등	기획팀	예방	수동 통제	연단위

기업들은 윤리경영을 위해 지속적인 윤리교육을 시행하고 있으며, 이 윤리교육에 대한 교육계획을 설계하고, 매년 운영하고 있다.

ELC_04 내부 임직원 윤리서약서 징구

중분류		소분류		위험 설명	통제 활동명	통제활동 설명	통제 담당팀	통제 유형	통제 구분	통제 주기
Code	내부통제 구성요소	원칙	모범규준 17원칙							
CE	통제 환경	01	도덕성과 윤리적 가치에 대한 책임	윤리강령의 준수 여부에 대한 평가가 이루어지지 않아 내 · 외부 관련자들이 윤리강령을 지키지 않을 위험	**내부 임직원 윤리서약서 징구**	[윤리서약서 징구 모니터링] 기획팀은 입사시 모든 임직원을 대상으로 윤리서약서를 징구한다.	기획팀	예방	수동 통제	수시

기업들은 윤리 준수를 크게 아래 2가지 형태로 요구하고 있다.

- 내부 임직원
- 외부 거래처(특히, 구매거래처)

예시 윤리준수서약서 - 내부 임직원용

윤리준수서약서

서약자 본인은 금번 주식회사 ABC(이하 "회사"라고 한다)에 채용되어 근무함에 있어, 다음의 모든 사항을 준수할 것임을 서약합니다.

-다 음-

1. 회사의 모든 규정과 상사의 지시 · 명령을 준수하여 성실하게 직무에 종사한다.
2. 근검절약하고 예의를 존중하며, 회사 및 임직원의 명예를 훼손하는 행위를 하지 아니한다.
3. 회사의 허가없이 재직 중은 물론 퇴직 후에도 회사 내의 기밀사항, 업무와 관련하여 취득한 일체의 정보 및 임직원의 개인정보 또는 거래처에 관한 정보, 내부 사정 등을 다른 직원 또는 제3자에게 누설하거나 유출하지 아니하며, 이에 관한 조회에 응하지 아니한다.
4. 업무처리에 있어서는 상사의 지휘를 따르며 임의로 이를 변경하지 아니한다.
5. 회사의 채무자가 되지 않으며, 회사에 대한 채무자의 보증인 또는 담보제공자가 되지 아니한다.
6. 회사의 허가없이 회사와의 제반 계약 또는 물품 매매 · 대체 등 거래관계가 있는 자로부터 일체의 증여나 향응을 제공받지 못하며, 이상 관계가 있는 자와 대체계약을 하지 아니한다.
7. 회사의 허가없이 다른 직무에 종사하거나 부업을 경영하지 못하며, 또한 직접 정치 활동은 금지한다. 단, 헌법상의 기본권 행사는 제한받지 아니한다.
8. 회사의 금전이나 물품을 개인적인 용무로 사용하거나 직무를 빙자하여 개인적인 이익을 도모하는 일은 결코 하지 아니한다.
9. 기타 관련 법령을 준수하며, 회사에 불이익과 손해를 끼치는 어떠한 행위도 하지 아니한다.

이상과 같이 서약하며, 만일 부주의 또는 고의로 위 사항을 위반하였을 경우 그에 따른 회사의 모든 처분을 감수하고 법적 책임을 다할 것임을 서약합니다.

202x년 1월 2일

서약자 : 홍길동

(주)ABC 귀중

예시 윤리경영 실천서약서 - 외부 거래처용

윤리경영 실천서약서

당사는 (주)ABC(이하 "귀사"라고 한다)의 윤리경영 취지에 적극 호응하여 다음의 사항을 준수할 것을 서약합니다.

-다 음-

1. 귀사와의 모든 거래 시 관련 법규를 준수하고 깨끗하고 투명한 거래 풍토 조성을 위하여 함께 노력한다.
2. 귀사와의 모든 거래는 정당한 절차 및 상호신뢰를 바탕으로 성실하게 수행하며 약속은 반드시 준수하고 책임을 회피하지 않는다.
3. 귀사와의 거래 시 귀사의 임직원에게 금품, 향응 및 경제적 이익 등을 제공하지 않겠으며 어떠한 형태의 부정, 부당한 요구에도 응하지 않는다.
4. 귀사의 윤리경영과 공정한 거래 질서를 저해하는 행위는 하지 않는다.

위의 사항을 위반하여 부정한 거래 행위가 드러난 경우, 어떠한 불이익이라도 감수하며 이의를 제기하지 않겠습니다.

202x년 10월 1일

사업자등록번호 : 123-45-67890

회사명 : XYZ

원칙 2	**(내부회계관리제도 감독 책임)** 이사회는 경영진으로부터 독립성을 유지하며 내부회계관리제도의 설계 및 운영을 감독한다.

보론 A. 원칙달성을 위한 중점고려사항

구분	내용
이사회의 감독 책임 정립 (문단 39.1)	A9. 이사회는 회사와 관련된 다양한 이해관계자의 기대사항과 법적, 규제적 요구사항 및 연관된 위험을 이해하여야 하며, 이는 회사의 목적, 이사회의 감독 책임, 조직에 필요한 자원을 결정하는 데 도움을 준다. 이사회는 최고경영자에 대한 임명 및 해임의 권한을 가지며, 최고경영자가 회사의 전반적인 전략을 실행하고 목적을 달성하며, 내부회계관리제도를 효과적으로 운영할 수 있도록 승계계획을 수립한다. 이사회의 감독은 경영진이 업무 수행을 위하여 수립한 구조 및 프로세스를 기반으로 수행된다. 이사회가 감독 책임을 가지는 반면, 최고경영자 및 고위 경영진은 내부회계관리제도를 설계하고 운영할 직접적인 책임을 갖는다. 단, 이사회는 외감법 등 법률에서 정하는 사항과 내부회계관리제도, 내부감사 및 부정방지 프로그램에 대한 등의 감독 책임을 감사(위원회)에 위임할 수 있다.
이사회의 전문성 확보 및 독립적 운영 (문단 39.2와 39.3)	A10. 이사회는 감독 책임을 수행함에 있어 경영진과 독립적이어야 하며, 적절한 전문성과 기술을 보유할 필요가 있다. 이사회의 구성원이 동시에 다른 회사 이사회의 구성원일 경우 초래될 수 있는 편향성 또는 구성원간 이해 상충도, 이사회의 독립성과 전문성 등이 고려해야 할 주요 요소이다. 이사회에게는 부정행위에 대한 문제제기, 경영진의 활동에 대한 면밀한 조사, 쟁점사항에 대한 대안 제시 및 결단력 있는 행동이 항상 요구되므로 독립성을 갖춘 이사회의 구성원이 필요하다. 회사의 임직원들이 회사에 대하여 더 깊이 있는 지식을 보유하고 있기는 하지만, 관련된 전문지식이 있는 독립적인 이사회의 구성원이 공정성, 건전한 의구심, 편향성 없는 평가를 통하여 가치를 제공할 수 있다.
	A11. 회사의 규모와 상황에 따라 비용 또는 기타 사유 등으로 인해 전문성 및 독립성을 갖춘 이사회의 구성원을 확보하는 것이 어려울 수 있다. 이러한 상황에서는 이를 대체할 수 있도록 적절한 수준의 감독을 수행할 수 있는 감사(위원회)를 포함한 다른 프로세스 및 통제를 고려해야 한다. 이는 본 설계 · 운영 개념체계에서 제시하는 이사회 관련 사항에 동일하게 적용된다.
내부회계관리제도 감독 수행 (문단 39.4)	A12. 이사회는 내부회계관리제도의 설계, 구축 및 운영에 대한 감독을 수행할 때, 본 설계 · 운영 개념체계에서 제시하는 통제환경, 위험평가, 통제활동, 정보 및 의사소통, 모니터링 활동의 5가지 구성요소를 모두 관리 감독하여야 한다. 각 구성요소별 감독항목과 방법에 대한 명확한 기준은 경영진과 이사회의 감독 책임을 강화할 것이고, 감독 업무 수행을 위해서는 정기적 또는 비정기적인 보고절차가 이뤄져야 한다.

사례1 감사위원회의 내부회계관리제도 감독 책임 및 위임 규정 수립

이사회는 외감법에서 정하는 바에 따라 합리적이고 효과적인 내부회계관리제도를 설계 · 운영하기 위한 목적으로 내부회계관리규정을 제정하고 있으며, 경영진은 내부회계관리제도에 대한 궁극적인 책임을 진다. 이사회 내 위원회로 구성된 감사위원회는 감사위원회 운영 및 직무규정을 수립하여 다음의 업무를 감독한다.

1. 내부회계관리제도에 대한 관리 감독
2. 부정방지 프로그램에 대한 관리 감독
3. 내부감사부서에 대한 관리 감독
4. 준법감시 지원조직(컴플라이언스팀)에 대한 관리 감독
5. 외부감사인에 대한 관리 감독
6. 감사위원회 관련 정책, 절차 및 보고에 대한 관리 감독

사례2 감사위원의 주기적 평가

회사는 선정된 감사위원회 위원에 대한 독립성과 전문성 검증을 위하여 다음과 같은 감사위원회 평가 체크리스트 작성(연 1회)을 통해 확인하는 평가프로세스를 수행한다.

독립성

- 감사위원은 법규 및 회사에서 명시한 독립성 기준을 충족하고 있는가?
- 감사위원은 독립성이 훼손될 수 있는 중대한 이해상충 또는 업무집행 담당자와 연관되어 있는가?
- 감사위원으로서 받는 보수 이외에 다른 명목으로 회사로부터 보수를 받는 것이 있는가?
- 경영진이 감사위원의 보수를 정하거나, 정하는 데 관여하였는가?
- 감사위원인 이사에게 주식매수선택권을 부여하였는가? 부여하였다면 신중히 고려되었는가?

전문성

- 감사위원은 재무정보에 대한 기본적인 이해를 할 수 있는 지식과 경험을 보유하고 있는가?
- 감사위원 중 재무 또는 회계전문가는 법규에서 요구하는 자격조건 이외에 재무제표 작성에 적용되는 회계기준, 회계감사, 내부통제 업무에 관하여 충분한 지식과 경험을 보유하고 있는가?
- 감사위원장은 회계 또는 재무와 관련된 상당한 수준의 지식을 갖추고 있는가?
- 감사위원장은 이사회, 주주, 채권자, 규제기관 등 이해관계자와 의사소통을 원활하게 수행할 역량을 갖추고 있는가?

활동의 충실성

- 감사위원회는 회의 및 비회의 활동과 관련된 연간계획을 수립하고 있으며, 이러한 계획에 따라 감사위원회를 운영하고 있는가?
- 감사위원회가 모든 안건에 대하여 독립적이고 합리적인 의사결정을 할 수 있도록 충분한 회의시간이 보장되어 있는가?
- 감사위원회가 필요하여 요구하는 경우 회사 경영진, 재무담당 임원, 내부감사부서장 그리고 외부감사인이 감사위원회 회의에 참석하는가?
- 감사위원회 회의를 분기별 1회 이상 개최하고 있는가?
- 감사위원장 또는 개별 감사위원이 필요하다고 판단하여 요구하는 경우 감사위원회 임시회의를 소집할 수 있는가?
- 감사위원회 회의마다 회의록을 작성하고 보관하고 있는가?
- 감사위원회의 중요한 토의내용과 결의사항에 관하여는 개별 감사위원별로 발언 내용을 기록하고 있는가?
- 회사는 감사위원회 의사결정에 필요한 정보를 회의 개최 이전에 충분히 제공하고 있는가?
- 감사위원은 감사업무에 필요한 정보에 자유롭게 접근할 수 있는가?
- 감사위원회는 필요하다고 판단되는 경우 회사의 비용으로 외부전문가의 자문을 받을 수 있는가?
- 감사위원회는 회사의 경영상황을 파악하기 위하여 회의 이외에도 현장방문, 비공식 회의 등을 수행하고 있는가?
- 회사는 감사위원회가 회사의 경영상황을 파악하기 위하여 실시하는 현장방문, 비공식 회의 등 활동을 지원하고 있는가?

사례 감사위원회 전문성 향상을 위한 교육제도 운영

회사는 감사위원들의 전문성 유지 및 향상을 위하여 감사위원들에게 정기적으로 내부회계관리제도 변화사항, 감독기관의 중점감리사항 등 관리 감독 업무 수행과 관련된 교육훈련 프로그램을 제공하여 내부회계관리제도 운영의 효과성을 제고하고 있다.

사례 이사회 · 사외이사 · 감사위원의 선임

이사회와 감사위원회는 효과적이고 신중한 토의 및 의사결정이 가능하고 경영진과 지배주주로부터 독립적으로 기능을 수행할 수 있도록 충분한 수의 사외이사를 보유하고, 경영 조언과 내부회계관리조직, 재무보고관련조직, 외부감사인, 내부감사실무조직에 대한 실질적인 감독

을 위한 전문성 및 책임성을 지닌 다양한 분야의 유능한 자로 구성하고자, 선임 과정에서 공정성과 독립성을 확보한다. 이를 위해 이사후보추천위원회를 구성할 수 있으며, 선임 과정에 다음의 내용을 고려하고 문서화한다.

1. 사외이사의 충분성과 독립성
   1) 이사회 및 이사회 내 위원회, 지원부서(인원 구성 포함)등 관련 조직도
   2) 이사회 및 이사회 내 위원회의 구성, 의장 및 위원장, 위원회의 주요 역할 등
   3) 사외이사 수, 비율, 연임 현황 등 사외이사 관련 현황
   4) 대표이사와 이사회 의장의 분리 여부, 미분리 시 선임(先任) 사외이사를 별도로 선임하는지 여부

2. 이사회 구성원의 전문성과 책임성
   1) 이사회 구성원 관련 정보(전문분야, 주요 경력 등), 최근 선임 및 변동 사유
   2) 이사회의 전문성, 책임성 및 다양성을 확보하기 위한 기업정책의 마련 여부 및 구체적 운영 현황

3. 이사후보추천위원회 활동의 적정성
   1) 동 위원회의 구성 현황(사외이사 비율 포함)
   2) 활동내역 등에 관하여 기재하고, 이사 후보 추천 및 선임 과정에서 공정성과 독립성을 확보하는 데 충분히 기능하고 있는지 여부

사례 **감사위원회의 내부회계관리제도 평가 기준 수립 및 보고**

감사위원회는 내부회계관리제도 운영실태 평가를 위해 "내부회계관리제도 평가 및 보고 모범규준"에 준거하여 평가기준을 수립하고, 독립적으로 평가하여 이사회에 보고한다.
또한 회사 재무활동의 건전성과 타당성을 감독하기 위하여 중요한 회계처리기준이나 회계추정 변경의 타당성, 재무제표 결산 등을 검토 후 외부감사인과 직접적인 의사소통을 통해 재무제표 왜곡위험, 회계정책의 변경, 중요한 감사발견사항 등에 대해서 개선한다.

상기 적용사례집과 실무사례를 바탕으로 **(원칙 2. 이사회는 경영진으로부터 독립성을 유지하며 내부회계관리제도의 설계 및 운영을 감독한다)**를 충족하는 통제활동은 다음과 같이 설계될 수 있다.

ELC_05 이사회 및 감사의 감독 책임 정립

중분류		소분류		위험 설명	통제 활동명	통제활동 설명	통제 담당팀	통제 유형	통제 구분	통제 주기
Code	내부통제 구성요소	원칙	모범규준 17원칙							
CE	통제 환경	02	내부회계 관리제도 감독 책임	내부회계관리제도 감독 관련하여, 명확하지 않은 역할 및 책임 정의로 인해 내부회계관리제도 감독 기능이 효과적으로 작동되지 못할 위험	**이사회 및 감사의 감독 책임 정립**	[내부회계관리제도 규정을 통한 감독 책임 정립] 1. 이사회의 역할과 책임은 이사회 규정, 내부회계관리 규정에 정의되어 있다. 2. 이를 통해 다음의 사항이 명확하게 정리되어 있다. – 내부회계관리제도 운영의 감독/책임에 대한 전반적인 내용 – 대표자의 역할 및 책임에 관한 사항	기획팀	예방	수동 통제	연단위

내부회계관리제도는 '경영진'에 운영책임이 있으며, 이를 감독할 책임을 회사의 기구에 부여해야 한다.

이사회가 감독기능을 수행하거나, 이사회가 감독기능을 감사(위원회)에 위임하거나 하는 경우이다. 다만, 이사회, 감사(위원회) 둘 중에 하나의 기구에 반드시 감독기능이 규정에 명시되어야 한다.

또한, 내부회계관리규정에 내부회계관리제도에 대한 감독책임을 이사회가 할지 감사(위원회)가 할지도 명시적으로 규정해야 한다.

보고 관점에서 보면, 대표이사는 '내부회계관리제도 운영실태보고'를 주주총회, 이사회, 감사(위원회)에 보고해야 하며, 이 보고를 받는 주체 중에 감사(위원회)는 이사회에 '내부회계관리제도 평가보고'를 이행할 책임이 있으므로, 실무적으로 감사(위원회)가 감독책임을 가지는 게 자연스러울 수 있다.

아래는 이사회와 감사(위원회)의 감독책임을 각각의 규정에 명시해야 하는 예시를 보여준다.

- 감독책임을 이사회에 부여한 경우
- 감독책임을 이사회가 감사위원회에 위임한 경우

예시 이사회 규정 - 감독책임을 이사회에 부여한 경우

이사회 규정

(이사회의 결의사항)
이사회에서 결의할 사항은 다음 각 호와 같다.

1) 주주총회에 관한 사항
- 주주총회의 소집
- 영업보고서 및 재무제표의 승인

2) 경영에 관한 사항
- 회사 경영의 기본 방침의 결정 및 변경
- **내부회계관리제도의 감독**

…(중략)…

예시 감사위원회 규정 - 감독책임을 이사회가 감사위원회에 위임한 경우

감사위원회 규정

권한
- 감사위원회는 이사의 직무 집행을 감사한다.
- 위원회는 다음 각 호의 권한을 행사할 수 있다:
  - 이사 등에 대한 영업의 보고 요구 및 회사의 업무, 재산 상태 조사
  - **내부회계관리제도의 감독**

…(중략)…

원칙 3	**(조직구조, 권한 및 책임 정립)** 경영진은 내부회계관리제도의 목적을 달성하기 위해 이사회의 감독을 포함한 조직구조, 보고체계 및 적절한 책임과 권한을 정립한다.

보론 A. 원칙달성을 위한 중점고려사항

구분	내용
조직구조 고려 및 보고체계 수립 (문단 40.1과 40.2)	A13. 고위 경영진과 이사회는 회사의 활동을 계획하고, 실행하고, 통제하며, 주기적으로 평가하는 등 감독 책임을 수행하기 위하여 필요한 조직구조와 보고체계를 수립한다. 회사는 직면한 다양한 상황(제품 및 서비스의 특성, 위험 관리, 지역적 위치, 외부서비스 제공자 등)을 고려하여, 업무를 세분화하거나 통합하는 등의 다양한 형태로 운영되어야 하며, 이에 따른 조직구조 및 보고체계의 수립이 필요하다. 이와 같이 다양한 상황을 고려한 조직구조 및 보고체계를 수립함으로써 다양한 측면에서 내부회계관리제도를 평가할 수 있다. 하나의 측면에서 위험이 존재하지 않았다 하더라도, 다른 측면에서는 집중된 위험을 발견할 수 있다. 조직구조는 사업의 성격이 변함에 따라 변화하며, 따라서 경영진은 내부회계관리제도를 지원하기 위한 조직구조의 목적적합성, 효과성 및 효율성을 지속적으로 검토하고 평가할 필요가 있다.
	A14. 경영진은 조직의 운영형태에 따라 부여된 책임이 달성되고, 정보가 의도한 대로 흘러갈 수 있도록 보고체계를 설계하고 평가한다. 이와 같은 보고체계의 설계와 평가는 조직 내부로부터 외부서비스 제공자까지 부여된 책임을 이행하는 데 발생할 수 있는 이해상충의 존재 여부를 파악할 수 있게 한다.
권한과 책임의 정의 및 부여 (문단 40.3)	A15. 이사회는 경영진에게 권한을 위임함과 동시에 책임을 정의하고 부여한다. 경영진은 순차적으로 내부회계관리조직을 포함한 하위조직에 권한을 위임하고, 책임을 정의하며 부여한다. 회사는 권한과 책임을 위임하며, 이를 통하여 회사의 목적 달성을 위한 경영진의 지침에 따라 경영진 및 임직원이 의사결정할 수 있도록 한다. 권한의 위임은 회사의 유연성을 증가시키지만, 반면에 관리해야 할 위험의 복잡성을 증가시키기도 한다. 경영진은 이사회의 지침을 고려하여 어떤 권한을 부여하거나 부여하지 않을 것인지에 대한 기준을 제공한다.
권한의 제한 (문단 40.3)	A16. 권한은 주어진 역할을 수행할 수 있도록 충분히 부여되어야 하지만, 권한의 한계를 정의하는 것 또한 필요하다. 내부회계관리제도와 관련된 충분한 권한이 부여되어야 하지만, 회사의 목적 달성을 위해 필요한 범위 내에서만 권한을 부여한다. 또한 목적을 달성해 나가는 과정에서 발생할 수 있는 권한의 부적절한 사용을 예방시킬 수 있도록 업무의 분장이 필요하며, 조직의 모든 위치에서 견제와 균형이 이루어져야 한다. 더불어, 업무프로세스상의 역할과 책임을 정의하고 제한하기 위하여 다양한 기술적 측면을 함께 고려할 필요가 있다.

사례 **조직구조, 보고체계의 권한과 책임 정립**

회사는 재무제표의 신뢰성을 제고하는 데 필요한 사항을 내부회계관리규정으로 정하고 있으며, 동 규정에서 이사회, 감사위원회, 경영진 등 주요 역할과 책임을 다음과 같이 정하고 있다.

1. 이사회
   1) 내부회계관리제도의 설계 및 운영 감독 책임
2. 대표이사
   1) 내부회계관리제도 관리 및 운영의 궁극적인 책임
   2) 내부회계관리제도 운영을 담당하는 내부회계관리자 지정
   3) 이사회, 감사위원회 및 주주총회에 내부회계관리제도 운영실태 보고
3. 내부회계관리자
   1) 내부회계관리제도 설계 및 운영 총괄
   2) 내부회계관리제도 설계 및 운영 효과성 점검
   3) 대표이사 위임 시 이사회 및 감사위원회에 내부회계관리제도 운영실태 보고
4. 감사위원회
   1) 내부회계관리제도 운영실태에 대한 평가 및 이사회에 보고
5. 통제담당자
   1) 내부회계관리제도 통제활동 적용 책임
   2) 내부회계관리제도 통제활동 변화 사항 파악 및 보고

사례1 **직무기술서와 계약서 또는 서비스수준합의서(Service Level Agreement) 관리**

회사는 내부회계관리제도에 중요한 주요 프로세스들을 식별하고 관련된 주요 직무에 관한 직무기술서를 유지하고 있으며 매년 업데이트하고 있다. 또한 외부서비스 제공자의 경우에는 계약서나 서비스수준합의서 내 서비스 제공자의 책임에 내부회계관리제도와 설계, 운영, 평가 및 보고와 관련된 책임을 명시한다.

사례2 **내부회계관리제도 관련 부서의 역할 정의**

회사에 내부회계관리자를 지원하는 내부회계관리제도 전담부서가 존재하며 내부회계관리자로 하여금 내부회계관리제도의 실무 및 운영을 책임질 수 있는 담당자를 지정하고, 담당자는 내부회계관리자의 지휘 · 감독을 받도록 규정하고 있다. 내부회계관리제도 전담부서에서는

현업부서 등에서 수행한 아래와 같은 사항을 관리 감독한다.

1. 재무보고 및 내부회계관리제도에 영향을 미칠 수 있는 이슈 식별
   1) 회계기준의 제 · 개정 사항
   2) 사업전략 변경, IT 프로세스 변화, 주요 공급업체와의 관계 등
   3) 규제기관 또는 감독당국 강조사항

2. 내부회계관리제도 운영
   1) 내부회계관리제도 관련 미비점의 심각성 평가 및 사후관리
   2) 미비점에 대한 개선방안 마련 → 개선조치 → 문서화
   3) 내부회계관리제도 관련 문서(통제기술서, 업무흐름도 등) 관리

3. 기타
   1) 내부회계관리규정의 재검토
   2) 교육계획의 수립 및 실시
   3) 내부회계관리제도 관련 성과평가지표 검토 및 평가지원
   4) 내부회계관리제도와 관련된 감사위원회 감독 업무 지원 또는 보고
   5) 내부회계관리규정 위반건에 대한 대응
   6) 그 밖에 내부회계관리제도 운영과 관련한 사항

사례3 전결 권한 등의 정의

전결규정을 통해 전결 권한을 정의하고, 거래의 승인과 회계처리 및 재무보고에 대한 권한이 서로 견제되고 균형되도록 한다. 해당 거래나 처리가 모니터링되지 않아서 발생할 수 있는 위험과 효율적으로 업무를 처리하고자 하는 목적 사이에서 적절한 균형을 고려하여 권한과 책임을 분리하고 제한한다.

상기 적용사례집과 실무사례를 바탕으로 **(원칙 3. 경영진은 내부회계관리제도의 목적을 달성하기 위해 이사회의 감독을 포함한 조직구조, 보고체계 및 적절한 책임과 권한을 정립한다)**를 충족하는 통제활동은 다음과 같이 설계될 수 있다.

ELC_06 내부회계조직 명시 및 역할정의

중분류		소분류		위험 설명	통제 활동명	통제활동 설명	통제 담당팀	통제 유형	통제 구분	통제 주기
Code	내부통제 구성요소	원칙	모범규준 17원칙							
CE	통제환경	03	조직구조, 권한 및 책임 정립	내부회계관리제도와 관련한 조직구조, 권한 및 책임의 정립이 제대로 이루어지지 않아 내부회계관리제도 운영에 차질이 발생할 위험	**내부 회계 조직 명시 및 역할 정의**	[내부회계관리 관련자의 역할과 책임] 내부회계관리규정상 대표이사, 내부회계관리자 및 유관 조직 임직원의 역할이 규정되어 있다.	내부 회계팀	예방	수동 통제	연 단위

내부회계관리제도 관련 주요 관련자들이 누구인지와 이들 각각의 역할이 무엇인지를 정의하는 것이 필요한데, 이는 '내부회계관리규정'에 명시하는 게 일반적이다.

회사의 '내부회계관리규정'에 주요 관련자들의 역할을 정의한 사례는 다음과 같다.

내부회계관리규정 예시 내부회계관리제도 관련자의 역할 정의

내부회계관리규정

1. 이사회
   1) 내부회계관리제도의 설계 및 운영 감독 책임
2. 대표이사
   1) 내부회계관리제도 관리 및 운영의 궁극적인 책임
   2) 내부회계관리제도 운영을 담당하는 내부회계관리자 지정
   3) 이사회, 감사위원회 및 주주총회에 내부회계관리제도 운영실태 보고
3. 내부회계관리자
   1) 내부회계관리제도 설계 및 운영 총괄
   2) 내부회계관리제도 설계 및 운영 효과성 점검
   3) 대표이사 위임 시 이사회 및 감사위원회에 내부회계관리제도 운영실태 보고
4. 감사위원회
   1) 내부회계관리제도 운영실태에 대한 평가 및 이사회에 보고
5. 통제담당자
   1) 내부회계관리제도 통제활동 적용 책임

2) 내부회계관리제도 통제활동 변화 사항 파악 및 보고

…(후략)…

ELC_07 전결규정 수립 및 업데이트

중분류		소분류		위험 설명	통제 활동명	통제활동 설명	통제 담당팀	통제 유형	통제 구분	통제 주기
Code	내부통제 구성요소	원칙	모범규준 17원칙							
CE	통제 환경	03	조직 구조, 권한 및 책임 정립	내부회계관리제도와 관련한 조직구조, 권한 및 책임의 정립이 제대로 이루어지지 않아 내부회계관리제도 운영에 차질이 발생할 위험	**전결규정 수립 및 업데이트**	[내부회계관리제도 관련 전결규정] 회사는 재무보고 관련 프로세스 권한 및 책임을 명확히 하기 위해 위임전결규정을 제정하여 거래의 승인과 처리, 보고가 이루어지도록 하고 있으며 상기 규정은 주기적으로 업데이트되고 있다.	기획팀	예방	수동 통제	연 단위

이 통제활동은 (**원칙 3. 경영진은 내부회계관리제도의 목적을 달성하기 위해 이사회의 감독을 포함한 조직구조, 보고체계 및 적절한 책임과 권한을 정립한다**)를 충족하기 위해 내부 규정의 효과적으로 설계·운영되고 적시성 있게 업데이트하는 것을 요구한다.

위임전결규정은 내부회계관리제도와 무관하게 당초 회사의 업무 효과성 등을 목적으로 모든 상장법인이 규정화하고 있다.

예를 들어, 10만원 이상 지출결제 승인권자 및 100만원 이상 지출결제 승인권자를 구분해서 규정하여 결제라인을 구분하고 있다.

예시 위임전결규정

위임전결규정

제1장 총칙

제1조(목적)

본 규정은 주식회사 ABC(이하 "회사")의 경영활동과 관련한 의사결정 권한을 직위별로 위임·전결하여 업무 효율성을 제고하고 책임소재를 명확히 함을 목적으로 한다.

제2조(적용범위)

이 규정은 회사의 전 임직원에게 적용한다.

제2장 권한체계

제3조(권한구분)

결재 : 해당 직위에서 반드시 결재해야 하는 사항

전결 : 해당 직위에서 최종적으로 승인 가능한 사항

보고 : 상위자에게 단순 보고만 하는 사항

제3장 세부 위임전결사항

1. 재무 관련

구분	항목	대표이사	부사장	본부장(임원)	팀장
자산 취득/투자	50억원 이상	결재	보고	보고	–
자산 취득/투자	10억원~50억원	결재	결재	보고	–
자산 취득/투자	1억원~10억원	보고	결재	결재	전결
경비 지출	1억원 미만	보고	보고	전결	전결

2. 인사 관련

구분	항목	대표이사	부사장	본부장(임원)	팀장
임원 신규채용/해임	전 임원	결재	보고	–	–
부장급 이상 채용	결재	결재	보고	–	
과장~차장 채용	보고	결재	결재	보고	
대리 이하 채용	보고	보고	결재	전결	

3. 계약 관련

구분	항목	대표이사	부사장	본부장(임원)	팀장
공급/용역 계약	50억원 이상	결재	보고	보고	–
공급/용역 계약	10억원~50억원	결재	결재	보고	–
공급/용역 계약	1억원~10억원	보고	결재	결재	전결
공급/용역 계약	1억원 미만	보고	보고	결재	전결

제4장 보칙

제4조(특별규정)

대표이사는 필요에 따라 본 규정에 명시되지 않은 사항 또는 예외 사항에 대해 별도의 지시를 할 수 있다.

제5조(시행일)

본 규정은 ㅇㅇㅇㅇ년 ㅇ월 ㅇ일부터 시행한다.

원칙 4	(적격성 유지) 회사는 내부회계관리제도 목적에 부합하는 적격성 있는 인력을 선발, 육성하고 관리한다.

보론 A. 원칙달성을 위한 중점고려사항

구분	내용
정책 및 실무절차 수립 (문단 41.1)	A17. 정책 및 실무절차는 투자자, 규제기관 및 기타 이해관계자의 기대사항과 요구사항을 반영한 전사적인 수준의 지침이며, 회사 업무 처리에 필요한 적격성을 정의하는 근간을 제공한다. 정책 및 실무절차는 이사회를 비롯한 최고경영자 및 고위 경영진으로부터 다양한 계층의 구성원들에게 적격성의 중요성을 강조하고, 업무별 요구되는 적격성이 전체 조직에 공유될 수 있도록 한다.
적격성 평가 및 보완 (문단 41.2)	A18. 적격성은 부여받은 책임을 실행하기 위한 자격요건을 의미하며, 관련된 적절한 기술과 전문성을 필요로 한다. 회사는 목적 달성에 필요한 적격성의 요구사항을 정의할 때 다음과 같은 사항을 고려할 수 있다. • 필요한 지식, 기술 및 경험 • 특정 직위 수행에 필요한 판단의 성격과 수준, 권한의 한계 • 요구되는 다양한 수준의 기술과 경험에 따른 비용과 효익의 분석
	A19. 이사회는 최고경영자의 적격성을 평가하고, 경영진은 수립된 정책 및 절차에 따라 회사 전체 및 외부서비스 제공자의 적격성을 평가한 후, 그 결과에 따라 필요한 조치를 취하여야 한다. 회사는 내 · 외부 환경이 변화함에 따라 새로운 위험 요소가 식별되는 경우, 이러한 위험에 적절히 대응하기 위한 적격성 있는 인력을 활용하는 것을 고려하여야 한다.
인력 선발, 육성 및 유지 (문단 41.3)	A20. 적격성 유지를 위한 회사의 각종 정책과 절차는 적절한 인적자원을 채용, 평가 및 유지하기 위한 인적 자원 관리 프로세스를 통해 관리되고 실행될 수 있다. 회사의 목적 달성을 지원할 수 있도록 변화하는 위험의 상대적 중요성을 고려하여 인적 자원의 적절한 규모를 결정하여야 하며, 이는 주기적으로 재조정되어야 한다.

구분	내용
승계계획 및 준비 (문단 41.4)	A21. 경영진은 회사의 내부회계관리조직을 포함하여, 내부회계관리제도 목적 달성에 있어 필수적으로 판단되는 역할을 지속적으로 확인하고 그 적정성을 평가하여야 한다. 각 역할의 중요성은 해당 역할이 일시적 또는 영구적으로 공석이 될 경우의 영향을 평가함으로써 결정된다. 최고경영자와 경영진, 내부회계관리조직, 전략적 공급업체와 주요 협력업체는 업무 승계계획을 필요로 하는 대표적인 예로, 이들이 수행하는 역할에 공백이 발생하더라도 회사의 목적 달성에 지장이 없다는 것을 확신할 수 있도록 업무 승계계획(승계와 관련된 비상계획 포함)을 수립하여 대비하여야 한다. 특히 핵심 임원에 대한 업무 승계계획이 수립되어야 하고, 업무승계 후보자에게는 역할승계를 가정한 교육과 훈련이 이루어져야 한다.

사례 **내부회계관리제도 운영상 적격성 요건 수립과 평가**

회사는 내부회계관리제도 운영과정에서 필요한 주요 재무보고 업무를 수행하는 다음의 대상 임직원의 적격성 기준을 수립하여 평가하고 있으며, 특히 감사위원회, 내부회계관리제도 전담부서, 내부감사부서의 자격 및 독립성은 규정으로 명문화되어 있다.
관련 주요 임직원의 적격성 기준은 다음과 같다.

1. 최고경영자
   1) 관련 법령에 따른 결격사유가 없는 자
   2) 회사의 산업에 대한 경험과 지식을 갖추고, 회사의 비전을 공유하며, 회사의 공익성 및 건전 경영에 노력할 수 있는 자
   3) 적합한 윤리의식과 책임성을 보유한 자

2. 내부회계관리자
   1) 재무제표 작성에 적용되는 회계기준, 회계감사, 내부통제 등에 관하여 충분한 지식과 경험 보유
   2) 상근임원

3. 내부통제전담부서 또는 내부감사실무조직
   1) 재무회계 또는 감사에 필요한 지식과 역량을 보유한 자
   2) 회사의 전반적인 업무를 숙지하고 있는 자
   3) 감봉 이상의 중징계를 받지 아니하였거나, 동 징계의 종류 후 5년이 경과된 자

4. 통제담당자
   1) 해당 부분의 전문성을 확보하기 위한 학력, 자격증 보유자
   2) 해당 분야에서의 충분한 업무 경험을 가지고 있는 자
   3) 관련 지식에 대한 교육을 이수한 자

사례 **내부회계관리제도 인력 육성**

회사는 내부회계관리제도와 관련된 업무를 수행하는 자가 내부회계관리제도의 목적을 반영하는 정책 및 절차를 수립하고 유지 · 관리할 수 있도록 주기적인 내부통제 관련 교육을 수행한다.

1. 통제담당자 및 통제책임자 : 연 1회 내부통제 변화사항 교육
2. 내부회계전담부서(내부회계관리제도 평가자 포함) : 분기 1회 이상 내부통제 교육
3. 내부회계관리자 및 감사위원회 등 관련 임원 : 연 1회 내부통제 변화사항 교육

사례 **승계계획 수립**

회사는 내부회계관리제도와 관련된 중요한 역할에 대한 승계계획을 수립하고 가능성이 있는 후보자군에 대한 지속적인 교육 및 훈련을 실시한다.

상기 적용사례집과 실무사례를 바탕으로 **(원칙 4. 회사는 내부회계관리제도 목적에 부합하는 적격성 있는 인력을 선발, 육성하고 관리한다)**를 충족하는 통제활동은 다음과 같이 설계될 수 있다.

ELC_08 통제수행자의 적격성 평가

중분류		소분류		위험 설명	통제 활동명	통제활동 설명	통제 담당팀	통제 유형	통제 구분	통제 주기
Code	내부통제 구성요소	원칙	모범규준 17원칙							
CE	통제 환경	04	적격성 유지	적격성 평가 및 보완이 제대로 이루어지지 않아 적격성 없는 구성원이 내부회계관리제도를 수행할 위험	**통제 수행자의 적격성 평가**	[내부회계관리제도 적격성 평가] 회사는 통제기술서(RCM)상 통제담당자의 적격성을 기술하고, 설계평가 시 적격성을 평가하고 있다.	내부 회계 팀	예방	수동 통제	연 단위

통제담당자가 적격성을 보유하지 못하면 해당 통제활동은 효과적으로 운영되지 못할 가능성이 많다. 그래서, 모든 수동통제 및 IT의존 수동통제에 설계된 통제담당자는 적격성 여부를 평가해야 한다.

통제담당자의 적격성 평가방식은 실무적으로 아래 2가지로 구분된다.

1) 각 수동통제(및 IT의존 수동통제) 설계운영평가에서 평가
2) 전사수준통제(ELC)에서 전체 통제담당자에 대한 일괄 평가

실무적으로는 모든 통제담당자를 RCM에서 구분하고, 해당 통제담당자의 적격성 등을 전사수준통제(ELC)에서 일괄 평가하는 '2)' 방법이 좀 더 효율적이라고 판단된다.

아래 RCM을 예를 들면, 회사의 전체 통제 중 수동통제를 수행하는 회계팀장 및 IT의존 수동통제를 수행하는 경영지원본부장이 통제담당자이며, 이들에 대한 적격성 평가가 필요한 것이다.

회사의 RCM에 설계된 수동통제 및 IT의존 수동통제의 통제담당자가 '통제담당자의 적격성 평가' 대상에서 누락되는 게 없는지 유의해야 하겠다.

회사의 내부회계관리제도 업무프로세스수준 통제활동(PLC) 통제기술서(RCM) 예시

No.	Mega Process	Activity	Risk	Control	통제담당자	통제속성
C1	매출 프로세스	매출채권 대손충당금을 인식한다.	매출채권의 회수가능성 평가가 부정확하여 대손충당금이 과소계상될 위험	**매출채권 대손충당금 검토 (MRC)**	회계팀장	수동통제
C3	고정자산 프로세스	고정자산을 취득한다.	부적절한 유형자산의 구입이 이루어질 위험	**고정자산 취득 승인**	경영지원본부장	IT의존 수동통제
C2	결산 프로세스	전표를 작성, 승인한다	전표발행 및 승인이 부적절하여 재무제표가 왜곡될 위험	**전표 작성자와 전표 승인권자의 권한 분리**		자동통제

아래 예시는 '통제담당자의 적격성 평가'대상에 대해 전사수준통제(ELC)에서 일괄적으로 평가하는 것이다.

통제담당자는 구매, 영업, 생산 등 각 협업부서 임직원이 많이 포함되어 있으며, 이들의 적격성은 회계나 내부회계관리제도에 대한 지식, 경험이 아니라, 해당 통제활동을 수행할 수 있는 능력(적격성)을 평가하는 것이 가장 중요하다.

예시 – 통제담당자의 적격성 평가

구분	담당자	직위	직책	부서	자격증 보유 내역	업무 경험	당기 중 관련 교육 이수 내역	평가 결과
1	김일동	이사	영업 1팀장	영업 1팀		1. 입사 : 2001.1.5. 2. 근속 : 25년 10개월 (국내영업, 해외영업)	1. 상장협 – 내부회계관리제도 교육 이수 (1시간)	통제담당자로서 적격성 있음
2	김이동	과장	과장	영업 1팀		1. 입사 : 2010.1.5. 2. 근속 : 15년 10개월 (국내영업, 해외영업)	1. 생산성본부 – 무역 실무 이해(8시간)	통제담당자로서 적격성 있음
3	김삼동	부장	영업 2팀장	영업 2팀		1. 입사 : 2001.1.5. 2. 근속 : 25년 10개월 (해외영업)	1. 생산성본부 – 무역 실무 이해(8시간) 2. 이나우스아카데미 – 내부회계관리제도 교육 이수(16시간)	통제담당자로서 적격성 있음

구분	담당자	직위	직책	부서	자격증 보유 내역	업무 경험	당기 중 관련 교육 이수 내역	평가 결과
4	김사동	부장	구매 팀장	구매팀	전산회계 자격증	1. 입사 : 2010.1.5. 2. 근속 : 15년 10개월 (구매, 총무)	1. 이나우스아카데미 – 내부회계관리제도 교육 이수(16시간)	통제담당자로서 적격성 있음
…	…							

ELC_09 내부회계관리제도 교육 수행

중분류		소분류		위험 설명	통제 활동명	통제활동 설명	통제 담당팀	통제 유형	통제 구분	통제 주기
Code	내부통제 구성요소	원칙	모범규준 17원칙							
CE	통제 환경	04	적격성 유지	내부회계관리제도의 교육 미흡으로 내부회계관리제도의 목적 달성이 미흡할 위험	**내부회계 관리제도 교육 수행**	[내부회계 교육 프로그램 운영] 회사는 내부회계관리제도 목적 달성을 위해, 내부통제 관련 교육프로그램을 수립하여 운영하고 있다.	내부 회계팀	예방	수동 통제	연 단위

내부회계관리제도는 설계 이후에는 전사적으로 운영해야 하기 때문에, 각 프로세스별 통제담당자 및 평가를 담당하는 통제평가자까지 내부회계관리제도의 기본적인 내용을 이해하고, 주기적인 업데이트가 필요하다.

이를 위해 내부회계 전담부서는 매년 내부회계관리제도 교육 계획을 수립하고, 연간 각 통제담당자 및 통제평가자별 필요한 역량 향상을 위한 교육을 이수하도록 관리하는 것이 필요하다.

내부회계관리제도 관련자별 필요한 교육내용은 다음과 같이 구분될 수 있다.

내부회계관리제도 관련자	교육내용	교육차수
통제담당자 및 통제책임자	내부통제 변화사항 교육	연 1회
내부회계전담부서(내부회계관리제도 평가자 포함)	내부통제 교육	분기 1회
내부회계관리자 및 감사위원회 등 관련 임원	내부통제 변화사항 교육	연 1회

원칙 5	**(내부회계관리제도 책임 부여)** 회사는 조직 구성원들에게 내부회계관리제도의 목적을 달성하기 위해 필요한 책임을 부여한다.

보론 A. 원칙달성을 위한 중점고려사항

구분	내용
조직구조, 권한 및 책임을 통한 내부회계관리제도 책임 부여 (문단 42.1)	A22. 이사회는 최고경영자에게 회사가 직면하고 있는 위험을 이해하고 회사의 목적 달성을 위한 내부회계관리제도를 설계 및 운영하는 궁극적인 책임을 부여한다. 최고경영자 및 고위 경영진은 내부회계관리조직을 포함한 회사 내의 모든 구성원들에게 내부회계관리제도에 대한 의무를 부여하기 위해 필요한 조직구조, 권한 및 책임을 설계 및 구축하고 실행하며, 주기적으로 평가할 책임이 있다. 내부회계관리제도에 대한 의무를 부여하는 것은 목적 달성을 위한 통제수행에 대한 역할을 부여하는 것을 의미한다. 내부회계관리제도를 수행하는 과정에서 외부서비스 제공자가 활용되는 경우가 있을 수 있다. 이러한 경우에도 외부서비스 제공자가 수행한 내부통제 활동에 대한 궁극적인 책임은 경영진에게 있으며, 경영진은 외부서비스 제공자의 성과에 대한 필수 요구 수준 및 감독 체계를 수립하여야 한다. 내부회계관리제도에 대한 책임의 수준은 경영진의 철학 및 운영방식과 상관관계가 있다. 고위 경영진의 의지가 강할수록 내부회계관리제도의 책임에 대한 이해 수준이 높아지고, 실행력을 가지며, 조직 전반에 걸쳐 지속적으로 책임이 부여된다. 책임 부여는 고위 경영진의 의지를 포함한 윤리적 가치, 적격성, 회사 프로세스에 의해 영향을 받고 조직의 통제 문화에 영향을 미친다.
성과평가 및 보상정책과의 연계 (문단 42.2와 42.3)	A23. 회사 임직원의 업무성과는 각자의 책임 정도와 보상체계에 큰 영향을 받는다. 경영진과 이사회는 회사의 장단기 목표의 달성과 연계하여, 회사 내 모든 구성원들의 책임을 고려한 성과평가지표 및 인센티브를 포함하는 보상체계를 수립한다. 미래의 결과에 대해 현재 시점에서 보상하게 되면 의도하지 않은 결과를 초래할 수 있다는 것을 인지하고, 회사는 목적 달성에 부합될 수 있도록 보상 및 징계 대상 행위를 균형 있게 고려하며, 정성적 요소와 정량적 요소가 결합된 성과평가지표를 수립한다. 성과평가지표, 인센티브 및 보상체계가 회사의 목적에 부합하게 운영된다면, 효과적인 내부회계관리제도 운영에 긍정적인 효과를 가져올 수 있다.
	A24. 인센티브는 임직원들이 성과를 내도록 하는 동기를 유발한다. 인센티브는 보통 급여 인상이나 상여 지급의 형태이지만, 보다 큰 역할을 부여하거나 조직 내에서의 인정 등의 비금전적인 형태도 효과적인 인센티브가 될 수 있다. 경영진은 회사의 성과평가지표와 보상체계를 지속적으로 적용하고, 주기적으로 검토하여 부적절한 행위를 초래하는 일이 없도록 하여야 한다. 예를 들어, 매출 목표와 다른 목표 간에 불균형이 발생하는 경우 준수해야 하는 업무수행 기준에 위배되는 행위를 야기할 수 있다.

구분	내용
과도한 압박 고려 (문단 42.4)	A25. 경영진과 이사회는 목적을 달성하기 위한 목표를 설정하며, 이는 본질적 특성상 회사 내부에 압박을 만들어 낼 수 있다. 내부 또는 외부 환경에 의해 더 영향을 받는 이러한 압박은 개인이 단기간 및 장기간에 걸쳐 행동과 성과에 대한 기대에 부응할 수 있도록 긍정적으로 동기부여하는 기능이 있다. 그러나 과도한 압박은 임직원들이 목표를 달성하지 못할 경우의 결과를 두려워하게 하고, 프로세스를 우회하거나 부정한 행위를 하게 하는 원인이 될 수 있다. 경영진과 이사회는 이러한 압박을 이해하고 내부회계관리제도의 목적 달성과 배치되거나 불균형을 야기할 수 있는 압박요소에 대해 적절한 의사소통과 인센티브 및 보상으로 균형을 맞춰야 한다. 경영진과 이사회는 책임을 부여하고, 성과지표를 설계하고, 성과를 평가할 때 인센티브 및 보상에 대한 압박을 적절한 수준으로 설정하고 조정한다.
개인의 성과평가, 보상 또는 징계조치 (문단 42.5)	A26. 성과 목표가 이사회로부터 최고경영자, 고위 경영진 및 일반 직원들에게 단계적으로 주어지는 것처럼, 성과평가 역시 각각의 단계에서 수행된다. 이사회는 최고경영자의 성과를 평가하고, 최고경영자는 고위 경영진의 성과를 평가하며, 고위 경영진은 일반 직원들의 성과를 평가한다. 각각의 단계에서 윤리강령의 준수 여부와 요구되는 적격성 수준의 충족 여부가 평가되며, 그 결과에 따라 적절하게 보상을 부여하거나 징계조치를 취한다. 이러한 평가 결과는 구성원과 공유되며, 바람직한 행동을 유도할 수 있도록 보상 또는 징계의 형태로 실행된다. 장단기 관점에서 목적 달성과 허용 가능한 수준에서 위험을 관리하는 능력에 대하여 성과가 측정되며, 과거의 위험 및 미래의 위험을 모두 고려한다.

사례 내부회계관리제도 관련 책임 정의 및 강조

회사는 내부회계관리제도의 설계 및 운영을 위해 필요한 역할별 책임을 다음과 같이 정의한다.

1. 내부회계전담부서
   1) 내부회계관리규정 및 지침 수립과 주기적인 업데이트
   2) 내부회계관리제도 운영실태 점검 범위 선정 및 위험평가
   3) 내부회계관리제도 운영실태 점검 계획 수립 및 보고
   4) 내부회계관리제도 운영실태 점검
   5) 내부회계관리제도 관련 미비점 평가 및 사후관리
   6) 내부회계관리제도 변화관리
   7) 내부회계관리제도 관련 문서관리

2. 프로세스 책임자
   1) 내부회계관리제도 통제책임자 지정 및 감독
   2) 내부회계관리제도 설계 및 적용
   3) 내부회계관리제도 관련 자료 제출
   4) 내부회계관리제도 관련 미비점의 적시 수정 및 현황 모니터링

5) 내부회계관리제도 관련 미비점 조치 결과 보고

3. 통제책임자

1) 내부회계관리제도 통제활동 설계 및 변화 관리

2) 내부회계관리제도 통제활동 운영 관리

3) 미비점 개선방안 수립 및 개선 결과 보고

4) 기타 효과적인 내부회계관리제도를 위한 제반활동

4. 통제담당자

1) 내부회계관리제도 통제활동 적용

2) 내부회계관리제도 통제활동 변화사항 파악 및 보고

3) 기타 통제책임자의 지시에 따른 내부회계관리제도 제반 활동

5. 내부감사부서

1) 매년 부정위험 평가를 포함한 부정위험 관리 방안 공유

2) 내부회계관리제도에 포함하여 관리하는 부정위험 협의

3) 부정위험 관련 진단 결과를 내부회계전담부서와 공유

4) 내부회계관리규정 위반사항 및 내부고발제도 접수사항 처리 및 보고

6. 회계부서

1) 회계업무처리규정의 수립 및 변화관리

2) 회계업무처리규정의 적용 및 관리 감독

사례 **내부회계관리제도 관련 임직원 성과평가 및 보상정책**

회사는 임직원 성과평가 시 회사의 '내부회계 평가기준'에 근거하여 '내부회계 평가점수'를 기존 성과평가지표(KPI) 평가결과에 추가 반영하여 운영하고 있으며, 내부회계관리제도 책임 이행에 대한 평가 및 보상 정책을 내부회계관리규정에 명문화하여 운영하고 있다.

사례 **성과평가지표의 적정성 검토**

경영진(또는 보상위원회)은 임직원의 내부회계관리제도 관련 성과평가에 따른 부정한 재무보고를 유발할 수 있는 압력이나 과도한 압박을 방지하기 위해, 성과평가지표의 적정성을 주기적으로 검토하고 있으며, 사후적으로 성과평가 이의제도를 통하여 임직원의 평가결과에 대한 적정성을 재검토한다.

> **사례** 내부회계관리제도 책임에 따른 징계조치
>
> 외부감사인의 내부회계관리제도 감사의 결과로 인지하지 못했던 미비점(중요한 취약점 및 유의한 미비점)이 발견된 경우, 담당자 및 책임자의 업무상 과실 여부에 따라 징계위원회에 회부한다.

상기 적용사례집과 실무사례를 바탕으로 **(원칙 5. 회사는 조직 구성원들에게 내부회계관리제도의 목적을 달성하기 위해 필요한 책임을 부여한다)**를 충족하는 통제활동은 다음과 같이 설계될 수 있다.

ELC_10 성과평가 시 내부회계관리제도 고려

중분류		소분류		위험 설명	통제 활동명	통제활동 설명	통제 담당팀	통제 유형	통제 구분	통제 주기
Code	내부통제 구성요소	원칙	모범규준 17원칙							
CE	통제 환경	05	내부회계 관리제도 책임 부여	내부회계관리제도의 성과평가 및 보상정책의 연계 미흡으로 내부회계관리제도 책임 부여가 명확하게 이루어지지 않을 위험	**성과평가 시 내부회계 관리제도 고려**	[내부회계관리제도 성과평가 시 고려] 1. 회사 임직원은 연1회 성과평가/역량평가의 2가지 영역으로 성과평가가 상위권자에 의해 이루어진다. 2. 내부회계 관련 업무활동 등이 임직원의 성과평가지표(KPI)에 반영된다.	인사팀	예방	수동 통제	연 단위

내부회계관리제도의 효과적인 설계운영을 위해서는 전사적으로 관련자인 내부회계관리자, 내부회계전담자, 통제담당자 및 통제평가자 등에 대한 내부회계 관련 업무에 대한 성과평가가 필요하다. 구 모범규준 대비 2018년에 새롭게 제정된 신 모범규준의 가장 큰 특징이기도 하다.

이 성과평가는 크게 다음 2가지 통제활동으로 구분하는 것이 필요하다.

- 각 담당자별 성과평가지표(KPI) 적정성
- 각 담당자별 성과평가의 적정성

성과평가지표(KPI) 설계 예시는 다음과 같다.

성과평가지표(KPI) 예시

대상	평가지표	A grade	B grade	C grade	D grade
내부회계 전담자/회계팀 전원	외부감사 결과, 미비점 및 결과 (50%)	미비점 없음	단순미비점 10% 이하	유의한 미비점 발생	중요한 취약점 발생
	업무일정 (40%)	외부감사 일정 지연 없음	외부감사 일정 지연 (1주일 이내)	외부감사 일정 지연 (2주일 이내)	외부감사 일정 지연 (외부감사 일정 변경)
	내부회계교육 (10%)	교육계획 100% 이수	90% 이상	80% 이상	미이수
통제담당자	내부 미비점 및 결과 (50%)	미비점 없음	단순미비점 10% 이하	유의한 미비점 발생	중요한 취약점 발생
	업무일정 (25%)	평가증빙 기한 내 제출	평가증빙 평가기간 종료 전 제출	평가증빙 평가기간 종료 후 제출	미제출
	내부회계교육 (25%)	교육계획 100% 이수	80% 이상	미이수	미이수

성과평가지표(KPI)는 내부회계 전담자 및 회계팀의 KPI와 현업(통제담당자)의 KPI에 차이를 두는 것이 필요하다.

내부회계 전담자 및 회계팀은 내부회계관리제도 전반 및 외부감사 대응을 주도하는 역할로 외부감사 결과 내부회계관리제도에 미비점 또는 중요한 취약점으로 결론 나면 낮은 등급으로 평가하도록 하고, 내부회계 전담자로서 전체 일정관리에 비중을 두는 것이 필요하다.

반면, 각 프로세스별 통제담당자는 각 통제별 미비점 여부 및 통제평가를 위한 모집단, 샘플링 증빙 제출 등의 일정 관리가 중요하게 비중으로 차지하는 것이 필요하다.

03 위험식별

원칙 6	(구체적인 목적 수립) 회사는 관련된 위험을 식별하고 평가할 수 있도록 내부회계관리제도의 목적을 명확하게 설정한다.

보론 A. 원칙달성을 위한 중점고려사항

구분	내용
적합한 회계기준의 준수 (문단 43.1)	A27. 회사는 다양한 외부 정보이용자들이 공시된 재무제표 및 재무정보를 목적 적합하게 사용할 수 있도록 관련 회계기준 및 외부 규제사항을 준수하여야 한다. 회사가 선택한 회계처리방법은 회사에 적용가능하고 적합하며, 회사의 사업 환경에 타당한 회계원칙의 요구사항과 일관성을 가지며, 관련 회계기준, 지침 및 규정에 따라 작성되어야 한다.
회사 활동의 실질 반영 (문단 43.2)	A28. 회사의 외부 재무보고는 회계기준에 따라 작성한 재무제표가 유용한 정보로써 갖추어야 할 질적 특성을 반영하여 회사 내 거래와 사건의 실질을 반영한다. 재무정보가 유용하기 위해서는 기본적으로 그 목적이 적합하여야 하고, 나타내고자 하는 바를 충실하게 표현하여야 한다. 이러한 재무정보는 비교가능성, 검증가능성, 적시성 및 이해가능성을 갖춤으로써 유용성이 보강된다. 재무정보의 질적 특성, 경영자 주장 및 중요성은 회계기준의 재무보고를 위한 개념체계 및 감사기준의 내용을 참조한다. 이러한 재무정보의 질적 특성은 적절한 회계원칙과 경영자 주장을 통하여 적용되며, 이러한 주장은 일반적으로 다음 항목과 연관된다. • 해당 기간의 거래와 사건의 집합 • 기말 계정 잔액 • 재무제표 표시와 공시
중요성 고려 (문단 43.3)	A29. 중요성 개념은 목적적합성과 관련이 깊다. 중요성은 특정 재무적 금액의 목적적합성을 결정하는 임계치가 된다. 만약 특정 재무정보의 누락 또는 왜곡표시가 재무정보에 기반한 정보이용자의 의사결정에 영향을 줄 수 있다면 그 정보는 의사결정에 관련성이 높은 것이고 중요한 것이다. 중요성은 누락 및 왜곡표시가 발생하는 특정상황에서 판단 대상이 되는 항목과 오류의 크기에 따라 달라질 수 있다. 외부보고의 경우, 중요성은 외부 정보이용자들의 요구에 부합할 정도의 정확성을 반영하고, 허용 가능한 범위 내에서 회사의 활동, 거래 및 사건을 표시하게 한다. 또한, 내부회계관리제도의 관리 대상이 되는 재무보고요소의 범위를 결정하는 중요한 요인으로 이용된다.

사례1 회계정책집의 작성

회사는 회계기준에 따른 회계처리를 위해 회사 고유의 회계정책, 지침 및 절차 등이 필요한 부분을 파악하여 회계정책집을 작성하여 운영한다. 회계정책집은 회사의 재무보고목적 및 재무제표 작성을 위한 기준을 정의하고 있다.

회사는 회계기준 제 · 개정 내역이 회사에 미치는 영향을 파악하여 해당 회계정책집의 변경이 필요한지 판단하고, 관련된 변경사항에 대해 내부회계관리자 등의 승인을 득하여 개정한다.

사례2 회계기준변경 검토보고서의 작성

회사는 관련된 회계기준의 변경에 관한 사항을 다양한 채널들을 통해 수집하고 있다. 다양한 채널을 통해 수집된 회계기준의 변경사항 중, 회사에 영향이 있는 회계기준의 변경건에 대해서 회사는 회계기준변경 검토보고서를 작성하여, 내부회계관리자, 감사위원회 등의 검토를 요청한다. 내부회계관리자, 감사위원회 등은 회사의 경영환경에 비추어 어떠한 회계처리가 회사 현황에 가장 적합한 회계처리인지 검토하여 의견을 선정한다. 회계기준변경 검토보고서가 작성된 사항 중 회계정책에 반영할 만큼 중요한 사안은 회계정책집에 반영한다.

사례 중요성을 고려한 유의한 계정과목의 선정

회사는 내부회계관리제도 평가를 위해 재무제표상의 유의한 계정과목 선정을 위한 대상범위 선정 문서를 작성한다.
대상범위 선정 문서는 다음의 사항을 포함한다.

유의한 계정과목의 선정

1. 양적 기준 : 시산표상의 각 계정과목에 대해 중요성 금액과 허용가능한 오류를 기준으로 금액적으로 중요한 계정을 우선적으로 선정한다.
   예를 들어, 허용오류 금액을 초과하는 계정과목을 양적으로 중요한 금액으로 분류하고 그 이하의 경우 중요하지 않은 금액으로 분류할 수 있다.
2. 질적 기준 : 시산표상의 각 계정과목에 대해 모범규준상의 질적 요소를 고려하여 양적으로 중요하지 않은 계정 중 질적으로 중요하다고 판단되는 계정을 추가적으로 중요한 계정으로 선정하여 내부회계관리제도 목적상의 "유의한 계정과목"을 확정한다.
   예를 들어, 양적으로는 허용오류 금액을 초과하지 않아 중요하지 않은 금액으로 분류하였다 하더라도, 계정과목의 질적 특성을 고려하여 추정이나 판단이 개입되는 회계처리와 관련된 계정과목의 경우, 그 질적 특성을 고려하여 유의한 계정과목으로 선정할 수 있다. 또한 설문 등을 통해 부정위험에 노출된 것으로 확인되는 계정과목 역시 양적으로 중요하지 않더라도 추가적으로 유의한 계정과목으로 분류될 수 있다. 회사는 유의한 계정과목의 선정 결과를 포함하여 작성된 대상범위 선정 문서를 내부회계관리자, 감사위원회 등에 보고하고 검토 요청한다.

상기 적용사례집과 실무사례를 바탕으로 **(원칙 6. 회사는 관련된 위험을 식별하고 평가할 수 있도록 내부회계관리제도의 목적을 명확하게 설정한다)**를 충족하는 통제활동은 다음과 같이 설계될 수 있다.

ELC_11 회계정책서의 작성 및 업데이트

중분류		소분류		위험 설명	통제 활동명	통제활동 설명	통제 담당팀	통제 유형	통제 구분	통제 주기
Code	내부통제 구성요소	원칙	모범규준 17원칙							
RA	위험 평가	06	구체적인 목적 수립	적합한 회계기준을 준수하지 않음에 따라 다양한 외부 정보 이용자들이 공시된 재무제표 및 재무정보를 목적 적합하게 사용하지 못할 위험	**회계정책서의 작성 및 업데이트**	[회계기준 수립 및 변경 절차] 1. 회계팀에서는 회계정책서를 작성 유지 관리하고 있다. 2. 회계기준의 제개정 등으로 사유가 발생하면 회계정책서를 업데이트한다.	회계팀	예방	수동 통제	수시

회계정책서(Accounting Policy) 또는 회계매뉴얼(Accounting Manual)은 내부회계관리제도와 무관하게 재무제표 신뢰성을 유지하는 데 매우 중요하다.

특히나, 내부회계관리제도 최상위법인 외부감사법 제8조 제1항에서 내부회계관리제도의 범위에 회계정책서를 강조하고 있기 때문에, 외부감사인이 명문화된 회계정책서를 요구할 가능성이 높다.

외부감사법 제8조 제1항

① 회사는 신뢰할 수 있는 회계정보의 작성과 공시(公示)를 위하여 <u>다음 각 호의 사항이 포함된</u> 내부회계관리규정과 이를 관리 · 운영하는 조직(이하 "내부회계관리제도"라 한다)을 갖추어야 한다. 다만, 주권상장법인이 아닌 회사로서 직전 사업연도 말의 자산총액이 1천억원 미만인 회사와 대통령령으로 정하는 회사는 그러하지 아니하다.

1. 회계정보(회계정보의 기초가 되는 거래에 관한 정보를 포함한다. 이하 이 조에서 같다)의 식별 · 측정 · 분류 · 기록 및 보고 방법에 관한 사항
2. 회계정보의 오류를 통제하고 이를 수정하는 방법에 관한 사항
3. 회계정보에 대한 정기적인 점검 및 조정 등 내부검증에 관한 사항
4. 회계정보를 기록 · 보관하는 장부(자기테이프 · 디스켓, 그 밖의 정보보존장치를 포함한다)의 관리 방법과 위조 · 변조 · 훼손 및 파기를 방지하기 위한 통제 절차에 관한 사항

5. 회계정보의 작성 및 공시와 관련된 임직원의 업무 분장과 책임에 관한 사항
6. 그 밖에 신뢰할 수 있는 회계정보의 작성과 공시를 위하여 필요한 사항으로서 대통령령으로 정하는 사항

상기 외부감사법 제8조 제1항에서 정의하고 있는 내부회계관리규정에서 포함하고자 하는 각 호(1호~6호)의 내용이 회계정책서에 포함되어야 한다.

회계정책서(또는 회계매뉴얼) 예시는 다음과 같다.

예시 회계정책서

1장. 재무제표 표시와 공시(K-IFRS 1001호. 재무제표 표시)

…

16장. 유형자산(K-IFRS 1016호. 유형자산)

1) 유형자산과 관련된 계정코드(COA)는 다음과 같다.

계정과목명	구분	COA	내용
토지	자산	1201	공장용지, 본사건물토지, 사택 토지분 등…
토지손상차손누계액	자산	1203	손상차손 인식 시 자산 차감
토지 재평가잉여금	자본	1204	재평가 시 평가증으로 인한 기타포괄손익
건물	자산	1301	공장건물, 본사건물, 사택 건물분 등
건물감가상각누계액	자산	1302	감가상각 시 인식
건물손상차손누계액	자산	1303	손상차손 인식 시 자산 차감

2) 유형자산의 후속측정

유형자산의 후속측정은 유형자산별 다음으로 구분한다.

계정과목명	COA	내용
토지	1200	재평가모형
건물	1300	원가모형
구축물	1400	원가모형
기계장치	1500	원가모형
비품	1600	원가모형
차량운반구	1700	원가모형

3) 유형자산 재평가모형 적용 시 세부 방침

- 3년 단위로 재평가를 수행한다.
- 재평가기준일은 재평가 해당연도 11월 30일자로 수행한다.
- 재평가는 공인된 상위 15위 이상의 감정평가법인을 통해 수행한다.
- 재평가잉여금은 기타포괄손익으로 인식한다.

…(후략)…

회계정책서는 한 번 작성해서 일관성 있게 유지하는 게 바람직하지만, 아래 두 경우에는 회계정책서의 업데이트가 필요하다.

- 회계정책의 변경 - 자발적 회계변경
- 회계정책의 변경 - 회계기준의 변경

1) 회계정책의 변경 - 자발적 회계변경

회사가 유형자산의 후속측정 모형으로 원가모형 또는 재평가모형을 유형별로 선택해야 하는 상황에서, 모든 유형에 대한 후속측정 모형을 원가모형으로 선택해 오다가, 당기부터 토지 유형에 대해서 재평가모형으로 회계정책을 변경하는 경우, 회계정책서의 업데이트가 필요하다.

2) 회계정책의 변경 - 회계기준의 변경

회계기준의 제정기구에서 회계기준을 변경(제정 또는 개정)하게 되면, 회사의 의지와 무관하게 회사는 회계정책을 변경해야 한다.

K-IFRS가 처음 도입되는 것이 대표적인 회계기준의 변경에 의한 회계정책의 변경이며, 최근 회계기준의 변경에 의한 회계정책의 변경은 다음과 같다.

구분	기존 K-IFRS	시점	제개정 K-IFRS
수익(매출)인식	K-IFRS 1018(수익) K_IFRS 1011(건설계약)	2018.1.1 이후	K_IFRS 1115호 (고객과의 계약에서 생기는 수익)
금융상품 인식 측정	K_IFRS 1039 (금융상품 인식과 측정)	2018.1.1 이후	K_IFRS 1109(금융상품)
리스	K_IFRS 1017(리스)	2019.1.1 이후	K_IFRS 1116(리스)
재무제표 표시와 공시 (예정)	K-IFRS 1001 (재무제표 표시)	2027.1.1 이후(예정)	K-IFRS 1118 (재무제표 표시와 공시)

원칙 7	**(위험 식별 및 분석)** 회사는 목적 달성에 영향을 미치는 위험을 전사적으로 식별하고, 위험의 관리방안을 판단하기 위해 위험을 분석한다.

보론 A. 원칙달성을 위한 중점고려사항

구분	내용
회사 내 다양한 조직 수준 고려 (문단 44.1)	A30. 위험을 식별하고 분석하는 절차는 회사의 목적 달성을 위한 능력과 가능성을 제고하기 위해 수행하는 지속적이고 반복적인 과정이다. 이를 위해 경영진은 다양한 방법과 기술을 사용하며, 관련 절차와 통제를 마련한다. 위험 식별은 조직 내 다양한 수준에서의 위험을 고려하는 포괄적인 절차이어야 한다. 전사적 수준의 위험 식별은 전체 조직이나 사업부와 같이 상대적으로 높은 수준에서 수행된다. 반면 매출, 인사, 영업 등 거래수준에서 수행하는 위험 식별 과정을 통해, 세부적이고 구체적인 거래수준의 위험을 식별한다. 위험 식별은 전사적 수준 및 거래수준의 위험뿐만 아니라 외부서비스 제공자, 주요 공급처 및 협력업체에서 유발될 수 있는 위험도 포함한다.
	A31. 목적을 구체화하고 세부적으로 수립된 목적과 관련된 위험에 집중하는 것은 회사의 목적을 달성하는 데 유용하다. 거래수준의 위험에 대한 식별과 평가가 적절히 이뤄진다면 전사적 수준의 위험 관리에도 기여한다.
외부 재무보고에 영향을 미치는 내부 및 외부 요인 분석 (문단 44.2)	A32. 내부회계관리제도와 관련하여, 경영진은 위험 식별을 위해 내·외부 요소를 고려하여야 한다. 위험은 변동성이 있기 때문에 위험 평가 주기를 결정하기 위해 경영진은 일반적으로 회사의 목표, 기타 운영상 우선 순위 요소 및 비용에 대한 위험의 변동성을 고려한다. 위험 분석 시 고려할 수 있는 외부 요인에는 다음과 같은 것들이 있다. • 경제 – 자금조달, 자본 가용성, 경쟁자의 진입 방어 등에 영향을 줄 수 있는 경제 상황 변화 • 자연환경 – 원자재 가용성 감소, 정보시스템 붕괴, 우발상황 등을 초래 할 수 있는 자연재해 및 인재 • 규제 – 기존 재무보고 내용에 변경을 필요로 하는 새로운 재무보고 기준이나 규정 • 해외기업활동 – 해외 진출 국가의 정부 변화로 인한 신규 법규, 규제 및 세금 제도 • 사회 – 제품개발, 생산 공정, 고객 서비스, 가격 및 보증제도에 영향을 미치는 고객의 요구사항 및 기대사항 • 기술 – 데이터 이용, 인프라 비용 및 기술 기반 서비스 수요에 영향을 미치는 기술적 발전
	A33. 위험 분석 시 고려할 수 있는 내부 요인에는 다음과 같은 것들이 있다. • 인프라 – 회사 인프라의 운영 및 상시적 이용가능성에 영향을 미칠 수 있는 자본조달구조 결정 • 경영구조 – 특정 통제활동 방식에 영향을 미칠 수 있는 경영진의 책임과 권한 변화 • 인사 – 회사 내 통제활동 인식 수준에 영향을 미칠 수 있는 인적자원의 역량 수준, 인사 교육 및 동기부여 방침 • 자산에 대한 접근권한 – 회사 자산의 남용·횡령을 초래할 수 있는 조직 활동 성격 및 직원의 자산 접근가능성 • 기술 – 회사 운영에 부정적 영향을 미칠 수 있는 정보시스템의 장애 등

구분	내용
적절한 수준의 경영진 참여 (문단 44.3)	A34. 위험을 식별한 이후에는 위험의 분석과 평가가 수행되어야 한다. 내부통제 내의 다른 프로세스와 마찬가지로 위험 식별 및 분석에 대한 책임은 회사, 본부, 부서에 있는 각 경영자에게 있다. 더 나아가서 회사는 적절한 경영진들이 참여하도록 하여 효과적인 위험평가 절차와 관련된 통제활동을 갖추어야 한다.
식별된 위험의 중요성 평가 (문단 44.4)	A35. 위험분석 과정에서 회사는 목적 달성에 대한 위험의 중요성을 평가한다. 회사는 다음과 같은 기준에 의해 중요성을 평가할 수 있다. • 위험의 발생가능성과 그 영향의 크기 • 발생한 위험의 영향이 발생하는 데 걸리는 시간 • 발생한 영향의 지속성 및 지속기간 위험의 평가 시, 회사는 위험의 발생가능성과 해당 위험이 미치는 영향의 크기를 계량화하여 평가하는 방식을 주로 사용한다. 추가적으로 발생한 위험이 회사에 영향을 미치는 데 걸리는 속도와 지속되는 정도를 고려할 수 있다. 일반적으로 경영진은 목적의 달성 정도를 확인하고 관리하기 위해 세분화된 성과지표 등의 제도를 활용하고, 잠재적인 위험의 영향을 고려할 때에도 동일한 기준을 적용한다.
위험 대응방안 결정 (문단 44.5)	A36. 위험의 잠재적 중요성이 평가되면 경영진은 위험의 중요성과 위험을 적정 수준으로 관리하기 위한 비용 등을 고려하여 위험 대응방안을 결정한다. 이러한 결정으로 최소한의 잔여 위험 수준을 도출할 필요는 없으나, 잔여 위험이 허용 가능한 수준을 초과하는 경우에는 경영진은 대응방안을 재검토하고 수정하여야 한다. 고유위험과 잔여위험을 평가하는 것은 회사의 위험 대응방안을 결정하는 데 유용하다.
	A37. 위험 대응방안은 다음 범주에서 결정된다. • 수용 – 위험의 발생가능성 또는 영향의 크기에 영향을 줄 수 있는 어떤 행동도 취하지 않는 것 • 회피 – 특정 제품의 생산 및 판매 중단, 신규시장 진출 축소, 특정 사업부 매각 등 위험을 발생시키는 활동을 중단하는 방안 • 경감 – 가장 일상적으로 수행되는 위험 대응방안으로 위험의 발생가능성이나 영향의 크기 혹은 모두를 줄이기 위한 조치 • 공유 – 보험 가입, 공동 투자, 위험회피 거래 및 아웃소싱과 같이 위험의 일부분을 이전하거나 공유함으로써 위험 발생가능성 또는 영향의 크기를 줄이는 방안 선택한 위험 대응방안은 또 다른 위험을 발생시킬 수 있다. 그러므로 위험을 수용함에 따라 발생할 수 있는 재무제표 등에 미치는 영향을 고려한 추가 통제활동이나, 위험을 공유하는 경우 아웃소싱업체에 대한 위험 대응방안이 추가로 고려되어야 한다.

사례 **변화관리 워크샵(Workshop)의 수행을 통한 위험 평가**

회사는 내부회계관리제도상 업데이트가 필요한 문서들(통제기술서, 업무흐름도 등)의 변경을 위하여 변화관리 워크샵을 수행한다.

변화관리 워크샵을 통해 회사의 사업구조 변화 및 프로세스 · 시스템의 변동, 관련 조직의 변경을 파악하여 추가적인 재무보고 위험을 식별하고 식별된 재무보고 위험에 대한 통제 구축 여부를 검토한다.

변화관리 워크샵을 통해 재무제표에 영향을 미치는 사업단위(부문)의 변화사항을 식별하여 대상범위 선정 문서상에 프로세스-조직 연계내역을 업데이트하고, 유의한 계정과목과 연관된 프로세스 변경 건에 대한 위험평가를 수행한다.
예를 들어, 대상범위 선정 문서에는 선정된 유의한 계정과목과 관련된 프로세스가 구분되어 있으며, 각 프로세스와 연관된 조직(팀 등)을 연계하여 관리할 수 있다. 이를 통해 해당 프로세스와 연계된 팀이 모두 파악될 수 있으며, 특정프로세스가 외부서비스 제공자에 의해 수행되는 경우, 외부서비스 제공자가 인식되어 관리될 수 있다.
위험평가는 해당 프로세스와 관련된 고유위험평가와 통제위험평가 결과를 결합하여 잔여위험을 도출한다.
고유위험평가는 선정된 유의한 계정과목과 관련된 경영자 주장과 연계하여 고유위험을 정의하고, 모범규준상의 고유위험 요소를 고려하여 평가한다. 통제위험 평가는 해당 고유위험을 제거하거나 낮추기 위해 설계된 통제활동을 식별하여 모범규준상의 통제위험 평가 요소를 고려하여 평가한다. 고유위험 평가 결과와 통제위험 평가 결과를 조합하여, 최종 잔여 위험을 도출한다. 또한 통제기술서, 업무흐름도 등에 식별된 주요한 프로세스 변경사항을 반영한다.

상기 적용사례집과 실무사례를 바탕으로 **(원칙 7. 회사는 목적 달성에 영향을 미치는 위험을 전사적으로 식별하고, 위험의 관리방안을 판단하기 위해 위험을 분석한다)**를 충족하는 통제활동은 다음과 같이 설계될 수 있다.

ELC_12 위험평가 수행

중분류		소분류		위험 설명	통제 활동명	통제활동 설명	통제 담당팀	통제 유형	통제 구분	통제 주기
Code	내부통제 구성요소	원칙	모범규준 17원칙							
RA	위험 평가	07	위험 식별 및 분석	회사 내 다양한 조직 수준이 고려되지 않아 전사적수준의 위험과 거래 수준의 위험을 식별하는 과정이 제대로 이루어지지 못할 위험	**위험 평가 수행**	[정기적 위험평가 수행] 1. 내부회계팀은 연간 내부통제 위험평가를 수행하고, 사항의 적정성을 검토하고 승인한다. 2. 내부회계관리자는 위험평가 결과의 적정성을 검토하고 대표자에게 보고한다. 3. 해당 위험평가결과는 감사(위원회)에 보고한다.	내부 회계 팀	적발	수동 통제	연 단위

내부회계관리제도 전사수준통제에서 위험평가는 다양한 형태로 설계운영할 수 있지만, 일반적으로 내부회계관리제도 범위선정(scoping)을 설계운영한다.

범위선정(scoping)은 "Part 2. PLC 프로세스수준 통제 〉 2-1. Scoping(범위선정)"의 내용을 설계 운영하면 된다.

ELC_13 내부회계관리제도 평가계획보고

중분류		소분류		위험 설명	통제 활동명	통제활동 설명	통제 담당팀	통제 유형	통제 구분	통제 주기
Code	내부통제 구성요소	원칙	모범규준 17원칙							
RA	위험평가	07	위험 식별 및 분석	위험의 분석과 평가 수행을 위한 적절한 수준의 경영진의 참여가 없어 효과적이지 않은 위험평가가 이루어질 위험	**내부회계 관리제도 평가계획 보고**	[내부회계관리제도 - 평가계획보고] 내부회계관리자는 설계평가 및 운영평가 계획서 항목의 적정성을 검토하고 승인한다.	내부 회계팀	예방	수동 통제	연 단위

내부회계관리제도 전사수준통제에서 위험평가는 회사 스스로 내부회계관리제도의 효과적인 설계운영에 대한 자체 평가가 필요하다. 이러한 자체 평가를 위한 연간 평가계획을 수립하고 이를 사전에 승인하는 통제활동이 필요하다.

내부회계관리제도 연간 평가계획 수립 및 이에 대한 승인 문서 예시는 다음과 같다.

예시 내부회계관리제도 연간 평가계획(안)

㈜ABC 내부회계관리제도 평가계획(안)

1. 목적

본 계획은 ㈜ABC의 내부회계관리제도의 설계 및 운영 실효성을 합리적으로 평가하기 위하여 평가 범위, 절차, 일정 및 역할을 정의함을 목적으로 한다.

2. 평가 범위

- 평가대상 연도 : 20XX년 회계연도
- 범위선정 기준
  - 중요 계정 및 공시 항목
  - 유의적 거래처리 프로세스(매출, 매입, 인건비, 자산, 금융 등)

- 전사적 수준 통제(ELC)
- IT 일반통제(ITGC) 및 IPE

3. 평가 방법론

1) 리스크 및 통제 식별
   - 재무제표 왜곡표시 위험 식별
   - 대응하는 통제활동(RCM 기준) 매핑
2) 설계 적정성 평가
   - 정책, 절차서, 조직도 검토
   - Walkthrough 수행
3) 운영 효과성 테스트
   - 표본추출 및 증빙 확인
   - 인터뷰 및 재수행 테스트
4) ITGC 및 IPE 평가
   - 접근권한관리, 변경관리, 운영모니터링
   - 시스템 산출정보의 정확성 · 완전성 검토

4. 평가 일정

단계	주요 활동	일정
계획 수립	범위 · 방법 확정, 자료 요청	20XX.MM
설계평가	통제 설계 적정성 점검	20XX.MM~MM
운영평가	표본 테스트 수행	20XX.MM~MM
결과보고	결함 식별 및 시정조치 협의	20XX.MM

5. 역할 및 책임

- 경영진 : 내부회계관리제도 구축 · 운영 총괄
- 내부회계관리자 : 평가계획 수립, 수행, 결과 보고
- 업무부서 : 통제 운영 증빙 제공, 시정조치 이행
- 외부감사인 : 독립적 검증 및 의견 제공

6. 보고 및 후속조치

- 평가결과는 내부회계관리자 및 감사위원회에 보고
- 식별된 결함은 경영진 책임 하에 개선계획 수립 및 후속 모니터링

[결재]

작성자	검토자	승인자	비고

내부회계관리제도 평가계획은 외부감사인의 감사절차와 연동되게끔 정밀하게 수립하는 것이 필요하다.

따라서, 아래의 흐름으로 평가계획 일정을 수립하는 것이 필요하다.

이를 업무순서별로 정리하면 다음의 예시와 같다.

순서	회사 평가	외부감사인 감사	비고
1	범위선정(Scoping)		
2		범위선정(Scoping)에 대한 검토	범위선정에 대한 회사의 감사인의 차이에 대한 조정 필요(중요성금액 선정 등)
3	설계평가		
4		설계평가에 대한 감사	설계평가 결과에 대한 회사와 감사인의 차이에 대한 조정(핵심통제 여부 등)
5	운영평가(중간평가)		
6		운영평가(중간평가)에 대한 감사	운영평가(중간평가) 결과에 대한 회사와 감사인의 차이에 대한 조정(운영테스트 결과 등)
7	운영평가(기말평가)		
8		운영평가(기말평가)에 대한 감사	운영평가(기말평가) 결과에 대한 회사와 감사인의 차이에 대한 조정(roll-forward 결과 등)
9	미비점 평가		
10		미비점 평가에 대한 감사	미비점 평가분류에 대한 차이 의견교환 (중요한 취약점 여부 등)
11	보고		
12		보고에 대한 감사	

다음은 회사의 내부회계관리제도 설계 운영 및 평가 보고에 대한 업무흐름과 외부감사인의 감사업무 흐름에 대한 순서 예시이다. (이 그림은 “Part 4. 내부회계관리제도 평가 〉 4-1. 평가 개요”에서도 제시함)

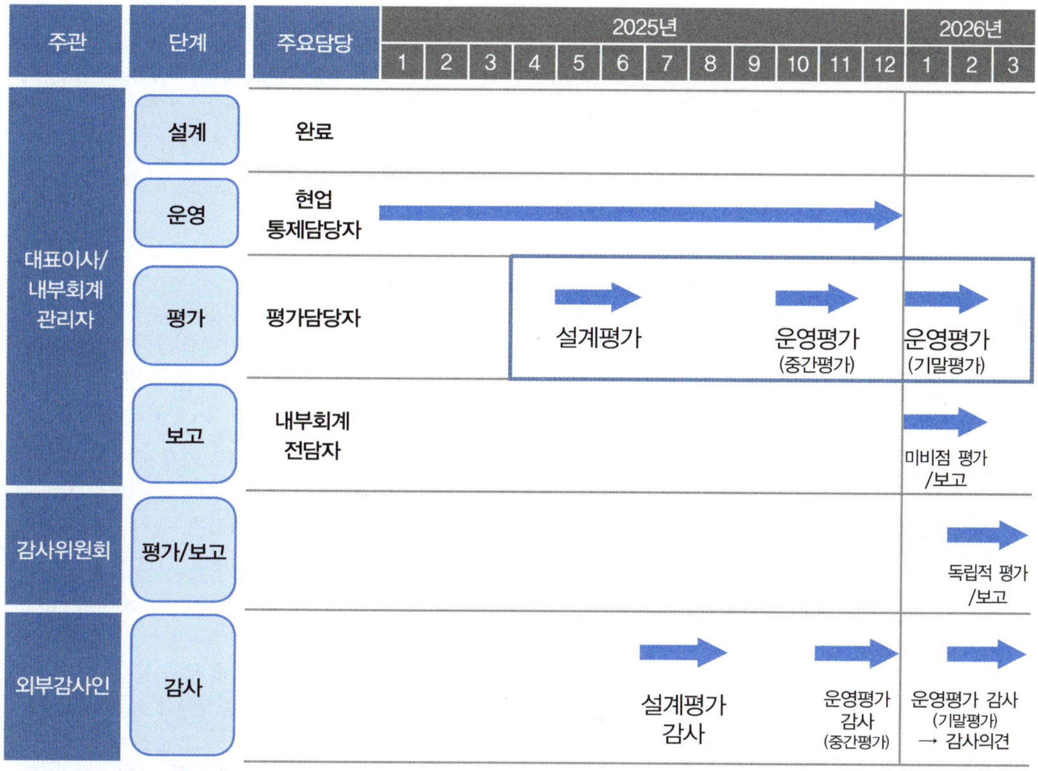

원칙 8	**(부정위험 평가)** 내부회계관리제도 목적 달성에 대한 위험 평가 시 잠재적인 부정 가능성을 고려한다.

보론 A. 원칙달성을 위한 중점고려사항

구분	내용
다양한 부정의 유형 고려 (문단 45.1)	A38. 부정위험 평가에는 부정한 재무보고와 회사 자산의 보호 및 부패와 관련한 위험에 대한 경영진의 평가가 포함된다. 부정위험 평가는 "위험 식별 및 분석" 과정의 일부로서 수행되고, 위험 대응방안 및 관련된 통제활동을 선택하고 구축하는 것 역시 동일한 방식이 적용된다. 또한, 위험평가 절차와 같이 부정위험 평가 과정과 결과를 이사회 혹은 감사(위원회)가 검토하고 확인하는 것이 필요하다. • 부정한 재무보고 - 회사의 재무정보가 의도적으로 왜곡표시되거나 누락되는 경우 부정한 재무보고가 발생할 수 있다. • 자산의 보호 - 자산의 보호는 권한 없이 자산을 획득하고 사용하거나 처분하는 등의 행위를 사전에 예방하거나 적시에 적발하는 것을 의미한다. • 부패 - 부정위험 평가 시 뇌물 수수, 과도한 접대 등을 포함한 비윤리적인 행위 등을 의미한다.

구분	내용
	A39. 회사는 위험평가 과정에서 다음과 같은 부정한 재무보고의 다양한 위험을 고려하여 그 대응방안을 수립한다. • 경영진이 회사의 회계원칙 및 처리 방법 선택 시 편향되게 개입할 위험 • 외부 재무보고 시 수반되는 추정과 판단의 정도 • 동종 산업에서 일반적으로 발생하는 부정의 유형 • 사업을 운영하는 지역에서 발생하는 부정의 유형 • 부정행위를 유발할 수 있는 동기 부여 • 회계정보를 위조, 변조 및 훼손할 수 있는 기술이나 경영진의 능력 • 부외부채가 존재하거나 자산의 손실에 대한 보고가 완전하거나 정확하지 않을 위험 • 경영진에 의해 중대하게 영향을 받을 수 있는 비경상적이거나 복잡한 거래 • 내부통제를 우회하거나 경영진의 통제 무시에 취약할 수 있는 부분의 위험
유인과 압력의 평가 (문단 45.2)	A40. 일반적으로 부정에는 동기(유인과 압력)와 실행할 수 있는 기회 그리고 태도 및 사후합리화가 연관되어 있다. 부정위험 평가 시 회사는 동기(유인과 압력)로 작용할 요소와 부정위험으로 인한 잠재적 영향을 고려한다. 이러한 유인과 압력은 "원칙 5. 내부회계관리제도 책임 부여"에서 기술한 바와 같이, 통제환경과 밀접하게 관련되어 있다.
기회 평가 (문단 45.3)	A41. 부정위험을 평가할 때에는 부정을 저지를 수 있는 실행 기회를 고려하여야 한다. 일반적으로 부정은 적발되지 않을 것이라는 믿음 하에 수행된다. 실행 기회는 취약한 통제활동과 모니터링, 경영진의 허술한 감시 및 경영진의 통제 무시 등에 기인하며, 부정한 재무보고 및 자산의 유용가능성은 다음의 경우에 증가한다. • 복잡하거나 불안정한 조직구조 • 담당임직원(회계, 운영, 위험관리, 내부감사, IT직원)의 빈번한 교체 • 효과적이지 못한 통제활동의 설계나 운영 • 효과적이지 못한 정보시스템
태도와 합리화에 대한 평가 (문단 45.4)	A42. 부정위험을 평가할 때에는 실행 기회뿐만 아니라 태도 및 사후합리화 행위를 함께 고려하여야 한다. 부적절한 행위를 정당화하려는 사후합리화 행위에는 다음과 같은 예를 고려할 수 있다. • 회사 자산의 사용을 '차용'이라 여기고, 해당 자산을 '상환'하려는 의도 • 직무 불만족 사항(급여, 업무 환경 및 대우 등)에 기인한 피해의식 • 사회 통념 및 신의에 반하는 자신의 행동으로 비롯될 영향에 대한 무지 및 무관심

사례1 내부회계관리제도 관련 부정위험 평가

회사는 매년 내부회계관리제도 대상범위 선정 시 부정위험을 고려한다. 부정위험의 평가는 회사의 경영진 또는 내부감사부서 등을 대상으로 설문지를 활용할 수 있으며, 부정의 3요소(동기나 압력, 기회, 태도 및 합리화) 관점에서 부정한 재무보고와 관련된 위험요인 및 자산 횡령과 관련된 위험요인을 고려하여 작성한다.

부정위험 발생가능성이 있을 것으로 조사된 계정과목은 유의한 계정과목으로 선정하고, 관련 부정위험을 관리하기 위한 통제활동을 통제기술서에 구분하여 표시한다.

회사는 부정위험이 내부회계관리제도 대상범위 선정에 반영된 절차와 결과를 포함한 내부회계관리제도 운영실태 점검계획을 내부회계관리자, 감사위원회 등에게 보고한다.

사례2 **감사위원회의 회계부정 감독 · 조사 절차의 수립**

회사는 외감법 제22조에 따라 감사위원회의 회계부정에 관한 조사권한 및 책임, 회사의 지원 의무를 내부회계관리규정에 반영하여 외부감사인으로부터 회계부정과 관련된 사실을 보고받을 수 있는 절차를 수립하고 있다.

감사위원회는 외부감사인으로부터 회계부정과 관련된 사실을 통보받은 경우, 외부전문가의 독립성 및 전문성을 고려하여 외부전문가를 선정하고, 선정된 외부전문가에 조사를 의뢰한다. 감사위원회는 조사 결과를 보고받고, 이를 근거로 회사의 대표이사에게 위반행위 사실을 통보하고 시정조치를 요청한다. 회사의 대표이사는 감사위원회로부터 통보받은 위반 사실을 검토하여 시정조치한 뒤 시정조치결과를 감사위원회에 보고한다.

감사위원회는 외부전문가 조사결과보고서와 위반행위에 대한 시정조치 결과보고서를 증권선물위원회와 외부감사인에게 제출한다.

상기 적용사례집과 실무사례를 바탕으로 **(원칙 8. 내부회계관리제도 목적 달성에 대한 위험 평가 시 잠재적인 부정 가능성을 고려한다)**를 충족하는 통제활동은 다음과 같이 설계될 수 있다.

ELC_14 부정 위험을 고려한 내부감사 수행 및 보고

중분류		소분류		위험 설명	통제 활동명	통제활동 설명	통제 담당팀	통제 유형	통제 구분	통제 주기
Code	내부통제 구성요소	원칙	모범규준 17원칙							
RA	위험 평가	08	부정 위험 평가	위험을 지속적으로 적정 수준으로 관리하지 못하여 잔여 위험이 허용 가능한 수준을 초과할 위험	**부정 위험을 고려한 내부감사 수행 및 보고**	[부정위험을 고려한 연간감사계획 수립] 1. 내부감사팀은 재무제표에 영향을 줄 수 있는 부정위험 발생을 고려하여 감사계획을 수립한다. 2. 이때 부정위험 평가 시 부정위험 시나리오, 부정행위를 유발할 수 있는 행위, 통제활동 우회 가능성 등을 고려하여 포괄적인 부정위험평가를 실시하고 그 결과를 반영한다.	내부 감사 팀	적발	수동 통제	수시

부정위험을 고려한 내부감사업무는 내부감사팀이 별도로 조직화되어 있는 경우 수행될 수 있다. 내부감사팀에 의해 부정위험을 식별, 평가한 내역을 담은 보고서 예시는 다음과 같다.

예시 부정위험 통제활동 - 내부보고

㈜ABC 부정위험 고려 내부감사 통제활동

작성부서 : 내부감사팀
작성일자 : 2025.9.29.
보고대상 : 경영진 및 감사위원회

1. 감사 개요

본 감사는 ㈜ABC의 내부회계관리제도 운영 실효성을 검증하기 위해 수행되었으며, 특히 '부정위험 고려(ELC 원칙)' 항목에 집중하였다. 감사 범위는 2025년 상반기 주요 거래 및 전사적 통제활동 전반에 걸쳐 이루어졌다.

2. 부정위험 식별 및 평가

내부감사팀은 매년 위험평가 수행 시, 전사적 · 프로세스별 부정위험(매출 인위적 인식, 비용 축소, 자산 횡령 등)을 별도로 식별 · 평가한다.

- 영업부서 성과급 유인에 따른 매출 조기 인식 위험 평가
- 자산 관리 미흡에 따른 재고 횡령 위험 평가

3. 내부통제 설계 검토

주요 부정위험 관련 내부통제가 적정하게 설계되었는지 검토하였다.

- 매출 인식 통제(출하 증빙 vs 전표 매칭) 검증
- 자산 구매 · 폐기 승인 절차 권한분리 점검

4. 부정징후 탐지 모니터링

ERP · 재무시스템 데이터를 활용하여 이상 징후를 주기적으로 탐지하였다.

- 동일 직원이 발주 · 검수 · 지급을 모두 처리한 경우 탐지
- 분기별 비정상적 매출 급증 · 급감 패턴 모니터링

5. 내부제보 및 조사 프로세스 운영

익명 제보 시스템(핫라인) 운영 및 제보사항에 대한 독립적 조사를 수행하였다.

- 감사팀 직속 핫라인 운영
- 허위 세금계산서 발행 의심 제보 접수 후 즉시 감사 착수

6. 경영진 · 감사위원회 보고

부정위험 평가 및 감사결과를 분기별로 경영진 및 감사위원회에 보고하였다.

– '2025년 2분기 부정위험 감사 결과 : 재고 관리 통제 미비 발견, 개선 조치 중' 보고

7. 개선 · 재발 방지 활동

감사 결과에 따른 개선사항을 추적관리하고, 재발방지 계획을 확인하였다.

– 자산 구매/폐기 권한 분리 및 IT시스템 자동 통제 적용

– 부정위험 예방을 위한 임직원 윤리교육 실시

8. 결론 및 제언

이번 감사 결과, ㈜ABC는 부정위험을 고려한 내부감사 활동을 전반적으로 수행하고 있었으나, 일부 재고 자산 관리 및 권한분리 절차에서 개선이 필요한 사항이 발견되었다.

따라서 내부감사팀은 다음을 제언한다:

1) 전사적 수준에서 부정위험 관련 통제 재설계 강화

2) 데이터 분석 기반 상시 모니터링 체계 고도화

3) 임직원 대상 정기적 부정위험 예방 교육 확대

이를 통해 ㈜ABC의 내부회계관리제도는 부정위험에 더욱 강건히 대응할 수 있을 것으로 판단된다.

원칙 9	**(중요한 변화의 식별과 분석)** 회사는 내부회계관리제도에 중요한 영향을 미칠 수 있는 변화를 식별 · 분석하여 내부회계관리제도를 유지 · 관리한다.

보론 A. 원칙달성을 위한 중점고려사항

구분	내용
변화의 평가 (문단 46.1, 46.2와 46.3)	A43. 경제, 산업, 규제환경이 변화함에 따라, 회사의 리더십, 우선순위, 사업모델, 조직, 업무프로세스, 사업활동의 범위와 성격은 변화하는 상황에 적합하도록 변경될 필요가 있다. 특정한 환경에서 효과적인 내부회계관리제도는 관련된 조건이 중요하게 변경되는 경우 효과적이지 않을 수 있다. 위험평가의 일부로 경영진은 회사의 내부회계관리제도에 중요한 영향을 미칠 수 있는 변화를 식별하고 필요한 조치를 취한다. 따라서 모든 회사는 목적 달성을 위한 조직의 역량에 중대하게 영향을 미칠 수 있는 내부 및 외부 요인을 식별하고 평가하는 프로세스를 설계할 필요가 있다. 이러한 프로세스는 회사의 일반적인 위험평가 프로세스와 유사하지만 별도로 진행되며, 중요한 가정이나 조건의 변화를 식별하는 것을 포함한다. 또한, 내부회계관리제도 목적에 영향을 미칠 수 있는 변화사항을 식별 및 의사소통하고 위험을 평가할 수 있는 통제활동의 설계 및 운영이

구분	내용
	필요하다. 변화관리 프로세스는 효과적인 내부회계관리제도에 매우 중요한 영향을 미치지만, 일상 업무를 우선적으로 처리하는 관행으로 인해 간과되거나 충분한 주의가 기울여지지 않을 수 있으므로, 정규 위험평가 프로세스와 별도로 구분되어 수행되어야 한다. 또한, 경영진은 내부회계관리제도에 대한 영향을 미칠 수 있는 중요한 변화사항을 신속하게 식별할 수 있는 절차를 조기에 수립하여 운영하고, 중요한 경우 감사(위원회)의 검토를 고려한다.
외부 환경 변화의 평가 (문단 46.1)	A44. 외부 환경의 변화 - 규제환경 또는 경제환경의 변화는 회사의 경쟁에 대한 압박의 증가, 사업 요구사항의 변경 등 기존과는 상당히 다른 위험들을 초래할 수 있다. 회사는 이러한 외부 환경의 변화가 내부회계관리제도의 설계 및 운영에 미치는 영향을 검토하여야 한다.
	A45. 물리적 환경의 변화 - 회사 및 공급망, 다른 협력업체에게 직접적인 영향을 미치는 자연재해가 회사의 내부회계관리제도에 미칠 수 있는 영향을 고려한다.
사업모델 변화의 평가 (문단 46.2)	A46. 새로운 사업모델 변화의 예는 다음과 같다. • 사업모델의 변화 - 회사가 새로운 사업에 진입하거나, 새로운 아웃소싱계약을 통하여 서비스 제공 방식을 변경하거나, 기존 사업 영역의 구성을 급격하게 변경하는 경우, 이전에 효과적이었던 내부회계관리제도는 더 이상 효과적이지 않을 수 있다. 내부회계관리제도를 구축하기 위한 기반으로 최초에 평가된 위험 구성요소가 변경되거나, 위험의 잠재적 영향이 증가하는 경우 기존의 통제활동이 변화된 상황에 적용하기에는 충분하지 않을 수 있다. • 중요한 사업 인수 또는 매각 - 회사가 사업 부문을 인수하고자 할 때, 확장된 회사 전체 관점에서 내부회계관리제도를 검토하고 표준화할 필요가 있다. 사업 부문 인수 전에 구축되어 있던 통제활동은 새로 통합된 회사에는 적합하지 않을 수 있다. 이와 유사하게 일부 사업이 처분되는 경우, 해당 사업과 관련된 통제활동은 더 이상 효용성이 없어질 수도 있다. 사업 부문을 인수 또는 매각하는 경우, 회사는 새롭게 구성된 조직의 목적 달성을 지원하는 데 적합하도록 통제활동을 검토하고 개선할 필요가 있다. • 해외 영업 - 해외로 사업 부문을 확장 또는 해외 사업을 인수하는 경우 새로운 위험 또는 해당 사업장과 관련된 특정 위험을 수반한다. 새로운 지역에서 사업을 개발하거나 해외에 사업 운영을 아웃소싱하는 것은 사업을 성장시키거나 비용을 절감하는 데 도움을 줄 수 있으나, 동시에 새로운 도전에 직면하게 되어 위험의 유형과 범위가 변경될 수 있다. 관습과 관행의 차이로 인해 신규 시장에서의 사업 운영은 위험을 동반하게 되며, 사업위험은 주로 경제, 규제환경, 의사소통 채널에 기인한다. • 급속한 성장 - 사업 운영이 급격한 속도로 확장되는 경우, 기존의 조직구조, 업무프로세스, 정보시스템 및 자원의 한계로 통제활동 수행이 원활하지 않을 수 있다. • 새로운 기술 - 새로운 기술이 재화 생산 또는 용역 제공 프로세스 및 정보시스템에 적용될 경우 통제활동에도 수정 · 변경이 필요할 수 있다.
리더십 변화의 평가 (문단 46.3)	A47. 회사에 새로 임명된 경영진은 회사의 문화를 이해하지 못하여 다른 경영철학을 고집하거나, 내부회계관리제도 관련 절차를 배제하고 성과에만 치중할 수 있다. 또한, 효과적인 교육 · 훈련이나 감독 없이 이루어진 직원의 빈번한 교체는 내부회계관리제도에 부정적인 영향을 미칠 수 있다.

사례1 변화관리체계 운영

내부회계관리제도 전담부서는 내부회계관리제도에 중요한 영향을 미칠 수 있는 변화를 식별 및 분석하고, 기존의 위험평가 결과 및 통제 설계에 미치는 영향을 확인하고 적절히 대응하기 위해 변화관리체계를 수립 및 유지하고 있다. 변화관리체계에는 다음의 내용을 포함한다.

1. 주요부서 및 임직원의 역할과 책임 : 보고 대상 부서(현업부서), 내부회계관리제도 전담조직, 내부회계관리자 등

2. 변화관리 업무절차
   1) 대 · 내외 변화사항 식별 및 보고 : 각 현업부서에서는 주요 변화사항을 식별하여 내부회계관리제도 전담조직에 보고한다. 중요한 변화사항은 발생 즉시 보고하며, 기타사항은 내부회계관리제도 전담조직의 요청 시 또는 통제 설계의 적정성 평가 시에 보고할 수 있다.
      - 내부 변화사항 – 조직, 인력 및 부서의 변화, 업무절차의 변경 및 외부서비스 제공자의 신규 활용 또는 변경, IT시스템의 신규 도입 또는 주요한 변경 등
      - 외부 변화사항 – 법령 및 규정, 회계기준서 등의 제정 또는 개정, 규제환경의 변화 등
   2) 현업부서는 대 · 내외 변화 요인 발생 시 다음 사항을 확인하여 내부회계관리제도 전담부서에 보고한다.
      - 기존 정책이나 절차 및 규정의 제정 또는 개정 필요성
        – 윤리강령 및 위임전결규정을 비롯한 각종 업무 규정
        – 회계정책서 및 매뉴얼 등 회계처리 업무기준
      - 신규 재무보고 위험 존재 여부 및 통제활동의 신설 또는 기존 통제활동 변경 필요성
      - 기수립된 내부회계관리제도 문서(업무흐름도, 통제기술서 등)의 업데이트 필요성
   3) 내부회계관리제도 전담부서는 현업부서에서 보고한 변화사항의 식별 및 관련된 대응 내용의 적정성을 확인하고, 그 결과를 내부회계관리자의 검토 및 승인을 거쳐 필요시 그 결과를 대표이사 및 감사위원회에 보고한다.

상기 적용사례집과 실무사례를 바탕으로 **(원칙 9. 회사는 내부회계관리제도에 중요한 영향을 미칠 수 있는 변화를 식별분석하여 내부회계관리제도를 유지 관리한다)**를 충족하는 통제활동은 다음과 같이 설계될 수 있다.

ELC_15 내부회계관리제도 변화관리

중분류		소분류		위험 설명	통제 활동명	통제활동 설명	통제 담당팀	통제 유형	통제 구분	통제 주기
Code	내부통제 구성요소	원칙	모범규준 17원칙							
RA	위험 평가	09	중요한 변화의 식별과 분석	내부회계관리제도에 중요한 영향을 미칠 수 있는 변화를 식별하지 못하여 내부회계관리제도가 비효과적으로 설계 및 운영될 위험	**내부회계 관리제도 변화관리**	[내부회계관리제도 변화관리] 1. 내부회계팀은 재무보고와 관련된 내·외부 환경 변화에 따른 위험을 식별하고 주요 통제 활동이 내부회계관리제도에 적절하게 반영되었는지 여부를 확인하고 있다. 2. 회사의 주요 이슈, 내·외부 환경 변화, 감독기관의 요청사항, 회계기준의 변경 등 내부회계관리제도 운영에 영향이 있는 정보를 논의한다. 논의 결과 식별된 위험에 대하여 내부회계관리제도 운영 사항에 반영한다.	내부 회계팀	예방	수동 통제	수시

내부회계관리제도는 지속적으로 변화한다. 실무적으로는 내부회계관리제도의 여러 형태의 산출물(RCM, Flowchart 등) 및 통제활동 자체의 변화도 발생한다.

다양한 변화와 사유에 의해 내부회계관리제도를 변경하게 되면, 이 변경 내용을 적시에 정확하게 업데이트하는 것이 필요하다.

전사수준통제에서의 변화관리는 내부회계관리제도 변화 내용을 업데이트 관리하는 통제활동이다. 기업들은 이러한 변화관리를 업데이트한 문서를 유지 관리한다.

회사의 변화관리 log 관리 예시는 다음과 같다.

예시 변화관리 log

No.	Process Change Name	변화 발생월	Process Code	통제책임자	보고일자	대응 업무 Status	내부회계팀 담당자	기존 통제의 변화 필요 여부
1	주문-결제-매출 인식 프로세스 자동화	2024.3.	C-RE-01 -02-01	영업관리 팀장	2024-03-05	완료	내부회계팀 A	Yes
2	상품 등록 승인 절차 강화	2024.5.	C-IM-02 -01-01	MD팀 파트장	2024-05-10	완료	내부회계팀 B	Yes

No.	Process Change Name	변화 발생월	Process Code	통제책임자	보고일자	대응 업무 Status	내부회계팀 담당자	기존 통제의 변화 필요 여부
3	환불 및 취소 프로세스 검증 강화	2024.7.	C-TR-04-03-02	재무회계 팀장	2024-07-08	완료	내부회계팀 C	Yes

No.	Control Owner의 1차 통제 설계안	통제활동 재설계 완료 예정일	통제활동 재설계 일자	설계 평가 여부	설계 평가 일자	설계 적정성	내부회계문서 update 일자	설계평가문서 (File Name / Location)
1	ERP 내 주문-결제-매출 자동 매칭 검증	2024-03-15	2024-03-15	Yes	2024-03-20	적정	2024-03-25	㈜ABC_Log_설계평가_RE_v1.xlsx
2	상품 등록 시 MD+품질관리팀 이중 승인	2024-05-20	2024-05-20	Yes	2024-05-25	적정	2024-05-30	㈜ABC_Log_설계평가_IM_v1.xlsx
3	ERP 환불 전표와 실제 지급 내역 매칭 검증	2024-07-18	2024-07-18	Yes	2024-07-22	적정	2024-07-30	㈜ABC_Log_설계평가_TR_v1.xlsx

04 통제활동

원칙 10	**(통제활동의 선택과 구축)** 회사는 내부회계관리제도의 목적 달성을 저해하는 위험을 수용 가능한 수준으로 줄일 수 있는 통제활동을 선택하고 구축한다.

보론 A. 원칙달성을 위한 중점고려사항

구분	내용
위험평가와의 통합 (문단 47.1)	A48. 통제활동은 모든 내부회계관리제도 구성요소를 지원하지만, 특히 위험평가 절차와 연계된다. 위험평가 결과와 함께 경영진은 특정 위험에 대응하기 위하여 필요한 효과적인 대응방안을 식별하고 설계한다. 일반적으로 통제활동은 회사가 특정 위험을 수용하거나 회피하는 것을 선택할 때에는 필요하지 않다. 그러나 회사가 위험을 회피하지 않기로 결정하고 이를 위한 통제활동을 설계하기로 결정하는 경우, 위험을 감소시키거나 분산시키려는 이러한 행동은 통제활동을 선택하고 설계할 때 고려되어야 한다. 위험에 대한 대응 및 관련된 통제활동의 성격과 범위는 경영진이 허용할 수 있는 위험의 수준에 영향을 받는다.

구분	내용
회사의 고유한 요인 고려 (문단 47.2)	A49. 각 회사는 그 회사만의 목적과 접근방식을 가지고 있기 때문에, 목적, 위험, 위험에 대한 대응방식, 관련된 통제활동이 각기 다를 것이다. 두 회사가 동일한 목적과 구조를 갖고 있다 하더라도 통제활동은 다를 수 있다. 각 회사는 내부통제에 영향을 미치는 각기 다른 결정을 하고, 다른 능력을 보유한 인원에 의해 운영된다. 더욱이 통제활동은 조직의 복잡성, 역사, 문화, 성격, 사업영역뿐만 아니라 회사가 속한 환경 및 산업을 반영한다. 내부회계관리제도를 지원하기 위해 필요한 통제활동에 영향을 미치는 회사의 고유한 요인은 다음과 같다. • 회사의 환경과 복잡성, 영업활동의 성격과 범위는 통제활동에 영향을 미친다. • 규제를 많이 받는 회사일수록 일반적으로 그렇지 않은 회사보다 복잡한 위험평가 절차 및 통제활동을 설계한다. • 여러 나라에 걸쳐서 다양한 영업활동을 수행하는 회사는 내수 중심의 단순한 영업활동을 수행하는 회사보다 더 복잡한 통제활동을 설계한다. • 복잡한 ERP 시스템을 사용하는 회사는 간단한 범용소프트웨어를 사용하는 회사와는 다른 통제활동을 설계한다. • 영업활동이 분산되어 있고 지역적인 자율성이 강조되는 회사는 영업활동이 유사하고 높은 수준으로 중앙화되어 있는 회사와 다른 통제환경에 놓여 있다.
관련 있는 업무프로세스 결정 (문단 47.3)	A50. 위험을 감소시키기 위하여 어떤 통제활동을 설계할 것인지 결정할 때, 경영진은 유사한 통제활동이 필요한 업무프로세스, 정보기술, 지역 등을 고려한다. 이러한 경우 공유서비스센터(shared service center), 데이터 센터, 아웃소싱업체에서 수행되는 기능과 같이 회사의 업무부서 밖에서 운영되는 통제활동을 고려할 필요가 있다.
거래수준의 통제활동 (문단 47.3)	A51. 회사의 업무프로세스상 거래처리 과정의 위험을 감소시키기 위한 활동을 직접적으로 지원하는 통제활동을 "거래통제"라고 한다. 거래통제는 경영진의 목적을 달성하기 위해 구축된 업무프로세스의 위험에 직접적으로 대응하기 때문에 회사의 가장 기본적인 통제활동이다. 거래통제는 전사적 수준의 재무보고 프로세스부터 특정 부서의 고객지원 프로세스까지 업무프로세스가 존재하는 곳이라면 어디든지 선택되고 구축된다. 업무프로세스는 각각의 위험 및 위험에 대한 대응방식을 가진 다양한 목적 및 하위목적을 포함할 것이다. 정보처리목적(완전성, 정확성, 유효성)에 따라 그룹화함으로써 이러한 업무프로세스의 위험을 보다 쉽게 관리할 수 있다. • 완전성 - 발생된 거래는 모두 기록된다. • 정확성 - 거래는 각각의 거래처리 단계에서 적시에 올바른 계정으로 정확한 금액이 기록된다. • 유효성 - 기록된 거래는 실제로 발생되고 정책과 규정에 따라 적법하게 수행된 경제적 사건을 나타낸다. A52. 접근제한은 대부분의 업무프로세스상 중요한 고려사항이며, 종종 정보처리목적의 항목으로 포함되기도 한다. 왜냐하면 업무프로세스상 거래에 대한 접근제한이 적절하지 않을 경우, 해당 업무프로세스의 통제활동이 우회될 수 있고 업무분장이 달성되지 못할 수 있기 때문이다. 특히, 회사의 프로세스와 사업에서 정보시스템의 기술에 의존하는 정도가 클수록 접근제한은 중요하게 고려되어야 한다.
통제유형의 조합 (문단 47.4)	A53. 아래와 같이 다양한 유형의 거래통제를 선택하고 구축할 수 있다. • 승인 - 승인은 거래가 유효하다는 사실을 확인한다. 승인은 일반적으로 상위 경영진이 거래의 유효성을 검증 및 확인하는 형식을 취한다. • 검증 - 두 개 이상의 항목을 서로 비교하거나 회사정책과 비교하여, 두 항목이 일치하지 않거나 회사정책에 부합하지 않을 때 후속조치를 수행한다.

구분	내용
	• 물리적 통제 - 설비, 재고자산, 유가증권, 현금 및 기타 자산은 물리적으로 안전하게 보관되며, 주기적으로 점검되고, 기록된 수량과 비교/대사된다. • 기준정보 관리통제 - 가격 마스터 파일과 같은 기준 정보는 종종 업무프로세스상 거래처리를 지원하는 데 사용된다. 회사는 기준 정보의 정확성, 완전성 및 유효성을 관리하는 프로세스에 대한 통제활동을 설계한다. • 대사 - 대사는 두 개 이상의 데이터를 비교하는 것이다. 차이가 발견될 경우 해당 차이내역의 소명을 위한 조치가 취해진다. 대사는 일반적으로 거래처리의 완전성 및 정확성과 관련된다. • 감독통제 - 감독통제는 다른 거래통제(즉, 특정한 검증, 대사, 승인, 기준정보 관리 통제, 물리적 통제)가 완전하고, 정확하며, 정책 및 절차에 따라 수행되었는지 평가하는 것이다. 경영진은 일반적으로 위험이 높은 거래에 대하여 감독통제를 선택하고 구축한다.
	A54. 통제활동은 예방통제 또는 적발통제일 수 있으며, 회사는 일반적으로 두 가지 유형을 조합하여 설계한다. 통제활동은 수행시기에 따라 예방통제 또는 적발통제로 구분할 수 있다. 예방통제는 의도하지 않은 사건 또는 결과가 애초에 발생하는 것을 피하기 위해 설계된다. 적발통제는 최초의 거래가 발생한 이후 최종 목적이 종료되기 전에 의도하지 않은 사건 또는 결과를 발견하기 위하여 설계된다. 두 가지 통제활동의 중요한 부분은 의도하지 않은 사건 또는 결과를 수정하거나 피하기 위한 행위라는 점이다. 또한 통제활동을 선택하고 구축하는 경우, 회사는 통제활동의 정교함(precision)을 고려한다. 즉, 통제활동이 어느 정도 정교한 수준으로 의도하지 않은 사건 또는 결과를 예방 또는 적발할 것인지를 고려하여야 한다.
정보기술과 통제활동 (문단 47.4)	A55. 통제활동과 정보기술은 아래 두 가지 방식으로 연관성을 가진다. • 정보기술의 업무프로세스 지원 - 제조 공장에서의 공장 자동화와 같이 정보기술이 회사의 업무프로세스에 내재화되어 있다면, 정보기술 자체가 적절히 운영되지 못할 위험을 감소시키기 위한 통제활동이 필요하다. • 자동통제에 사용되는 정보기술 - 회사의 많은 통제활동은 정보기술을 사용함으로써 부분적으로 또는 전적으로 자동화되어 있다. 이러한 절차를 자동통제활동 또는 자동통제라고 부른다. • 대부분의 업무프로세스는 회사의 이용 가능한 정보기술에 따라 수동통제와 자동통제의 조합으로 이루어진다. 자동통제는 뒤에서 설명되는 정보기술 일반통제의 효과성에 따라 달라질 수 있으나, 인적 판단 및 오류의 영향을 덜 받기 때문에 더 신뢰성이 높으며 일반적으로 더 효율적이다.
다양한 수준의 통제활동 적용 고려 (문단 47.5)	A56. 회사는 거래수준에서 운영되는 통제활동 이외에도 광범위하게 그리고 일반적으로 더 상위 수준에서 운영되는 통제활동과의 조합을 선택하고 구축한다. 상위 수준의 통제활동 예로는 업무 데이터 또는 재무 데이터의 비교를 포함하는 업무성과 검토가 있을 수 있다. 회사의 재무보고 위험을 감소시키기 위한 계층화된 접근방법을 제공하기 위해 거래통제와 업무성과 검토는 함께 운영되어야 한다. 대부분의 업무성과 검토는 일반적으로 거래가 발생하여 처리된 이후에 수행되기 때문에 적발통제이다. 따라서 통제활동을 조합할 때 상위 수준의 통제도 중요하지만, 거래통제 없이는 업무프로세스의 위험을 효과적으로 다루기는 어렵다.

구분	내용
업무분장 고려 (문단 47.6)	A57. 통제활동을 선택하고 구축할 때, 경영진은 오류 또는 부정과 관련된 행위가 발생할 위험을 줄이기 위하여 담당자별로 업무가 배분되거나 분리되어 있는지 고려하여야 한다. 이를 고려할 때는 법적 환경, 규제의 요구사항, 이해관계자의 기대가 포함되어야 한다. 업무분장은 일반적으로 거래의 기록, 거래 승인 및 관련 자산의 보관에 대한 책임을 분리하는 것을 수반한다. 업무분장은 경영진의 통제 무시와 관련된 중요한 위험을 감소시킬 수 있다. 경영진의 통제 무시는 존재하는 통제를 회피하기 위해 자주 사용되는 부정의 수단이다. 업무분장은 한 사람이 독단적으로 처리할 가능성을 완전히 방지할 수는 없지만, 상당 부분 줄여주기 때문에 부정위험을 감소시키는 데 필수적이다. 관련된 담당자가 공모하지 않으면 부정을 저지르기가 매우 어렵다. 또한 업무분장은 두 명 이상이 프로세스상 거래를 수행하거나 검토하도록 함으로써 오류를 감소시키고, 오류가 발견될 가능성을 증가시킨다. 그러나 업무분장이 실용적이지 않거나, 비용 대비 효율이 낮고 실행 가능하지 않을 수 있다. 이러한 경우 경영진은 대체적인 통제활동의 설계를 고려한다.

사례1 위험 분석 및 통제활동 식별 결과의 문서화

회사는 전사적 수준(전체 조직이나 사업부 등) 및 거래 수준(매출, 인사, 영업 등)에서 식별된 위험을 관리하고 줄일 수 있는 통제활동을 마련한다. 식별된 위험과 통제활동을 연계하기 위해 통제기술서, 업무흐름도, 업무기술서, 업무분장표 등을 활용하여 문서화한다.

사례2 통제기술서 작성

회사는 내부회계관리제도와 관련된 위험과 통제목적을 명확하게 표시하기 위하여 아래의 내용이 포함된 통제기술서를 유지하고 있다.

1. 해당 프로세스, 하위프로세스 및 이에 대한 설명
2. 관련 통제목적 및 통제위험
3. 통제활동의 이름, 설명 및 운영현황
4. 통제의 유형(예방통제/적발통제, 자동통제/수동통제) 및 수행빈도
5. 평가대상 조직, 담당자, 관련 문서, 관련 정책과 절차 등

한편, 회사는 적절한 변화관리체계(중점고려사항 09-01 [사례 1] 참조)를 유지하고 있으며, 식별된 변화에 따라 통제활동의 적합성을 평가하고 통제기술서 등에 적시에 반영한다.

사례1 **유의한 업무프로세스의 파악**

위험평가 과정에서 식별된 유의한 계정과목을 대상으로, 내부회계관리제도 전담부서는 해당 계정과목 및 주석정보에 영향을 미치는 주요 거래 유형별로 유의한 업무프로세스를 파악한다. 유의한 업무프로세스에는 회계 및 경리부서뿐만 아니라 회계처리의 기초가 되는 정보와 관련된 다양한 업무프로세스를 포함한다. 또한 재무보고와 관련되어 활용하고 있는 외부서비스 제공자의 프로세스도 고려한다.

사례2 **외부서비스 제공자 통제 및 평가**

회사는 다음의 내용을 포함한 외부서비스 제공자에 관한 절차를 수립, 운영한다.

1. 유의한 프로세스를 식별하거나, 프로세스 내 통제활동을 식별하고 문서화하는 과정에서 외부서비스 제공자를 활용하는지를 파악한다.
2. 다음의 사항을 고려하여 식별된 외부서비스 제공자의 중요도를 평가한다.
   - 외부서비스 제공자가 처리하는 거래나 정보의 금액적 중요성
   - 외부서비스조직이 제공하는 서비스의 영향을 받는 계정과목 또는 주석정보가 중요하게 누락 또는 왜곡표시될 위험(부정위험 포함)
   - 외부서비스 제공자가 제공하는 서비스의 성격과 복잡성
   - 해당 서비스가 많은 이용자조직에서 사용하여 표준화되었는지 혹은 일부 기업에서만 제한적으로 사용하는지 여부
   - 외부서비스 제공자의 서비스를 관리하는 회사의 프로세스와 통제활동이 충분하게 정교한지 여부
   - 외부서비스 제공자의 서비스에 영향을 받는 회사의 거래와 관련된 통제활동의 수준
3. 외부서비스 제공자의 중요도를 2단계(고위험, 저위험)로 구분하고, 그 중요도에 따라 다음과 같이 관리한다.
   1) 고위험 외부서비스 제공자
      - 내부회계관리제도 전담조직은 외부서비스 제공자를 관리하는 현업부서에 ① 또는 ②를 갖추도록 요구한다.
        ① (원칙) "서비스조직의 통제에 대한 인증보고서"("3402 보고서")를 입수하고, 외부서비스 제공자가 수행하는 활동에 관련된 회사의 통제활동을 수립한다.
        ② 3402 보고서를 입수하지 못하는 경우 외부서비스 제공자를 관리하는 현업부서에서 다음의 절차를 수행한다.
          – 재무제표 왜곡표시와 관련하여 외부서비스 제공자가 수행하는 통제활동을 식별한다.

- 외부서비스 제공자가 수행하는 활동에 관련된 회사의 모니터링 통제활동을 수립 및 이행한다(단, 해당 서비스의 규모나 복잡성이 큰 경우에는 외부서비스 제공자의 통제활동을 담당부서가 직접 평가할 것을 고려한다).

2) 저위험 외부서비스 제공자

- 저위험 외부서비스 제공자에 대하여는 3402 보고서를 입수하거나 외부서비스 제공자가 수행하는 통제활동을 독립적으로 평가하지 않을 수 있다.
- 외부서비스 제공자를 관리하는 현업부서에서 다음과 같은 일상적인 모니터링 통제활동을 수행한다.
  - 외부서비스 제공자 담당자와 정기적인 회의를 한다.
  - 서비스수준에 대한 모니터링을 한다.
  - 외부서비스 제공자로부터의 정기적인 보고(예 : 정기보고사항 및 회사에 영향을 줄 수 있는 변화사항 포함)를 받는다.
  - 필요시, 현장 방문을 통해 외부서비스 제공자의 전반적인 통제환경이나 조직문화 등을 확인한다.

사례1 통제유형 조합의 적정성 검토

회사는 유의한 프로세스 또는 거래유형별로 필요한 통제를 식별하고, 통제기술서 등 설계 관련 문서에 통제의 유형을 기재한다. 내부회계관리제도 담당자는 통제의 설계 및 운영의 효과성과 효율성 측면에서 예방통제/적발통제, 자동통제/수동통제를 비롯한 통제유형별로 통제가 적절히 조합되어 있는지를 확인한다. 특이사항이 발견된 경우 원인을 분석하고 통제 설계 및 운영의 효과성과 효율성 측면에서 변경 또는 보완할 통제가 있는지를 검토한다.

사례2 출금관리와 은행잔고 대사

회사는 은행 거래와 관련한 회계기록의 정확성과 완전성을 확보하고 부정을 방지하기 위해 다음과 같은 통제를 설계 및 이행한다.

통제활동	통제유형
뱅킹시스템은 지정된 ID와 Password를 통해서만 접속 가능하고 지정된 담당자에게만 부여된다.	예방통제, 자동통제
뱅킹시스템을 통한 출금은 지정된 관리자의 시스템상 승인을 득한 후에만 가능하도록 시스템이 설정되어 있다.	예방통제, 자동통제
매월 결산 시 재무팀 담당자는 ERP상 지급 내역과 은행별 예금 잔액을 뱅킹시스템 자료 또는 은행에서 직접 입수한 통장 내역과 대사하고 상급자의 승인을 득한다.	적발통제, 수동통제

사례 **대손충당금에 대한 경영진 검토 통제(MRC)**

중요한 추정이나 판단을 필요로 하는 회계처리 등 통제위험이 높은 거래나, 거래 수준에서 운영되는 통제활동의 결과를 모니터링하기 위해 다양한 경영진의 검토통제(Management Review Control, "MRC")를 설계 및 이행한다. MRC 설계 시 다음의 항목을 고려했다.

1. 검토 항목 정의 : 중요 가정들의 적정성, 근거 자료의 신뢰성 및 적용된 각종 계산 방법의 적정성이나 올바른 계산 결과 등에 대한 검토
2. 항목별 허용치 설정
3. 허용치를 기준으로 비교하고 확인하는 절차
4. 통제활동 수행주체의 적격성
5. 근거 자료의 정확성과 완전성 검토 절차

대손충당금 관련 MRC는 다음과 같이 설계했다.

계산 기초자료 검토

- 연령분석표(Aging Report)는 정확하게 산출되었는가? (연령분석표(Aging Report)의 신뢰성 검토)
- 연령분석표(Aging Report)상 매출채권 (−)의 잔액 등의 비정상항목에 대한 검토가 이루어졌는가?
- 각 연령별 대손설정대상 채권의 외화환산은 정확하게 이루어졌는가?

계산의 정확성 검토

- 정확한 전이율 산정을 위한 제각채권 조정 금액은 정확하게 반영되었는가?
- 연도별 전이율(Yearly Roll Rate) 및 평균 전이율(Average Roll Rate)은 정확하게 계산되었는가?
- 연도별 전이율(Yearly Roll Rate) 및 평균 전이율(Average Roll Rate)에 따른 당기말 대손율은 정확하게 계산되었는가?
- 평균 대손율 계산 시 과거 1년(각 분기별) 계산된 대손율이 정확하게 반영되었는가?
- 최종 대손충당금 추정금액은 정확하게 계산되었는가?

최초 인식 회계처리

- 최종 시산표상 대손충당금 설정 · 환입 내역이 정확하게 반영되었는가?

재검토(Retrospective Review)

- 회사가 적용하고 있는 대손충당금 설정의 로직은 매년 유효한가?

사례1 **'업무분장 및 접근제한 기준' 수립 및 운영**

회사는 다음의 내용을 포함한 '업무분장 및 접근제한 기준'을 수립 및 이행한다.

1. 동일인이 처리하는 것이 부적절한 업무의 분장에 관한 기준(SOD Rule Matrix, 이하 "업무분장기준")을 수립한다.
2. 시스템의 민감한 정보에 대한 접근제한을 위한 민감한정보 및 접근 권한자를 결정한다.
3. 특수권한부여자(Super-user)를 결정한다.
4. 정기적인 모니터링을 통한 프로세스와 시스템의 변경 등을 파악 및 이를 고려한 업무분장기준(SOD Rule Matrix)을 업데이트한다.

사례2 **'업무분장 및 접근제한 기준'의 준수 모니터링**

회사는 업무분장기준(SOD Rule Matrix)을 마련하여 운영하고 있다. 권한관리책임자는 매 반기마다 아래의 활동을 수행하고 결과를 경영진에 보고한다.

1. '시스템 메뉴별 권한자 리스트'를 입수하여, 업무분장기준에 따라 위배되는 사항(권한의 충돌) 여부를 점검하고 그 결과를 보고한다.
2. 업무분장기준과 충돌되는 권한이 식별된 경우 그 심각성을 고려하여 해당 권한을 회수하거나 관련된 보완통제설계 및 운영의 효과성을 평가한다.
3. 사전에 정의된 민감한 정보 (및 메뉴)에 대한 권한자리스트를 기초로 관련 현업부서에서 소속 직원의 권한보유의 적정성을 검토한다.
4. 특수권한(슈퍼유저, 디버그 권한 등)이 부여된 임직원의 적정성을 평가(소속 부서, 관련 업무 등)한다.
5. 특수권한을 통해 업무시스템에 접근한 기록(log)을 입수하여 적정성을 검토한다.

상기 적용사례집과 실무사례를 바탕으로 **(원칙 10. 회사는 내부회계관리제도의 목적 달성을 저해하는 위험을 수용 가능한 수준으로 줄일 수 있는 통제활동을 선택하고 구축한다)**를 충족하는 통제활동은 다음과 같이 설계될 수 있다.

ELC_16 통제활동의 수립

중분류		소분류		위험 설명	통제 활동명	통제활동 설명	통제 담당팀	통제 유형	통제 구분	통제 주기
Code	내부통제 구성요소	원칙	모범규준 17원칙							
CA	통제 활동	10	통제 활동의 선택과 구축	회사의 고유속성, 다양한 통제유형및 통제활동이 고려되지 않아 통제활동이 비효과적일 위험	**통제 활동의 수립**	[내부회계관리제도 요구사항을 충족한 체계 구축] 1. 회사는 내부회계관리제도 설계 및 운영을 위해 F/C, RCM, MRC, IPE 등 내부회계관리제도 특성을 반영한 통제기술서 등을 구축하고 있다.	내부 회계팀	예방	수동 통제	연단위

내부회계관리제도 전사수준통제(ELC)에서의 "통제활동수립"이라는 통제활동은 실제 프로세스수준통제(PLC)에서 통제기술서(RCM)에 설계되어 있다.

따라서, 이 전사수준통제(ELC)에서의 "통제활동수립"이라는 통제활동을 위한 별도의 통제활동을 설계 운영할 필요는 없다.

다만, 이 전사수준통제(ELC)에서의 "통제활동수립"이라는 통제활동이 효과적으로 설계 운영되고 있는지에 대해서는 전사수준통제(ELC) 평가 시 수행하면 된다.

ELC_17 업무분장/접근권한 기준 수립 및 모니터링

중분류		소분류		위험 설명	통제 활동명	통제활동 설명	통제 담당팀	통제 유형	통제 구분	통제 주기
Code	내부통제 구성요소	원칙	모범규준 17원칙							
CA	통제 활동	10	통제활동의 선택과 구축	양립할 수 없는 직무가 분리되지 않음에 따라 오류 또는 부정과 관련된 행위가 발생할 위험	**업무분장/ 접근권한 기준 수립 및 모니터링**	[업무분장 SoD 활동 수행] 1. 직무분리에 대한 기준은 내부회계관리제도 매뉴얼에 포함되어 있다. 2. 통제기술서(RCM)상에 업무분장 통제가 반영되어 설계 및 운영되고 있다. 3. ITGC의 통제기술서(RCM)상에 '사용사/권한 주기적 검토' 등의 통제를 통해 직무분리 적정성이 설계 및 운영되고 있다.	기획팀	예방	수동 통제	연단위

업무분장(SOD : Segregation of Duty)

업무분장(SOD)은 하나의 거래나 프로세스가 특정인에 의해 처음부터 끝까지 처리되지 않도록 분리하여 오류 · 부정을 예방 · 발견하는 역할을 한다.

내부회계관리제도의 효과적인 설계 운영을 위한 통제활동으로 업무분장(SOD)은 그 자체가 하나의 통제활동을 구성할 수 있다.

예를 들어 전표작성자와 전표승인자의 업무를 분장하게 되면, 전표작성자가 부적절한 전표를 생성하고, 본인이 전표를 승인하여 전기(posting)하는 오류를 사전에 방지할 수 있는 것이다.

따라서, A가 전표작성자가 되는 경우, A는 본인이 작성한 전표는 승인권한을 부여하지 않고, A 이외의 제3자인 B가 전표 승인권한을 가지게 함으로써 부정과 오류를 사전에 방지하게 된다.

이러한 업무분장에 대해 기업들은 주요 업무분장이 필요한 영역을 메가프로세스별로 구분하여 매트릭스화하여 구분하고 있다.

업무분장은 아래의 예시와 같은 문서화가 일반적이나, 문서화에 그쳐 시스템적으로 업무분장을 구분되지 않으면 문서화된 업무분장은 의미가 없게 된다.

즉, 전표작성자와 전표승인권자를 구분하는 업무분장은 IT시스템에서 전표작성자는 전표승인할 수 있는 권한을 부여하지 않음으로써 업무분장의 목적을 달성하게 된다.

업무분장 예시

No.	메가 프로세스	업무 A	업무 B	통제활동설명
1	매출	판매오더 생성/변경	고객 마스터상 고객 생성/변경	판매오더(SO) 생성 및 변경 권한과 고객 마스터상 고객 생성 및 변경 권한은 분리되어 있다.
2	매출	판매오더 생성/변경	판매오더 승인	판매오더 생성 및 변경 권한과 승인 권한은 분리되어 있다.
3	매출	판매 단가 생성/변경	판매단가 승인	판매단가 마스터상 판매단가 생성 또는 변경 권한과 승인 권한은 분리되어 있다.
4	매출	판매오더 생성/변경	판매단가 마스터상 판매단가 생성/변경	판매오더(SO) 생성 또는 변경 권한과 판매단가 마스터 관리 권한은 분리되어 있다.
5	매출	대금청구	매출채권회수	대금 청구 기능은 현금입금 업무와 분리되어 있다.
6	구매	구매요청 생성/변경	구매요청 승인	구매요청(PR) 생성 또는 변경 권한과 구매요청(PR) 승인 권한은 분리되어 있다.
7	구매	구매오더(PO) 생성/변경	입고(GR) 처리	구매오더(PO) 생성 또는 변경 권한과 입고(GR) 처리 권한은 분리되어 있다.
8	구매	구매처 마스터 생성/변경	구매처 마스터 승인	구매처 마스터 생성 또는 변경 권한과 구매처 마스터 승인 권한은 분리되어 있다.

No.	메가 프로세스	업무 A	업무 B	통제활동설명
9	재고자산	출하 처리	주문입력 및 대금청구	매출 주문입력 및 대금청구업무는 출하 업무와 분리되어 있다.
10	유형자산	유형자산 구매요청 생성	유형자산 구매요청 승인	자산의 구매요청 기능은 승인 기능과 분리되어 있다.
11	유형자산	유형자산 등록	유형자산 변경	마스터 데이터 변경에 대한 승인은 마스터 데이터 변경 처리 업무와 분리되어 있다.
12	인사급여	급여 산출	근무시간 승인 (근태 승인)	급여 처리 기능은 근무시간 승인 기능과 분리되어 있다.
13	인사급여	인사마스터 변경	인사마스터 변경 승인	인사 마스터 변경 권한과 변경 승인 권한은 적절하게 분리되어 있다.
14	인사급여	급여 산출	급여 지급	급여 산출 권한과 급여 지급 내역 생성 및 변경 권한은 분리되어 있다.
15	자금	자금 마스터상 은행 정보 생성/변경	자금이체 처리	(지급) 은행 정보 생성, 변경 권한과 자금이체 권한은 분리되어 있다.
16	자금	자금이체 생성/변경	자금이체 승인	자금이체 생성, 변경 권한과 승인 권한은 분리되어 있다.
17	자금	지급 요청	지급 승인	지급 승인 업무는 지급 처리 업무와 분리되어 있다.
18	재무보고	전표 생성	전표 승인	전표 생성 권한과 전표 승인 권한은 분리되어 있다.
19	IT	IT개발	IT운영	개발과 운영업무는 업무 분장되어 있다.

원칙 11	**(정보기술 일반통제의 선정과 구축)** 회사는 내부회계관리제도 목적 달성을 지원하는 정보기술 일반통제를 선정하고 구축한다.

보론 A. 원칙달성을 위한 중점고려사항

구분	내용
업무프로세스에서 사용되는 정보기술과 정보기술 일반통제 간 의존도 결정 (문단 48.1)	A58. 자동통제를 포함하여 업무프로세스에 사용되는 정보기술의 신뢰성은 정보기술 일반통제로 불리는 정보기술에 대한 통제활동의 선택, 구축, 운영에 따라 달라진다. 시스템 도입 및 개발에 대한 정보기술 일반통제는 시스템이 최초에 개발될 때 자동통제가 적절히 작동하는지에 대한 확신을 제공한다. 또한, 정보기술 일반통제는 시스템 구축 이후에 지속적으로 정보시스템의 적절한 운영에 대한 확신을 제공한다. 회사의 다른 부문과 마찬가지로 회사의 정보시스템과 관련된 프로세스 및 통제활동도 선택되고, 설계되고, 운영되고, 유지되어야 한다. 회사는 내부회계관리제도 목적 달성을 위해 재무보고 프로세스와 연관된 정보기술 프로세스와 일반통제로 그 범위를 한정할 수 있다. 이러한 프로세스와 통제활동은 외부업체에서 구매한 간단한 범용소프트웨어를 사용하는 경우에 보다 간단하게 관리될 수 있으며, 자체 개발한 시스템과 외부에서 개발된 시스템을 동시에 활용하는 경우에는 관리해야 할 영역이 확장될 수도 있다. 선택되어 설계된 통제활동은 정보기술 프로세스의 활용에 대한 구체적인 위험을 완화하는 데 도움을 준다.
정보기술 일반통제 (문단 48.2, 48.3과 48.4)	A59. 정보기술 일반통제는 정보기술 인프라, 보안관리, 정보기술의 취득, 개발 및 유지보수에 대한 통제활동을 포함한다. 정보기술 일반통제는 모든 종류의 시스템(mainframe, client/server, desktop, end-user computing, portable computer, mobile device 등)에 적용될 수 있으며, 시스템의 복잡성 및 시스템이 지원하는 업무프로세스의 위험 등을 고려하여 통제활동의 범위와 강도는 달라질 수 있다. 업무프로세스수준의 통제와 유사하게 정보기술 일반통제도 수동통제 및 자동통제를 모두 포함한다.
정보기술 인프라 통제활동 수립 (문단 48.2)	A60. 정보기술은 사내 네트워크, 각종 애플리케이션 시스템의 운영 기반이 되는 각종 시스템 및 전원장치 등의 인프라 구조를 필요로 한다. 동 인프라 구조는 회사 내의 다른 업무 부문과 공유하거나, 독립된 서비스 제공업체에 아웃소싱할 수 있으며, 또는 클라우드 컴퓨팅과 같이 장소에 구애받지 않는 서비스를 활용할 수도 있다. 회사는 이와 같이 미래에 지속될 기술 활용의 광범위한 변화 가능성에 대하여 검토하고 새롭게 발생하는 위험에 대하여 평가할 필요가 있다.
	A61. 회사는 정보기술 처리의 완전성, 정확성 및 이용 가능성을 달성할 수 있는 정책, 절차 및 통제활동을 구축하고 적용한다. 시스템 운영의 지속성을 확보할 수 있는 장애관리절차와, 시스템 중단과 관련된 위험과 동 위험이 미치는 영향의 정도에 따라 백업, 복구절차 및 재해복구절차 등이 포함될 수 있다.
보안관리 프로세스에 대한 통제 수립 (문단 48.3)	A62. 보안관리는 애플리케이션 시스템의 거래를 처리할 수 있는 권한을 포함하여 회사의 정보기술에 대한 접근권한을 누가 어떤 수준으로 보유하고 있는지에 대한 프로세스 및 통제활동을 포함한다. 일반적으로 데이터베이스, 운영체제, 네트워크, 애플리케이션 시스템 및 물리적 접근권한을 관리한다. 접근권한에 대한 보안 통제활동은 부적절한 접근권한 부여 및 인가되지 않은 시스템 사용을

구분	내용
	방지하며, 업무분장이 잘 이뤄질 수 있도록 지원한다. 시스템의 인가되지 않은 사용 및 변경을 방지함으로써 악의적인 의도 또는 단순한 오류로부터 데이터 및 프로그램의 무결성을 보호할 수 있다.
보안관리 프로세스에 대한 통제 수립 (문단 48.3)	A63. 보안 위협은 내부와 외부로부터 모두 발생할 수 있다. 외부 위협은 네트워크와 인터넷에 의존하는 정도가 큰 회사일수록 특히 중요하다. 다양한 정보기술 발전과 침입 경로는 보안관리의 중요성을 강조한다. 오늘날의 서로 긴밀하게 연결된 업무 환경에서 외부위협은 일반적인 현상이기 때문에, 이러한 위험에 대처하기 위한 지속적인 노력이 필요하다. 내부 위협은 회사시스템과 프로세스에 익숙하여 관련 접근권한을 보유한 퇴직자나 불만을 가진 임직원에 의해 발생할 수 있다. 회사는 사업의 특징, 산업환경 및 내부회계관리제도와의 연관성을 고려하여 관련된 통제활동을 구축하고 적용한다.
	A64. 정보기술에 대한 사용자의 접근은 일반적으로 승인된 사용자 계정에 기반한 인증 통제활동을 통하여 제어된다. 정보기술 일반통제는 오직 인증된 사용자만 시스템 접근이 가능하도록 설계된다. 이러한 통제활동은 일반적으로 직무책임에 상응하도록 인증된 사용자에게만 시스템 접근권한을 허용하고, 적절한 업무분장을 유지하기 위한 정책이 적용될 수 있도록 지원한다. 회사는 승인된 인원에 대해서만 접근요청을 검토하고, 직무나 역할의 변경이나 퇴사에 따른 접근권한을 변경하는 통제활동을 구축하고 적용한다. 또한, 회사의 정책에 따라 접근권한이 적절하게 유지되고 있는지를 확인하기 위한 정기적인 검토절차도 고려하여야 한다.
정보기술의 취득, 개발, 유지보수 프로세스에 대한 통제활동 수립 (문단 48.4)	A65. 정보기술 일반통제는 정보기술의 취득, 개발, 유지보수 활동을 지원한다. 정보기술 개발방법론은 정보기술의 취득, 개발, 유지보수 활동과 관련하여 시스템 설계 및 구축, 특정 개발단계에 대한 개요, 문서화 요건, 승인 체계, 점검항목에 대한 통제활동의 구조를 제공한다. 동 방법론은 변경 요청 사항의 정합성 검토와 승인, 변경된 사항에 대한 검토와 승인, 테스트 결과, 변경이 적절히 이루어졌는지 판단하기 위한 이관 절차 등을 포함하는 정보기술 변경의 적절한 통제활동을 제공한다. 어떤 회사에서는 개발방법론이 대규모의 개발 프로젝트부터 아주 작은 변경까지 포괄하는 경우도 있고, 다른 회사에서는 새로운 정보기술을 도입하는 프로세스와 변화관리 프로세스를 별도로 설계하기도 한다. 어떤 경우라도 변화관리 프로세스는 변화의 시작부터 최종 적용까지의 일련의 과정을 추적할 수 있도록 설계될 것이다. 변화는 정보기술 변화에 따른 수정이 필요한 경우에도 발생할 수 있고 시스템 사용자들의 요청에 의해서 발생하기도 한다.
	A66. 개발방법론에 포함되는 정보기술 일반통제의 정도는 정보기술의 위험에 따라 다를 것이다. 대규모의 복잡한 개발이 진행된 경우 일반적으로 소규모 또는 단순한 개발보다 높은 위험을 가질 것이다. 자체개발의 대안으로 범용소프트웨어를 사용할 수 있다. 범용소프트웨어는 허용된 커스터마이징의 정도 및 해당 소프트웨어의 신뢰성 및 범용성에 따라 위험이 달라지며, 범용소프트웨어의 선정과 도입에 대한 통제활동을 구축하고 적용한다. 또 다른 대안은 아웃소싱이다. 원칙적으로 내부에서 통제가 적용되든 혹은 아웃소싱업체에 의하여 통제가 적용되든 상관없이 동일한 고려사항이 적용되어야 하나, 아웃소싱을 하는 경우 고려해야 할 특수한 위험이 존재하여 종종 아웃소싱업체와 주고받는 정보의 완전성, 정확성, 유효성에 대한 추가적인 통제를 선택하여 구축할 필요가 있다.

사례 업무프로세스의 정보기술 의존도 결정 및 정보기술 일반통제 간 설계

회사는 업무프로세스 및 자동통제와 정보기술 일반통제 간의 의존성과 연관성을 이해하고 결정하기 위해 다음의 절차를 수행한다.

1. 회사가 사용하는 주요 IT시스템의 목록을 작성하여 재무보고에 미치는 영향을 평가한 후 내부회계관리제도에 포함될 IT시스템을 선정한다.
2. 회사는 통제활동을 이행할 때 사용되는 시스템 및 IT연관 항목(자동통제, 리포트, 보안, 계산, 인터페이스 등)을 파악하고 문서화(통제기술서, 업무흐름도 등)한다.
3. 회사는 내부회계관리제도 범위에 포함될 IT시스템에 대하여 IT 연관 항목이 적정하게 작동하기 위해 필요한 정보기술 일반통제의 각 항목(개발, 변경, 보안, 운영)별로 통제를 설계 및 이행한다.

사례1 일괄처리(Batch Job) 모니터링

회사의 일괄처리는 정기 및 비정기 작업으로 구분되며, 일괄처리와 관련하여 다음의 통제를 수행한다.

1. 일괄처리의 등록 및 변경은 해당 부서장의 승인하에 시스템 운영부서 관리자가 일괄처리관리시스템에서 등록 또는 변경한다.
2. 일괄처리관리시스템으로 일괄처리 결과를 모니터링하며, 매일 오전 근무자가 인터넷 데이터 센터(IDC) 운영일지를 통해 모니터링 사항을 보고한다.
3. 중요 일괄처리의 문제 발생 시 시스템 로그 분석을 통해 해당 담당자에게 자동으로 문자메시지가 발송되어 실시간으로 처리한다.

사례2 최종 사용자 컴퓨팅(End-User Computing) 관리기준 수립

회사는 재무보고와 관련되어 사용하는 엑셀, 스프레드시트 등을 포함한 최종 사용자 컴퓨팅을 관리하기 위한 기준("EUC 관리기준")을 수립, 이행한다.

EUC 관리기준은 다음의 내용을 포함한다.

1. 관리대상 EUC의 정의 : 회계전표 또는 재무제표 작성에 직접적으로 사용되는 경우(재무제표 작성 목적), 재무제표에 직접적으로 영향을 미치는 금액을 검토하거나 재무제표의 적정성을 검토하기 위해 사용되는 경우(검토 및 분석 목적)
2. 역할 및 책임 : 내부회계전담조직 및 현업조직

3. EUC 통제수행 및 모니터링 절차

1) EUC 목록의 작성 및 유지("EUC 관리대장")

2) EUC 위험평가 : EUC 파일 내 로직이나 연산의 구현 여부 및 복잡도, EUC 파일의 사용 목적, 시스템에의 업로드 여부, EUC 파일의 수정 · 변경 가능성 등

3) EUC 통제 결정 및 수행

- 저위험 EUC 파일 : 현업부서 내 EUC 사용 목록 유지, 접근제한 등
- 고위험 EUC 파일 : 접근제한, 버전관리, 변경관리, 문서보존 관리 등

사례 **사용자 권한의 신규 부여 또는 변경에 대한 승인**

회사는 다음과 같이 기간계 시스템에 접근권한관리 솔루션을 도입하여 접근통제를 운영한다.

1. 접속계정 부여 : 인사시스템으로부터 자동으로 신규 입사자 목록을 연계 · 수신하여 접근권한관리 솔루션에서 접속 계정을 생성하고 있다.
2. 메뉴권한 부여 : 인사시스템에서 수신받은 부서 및 역할정보(부서장, 부서원)에 따라 자동으로 기본 권한이 부여되며, 신규 접근 메뉴가 필요하거나 역할을 조정할 때에는 접근권한관리 솔루션상 권한등록변경요청서 작성을 통해서 권한을 부여하고 있다.
3. 접근권한관리 솔루션상 권한등록변경 요청 절차
   - 요청서 작성 → 부서장 결재 → 시스템 소유자 또는 정보보안 파트 결재
4. IT운영담당자는 매월 부서 변경 등으로 인해 권한 변경이 발생한 임직원의 리스트를 각 부서에 송부하고, 해당 부서장이 변경된 권한의 적정성을 검토한다.
5. 동일 부서 내 이동의 경우는 역할(Role)을 조정하며, 타 부서로 이동한 경우에는 기존 사용자 권한을 삭제한 후 새로운 권한으로 재부여 한다.

사례 **자체 개발 시스템의 개발 방법론 적용**

회사는 정보기술 일반통제를 통하여, 다음을 포함한 시스템개발 및 변경에 관한 정책을 수립, 운영하고 있다.

1. 실제 운영시스템에 적용하기 전(Go-Live 전) 변경사항이 요청사항을 만족하고, 기존 소프트웨어에 의도하지 않은 문제를 발생시키는지 여부를 확인하는 테스트를 수행한다.
2. 테스트의 양과 종류는 변경의 성격(크기, 복잡성 등)에 따른다(단위, 시스템, 통합 및 사용자 승인 테스트가 다양하게 고려될 수 있음).
3. 데이터 변환 – 데이터가 변화되는 경우 기존 시스템의 데이터가 완전하고 정확하며 유효하게 변화할 수 있는 절차와 통제를 수행한다.

4. 프로그램 적용 및 이관 승인 – 변경사항은 실제 운영시스템에 적용하기 전에 관련 이해관계자가 승인하고, 승인된 프로그램만이 적용될 수 있는 절차와 통제를 수행한다.
5. 문서화 및 교육 – 필요한 경우 최종 사용자 매뉴얼 및 IT매뉴얼을 업데이트하고 교육을 수행한다.

사례 **재무적으로 중요한 패키지 소프트웨어에 대한 시스템 개발 방법론 적용**

회사는 정보기술 일반통제를 통하여, 다음을 포함한 패키지소프트웨어에 관한 정책이 수립, 운영하고 있다.

1. 새로운 패키지 소프트웨어 선택 시, 기능성, 응용 프로그램 통제, 보안 기능 및 데이터 변환 요구사항을 고려한다.
2. 충분한 능력을 보유한 내부 인력을 활용하거나 외부의 공급 업체를 통해 소프트웨어를 구현한다.
3. 재무적으로 중요한 패치를 설치하거나 시스템 업그레이드하기 위한 다음의 변경절차가 수립되어 있고, 이를 준수한다.
   1) 업그레이드나 패치의 성격과 적합한 사항인지 여부 확인을 한다.
   2) 이후 적절한 것으로 판단되면 패치 또는 업그레이드를 실제 운영시스템에서 적용하기 전에 실제 운영시스템과 동일한 환경의 시스템에서 시스템 테스트 및 사용자 테스트를 수행한다.
   3) 변경사항 적용 전 변경 대상 기능 사용자, 회계나 경리부서 및 IT부서와 같은 주요 이해관계자가 검토 승인하고, 변경절차가 적절히 이뤄졌음을 증명하는 문서화를 수행한다.

상기 적용사례집과 실무사례를 바탕으로 **(원칙 11. 회사는 내부회계관리제도 목적 달성을 지원하는 정보기술 일반통제를 선정하고 구축한다)**를 충족하는 통제활동은 다음과 같이 설계될 수 있다.

ELC_18 EUC 관리대장 유지 관리

중분류		소분류		위험 설명	통제 활동명	통제활동 설명	통제 담당 팀	통제 유형	통제 구분	통제 주기
Code	내부통제 구성요소	원칙	모범규준 17원칙							
	통제활동	11	정보기술 일반통제의 선정과 구축	재무보고 관련 최종 사용자컴퓨팅 관리 기준과 관리대장이 존재하지 않아 재무보고 과정의 불완전성이 존재할 위험	**EUC 관리대장 유지 관리**	회사는 재무보고와 관련되어 사용하는 엑셀, 스프레드시트 등을 포함한 최종 사용자 컴퓨팅을 관리하기 위한 EUC리스트를 유지 관리한다.	회계팀	예방	수동 통제	분기

EUC(End-Used Computing : **최종사용자 컴퓨팅) 통제**

기업은 업무 효과성과 효율성을 높이기 위해 기업 내 다양한 업무영역에서 IT시스템을 구축한다. 이로 인해 내부회계관리제도에서도 IT시스템을 통해 통제활동이 수행되는 경우도 있고(자동통제), IT시스템을 통하지 않고 통제활동이 수행되는 경우도 있다(수동통제).

IT시스템을 통해 통제활동이 수행되는 자동통제의 경우, 해당 IT시스템이 문제가 없다는 점을 추가적으로 확인해야 하는데, 이게 ITCG(정보기술일반통제) 테스트에 해당한다.

반면, IT시스템을 통하지 않고 수행되는 수동통제의 경우, 해당 통제를 수행하는 통제담당자(사람)는 문제가 없다는 점을 추가적으로 확인해야 하고 이는 통제담당자의 적격성과 권한 평가에 해당한다.

한편, 수동통제의 경우에도 통제담당자는 이러한 통제활동을 수행하는 과정에서 IT시스템은 아니지만, 스프레드시트(MS 엑셀 등)을 통해서 산출된 정보를 이용(검토 통제활동 등)한다. 그런데 수동통제의 경우 통제담당자가 적격성과 권한은 갖추더라도 통제담당자가 활용하는 스프레드시트(MS 엑셀 등)에 문제가 있다면, 이 수동통제는 효과적으로 설계 운영된다고 보기 어려울 수 있다.

결론적으로, 스프레드시트(MS 엑셀 등)를 통제활동에 이용하는 경우, 해당 스프레드시트(MS 엑셀 등)가 통제활동에 사용되는 과정에서 문제가 없는지를 별도로 평가해야 하는데, 이를 "**EUC통제**"라고 한다.

EUC는 IT시스템과 달리 수동통제 과정에서 사용된다.

예시 – ITGC 설명에 스트레드시트(엑셀)

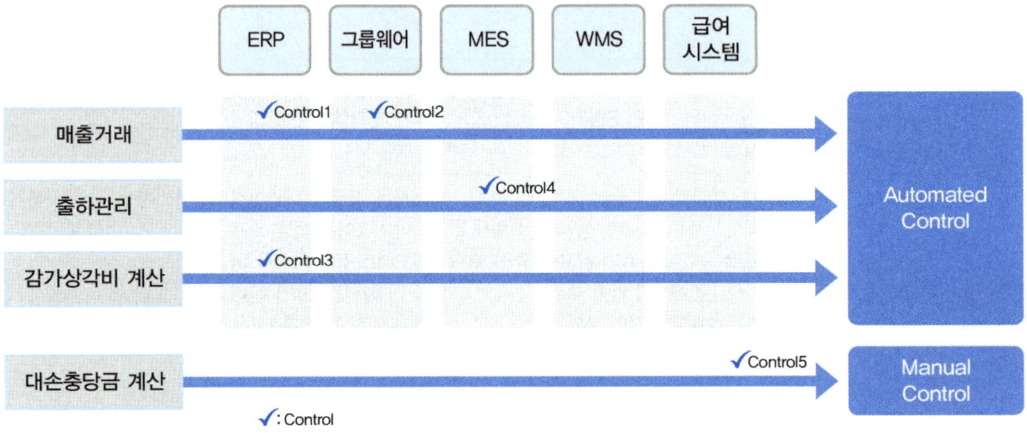

예시에서 회사의 5개 IT시스템 중 3개 시스템(ERP, 그룹웨어, MES)은 각각의 통제활동이 효과적이려면 이 3개 시스템(ERP, 그룹웨어, MES) 자체가 효과적인지 여부를 확인해야 하며, 이 3개의 IT시스템이 효과적인지 여부를 확인하는 것이 **ITGC**인 것이다.

한편, 수동통제인 대손충당금 계산에 대한 검토 통제과정에서는 IT시스템이 아닌 엑셀파일을 통해 대손충당금이 계산되어 관리되고 있으므로, ITGC와 유사하게 해당 엑셀파일이 효과적인지 여부를 확인해야 하고 이를 **EUC통제**라고 한다.

1. EUC관리대장

회사는 회사의 어떤 통제활동이 어떠한 엑셀파일 등에 의해 수행되고 있는지를 확인하기 위해 EUC 파일들의 취합 정리가 필요하고, 이를 **EUC관리대장**이라고 한다.

EUC관리대장은 회사의 재무제표 결산과정에서 엑셀파일을 활용하는 모든 파일이 포함되어야 한다.

단순하게 발생주의 계정인 미수수익 계산도 엑셀파일을 통해 이루어진다면, 이 엑셀파일도 EUC 파일에 해당하는 것이다.

EUC관리대장의 예시는 다음과 같다.

예시 EUC관리대장

No	메가 프로세스	통제활동 ID	통제활동명	EUC 파일명	EUC 파일설명	변경 주기	EUC 파일 저장위치	EUC 파일 책임부서
1	10. 매출	C.10. 10.1	매출 수익인식 적정성 검토	매출 마감 집계 및 조정	ERP 미반영 매출, 할인, 반품 등의 월별 마감 시점 조정 내역 최종 집계	월별	회계팀 공유폴더₩결산₩2025년.4Q₩1. 매출 및 매출채권	회계팀
2	10. 매출	C.10. 40.1	매출채권 대손충당금 검토(MRC)	매출채권 연령분석표	매출채권 대손충당금 계산파일	분기별	회계팀 공유폴더₩결산₩2025년.4Q₩1. 매출 및 매출채권	회계팀
3	30. 생산 재고	C.30. 10.1	원가배부 적정성 검토	원가배부 파일	부문별 제조원가 및 판관비 배부	분기별	회계팀 공유폴더₩결산₩2025년.4Q₩3. 재고자산	회계팀
4	30. 생산 재고	C.30. 30.1	재고자산 NRV Test 내역에 대한 검토(MRC)	재고평가 파일	재고 NRV 평가를 위한 계산파일	분기별	회계팀 공유폴더₩결산₩2025년.4Q₩3. 재고자산	회계팀
5	50. 고정 자산	C.50. 10.1	리스 상각스케쥴 계산 내역 검토	리스계산 파일	사용권자산, 리스부채 산출을 위한 계산파일	분기별	회계팀 공유폴더₩결산₩2025년.4Q₩10.리스	회계팀
6	60. 자금	C.60. 10.1	금융상품 공정가치 측정에 대한 검토	비상장주식 공정가치 평가	FVOCI(비상장주식) 공정가치 평가 파일	분기별	회계팀 공유폴더₩결산₩2025년.4Q₩11.비상장주식 평가	회계팀
7	80. 결산	C.80. 10.1	외화자산부채 환산 적정성 검토	외화환산 파일	외화자산부채 평가 계산파일	분기별	회계팀 공유폴더₩결산₩2025년.4Q₩12. 외화평가	회계팀
8	80. 결산	C.80. 20.1	이연법인세 산출내역의 적정성 검토	법인세 계산 파일	당기법인세 및 이연법인세 산출을 위한 계산파일	연간	회계팀 공유폴더₩결산₩2025년.4Q₩15.법인세	회계팀
9	80. 결산	C.80. 30.1	현금흐름표 검토	현금흐름표 정산표 파일	현금흐름표 정산표 파일	분기별	회계팀 공유폴더₩결산₩2025년.4Q₩16.정산표	회계팀
10	80. 결산	C.80. 30.2	재무제표 주석 체크리스트와 주석작성파일 대조확인	주석 PKG 파일	주석 PKG 파일	분기별	회계팀 공유폴더₩결산₩2025년.4Q₩20.주석	회계팀

EUC 파일에 대한 통제평가

EUC 파일에 대한 통제활동은 각 EUC 파일별로 아래 3가지 측면의 검토 통제가 필요하다.

Control Type	위험	통제활동
1. 버전관리 (Version Control)	잘못된 버전의 EUC 파일(또는 spread-sheet) 사용으로 인해 재무데이터의 신뢰성 및 무결성이 손상될 위험	버전관리 혹은 현재 유효한 파일을 별도 보관을 통해 EUC사용자가 최신 버전의 EUC 파일(또는 spreadsheet)만을 사용하도록 한다.
2. 접근통제 (Access Control)	EUC 파일(또는 spreadsheet)에 대한 접근통제가 적절하지 않아 재무 데이터의 신뢰성 및 무결성이 손상될 위험	EUC 파일서버에 대한 접근권한이 EUC 관리 부서에만 있고 타부서로부터 보호된다.
3. 변경관리 (Change Control)	잘못된 로직의 적용으로 인해 계산 오류 등 잘못된 재무데이터가 사용될 위험	EUC 파일 관리자는 주기적으로 파일상의 Logic 및 계산의 적정성을 검토하고 EUC 파일 검토자의 승인을 받는다.

EUC 파일에 대한 통제평가 예시

매출채권 대손충당금 관련 EUC 파일인 연령분석표(Ageing Report) 파일에 대한 검토 통제활동을 예시로 보면 다음과 같다.

예시 매출채권 대손충당금 연령분석표 파일

No	메가 프로세스	통제 활동 ID	통제활동명	EUC 파일명	EUC 파일 설명	변경주기	EUC 파일 저장위치	EUC 파일 책임부서
2	10. 매출	C.10.40.1	매출채권 대손충당금 검토 (MRC)	매출채권 연령분석표	매출채권 대손충당금 계산 파일	분기별	회계팀 공유폴더₩결산₩2025년.4Q₩1.매출 및 매출채권	회계팀

〈통제활동〉

Control Type	위험	통제활동
1. 버전관리 (Version Control)	잘못된 버전의 EUC 파일(또는 spread-sheet) 사용으로 인해 재무데이터의 신뢰성 및 무결성이 손상될 위험	버전 관리 혹은 현재 유효한 파일 별도 보관을 통해 EUC 사용자가 최신 버전의 EUC 파일(또는 spreadsheet)만을 사용하도록 한다.

〈통제절차 예시 – 매출채권 연령분석표(EUC)〉

회사의 EUC 파일 매출채권 연령분석표 파일을 입수하여 해당 파일상의 대손충당금 및 연령분석 채권잔액 정보가 2025년 4Q의 회사의 결산재무제표 금액과 일치하는지를 확인함

Control Type	위험	통제활동
2. 접근통제 (Access Control)	EUC 파일(또는 spreadsheet)에 대한 접근통제가 적절하지 않아 재무 데이터의 신뢰성 및 무결성이 손상될 위험	EUC 파일서버에 대한 접근권한이 EUC 관리 부서에만 있고 타부서로부터 보호된다.

〈통제절차 예시 – 매출채권 연령분석표(EUC)〉

회사의 EUC 파일은 회계팀 공유폴더에 보관되어 있으며, 이 공유폴더는 회계팀 이외의 인원은 접근제한이 설정되어 있음. 회계팀 이외의 인원(인사팀 인원)의 아이디로 해당 공유폴더 접근을 시도하여 접근제한이 되어 있음을 확인함

Control Type	위험	통제활동
3. 변경관리 (Change Control)	잘못된 로직의 적용으로 인해 계산 오류 등 잘못된 재무데이터가 사용될 위험	EUC 파일 관리자는 주기적으로 파일상의 Logic 및 계산의 적정성을 검토하고 EUC 파일 검토자의 승인을 받는다.

〈통제절차 예시 – 매출채권 연령분석표(EUC)〉

회사의 EUC 파일 중 연령분석표 파일을 입수하여 K-IFRS 1109호(금융상품)의 충당금설정률표 로직에 근거한 평가내역인지를 검토한 결과, 연령분석표 로직 자체에 특이사항이 없음을 확인함

상기 EUC 파일에 대한 통제활동은 위험이 높은 EUC 파일(고위험 EUC 파일)에 해당하는 통제절차이며, 상대적으로 저위험 EUC 파일(미수수익 등)에 대해 현업부서 내에 EUC관리대장이 유지되고 있는지 여부와, 접근제한이 효과적으로 수행되고 있는지 여부 정도를 검토한다.

내부회계관리제도 감사 FAQ

28. 최종 사용자 컴퓨팅(end-user computing)을 감사하는 특정한 방법이 있는지요?

최종 사용자 컴퓨팅을 감사하는 특정한 방법이 정해져 있지는 않으며 감사인은 해당 상황에 적합한 감사 방법을 전문가적 판단으로 결정하여야 합니다. 감사인은 최종 사용자 컴퓨팅에서 발생할 수 있는 왜곡표시 위험에 상응하는 통제를 식별하고 테스트하여야 하며, 특히 수작업으

로 데이터를 입력, 변경하거나 논리(logic)를 변경할 수 있는 경우 수작업에서 발생하는 위험에 적합한 통제를 식별 · 테스트하여야 합니다.

해설 - 저자 주

감사인이 EUC에 대해서 감사하는 방법은 회사의 EUC통제에 대한 운영평가 방법과 거의 동일하다. 즉, 감사인도 EUC에 대해서 버전관리(Version Control), 접근통제(Access Control), 변경관리(Change Control) 여부에 대한 테스트를 통해 감사절차를 수행한다.

원칙 12	**(정책과 절차를 통한 실행)** 회사는 기대사항을 정한 정책과 그 정책을 실행하기 위한 절차를 통하여 통제활동을 적용한다.

보론 A. 원칙달성을 위한 중점고려사항

구분	내용
경영진의 지침 전달을 지원하기 위한 정책 및 절차 수립 (문단 49.1)	A67. 정책은 효과적인 내부통제를 적용하기 위해 수행되어야 할 경영진의 지시사항을 반영한다. 이러한 내용은 공식적으로 문서화되어 공유되거나, 경영진의 활동 및 의사결정 과정에 내재되어 있기도 한다. 절차는 이러한 정책을 실행하기 위한 구체적인 활동들로 구성된다. 통제활동은 특히 목적달성을 저해하는 위험을 적절한 수준으로 감소시키기 위한 정책 및 절차와 밀접한 관계를 가진다.
	A68. 정책 및 절차는 종종 구두상으로 의사소통된다. 문서화되지 않은 정책도 그 정책이 오래 지속되어 온 관행이고, 소수의 경영진에 의한 밀접한 관리 감독이 가능한 소규모의 조직에서는 효과적일 수도 있다. 문서화되지 않은 정책은 일부 회사에서는 비용 측면의 효과적인 대안이 될 수는 있지만, 우회되기 쉽고, 담당자의 변경이 잦은 경우에는 오히려 관련 비용이 증가하고 책임성도 낮아질 수 있다. 외부기관과 관련된 정책 및 절차는 공식적으로 문서화되는 것이 바람직하다. 공식적인 문서화 여부와 상관없이 정책은 반드시 조직 및 하부 조직의 관리자의 역할 및 책임을 명확하게 설정하여야 한다. 정책의 구체적인 절차는 통제활동을 수행하는 담당자의 책임을 명확히 하여야 한다. 또한, 정책은 사려 깊고 신중하게 적용하여야 하고, 관련된 절차는 적격한 임직원들에 의해 적시에 성실하고 지속적으로 수행되어야 한다.
통제활동의 적시 수행 (문단 49.3)	A69. 회사의 절차에는 통제활동 및 필요한 개선조치가 수행되어야 하는 시기가 포함되어야 한다. 적시에 수행되지 못하는 절차는 통제활동의 유용성을 감소시킬 수 있다.
개선조치 이행 (문단 49.4)	A70. 통제활동을 수행함에 있어서, 추가 검토가 필요한 것으로 확인된 사안은 조사하고, 필요한 경우 적절한 방식의 개선조치를 취하여야 한다.
적격성 있는 담당자의 수행 (문단 49.5)	A71. 일반적으로 잘 설계된 통제활동이라 하더라도 해당 통제활동을 수행할 수 있는 충분한 권한을 가진 적격성 있는 담당자 없이는 제대로 수행될 수 없다. 통제활동을 수행하기 위하여 요구되는 적격성의 수준은 통제활동 자체의 복잡성, 관련된 거래의 복잡성과 규모 등의 사항에 따라 다를 것이다. 또한 관련된 위험을 지속적으로

구분	내용
	반영하지 못하고, 단순히 기존의 절차를 반복하는 것은 유용하지 않다. 적절한 방식의 개선조치를 취하는 것을 포함하여 통제의 모든 측면을 완전하게 수행하기 위한 충분한 권한이 필요할 것이다.
정책, 절차 및 통제활동의 주기적인 재평가 (문단 49.6)	A72. 경영진은 회사의 위험 또는 목적의 중요한 변화에 대응하는 것과 별개로 정책, 절차 및 이와 관련된 통제활동이 지속적으로 유효한 것인지 주기적으로 검토하여야 한다. 중요한 변화사항은 위험평가 절차를 통하여 평가될 것이다. 인력, 프로세스, 기술의 변화는 통제활동의 효과성을 감소시키거나 불필요하게 만들 수 있다. 이러한 변화가 발생할 때마다 경영진은 기존 통제활동의 적정성을 재평가하고 필요한 경우 개선하여야 한다.

사례 정책과 절차 수립 및 문서화

회사는 외부 재무보고 과정의 중요한 모든 통제 활동과 관련된 정책과 절차를 다음과 같이 수립하고, 문서화하여 관리한다.

1. 내부회계관리제도 정책과 절차 : 내부회계관리제도 전담부서 주관 하에 '내부회계관리규정', '내부회계관리지침'으로 관리한다.
2. 회계정책 및 회계처리 절차 : 회계팀 주관하에 '회계관리규정' 및 '회계정책서'로 관리한다.
3. 기타 통제절차 : 개별부서 주관하에, 판매 · 영업, 구매, 인사, 자금 등 내부회계관리제도 관련 업무프로세스별 업무규정으로 관리한다.

사례 주요 임직원의 적격성 기준 정의 및 적격성 평가

회사는 내부회계관리제도와 관련된 정책과 절차를 수립, 유지 및 이행할 수 있는 인력의 적격성을 유지하기 위해 필요한 기준과 절차를 담은 내부지침을 수립 및 유지한다.

회사는 내부회계관리제도와 관련된 주요 조직 및 임직원(감사위원회, 대표이사, 내부회계관리자, 내부회계관리제도 전담부서, 회계정보를 작성 또는 공시하는 임직원, 기타관련 부서 등)의 재무보고와 관련된 책임과 권한 및 이를 효과적으로 수행하기 위해 필요한 지식과 기술, 전문성, 자격 등을 직무기술서 등을 통해 문서화하고, 필요한 경우 또는 주기적으로 적정성을 검토한다.

추가적으로 감사위원회는 내부회계관리제도에서 중요한 역할을 수행하는 임직원의 적격성을 검토한다.

상기 검토 결과에 따라 성과평가를 수행하며, 성과평가를 토대로 적절한 승진, 업무 재배치 등을 실시한다.

회사는 내부회계관리제도와 관련된 업무를 효과적으로 수행하기 위해 필요한 교육 프로그램을 수립 및 운영하고 이수현황을 관리한다.

상기 적용사례집과 실무사례를 바탕으로 **(원칙 12. 회사는 기대사항을 정한 정책과 그 정책을 실행하기 위한 절차를 통하여 통제활동을 적용한다)**를 충족하는 통제활동은 다음과 같이 설계될 수 있다.

ELC_19	경영진의 지침 전달을 지원하기 위한 정책 및 절차 수립

중분류		소분류		위험 설명	통제 활동명	통제활동 설명	통제 담당팀	통제 유형	통제 구분	통제 주기
Code	내부통제 구성요소	원칙	모범규준 17원칙							
CA	통제 활동	12	정책과 절차를 통한 실행	정책과 절차가 명확하게 제시되지 않음에 따라 관련 통제활동을 우회할 위험	**경영진의 지침 전달을 지원하기 위한 정책 및 절차 수립**	[주요 정책 · 규정에 대한 공유체계] 1. 회사의 주요 정책 · 규정은 사규집을 통하여 유지 · 승인을 득하고 있다. 2. 회사의 주요 정책 · 규정의 변경(업데이트)은 주기적으로 검토되고 있으며, 회계기준의 변경 등 내부회계관리제도와 관련된 경우 내부회계관리자에게 보고한다.	기획팀	예방	수동 통제	연 단위

기업은 효과적이고 일관적인 업무수행을 위해 업무규정을 문서화하고 이를 주기적으로 전 임직원에게 공유하고 있으며, 임직원들은 이러한 규정에 쉽게 접근할 수 있다.

또한 조직, 프로세스, IT시스템의 변경 등으로 인하여 업무규정을 주기적으로 업데이트하며, 업데이트(개정) 시 업데이트 내용의 적정성에 대해 경영진의 승인을 받는다.

내부회계관리제도를 전사수준에서 효과적으로 설계 운영하기 위해서는 이러한 규정들을 적절하게 제정하고, 적시에 개정하여야 한다.

예시 정책 및 절차 수립

㈜ABC

구분	통제활동 내용	수행부서/책임자	빈도	증빙
정책 · 규정 관리 기준 수립	㈜ABC는 「사규관리규정」을 제정하여 회사 내 모든 정책 · 규정의 제 · 개정 절차, 승인 권한, 관리 방법을 명확히 규정	경영기획팀	최초 제정 및 필요시 개정	사규관리규정 문서
내부 승인 절차 운영	주요 정책 · 규정 제 · 개정 시 관련 부서 검토 후, CFO 및 CEO의 결재를 받아 시행	경영기획팀 / CFO	수시	전자결재 시스템 승인 기록

구분	통제활동 내용	수행부서/책임자	빈도	증빙
정기적 검토 및 업데이트	매년 말 정책 · 규정의 적정성을 검토하고, 회계기준 변경 등 내부회계와 관련된 경우 CFO 및 감사위원회에 보고	경영기획팀 / CFO	연 1회 이상	검토 보고서, 감사위원회 회의록
임직원 공유 체계	승인된 규정은 사내 인트라넷 게시판 및 전자결재 시스템을 통해 전 임직원에게 공지	경영기획팀	규정 제 · 개정 시마다	인트라넷 공지 화면 캡처, 공지 메일

05 정보 및 의사소통

원칙 13	(관련 있는 정보의 사용) 회사는 내부회계관리제도의 운영을 지원하기 위하여 관련 있는 양질의 정보를 취득 또는 생산하고 사용한다.

보론 A. 원칙달성을 위한 중점고려사항

구분	내용
정보 요구사항의 식별 (문단 50.1)	A73. 효과적인 내부회계관리제도를 설계 및 운영하기 위해서는 관련 있는 정보가 필요하다. 세부적인 목표는 경영진과 이사회의 지시사항과 활동 등을 통해 수립하며, 회사의 임직원이 수립된 목적과 목적을 달성함에 있어 각자의 역할을 이해할 수 있도록 요약되어 제시되어야 한다.
	A74. 관련된 적절한 정보를 얻기 위해서 경영진은 다양한 수준에서 요구되는 정보를 식별하고 정의하여 필요한 정보를 명확하게 구체화하여야 한다. 요구되는 정보를 식별하는 것은 효과적인 내부회계관리제도를 운영하는 과정에서 반복적이고 지속적으로 수행하는 프로세스이다. 경영진은 내부통제의 다른 구성요소가 효과적으로 작동할 수 있도록 관련 있는 정보를 식별하기 위한 통제활동을 개발하고 구축한다.
	A75. 회사의 통제활동에 요구되는 정보를 정의하는 것은 임직원이 관련 있는 적절하고 신뢰성 있는 정보의 원천과 기반이 되는 데이터를 식별할 수 있는 효율적인 방안을 제시한다. 데이터 관련 기술의 진보로 회사가 이용 가능한 정보와 기반이 되는 데이터는 필요 이상으로 많을 수 있으며, 때로는 특정 수준의 정보나 요구사항에 부합하는 정보 획득이 어려울 수도 있다. 따라서 회사의 임직원이 요구되는 정보를 명확히 이해하면 적절하고 신뢰할 수 있는 정보 및 정보의 원천을 식별할 수 있을 것이다. 정보시스템을 설계하고 관리하는 데 필요한 비용과 효익을 분석하는 것은 회사의 요구사항을 충족하는 정보시스템을 구축하기 위해 고려해야 할 주요 요소이다.

<table>
<tr><th>구분</th><th>내용</th></tr>
<tr><td rowspan="2">회사 내부 및 외부의 데이터 원천 포착 (문단 50.2)</td><td>A76. 경영진은 내·외부의 다양한 원천을 통해 다양한 형식으로 내부회계관리제도와 관련한 정보를 얻을 수 있으며, 데이터와 데이터 원천에는 다음과 같은 것들이 있다.
내부 데이터
<table>
<tr><th>내부 데이터 예시</th><th>내부 데이터의 원천 예시</th></tr>
<tr><td>회사 조직의 변화 정보</td><td>발송된 이메일</td></tr>
<tr><td>생산 제품의 소요시간 및 품질 정보</td><td>제조 공정의 생산 기록</td></tr>
<tr><td>프로젝트별 발생 시간</td><td>개인별 작업시간 관리 시스템</td></tr>
<tr><td>제품별 월별 배송 수량</td><td>생산(혹은 재고) 시스템의 출하 기록</td></tr>
<tr><td>경영진의 업무 처리 방식에 대한 불만</td><td>내부고발제도의 기록</td></tr>
</table>
외부 데이터
<table>
<tr><th>외부 데이터 예시</th><th>외부 데이터의 원천 예시</th></tr>
<tr><td>외주업체의 직접 배송한 제품 수량</td><td>외주업체가 제공한 제품별 세부 배송 데이터</td></tr>
<tr><td>경쟁자 제품 정보 등</td><td>업종별 조사 보고서</td></tr>
<tr><td>신규 법규 및 규제사항</td><td>관련 규제 당국</td></tr>
<tr><td>뇌물 수수</td><td>내부고발제도의 기록</td></tr>
</table></td></tr>
<tr><td>A77. 경영진은 이용 가용한 내부 데이터, 신뢰할 수 있는 외부 데이터의 원천 등을 종합적으로 고려하여 회사의 목적, 조직구조 및 사업 모델에 가장 관련성 높고 유용한 것을 선택하고, 필요에 따라 적절하게 조정한다. 회사에서 발생하는 변화에 따라 정보 요구사항도 변화하게 되므로 경영진은 정보 요구사항의 적정성을 재평가하고 필요에 따라 적절하게 조정한다.</td></tr>
<tr><td rowspan="3">관련 있는 데이터를 의미 있는 정보로 변환 (문단 50.3)</td><td>A78. 회사는 정의된 정보 요구사항을 충족하기 위해 회사 내·외부에서 취득한 데이터를 취합하여 의미 있고 이용 가능한 정보로 전환할 수 있는 정보시스템을 개발한다. 정보시스템은 회사의 내부 프로세스 및 외부서비스 제공자가 수행하는 프로세스를 지원하는 정보기술뿐만 아니라 임직원, 세부 프로세스, 데이터 등을 포함한다.</td></tr>
<tr><td>A79. 다양한 형태로 획득되는 정보는 상당한 변환작업이 필요할 수도 있다. 경영진은 정보시스템에 입력되는 데이터의 정합성 및 데이터를 변환하여 다른 통제활동에 사용되는 정보로 처리하는 과정의 완전성과 정확성을 확보하기 위한 통제활동을 개발하고 구축한다.</td></tr>
<tr><td>A80. 정보 요구사항의 성격과 정도, 정보의 복잡성과 양, 외부에 대한 의존 정도는 회사 정보시스템에 적용되는 기술 수준 및 정교하고 복잡한 정도에 영향을 받는다. 회사 시스템의 수준에 관계없이, 정보시스템은 조직이 수동 또는 자동화된 프로세스를 통해 일관되고 좋은 품질의 데이터를 수집, 저장 및 집계할 수 있도록 거래와 데이터의 정보처리과정을 지원한다. 이렇게 통합된 정보시스템은 사용자에게 정보의 효율성, 신속성 및 접근가능성을 강화할 수 있는 기회를 제공한다. 또한 필요한 인원에게만 접근권한을 부여하고, 접근할 수 있는 방식을 제한하도록 개발되고 구축된 시스템은 정보 보안과 관련된 위험을 줄이는 데 효과적이다.</td></tr>
</table>

구분	내용
정보 처리 과정에서 품질의 유지 · 관리 (문단 50.4)	A81. 오늘날 정보시스템의 방대한 데이터와 정교하고 자동화된 시스템에 대한 의존도를 고려하면 정보의 품질을 유지 · 관리하는 것은 효과적인 내부통제제도에서 필수적인 요소이다. 좋은 품질의 정보는 데이터 원천으로부터 출발한다. 부정확하고 불완전한 데이터 원천에서 생성된 정보는 잘못된 판단, 추정 및 경영의사결정의 원인이 된다. 정보의 품질을 결정하는 요소는 다음과 같다. • 접근가능성 – 정보를 필요로 하는 임직원이 쉽게 정보를 얻을 수 있다. 즉, 가용한 정보가 어디에 있는지 알 수 있다. • 정확성 – 기초 데이터는 정확하고 완전하다. • 현재성 – 데이터는 필요한 주기에 따라 최신의 원천으로부터 수집된다. • 보안성 – 민감한 정보에 대한 접근은 권한이 부여된 직원으로 한정된다. • 보존성 – 외부기관의 질의나 조사에 대응하기 위해 일정 기간 동안 정보를 사용할 수 있다. • 충분성 – 정보 요구사항에 맞는 충분한 정보가 있으며 적절한 수준으로 상세히 기재되어 있다. 과도한 데이터는 비효율 및 오용을 피하기 위해 정리된다. • 적시성 – 정보가 필요한 시점에 정보시스템에서 해당 정보를 이용할 수 있다. • 유효성 – 정보는 검증된 원천에서 취득하고 정해진 절차에 따라 수집하며, 실제 발생한 사건에 근거한다. • 입증가능성 – 정보는 원천으로부터 얻은 증거에 의해 뒷받침된다.
	A82. 회사는 정보의 품질관리를 위한 명확한 책임관계를 포함한 정보관리 정책을 수립한다. 이러한 정책에는 데이터를 유형화하여 구분하고 데이터의 처리, 저장, 접근 등의 관리를 위한 방안을 포함한다. 또한 허가받지 않은 접근과 변경을 방지하고, 요구되는 기간 동안 보관하기 위한 임직원의 책임과 권한을 포함한다.
	A83. 경영진은 내부적으로 필요한 보관기간 그리고 외부의 제3자나 법규나 규정에서 요구하는 정보의 보관기간을 고려한다. 그러나 최근의 방대한 정보와 정보를 보관하고 복구하는 기술을 고려할 때, 실시간 정보처리에만 의존하는 경우 이러한 요구사항을 충족하는 것은 매우 어려울 수 있다. 내부회계관리제도와 관련한 정보의 보관 통제는 다른 통제 구성요소를 지원하기 위한 필요사항과 급격한 기술 발전을 고려하는 것이 바람직하다.
비용과 효익 고려 (문단 50.5)	A84. 회사가 필요한 정보의 성격, 양, 상세한 정도는 내부회계관리제도의 목적 달성을 지원하고 부합되는 수준으로 관리되어야 한다. 목적 달성에 필요한 적절한 수준을 결정하는 것은 관련된 비용과 효익의 고려를 포함한 합리적인 판단에 근거한다.

사례1 **정보의 식별과 관련 통제활동 설계**

경영진은 내부 및 외부 이해관계자와의 의사소통을 통해서 내부회계관리제도에 필요한 정보를 파악하고, 필요할 경우 관련 통제활동에 미치는 영향을 확인한다.

회사는 통제활동에 포함된 주요 정보(IPE, Information Produced by the Entity)를 식별하여 주요정보목록(IPE Inventory)을 작성 및 관리한다. 식별된 주요 정보는 통제활동을 수행하는 데 사용된 모든 중요한 내부 및 외부 정보를 의미한다.

회사는 내부회계관리제도 구축 시 식별된 주요 정보(IPE)를 파악하고 IPE 설계평가 문서 등을 통해 원천정보의 신뢰성, 보고서 로직(Report logic)의 적정성, 입력 항목의 정확성 등의 내용을 확인함으로써 관련 통제활동 설계의 적정성을 평가하고 있다.

사례2 **정보의 식별과 관련 통제활동 변화관리**

내부회계관리지침에 따라 각 통제책임자(혹은 내부회계관리제도 전담부서 담당자)는 변화관리체계를 통하여 기중에 시스템, 프로세스, 조직 등의 변화로 인해 내부통제 및 내부회계관리제도 관련 통제활동에 사용된 주요정보목록(IPE Inventory)의 변화가 필요할 수 있을 것으로 판단되는 항목에 대하여 다음과 같은 활동을 수행한다.

1. 기존 통제기술서상 관련 주요 정보(IPE) 사항의 업데이트가 필요한지 확인한다.
2. IPE 업데이트가 필요할 경우, 주요정보목록(IPE Inventory) 및 설계평가양식을 업데이트하여 내부회계관리제도 전담조직에 보고한다.

내부회계관리제도 전담조직은 변화사항을 고려하여 통제기술서상의 IPE 변경내역 및 관련 문서 업데이트 사항의 적정성을 검토하여 확정하고, 내부회계관리제도 전담부서팀장은 주요 변화사항에 대한 설계 평가 주요 항목(원천정보의 신뢰성, 보고서 로직(Report logic)의 적정성, 입력항목의 정확성 등)의 적정성을 확인한다.

사례3 **정보품질관리(Data Quality Management) 체계를 활용하는 경우**

회사는 정보품질관리를 위해, 회사의 주요 정보를 식별하고, 각 정보의 중요도를 확인하고 중요도를 4가지 등급으로 구분 관리하고 있다. 중요도가 높은 정보의 경우 정보 담당자 또는 책임자를 지정하고 해당 정보의 생성, 변경, 삭제 등에 대한 관리 책임과 최종적인 책임을 부담하도록 하고 있다. 이를 통해서 재무보고 목적에서 요구되는 사항까지 포함하여 관리할 수 있는 체계를 운영하고 있다.

사례 **회계정보 위조 및 훼손 방지 관련 방안**

회사는 외감법에 따라 내부회계관리규정 및 지침상 회계정보의 위조 · 변조 · 훼손 및 파기를 금지하고 있다. 내부회계관리제도 전담부서는 분기별 결산 종료 이후 기존 전표를 수정하거나 추가 입력 전표 항목을 추출하여 각 항목별로 발생 원인과 그 적정성을 확인하고 그 결과를 내부회계관리자에게 보고하고, 중요한 내용은 감사위원회에 보고하여 검토를 받는다. 감사위원회는 보고받은 내용을 확인하고 필요한 경우 추가 조치를 취한다.

상기 적용사례집과 실무사례를 바탕으로 **(원칙 13. 회사는 내부회계관리제도의 운영을 지원하기 위하여 관련 있는 양질의 정보를 취득 또는 생산하고 사용한다)**를 충족하는 통제활동은 다음과 같이 설계될 수 있다.

ELC_20	IPE의 식별 및 평가

중분류		소분류		위험 설명	통제 활동명	통제활동 설명	통제 담당팀	통제 유형	통제 구분	통제 주기
Code	내부통제 구성요소	원칙	모범규준 17원칙							
IC	정보 및 의사소통	13	관련 있는 정보의 사용	신뢰할 수 없는 데이터로 인해 양질의 정보를 취득하지 못할 위험	**IPE의 식별 및 평가**	[IPE 식별 및 관리] 1. 회사는 통제활동을 수행하는 데 사용된 모든 중요한 내부 및 외부 정보(IPE)를 식별한다. 2. 회사는 IPE 설계평가 template을 통해 원천정보의 신뢰성, Report logic의 적정성, Input 항목의 정확성 관련 통제활동 설계의 신뢰성을 평가하고 있다.	내부 회계팀	예방	수동 통제	연 단위

IPE(Information Produced by the Entity : **기업에 의해 생성된 정보)**

IPE란 기업이 내부회계관리제도 또는 재무보고 목적을 위해 자체적으로 산출·작성한 정보를 말하며, 기업 내부의 시스템, 프로세스, 인력을 통해 생성된 데이터·리포트·문서 등이 여기에 해당한다.

IPE의 주요 특징의 다음과 같다.

1. 재무보고에 직접적·간접적 영향을 미치는 정보
   - 회계 추정, 분개, 조정, 공시자료 산출 등에 활용됨
2. 시스템 산출물 또는 수작업 자료 모두 포함
   - ERP·SAP 등 시스템 리포트
   - Excel 기반 집계표, 분석표
   - 내부 보고용 산출자료 등
3. 통제 활동(Controls)의 기초자료
   - 운영통제, 검토통제(Review Control), 분석통제(Analytical Control) 등에 활용되는 기반

IPE 유형

IPE는 생산방법 및 정보의 형태에 따라 4가지 유형으로 분류되며, 각 유형별 예시는 다음과 같다.

구분	설명	예시
Standard Report	회사 ERP시스템에서 도출되는 데이터로 End User가 관련 Parameter만 입력하여 생성하는 리포트로 쿼리 등을 이용하여 수정할 수 없는 데이터	– SAP ERP 매출채권 연령분석 보고서 – ERP 월별 손익계산서 – ERP 고정자산 모듈 감가상각비 명세서
Non-Standard Report	회사 ERP에 접속하고 있는 시스템(재고관리시스템, POS 등)에서 도출되는 데이터로, 회사가 추가/삭제/변경이 가능한 데이터	– 재고관리시스템(WMS) 제품별 재고현황 – POS 시스템 일별 매출자료 – ERP 사용자 정의 쿼리 매출집계표
Third-Party Report	외부 서비스 조직 또는 벤더 등으로부터 취득한 데이터	– 계리보고서 – (회계법인) 자산손상 보고서 – 카드사 제공 가맹점별 신용카드 매출내역 – 은행 월별 입출금 거래 내역 – 외부 시장조사 기관 시장 점유율 자료
EUC Information	엑셀 등 Spreadsheet를 이용하여 작성된 데이터	– 회계팀 작성 예산 vs 실적 분석표 – 부문별 KPI Dashboard(Excel) – 차입금 상환 스케줄표

IPE 리스트

IPE 리스트 항목 예시는 다음과 같다.

No	메가 프로세스	통제 활동 ID	통제활동명	핵심 통제 (Y/N)	통제활동에 활용되는 정보(IPE)	Information 중요성 (H/M/L)	시스템/ 어플리케이션	시스템/ 어플리케이션 In-Scope for ITGC Testing? (Y/N)	정보 Type
1	10. 매출	C.10. 40.1	매출채권 대손충당금 검토 (MRC)	Y	**대손충당금 평가내역(엑셀파일)** **– 매출채권 연령분석정보**	High	ERP–T–code 매출실적집계 (연령별)	Y	standard report
2	30. 생산 재고	C.30. 30.1	재고자산 NRV Test 내역에 대한 검토 (MRC)	Y	**재고자산 평가내역 (엑셀파일)** **– 재고수불부** **– 판매가격 정보** **– 증분판매비용 정보**	High	ERP–T–code 재고수불정보	Y	EUC information
3	50. 고정 자산	C.50. 10.1	**리스 상각스케쥴 계산 내역 검토**	Y	**리스계산파일(엑셀)**	Low	n/a	N	EUC information

No	메가 프로세스	통제 활동 ID	통제활동명	핵심 통제 (Y/N)	통제활동에 활용되는 정보(IPE)	Information 중요성 (H/M/L)	시스템/ 어플리케이션	시스템/ 어플리케이션 In-Scope for ITGC Testing? (Y/N)	정보 Type
4	50. 고정 자산	C.50. 40.1	**자산손상 평가내역에 대한 상위권자의 검토 및 승인 (MRC)**	Y	**손상평가보고서 (또는 사용가치평가 보고서)**	High	n/a	N	3rd party information
5	**60. 인사 급여**	C.60. 10.1	**계리보고서 제출 자료의 검토**	Y	**IFRS 순확정급여부채 평가를 위한 기초자료**	Low	n/a	N	other information
6	**60. 인사 급여**	C.60. 10.2	**계리보고서의 검토**	Y	**계리보고서**	Low	n/a	N	3rd party information
7	80. 결산	C.80. 20.1	이연법인세 산출내역의 적정성 검토	Y	**이연법인세 계산내역(엑셀파일)**	Moderate	n/a	N	EUC information

No	통제활동에 활용되는 정보(IPE)	정보 Type	1. 기초정보(Source Data)	2. Report Logic	3. Input parameter (작성자 Key-in 정보)
1	**대손충당금 평가내역(엑셀파일)** **- 매출채권 연령분석정보**	standard report	다음의 항목들이 레포트에서 사용되는 정보의 키 소스이다. (ERP) - 거래처별 발생일 기준 경과일수 (3 · 6 · 9 · 12개월) - 거래처별 담보현황 - 계정코드/거래처코드/기초잔액	회계팀 대손충당금 담당자는 ERP에서 추출한 연령분석정보를 기초로 집합평가 대상의 구간을 선정하여 충당금설정률표 계산 시 적용함	N/A
2	**재고자산 평가내역(엑셀파일)** **- 재고수불부** **- 판매가격 정보** **- 증분판매비용 정보**	EUC information	다음의 항목들이 레포트에서 사용되는 정보의 키 소스이다. (ERP) (1) 재고수불부 - 제품, 재공품, 원재료 각각 기초/입고/출고/기말/타계정 (2) 판매가격정보 - 각 제품별 3개월, 1년 평균단가(ERP 영업관리 모듈) (3) 증분판매비용 정보 - 운반비 최근 3개월 평균단가	회계팀 재고평가 담당자는 ERP에서 추출한 재고수불부에 기초하여 장부금액을 확정하고, 순실현가능가치를 계산하기 위해 ERP의 영업모듈에서 3개월(없으면 1년) 평균판가를 적용하여 재고 NRV Test를 수행함 증분판매비용은 3개월 평균 운반비를 계산하여 NRV 계산 시 차감함	(1) 판매가격정보 - 각 제품별 3개월, 1년 평균단가 (ERP 영업관리 모듈) (2) 증분판매비용 정보 - 운반비 최근 3개월 평균단가
3	**리스계산파일 (엑셀)**	EUC information	다음의 항목들이 레포트에서 사용되는 정보의 키 소스이다. (1) 리스기간 (2) 고정리스료 (3) 증분차입이자율	회계팀 리스 담당자는 분기별로 총무팀으로부터 입수한 리스계약리스트를 대상으로 각각 K-IFRS 1116호(리스)의 정의를 충족하는 리스계약에 대해	(1) 리스기간 (2) 고정리스료 (3) 증분차입이자율

No	통제활동에 활용되는 정보(IPE)	정보 Type	1. 기초정보(Source Data)	2. Report Logic	3. Input parameter (작성자 Key-in 정보)
				리스기간, 리스료, 증분차입이자율 등의 정보를 적용하여 사용권자산 및 리스부채를 인식하고, 리스기간에 따라 상각스케쥴을 작성함	
4	**손상평가보고서 (또는 사용가치평가보고서)**	3rd party information	다음의 항목들이 레포트에서 사용되는 중요한 기초정보이다. 1. 미래 매출 추정 – 판매량 – 판매단가 2. 매출원가 – 인건비, 재료비, 제조경비 3. 유지 관련 CAPEX 투자액 추정 4. 순운전자본 5. 영구성장률 6. WACC 7. 비영업용자산 분류		1. 미래 매출 추정 – 판매량 – 판매단가 2. 매출원가 – 인건비, 재료비, 제조경비 3. 유지 관련 CAPEX 투자액 추정 4. 순운전자본 5. 영구성장률 6. WACC 7. 비영업용자산 분류
5	**IFRS 순확정급여부채 평가를 위한 기초자료**	other information	다음의 항목들이 레포트에서 사용되는 정보의 키 소스이다. (1) 인원수 (2) 퇴직금추계액 (3) 급여지급액	회계팀 인건비 담당자는 인사총무팀으로 입수한 인원수, 급여지급액 등의 정보를 기초로 계리법인에 전달한 기초자료를 작성함	(1) 인원수 (2) 퇴직금추계액 (3) 급여지급액
6	**계리보고서**	3rd party information	다음의 항목들이 레포트에서 사용되는 정보의 키 소스이다. (1) 확정급여채무 및 사외적립자산 증감액 (2) 당기 퇴직급여 발생액 (3) 당기 퇴직금 지급액 (4) 보험수리적손익 (5) 보험수리적가정과 민감도 분석 정보	회계팀 인건비 담당자는 계리법인으로부터 입수한 계리보고서 정보를 검토 후 회계처리함 (1) 계리보고서-DB형	(1) 확정급여채무 및 사외적립자산 증감액 (2) 당기 퇴직급여 발생액 (3) 당기 퇴직금 지급액 (4) 보험수리적손익 (5) 보험수리적가정과 민감도분석 정보
7	**이연법인세 계산내역 (엑셀파일)**	EUC information	다음의 항목들이 레포트에서 사용되는 중요한 기초정보이다. – 일시적 차이 변동내역 – 영구적 차이 변동내역 – 이월결손금 및 이월세액공제 누계 등	회계팀 법인세 담당자가 검토한 법인세 세무조정계산서에 대하여 검토하고, 일시적 차이에 대한 이연법인세 계산 및 법인세비용 회계처리가 적정한지를 검토함	– 일시적 차이 변동내역 – 영구적 차이 변동내역 – 이월결손금 및 이월세액공제 누계 등

IPE 통제테스트

IPE정보가 왜곡되면, IPE를 활용한 통제활동이 효과적으로 설계 운영되기 어렵다. 따라서, IPE 정보를 이용하는 통제활동은 각각의 IPE의 정확성과 완전성을 평가해야 한다. 이를 실무에서 IPE의

C&A Test라고 한다. (C : Completeness 완전성, A : Accuracy : 정확성)

IPE의 C&A test는 아래의 3가지 영역의 테스트를 수행한다.

1. 원천데이터(Source Data) 검증
2. 리포트 로직(Report Logic) 검증
3. 입력 파라미터(Input parameter) 검증

상기 예시 IPE 테스트 예시는 다음과 같다.

예시 IPE Test – 리스 계산파일

IPE Test 절차 및 결과

테스트절차	목적	테스트 절차	테스트 결과
원천데이터 (Source Data) 검증	IPE에 사용된 데이터가 원천자료(계약서, ERP 데이터 등)와 일치하는지 확인	• 리스계약서에서 월 리스료(₩1,000,000), 계약기간(5년), 옵션 조건 확인 • ERP 리스 모듈에서 추출한 계약내역과 Excel 입력값 대조	계약서 · ERP와 Excel 입력값 모두 일치 → 원천데이터 적정
리포트 로직 (Report Logic) 검증	보고서/계산 파일이 올바른 산식과 집계방식을 적용하는지 검증	• Excel 파일 내 NPV 계산식 (PV=Σ [리스료÷(1+r)^t]) 확인 • 수식이 전체 계약기간(60개월)을 모두 반영하는지 검토 • 독립적으로 현재가치 재계산 후 Excel 산출금액과 비교	Excel 계산값 ₩52,980,000, 독립 재계산 ₩52,981,000 (차이±₩1,000, rounding 허용범위) → 로직 적정
입력 파라미터 (Input parameter) 검증	보고서/계산 산출에 영향을 미치는 파라미터(할인율, 기준일 등)가 합리적으로 설정되었는지 확인	• 적용된 할인율(5%)이 회사 증분차입 이자율 정책과 일치하는지 확인 • 기준일(2025.12.31.)이 결산일과 동일하게 입력되었는지 검증 • 환율, 단위(원/천원) 등 파라미터 설정 오류 여부 확인	• 할인율 5%는 외부 차입 계약서 및 재무팀 내부정책 근거 → 합리적 • 기준일과 단위 모두 정확 → 입력 파라미터 적정

〈결론〉

- Source Data : 계약서 및 ERP 데이터와 일치
- Report Logic : 계산 수식 및 집계 로직 적정
- Input Parameter : 할인율 · 기준일 등 주요 파라미터 설정 적정
- 따라서 해당 IPE는 내부통제 수행 시 신뢰 가능한 근거로 사용 가능함

예시 IPE Test – 매출채권 연령분석표

IPE Test 절차 및 결과

테스트절차	목적	테스트 절차	테스트 결과
원천데이터 (Source Data) 검증	Aging Report의 데이터가 ERP 원장(총계정원장/매출채권 보조원장)과 일치하는지 확인	• ERP GL 매출채권 계정 잔액 = Aging Report 총액 대조 • 샘플 거래(예 : A사 100,000원, 발생일 2025.9.1)를 ERP 전표와 Aging Report에서 일치 여부 확인	총액 일치, 샘플 거래 일치 → 적정
리포트 로직 (Report Logic) 검증	Aging Report가 거래일자 · 회수일자 기준으로 정확히 연령대를 분류하는지 검증	• Aging 구간 설정(0~30일, 31~60일, 61~90일, 90일 초과) 확인 • 샘플 전표를 독립적으로 발생일 · 결산일 차이로 계산 → Report 분류와 비교	B사 채권(발생일 2025.7.1, 결산일 2025.12.31 → 183일 경과)="90일 초과" 구간에 정확히 반영 → 적정
입력 파라미터 (Input parameter) 검증	리포트 산출에 영향을 미치는 기준일(As of Date)과 단위 설정이 적절한지 확인	• Aging Report 기준일이 결산일(2025.12.31.)로 설정되었는지 확인 • 화폐단위(원 vs 천원) 및 포함계정(매출채권만) 검증	기준일 2025.12.31로 정확, 단위 · 계정 모두 적정

〈결론〉

- Aging Report는 Source Data / Report Logic / Input Parameter 3가지 영역 테스트 모두 적정
- 해당 IPE는 대손충당금 검토 통제 수행을 위한 신뢰 가능한 근거자료로 사용 가능

원칙 14	(내부 의사소통) 회사는 내부회계관리제도의 운영을 지원하기 위하여 필요한 내부회계관리제도에 대한 목적과 책임 등의 정보에 대해 내부적으로 의사소통을 한다.

보론 A. 원칙달성을 위한 중점고려사항

구분	내용
내부회계관리제도 정보에 대한 의사소통 (문단 51.1)	A85. 회사에서 전달 · 공유되는 의사소통 정보에는 다음과 같은 것들이 있다. • 임직원들의 내부회계관리제도 책임의 수행을 지원하는 정책과 절차 • 효과적인 내부회계관리제도의 중요성, 목적적합성 및 효익 • 통제활동을 수행하는 경영진 및 직원들의 역할과 책임 • 통제의 미비점 사례를 포함한 내부회계관리제도 관련 중요한 문제가 회사 내 · 외부에 원활하게 의사소통될 것이라는 사실
	A86. 회사는 내부 의사소통을 활성화하기 위한 정책과 절차를 수립하고 실행한다. 여기에는 회사 내의 개인별 권한, 책임 및 윤리강령을 제시하는 구체적이고 직접적인 의사소통을 포함한다. 고위 경영진은 내부회계관리제도의 목적을 명확히 전달하여 다른 경영진과 직원 및 제3자들로 하여금, 자신의 역할이 회사의 목적 달성에 어떤 영향을 미치는지 이해할 수 있도록 한다. 내부 의사소통은 구체화된 목적의 의사소통에서 출발한다. 내부회계관리제도의 목적을 달성하는 데 각자의 역할과 책임에 어떻게 영향을 미치는지 이해할 수 있는 방식으로 임직원에게 전달하는 것이 중요하다.
	A87. 모든 직원은 고위 경영진으로부터 내부회계관리제도에 대한 책임을 진지하게 받아들여야 한다는 명확한 메시지를 받는다. 통제환경에서 기술한 바와 같이 적절한 조직구조, 권한 및 책임을 수립함으로써 임직원에게 내부회계관리제도 기대치에 대한 의사소통을 수행한다. 그러나 내부회계관리제도의 책임에 관한 의사소통은 경영진과 기타 직원이 책임을 수용하고 의도한 바와 같이 대응할 수 있도록 하기에 충분하지 않을 수 있다. 종종 경영진은 전달된 메시지를 강화하기 위해 그러한 의사소통과 일치하는 시의적절한 조치를 취하여야 한다. 경영진은 내부 의사소통을 통해 정보가 공유될 수 있게 할 뿐만 아니라 경영진 스스로와 직원들이 내부회계관리제도에 관한 책임을 이행할 수 있도록 통제활동을 선택, 구축 및 적용하여야 한다.
경영진과 이사회 간의 의사소통 (문단 51.2)	A88. 이사회는 경영진과의 의사소통으로 회사의 내부회계관리제도 감독의무를 수행하는 데 필요한 정보를 제공받는다. 이사회에 제공되는 내부회계관리제도 관련 정보는 일반적으로 내부회계관리제도에서 발생하는 변화나 쟁점 사항 및 내부회계관리제도와 관련된 정책과 지침의 준수와 관련된 주요 문제들에 관한 것이다. 이사회가 경영진의 활동에 대해 이해할 수 있도록 충분한 의사소통이 이루어져야 하며, 비효과적인 통제활동에 대해 이사회가 시의적절한 대응을 할 수 있도록 경영진과 이사회 간의 빈번하고 깊이 있는 의사소통이 이루어져야 한다. 경영진과 이사회 간 의사소통뿐 아니라, 타 임직원과 이사회 간 직접적인 의사소통 또한 중요하다.
별도의 의사소통 라인 제공 (문단 51.3)	A89. 공식적인 의사소통 채널을 이용할 수 없거나, 채널이 효과적이지 못한 상황에서는 익명 또는 비밀이 보장되는 독립된 의사소통 채널이 필요할 수 있다. 많은 회사에서는 직원들에게 이러한 채널을 제공하고 그 존재를 인지시킬 뿐만 아니라, 이사

구분	내용
	회 및 감사(위원회)에 보고한다. 이와 같은 의사소통 채널은 익명 또는 비밀을 보장할 수 있는 체계를 갖추어야 하며, 직원들이 의사소통 채널의 운영 및 비밀이 보장되는 방식 등을 완전히 이해하여야 한다. 이 독립된 의사소통 체계는 직원들이 보복에 대한 두려움 없이 윤리강령의 위반사항을 보고할 수 있게 장려하여야 하며, 경영진이 의사소통에 개방적이고 보고받은 정보에 대해 필요 조치를 취할 것이라는 명확한 메시지를 전달하여야 한다.
적절한 의사소통 방법 선택 (문단 51.4)	A90. 의사소통 내용의 의도한 바를 정확히 전달하기 위해서는 전달하는 정보의 명확성과 전달방식의 효과성이 중요하다. 의사소통의 효과성을 주기적으로 평가함으로써 적절한 의사소통 방법에 효과성을 제고할 수 있다. 경영진은 의사소통의 상대방, 성격, 적시성, 비용, 기타 법적 요건을 고려하여 의사소통 방법을 결정하며, 의사소통 방법에는 다음과 같은 것들이 있다. • 메모, 문자메시지 및 이메일 • 오프라인 또는 온라인 교육, 성과평가, 정책과 프로세스 • 1:1 토론, 발표, 웹캐스트 및 영상, 웹사이트 또는 협업용 사이트 게시, 소셜미디어 게시 등
	A91. 의사소통 수단을 선택할 때 경영진은 다음을 고려한다. • 구두로 전달하는 의사소통 - 구두로 의사소통을 하는 경우, 전달자의 어조 및 비언어적인 단서를 통해 메시지의 중요성을 강조할 수 있으며 이를 통해 수신자의 이해도를 높일 수 있다. • 다양성이 존재하는 그룹과의 의사소통 - 문화적 또는 윤리적 차이, 연령대 등의 다양성은 메시지의 전달 방식이나 수용성에 영향을 미칠 수 있다. • 내부회계관리제도 효과성에 관련된 의사소통 - 직접적으로 내부회계관리제도의 효과성에 관련된 의사소통을 하는 경우, 해당 내용을 문서화한다. • 긴급한 의사소통 - 전달하는 정보의 기밀성이나 보관성이 별도로 요구되지 않는 경우에는 비공식적인 채널(예 : 이메일, 문자메시지 및 SNS)을 통한 즉각적인 의사소통이 효과적일 수 있다. • 공식적 의사소통 - 공식적인 방식(예 : 공문)을 통해 의사소통을 하는 경우, 임직원들이 의도한 상대방과 의사소통이 이루어지지 않을 수 있고, 비공식적 의사소통 방식에 익숙한 상대인 경우에는 메시지에 대한 피드백을 구하기 어려울 수 있다.

사례1 내부회계관리제도 역할 및 책임에 대한 정의 및 의사소통

회사는 내부회계관리제도와 관련된 조직의 구성과 각 조직별 책임과 역할에 대해 내부회계관리규정 및 지침에 정의하고 회사 내부 포털시스템에 모든 직원이 확인할 수 있도록 게시하였고 이에 대한 주기적인 교육을 하고 있다. 또한, 내부회계관리제도의 다음과 같은 주요한 문서를 공유하여 각 담당자별 업무 대상을 명확하게 정의하고 있다.

1. 위험평가 결과 당기 대상범위 선정에 포함된 통제활동목록
2. 각 프로세스별 업무흐름도와 보조적인 업무기술서
3. 각 프로세스별 내부통제의 통제수행자, 통제책임자 목록

사례2 **내부회계관리규정 및 지침 등의 업데이트 통제활동**

내부회계관리제도와 관련된 규정, 지침 및 주요한 문서에 대한 변경사항을 내부회계관리제도 전담부서가 주도하는 변화관리체계에 따라 적시에 업데이트한다. 감사위원회 및 내부회계관리자는 내부회계관리제도와 관련된 규정, 지침 및 주요한 문서의 변경사항에 대한 업데이트 수행 내역을 보고받고, 주요한 변화사항(규정, 지침, 조직 변화 등)이 잘 반영되었는지 검토한다.

사례1 **내부회계관리제도 및 주요 회계 관련 경영진 간의 의사소통**

경영진은 운영점검 결과 및 회계 관련 주요 항목을 감사위원회에 보고하고, 감사위원회는 각 보고 항목의 적정성을 검토 · 확인한다.

감사위원회에게 보고할 회계 관련 주요 항목은 감사기준서260 "지배기구와의 커뮤니케이션"에서 제시하는 내용을 포함한다.

사례2 **내부감사 관련 의사소통**

내부감사부서는 내부감사 계획과 결과를 감사위원회에 보고하고, 감사위원회는 계획과 결과의 적정성 및 발견된 사항에 대한 적절한 조치가 이뤄졌는지를 확인한다. 특히, 내부회계관리규정 위반사항에 대한 원인과 조치가 적절하게 이뤄졌는지를 확인한다. 그리고 내부회계관리제도 관점에서 내부통제에 보완될 필요성을 확인하고 필요한 경우 내부회계관리제도 전담부서를 통해 사후조치를 취할 것을 요구하고 있다.

감사위원회는 내부감사부서의 결과 보고에 기반하여 내부회계관리규정 준수의 적정성 및 관련된 내부회계관리제도 적정성을 검토하고 필요한 경우 추가조치를 지시하고 확인한다.

사례 **설문조사 수행**

회사는 매년 내부의 모든 임직원과 외부의 주요 거래처를 대상으로 윤리강령 준수 여부에 대한 설문조사를 수행하고 있다. 해당 설문조사는 내부감사부서에서 주관하여 매년 7월 대상 인원을 확인하고, 답변은 익명처리되고 있다. 설문조사 결과는 중요도에 따라 "상 · 중 · 하"로 구분되어 "중" 이상이 되는 항목에 대한 사후조사를 수행하고 있으며, "하" 항목은 관련된 프로세스 개선에 고려하고 있다. 사후조사를 수행한 결과는 감사위원회 및 대표이사에게 보고하고 있으며, 외부 설문조사 결과에 대한 사후조사 결과 및 대응방안 중 중요한 사항은 홈페이지 게시판에 그 내용을 공지하고 있다.

상기 적용사례집과 실무사례를 바탕으로 (**원칙 14. 회사는 내부회계관리제도의 운영을 지원하기 위하여 필요한 내부회계관리제도에 대한 목적과 책임 등의 정보에 대해 내부적으로 의사소통을 한다**)를 충족하는 통제활동은 다음과 같이 설계될 수 있다.

ELC_21 내부회계관리제도의 목적과 책임 안내

중분류		소분류		위험 설명	통제 활동명	통제활동 설명	통제 담당팀	통제 유형	통제 구분	통제 주기
Code	내부통제 구성요소	원칙	모범규준 17원칙							
IC	정보 및 의사소통	14	내부 의사 소통	내부회계관리제도 정보(규정, 운영 등)에 대한 의사소통에 대한 내부 의사소통의 부족(교육 등)으로 정보가 공유되지 못할 위험	**내부회계 관리제도의 목적과 책임 안내**	[내부회계관리제도 역할 및 책임] 1. 내부회계관리제도와 관련된 책임과 역할은 내부회계관리규정 및 지침에 정의하고 있다. 2. 해당 내역은 그룹웨어 '사규집'에 등록되어, 모든 직원이 이를 열람할 수 있도록 하며, 필요시 교육을 수행한다.	내부 회계팀	예방	수동 통제	연 단위

내부회계관리제도의 내부 의사소통을 위해서는 전사적으로 내부회계관리제도에 대한 목적, 책임을 규정하고, 매년 각 임직원이 내부회계관리제도의 효과적인 설계 운영을 위해 수행해야 하는 역할을 명확히 제시해야 한다.

이러한 내부 의사소통은 전사 이메일이나, 전사 워크샵을 통해 수행될 수 있다.

내부회계전담자나 회계팀을 제외한 임직원들은 내부회계관리제도에 대한 이해가 상대적으로 낮을 가능성이 많으므로, 이들이 내부회계관리제도 업무를 수행하기 위해 관련 문서(가이드라인) 등을 쉽게 접근할 수 있게 주기적으로 공유할 필요가 있다.

전사적으로 내부회계관리제도의 효과적인 설계 운영을 위해 공유해야 할 내용은 다음과 같다.

구분	공유 예시
내부회계관리규정	그룹웨어(사내게시판)
내부회계관리지침	그룹웨어(사내게시판)
연간 내부회계관리평가일정	그룹웨어(사내게시판)

원칙 15	(외부 의사소통) 회사는 내부회계관리제도의 운영에 영향을 미치는 사항에 대해 외부관계자와 의사소통 한다.

보론 A. 원칙달성을 위한 중점고려사항

구분	내용
외부 관계자와의 의사소통 (문단 52.1)	A92. 회사 내부의 정보를 외부 관계자와 의사소통함으로써, 외부 관계자와 회사 간 상호작용에 영향을 미칠 수 있는 사건, 활동, 환경에 대한 상대방의 이해도를 제고할 수 있다. 경영진은 개방된 의사소통 채널을 통하여 회사의 내부회계관리제도의 중요성을 외부 관계자에게 전달한다. 외부 공급자 및 고객은 회사의 가치와 문화를 충분히 이해할 필요가 있으며, 외부와의 충분한 의사소통을 통하여 회사는 적절한 수준의 통제환경을 유지할 수 있다. 외부 공급자 및 고객에게 회사의 윤리강령을 전달하고 상대방의 책임을 명확히 인식하게 함으로써, 그들이 회사의 윤리강령을 준수하고 있는지 판단하는 데 도움을 줄 수 있다.
외부로부터의 의사소통 (문단 52.2)	A93. 외부 관계자와의 의사소통 내용 또한 회사의 내부회계관리제도가 기능함에 있어 중요한 정보를 제공할 수 있으며, 이러한 정보에는 다음과 같은 것들이 있다. • 회사의 재무보고와 관련된 외부서비스 제공자의 내부통제에 대한 독립적인 평가 • 회사의 내부회계관리제도에 대한 독립적인 외부감사인의 평가 • 제품의 품질, 부적절한 대금 청구, 분실되거나 오류가 있는 영수증 등과 관련한 고객의 피드백 • 신규 또는 변경된 법률, 규정, 표준 및 기타 요구사항 • 규제기관(금융감독원, 국세청 등 관계기관)의 규정 준수 관련 검토 및 조사 결과 • 판매된 제품에 대한 대금 회수 지연 또는 납품 대금 미납과 관련된 구매처의 문의사항 • 회사가 운영하는 소셜미디어 웹사이트 또는 의사소통 채널에 기재된 내용
이사회와의 의사소통 (문단 52.3)	A94. 내부회계관리제도와 관련된 회사의 활동에 대한 외부 평가로부터 얻어진 정보에 대하여 경영진이 검토하고 이사회와 의사소통한다. 이러한 평가를 통하여 재무보고에 영향을 미칠 수 있는 내부회계관리제도 미비점을 인지할 수 있으며, 경영진은 미비점의 심각성을 평가하고 이사회가 감독 책임을 수행할 수 있도록 필요한 정보를 보고한다.
별도의 의사소통 라인 제공 (문단 52.4)	A95. 외부서비스 제공자와 아웃소싱 계약, 합작사업, 제휴 및 조직 간 상호의존적인 거래관계로 인하여 회사와 외부 관계자들 간 사업관계의 복잡성이 증가할 수 있다. 이러한 복잡성은 각 당사자 또는 당사자들 간에 사업이 수행되는 방식에 대한 갈등을 초래할 수 있다. 이러한 경우 회사는 각 고객, 구매처 및 외부서비스 제공자 등이 이용할 수 있는 별도의 분리된 의사소통 채널을 구축하여 경영진 및 임직원과 직접적인 의사소통을 할 수 있게 한다.
적절한 의사소통 방법 선택 (문단 52.5)	A96. 경영진이 대외적으로 의사소통을 수행하는 방법은 필요한 정보를 얻는 능력뿐만 아니라, 외부로부터 회사의 핵심 메시지를 받아들이고 이해하는 데 영향을 미친다. 경영진은 의사소통의 대상, 성격, 적시성, 법적 또는 규제적 요구사항 등을 고려하여 다양한 형태의 의사소통 방법을 선택한다.

사례1 공시를 통한 외부 의사소통

회사의 공시담당자는 금융감독원의 공시관련 교육에 주기적으로 참가하고 있으며, 공시체크리스트(Checklist)를 기반으로 외부 관계자에게 적시에 공시할 수 있도록 체계를 구축하고 있다. 체크리스트의 주요 항목별로 원천 정보를 집계하여 검증하고 공시담당 임원의 검토를 받은 후 공시위원회 등에 보고하고 공시한다.

공시담당 임원은 공시담당 체크리스트를 기반으로 취합된 공시 대상 정보에 누락이 없는지, 포함된 정보가 정확한지 그리고 적시에 공시되는지를 검토하고 확인한다.

사례2 외부감사인과의 소통

감사위원회는 매 분기마다 외부감사인과 정기적인 회합을 가지고 감사의 진행 사항 및 주요 결과를 확인하고 내부통제의 적정성을 검토한다. 필요한 경우 내부회계관리자를 통하여 추가 조치를 취한다.

분기별로 논의할 사항은 다음과 같다.

1. 1분기 : 재무제표 및 내부회계관리제도 감사 결과 보고
(핵심감사 항목 감사 결과 및 내부회계 유의한 미비점, 중요한 취약점 등) – 회사의 내부회계관리제도 평가 결과와 비교
2. 2분기 : 재무제표 및 내부회계관리제도 감사 계획 보고 및 선정된 핵심감사 항목(1분기 검토 결과 포함)
3. 3분기 : 재무제표 및 내부회계관리제도 감사 진행 사항보고 및 핵심감사 항목(반기 검토 결과 및 내부회계 설계평가 결과 포함)
4. 4분기 : 재무제표 및 내부회계관리제도 감사 진행 사항보고 및 핵심감사 항목(3분기 검토 결과 및 내부회계설계 및 운영 평가 결과 포함)

사례3 금감원 등 규제기관과의 소통 프로세스 규정 및 시행

내부회계관리제도 전담부서, 회계팀 및 공시담당자는 매 분기별로 금감원 등의 공지사항을 확인하고, 그 대응방안을 마련한다. 또한 외부 회계전문가를 통해 주요 회계기준 등의 규제(regulation) 변경사항을 확인한다. 수립된 대응방안을 CFO (혹은 내부회계관리자) 및 감사위원회에 보고하고 승인을 득한다. 필요한 경우 외부전문가 활용을 고려하고, 관련된 업무를 수행한 결과를 CFO (혹은 내부회계관리자) 및 감사위원회에 보고하고 승인을 득한다.

상기 적용사례집과 실무사례를 바탕으로 **(원칙 15. 회사는 내부회계관리제도의 운영에 영향을 미치는 사항에 대해 외부관계자와 의사소통 한다)**를 충족하는 통제활동은 다음과 같이 설계될 수 있다.

ELC_22	외부 관계자와의 의사소통

중분류		소분류		위험 설명	통제 활동명	통제활동 설명	통제 담당팀	통제 유형	통제 구분	통제 주기
Code	내부통제 구성요소	원칙	모범규준 17원칙							
IC	정보 및 의사소통	15	외부 의사소통	외부로부터의 의사소통이 부족함에 따라 감사위원회의 내부회계관리제도 기능에 있어 중요한 정보를 제공받을 수 없을 위험	**외부 관계자와의 의사소통**	[외부감사인과의 의사소통] 1. 회사는 주기적으로 외부감사인과의 정기적인 회의를 진행한다. 외부감사인과 재무제표에 중요한 영향을 미치는 다음 사항을 논의한다. - 회계정책의 변경 - 내부회계관리제도 설계 및 운영 현황 - 내부회계관리제도 평가 결과 - 내부고발 및 부정 위험 평가 결과 - 감사 시, 중요한 발견 사항 - 감사투입 시간, 인력 현황 - 외부 감독기관의 강조 항목 등	회계팀	예방	수동 통제	반기

내부회계관리제도와 관련된 대표적인 외부 이해관계자는 외부감사인이다. 회사의 내부회계관리제도 자체를 감사하기도 하고, 내부회계관리제도를 통해 통제된 재무제표를 감사하기도 한다.

따라서, 동일한 내부회계관리제도 설계 운영 및 평가내용에 대해서 회사의 평가와 외부감사인의 감사 접근방법 및 결론이 달라질 수 있기 때문에 주기적으로 외부감사인과 의사소통할 필요가 있다.

참고로 외부감사인도 재무제표 감사와 관련해서 회사의 지배기구와 커뮤니케이션이 의무화되어 있다. 즉, 외부감사인은 매년 재무제표 및 내부회계관리제도 감사 수행과정에 대한 내용을 감사보고서 맨 뒤에 '외부감사 실시내용'으로 공시하여야 하며, 이 '외부감사 실시내용'에 지배기구[감사(또는 감사위원회)]와의 커뮤니케이션'내용을 기재해야 한다.

다음은 '외부감사 실시내용'에 지배기구[감사(또는 감사위원회)]와의 커뮤니케이션' 예시이다.

예시 SK하이닉스 2024 감사보고서 외부감사 실시내용

4. 감사(감사위원회)와의 커뮤니케이션

구분	일자	참석자	방식	주요 논의 내용
1	2024.5.8.	회사측 : 감사위원회 4명 감사인 : 업무수행이사 외 2명	화상 회의	1. 1분기 주요 검토 사항 2. 연간 감사일정 및 감사투입계획 3. 연간 감사 계획 4. 기타사항
2	2024.8.7.	회사측 : 감사위원회 4명 감사인 : 업무수행이사 외 2명	대면 회의	1. 2분기 주요 검토 사항 2. 연간감사 계획 업데이트 3. 내부회계관리제도 진행경과 4. 기타사항
3	2024.11.6.	회사측 : 감사위원회 4명 감사인 : 업무수행이사 외 2명	대면 회의	1. 3분기 주요 검토 사항 2. 연간감사 진행현황 3. 내부회계관리제도 진행경과 4. 기타사항
4	2025.2.24.	회사측 : 감사위원회 4명 감사인 : 업무수행이사 외 2명	대면 회의	1. 연차 재무제표감사 주요사항 2. 재무제표 감사수행 결과 3. 내부회계관리제도 감사수행 결과 4. 기타사항

회사의 외부감사인과의 소통은 다음 예시와 같이 수행된다.

예시 외부감사인과의 소통

25.1분기 회의 사례

일자	2025.3.25.	
참석자	감사위원 3인, 외부감사인 2인, 내부회계관리자	
주제	내부회계관리제도 감사 결과 검토	
세부내용	평가 결과	개선조치
매출 인식 승인 절차 보완 검토 문서화 미흡	유의한 미비점	2분기까지 개선계획 수립 및 실행
재고자산 실사차이 조정 관련 운영통제 미흡	유의한 미비점	사후 검증 절차 강화 및 규정 개정

25.2분기 회의 사례

일자	2025.8.16.	
참석자	감사위원 3인, 외부감사인 2인, 내부회계관리자	
주제	내부회계관리제도 감사 계획 검토	
세부내용	평가 결과	개선조치
감사 범위 및 중점 통제 영역 선정 (매출채권 대손충당금, 자산손상 검토)	계획 단계	3분기 설계평가 반영
1분기 미비점 개선 지연	개선 미완료	내부회계관리자 개선 진행 상황 점검
대손충당금 통제에 경영진 재량 과도	잠재적 취약점	보수적 가정 반영 지시
유형자산 손상검토 절차 외부 자문 필요	보완 필요	외부 전문가 자문 활용 권고

25.3분기 회의 사례

일자	2025.11.15.	
참석자	감사위원 3인, 외부감사인 2인, 내부회계관리자	
주제	내부회계관리제도 설계평가 및 진행 상황 검토	
세부내용	평가 결과	개선조치
대손충당금 산정 프로세스 – 고객 신용등급 기준 모호	설계 취약점	내부규정화 및 명확한 기준 수립
판매계약 검토 절차	개선 완료	적정 판정
재고자산 관련 통제	개선 완료	운영에 반영됨

25.4기 회의 사례

일자	2026.3.10.	
참석자	감사위원 3인, 외부감사인 2인, 내부회계관리자	
주제	내부회계관리제도 운영평가 결과 종합	
세부내용	평가 결과	개선조치
운영평가 결과 대부분 적정 수행	적정	계속 모니터링
매출 인식 절차 및 재고자산 조정 절차	개선 완료	정착 완료
대손충당금 산정 프로세스 신용등급 기준 적용 미흡	운영상 취약점	중요 취약점 가능성 논의, 즉각 개선 요구

06 모니터링

원칙 16	**(상시적인 모니터링과 독립적인 평가 수행)** 회사는 상시적인 모니터링과 독립적인 평가 방안을 수립하여 내부회계관리제도 설계 및 운영의 적정성을 평가한다.

보론 A. 원칙달성을 위한 중점고려사항

구분	내용
상시적인 모니터링과 독립적인 평가의 결합 고려 (문단 53.1)	A97. 모니터링 활동은 상시적인 모니터링, 독립적인 평가 또는 이 두 가지 평가가 결합된 형태로 수행된다. 상시적인 모니터링은 업무처리 과정의 일부 절차로 일상적으로 수행되며, 변화하는 상황에 적합하게 변경하는 방식이다. 독립적인 평가는 내부의 객관성을 가진 인력 또는 외부인 등에 의해 주기적으로 수행되는 평가를 의미하며, 독립적인 평가의 범위와 빈도는 경영진의 판단에 따른다. 상시적인 모니터링, 독립적인 평가 또는 두 가지가 결합된 방식의 평가의 결정은 회사의 상황에 따라 달라지며, 상시적인 모니터링 및 독립적인 평가를 수행할 때에는 회사 운영의 범위와 성격, 내·외부 요소의 변동 및 관련된 위험을 고려할 필요가 있다. 독립적인 평가는 상시적인 모니터링과 동일한 기법을 적용할 수 있으나, 회사에서 일상적으로 수행되는 상시적인 모니터링과는 별개로 주기적으로 통제를 평가하기 위해 설계되어야 한다.
	A98. 일반적으로 경영진은 내부통제의 5가지 구성요소가 존재하고 적절히 기능하고 있는지 확신을 얻기 위해 상시적인 모니터링과 독립적인 평가 모두를 포함한 모니터링 활동의 조합을 선정, 절차를 수립하고 실행한다. 또한, 각 내부회계관리제도 구성요소의 각 원칙들이 효과적으로 작동할 수 있는 통제활동이 효과적으로 설계 및 운영되었는지 평가하여야 한다. 또한, 평가·보고 모범규준에서 제시하는 내부회계관리제도 평가와 관련된 요구사항을 확인하여야 한다.
변화의 정도 고려 (문단 53.2)	A99. 경영진은 회사 또는 회사가 속한 산업군에 직면한 변화와 관련하여 변화의 정도를 고려하여야 한다. 급격한 변화요인에 노출되어 있는 산업군에 속한 회사의 경우에는 보다 빈번한 독립적인 평가 또는 상시적인 모니터링과 독립적인 평가를 결합한 형태의 모니터링 활동 방식을 고려할 필요가 있다.
출발점(Baseline)의 설정 (문단 53.3)	A100. 내부회계관리제도의 설계를 이해함으로써, 상시적인 모니터링과 독립적인 평가에 필요한 유용한 기초정보를 획득할 수 있다. 모니터링 활동 수행 시, 경영진이 내부회계관리제도를 설계한 방식과 5가지 구성요소의 통제활동들이 원칙을 어떻게 효과적으로 달성하고 있는지를 이해함으로써 회사 내 어떠한 영역에 더 중요한 위험이 있는지 판단할 수 있는 기준을 마련할 수 있으며, 상시적인 모니터링과 독립적인 평가의 계획 수립에 도움을 줄 수 있다. 내부회계관리제도의 5가지 구성요소 내에서 변동이 발생할 경우, 현재의 모니터링 활동이 적절한지, 아니면 변동사항에 맞게 개선되어야 할지 평가하기 위해서는 내부회계관리제도의 설계 및 운영 현황에 대한 출발점을 설정할 필요가 있다.

구분	내용
상시적인 모니터링 (문단 53.5)	A101. 상시적인 모니터링은 수작업 또는 자동화된 방식으로 수행될 수 있으며, 일상적인 업무 수행 과정에서 내부회계관리제도의 구성요소가 존재하고 기능하고 있는지 모니터링하는 것을 의미한다. 회사는 상시적인 모니터링을 지원하기 위해 정보기술 측면을 검토할 수 있다. 전산화된 상시적인 모니터링은 높은 객관성을 가지며, 대량의 데이터를 적은 비용으로 효율성 있게 검토할 수 있도록 하기 때문이다.
독립적인 평가 (문단 53.6)	A102. 독립적인 평가는 객관성을 가진 자의 평가를 통해 내부회계관리제도의 5가지 구성요소가 회사 내에 존재하고 기능하는지 여부에 대해 새로운 시각으로 접근할 수 있다는 점에서 유용하다. 평가는 일반적으로 질문, 관찰, 문서 검사 및 재수행 등을 통해 이뤄지며, 이를 통해 회사 내에 설계된 내부회계관리제도 구성요소별 원칙을 달성할 수 있도록 통제활동이 설계, 구축, 이행되었는지 여부를 점검한다. 독립적인 평가의 범위와 빈도는 위험의 중요성, 위험에 대한 대응방식, 상시적인 모니터링의 결과, 내부회계관리제도 구성요소에 미치는 영향 등에 따라 다양하게 조정할 수 있다. 예를 들어 위험평가 결과에서 확인된 위험이 높을수록 빈번하고 정교한 방식으로 평가하며, 독립적인 평가의 비중이 높아야 한다. 이는 상시적인 모니터링과 독립적인 평가가 결합되어 이루어지는 방식이 될 수도 있고, 상시적인 모니터링 결과에 독립적인 평가를 통해 피드백을 제공하는 방식 또는 더 빈번하게 독립적인 평가를 수행하는 방식이 될 수도 있다.
충분한 지식을 갖춘 인력 활용 (문단 53.4)	A103. 독립적인 평가는 일반적으로 내부감사 등 현업부서와 분리된 조직에 의해서 수행되지만, 해당 통제를 수행하는 부서에서 직접 평가를 수행하는 등 평가자의 독립성이나 객관성이 상대적으로 낮은 경우에는 평가의 범위, 빈도, 객관성을 향상시킬 필요가 있다.
	A104. 평가 대상 조직이나 통제로부터 독립적인 관리자, 직원 또는 외부의 검토자에 의해 독립적인 평가가 주기적으로 수행되는 경우, 더 높은 객관성을 포함한 피드백을 제공할 수 있지만, 평가자들이 내부회계관리제도의 구성요소가 존재하고 기능하는지 평가하고 분석하기 위해서는 평가 대상에 대한 충분한 지식을 보유할 필요가 있다. 이는 모니터링 활동 기능이 어떻게 작동하고 있으며, 무엇이 평가되는지 이해하는 것을 포함한다.
독립적인 평가의 접근법 및 객관성 (문단 53.6)	A105. 위험의 중요성, 내부회계관리제도 구성요소 및 원칙 등을 고려하여 독립적인 평가의 범위, 성격, 빈도 및 접근방식을 다양하게 결정할 수 있다. 그 형태는 내부감사 및 내부회계관리 부서에 의한 평가 혹은 기타 객관성을 가진 자에 의한 평가, 운영조직 간의 교차평가, 자기평가 등 다양한 형식이 가능하다. 단 자기평가는 수행자의 객관성이 결여될 가능성이 높기 때문에 신중하게 해당 평가 결과를 이용하여야 한다.
외부서비스 제공자 (문단 53.7)	A106. 일반적으로 회사는 회사의 목적 달성을 위해 다양한 외부서비스 제공자를 이용하고 있으며, 해당 외부서비스 제공자의 내부통제가 회사의 내부회계관리제도에 미치는 위험 및 영향을 다양한 방식으로 파악할 필요가 있다. 회사는 외부서비스 제공자와 계약 시, 감사 수행 권리와 관련한 문구를 포함하여 제공되는 서비스의 내부통제에 대한 독립적인 평가를 수행할 수 있는 근거를 마련하여야 한다. 외부서비스 제공자의 내부통제를 이해하기 위한 방법으로는 직접적으로 외부서비스 제공자의 내부통제에 대해 독립적인 평가를 수행하거나, 외부 인증 보고서를 이용하는 등 다양한 형태가 될 수 있다.

사례 **내부회계관리제도의 효과성 평가**

회사는 일상적인 업무수행과정에서 상시적인 모니터링을 수행하고 있으며, 독립적인 평가를 통해 이러한 상시적인 모니터링 활동을 포함한 핵심통제활동의 효과성을 주기적으로 점검한다.

회사는 내부회계관리제도 점검계획수립 시 다음의 사항을 고려하여 독립적인 평가의 범위를 결정한다.

1. 중요한 미비점의 심각성 및 개선현황
2. 중요한 변화의 발생내역(신규 시스템 도입, 조직 변화, 중요한 투자, 신규사업 등)
   대표이사(내부회계관리자) 및 감사위원회는 운영실태점검계획 보고에 포함된 평가 방법의 적정성을 검토한다.

사례 **내부회계관리제도 설계 평가 출발점**

회사는 내부회계관리지침에 따라 통제기술서상 각 통제활동별 출발점(Baseline)을 설정하고 내부회계관리제도 설계관련 문서를 통해 관리한다. 이후 지속적인 변화관리체계를 통하여 변화된 통제활동에 대한 설계 평가를 수행한다.

사례1 **내부회계관리제도 전담부서 또는 내부감사부서를 활용하는 경우**

회사는 내부회계관리제도 설계와 운영실태 점검을 수행하는 평가자(내부회계관리제도 전담부서, 내부감사부서, 일부 현업 등)의 전문성을 점검하고, 평가자를 결정하기 위한 계획을 수립하고 실행한다. 대표이사(내부회계관리자) 및 감사위원회는 평가 계획 및 결과 보고에 포함된 평가자의 적정성을 검토한다.

필요한 경우 평가자의 전문성을 보완하기 위해, 평가 직전 담당자에게 대한 평가 가이드 및 교육을 제공할 수 있다.

사례2 **별도 외부전문가를 활용하는 경우**

내부회계관리제도 설계 및 운영 실태에 대한 계획 및 결과보고를 위한 외부전문가 선정 시 대표이사 및 감사위원회는 내부회계관리규정 및 지침에 따라 아래와 같은 독립성 및 전문성 요건을 검토한다.

- 회사와 수행하는 다른 업무의 특성으로 인해 독립성을 저해할 수 있는지
- 회사에 대한 충분한 이해를 보유하고 있는지

- 내부회계관리제도 평가에 대한 충분한 경험이 있는지
- 과거에 수행한 평가는 적절했는지(해당하는 경우)

사례 **상시모니터링시스템의 활용**

회사는 상시모니터링시스템을 통해 일부 통제활동의 효과성을 평가한다. 상시모니터링시스템에 사용되는 시나리오(점검 데이터의 정확성 및 완전성, 테스트 절차 및 후속조치방안의 적정성 등)의 적정성에 대한 검토를 수행하고, 중요한 사항에 대한 보고를 수행한다. 대표이사(내부회계관리자) 및 감사위원회는 보고 사항의 적정성에 대한 검토를 수행한다.

사례 **내부회계관리제도의 효과성 평가 계획의 적정성 검토**

회사는 내부회계관리규정 및 지침에서 기술한 대로 내부회계관리제도의 운영실태 점검을 위한 평가방법에 대한 평가계획을 수립한다. 대표이사(내부회계관리자) 및 감사위원회는 운영실태 점검 계획 보고에 포함된 평가 방법의 적정성을 검토한다.

상기 적용사례집과 실무사례를 바탕으로 **(원칙 16. 회사는 상시적인 모니터링과 독립적인 평가 방안을 수립하여 내부회계관리제도 설계 및 운영의 적정성을 평가한다)**를 충족하는 통제활동은 다음과 같이 설계될 수 있다.

ELC_23	내부회계관리제도 평가

중분류		소분류		위험 설명	통제 활동명	통제활동 설명	통제 담당팀	통제 유형	통제 구분	통제 주기
Code	내부통제 구성요소	원칙	모범규준 17원칙							
MO	모니터링	16	상시적인 모니터링과 독립적인 평가 수행	내부통제 평가 절차 및 방법론 미비로 인하여 내부통제가 비효과적일 위험	**내부회계 관리제도 평가 보고**	[내부회계관리제도 모니터링] 1. 내부회계팀은 내부회계관리제도 통제활동이 효과적으로 설계 및 운영되었는지 평가한다. 2. 감사(위원회)는 경영진의 평가내역에 대해서 독립적으로 평가한다.	내부 회계 팀	적발	수동 통제	연단위

내부회계관리제도의 평가 및 보고라는 모니터링 활동은 크게 아래 2가지 형태로 구분된다.

1. 상시적인 모니터링
2. 독립적인 평가

회사는 1. 상시적인 모니터링 또는 2. 독립적인 평가를 각각 선택하거나, 두 방법을 혼용하는 것도 가능하다.

다만, 상시적인 모니터링은 시스템을 구축해서 on-going으로 실시간 평가하는 것으로서 시스템 구축에 비용이 든다. 대부분 기업들은 독립적인 평가만 수행한다.

1. 상시적인 모니터링 또는 2. 독립적인 평가에 대한 내용은 "Part 4. 내부회계관리제도 평가 〉 4-1. 평가 개요"에서 구체적으로 다룬다.

내부회계관리제도 감사 FAQ

6. 간접 전사통제의 운영효과성을 테스트할 때 테스트 표본 수는 어떻게 결정하는지요?

간접 전사통제의 성격상 많은 경우 질문과 문서검사로 설계효과성 테스트를 수행하고 1~2개 표본을 추출하여 운영효과성 테스트를 수행하는 것으로 충분한 감사증거를 입수할 수 있습니다(예 : 윤리강령 운영, 부정위험 평가 등).

다만 간접 전사 통제에 통제활동과 같이 구별되는 절차나 활동이 있다면 거래 수준 통제와 유사하게 실제 활동의 빈도 수에 따라 테스트 표본을 추출할 필요가 있습니다(예 : 행동강령 준수 여부 서약, 내부고발 프로그램 고발건 후속 조치 등).

원칙 17	(미비점 평가와 개선활동) 회사는 내부회계관리제도 미비점을 평가하고 필요한 개선활동을 적시에 수행한다.

보론 A. 원칙달성을 위한 중점고려사항

구 분	내 용
결과 평가 (문단 54.1)	A107. 회사는 상시적인 모니터링 및 독립적인 평가 등 모니터링 활동을 수행함으로써 주의가 필요한 사항들을 식별한다. 이러한 사항들 중 신뢰성 있는 재무보고 목적 달성에 부정적 영향을 미치는 내부회계관리제도의 잠재적인 문제점 또는 실제 발생한 결함을 통제 미비점이라고 한다. 경영진은 통제 미비점을 통해 내부회계관리제도의 효과성을 개선시킬 수 있는 기회를 발굴하거나 현재의 내부회계관리제도를 개선하여 회사의 신뢰성 있는 재무보고 목적을 달성할 수 있다. 회사의 통제 미비점은 다양한 원천을 통해 확인될 수 있으므로, 경영진은 확인된 미비점을 종합하여 내부회계관리제도의 결과를 평가하여야 한다.
미비점 의사소통 (문단 54.2)	A108. 회사 내 담당자와 통제 미비점에 대해 의사소통하여 개선사항을 도출하는 것은 내부회계관리제도 목적을 달성하기 위해 중요한 사항이다. 의사소통할 내용은 회사가 설정한 기준, 문제가 발생했을 때 대처할 수 있는 개인의 권한, 그리고 상급자의 감독 활동 등 다양할 수 있으며 관련된 내부 규정에 따라 통제 미비점들이 경영진과 이사회에 보고된다. 만약 통제 미비점이 전사적으로 영향을 미친다면, 이는 모든 관련된 부서뿐만 아니라 관련된 부서에 적절한 조치를 취할 수 있는 충분한 위치의 경영진에게 보고되어야 한다. 일반적으로 통제 미비점은 개선조치를 취할 책임이 있는 담당자와 그 담당자의 최소한 한 단계 위의 경영진에게 보고된다. 통제 미비점의 의사소통 여부는 해당 미비점의 잠재적인 영향력과 회사 내 보고 절차를 고려하여 판단하여야 한다. 의사소통되는 내용이나 수준은 규정에 따른 미비점의 평가 절차, 미비점 처리에 대한 직원의 권한 및 상급자의 감독 활동 수준에 따라 다를 수 있다. 또한, 외감법 및 평가·보고 모범규준을 고려하여야 한다.
개선활동에 대한 모니터링 활동 (문단 54.3)	A109. 통제 미비점을 평가하고 해당 미비점에 대한 개선 책임이 있는 임직원과의 의사소통이 이루어진 후, 경영진은 통제 미비점의 개선을 위한 노력이 시의적절하게 수행되는지 점검하여야 한다. 개선조치의 수행을 점검하는 자와 실제로 개선조치를 수행하는 자는 분리하여야 한다. 통상적으로, 적시에 개선조치가 이루어지지 않은 통제 미비점은 해당 담당자의 상급자에게 보고가 이루어져야 하며, 경영진은 통제 미비점에 대한 개선조치가 완료될 때까지 모니터링 활동을 다시 수행할 것을 고려하여야 한다.

사례1 내부회계관리제도의 미비점 평가 및 검토

회사는 내부회계관리규정 및 지침에 따라 다음의 미비점을 취합하여 평가를 수행하고 미비점의 심각성을 평가한다.

1. 내부회계관리제도 위반사항 관련 내부고발 처리 내역
2. 재무적으로 발생한 회계 이슈사항
3. 평가 시 확인된 통제활동 미비점(외부감사인 확인 사항 포함)

각 미비점은 각 통제수행자 및 통제책임자와 의사소통을 통해 개선방안(방법, 시기 등)을 확정한다. 내부회계관리제도 전담부서는 각 미비점에 대한 개선 활동의 진행 상황을 모니터링하고 독려하며, 진행사항과 필요한 지원사항을 내부회계관리자 및 감사위원회에 보고한다. 대표이사(내부회계관리자)와 감사위원회는 개선 방안을 포함한 미비점 평가 결과의 적정성 및 적시에 개선되고 있는지를 검토하고 필요한 조치를 취한다.

사례2 내부회계관리제도 미비점 분류 및 시정계획의 수립

회사는 매년 내부회계관리제도 평가 후 발견된 예외사항에 대해 미비점 분류 및 시정 계획을 수립하기 위해 관련된 조직과 협의하여 내부통제 미비점 로그를 작성한다.
해당 회의에서 다음의 사항들이 주요하게 논의된다.

1. 미비점 상세 현황
2. 관련 조직
3. 시정조치 및 시정 계획
4. 해당 시정 계획에 대한 기한
5. 미비점 분류(단순한 미비점, 유의한 미비점, 중요한 취약점)

회사는 내부회계관리제도 미비점 로그를 누적적으로 취합하여 관리하고 매년 설계 · 운영평가 결과 발견된 미비점에 대해 내부회계관리자에게 보고한다. 매년 설계 · 운영평가 결과 발견된 유의한 미비점 이상의 미비점은 감사위원회까지 보고한다.

상기 적용사례집과 실무사례를 바탕으로 **(원칙 17. 회사는 내부회계관리제도 미비점을 평가하고 필요한 개선활동을 적시에 수행한다)**를 충족하는 통제활동은 다음과 같이 설계될 수 있다.

ELC_24 예외사항 평가

중분류		소분류		위험 설명	통제 활동명	통제활동 설명	통제 담당팀	통제 유형	통제 구분	통제 주기
Code	내부통제 구성요소	원칙	모범규준 17원칙							
MO	모니터링	17	미비점 평가와 의사소통	내부통제 미비점이 경영진과 이사회에 보고되지 않을 위험	예외 사항 평가	[미비점 평가 및 개선사항 관리] 1. 내부회계팀은 내부통제 평가결과 발견된 미비점 및 조치 내역을 내부회계관리자 및 경영진에게 보고한다. 2. 경영진은 평가결과 파악된 문제점을 검토하고 사후조치를 취한다. 3. 예외사항은 감사(위원회)에 정기 · 비정기로 보고한다.	내부 회계 팀	적발	수동 통제	연단위

예외사항 평가라 함은 내부회계관리제도 핵심통제 평가 결과, 특정 통제활동에 "미비점(ineffective)"이라는 결론이 난 통제활동을 예외사항이라고 한다.

이 예외사항이 발생한 내역들, 즉 미비점들은 각 미비점의 심각성을 평가하여 해당 미비점이 '중요한 취약점'인지, '유의한 미비점'인지, '단순한 미비점'인지를 평가하여 결론을 내야 한다.

특정 통제활동이 '중요한 취약점'으로 결론이 나면 대표이사는 회사의 내부회계관리제도가 효과적으로 설계 운영되었다고 결론 낼 수 없으며, 외부감사인은 내부회계관리제도 감사의견을 부적정의견을 표명하게 된다.

미비점 평가에 대한 내용은 "Part 6. 내부회계관리제도 보고 〉 6-1. 미비점 평가"에서 구체적으로 다룬다.

내부회계관리제도 실무

PART 04

내부회계관리제도 평가

Chapter

CHAPTER

4-1 평가 개요

01 내부회계관리제도 효과성 평가 개요

Key Point

내부회계관리제도는 설계 · 운영만 잘하면 되는 것이 아니다. 외부감사인이 회사의 내부회계관리제도를 감사하기 전에 회사 스스로 내부회계관리제도가 잘(효과적으로) 설계되고, 운영되고 있는지를 먼저 평가해야 한다.

내부회계관리제도의 연간 설계 · 운영 및 평가 보고의 흐름의 예시를 다음과 같다.

일반적으로 내부회계관리제도의 평가는 상반기에 설계평가를 수행하고, 하반기에 운영평가의 중간평가를 수행하고, 차년도 연초에 운영평가의 기말평가를 수행한다.

특히 주의할 게, 외부감사인의 내부회계관리제도 감사절차도, 설계평가에 대한 감사, 운영평가에 대한 감사, 미비점 평가에 대한 감사, 보고 내용에 대한 감사로 구분되며, 각 감사절차별로 회사 자체의 평가가 마무리되어야 가능하기 때문에 일정관리가 매우 중요하다.

예를 들어서, 외부감사인이 회사의 내부회계관리제도 운영평가 감사를 하기 위해서는 회사의 자체 운영평가가 마무리되어야 가능한 것이다. 이는 마치 재무제표가 있어야 재무제표 감사를 수행할 수 있는 것과 같다.

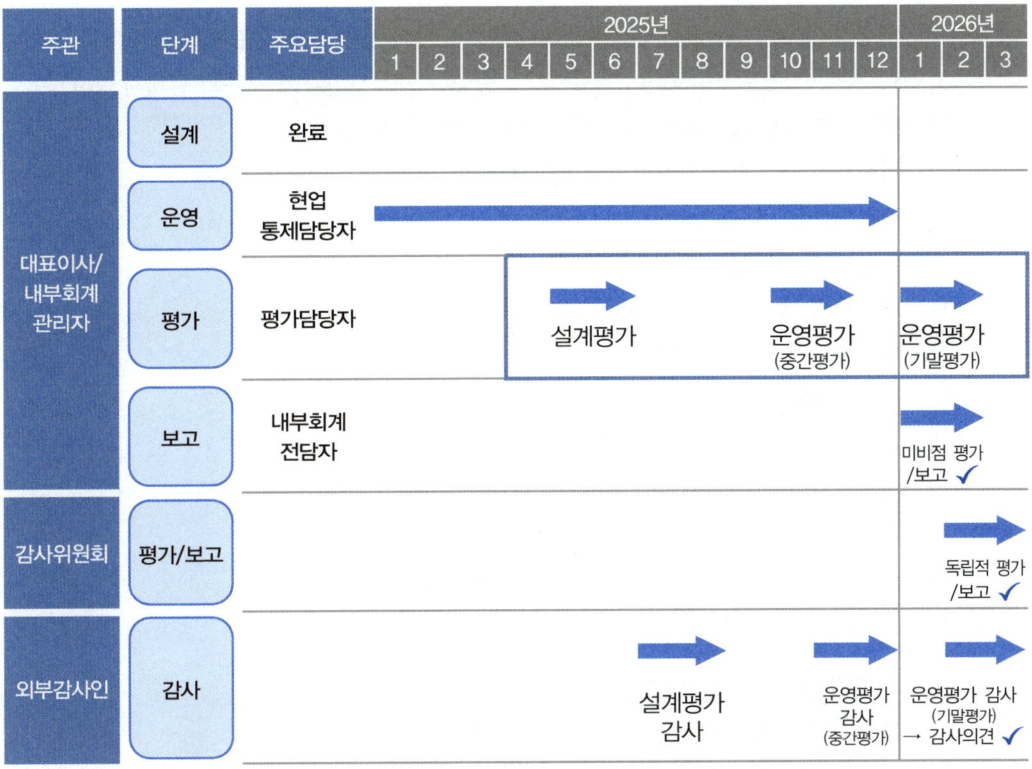

02 통제위험 평가와 평가절차의 수립

2-1. 통제위험의 평가

평가보고 기준

12. (통제위험의 평가)

가. 경영진은 내부회계관리제도 효과성 평가 대상으로 선정한 핵심통제에 대한 통제위험을 평가하여야 한다.

나. 통제위험을 평가할 때에는 통제가 관련되어 있는 재무보고요소의 고유위험 및 통제실패위험을 고려하여야 한다.

다. 고유위험을 판단할 때에는 재무보고요소 왜곡표시의 발생가능성에 영향을 미치는 양적 요소와 질적 요소를 고려하여야 한다. 양적 요소는 재무보고요소 자체의 금액적 중요성을 말하며, 질적 요소를 판단할 때에는 다음 사항을 고려한다.

(1) 계정과목 내 개별 거래의 복잡성, 동질성

(2) 부정 발생의 가능성

(3) 추정이나 판단이 개입되는 회계처리 및 평가

(4) 회계처리 및 보고의 복잡성

(5) 우발채무의 발생가능성

(6) 특수관계자와 유의적 거래의 존재 여부

(7) 계정과목 성격의 변화 및 당기 금액 변화 정도

(8) 비경상적인 거래

(9) 관련 회계처리 기준의 변경

(10) 법규 및 감독당국의 강조 사항

(11) 주요한 외부환경의 변화가 존재하는 계정

라. 통제실패위험을 판단할 때에는 다음 사항을 고려한다.

(1) 통제의 유형과 수행 빈도

(2) 통제의 복잡성

(3) 경영진의 통제 무시 위험

(4) 통제를 수행하기 위하여 필요한 판단의 정도

(5) 통제를 수행하거나 통제 운영의 적정성을 모니터링하는 인원의 역량

(6) 통제를 수행하거나 통제 운영의 적정성을 모니터링하는 주요 인원의 변동 여부

(7) 통제가 예방 또는 적발하고자 하는 왜곡표시의 성격과 중요성

(8) 통제가 다른 통제활동의 효과성에 의존하는 정도

(9) 과거연도 통제 운영의 효과성 평가 결과

마. 재무보고요소와 관련된 위험에 적절히 대처하기 위해 둘 이상의 통제를 조합하여 설계 · 운영하는 경우 경영진은 개별 통제의 위험 특성을 분석하여야 한다.

바. 통제위험 평가 시에는 관련된 전사적 수준 통제 및 정보기술 일반통제의 효과성을 함께 고려한다.

평가보고 가이드라인

31. **(통제위험의 평가)**

가. 선정된 핵심통제에 대해서는 이미 평가된 계정과목 및 프로세스의 고유위험 및 통제실패위험을 고려한 통제위험을 평가하여 효과성 평가시 수집해야 할 증거량 및 평가 방안을 결정한다. 위험평가에 기반한 핵심통제 선정과 내부회계관리제도의 효과성 평가 계획은 일정한 형식에 따라 문서화하고 내부회계관리자의 검토 및 감사(또는 감사위원회)의 평가 과정을 거쳐 확정되어야 한다.

나. 통제위험 평가 시에는 통제와 관련된 계정과목 및 프로세스의 고유위험 평가 결과와 통제실패위험 평가결과를 함께 고려하여야 한다. 고유위험 평가 시에는 문단 10 및 문단 11에서 설명하는 양적, 질적 요소를 고려하며 통제실패위험 평가 시에는 다음의 항목을 고려한다.

(1) 통제의 유형(수동통제, 자동통제)과 수행빈도
(2) 통제의 복잡성
(3) 경영진의 권한남용으로 인한 통제 무시 위험
(4) 통제의 수행에 필요한 판단의 정도
(5) 통제를 수행하는 인력의 역량
(6) 통제를 수행하는 핵심 구성원의 변동
(7) 통제가 예방 또는 적발하고자 하는 왜곡표시의 성격과 중요성
(8) 통제가 다른 통제의 효과성에 의존하는 정도(예를 들어, 정보기술 일반통제)
(9) 과거 연도 통제 운영의 효과성 평가 결과

다. 특수관계자 거래, 추정이나 판단이 개입되는 재무보고요소들은 일반적으로 높은 왜곡표시 위험을 가진 것으로 평가된다. 이러한 재무보고요소들과 관련된 통제의 속성이 경영진의 통제 무시 위험에 취약하고 중요한 판단을 수반하거나 복잡할 때 해당 통제의 통제위험은 높은 것으로 평가되어야 한다.

라. 재무보고요소의 위험에 적절히 대처하기 위해 둘 이상의 통제를 조합하여 설계·운영하는 경우 경영진은 통제 각각의 위험 특성이 다를 수 있으므로 개별 통제의 위험을 각각 평가하여야 한다. 예를 들어, 중요한 추정을 수반하는 재무보고요소에는 원천 데이터를 집계하는 자동통제와 높은 수준의 판단이 필요한 수동통제의 조합이 필요할 수 있다. 이러한 경우, 큰 변화가 없는 시스템의 효과적인 정보기술 일반통제에 의존하는 자동통제는 낮은 위험을 가진다고 평가될 수 있는 반면, 수동통제는 높은 위험을 가진다고 평가된다.

마. 통제위험 평가 시에는 관련된 전사적 수준의 통제 및 정보기술 일반통제의 효과성을 함께 고려한다. 예를 들어, 통제가 효과적으로 운영되지 못할 가능성에 대한 경영진의 판단은 통제환경의 효과성에 의해 영향을 받을 수 있고 이로 인하여 해당 통제를 평가하기 위한 증거에 영향을 미칠 수 있다. 하지만, 잘 갖추어진 통제환경이라 하더라도 직접적이지 않은 전사적 수준의 통제를 근거로 통제 운영에 대한 평가를 수행하지 않을 수는 없다.

바. 전사적 수준의 통제의 설계와 운영의 효과성을 평가하는 방식은 거래수준 통제의 효과성 평가방식과 크게 다르지 않다. 회사의 통제 기술방식이 회사의 정책과 절차만을 기술하는 것은 바람직하지 않으며, 관련된 정책과 절차가 존재한다는 사실만으로 관련된 원칙과 회사의 중점고려사항이 적절히 준수되고 있다고 할 수 없음을 유의한다.

통제위험 평가에는 다음의 3가지 위험의 요소를 구분 식별해야 한다.

통제위험	정 의 [평가 및 보고 기준 문단 2(용어의 정의)]	내 용
고유위험	모든 관련 통제를 고려하기 전에 거래유형, 계정잔액 또는 공시에 대한 경영자 주장이 개별적으로 또는 다른 왜곡표시와 합칠 때 중요하게 왜곡표시될 가능성이 내재된 위험	회사의 통제활동과 무관한 재무제표 계정과목 자체의 위험
통제실패 위험	통제가 효과적으로 설계되거나 운영되지 않을 위험	통제가 실패할 위험(일반적으로 통제가 효과적으로 '운영'되지 못할 위험)
통제위험	회사의 통제가 재무제표의 왜곡표시를 적시에 예방, 적발, 수정하지 못할 위험	• 회사가 설계운영하는 통제활동이 재무제표 왜곡표시위험을 감소시키지 못할 위험 • 통제위험은 고유위험의 수준(높음 · 낮음)과 통제실패위험의 수준(높음 · 낮음)에 따라 결정됨(높음 · 중간 · 낮음) • 통제위험을 평가할 때에는 통제가 관련되어 있는 재무보고요소의 고유위험 및 통제실패위험을 고려하여야 함 (평가 및 보고 기준 문단 12, 나)

이해 편의를 위해 앞에서 설명한 "우산을 쓴다" 통제활동을 예로 들면 다음과 같다.

통제위험	정의 [평가 및 보고 기준 문단 2(용어의 정의)]	내용
고유위험	모든 관련 통제를 고려하기 전에 거래유형, 계정잔액 또는 공시에 대한 경영자 주장이 개별적으로 또는 다른 왜곡표시와 합칠 때 중요하게 왜곡표시될 가능성이 내재된 위험	N/A(우산을 쓴다는 통제활동은 재무제표 왜곡표시위험과 무관함)
통제실패위험	통제가 효과적으로 설계되거나 운영되지 않을 위험	비가 올 때마다 우산을 제대로 쓰지 않을 위험
통제위험	회사의 통제가 재무제표의 왜곡표시를 적시에 예방, 적발, 수정하지 못할 위험	우산이 없거나(설계), 우산이 찢어지거나(설계), 우산은 멀쩡한데 우산을 잘못 쓰거나 해서(운영), 비를 맞을 위험

이를 상기 예시에서의 '매출채권 대손충당금 검토 통제(MRC)'를 예로 들면 다음과 같이 정리할 수 있다.

회사의 내부회계관리제도 업무프로세스수준 통제활동(PLC) 통제기술서(RCM) 예시

No.	Mega Process	Activity	Risk	Control	통제담당자	통제속성
C1	매출 프로세스	매출채권 대손충당금을 인식한다.	매출채권의 회수가능성 평가가 부정확하여 대손충당금이 과소계상될 위험	**매출채권 대손충당금 검토 (MRC)**	회계팀장	수동통제

통제위험	정의 [평가 및 보고 기준 문단 2(용어의 정의)]	내용
고유위험	모든 관련 통제를 고려하기 전에 거래유형, 계정잔액 또는 공시에 대한 경영자 주장이 개별적으로 또는 다른 왜곡표시와 합칠 때 중요하게 왜곡표시 될 가능성이 내재된 위험	매출채권 대손충당금은 양적으로도 위험이 높고, 질적으로도 (1) 계정과목 내 개별 거래의 복잡성, 동질성, (2) 추정이나 판단이 개입되는 회계처리 및 평가 등에 의해 고유위험이 높음
통제실패위험	통제가 효과적으로 설계되거나 운영되지 않을 위험	• 설계상 위험 : 해당 통제활동은 매출채권 대손충당금 검토(MRC) 체크리스트가 그 복잡성으로 완전하지 않을 수 있음 • 운영상 위험 : 해당 통제활동을 수행하는 회계팀장은 계정과목의 복잡성, 전문성 등을 수행할 수 있는 충분한 능력이 없을 수 있으며, 수동통제의 특성상 검토 과정에서 human error 발생가능성도 높음
통제위험	회사의 통제가 재무제표의 왜곡표시를 적시에 예방, 적발, 수정하지 못할 위험	고유위험이 높고, 통제실패위험도 높아 해당 통제활동은 통제위험이 높음

내부회계관리제도 감사 FAQ

2. 감사인이 테스트 대상으로 선정한 통제가 경영진이 테스트 대상으로 선정한 통제(이하 '핵심통제')와 차이가 있다면 이는 내부회계관리제도 미비점에 해당하는지요?

감사인은 경영진이 선정한 핵심 통제와 별도로 관련 경영진 주장의 왜곡표시위험에 충분히 대처하고 있는지 결론 내리는 데 중요한 통제를 테스트 대상으로 선정합니다.

감사인이 선정한 테스트 대상 통제가 경영진이 선정한 핵심통제에 포함되지 않았다면,

- 감사인은 경영진이 해당 통제를 핵심통제로 선정하지 않은 원인을 분석하여 회사의 위험 평가프로세스에 미비점이 있는지 평가하여야 합니다. 회사의 위험 평가프로세스에서 미비점이 식별된다면 감사인은 이에 따라 다른 통제 테스트의 성격 · 시기 · 범위를 조정하여야 합니다. 예를 들어 경영진이 해당 통제를 핵심통제로 선정하지 않은 이유가 재무보고에 중요한 영향을 미치는 변화를 식별하는 데 실패하였기 때문이라면 감사인은 그러한 변화에 영향을 받는 프로세스상 통제가 적절히 변경되었는지 평가하는 데 더 많은 주의를 기울이고 관련 통제를 테스트할 때 더 설득력 있는 증거를 입수해야 합니다.
- 감사인은 해당 통제가 실제로 존재하고 통제 목적을 달성하도록 설계되었는지 평가합니다. 해당 통제가 실제로 존재하고 통제 목적을 달성하도록 설계되었다면 감사인은 해당 통제의 설계 · 운영 효과성을 테스트하되 테스트의 성격 · 시기 · 범위를 결정할 때 해당 통제가 모니터링되지 않는다는 점을 반영하여야 합니다.

감사인이 테스트 대상으로 선정하지 않은 통제를 경영진이 내부회계관리제도 평가 목적으로 테스트하기로 결정한 경우, 경영진이 선정한 핵심통제에 감사인이 선정한 테스트 대상 통제가 완전하고 정확하게 포함되어 있다면 일반적으로 감사인이 추가 고려할 사항은 없습니다.

해설 - 저자 주

핵심통제로 선정하는 판단기준이 감사인과 회사 경영진이 다를 수 있다. 회사 입장에서는 통제기술서(RCM) 설계 시 핵심통제(Key Control)와 비핵심통제(Non-Key Control)를 구분하고, 설계평가 이전 단계에서 외부감사인에게 통제기술서(RCM)상의 핵심/비핵심 선정에 대한 검토과정을 거치는 것이 바람직하다.

회사가 비핵심통제(Non-Key Control)로 선정하였는데, 외부감사인의 검토 없이 회사가 설계운영평가를 수행하지 않는 경우, 외부감사인이 운영평가에 대한 감사절차를 취하면서 해당 통제활동에 대해 핵심통제(Key Control)라고 판단하면, 회사의 설계 및 운영평가 시기를 놓치는 경우가 존재할 수 있다.

유사하게 회사가 핵심통제(Key Control)로 선정한 통제활동에 대해서 외부감사인이 비핵심통제(Non-Key Control)라고 판단하게 되면, 회사가 이 통제에 대해 설계 운영평가를 수행하는 수고를 하지 않을 수 있게 된다.

2-2. 통제위험 평가와 증거량

평가보고 가이드라인

32. (통제위험 평가와 증거량)

계정과목 등의 고유위험과 통제실패위험 및 그에 따른 증거량의 관계는 다음과 같다.

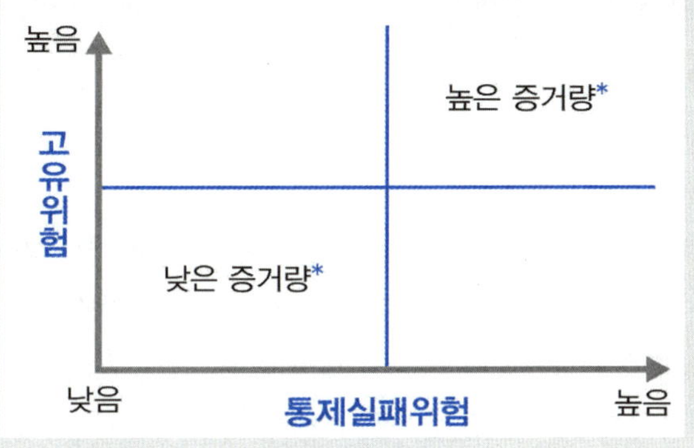

* 높은(낮은) 증거량 : 테스트 방법, 범위, 시기를 보다 높은(낮은) 확신이 부여될 수 있도록 고려했을 때의 증거를 의미한다.

고유위험과 통제실패위험의 평가결과에 따라 설계운영평가를 위한 증거량의 수준이 달라진다.

고유위험과 통제실패위험이 둘 다 높거나, 둘 다 낮을 경우의 증거량은 다음과 같이 진행된다. 이 중간에 있는 경우는 높은 경우와 낮은 경우의 중간 정도 수준에서 증거량을 수집할 수 있다.

고유위험	통제실패위험	증거량
높음	높음	• 통제위험은 높음 • 해당 통제활동은 높은 증거량이 필요함 • 테스트 방법 : 질문보다는 문서검사, 재수행을 수행해야 함 • 테스트 범위 : 모집단에서 많은 양의 샘플 수를 추출해야 함 • 테스트 시기 : 가능한 보고기간종료일(12/31) 기준으로 테스트 수행해야 함
낮음	낮음	• 통제위험은 낮음 • 해당 통제활동은 낮은 증거량으로 충분함 • 테스트 방법 : 질문보다는 문서검사, 재수행보다는 질문이나 관찰절차를 수행할 수 있음 • 테스트 범위 : 모집단에서 적은 양의 샘플 수를 추출할 수 있음 • 테스트 시기 : 보고기간종료일(12/31)과 먼 시점에서도 테스트 가능함

2-3. 내부회계관리제도 평가를 위한 증거자료의 수집

평가보고 가이드라인

33. (내부회계관리제도 평가를 위한 증거자료의 수집)

내부회계관리제도 효과성 평가를 위한 증거자료는 통제에 대한 독립적인 평가와 상시적인 모니터링 또는 두 가지 방법의 조합으로 얻을 수 있다.

가. 일반적으로 통제에 대한 독립적인 평가는 검토 대상 통제에 대하여 높은 수준의 객관성을 가진 인원에 의해 정기적으로 수행된다. 독립적인 평가는 특정 시점의 증거를 제공하며 상시적인 모니터링의 신뢰성에 대한 근거를 제공할 수 있다.

나. 상시적인 모니터링에는 자가평가 절차와 통제 운영 여부를 확인할 수 있도록 설계된 성과지표를 분석하는 절차를 포함한다. 자가평가는 다양한 수준의 객관성을 가진 인원에 의하여 수행되는 여러 유형의 절차를 포함한다.

다. 자가평가는 평가대상 통제를 운영할 책임이 있는 인원이 수행하는 평가는 물론 평가 대상 통제의 운영책임이 없는 경영진 등이 실시하는 평가를 포함하는 개념이다. 자가평가가 제공하는 증거자료의 성격은 평가자나 평가 수행 방식 등에 따라 달라진다.

내부회계관리제도 효과성 평가를 위한 증거자료 수집은 1) 독립적인 평가와 2) 상시적인 모니터링 또는 3) 두 가지 방법의 조합으로 얻을 수 있다.

독립적인 평가와 상시적인 모니터링의 내용을 정리하면 다음과 같다.

구분	독립적인 평가	상시적인 모니터링
정의 등	• 검토 대상 통제에 대하여 높은 수준의 객관성을 가진 인원에 의해 정기적으로 수행 • 특정 시점의 증거를 제공 • 상시적인 모니터링의 신뢰성에 대한 근거를 제공 가능	• 자가평가 절차와 통제 운영 여부를 확인할 수 있도록 설계된 성과지표를 분석하는 절차를 포함 • 자가평가는 평가대상 통제를 운영할 책임이 있는 인원이 수행하는 평가는 물론 평가 대상 통제의 운영책임이 없는 경영진 등이 실시하는 평가를 포함하는 개념
실무	대부분 설계평가/운영평가(중간평가/기말평가) 시점을 구분해서 수행함	시스템 구축이 필요함

2-4. 통제위험 평가에 따른 평가절차의 결정

평가보고 가이드라인

34. (통제위험 평가에 따른 평가절차의 결정)

가. 경영진은 평가대상 통제의 위험평가 결과에 따라 효과성 평가 시 평가자, 평가방법을 유연하게 적용하여 입수된 증거자료의 성격을 조정한다. 즉, 보다 객관적인 인원을 활용하여 상시적인 모니터링에 대한 증거자료를 추가하거나, 주기적으로 수행되는 통제에 대한 독립적인 평가범위를 증가시킬 수 있다. 또한 독립적인 평가의 대상기간을 조정함으로써 입수된 증거자료의 성격을 조정할 수 있다.

나. 통제위험이 높게 평가된 경우 경영진이 입수하는 증거자료는 일반적으로 독립적인 평가 또는 높은 수준의 객관성을 가진 인원에 의하여 수행된 상시적인 모니터링의 결과로 구성될 것이다. 즉, 높은 수준의 독립성과 전문성을 보유한 인원이 평가를 수행하고 평가방법은 문서검사 및 재수행, 잦은 빈도의 평가 및 많은 수의 샘플을 평가하는 방식을 적용한다. 상시적인 모니터링이 객관성이 낮은 인원에 의하여 수행된 경우 통제 운영과 독립된 인원에 의한 독립적인 평가로 보강하는 것을 고려한다. 이러한 경우 통제에 대한 독립적인 평가는 상시적인 모니터링 및 모니터링 대상 통제의 운영 평가에 대한 증거자료를 제공한다. 선정된 핵심통제는 재무제표의 왜곡표시 방지를 위해 반드시 필요한 통제이므로 평가에서 제외하거나 통제운영자 본인이 직접 평가하는 방안은 적정하지 않다.

다. 통제위험이 낮게 평가된 경우에는 다소 낮은 독립성을 보유한 인원에 의해 다소 약화된 평가방법을 적용할 수 있다. 경영진은 상시적인 모니터링에 의해 입수된 증거자료가 충분하다면 독립적인 평가는 필요하지 않다고 결론지을 수도 있다.

설계운영평가는 통제위험의 평가결과에 따라 달라진다. 통제위험의 평가 결과에 따른 설계운영평가 절차는 다음과 같이 구분된다.

통제위험 수준	평가방법	평가절차
통제위험 높게 평가	• 독립적인 평가 또는 높은 수준의 객관성을 가진 인원에 의하여 수행된 상시적인 모니터링의 결과로 구성 • 선정된 핵심통제는 재무제표의 왜곡표시 방지를 위해 반드시 필요한 통제이므로 평가에서 제외하거나 통제운영자 본인이 직접 평가하는 방안은 적정하지 않음	• 높은 수준의 독립성과 전문성을 보유한 인원이 평가를 수행 • 문서검사 및 재수행 등 평가방법 수행 • 잦은 빈도의 평가 • 많은 수의 샘플을 평가

통제위험 수준	평가방법	평가절차
통제위험 낮게 평가	상시적인 모니터링만으로 가능	• 다소 낮은 독립성을 보유한 인원에 의해 평가 가능 • 다소 약화된 평가방법을 적용 가능

2-5. 평가시기

평가보고 가이드라인

35. (평가시기)

외부감사법규에 따라 매 사업연도마다 내부회계관리제도의 운영실태를 보고하기 위해서는 내부회계관리제도의 설계와 운영의 효과성을 평가하여야 한다. 일반적으로 내부회계관리제도의 평가는 중간평가와 기말평가 과정을 통해 이루어진다.

가. 내부회계관리제도의 평가는 경영진이 평가기준일 현재 내부회계관리제도가 효과적으로 설계 · 운영되고 있는지에 대한 합리적인 확신을 얻는 것을 목적으로 한다. 그러나, 재무제표에 기록된 거래는 회계기간 중 지속적으로 발생하기 때문에 충분한 기간을 대상으로 평가를 수행하여야 한다. 특히, 평가기준일과 가까운 시기는 반드시 평가 대상기간으로 포함되어야 한다. 그러나 평가기준일과 가까운 시기에 모든 평가 절차를 실시하는 것은 불가능하므로 당해 평가 대상기간의 중간에 평가를 실시하고 기중에 평가된 중요한 통제 중 평가 실시 이후 변경된 부분은 없는지, 기말 현재에도 여전히 효과적인지 등을 확인하는 평가 절차가 효율적일 수 있다.

나. 또한, 기중에 식별된 내부회계관리제도상의 미비점(또는 취약점)을 개선하고 평가기준일 현재(또는 근접한 시점)에 충분한 기간 동안 통제의 설계와 운영이 적정함을 확인하는 경우에는 최종적인 내부회계관리제도 평가는 적정하다고 결론 내릴 수 있다. 이에 회사는 중간평가를 통해 미비점(취약점)을 조기에 확인하고 개선하는 것이 일반적이다.

다. 그러나, 중간평가만으로는 평가기준일 현재의 내부회계관리제도의 효과성에 대해 합리적 확신을 제공하기에는 부족하므로 중간평가 기준일 현재 내부회계관리제도의 효과성에 대한 평가 결론이 평가기준일 현재에도 여전히 유효한지를 확인하기 위하여 평가기준일 혹은 이에 근접한 일자에 추가적인 평가를 통해 보완하는 절차가 필요하다. 이를 '기말평가'라 하며 기말에 이루어지는 기말 결산 절차 중 중간평가에 포함되지 않는 통제는 기말평가에 포함되어야 한다.

라. 중간평가 실시 후 평가기준일까지의 잔여기간의 길이, 평가 대상 통제의 위험평가 결과, 통제환경, 통제 발생 횟수, 중간평가 이후 통제의 유의적 변동 여부 등을 고려하여 잔여기간에 대한 기말평가의 범위, 방법 등을 결정한다.

마. 이상에서 논의된 중간평가 및 기말평가를 도해하면 다음과 같다.

36. (위험 평가에 따른 평가시기 결정)

통제위험이 클수록 테스트의 수행 시기는 빈번할 수 있으며 위험이 높은 통제는 가급적 평가기준일에 평가하는 것이 효과적인 평가 방법이다.

가. 경상적으로 발생하는 거래에 대한 통제는 기중에 평가할 수 있으나, 평가기준일 근처에 발생하는 중요한 비일상적 거래와 관련된 통제나 통제위험이 큰 통제수행자의 주관적인 판단이나 추정에 크게 의존하는 통제 등은 기말 시점에 근접하여 평가하여야 한다.

나. 기말 재무보고와 관련된 통제의 경우 기말평가 기준일 시점에 해당 통제의 효과성 평가가 불가능하기 때문에 기말평가 기준일 이후에 실시한다.

내부회계관리제도는 매년 평가해야 하는가?
이는 설계평가와 운영평가로 구분된다.

평가	원칙	예외
설계평가	매년 수행	• 최초 설계 평가 이후 관련된 프로세스, 조직 및 시스템의 변화가 없거나 미미한 경우에는 통제에 영향을 미치는 변경이 존재하지 않음을 확인하는 것으로 설계평가를 할 수 있다. [평가보고 가이드라인 문단 41. (변화관리체계와 설계평가) 다] • 실무적으로 3년 단위로 설계평가를 수행하는 경우가 많음
운영평가	매년 수행	예외 없음

내부회계관리제도 평가시기는 다음과 같이 설계평가, 운영평가(중간평가, 기말평가)로 구분된다.

평가시기	내용
설계평가	운영평가 이전에 수행
운영평가	• 중간평가와 기말평가로 구분해서 수행 • 평가기준일(12/31)과 가까운 시기에 모든 평가 절차를 실시하는 것은 불가능하므로 당해 평가 대상기간의 중간에 평가를 실시하고(중간평가), 기중에 평가된 중요한 통제 중 평가 실시 이후 변경된 부분은 없는지, 기말 현재에도 여전히 효과적인지 등을 확인하는 평가 절차(기말평가)가 효율적임
운영평가(기말평가) 필수인 경우	• 기말시점 근접 평가 필요 – 평가기준일 근처에 발생하는 중요한 비일상적 거래와 관련된 통제 및 MRC(통제수행자의 주관적인 판단이나 추정에 크게 의존하는 통제) • 기말시점 이후에 평가 필요 – 기말 재무보고와 관련된 통제

2-6. 평가자

평가보고 가이드라인

37. (평가자)

경영진은 일반적으로 평가 대상 통제로부터 독립된 위치에 있는 자를 평가자로 지정하여 평가를 수행한다.

가. '독립된 위치에 있는 자'란 통제수행자가 소속된 해당 부서와 독립적인 제3자를 의미한다. 경영진은 내부회계관리제도의 독립적인 평가를 위해 평가 시점마다 별도의 임시조직(Task Force팀 등)을 구성하거나 일반 현업부서와는 독립적인 상시조직(예를 들어, 내부통제팀 등)을 통해 평가할 수 있다.

나. 그러나, 통제위험이 높지 않고 상시적인 모니터링이 효과적인 것으로 판단된다면 낮은 수준의 독립성을 갖는 자를 평가자로 지정하는 것도 가능하며, 이때 평가대상 통제로부터 평가자의 독립성 수준을 결정할 때에는 전사적 수준 통제테스트 결과를 포함한 위험평가 결과와 각 통제의 위험평가 결과를 고려한다.

다. 동일부서의 다른 인원의 평가 및 전담부서가 아닌 다른 부서의 평가는 낮은 수준의 독립성이나 전문성을 갖는다고 할 수 있다. 이는 다음과 같은 방안을 종합적으로 반영하여 보완될 수 있다.

(1) 내부통제팀 등 독립적인 평가자가 테스트 절차(테스트 방법, 표본의 선정방법 및 개수) 및 결론 등의 적정성 확인

(2) 내부통제팀 등 독립적인 평가자가 문서검사 및 재수행을 통하여 평가결과의 일정 부분을 검토

(3) 내부통제팀 등 독립적인 평가자가 테스트 모집단과 샘플을 직접 선정하여 평가자에게 전달

라. 아래와 같은 상황에서는 보완절차를 생략할 수 있다.

(1) 테스트 절차가 구체적으로 기술되어 별도의 전문성이 필요 없다고 판단되는 경우

(2) 평가를 적절하게 수행하지 않은 인원에 대한 성과 반영이 이뤄지는 경우

마. 중소기업은 내부회계관리제도의 독립적인 평가를 수행하는 것이 어려운 경우 통제업무를 수행하는 담당자가 평가를 수행할 수 있다. 이 경우에도 통제환경, 기말 재무보고 절차 및 중요한 추정이나 판단이 필요한 통제 등 특히 위험이 높은 것으로 평가된 통제에 대해서는 해당 통제와 독립적인 다른 부서의 인원 또는 외부의 전문가가 문단 37 다.(1)~(3)의 절차 등을 통해 해당 평가의 적정성을 확인하는 것이 필요하다. 단, 문단 37 라.(1)~(2)의 상황에서는 동 보완 절차를 생략할 수 있다.

내부회계관리제도 설계운영평가는 누가 평가할 것인가?

평가자는 독립성과 적격성(전문성)이 요구된다. 다만, 통제활동의 수준에 따라서는 독립성과 적격성(전문성)이 상대적으로 완화해서 수행하는 것도 가능하다.

통제평가자의 독립성과 적격성(전문성) 여부는 아래처럼 구분된다.

평가자	원칙	보완절차
'독립된 위치에 있는 자'	• 평가 시점마다 별도의 임시조직(Task Force팀 등) 구성 • 독립적인 상시조직(내부통제팀 등) 구성	필요 없음
동일부서의 다른 인원의 평가	• 통제위험이 높지 않고 상시적인 모니터링이 효과적인 것으로 판단되는 경우 가능 • 낮은 수준의 독립성	• 아래 보완절차 필요* (1) 내부통제팀 등 독립적인 평가자가 테스트 절차(테스트 방법, 표본의 선정방법 및 개수) 및 결론 등의 적정성 확인 (2) 내부통제팀 등 독립적인 평가자가 문서검사 및 재수행을 통하여 평가결과의 일정 부분을 검토 (3) 내부통제팀 등 독립적인 평가자가 테스트 모집단과 샘플을 직접 선정하여 평가자에게 전달
전담부서가 아닌 다른 부서의 평가	• 통제위험이 높지 않고 상시적인 모니터링이 효과적인 것으로 판단되는 경우 가능 • 낮은 수준의 전문성	

* 보완절차 필요 없는 경우

1. 테스트 절차가 구체적으로 기술되어 별도의 전문성이 필요 없다고 판단되는 경우
2. 평가를 적절하게 수행하지 않은 인원에 대한 성과 반영이 이뤄지는 경우

단, 중소기업은 자가평가(통제수행자가 통제평가를 수행)가 가능하다.

그럼에도 불구하고, 아래 상황에서는 독립적인 인원이나 외부전문가의 평가를 통한 적정성 확인이 필요하다.

- 위험이 높은 것으로 평가된 통제(예 : 통제환경, 기말 재무보고 절차 및 중요한 추정이나 판단이 필요한 통제 등)

2-7. 평가대상 사업단위의 선정

평가보고 가이드라인

38. (평가대상 사업단위의 선정)

가. 재무보고 위험을 처리하는 데 필요한 통제들이 둘 이상의 사업장 또는 사업부에서 운영되는 경우 경영진은 일반적으로 개별 사업장과 사업부를 별도의 사업단위로 보아 재무보고 위험을 평가하고 통제 운영에 대한 증거를 평가한다. 사업단위의 정의는 회사의 상황에 따라 달라질 수 있으며 일반적으로는 법적실체(연결재무제표에서 종속회사, 유한회사, 파트너십 등), 사업부문 또는 영업시설(예 : 사업부, 생산설비, 판매조직) 등이 사업단위에 해당한다. 특정 단위조직의 사업목적, 업무프로세스, 전산환경 등이 타 조직과 독립적인 경우 별도의 사업단위로 본다.

나. 복수의 사업단위가 존재하는 경우 경영진은 각 사업단위의 재무적 비중 및 고유위험, 특수한 회계처리방법의 적용여부, 내부감사 또는 외부감사 결과 등의 과거경험, 사업환경의 변화 등 개별 사업단위가 지니는 상대적 중요성 및 위험을 고려하여 어느 사업단위가 평가대상에 포함되는지 결정한다.

다. 평가대상 사업단위 결정 시 경영진은 각 사업단위의 재무제표상 중요한 왜곡표시 위험을 고려하여야 하며 동 위험에 따라 사업단위별로 평가 절차를 달리할 수 있다. 예를 들어, 경영진은 개별적으로 또는 타 부문과 결합되었을 때 재무제표상 중요한 왜곡표시의 발생가능성이 낮은(Do Not Present a Reasonable Possibility) 사업단위의 통제는 설계 및 운영 평가 대상에서 제외할 수 있다. 연결재무제표의 종속회사의 경우 범위에 포함된 유의한 계정과목과 관련된 모든 종속회사를 범위에 포함할 수 있으나 실무적으로는 중요한 왜곡표시의 발생가능성이 낮은 사업단위를 제외하는 것이 일반적이다. 사업단위를 제외하였음에도 충분한 범위의 선정은 이뤄져야 하며 이는 특정 유형의 매출이나 거래의 경우에도 동일하게 적용될 수 있다.

라. 경영진은 개별 사업장 또는 사업부에서 운영되는 통제위험이 낮다고 판단할 수 있는 경우가 있다. 이러한 경우 경영진은 반복적인 자가평가 또는 상시적인 모니터링을 통하여 입수된 증거자료들이 개별 사업장의 운영 결과를 모니터링하는 중앙 집중화된 통제로부터 입수된 증거들과 결합되었을 때 평가를 위한 충분한 증거자료가 구성되었다고 판단할 수 있다. 반대로, 경영진은 개별 사업장의 통제 운영이 복잡하거나 판단이 개입되어 통제가 효과적으로 운영되지 않을 위험이 높다고 판단할 경우 사업장 통제의 효과적인 운영에 대하여 더 많은 증거자료가 필요하다고 결정할 수 있다.

마. 지점, 영업점 등 복수의 사업단위에서 중앙의 본사 차원에서 설계되어 전체 사업부 또는 지점에서 일관되게 수행되도록 하는 동질적 통제(공통 통제)가 존재하는 경우 해당 동질적 통제의 설계평가는 본사 차원에서 한번 수행하고 운영평가는 전체 사업부 또는 지점을 모집단으로 두고 표본을 추출하여 테스트할 수 있다. 즉, 4개의 지점에서 매달 1회씩 수동통제를 수행한다면 연간 총 48개의 모집단에 해당하는 표본을 추출하여 운영의 효과성을 테스트하는 것이다. 이때 각 지점의 양적 · 질적 위험요소를 함께 고려하여 표본을 추출할 지점을 선정하는 것이 바람직하다.

바. 동질적 통제(공통통제)를 판단할 때에는 다음 사항을 고려한다.

(1) 해당 통제가 본사 차원에서 설계되어 일부 또는 전체 사업부(또는 지점)가 수정 없이 적용하도록 요구되는가? 해당 통제에 대한 상세한 설명이나 관련된 정책과 절차가 본사 차원에서 개발되고 관리되며 적용되는 사업부(또는 지점)에 공유되는가?

(2) 해당 통제가 비슷한 수준의 역량이나 전문성, 권한을 가진 개인에 의해 수행되는가?

(3) 해당 통제가 자동통제라면 해당 사업장(또는 지점)이 동일한 시스템 설정(Configuration)이 적용된 동일한 응용프로그램에서 작동하는가?

(4) 해당 통제가 정보시스템에서 산출되는 정보를 사용한다면 해당 사업장(또는 지점)이 동일한 정보시스템을 사용하는가?

(5) 해당 통제를 수행하기 위해 요구되는 판단이나 추정의 정도가 높지 않은가?

기업들은 동일한 또는 유사한 업무를 여러 사업부, 팀 단위로 구분해서 수행하는 경우가 많다. 이 경우 특정 통제활동이 수행되는 모든 부서의 통제활동을 모두 설계운영평가를 수행해야 하는가?

동질통제(homogeneous control)는 해당 통제활동들은 1개의 통제활동으로 보고 평가절차를 수행할 수 있다. (단, 이는 평가절차에 대한 내용이고, 통제활동은 각각의 통제담당팀 및 통제담당자 모두 운영해야 하는 것이다.)

이에 대해서 평가보고 가이드라인 제시한 내용은 다음과 같은 예시로 보여줄 수 있다.

예시 동질통제(homogeneous control) 설계운영평가

- 매출 프로세스 – 출고 전 주문서와 대조확인함
- 통제담당자 – 출하팀 대리
- 회사의 출하팀(인천공장 출하팀, 포항공장 출하팀, 울산공장 출하팀)
- 상기 3개 공장의 출하팀에서 동일한 '출고 전 주문서와 대조확인함'이라는 통제활동을 수행하는 경우

설명

각 공장에서 수행하는 통제활동은 프로세스, IT시스템 등이 모두 동일하다면, 동일한 통제를 수행하게 되고, 통제담당자만 달라지는 경우이다.

No.	Mega Process	Activity	Risk	Control	통제팀	통제 담당자	모집단
C1.A	매출 프로세스	제품을 출하한다.	출하요청과 다르게 출고될 위험	**출고 전 주문서와 대조확인함**	출하1팀 (인천공장)	홍길동 대리	**1,000개**
C1.B	매출 프로세스	제품을 출하한다.	출하요청과 다르게 출고될 위험	**출고 전 주문서와 대조확인함**	출하2팀 (포항공장)	이순신 과장	**200개**
C1.C	매출 프로세스	제품을 출하한다.	출하요청과 다르게 출고될 위험	**출고 전 주문서와 대조확인함**	출하3팀 (울산공장)	김갑동 사원	**800개**

〈설계평가〉

설계평가는 각 통제활동별로 각각 평가하는 게 원칙이다.

다만, 동질통제로 구분하는 경우, 대표적인(예 : 인천공장의 출하1팀) 사업단위만 설계평가할 수 있다.

〈운영평가〉

각각을 별도통제활동으로 구분하면, 운영평가의 샘플사이즈에 근거해서 아래와 같이 운영평가 시 샘플링을 해야 한다.

평가자	모집단	샘플 수
출하1팀(인천공장)	1,000개	25개
출하2팀(포항공장)	200개	25개
출하3팀(울산공장)	800개	25개
합계	2,000개	**75개**

아래 3개의 통제활동을 동질통제로 구분하게 되면, 3개를 1개의 모집단으로 보고 샘플링할 수 있다. 이 경우 각각의 통제활동으로 보는 경우보다 샘플링 수가 감소하여 효율적인 운영평가를 수행할 수 있다.

평가자	모집단	샘플수
출하1팀(인천공장)	2,000개	**25개**
출하2팀(포항공장)		
출하3팀(울산공장)		

〈실무 이슈〉

- 3개의 사업단위 통제활동이 동질통제인 경우, 이를 동질통제가 아닌 경우와 구분 식별하기 위해 통제번호에 이를 식별한다. (예를 들어, 동질통제가 아닌 경우, C1.Z로 구분, 동질통제인 경우 C1.A, C1.B, C1.C… 등으로 구분)
- 동질통제를 하나의 모집단으로 운영평가하기 위해 모집단을 취합할 때 인천공장, 포함공장, 울산공장에서 각각 취합해야 하므로, 모집단 최종 취합하는 데 시간 소모가 많다.

내부회계관리제도 감사 FAQ

3. 복수 사업장*의 통제가 동질적임은 어떻게 판단하는지요? 동질적임을 판단하기 위하여 어떤 절차를 수행하여야 하는지요?

(* 부문에 해당하지 않는 지점, 영업소, 공장 등)

복수의 사업장의 통제가 동질적인지는 감사인의 전문가적 판단으로 결정할 사항이며, 이때 감사인은 「모범규준 등 적용 FAQ」를 준용하여 다음과 같은 사항을 고려합니다(「모범규준 등 FAQ」 41 참조).

- 해당 통제가 본사 차원에서 설계되어 일부 또는 전체 사업부(또는 지점)가 수정 없이 적용하도록 요구되는가?
- 해당 통제에 대한 상세한 설명이나 관련된 정책과 절차가 본사 차원에서 개발되고 관리되며 적용되는 사업장에 공유되는가?
- 해당 통제가 비슷한 수준의 역량이나 전문성, 권한을 가진 개인에 의해 수행되는가?
- 해당 통제가 자동통제라면 해당 사업장(또는 지점)이 동일한 시스템 설정(Configuration)이 적용된 동일한 응용프로그램에서 작동하는가?

• 해당 통제가 정보시스템에서 산출되는 정보를 사용한다면, 해당 사업장이 동일한 정보시스템을 사용하는가?
• 해당 통제를 수행하기 위해 요구되는 판단이나 추정의 정도가 높지 않은가?

복수의 사업장의 통제가 동질적인지는 일반적으로 회사의 사업과 시스템을 이해하고 경영진이 작성한 통제 설계문서를 확인함으로써 결정할 수 있습니다.

그러나 위험 평가프로세스 또는 모니터링 절차 등 해당 통제에 영향을 미치는 전사적 수준 통제가 효과적이지 않은 경우와 같이 통제가 동질적으로 운영되지 않을 가능성이 커진다면 통제가 동질적인지 결정하기 위해 다수의 사업장을 대상으로 통제를 이해하는 절차(예 : 추적조사)를 수행할 필요가 있습니다.

내부회계관리제도 감사 FAQ

4. 복수 사업장의 통제가 동질적이라면, 감사인은 설계효과성 테스트를 한 사업장에서만 수행하여도 되는지요? 해당 통제의 운영효과성 테스트 시 통제가 동질적인 모든 사업장을 하나의 모집단으로 볼 수 있는지요?

감사인이 복수 사업장의 통제가 동질적이라고 결정하였다면,

• 설계효과성 테스트(추적조사 등)는 중앙 또는 대표적인 한 사업장을 대상으로 수행할 수 있습니다.
• 운영효과성 테스트는 다음 두 가지 방법이 가능합니다.
  – 통제가 동질적인 전체 사업장을 하나의 모집단으로 하여 표본 추출
  – 사업장이 너무 많거나 다른 이유로 상기 방법을 적용하기 어려운 경우, 대표 사업장들을 선정하고 대표 사업장들의 통제를 모집단으로 하여 표본 추출(단, 매년 동일한 사업장들이 대표 사업장으로 선정되지 않게 테스트를 설계하여야 함)

해설 - 저자 주

복수사업장에 대한 설계평가는 그 중 대표적인 1개 사업장을 선택하기 때문에 특별히 업무적인 어려움은 없다.

다만, 복수사업장에 대한 운영평가는 이들을 하나의 모집단으로 보고 운영평가를 수행하는 것이기 때문에, 업무적으로 각 사업장에서 모집단을 취합하는 것이 시간이 상대적으로 많이 소요될 수 있음을 유의해야 한다.

CHAPTER 4-2

설계평가

01 내부회계관리제도 설계 효과성 평가 개요

내부회계관리제도의 평가는 설계평가와 운영평가의 2단계로 구분된다.

통제활동의 설계 효과성 평가 결과가 효과적(effective)이라고 결론 나면, 운영의 효과성 평가도 수행해야 한다.

반면, 설계 효과성 평가 결과가 비효과적(ineffective)이라고 결론 나면, 해당 통제활동은 설계상 '미비점'이 존재하는 통제이기 때문에 운영평가를 수행할 필요가 없다.

최종적으로 '미비점'으로 결론을 내거나, 기중에 미비점을 개선해서 새롭게 다시 운영할 필요가 있다.

통제활동에 대한 설계평가와 운영평가의 2단계를 도식화하면 다음과 같다.

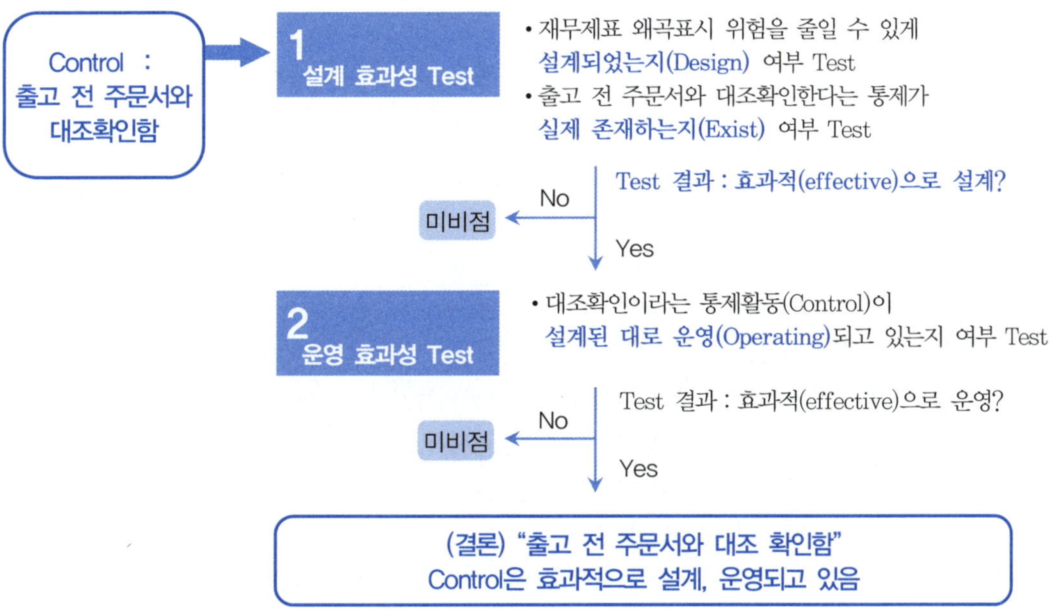

02 내부회계관리제도 설계 효과성 평가 주요 내용

평가보고 기준

15. (내부회계관리제도 설계의 효과성 평가)

가. 경영진은 내부회계관리제도 설계의 효과성에 대한 증거자료를 평가하여야 한다.

나. 통제 설계의 효과성을 평가할 때는 통제가 정책 및 절차와 긴밀하게 연계되는지, 관련된 위험이 충분히 처리될 정도로 정교한지, 예외사항 발생 시의 대응방안 등이 적절한지를 확인한다.

다. 설계의 효과성 평가 방식을 결정할 때는 회사의 내부회계관리제도의 최초 설계와 변화관리 체계 수립 및 적용의 적정성을 고려하여야 한다.

평가보고 가이드라인

39. (내부회계관리제도 설계의 효과성 평가)

경영진은 내부회계관리제도가 재무제표의 중요한 왜곡표시를 초래할 수 있는 오류나 부정을 예방하고 적시에 적발할 수 있도록 설계되었는지 여부를 판단하기 위해 내부회계관리제도 설계의 효과성을 평가한다.

가. 설계의 효과성 평가는 전사적 수준과 거래수준의 내부통제 설계에 대한 평가 등으로 구성된다.

나. 업무프로세스 내의 통제가 재무제표에 대한 경영진의 주장 및 통제목적을 효과적으로 달성하고 발생가능한 위험을 충분히 관리할 수 있는 통제의 설계 여부를 확인하기 위해 다음과 같은 항목을 고려한다.

(1) 통제가 정책과 절차와 연계되는지
(2) 관련 통제위험을 명확하게 감소시킬 수 있을 정도로 정교한지
(3) 예외사항의 정의와 적시 대응방안이 포함되는지
(4) 통제를 수행하는 데 사용된 정보의 신뢰성 확보 방안이 적절한지
(5) 통제가 설계되어 수행된 기간은 충분한지
(6) 통제수행자의 적격성이 정의되었는지
(7) 통제수행 빈도가 위험을 적시에 예방하거나 적발할 수 있는지

(8) 유의한 계정과목의 중요한 왜곡표시 원천이 완전하게 고려되었는지

다. 효과적으로 설계된 내부회계관리제도는 각 업무프로세스별 통제목표 달성을 위한 예방통제와 적발통제가 적절히 결합되는 것이 바람직하다. 예를 들어, 승인받지 않은 자금거래의 발생을 방지하기 위한 예방통제(펌뱅킹상의 승인절차, 접근제한, 인증서 관리 등) 없이 주기적인 예금결산절차를 통한 예금잔액과 장부와의 대사를 수행하는 절차(적발통제)만으로는 실재성, 완전성 등 예금계정에 대한 경영자 주장을 만족시키기에 충분하지 않을 수 있다. 단, 업무프로세스가 상대적으로 단순하고 예방통제와 적발통제의 균형을 고려할 정도의 인력이 뒷받침되지 않는 중소기업의 경우에는 예방통제나 적발통제 중 보다 효과적인 유형을 중심으로 통제를 설계할 수 있다.

설계의 효과성 평가는 '설계'가 효과적으로 되어 있는지를 평가하는 것이다.

통제활동이 효과적으로 '설계'되어 있는지 여부는 평가보고 가이드라인에서는 다음의 8가지를 종합적으로 고려하도록 요구하고 있다.

매출채권 대손충당금 검토(MRC) 통제를 예로 들어, 이 통제가 효과적으로 설계되었는지를 고려하는 항목들을 말하면 다음 예시와 같다.

No.	Mega Process	Activity	Risk	Control	통제담당자	통제속성
C1	매출 프로세스	매출채권 대손충당금을 인식한다.	매출채권의 회수가능성 평가가 부정확하여 대손충당금이 과소계상될 위험	**매출채권 대손충당금 검토(MRC)**	회계팀장	수동통제

매출채권 대손충당금 검토(MRC) 통제활동을 예로 들면, 이 통제가 설계되어 있다는 것은 해당 매출채권 대손충당금 계산내역을 효과적으로 검토할 수 있는 체크리스트가 회사에 맞게 준비(작성)되어 있다는 것이다.

해당 통제활동이 운영되고 있다는 것은 통제담당자인 회계팀장이 이 체크리스트를 가지고 통제빈도(분기)마다 효과적으로 대손충당금 계산내역을 검토하고 있는지 여부를 검토하는 것이다.

평가보고 가이드라인에서는 통제의 설계 효과성 확인하기 위한 항목으로 아래의 8가지 항목을 제시하고 있으며, 이 8가지 항목에 충족한다면 이 통제를 효과적으로 설계되어 있다고 결론짓게 된다.

매출채권 대손충당금 검토(MRC) 통제활동을 예를 들면 다음과 같은 내용으로 구성된다고 볼 수 있다.

통제의 설계 효과성을 확인하기 위한 항목	예시
(1) 통제가 정책과 절차와 연계되는지	해당 통제가 회계정책서에서 규정하고 있는 대손충당금 계산의 회계정책과 일치하는지 여부 검토[개별평가, 집합평가 구분 기준(금액 또는 질적인 특성)]가 반영되었는지 여부에 대한 검토
(2) 관련 통제위험을 명확하게 감소시킬 수 있을 정도로 정교한지	• 통제위험 : 검토 통제를 통해서 대손충당금 계산상의 오류를 발견하지 못할 위험 • 체크리스트 설계가 오류가능성의 주요 포인트들을 대부분 체크하도록 작성됨
(3) 예외사항의 정의와 적시 대응방안이 포함되는지	• 예외사항 : 대손충당금 계산상의 오류, 관련 정보(IPE 등)의 원천데이터와의 차이 존재 등 • 예외사항이 적정하고 정의되어 있고, 예외사항 발견 시 조치할 수 있는 방안이 마련되어 있음
(4) 통제를 수행하는 데 사용된 정보의 신뢰성 확보 방안이 적절한지	• 정보(IPE) 통제활동에 사용된 정보가 신뢰성이 있는지 여부 확인 필요 • 대손충당금 계산에 활용되는 대표적인 IPE(경영진에 의해 생성된 정보)인 '연령분석정보(aging report)' 정보가 신뢰성이 있는지 검증
(5) 통제가 설계되어 수행된 기간은 충분한지	통제가 당기(202x년) 중 새롭게 설계되어 이 설계가 충분하게 수행되지 못하게 되었는지 여부[202x년 하반기(예 : 11월, 12월)]에 설계되는 경우 등 통제가 수년 전에 설계되어 당기(202x년) 1년 동안 연 4회 통제가 수행되면 수행된 기간은 충분함
(6) 통제수행자의 적격성이 정의되었는지	• 통제수행자 : 회계팀장 • 회계팀장이 K-IFRS 1109(금융상품) 기준서의 대손충당금(손실충당금)에 대한 이해가 높고, 팀원 시절 대손충당금 계산의 실무경험이 충분함
(7) 통제수행 빈도가 위험을 적시에 예방하거나 적발할 수 있는지	• 분기통제로 설계 • 상장법인으로 분기공시하므로 재무제표 왜곡표시위험 감소에는 적절하다고 판단됨
(8) 유의한 계정과목의 중요한 왜곡표시 원천이 완전하게 고려되었는지	집합평가, 개별평가 모두 대손충당금 계산과정 전반이 포함됨

03 설계의 효과성 평가방법

평가보고 가이드라인

40. (설계의 효과성 평가방법)

가. 경영진은 통제 설계의 효과성을 평가하기 위하여 추적조사, 관찰, 문서검사, 재수행과 같은 방법을 사용할 수 있으며 평가자는 한 가지 방법을 단독으로 적용하거나 여러 방법을 조합하여 적용함으로써 내부회계관리제도 설계의 효과성에 대한 합리적인 확신을 얻을 수 있다.

나. 추적조사는 통제 설계의 효과성 평가에 있어서 매우 효과적인 방법이다. 추적조사는 거래 유형별로 1~2개의 거래를 표본으로 추출하여 거래의 시작에서 재무제표에 반영되는 종료시점까지 계약서, 증빙서류 및 회계장부 등의 거래 증적에 따라 거래 흐름을 추적하고 관련된 위험을 파악하여 관련된 통제의 설계가 적절한지 여부를 파악하는 것이다. 단, 중소기업의 경우에는 추적조사 절차를 생략하고 질문 및 문서검사 위주로 설계의 효과성을 평가할 수 있다.

다. 최초 설계평가 시에는 복잡하고 유의한 프로세스는 추적조사를 적용하고, 나머지 프로세스는 업무흐름도와 통제기술서를 검토하고 질문이나 관찰 등의 절차를 이용하여 평가할 수 있다. 추적조사 대신에 각 프로세스에서 계정과목의 중요한 왜곡표시 원천이 되는 위험을 관리하기 위한 통제를 확인하는 절차를 통해 설계 평가를 수행할 수도 있다.

설계평가는 아래 4가지 평가방법 중 한 가지 방법을 단독으로 적용하거나 여러 방법을 조합하여 적용하여 수행한다.

- 추적조사
- 관찰
- 문서검사
- 재수행

일반적으로 설계 테스트 방법은 다음과 같이 구분될 수 있다.

설계 테스트 방법	내용	비고(예시)
추적조사 (Walkthrough test)	문서검사와 같으나, 거래흐름을 따라가면서 문서검사가 가능한 경우	• 매출거래유형 중 1개를 샘플링하여 매출프로세스의 거래의 시작부터 재무제표 반영까지 따라가면서 문서검사 등을 수행 • 일반적으로 매출, 구매, 생산/재고 프로세스는 추적조사(Walkthrough test)가 적절함 • 현금흐름표 검토 통제, 특수관계자 주석공시 검토 통제 등은 추적조사가 적합하지 않을 수 있음 • 통상 WTT(WalkThrough Test)라고 함
관찰 (Observation)	통제담당자가 통제활동을 수행할 때 (동행하여) 관찰함	• 관찰은 통제담당자가 통제활동을 수행할 때만 가능하다는 단점이 있어, 대부분 통제활동을 수행한 이후 관련 문서검사가 일반적임 • (참고) 내부회계관리제도와 무관하게 외부감사인이 재무제표 감사 시 수행하는 '재고실사입회' 절차가 대표적인 관찰절차임
문서검사 (Inspection or Examination)	통제활동이 수행되는 과정이나 결과물이 문서로 나오는 경우	• 설계평가뿐만 아니며, 운영평가에서도 문서검사가 가장 일반적인 평가방법임 • 다만, 문서가 존재하지 않는 통제활동(자동통제 등)은 문서검사가 불가능할 수 있음
재수행 (Reperformance)	통제담당자가 수행한 내역을 직접 다시 해보는 경우	• 통제담당자가 수행한 내역을 통제평가자가 직접 수행해보는 것임 • 패스워드 입력통제의 경우, 통제평가자가 설계된 통제(패스워드 자릿수 등)대로 또는 설계된 통제와 반대되는 시도(try)를 하는 경우 • 시스템을 통해 이루어지는 자동통제의 일반적인 평가방법임

이 중 추적조사는 설계평가에서만 사용하는 방법으로 운영평가에서는 사용하지 않는다. 평가보고 가이드라인에서는 추적조사(Walkthrough Test)를 다음과 같이 정의한다.

> 추적조사는 거래유형별로 1~2개의 거래를 표본으로 추출하여 거래의 시작에서 재무제표에 반영되는 종료시점까지 계약서, 증빙서류 및 회계장부 등의 거래 증적에 따라 거래 흐름을 추적하고 관련된 위험을 파악하여 관련된 통제의 설계가 적절한지 여부를 파악하는 것이다.

즉, 추적조사(Walkthrough Test)는 다른 설계평가방법과 달리 다음의 특성을 가지게 된다.

추적조사(Walkthrough Test)	예시
거래유형별로 1~2개의 거래를 표본으로 추출하여	• 매출프로세스에는 제품거래/상품거래 또는 재화거래/서비스(용역)거래, 또는 국내매출거래/수출거래 등으로 구분됨 • 추적조사는 매출프로세스와 같은 Mega Process별로 1~2개의 거래를 추출하는 것이 아니라, • 매출 프로세스 내에서 제품거래/상품거래 등 거래'유형'별로 구분해서 테스트하는 방법임

추적조사(Walkthrough Test)	예시
거래의 시작에서 재무제표에 반영되는 종료시점까지	• 추적조사의 시작시점 : 거래의 시작에서 • 추적조사의 종료시점 : 재무제표에 반영되는 종료시점까지(거래의 종료시점까지가 아님)
계약서, 증빙서류 및 회계장부 등의 거래 증적에 따라	• 문서검사와 동일함 • 다만, 거래유형별로 거래흐름을 따라가면서 여러 단계에서의 계약서 등 증빙을 입수하게 됨

설계평가에서 수행하는 추적조사(Walkthrough Test) 예는 다음과 같다.

No.	거래가 개시, 승인, 기록, 처리 및 보고되는 방법을 포함하여 거래의 흐름을 기술함	프로세스에 대한 이해를 얻기 위하여 수행한 절차	문서 번호	담당 부서	IT App.	통제 번호	통제명
1	각 영업팀의 각 거래처별 담당자는 각각의 주문을 접수하고, 영업팀 담당자는 취합된 주문 내역을 확인하고 S system에 주문서를 입력함	영업팀 홍길동 대리가 이메일로 수령한 A거래처 주문서 #123을 S system에 입력한 내역을 확인함		영업팀	S system		
2	영업부서 상위권자는 영업부서 담당자가 S system에 등록한 주문서와 고객으로부터 수령한 발주서(문서, 메시지, 전화 등)를 대사하여 주문의 실재성을 검토함	영업팀 이순신 차장이 홍길동 대리가 입력한 주문서 #123이 정확하게 입력되었는지 대조확인한 내역을 S system에서 확인함	주문서, 발주서	영업팀	S system	C.10.30.01.A	주문서와 발주서의 대조확인
3	영업부서 담당자는 매월말 단가마감 품의서를 작성하여 전결규정에 따른 승인을 받고 S system의 단가수정 메뉴에 해당월에 적용할 할인율 및 단가를 등록함	영업팀 이순신 차장이 판매단가 승인요청사항을 영업팀 담당이사가 승인한 단가마감품의서를 확인함	단가 마감 품의서	영업팀		C.10.30.08.A	판매단가 승인
4	주문서 번호는 S system에 주문서 입력 시 중복되지 않고 순차적으로 자동부여됨	주문서 #123이 자동부여되었고, 직후 주문서가 #124로 자동부여됨을 확인함		영업팀	S system	C.10.30.03.A	주문서 번호 자동생성
5	출하업무 담당자는 S system의 일별 제품출고계획을 작성하고 승인받고 있으며, 각 제품 출고일자에 S system상에서 출하의뢰를 수행함	주문서 #123에 대해 2020.9.15에 출하의뢰가 이루어짐을 S system을 통해 확인함		출하팀	S system		
6	출하사무실 출하업무 담당자는 상차가 완료된 차량의 출하표와 주문서를 대조확인함	출하담당자가 출하시에 주문서 #123과 운송기사의 상차 출하전표를 대조확인한 문서를 확인함	출하 전표, 주문서	출하팀		C.10.30.05.Z	제품출하 시 주문서 및 출하전표 대조확인

No.	거래가 개시, 승인, 기록, 처리 및 보고되는 방법을 포함하여 거래의 흐름을 기술함	프로세스에 대한 이해를 얻기 위하여 수행한 절차	문서 번호	담당 부서	IT App.	통제 번호	통제명
7	S system에서 출하전표를 입력 및 발행하여 출고완료 처리된 수량은 거래명세표에 자동으로 기록됨(입출고전표의 발행없이 임의로 거래명세표를 작성하거나 수정하는 것은 제한됨)	자동으로 시스템에서 출하처리된 거래명세서상의 출하수량이 주문서 #123의 100개임을 확인함	거래 명세표	영업팀		C.10.30.07.Z	출하전표에 근거한 거래 명세표의 자동생성
8	영업팀 담당자는 매월말 해당월의 거래내역을 집계(거래명세서 등록 건)하여 말일에 S system상 세금계산서를 발행함	2020.9.30일자 A거래처 세금계산서를 확인함	세금 계산서	영업팀	S system		
9	재무팀 담당자는 국내매출회계전표의 각 거래처별 매출액 금액, 세금계산서 금액을 대조확인하고 승인하며, 국내매출 전표 대조확인 검토파일을 문서화함	세금계산서와 매출회계전표를 회계팀에서 대조확인하고 회계시스템에서 승인한 내역을 확인함(전표번호 #101)	국내 매출회계전표, 세금 계산서	회계팀	회계 시스템	C.10.30.09.Z	매출세금 계산서와 국내매출 회계전표의 대조확인

내부회계관리제도 감사 FAQ

44. 경영진이 설계평가 시 추적조사를 수행하지 않으면 감사인은 이를 미비점으로 식별하여야 하는지요?

감사인은 전사적 수준 통제 테스트 등의 목적으로 경영진이 위험평가 및 설계 테스트를 수행하였다는 근거를 확인하여야 합니다. 추적조사는 이러한 근거 중 하나이며 경영진이 다른 방법으로 위험평가 및 설계 테스트를 수행하였음을 입증할 수 있다면 경영진이 반드시 추적조사를 수행할 필요는 없습니다. 즉 추적조사를 수행하지 않았다고 해서 그 사실만으로 이를 내부통제 미비점으로 식별하여야 하는 것은 아닙니다.

04 변화관리체계와 설계평가

평가보고 가이드라인

41. (변화관리체계와 설계평가)

가. 설계의 효과성 평가 방식을 결정할 때는 회사의 내부회계관리제도의 변화관리체계 수립 및 적용의 적정성을 고려하여야 한다. 회사는 일반적으로 변화관리체계를 통해 중요한 변경이 존재하는 경우 추적조사를 수행하고, 그렇지 않은 경우에는 다른 방법을 적용하여 통제 설계의 적정성을 확인하고 관련 절차를 문서화한다. 이는 통제기술서를 포함한 업무흐름도, 관련 정책 및 절차의 업데이트를 포함한다.

나. 변화관리는 업무흐름도가 존재하지 않거나 대규모 변화가 발생하는 경우 변화된 사항으로 인한 위험의 변화가 파악되기 어려운 경향이 존재하므로 업무흐름도 등의 기반 문서가 충분하지 않거나 구체적이지 않은 부분에 대해 추적조사를 수행하는 것을 고려한다.

다. 경영진은 매년 통제의 설계 평가를 수행하여야 한다. 다만, 최초 설계 평가 이후 관련된 프로세스, 조직 및 시스템의 변화가 없거나 미미한 경우에는 통제에 영향을 미치는 변경이 존재하지 않음을 확인하는 것으로 설계 평가를 할 수 있다. 최초 설계와 변화관리체계가 잘 수립되고 운영되어 기중에 발생하는 프로세스, 조직 및 시스템의 변경사항에 따른 변화사항을 파악하고 통제 설계의 적정성을 평가하는 절차가 효과적으로 수행되는 경우에는 해당 절차를 평가하고 변화 여부를 확인하는 통제를 평가하는 것으로 설계 평가를 대체할 수 있다. 후속 연도마다 내부회계관리제도 전체의 설계 문서를 새로 작성하지 않더라도 전년 대비 변화사항에 대한 설계 평가가 적시에 이뤄졌을 것이기 때문이다.

라. 통제의 변경 정도를 파악하기 위해서는 다음과 같은 요소를 고려한다.

(1) 통제 설계의 변경 정보

(2) 통제 설계 및 운영의 효과성에 부정적인 영향을 미칠 수 있는 거래량 및 거래성격의 변경 정도

(3) 해당 통제가 다른 통제(예를 들면, 통제환경, 정보기술 일반통제 등)의 효과성에 의존하는 정도

(4) 통제를 수행하는 중요 담당자의 변경 여부

(5) 이전 평가에서 해당 통제에서 미비점이 식별되었는지 여부

경영진은 매년 통제의 설계 평가를 수행하여야 한다. (평가보고 가이드라인 문단 41. 다) 그런데, 한번 설계가 세팅된 이후 변동이 없는데도 매년 설계가 멀쩡한지를 평가해야 할까?

Key Point

내부회계관리제도는 통제활동은 매년 통제의 설계 평가를 수행할 필요가 없다.
다만, 매년 설계평가를 하지 않는다는 의미가 전년도 설계평가를 그대로 놔둔다는 뜻은 아니다.
매년 전년도 설계평가 내역이 3가지 요소(프로세스, 조직, 시스템)의 변화가 없음을 확인하고 문서화하는 것으로 대체할 수 있을 뿐이다.

이를 앞에서 본 우산을 예로 설명해 보자.

"우산을 쓴다"는 통제활동(control)은 아래 Activity-Risk-Control의 구조이다.

구분	내용
Activity	비 오는 거리를 걷는다. **("비가 온다"가 아님)**
Risk	비를 맞을 위험
Control	우산을 쓴다.

이 "우산을 쓴다"는 통제활동(control)은 아래 설계와 운영으로 구분된다.

설계 운영	정의	평가
설계	(멀쩡한) 우산이 존재한다.	• 설계평가 - 멀쩡한 우산이 존재하는지 여부를 확인한다. • (설계평가 결과 비효과적 예시) - 우산이 없다. 또는 찢어진 우산이 있다.
운영	(비가 올 때마다) 우산을 쓴다.	• 운영평가 - 비가 올 때 우산을 썼는지를 확인한다. • (운영평가 결과 비효과적 예시) - 1년 동안 비가 10번이 왔는데, 4번만 우산을 썼다. (즉, 6번은 비를 맞았다.)

이를 "매출채권 대손충당금 검토(MRC) 통제활동"에 적용해 보자.

No.	Mega Process	Activity	Risk	Control	통제담당자	통제속성
C1	매출 프로세스	매출채권 대손충당금을 인식한다.	매출채권의 회수가능성 평가가 부정확하여 대손충당금이 과소계상될 위험	**매출채권 대손충당금 검토(MRC)**	회계팀장	수동통제

설계 운영	정의	평가
설계	(멀쩡한) 매출채권 대손충당금 검토 체크리스트가 존재한다.	• 설계평가 - 멀쩡한 매출채권 대손충당금 검토 체크리스트가 존재하는지 여부를 확인한다. • (설계평가 결과 비효과적 예시) - 매출채권 대손충당금 검토 체크리스트가 없다. 또는 어설픈 대손충당금 검토 체크리스트가 우산이 있다.
운영	(매출채권 대손충당금 계산할 때마다(분기마다) 매출채권 대손충당금 계산내역을 검토한다.	• 운영평가 - 매출채권 대손충당금 계산할 때마다(분기마다) 매출채권 대손충당금 계산내역을 검토하는지를 확인한다. • (운영평가 결과 비효과적 예시) - 1년 동안 매출채권 대손충당금 검토를 4번 했는데, 이 중 1번 검토통제를 제대로 하지 않았다.

우산을 예로 들면, 우산을 비가 올 때마다 쓰는지는 매년 확인(운영평가)해야 하지만, 멀쩡한 우산이 존재하는지 여부를 매년 확인(설계평가)할 필요가 있을까?

마찬가지로, 매출채권 대손충당금 검토를 매번 수행했는지 확인(운영평가)해야 하지만, 멀쩡한 매출채권 대손충당금 검토 체크리스트가 존재하는지 여부를 매년 확인(설계평가)할 필요가 있을까?

평가보고 가이드라인에서도 아래처럼 제시하고 있다. 즉, 매년 설계평가할 필요는 없다.

평가보고 가이드라인

문단 41 다. 후단

다만, 최초 설계 평가 이후 관련된 프로세스, 조직 및 시스템의 변화가 없거나 미미한 경우에는 통제에 영향을 미치는 변경이 존재하지 않음을 확인하는 것으로 설계 평가를 할 수 있다.

단, 매년 설계평가하지 않으려면 아래 3가지의 변화가 없거나 미미해야 한다는 점을 확인해야 한다.

매출채권 대손충당금 검토 통제(MRC) 변동을 예시하면 다음과 같다.

설계 운영	매출채권 대손충당금 검토 통제(MRC) 변동 예시
프로세스	(변동 여부) 회계팀장이 퇴사하여 새로운 회계팀장이 수행한다. (또는 당기부터 CFO가 검토통제를 수행한다.)
조직	(변동 여부) 회계팀장이 퇴사하여 새로운 회계팀장이 수행한다. (또는 당기부터 CFO가 검토통제를 수행한다.)
시스템	(변동 여부) 해당 IPE인 연령분석표가 SAP에서 추출되다가, 올해부터 회계팀 직원이 수기로 추출한다.

즉, 매년 동일한 설계평가를 하지 않기 위해서 매년 상기 3가지 요소(프로세스, 조직, 시스템)의 변동이 없음을 확인하고, 이를 매년 문서화해야 한다.

내부회계관리제도 감사 FAQ

20. 계속감사이고 회사의 변화관리 프로세스가 효과적인 경우, 당기에 설계효과성 테스트를 수행하지 않고 전기 설계효과성 테스트 결과에 의존할 수 있는지요?

감사인이 입수하여야 하는 감사증거는 개별 통제의 설계효과성에 대한 증거입니다. 변화관리체계는 회사의 위험평가 프로세스, 즉 간접 전사적 수준 통제로서 개별 통제에 대한 테스트의 성격, 범위, 시기를 결정할 때 고려할 수는 있으나 개별 통제의 설계효과성에 대한 직접 증거를 제공하지 않습니다.

경영진은 내부통제의 변화를 일상적으로 모니터링할 수 있는 위치에 있으므로 회사의 변화관리체계의 효과성을 확인하는 것으로 개별 통제의 설계 테스트를 대체하는 것이 가능하지만, 감사인은 그러한 위치에 있지 않으므로 변화관리체계의 효과성을 확인하는 것으로 개별 통제의 설계 테스트를 대체할 수 없습니다. 즉 감사인은 전기 설계 효과성 테스트 결과 설계가 효과적이었다는 결론과 변화관리체계의 효과성만을 근거로 당기에도 통제의 설계가 효과적이라고 결론 내릴 수 없으며 매년 개별 통제의 설계가 효과적이라는 증거를 입수하여야 합니다. 과거 감사에서 입수한 정보를 기초로 당기에 변화가 있었는지 여부에 초점을 맞추어 테스트를 수행하더라도 개별 통제의 설계에 변화가 없다는 증거를 입수하여야 하며, 질문만으로는 통제 설계에 변화가 없다는 충분한 증거를 입수할 수 없습니다.

해설 - 저자 주

외부감사인의 회사와 달리 변화관리체계의 효과성을 확인하는 것으로 개별 통제의 설계 테스트를 대체할 수 없기 때문에 설계 효과성에 대한 감사증거를 매년 입수하도록 요구하고 있다. 다만, 감사인의 설계 효과성에 대한 감사절차도 질문 절차만으로는 안 되지만, 전기 이전의 설계 효과성 평가가 효과적이고, 당기에 개별 통제의 설계에 변화가 없다는 증거를 입수하는 것으로 상대적으로 간략하게 진행하는 것은 가능하다.

05 설계의 효과성 평가의 문서화

평가보고 가이드라인

42. (설계의 효과성 평가의 문서화)

경영진은 내부회계관리제도 설계의 효과성 평가결론을 뒷받침하기 위해 충분하고 적합한 근거를 확보하여야 하며 설계의 효과성에 대한 평가 절차 및 그 결과에 대해 문서화하여야 한다.

경영진은 설계평가를 수행할 경우, 설계의 효과성에 대한 평가 절차 및 그 결과를 문서화하여야 한다. 설계평가의 문서화 템플릿 예시는 다음과 같다.

구체적인 설계평가운영 문서화의 각 항목의 내용 설명은 'Part 5. 사례별 설계운영평가'에서 다룬다.

설계운영평가 템플릿

<table>
<tr><th colspan="6">통제 설명</th></tr>
<tr><th colspan="6">통제 요약</th></tr>
<tr><th>통제 번호</th><th>Description</th><th>통제수행자</th><th>통제 유형</th><th>통제 빈도</th><th>관련 application</th></tr>
<tr><td></td><td></td><td></td><td></td><td></td><td></td></tr>
<tr><td>통제에 대한 상세 기술 (필요시)</td><td colspan="5"></td></tr>
<tr><td>통제의 출발점(baseline)</td><td></td><td colspan="4"></td></tr>
</table>

<table>
<tr><th colspan="5">통제가 대처하는 왜곡표시의 원천</th></tr>
<tr><th>관련 LSPM 번호</th><th>Description</th><th>재무제표 계정</th><th>경영진주장</th><th>고유위험</th></tr>
<tr><td></td><td></td><td></td><td></td><td></td></tr>
<tr><td></td><td></td><td></td><td></td><td></td></tr>
</table>

통제 설계의 효과성 테스트			
설계 테스트의 수행			
설계 테스트의 성격			
설계 테스트 절차			
증빙		관련증빙에 대한 링크/참조	
통제수행에 기업이 생성한 정보(IPE)를 사용하는가?			
IPE 목록			
IPE의 정확성과 완전성을 확인하는 통제에 대하여 기술하고, 해당 통제를 어디서 테스트하였는지 테스트 결과는 무엇인지 기술			
설계의 효과성에 대한 결론			
발견된 예외사항의 평가 및 결론 도출(해당 시)			
통제와 연관된 위험			
통제와 연관된 위험 평가 절차와 고려사항			
통제와 연관된 위험 평가 결과			

내부회계관리제도 감사 FAQ

40. 감사인이 회사의 통제 설계 문서화가 충분하다고 판단하기 위해 필수적으로 제시받아야 하는 문서가 있는지요?

감사기준서 1100 문단 A9에 따르면 경영진의 문서화의 형태에 대하여 특별히 규정된 바는 없으며 문서화의 범위는 기업의 규모와 복잡성과 기업의 모니터링 활동에 따라 변경될 수 있습니다.

감사인이 제시받아야 하는 문서는 감사인이 기업의 규모와 복잡성 등에 비추어 해당 프로세스와 통제를 이해하는 데 필요하다고 판단한 문서입니다. 예를 들어 감사인은 기업의 규모가 크고 프로세스가 복잡한 경우 프로세스와 통제를 이해하는 데에 업무흐름도, 업무기술서 등의 문서가 필요하다고 판단할 수도 있으며, 반대로 기업의 규모가 작고 프로세스가 단순한 경우 업무흐름도 등이 아닌 다른 문서로도 프로세스와 통제를 충분히 이해할 수 있다고 판단할 수도 있습니다.

CHAPTER

4-3 운영평가

01 내부회계관리제도 운영 효과성 평가 개요

평가보고 가이드라인

43. (내부회계관리제도 운영의 효과성 평가)

가. 경영진은 내부회계관리제도가 설계된 대로 운영되고 있는지를 판단하기 위해 운영의 효과성을 평가한다. 이러한 평가는 전사적 수준 및 거래수준의 내부회계관리제도 운영에 대한 평가로 구성된다. 평가 대상의 통제위험 평가 결과를 고려하여 테스트 수행자, 테스트 방법, 범위 및 시기 등을 달리 적용할 수 있다.

나. 운영의 효과성 평가를 위한 테스트 계획에는 테스트 대상 핵심통제를 포함하고, 다음과 같은 요소를 포함하여 수립하는 것이 바람직하다.

(1) 테스트 방법 : 테스트는 질문, 관찰, 문서 검사, 재수행의 방법을 이용한다.

(2) 테스트 범위 : 통제 테스트 시 고려할 표본의 수를 결정한다.

(3) 테스트 수행 시기 : 중간평가가 어떤 기간을 대상으로 언제 수행될 것인지, 그리고 중간평가 이후 기말까지 기간에 대한 기말평가 계획을 포함한다.

(4) 기타 문서화 : 테스트 계획에는 테스트 수행자, 수행될 테스트 절차, 테스트를 통해 확인될 재무제표 주장, 어떠한 관련 증거가 검토되어야 하는지를 포함한다.

(5) 예외사항 처리 : 테스트 계획에는 어떻게 예외사항이 조사되고 파악되며 언제 추가적인 테스트가 수행될 것인지를 설명한다.

Key Point

내부회계관리제도는 각 통제활동이 **"설계된 대로 운영되고 있는지"**를 판단하기 위해 운영평가를 수행한다.
만약, 설계평가 결과 미비점이 존재한다고 결론하면 해당 통제활동에 대해 비효과적으로 설계된 대로 운영하는 것은 의미가 없다. 따라서, 운영평가는 설계평가 결과 효과적으로 설계되었다고 결론지은 통제활동에 대해서만 운영평가를 수행한다.
(다만, 회사의 설계평가에 대한 결론이 외부감사인의 설계에 대한 감사결론과 달라질 가능성이 존재하므로, 외부감사인의 설계에 대한 감사절차 이후에 회사의 운영평가를 수행해야 한다.)

운영의 효과성 평가를 위한 테스트 계획에는 각 통제활동별로 아래의 요소가 정의되어야 한다. 이를 매출채권 대손충당금 검토 통제(MRC) 변동 예시를 포함해서 설명한다.

운영평가 계획	내용	매출채권 대손충당금 검토 통제(MRC) 변동 예시
(1) 테스트 방법	질문, 관찰, 문서 검사, 재수행	문서검사 수행
(2) 테스트 범위	표본의 수를 결정	• 분기통제이므로, 모집단(4개) 중 2개를 선택함 • 통제실패위험의 높음/낮음과 상관없이 모두 샘플사이즈는 2개임
(3) 테스트 수행 시기	중간평가, 기말평가 여부	• 중간평가 시 2개를 샘플링하여 평가 • 기말평가 시(roll forward), 중간평가이후 기간의 변동 여부 질문절차로 확인함
(4) 기타 문서화	테스트 수행자, 수행될 테스트 절차, 테스트를 통해 확인될 재무제표 주장, 관련 검토해야 할 증빙 등	• 평가담당자 : 회계팀장이 아닌 제3자(외부 PA회계법인, 내부감사팀, 내부회계전담부서 직원 등) • 테스트 절차 : 문서검사 등 • 재무제표 주장 : 매출채권 대손충당금의 평가(Valuation)
(5) 예외사항 처리	• 예외사항 확인 방안 • 예외사항 시 추가테스트 방안	예외사항 정의 : 대손충당금 계산로직의 오류, 대손충당금 계산파일 계산상의 오류, 기초데이터(IPE)의 잘못된 적용 등

02 운영의 효과성 평가 방법

평가보고 가이드라인

44. (운영의 효과성 평가 방법)

가. 내부회계관리제도 운영의 효과성을 평가하기 위하여 질문, 관찰, 문서검사, 재수행 등 4가지 방법을 사용할 수 있다.

나. '질문'은 그 자체로는 통제 운영의 효과성에 대한 충분한 증거를 제공하지 않는다. '관찰'은 통제가 수행되는 절차를 관찰하여 관련된 위험이 감소하는지 여부를 확인하는 절차로 질문보다 더 높은 수준의 확신을 제공한다. '문서검사'는 통제의 결과가 문서화되는 경우 해당 문서 검토를 수행하는 절차를 의미하고, '재수행'이란 통제 평가자가 통제를 동일한 상황을 가정하고 다시 반복하여 수행해 봄으로써 통제가 효과적으로 수행되었는지를 평가하는 것으로 질문, 관찰 등의 방법보다 높은 수준의 확신을 제공하여 주는 평가 방법이다.

다. 테스트의 종류별 확신의 수준은 다음과 같다.

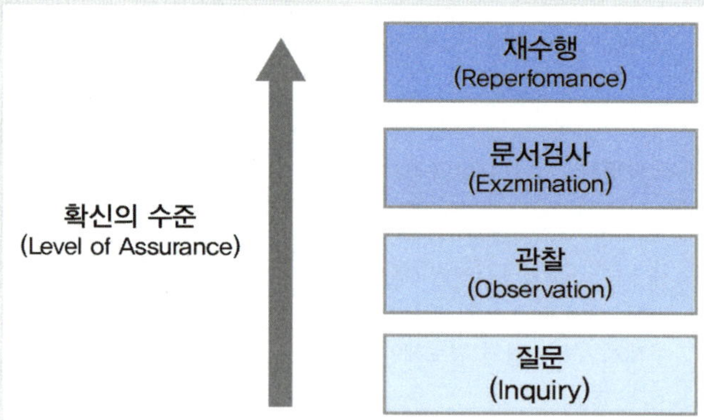

라. 평가자는 이러한 방법을 단독으로 적용하거나 여러 방법을 조합하여 적용함으로써 내부회계관리제도 운영의 효과성에 대해 합리적인 확신을 얻는다. 하나의 방법만을 사용하는 것보다 2가지 이상의 테스트를 결합하는 것이 더 큰 확신을 부여한다. 평가된 통제위험이 클수록 2가지 이상의 방법을 사용하여 증거를 입수하는 것이 바람직하다.

마. 또한, 평가 대상 통제의 성격 및 속성에 따라 수행되어야 할 테스트 방법을 적절히 선정한다. 예를 들어, 승인, 증빙 대조, 연관된 보고서 간의 상호 검증 등 문서 증거가 존재하는 통제에 대하여는 문서검사의 방법으로 통제 운영의 효과성을 평가할 수 있다. 반면에 통제환경과 관련된 문서화된 증거가 존재하지 않을 수도 있다. 통제의 문서화된 증거나

통제성과가 존재하지 않거나 존재하지 않을 것으로 기대되는 경우에는 질문과 관찰을 조합한 방법 등이 사용될 수 있다.

바. 중소기업의 경우에는 내부회계관리제도 운영의 효과성을 평가함에 있어 위험평가 결과 위험이 높지 않은 것으로 분류된 프로세스의 경우에는 재수행절차를 생략하고 질문, 관찰, 문서검사 위주로 실시할 수 있다.

운영평가는 아래 4가지 평가방법 중 단독으로 적용하거나 여러 방법을 조합하여 적용하여 평가할 수 있다.

- 질문
- 관찰
- 문서검사
- 재수행

다만, 확신의 수준(Level of assurance)은 재수행, 문서검사, 관찰, 질문 순으로 높다. 즉, 질문보다는 재수행이 확인의 수준이 높다.

일반적으로 운영 테스트 방법은 다음과 같이 구분될 수 있다.

운영 테스트 방법	내용	비고(예시)
질문 (Inquiry)	통제담당자에게 질문함	• '질문'은 그 자체로는 통제 운영의 효과성에 대한 충분한 증거를 제공하지 않음 • 질문에 대한 답변내용에 대한 추가적인 검증이 필요함
관찰 (Observation)	통제담당자가 통제활동을 수행할 때 (동행하여) 관찰함	관찰은 통제담당자가 통제활동을 수행할 때만 가능하다는 단점이 있어, 대부분 통제활동을 수행한 이후 관련 문서검사가 일반적임
문서검사 (Examination)	통제활동이 수행되는 과정이나 결과물이 문서로 나오는 경우	• 승인, 증빙 대조, 연관된 보고서 간의 상호 검증 등 문서 증거가 존재하는 통제에 적용 • 문서가 존재하지 않는 통제활동(자동통제 등)은 문서검사가 불가능할 수 있음 • 통제환경과 관련된 문서화된 증거가 존재하지 않을 수도 있다. 통제의 문서화된 증거나 통제성과가 존재하지 않거나 존재하지 않을 것으로 기대되는 경우에는 문서검사가 불가능하고, 질문, 관찰 등의 절차가 필요함
재수행 (Reperformance)	통제담당자가 수행한 내역을 직접 다시 해보는 경우	• 통제담당자가 수행한 내역을 통제평가자가 직접 수행해보는 것임 • 패스워드 입력통제의 경우, 통제평가자가 설계된 통제(패스워드 자릿수 등)대로 또는 설계된 통제와 반대되는 시도(try)를 하는 경우 • 시스템을 통해 이루어지는 자동통제의 일반적인 평가방법임

중소기업의 경우에는 내부회계관리제도 운영의 효과성을 평가함에 있어 위험평가 결과, 위험이 높지 않은 것으로 분류된 프로세스의 경우에는 재수행절차를 생략하고 질문, 관찰, 문서검사 위주로 실시할 수 있다.

내부회계관리제도 감사 FAQ

14. 감사인이 승인 통제의 운영효과성을 테스트할 때 승인 대상이 되는 내용까지 테스트해야 하는지요?

운영효과성 테스트 시 승인 대상이 되는 내용까지 검토해야 하는지는 통제의 성격에 따라 다릅니다.

해당 통제가 단순히 거래의 유효성을 확인하고 승인하는 통제(예 : 특정 금액 이하의 구매 승인)라면 전결규정에 따른 승인 여부만 테스트할 수 있습니다.

그러나 해당 통제에 검토 활동(review element), 즉 특정한 정보를 검토하고 검토의 결과에 기초하여 필요한 조치를 취하는 활동이 포함되고 이러한 검토활동이 해당 통제의 목적을 달성하는 데 중요하다면 감사인은 승인권자가 검토하는 정보, 승인 전에 이루어지는 일련의 검토 과정 등을 테스트하여야 합니다.

해설 - 저자 주

회사의 승인통제는 일반적인 규정에 의한 승인통제활동과 검토 후 승인통제활동으로 구분된다. 일반적인 규정에 의한 승인통제활동은 승인된 문서 검증만으로 확인이 가능하나, 검토가 필요한 승인통제활동은 감사인이 검토통제가 효과적으로 운영되었는지에 대한 증빙을 요구하여 확인할 것이며, 검토통제를 수행하는 통제담당자의 적격성도 추가로 검증하게 된다.

03 테스트 범위

평가보고 가이드라인

45. (테스트 범위)

일반적으로 테스트의 범위는 표본조사 방법에 기반한 방식을 적용한다.

가. 일반적으로 통제의 빈도가 많아질수록(모집단의 규모가 커질수록) 표본 위험은 증가하므로 테스트의 범위, 즉 테스트 대상 통제의 운영평가 표본 개수는 증가한다. 또한, 통제의 빈도가 동일하더라도 위험평가 결과에 따라 표본을 달리 적용할 수 있다.

나. 통제빈도와 통제수행 모집단 개수별 표본 수를 결정할 때에는 다음의 예시를 참고할 수 있다.

허용가능오류를 0으로 기대하는 경우의 모집단별 테스트 표본의 개수(예시)

통제활동의 빈도	통제수행 모집단 개수	위험별 테스트 대상 표본 수 (위험수준을 고려하여 판단)
연간	1	1
분기	4 이하	2
월간	12 이하	2~4
주간	52 이하	5~10
일간	250 이하	15~40
하루에 한 번 이상	250 초과	25~60

다. 다음과 같은 상황이 발생하는 경우에는 테스트 계획을 수립함에 있어 평가 대상 통제의 수를 확대할 것을 고려하여야 한다.

(1) 전사적 수준 또는 업무프로세스 수준의 통제 설계가 비효과적인 것으로 평가된 경우

(2) 정보기술 일반통제의 설계가 비효과적인 것으로 평가된 경우

(3) 상시적인 모니터링을 수행한 결과 내부회계관리제도가 비효과적이라고 판단되는 경우 등

라. 자동통제와 수동통제의 테스트 범위

(1) (자동통제) 자동통제의 경우 정보기술 일반통제 평가 결과가 효과적이라고 검증되었다면 하나 또는 적은 양의 표본에 대한 테스트를 통하여 운영의 효과성을 확인할 수 있다. 대표적인 자동통제의 사례는 특정 시스템에 데이터를 입력할 때 사용되는 편집체크(Edit Check)이다. 편집체크 기능은 허용 가능한 입력값의 특성(문자, 숫자, 날짜 등)을 사전에 정의하고 유효하지 않은 입력값이 입력되지 않도록 방지한다. 이러한 통제의 운영의 효과성을 테스트하기 위해서는 유효하지 않은 가격의 조합이 입력가능한지 여부에 대해 확인하는 방법 등이 있다.

(2) (수동통제) 수동통제는 자동통제보다 더 넓은 범위의 테스트를 요구한다. 즉, 각 거래가 발생할 때마다 사람이 수행하는 수동통제의 경우에는 통제가 효과적으로 운영되고 있는지에 대한 확신을 얻기 위하여 충분한 기간에 대해 다수의 테스트를 수행할 필요가 있다. 예를 들면, 연 1회 발생되는 수동통제의 경우는 모집단이 1개뿐이므로 전체에 대해 테스트를 수행하고, 분기별로 수행하는 수동통제의 경우는 총 4개의 모집단에서

2개 정도의 표본을 선택해서 테스트를 수행한다. 월 1회 발생되는 수동통제의 경우는 총 12개의 모집단에서 2~5개 정도의 표본을 선택해서 테스트를 수행한다(여기서 2~5개로 범위를 표시한 이유는 위험이 더 높다고 판단되는 경우는 표본 수를 더 늘릴 수 있기 때문이다). 마찬가지로 주단위로 수행되는 수동통제의 표본 테스트 범위는 증가될 것이다. 월별 계정잔액 대사나 특정기간의 재무보고절차에 대한 통제와 같이 발생 빈도가 낮은 통제의 경우 적은 수의 표본을 테스트하므로 이러한 통제에 대한 평가는 자주 운영되는 통제에 대한 테스트보다 주의 깊게 이루어져야 한다.

마. 테스트 범위는 경영진의 판단과 테스트를 통해 얻고자 하는 확신의 수준(Level of Assurance)에 영향을 받는다. 즉, 경영진이 판단한 테스트 대상 통제의 중요성과 부여하고자 하는 확신수준에 따라 표본의 수가 달라진다. 더 적은 수의 표본이 테스트 될수록 잘못된 결론에 도달할 위험이 증가한다. 그러므로 매우 중요한 통제(예를 들어, 복수의 경영진 주장과 관련된 통제나 기말 시점의 적발통제는 예방통제보다 더 중요할 수 있다) 또는 중요한 계정과목에 대한 재무제표 주장을 뒷받침하는 유일한 수동통제인 경우에는 표본의 크기를 증가시켜야 한다.

Key Point

모집단에서 샘플링하는 이유는 모집단에 대한 확인을 가지는 것이다. 즉, 100개의 모집단에서 10개의 표본을 추출하여 추출된 10개를 검증하는 이유는 100개의 **모집단에 대한 확신**을 가지는 것이다. 10개 표본추출된 항목에 대한 확신을 가지는 것이 아니다.

테스트 범위는 통제활동의 전체 모집단 중에 몇 개의 표본을 뽑아서 확인할 것인가의 문제이다.

테스트 범위인 표본 수(sample size)는 크게 수동통제와 자동통제에 따라 달라진다.
단순한 예시는 다음과 같다.

통제유형	모집단	표본 수(sampling 수) 예시
자동통제	100개	1개
	1,000개	1개
수동통제	100개	10개
	1,000개	20개

자동통제

IT시스템이 수행하는 자동통제는 이미 시스템적으로 설계된 내용이 통제를 수행할 때마다 달라질 수 없기 때문에 모집단이 아무리 많아도 1개만 확인하면 동일한 결론에 도달하게 된다.

단, 이 IT시스템이 고장 나서, A를 표본으로 뽑을 때와 B를 표본으로 뽑을 때마다 결론이 달라질 수 있다. 따라서, 자동통제는 통제가 수행되는 IT시스템이 고장 나지 않았다는 전제가 필요하고 이를 정보기술일반통제(ITGC)를 통해 확인해야 한다.

수동통제

반면, 사람이 수행하는 수동통제는 이 통제가 효과적인지 여부는 통제를 수행하는 사람(통제담당자)이 통제를 수행할 때마다 활동이 달라질 수 있기 때문에 여러 건을 확인해야 한다.

예를 들어,

- 연 1회 발생되는 수동통제의 경우는 모집단이 1개뿐이므로 전체에 대해 테스트를 수행
- 분기별로 수행하는 수동통제의 경우는 총 4개의 모집단에서 2개 정도의 표본을 선택해서 테스트를 수행
- 월 1회 발생되는 수동통제의 경우는 총 12개의 모집단에서 2~5개 정도의 표본을 선택해서 테스트를 수행(여기서 2~5개로 범위를 표시한 이유는 위험이 더 높다고 판단되는 경우는 표본 수를 더 늘릴 수 있기 때문이다)

평가보고 가이드라인에서는 통제빈도와 통제수행 모집단 개수별 표본 수를 결정할 때에는 다음의 예시를 참고할 수 있다고 제시하고 있다. [평가보고 가이드라인 문단 45(테스트 범위) 나]

허용가능오류를 0으로 기대하는 경우의 모집단별 테스트 표본의 개수(예시)

통제활동의 빈도	통제수행 모집단 개수	위험별 테스트 대상 표본 수 (위험수준을 고려하여 판단)
연간	1	1
분기	4 이하	2
월간	12 이하	2~4
주간	52 이하	5~10
일간	250 이하	15~40
하루에 한 번 이상	250 초과	25~60

아래 예시는 주요 통제활동별 표본 수 계획의 내용이다.

No.	Mega Process	Control	통제담당자	통제속성	통제 빈도	통제실패 위험	표본 수
C1	매출 프로세스	**매출채권 대손충당금 검토(MRC)**	회계팀장	수동통제	분기	높음	2
C2	고정자산 프로세스	**고정자산 취득 승인**	경영지원본부장	IT의존 수동통제	수시	낮음	추후 결정 (또는 TBD)
C3	결산 프로세스	**전표 작성자와 전표 승인권자의 권한 분리**	전산팀장	자동통제	수시	낮음	1

- C1 **통제** : 수동통제(분기통제)이므로 모집단(4개)에서 표본 수는 2개임
- C2 **통제** : 수동통제(수시통제)이므로 모집단이 몇 개일지 모름. 1년이 지난 후 모집단(고정자산 취득 승인 건)이 100건이라고 하면, 표본 수는 15~40개가 됨(또한, 이 통제는 통제실패위험(risk of failure)이 낮기 때문에 표본 수는 15개가 적정함)

통제활동의 빈도	통제수행 모집단 개수	위험별 테스트 대상 표본 수 (위험수준을 고려하여 판단)
연간	1	1
분기	4 이하	2
월간	12 이하	2~4
주간	52 이하	5~10
일간	250 이하	15~40
하루에 한 번 이상	250 초과	25~60

- C3 **통제** : 자동통제이므로 모집단 개수와 상관없이 표본 수는 1개임

04 테스트 시기에 따른 고려사항

평가보고 가이드라인

46. (테스트 시기에 따른 고려사항)

가. 기말평가는 중간평가 이후 통제의 변화 여부에 대한 질문, 통제수행 여부에 대한 관찰, 통제에 대한 추가적인 문서조사나 재수행 등의 방법과 추가적인 추적조사 등을 통해 이루

어진다. 이는 다음과 같이 중간평가 이후 평가기준일 시점까지 통제의 변화가 중요한지 여부를 고려하여 결정한다.

(1) 상시 모니터링 평가를 수행하는 경우 결과가 효과적인지 여부

(2) 통제에 영향을 주는 요인에 변경이 발생하였는지 여부

(3) 통제의 기반이 되는 통제가 여전히 효과적인지 여부

나. 경영진은 중간평가를 수행한 수동통제의 기말평가를 수행 시 다음 사항을 고려하여 추가로 수행할 테스트 방법 및 범위 등을 결정한다.

(1) 중간평가 결과 특정 통제가 효과적으로 운영되지 않았으나 기중에 통제 미비점의 개선이 완료된 경우에는 개선 완료 시점 이후부터 평가기준일 현재까지 충분한 기간 동안 효과적으로 운영되었다는 결론을 얻기 위해 충분한 표본을 입수하여 평가한다. 이때, '충분한 기간'이란 해당 통제의 효과성에 대한 합리적인 확신을 줄 수 있을 정도의 기간을 의미하며 통제의 위험과 빈도를 고려하여 결정하는 샘플 수와 연관하여 판단하는 것이 일반적이다. 예를 들어, 월별 통제활동의 미비점이 8월에 확인되어 해당 사항을 개선한 후 9월부터 적용한 경우 해당 통제의 운영평가 시 수행빈도와 위험을 고려할 때 3개의 샘플이 적정하다고 판단한다면 9월부터 12월까지의 기간은 '충분한 기간'에 해당할 수 있다. 그러나, 해당 통제활동이 11월과 12월에만 적용되었다면 3개의 샘플을 확인하기에는 기간이 충분하지 않기 때문에 평가기준일 현재의 미비점으로 평가된다.

(2) 중간평가 시 운영의 효과성을 확신할 수 있는 충분한 증거를 입수하지 못한 경우 기말평가 시 추가적인 증거를 입수한다.

(3) 중간평가일부터 평가기준일까지의 기간이 길수록 평가의 범위가 커진다.

(4) 중간평가일 이후 평가기준일까지의 기간 중 중요한 변경이 존재하는 경우 별도의 통제로 간주하여 평가한다.

다. 경영진의 입장에서 중간평가의 결과를 가능한 많이 활용하기 위해서는 기말평가 대상기간이 짧은 것이 유리하며 기말평가 대상기간이 지나치게 긴 경우에는 중간평가 결과의 활용이 불가능하게 된다. 즉, 기말평가 대상기간이 지나치게 길다면 중간평가 여부에 관계없이 중간평가일로부터 평가기준일까지의 기간에 대하여 평가를 다시 수행한다.

라. 회사의 내부회계관리제도 변화관리체계가 효과적으로 구축되어 운영되는 경우 기말평가에서는 담당자에 대한 질문, 관찰 등을 통해 내부회계관리제도 설계의 변경 여부를 확인하고, 설계상 변경이 없는 경우에는 운영의 효과성 평가를 위한 표본 수를 줄여 수행할 수 있다. 변화관리체계가 효과적으로 구축되어 운영되는 중소기업의 경우에는 기말평가에서 담당자에 대한 질문, 관찰 등을 통해 내부회계관리제도 설계의 변경 여부를 확인하는 절차를 위주로 수행할 수 있다. 예를 들어, 충분한 기간을 대상으로 수행한 중간평가 결과 효과적

으로 설계되어 운영 중이라고 결론 내린 통제가 설계상 변경이 없는 경우에는 기말평가 목적의 추가적인 운영의 효과성 평가절차 없이 중간평가 시의 테스트 결과를 활용할 수 있다.

마. 또한 내부회계관리제도의 변화관리체계가 효과적이고 다음의 요건들이 모두 충족되는 경우에는 기말평가 시 질문기법만을 사용하여도 평가기준일 현재 통제의 효과성에 대한 합리적인 확신을 얻을 수 있다. 다음의 요건 중 하나라도 충족되지 않는 경우에는 평가기준일 시점 또는 평가기준일에 근접한 시점에서 질문 외의 추가적인 방법에 의한 테스트를 수행한다. 질문 외의 추가적인 기법은 관찰, 문서검사, 재수행이 사용될 수 있다.

(1) 중간평가 시 테스트된 통제의 위험평가 결과가 높지 않고 경영진이 통제를 무시할 가능성이 높지 않음
(2) 재무보고에 전반적인 영향을 미치는 통제가 아니며 기말 재무보고 관련 통제나 정보기술 일반통제에 해당하지 않음
(3) 중간평가 시 해당 통제의 운영이 효과적으로 운영되었음을 확인함
(4) 중간평가일 이후 해당 통제의 설계에 중요한 변경이 없음
(5) 중간평가일 이후 해당 통제의 운영 효과성에 영향을 미칠 만한 다른 통제의 효과성이나 환경적 위험요인에 큰 변화가 없음

바. 기말평가 절차로써 질문 기법을 활용하는 경우에는 충분하고 구체적으로 질문을 수행한다. 다음은 질문 기법의 수행 시 질문자가 고려하는 요소들이다. 또한, 질문 기법을 수행하는 경우에는 질문의 결과에 대해 주의 깊게 고려하여 추가적인 테스트가 필요한지 여부를 판단한다.

(1) 정보시스템의 신규 적용 또는 중요한 변동 여부
(2) 업무프로세스의 중요한 변동 여부
(3) 이직 등 통제수행자의 중요한 역할 및 책임의 변동 여부
(4) 산업 또는 회사 위험의 중요한 변동 여부
(5) 회계 또는 재무보고 원칙의 변동 여부
(6) 부정 또는 오류 발생 징후
(7) 법규 개정 등 감독 환경의 변화 여부

사. 자동통제 역시 수동통제와 동일한 요건들이 모두 충족되는 경우에는 자동통제의 운영 효과성에 대한 추가적인 기말평가 절차를 생략할 수 있다. 단, 중간평가일 이후 해당 통제의 설계에 중요한 변경이 없다는 것을 확인하기 위해 해당 프로그램의 변경 여부를 확인하는 절차(Benchmarking Approach) 등을 통해 변화가 존재하지 않음을 테스트하여야 하며, 정보기술 일반통제에 대한 기말평가는 반드시 수행되어야 한다.

내부회계관리제도는 회계기간 동안(1년 내내) 지속적으로 효과적으로 운영해야 한다. 또한, 회계기간 동안(1년 내내) 효과적으로 운영되었는지 여부는 회계기간(1년)이 지난 후에야 평가가 가능하다. 이를 기말평가라고 한다.

이는 마치 재무제표 감사를 매년 1~2월에 수행하는 것과 동일한 원리이다.

모든 통제활동의 운영평가를 기말평가로 하면 바람직하겠으나, 물리적인 시간의 한계가 존재한다. 모범규준에서도 이러한 물리적인 한계를 근거로 중간평가를 제시한다.

즉, 회계기간 동안(1년 내내) 중간에 기간을 한번 끊어서 중간평가를 하고, 나머지 기간을 내년 1월경에 수행하는 것이다.

다만, 재고실사 실시, 유형자산 손상평가 등의 연통제는 중간평가 때 할 수 없기 때문에 기말평가만 수행한다.

이를 통제유형에 따라 정리하면 다음과 같다.

No.	Mega Process	Control	통제담당자	통제속성	통제빈도	통제실패 위험	표본 수
C2	고정자산 프로세스	**고정자산 취득 승인**	경영지원본부장	IT의존 수동통제	수시	낮음	추후결정 (또는 TBD)

- **C2 통제** : 수동통제(수시통제)이므로 1월~9월까지 모집단이 80개로 집계가 되고, 기말까지(1~12월) 모집단이 100개 정도로 예상된다면 샘플 수는 15개임

중간평가/기말평가 방법은 아래 2가지 방법 중에 선택한다.

- (방법 1. 기중평가 결론) 전체 모집단에 대한 샘플수 15개 모두를 중간평가기간에 테스트, 잔여기간(10~12월)은 중간평가기간 이후 중요한 변동여부에 대한 질문 등 절차로 마무리함
- (방법 2. 연중 고르게 선택) 전체 모집단에 대한 샘플 수 15개 중 10개를 중간평가기간에 테스트, 잔여기간(10월~12월)에 나머지 샘플 수 5개를 추가로 테스트함

방법 1. 기중평가 결론

평가시기		내용	평가시점	샘플 수시
중간평가 대상	중간평가	1월~9월	11월	샘플 수 15개 모두 운영테스트
	기말평가 (Roll forward)	10월~12월	내년 1월	잔여기간에 대한 중요 변동사항 여부에 대한 질문 등 절차 수행

방법 2. 연중 고르게 선택

평가시기		내용	평가시점	샘플 수시
중간평가 대상	중간평가	1월~9월	11월	샘플 수 10개 운영테스트
	기말평가	10월~12월	내년 1월	샘플 수 5개 운영테스트

연통제 등에 대한 기말평가 방법은 다음과 같다.

평가시기		내용	평가시점	비고(예시)
기말평가 대상	기말평가	1월~12월	내년 1월	연통제 샘플 수 1개를 운영테스트함

내부회계관리제도 감사 FAQ

12. 감사인이 평가기준일 전에 운영효과성 테스트를 수행할 때 표본 수는 어떻게 결정하는지요?

감사인이 평가기준일 전 기중에 운영효과성을 테스트할 때에 다음 둘 중 하나의 방법으로 표본 수를 결정할 수 있습니다.

- 기중 일자를 기준으로 결론을 형성하고 잔여기간 테스트 수행
  중간기간에 운영테스트를 수행할 때 운영효과성에 대한 결론을 내릴 수 있는 수준으로 테스트를 수행(conclude at interim)하고 잔여기간 테스트(roll-forward) 절차 수행
  (예) 운영효과성 테스트 결론을 내릴 수 있는 표본 수가 25개라면, 중간기간에 25개 테스트, 중간기간~기말 잔여기간 테스트
- 테스트 표본 수를 중간기간과 이후 기간에 배분하는 방법
  운영효과성에 대한 결론을 내릴 수 있는 수준의 표본 수를 중간기간과 이후 기간에 배분하되 테스트 결론은 중간기간에 내리지 않고 평가기준일 테스트가 완료된 후 내리는 방법
  (예) 운영효과성 테스트 결론을 내릴 수 있는 표본 수가 25개라면, 중간기간에 20개 테스트, 중간기간~평가기준일 5개 테스트

다만 표본 수를 배분하는 방식을 사용할 때에는 다음 사항에 유의하여야 합니다.

- 배분 방식을 사용하면 중간기간에 통제가 효과적인지 결론을 확정할 수 없고 중간기간 이후 표본을 추가적으로 테스트하여야 통제 효과성에 대한 최종 결론을 확정할 수 있음
- 거래 빈도 수에 계절성, 주기성이 있으면 가정을 통해 배분한 표본 수가 실제 거래 빈도 수에 상응하지 않을 수 있음

05 운영의 효과성 평가의 문서화

평가보고 가이드라인

47. (운영의 효과성 평가의 문서화)

경영진은 내부회계관리제도 운영의 효과성에 대한 평가 절차 및 그 결과에 대해 문서화한다.

가. 운영의 효과성 평가 결과의 문서화 수준은 독립적인 제3자가 테스트의 내용을 이해하고 그 적정성을 검토할 수 있을 정도의 수준으로 문서화되어야 한다.

나. 즉, 구체적인 테스트 절차와 표본의 내용(예를 들어, 유형자산 구매승인에 대한 통제를 평가하는 경우 대상 품의서 모집단의 정의 및 개수, 테스트하는 통제의 속성, 관련 증빙의 내용으로 품의서 일자, 거래처명, 금액, 최종 승인자 등), 테스트 수행자, 테스트 결과 및 전반적인 결론을 포함하여 충분히 문서화되어야 한다.

다. 만약 경영진이 회사의 장부와 기록된 증거자료가 경영진의 평가 결과를 합리적으로 지원하는 데 충분하다고 판단한다면 경영진이 평가한 증거자료에 대한 사본을 별도로 유지할 필요가 없을 수 있다. 예를 들어, 회사의 통제와 경영진의 일상적인 상호작용이 평가의 근거자료를 제공하는 중소기업의 경우에는 경영진은 내부회계관리제도 평가를 위하여 별도의 문서를 작성하는 것을 제한할 수 있다. 그러나, 이 경우에도 경영진은 평가의 합리적인 근거로써 경영진의 일상적인 상호작용이 어떻게 충분한 증거를 제공하는지에 대한 문서를 포함시킬지 여부를 고려하여야 한다. 이러한 문서화는 메모, 이메일 그리고 경영진부터 직원들까지 공유된 정책 또는 지침 등을 포함한다.

경영진은 운영평가를 수행할 경우, 운영의 효과성에 대한 평가 절차 및 그 결과에 대해 문서화하여야 한다. (설계)운영평가의 문서화 템플릿 예시는 다음과 같다.

구체적인 설계운영평가 문서화의 각 항목의 내용 설명은 'Part 5. 사례별 설계운영평가'에서 다룬다.

설계운영평가 템플릿

통제 설명					
통제 요약					
통제 번호	Description	통제수행자	통제 유형	통제 빈도	관련 application
통제에 대한 상세 기술 (필요시)					
통제의 출발점(baseline)					

통제가 대처하는 왜곡표시의 원천				
관련 LSPM 번호	Description	재무제표 계정	경영진주장	고유위험

통제 설계평가는 '설계 효과성 평가'에서 이미 제시하여 생략한다.

통제 운영의 효과성 테스트				
운영 테스트의 성격, 시기, 범위 결정				
테스트 대상 기간				
테스트 시기		기중 테스트 방법		
통제테스트의 성격				
통제테스트 절차				
모집단 정의				
모집단의 완전성을 확인하기 위해 수행한 절차				
통제 주기 또는 빈도 수		표본의 규모		
통제수행자의 권한과 적격성				
통제수행자		통제를 수행하는 사람이 통제를 효과적으로 수행하는 데 필요한 권한과 적격성을 갖추었는지?		

통제수행자의 권한과 적격성에 대한 추가 설명(필요시)	
테스트 결과	
통제테스트 결과를 아래에 문서화하거나 해당 조서를 참조합니다.	

순번	표본 추출 일자	Reference	내용	결과	비고
1					
2					

발견된 예외사항의 식별과 평가		
상기 절차의 수행 및 입수한 증거에 따라 예외사항이 발견되었는가?		
발견된 예외사항이 모집단을 대표하지 않는 것으로 판단되는가?		
발견된 예외사항이 모집단을 대표하지 않는 것으로 판단한 근거 및 이를 뒷받침하는 증거		
발견된 예외사항이 모집단을 대표하지 않는다고 판단한 경우, 표본을 확대하여 테스트를 수행하였는가?		
어떻게 표본을 확대하였는지, 확대 테스트의 결과는 어떠한지 문서화		
발견된 예외사항이 모집단을 대표하여 미비점에 해당하는지에 대한 최종 결론 및 근거		
운영의 효과성에 대한 결론		

잔여기간에 대한 테스트(roll-forward)	
잔여기간에 대한 추가 증거를 결정하기 위한 위험요소에 대한 고려	
잔여기간 테스트의 수행	
잔여기간 테스트 대상 기간	
잔여기간 테스트의 성격	
통제테스트 절차	
통제테스트 결과	

<table>
<tr><td colspan="6">잔여기간에 대해 세부 표본테스트를 수행하는 경우 테스트 절차와 결과</td></tr>
<tr><td colspan="3">모집단 정의</td><td colspan="3"></td></tr>
<tr><td colspan="3">모집단의 완전성을
확인하기 위해 수행한 절차</td><td colspan="3"></td></tr>
<tr><td colspan="3">표본의 규모</td><td colspan="3"></td></tr>
<tr><td colspan="6">테스트 결과</td></tr>
<tr><td colspan="6"></td></tr>
<tr><td>순번</td><td>표본 추출 일자</td><td>Reference</td><td>내용</td><td>결과</td><td>비고</td></tr>
<tr><td></td><td></td><td></td><td></td><td></td><td></td></tr>
<tr><td></td><td></td><td></td><td></td><td></td><td></td></tr>
<tr><td></td><td></td><td></td><td></td><td></td><td></td></tr>
<tr><td colspan="6">통제 이탈의 식별과 평가</td></tr>
<tr><td colspan="4">잔여기간 테스트 수행 결과 예외사항이 발견되었는가?</td><td colspan="2"></td></tr>
<tr><td colspan="4">발견된 예외사항이 모집단을 대표하지 않는 것으로 판단되는가?</td><td colspan="2"></td></tr>
<tr><td colspan="3">발견된 예외사항이 모집단을 대표하지 않는 것으로 판단한 근거 및 이를 뒷받침하는 증거</td><td colspan="3"></td></tr>
<tr><td colspan="4">발견된 예외사항이 모집단을 대표하지 않는다고 판단한 경우, 표본을 확대하여 테스트를 수행하였는가?</td><td colspan="2"></td></tr>
<tr><td colspan="3">어떻게 표본을 확대하였는지, 확대 테스트의 결과는 어떠한지 문서화</td><td colspan="3"></td></tr>
<tr><td colspan="3">발견된 예외사항이 모집단을 대표하여 미비점에 해당하는지에 대한 최종 결론 및 근거</td><td colspan="3"></td></tr>
<tr><td colspan="3">잔여기간 테스트의 결론</td><td colspan="3"></td></tr>
</table>

내부회계관리제도 감사 FAQ

19. 내부회계관리제도 감사 시 통제의 운영효과성에 대한 감사증거로서 이전의 감사에서 입수된 감사증거를 이용(감사기준서 330 문단 13, 14)할 수 있는지요?

감사기준서 330 문단 13, 14는 재무제표 감사에만 적용되는 요구사항입니다. 감사인이 내부회계관리제도 감사 목적으로 통제의 운영효과성에 대한 감사증거를 입수할 때에는 감사기준서 1100 문단 100~102에 따라 자동화된 응용통제 테스트에 벤치마킹 전략을 적용하는 경우를 제외하고는 이전의 감사에서 입수된 감사증거를 이용할 수 없습니다. 즉 내부회계관리제도 감사 목적으로 테스트 대상 특정 통제가 효과적으로 운영되는지에 대한 감사증거는 매년 입수되어야 합니다.

다만 이전 연도의 통제 테스트 결과는 필요한 테스트의 성격, 시기, 범위를 결정할 때 통제와 연관된 위험에 영향을 미치는 요소로서 고려할 수 있습니다(감사기준서 1100 문단 45, A69).

해설 - 저자 주

감사인의 감사절차는 매 회계연도마다 독립적인 증빙을 입수하여 문서검사 등의 절차를 취하여야 하며, 이는 재무제표 감사나 내부회계관리제도 감사나 동일하다.

따라서, 매년 운영 효과성에 대해 감사절차를 취할 경우, 전년도 이전의 운영 효과성에 대한 감사절차와는 별개로 매년 새로운 모집단에 근거해서 샘플링 후 운영 효과성에 대해 감사절차를 취한다.

06 운영의 효과성 테스트에서 발견된 예외사항의 평가 절차

평가보고 가이드라인

48. (운영의 효과성 테스트에서 발견된 예외사항의 평가 절차)

테스트 중 예외사항이 발생할 경우 경영진은 예외사항의 원인을 파악하여 미비점에 해당하는지를 확인한다. 발견된 예외사항이 모집단을 대표한다고 판단되면 당해 예외사항으로 인한 통제상 미비점으로 판단하고 심각성을 평가하여 단순한 미비점, 유의한 미비점 또는 중대한 취약점인지 여부를 판단한다.

가. 먼저 예외사항이 통제상 미비점인지를 판단하기 위해서는 예외사항의 근본 원인을 충분히 이해하는 것이 중요하다. 발견된 예외사항이 체계적이고 반복적이지 않고 극히 예외적인 경우에 발생한 것으로 판단되는 경우에는 단순한 예외사항으로 구분할 수 있다. 반면, 담당자의 교체, 특정 시기에 거래나 업무가 집중되는 현상이나 인적 오류와 같은 원인으로 발생한 예외사항인 경우에는 일반적으로 미비점으로 분류한다.

나. 또한, 단순한 예외사항이 아니라도 추가적인 표본에 대한 운영의 효과성 테스트를 통해 이미 발견된 예외사항이 모집단을 대표하지 않을 수 있다는 것을 뒷받침할 수 있다고 판단한 경우에 해당하는지를 고려할 수 있다. 예를 들어, 1개 이하의 예외사항이 허용될 수 있게 설계된 테스트에서 2개의 예외사항이 발견되었을 경우 추가적인 테스트를 통해 최초 테스트 결과가 모집단을 대표하지 않는다는 결론을 내릴 수 있는지에 대해 고려하여야 한다.

다. 통제의 빈도가 연간, 분기, 월간, 주간 등에 해당하여 모집단이 작은 경우에는 예외사항이 발견되면 특별한 반증이 없는 한 미비점으로 분류하고, 일간 혹은 하루에 1번 이상 발생하는 통제활동의 테스트에서 1개의 예외사항이 발견된 경우 다음 조건을 모두 충족한다면 추가 테스트를 고려할 수 있다.

(1) 예외사항의 성격이 체계적이고 반복적이지 않는 것으로 판단되는 경우

(2) 예외사항으로 인한 재무제표상의 왜곡표시가 발생하지 않을 것으로 판단되는 경우

라. 새로운 표본을 추출하여 추가 테스트를 수행한 결과 추가적인 예외사항이 발견되지 않는다면 최초 발견한 예외사항은 단순한 예외사항으로 구분할 수 있다. 단, 새로 추출할 표본의 크기는 최초 표본크기의 절반 이상으로 하며 최초 표본과 새로운 표본을 합한 총 표본 크기는 40개 이상으로 하는 것이 바람직하다.

마. 그러나, 추가 테스트에서도 1개 이상의 예외사항이 발생한 경우에는 미비점으로 구분하여 심각성을 평가하여야 한다. 예를 들어, 일간통제를 대상으로 위험수준을 고려하여 추출한 25개의 표본을 대상으로 한 최초 테스트에서 1개의 예외사항이 발견되었으나 위 조건을 충족하여 15개의 새로운 표본을 추출하여 추가 테스트를 수행한 결과 예외사항이 발견되지 않은 경우 단순한 예외사항으로 결론 내릴 수 있다.

운영의 효과성 테스트에서 발견된 예외사항에 대한 평가

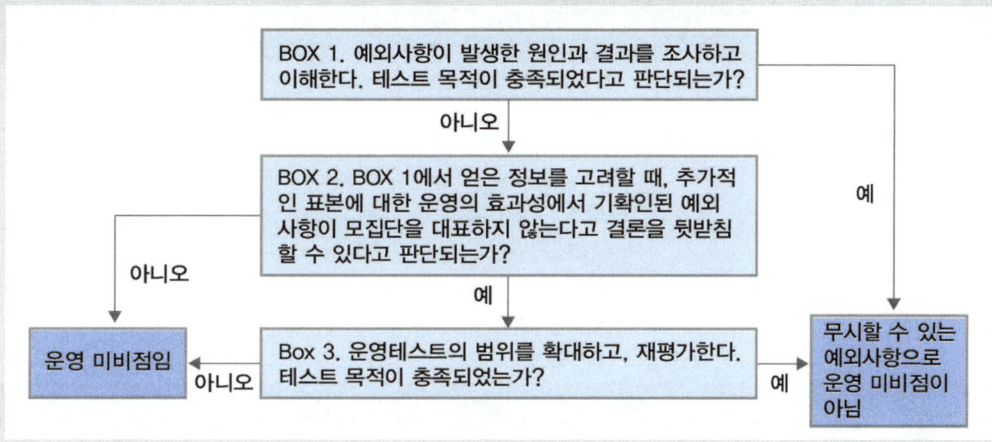

운영테스트는 기본적으로 모집단에 대해 표본추출방법에 의해 샘플링을 수행한다.

예를 들어, 모집단 100개 중 15개를 샘플링해서 운영테스트를 수행한다는 의미는, 각각 15개의 샘플된 운영내용이 '예외사항'이 있는지 여부를 확인하는 것이다.

이 15개의 샘플링 테스트 중 1개 이상의 '예외사항'이 발견되면, 해당 통제활동은 효과적인가? 비효과적인가?

이는 15개의 샘플링 테스트 중 발견된 '예외사항'이 모집단 전체 100개를 대표한다고 판단하는지, 또는 100개를 대표하지 않는다고 판단하는지에 따라 구분된다.

이를 구분 정리하면 다음과 같다.

예외사항의 평가	내용
(상황1) 발견된 예외사항이 모집단을 대표한다고 판단	• 담당자의 교체, 특정 시기에 거래나 업무가 집중되는 현상이나 인적 오류와 같은 원인으로 발생한 예외사항인 경우에는 일반적으로 미비점으로 분류 • (주기통제) 통제의 빈도가 연간, 분기, 월간, 주간 등에 해당하여 모집단이 작은 경우에는 예외사항이 발견되면 특별한 반증이 없는 한 미비점으로 분류
(상황 2) 발견된 예외사항이 모집단을 대표한다고 판단하지 않을 수 있는 경우	• 발견된 예외사항이 체계적이고 반복적이지 않고 극히 예외적인 경우에 발생한 것으로 판단되는 경우에는 단순한 예외사항으로 구분할 수 있음 • (수시통제) 일간 혹은 하루에 1번 이상 발생하는 통제활동의 테스트에서 1개의 예외사항이 발견된 경우 다음 조건을 모두 충족한다면 추가 테스트를 고려 (1) 예외사항의 성격이 체계적이고 반복적이지 않는 것으로 판단되는 경우 (2) 예외사항으로 인한 재무제표상의 왜곡표시가 발생하지 않을 것으로 판단되는 경우

(상황 1) 발견된 예외사항이 모집단을 대표한다고 판단하는 경우

<table>
<tr><th colspan="6">통제 운영의 효과성 테스트</th></tr>
<tr><th colspan="6">테스트 결과</th></tr>
<tr><td colspan="6">통제테스트 결과를 아래에 문서화하거나 해당 조서를 참조합니다.</td></tr>
<tr><td>순번</td><td>표본 추출 일자</td><td>Reference</td><td>내용</td><td>결과</td><td>비고</td></tr>
<tr><td>1</td><td>202x.10.31</td><td></td><td>202x.2Q 매출채권 대손충당금 검토(MRC) 체크리스트를 통해 대손충당금 계산내역의 적정성을 검증함</td><td>예외사항 없음</td><td></td></tr>
<tr><td>2</td><td>202x.10.31</td><td></td><td>202x.3Q 매출채권 대손충당금 검토(MRC) 체크리스트를 통해 대손충당금 계산내역의 적정성을 검증함</td><td>예외사항 발견함</td><td></td></tr>
<tr><th colspan="6">발견된 예외사항의 식별과 평가</th></tr>
<tr><td colspan="3">상기 절차의 수행 및 입수한 증거에 따라 예외사항이 발견되었는가?</td><td>Yes</td><td colspan="2"></td></tr>
<tr><td colspan="3">발견된 예외사항이 모집단을 대표하지 않는 것으로 판단되는가?</td><td>Yes</td><td colspan="2"></td></tr>
<tr><td colspan="2">발견된 예외사항이 모집단을 대표하지 않는 것으로 판단한 근거 및 이를 뒷받침하는 증거</td><td colspan="4">N/A</td></tr>
<tr><td colspan="3">발견된 예외사항이 모집단을 대표하지 않는다고 판단한 경우, 표본을 확대하여 테스트를 수행하였는가?</td><td>N/A</td><td colspan="2"></td></tr>
<tr><td colspan="2">어떻게 표본을 확대하였는지, 확대 테스트의 결과는 어떠한지 문서화</td><td colspan="4">N/A</td></tr>
<tr><td colspan="2">발견된 예외사항이 모집단을 대표하여 미비점에 해당하는지에 대한 최종 결론 및 근거</td><td colspan="4">202x.3Q 매출채권 대손충당금 검토(MRC) 체크리스트를 통해 대손충당금 계산내역의 적정성을 검증한 결과, 매출채권 대손충당금의 오류를 발견하지 못하였으며, 통제 담당자인 회계팀장이 202x.3Q 직전에 교체되었으나, 신규 회계팀장이 해당 체크리스트에 대한 적격성이 부족하여 검토통제를 효과적으로 수행하지 못함</td></tr>
<tr><td colspan="3">운영의 효과성에 대한 결론</td><td>비효과적(ineffective)</td><td colspan="2"></td></tr>
</table>

(상황 2) 발견된 예외사항이 모집단을 대표한다고 판단하지 않는다고 판단한 경우

<table>
<tr><th colspan="6">통제 운영의 효과성 테스트</th></tr>
<tr><th colspan="6">테스트 결과</th></tr>
<tr><td colspan="6">통제테스트 결과를 아래에 문서화하거나 해당 조서를 참조합니다.</td></tr>
<tr><th>순번</th><th>표본 추출 일자</th><th>Reference</th><th>내용</th><th>결과</th><th>비고</th></tr>
<tr><td>1</td><td>202x.10.31</td><td></td><td>202x.2Q 매출채권 대손충당금 검토(MRC) 체크리스트를 통해 대손충당금 계산내역의 적정성을 검증함</td><td>예외사항 없음</td><td></td></tr>
<tr><td>2</td><td>202x.10.31</td><td></td><td>202x.3Q 매출채권 대손충당금 검토(MRC) 체크리스트를 통해 대손충당금 계산내역의 적정성을 검증함</td><td>예외사항 발견함</td><td></td></tr>
<tr><th colspan="6">발견된 예외사항의 식별과 평가</th></tr>
<tr><td colspan="3">상기 절차의 수행 및 입수한 증거에 따라 예외사항이 발견되었는가?</td><td>Yes</td><td colspan="2"></td></tr>
<tr><td colspan="3">발견된 예외사항이 모집단을 대표하지 않는 것으로 판단되는가?</td><td>No</td><td colspan="2"></td></tr>
<tr><td colspan="2">발견된 예외사항이 모집단을 대표하지 않는 것으로 판단한 근거 및 이를 뒷받침하는 증거</td><td colspan="4">202x.3Q 매출채권 대손충당금 검토(MRC) 체크리스트를 통해 대손충당금 계산내역의 적정성을 검증한 결과, 매출채권 대손충당금의 오류를 발견하지 못하였으나, 해당 202x.3Q 통제활동의 운영시점에 통제담당자인 회계팀장의 업무과다로 적정하게 체크리스트를 검토하지 못하였으며, 이로 인한 재무제표 왜곡의 영향동 202x.3Q 외부감사인의 분기검토 과정에서 확인함
추가적으로 202x.1Q 매출채권 대손충당금 검토(MRC) 체크리스트를 통해 대손충당금 계산내역의 적정성을 검증한 결과 예외사항 없음을 확인함</td></tr>
<tr><td colspan="3">발견된 예외사항이 모집단을 대표하지 않는다고 판단한 경우, 표본을 확대하여 테스트를 수행하였는가?</td><td>Yes</td><td colspan="2"></td></tr>
<tr><td colspan="2">어떻게 표본을 확대하였는지, 확대 테스트의 결과는 어떠한지 문서화</td><td colspan="4">202x.1Q 매출채권 대손충당금 검토(MRC) 체크리스트를 추가로 확인함</td></tr>
<tr><td colspan="2">발견된 예외사항이 모집단을 대표하여 미비점에 해당하는지에 대한 최종 결론 및 근거</td><td colspan="4"></td></tr>
<tr><th colspan="3">운영의 효과성에 대한 결론</th><td>효과적(effective)</td><td colspan="2"></td></tr>
</table>

07 평가기준일 이전에 통제상 미비점 수정

평가보고 가이드라인

49. (평가기준일 이전에 통제상 미비점 수정)

경영진은 평가기준일 이전에 식별된 통제상 미비점을 개선한 경우, 내부회계관리제도가 효과적이라는 결론을 내리기 위하여 수정된 통제가 효과적으로 운영된다는 것을 확인하기 위해 충분한 테스트를 수행한다.

가. 평가기준일 전에 통제가 적절히 설계되고 운영의 효과성을 확신하기 위해 필요한 시간(즉, 통제가 효과적으로 운영된다고 결론 내리기 위하여 수정된 통제가 운영되어야 하는 최소 기간)은 일반적으로 최소 2개월 이상이나 통제의 성격이나 운영 빈도에 따라 달라진다. 경영진은 통제의 빈도가 높을수록 짧은 기간으로도 통제가 효과적으로 운영된다는 충분한 증거를 얻을 수 있다. 예를 들어, 분기통제의 경우 1개 이상, 월별 통제의 경우 최소한 2개 이상의 표본이 테스트될 수 있는 기간 동안 통제가 효과적으로 운영되어야 한다.

나. 기말 재무보고 절차와 같은 연단위로 수행되는 수동통제의 경우에는 평가기준일 이후에 운영의 효과성에 대해 테스트를 수행해야 하므로 미비점을 시정하기 위한 시간이 없다. 기말보고일 이후의 통제 수정은 통제상 미비점을 감소시키지 못하기 때문에 기말보고일 이전에 통제가 수정되어 충분한 기간 동안 적용되어야 할 것이다. 이를 위해 분기말이나 월말에 '모의테스트(Dry Run)'를 수행해서 미비점이 발생되지 않도록 할 수 있다.

평가기준일(12월 31일) 이전에 통제상 미비점이 식별된 경우, 모두 해당 통제활동을 '비효과적'이라고 결론 내는 것이 아니라, 평가기준일(12월 31일) 이전에 통제상 미비점을 수정(설계)하고, 수정한 통제활동을 평가기준일(12월 31일)까지 다시 운영한다면 해당 통제활동은 최종적으로 '효과적'으로 결론지을 수 있다.

이 내용을 정리하면 다음과 같다.

구분	내용
평가기준일 이전에 통제상 미비점 수정	경영진은 평가기준일 이전에 식별된 통제상 미비점을 개선한 경우, 내부회계관리제도가 효과적이라는 결론을 내리기 위하여 수정된 통제가 효과적으로 운영된다는 것을 확인하기 위해 충분한 테스트를 수행한다.

구분	내용
모의테스트(Dry Run)	기말 재무보고 절차와 같은 연단위로 수행되는 수동통제의 경우에는 평가기준일 이후에 운영의 효과성에 대해 테스트를 수행해야 하므로 미비점을 시정하기 위한 시간이 없다. 기말보고일 이후의 통제 수정은 통제상 미비점을 감소시키지 못하기 때문에 기말보고일 이전에 통제가 수정되어 충분한 기간 동안 적용되어야 할 것이다. 이를 위해 분기말이나 월말에 '모의테스트(Dry Run)'를 수행해서 미비점이 발생되지 않도록 할 수 있다.
통제의 운영 효과성을 확신하기 위해 필요한 시간	통제의 운영 효과성을 확신하기 위해 필요한 시간(즉, 통제가 효과적으로 운영된다고 결론 내리기 위하여 수정된 통제가 운영되어야 하는 최소 기간)은 일반적으로 **최소 2개월 이상**이나 통제의 운영 빈도에 따라 달라진다.

내부회계관리제도 실무

PART 05

사례별 설계운영평가

Chapter

CHAPTER

5-1 사례별 설계운영평가

01 설계운영평가 기본 템플릿

내부회계관리제도 통제의 설계 운영평가 문서 예시는 다음과 같다.

(아래 문서는 한국공인회계사회에서 외부감사인의 내부회계관리제도 감사 목적으로 공유한 템플릿으로, 이를 내부회계관리제도 평가하는 회사의 입장에서 가공한 것이다.)

대부분 회사는 Big 4 회계법인마다 자체 글로벌에서 제공하는 템플릿으로 설계(구축 시) 참고해서 작성하고 있으며, 그 내용을 종합 참고하여 한국공인회계사회에서 작성해서 외부감사인들에게 공유한 것이니, 내용적으로는 큰 차이는 없다.

<table>
<tr><th colspan="6">통제 설명</th></tr>
<tr><th colspan="6">통제 요약</th></tr>
<tr><th>통제 번호</th><th>Description</th><th>통제수행자</th><th>통제 유형</th><th>통제 빈도</th><th>관련 application</th></tr>
<tr><td></td><td></td><td></td><td></td><td></td><td></td></tr>
<tr><td colspan="2">통제에 대한 상세 기술
(필요시)</td><td colspan="4"></td></tr>
<tr><td colspan="2">통제의 출발점(baseline)</td><td></td><td colspan="3"></td></tr>
</table>

<table>
<tr><th colspan="5">통제가 대처하는 왜곡표시의 원천</th></tr>
<tr><th>관련 LSPM 번호</th><th>Description</th><th>재무제표 계정</th><th>경영진주장</th><th>고유위험</th></tr>
<tr><td></td><td></td><td></td><td></td><td></td></tr>
<tr><td></td><td></td><td></td><td></td><td></td></tr>
</table>

통제 설계의 효과성 테스트			
설계 테스트의 수행			
설계 테스트의 성격			
설계 테스트 절차			
증빙		관련증빙에 대한 링크/참조	
통제수행에 기업이 생성한 정보(IPE)를 사용하는가?			
IPE 목록			
IPE의 정확성과 완전성을 확인하는 통제에 대하여 기술하고, 해당 통제를 어디서 테스트하였는지 테스트 결과는 무엇인지 기술			
설계의 효과성에 대한 결론			
발견된 예외사항의 평가 및 결론 도출(해당 시)			

통제와 연관된 위험		
통제와 연관된 위험 평가 절차와 고려사항		
통제와 연관된 위험 평가 결과		

통제 운영의 효과성 테스트			
운영 테스트의 성격, 시기, 범위 결정			
테스트 대상 기간			
테스트 시기		기중 테스트 방법	
통제테스트의 성격			
통제테스트 절차			
모집단 정의			

<table>
<tr><td>모집단의 완전성을 확인하기 위해 수행한 절차</td><td colspan="5"></td></tr>
<tr><td>통제 주기 또는 빈도 수</td><td></td><td>표본의 규모</td><td></td><td colspan="2"></td></tr>
<tr><td colspan="6">통제수행자의 권한과 적격성</td></tr>
<tr><td>통제수행자</td><td></td><td colspan="2">통제를 수행하는 사람이 통제를 효과적으로 수행하는 데 필요한 권한과 적격성을 갖추었는지?</td><td colspan="2"></td></tr>
<tr><td>통제수행자의 권한과 적격성에 대한 추가 설명(필요시)</td><td colspan="5"></td></tr>
<tr><td colspan="6">테스트 결과</td></tr>
<tr><td colspan="6"></td></tr>
</table>

순번	표본 추출 일자	Reference	내용	결과	비고
1					
2					

<table>
<tr><td colspan="3">발견된 예외사항의 식별과 평가</td></tr>
<tr><td>상기 절차의 수행 및 입수한 증거에 따라 예외사항이 발견되었는가?</td><td></td><td></td></tr>
<tr><td>발견된 예외사항이 모집단을 대표하지 않는 것으로 판단되는가?</td><td></td><td></td></tr>
<tr><td>발견된 예외사항이 모집단을 대표하지 않는 것으로 판단한 근거 및 이를 뒷받침하는 증거</td><td colspan="2"></td></tr>
<tr><td>발견된 예외사항이 모집단을 대표하지 않는다고 판단한 경우, 표본을 확대하여 테스트를 수행하였는가?</td><td></td><td></td></tr>
<tr><td>어떻게 표본을 확대하였는지, 확대 테스트의 결과는 어떠한지 문서화</td><td colspan="2"></td></tr>
<tr><td>발견된 예외사항이 모집단을 대표하여 미비점에 해당하는지에 대한 최종 결론 및 근거</td><td colspan="2"></td></tr>
<tr><td>운영의 효과성에 대한 결론</td><td></td><td></td></tr>
</table>

잔여기간에 대한 테스트 (roll-forward)		
잔여기간에 대한 추가 증거를 결정하기 위한 위험요소에 대한 고려		
잔여기간 테스트의 수행		
잔여기간 테스트 대상 기간		
잔여기간 테스트의 성격		
통제테스트 절차		
통제테스트 결과		
잔여기간에 대해 세부 표본테스트를 수행하는 경우 테스트 절차와 결과		
모집단 정의		
모집단의 완전성을 확인하기 위해 수행한 절차		
표본의 규모		
테스트 결과		

순번	표본 추출 일자	Reference	내용	결과	비고

통제 이탈의 식별과 평가		
잔여기간 테스트 수행 결과 예외사항이 발견되었는가?		
발견된 예외사항이 모집단을 대표하지 않는 것으로 판단되는가?		

발견된 예외사항이 모집단을 대표하지 않는 것으로 판단한 근거 및 이를 뒷받침하는 증거		
발견된 예외사항이 모집단을 대표하지 않는다고 판단한 경우, 표본을 확대하여 테스트를 수행하였는가?		
어떻게 표본을 확대하였는지, 확대 테스트의 결과는 어떠한지 문서화		
발견된 예외사항이 모집단을 대표하여 미비점에 해당하는지에 대한 최종 결론 및 근거		
잔여기간 테스트의 결론		

02 설계운영평가 템플릿 예시

상기 설계운영평가 템플릿은 크게 아래의 5가지 내용으로 구성되어 있으며, 이를 하나의 예시를 들어 영역별로 구분하여 설명하고자 한다.

1. 통제 설명
2. 통제 설계의 효과성 테스트
3. 통제 운영의 효과성 테스트
4. 잔여기간에 대한 테스트

1. 통제 설명

통제 설명 영역은 평가대상이 되는 통제활동에 대한 요약(summary)이다.

이는 각 통제별 통제평가자가 통제평가를 위해 이해하기 위한 목적이다. 이 내용은 회사의 RCM(통제기술서)에 있는 내용을 그대로 옮겨와야 한다.

예를 들어, RCM(통제기술서)에는 통제빈도가 분기(quarterly)라고 되어 있는데, 아래 설계운영평가문서에 통제빈도를 월별(monthly)로 기록하게 되면, 통제 설계평가에는 영향이 없지만, 통제 운영평가에 샘플링이 잘못되는 오류가 발생하게 된다.

그래서, 통제 설계운영평가의 첫 번째 단계의 회사의 최종 RCM(통제기술서)에 설계되어 있는 내용이 그대로 옮겨져 왔는지를 확인하는 게 우선이다.

<table>
<tr><td colspan="8">통제 설명</td></tr>
<tr><td colspan="8">통제 요약</td></tr>
<tr><td>통제 번호 ①</td><td>Description ②</td><td>통제수행팀</td><td>통제수행자 ③</td><td>통제 유형 ④</td><td>통제 빈도 ⑤</td><td colspan="2">관련 Application ⑥</td></tr>
<tr><td>C.XX.1</td><td>송장 미발행 선적 건 검토</td><td>회계팀</td><td>홍길동 팀장</td><td>IT의존 수동통제</td><td>monthly</td><td colspan="2">SAP</td></tr>
<tr><td colspan="2">통제활동에 대한 설명 ⑦</td><td colspan="6">회계팀장은 모든 선적 건에 대해 인보이스가 발행되었는지 여부를 확인하기 위해서 매월 '송장 미발행 선적 보고서'를 검토한다.</td></tr>
<tr><td colspan="2">통제의 출발점(baseline) ⑧</td><td colspan="2">202x.x.xx</td><td colspan="4"></td></tr>
<tr><td colspan="8">통제가 대처하는 왜곡표시의 원천 (WCGW)</td></tr>
<tr><td>관련 위험 번호 ⑨</td><td colspan="2">Description ⑩</td><td colspan="2">재무제표 계정 ⑪</td><td colspan="2">경영진주장 ⑫</td><td></td></tr>
<tr><td>R.XX.1</td><td colspan="2">제품이 고객에게 선적되었으나 청구되지 않고 기록되지 않는다.</td><td colspan="2">매출</td><td colspan="2">완전성</td><td></td></tr>
</table>

① **통제번호**

② **Description**

① 통제번호와 ② Description은 RCM(통제기술서)에 설계된 내용을 그대로 옮긴다. 상기 통제 설계운영평가의 RCM(통제기술서)은 다음과 같이 설계되어 있을 것이다.

No.	Mega Process	Activity	Risk	Control	통제활동 설명	통제 담당자	통제 속성
C.XX.1	매출 프로세스	매출 수익 인식한다.	매출수익인식의 누락될 위험	**송장 미발행 선적 건 검토**	회계팀장은 모든 선적 건에 대해 인보이스가 발행되었는지 여부를 확인하기 위해서 매월 '송장 미발행 선적 보고서'를 검토한다.	회계팀장	IT의존 수동통제

④ **통제 유형**

(③ 통제수행자, ⑥ 관련 application)

통제유형은 아래와 같이 3가지로 구분된다.

1. 수동통제
2. 자동통제
3. IT의존 수동통제

통제유형(또는 통제속성)이 **수동통제**인 경우에는 통제담당자가 명확하게 정의되어 있어야 하며, 구체적으로 '홍길동' 회계팀장 또는 '이순신' 회계팀 과장으로 정의되는 것이 업무적으로 R/R 구분 차원에서 필요하다.

통제유형(또는 통제속성)이 **자동통제**인 경우에는 통제담당자가 없는 경우도 존재한다. 다만, 자동통제인 경우에는 관련 시스템(관련 application)을 정의하는 게 반드시 필요하다. 해당 자동통제라는 IT응용통제(ITAC)가 효과적이려면, 관련 통제활동이 운영되고 있는 시스템인 IT일반통제(ITGC)에 문제가 없어야 하기 때문이다.

상기 사례와 같이 통제유형(또는 통제속성)이 **IT의존 수동통제**인 경우에는 자동통제 요소와 수동통제 요소가 모두 포함되기 때문에 통제담당자와 관련 시스템에 대한 정의가 모두 필요하다.

상기 사례 통제는 수동통제 요소로 인해 통제담당자(회계팀장)에 대한 정의와 관련 시스템(SAP)에 대한 정의가 모두 필요하다. 관련 시스템(SAP)에 정의는 IT일반통제(ITGC)를 위해 시스템 단위(예를 들어 SAP)로 기술하는 게 필요하다.

다만 추후 통제 설계운영평가를 위한 평가자를 위해서는 구체적으로 시스템(SAP)을 구체적으로 기술하는 게 필요하다. [가능하면 RCM(통제기술서)에 별도의 열(column)을 추가하여 구체적인 시스템 모듈 또는 T-code 등을 기재하는 게 필요하다.] 예를 들어, 해당 통제는 "SAP SD 모듈(Sales and Distribution) T-code VF04"로 구체적으로 기술하면 통제평가자의 평가에 가장 효과적이다.

SAP SD 모듈(Sales and Distribution) T-code VF04 Billing Due List(송장 미발행 건 리스트) 예시

SAP Invoice List – Shipments Not Invoiced

Shipping Point	Sold-To Party	Sales Order	Delivery	Payer
1000	1060000	12001	80005065	1060000
1000	1062000	12002	80005068	10800000
2000	1080000	12003	80005068	1083000
2000	1000010	12004	12004000	Not invoiced
2000	1008000	12001	80005065	Not invoiced
2000	1083000	12002	80005068	Not invoiced
2000	1083000	12003	10800000	Not invoiced
2000	1083000	12004	80005068	Not invoiced

참고로 상기 SAP의 송장미발행 선적보고서상의 data 중에 아래 "Not invoiced"가 송장이 "미발행"된 건이 된다. 이에 대한 검토는 후술한다.

Invoice List – Shipments Not Invoiced

Shipping Point	Sold-To Party	Sales Order	Delivery	Payer
1000	1060000	12001	80005065	1060000
1000	1062000	12002	80005068	10800000
2000	1080000	12003	80005068	1083000
2000	1000010	12004	12004000	Not invoiced
2000	1008000	12001	80005065	Not invoiced
2000	1083000	12002	80005068	Not invoiced
2000	1083000	12003	10800000	Not invoiced
2000	1083000	12004	80005068	Not invoiced

⑤ 통제빈도

통제빈도는 크게 다음과 같이 구분된다.

1. 수시통제
2. 주기통제(일별, 주별, 월별, 분기별, 연별…)

이 통제빈도도 RCM(통제기술서)에 설계된 내용이 그대로 와야 한다. 통제빈도는 설계평가에는 영향을 미치지 않으며, 운영평가 시 모집단에 대한 표본추출(sampling) 수(샘플사이즈)를 결정할 때 중요한 항목이다.

예를 들어, 통제빈도가 상기 사례처럼 'monthly'인 경우, 모집단이 12개이고, 샘플사이즈는 2개 내지는 4개로 정해져야 한다.

한편, 월별(monthly) 통제의 샘플사이즈가 2개 또는 4개는 어떻게 결정하는가? 모집단이 12개인 통제에 대해 확신을 가지기 위해서는 되도록 샘플사이즈를 증가시키면 되지만, 이 통제가 어느 정도 믿을 만하면 샘플링을 조금 적게 해도 되지 않을까?

이를 결정하는 것이 '통제실패위험(risk of failure)'이다.

여기서의 샘플사이즈는 설계평가가 아닌, 운영평가와 관련된 내용이므로, 설계평가와 운영평가 중간에 해당 '통제실패위험(risk of failure)'에 대한 결론이 포함되어 있다.

아래 사례에서는 '통제와 연관된 위험'으로 표현되고 있으나, '통제실패위험(risk of failure)'을 의미하는 것이다.

아래 사례에서는 '통제실패위험(risk of failure)'이 낮음(Low)으로 결론이 나기 때문에, 해당 통제의 통제빈도인 월별(monthly) 통제의 샘플사이즈 중 '통제실패위험(risk of failure)'이 낮음(Low) 경우에 해당하는 2개를 샘플링하게 된다.

통제실패위험(Risk of faulure)		
통제실패위험 평가 절차와 고려사항		
선적되었으나 인보이스가 발행되지 않는 거래의 유형은 정형화되어 있고 제한적이어서 매월 소수의 거래가 반복적으로 발생하며 전체 매출에서 차지하는 비중이 크지 않고 적절한 회계처리를 판단하는 데 유의적인 판단이 필요하지 않음 따라서 통제와 연관된 위험이 높지 않은 것으로 판단됨		
통제실패위험 평가 결과	낮음	

⑧ 통제의 출발점

통제의 출발점(Baseline)은 통제활동의 변화 여부를 확인하고 설계평가를 수행하여야 하는지 판단하기 위해 가장 최근의 내부통제 설계평가를 수행한 시점을 말한다.

예를 들어, 회사의 프로세스의 변화로 특정 통제활동을 새로 설계했다고 가정해 보자.

- 통제 시작일 : 2025년 3월 1일
- 통제 설계평가 시점 : 2025년 6월 1일
- 통제 출발점 : 2025년 6월 1일(통제 설계평가 시점)

⑨ 관련 WCGW 번호

WCGW는 한마디로 '관련 위험(Risk)'이다.

해당 통제활동이 필요한 이유는 해당 통제활동이 이루어지기 전에 발생한 업무활동(Activity)으로 인해 위험(Risk)(재무제표 왜곡에 직접적인 영향을 미치는 위험 또는 업무가 효과적으로 운영되지 못할 위험)이 존재할 수 있으며, 이를 감소하기 위한 통제활동(Control)이 필요한 것이다.

- A회계법인 : LSPM(Likely Significant Process or Materiality)이라는 용어를 사용하며, 재무제표에 중요한 영향을 미칠 수 있는 계정 과목 및 관련 프로세스를 의미한다.
- B회계법인 : WCGW(What Could Go Wrong)라는 용어를 주로 사용하며, 내부회계관리제도의 통제가 제대로 작동하지 않을 경우 발생할 수 있는 잠재적인 위험을 식별하는 데 초점을 맞춘다.

이 통제는 매출을 인식하는 업무활동(Activity) 과정에서 '제품이 고객에게 선적되었으나 청구되지 않고 기록되지 않을' 위험(Risk)(WCGW)이 존재하기 때문에 이 위험을 감소하기 위해 해당 통제활동(Control) '송장 미발행 선적건 검토'를 설계한 것이다.

⑩ 재무제표 계정 / ⑫ 경영자 주장

내부회계관리제도는 재무제표의 왜곡표시위험을 감소시키기 위한 회사의 통제활동이다. 따라서, 간접통제인 전사수준통제(ELC) 및 IT일반통제(ITGC)를 제외한 프로세스수준 통제활동(PLC) 대부분은 특정 계정과목의 위험을 감소시키기 위한 통제활동인 것이다.

재무제표 계정	경영진 주장
매출	완전성

이 통제는 '매출' 계정과목의 왜곡표시위험이 존재하고, 이를 감소하기 위한 통제활동인 것이다. 이 통제는 경영자 주장이 무엇일까?

일반적으로 수익항목은 비용과 달리, 자산항목과 유사하게 해당 재무제표 계정과목의 '실재성(또는 발생사실)'을 확인하는 게 일반적인 목적이다.

즉, 회사의 재무제표에 아래와 같이 매출 100이라고 인식되어 있으며, 이 매출 100원이 실제 발생했는지 여부를 검증하는 게 일반적이다[이는 재무제표에서 수익은 누락될 가능성(완전성)보다 부풀려질 가능성(실재성)이 더 크고 중요하다고 보여지기 때문이다].

재무제표

재무상태표 (BS)			
[자산]		[부채]	
매출채권	100		
		[자본]	
Total		Total	

손익계산서 (IS)			
[비용]		[수익]	
		매출	100
이익			

다만, 상기 통제의 사례는 '송장 미발행 선적건 검토' 통제이다. 즉, 선적은 이루어졌는데, 송장이 미발행되어서, 제품의 인도가 이루어졌는데, 제품 매출이 재무제표에 인식되는 게 누락된 건 아닌지를 검토하는 통제이기 때문에 검증 대상이 되는 경영자 주장은 '완전성'이 된다.

고유위험(Inherent Risk)이란 모든 관련 통제를 고려하기 전에 거래유형, 계정잔액 또는 공시에 대한 경영자 주장이 개별적으로 또는 다른 왜곡표시와 합쳐질 때 중요하게 왜곡표시될 가능성이 내재된 위험으로 정의된다. [평가보고기준 문단 2(용어의 정의). 카]

따라서, 고유위험은 해당 계정과목 자체가 얼마나 재무제표 왜곡표시위험을 발생시킬 가능성을 판단하는 것으로, 일반적으로 계정과목이 인식되는 거래 과정이 복잡하면, 그 과정 중에 하나라도 왜곡이 발생할 수 있어 고유위험이 높다고 할 수 있다.

매출이라는 계정과목은 거래과정이 복잡하다는 이유 등으로 일반적으로는 고유위험을 '높음(High)'으로 평가하는데 이 통제활동은 매출 계정과목의 고유위험이 낮다고 평가하였다.

고유위험의 높음(H), 낮음(L)은 추후 통제실패위험을 결정하고, 샘플링 결정할 때 영향을 미치게 된다.

2. 통제 설계의 효과성 테스트

통제 설계의 효과성 테스트 영역은 핵심통제로 선정된 통제활동에 대한 설계평가 내용이다.

통제 설계의 효과성 테스트	
설계 테스트의 수행	
설계 테스트의 성격 ①	■ 질문 □ 관찰 ■ 문서검사 □ 추적조사
설계 테스트 절차 ②	- 202X년 X월 송장 미발행 선적 보고서를 검사함. 보고서상 예외항목은 1건이며 그 내용은 다음과 같음 (주문번호, 고객명, 제품번호, 수량, 금액) - 회계팀장에게 선적된 제품에 대해 인보이스가 발행되지 않은 이유를 질문하였으며 해당 항목이 FOB 도착지 조건으로 선적되었다는 답변을 받음 - 해당 거래 건의 실제 선적서류를 입수하여 검사함. 선적서류상 해당 거래의 선적조건은 FOB 도착지 조건임을 확인하였고, 선적서류를 통하여 제품은 창고에서 202X년 X월 XX일에 선적되어 도착지에 202X년 (X+1)월 XX일에 도착하였음을 확인함 - 회계팀장에게 질문한 결과 해당 거래는 X월말 현재 목적지에 도착하지 않았으므로 인보이스가 발행되어서는 안 된다고 결정하였다는 답변을 받았으며 실제 인보이스가 X+1월 X일에 발행되었음을 확인함 - 회계팀장이 송장 미발행 선적 보고서에 202X년 X월 X일 서명 확인하였음을 확인함
입수한 증빙 ③	**송장 미발행 선적 보고서, 선적서류, 인보이스**
통제수행에 기업이 생성한 정보(IPE)를 사용하는가? ④	Yes
IPE 목록 ④	**송장 미발행 선적 보고서**
IPE의 정확성과 완전성을 확인하는 통제에 대하여 기술하고, 해당 통제를 어디서 테스트하였는지 테스트 결과는 무엇인지 기술 ④	C.XX.1-I10(**송장 미발행 선적보고서의 완전성과 정확성에 대한 통제는 효과적으로 설계, 운영됨**)
설계의 효과성에 대한 결론 ⑤	**효과적(effective)**
발견된 예외사항의 평가 및 결론 도출(해당 시)	

통제실패위험(Risk of faulure) ⑥					
통제실패위험 평가 절차와 고려사항					
선적되었으나 인보이스가 발행되지 않는 거래의 유형은 정형화되어 있고 제한적이어서 매월 소수의 거래가 반복적으로 발생하며 전체 매출에서 차지하는 비중이 크지 않고 적절한 회계처리를 판단하는 데 유의적인 판단이 필요하지 않음 따라서 통제와 연관된 위험이 높지 않은 것으로 판단됨					
통제실패위험 평가 결과	낮음				

① **설계 테스트의 성격**

설계 테스트 방법(성격)은 평가보고 가이드라인에 의하면 추적조사, 관찰, 문서검사, 재수행 등의 방법이 있다고 제시하고 있으며, 이 중 하나 이상을 선택하여 테스트를 수행한다.

40. (설계의 효과성 평가방법)

가. 경영진은 통제 설계의 효과성을 평가하기 위하여 추적조사, 관찰, 문서검사, 재수행과 같은 방법을 사용할 수 있으며 평가자는 한 가지 방법을 단독으로 적용하거나 여러 방법을 조합하여 적용함으로써 내부회계관리제도 설계의 효과성에 대한 합리적인 확신을 얻을 수 있다. (평가보고 가이드라인 문단 40)

② **설계 테스트 절차**

통제활동에 대한 설계 테스트는 설계가 효과적으로 되어 있는지 여부를 확인하는 것이다. 설계 여부는 크게 아래 2가지로 구분될 수 있다.

- 설계(Design)
- 이행(implementation)

즉, 설계(Design)는 통제가 당초 목적(관련 위험을 감소시킬 수 있는 통제활동)을 충족시켜 주도록 설계되어 있는지 여부를 확인하는 것이고, 이행(implementation)은 그 목적대로의 설계가 실제 존재(exist) 여부를 확인하는 것이다.

사례 통제활동인 "송장 미발행 선적 건 검토"에 대한 설계 테스트의 의미는,

1. 해당 통제가 당초 통제목적에 맞게 설계되어 있는지 여부(design)와,
2. 해당 통제활동이 말로만 되어 있는 게 아니라 실제 존재(exist)하는지 여부를 평가하는 것이다.

상기 설계(Design)와 이행(implementation) 두 가지 측면 모두 충족해야 효과적으로 설계되어 있다는 결론을 낼 수 있다.

다만, 일반적으로 설계 테스트에서는 설계(design)는 되어 있다고 간주하고, 실제 존재(exist)하는

지 여부를 확인하는 것 위주로 구성되어 있다.

사례 통제활동인 “송장 미발행 선적 건 검토”에 대한 설계 테스트에서는 해당 통제활동이 실제 존재(exist)하는지 여부를 확인하는 것이 필요하다. 즉, 해당 “송장 미발행 선적 건 검토” 통제활동이 존재한다는 체크리스트가 존재하고, 해당 체크리스트가 통제담당자인 회계팀장이 효과적으로 운영할 수 있도록 작성(준비)되어 있는지를 검토하는 것이 설계 테스트의 중심이 된다.

실제 상기 “송장 미발행 선적 건 검토”에 대한 설계 테스트에서는 운영평가와 상당히 유사하게 특정월의 검토건을 샘플링하여 실제 검토했는지(운영했는지)를 검토하는 식으로 절차를 수행하였다. (실무적으로 이렇게 많이 하고 있으며, 설계평가와 운영평가가 구분되어야 하지 않을까 제고해 볼 필요가 있어 보인다.)

③ 증빙

설계 테스트를 문서검사나 추적조사를 하는 경우 대부분 문서를 확인하게 되는데, 평가담당자는 통제담당자가 해당 통제를 효과적으로 설계했는지, 그리고 효과적으로 운영했는지를 확인할 수 있는 것이다.

상기 “송장 미발행 선적 건 검토”에 대한 증빙은 아래와 같이 구성된다.

1) 송장 미발행 선적 보고서
2) 선적서류, 인보이스

통제운영 및 설계 테스트, 운영 테스트 관련 증빙은 별도의 보관을 강제하지는 않는다. 다만, 1) 감사(위원회)가 내부회계관리제도에 대한 독립적인 평가절차를 수행할 때, 일부 통제활동에 대한 설계운영평가 증빙을 요청할 수도 있고, 2) 외부감사인이 회사의 내부회계 설계 운영평가에 대한 감사절차를 취할 경우 관련 증빙을 요청할 수가 있어, 별도로 관련 증빙을 체계적으로 정리 보관할 필요는 있어 보인다.

1) 송장 미발행 선적 보고서 예시

SAP Invoice List – Shipments Not Invoiced

Shipping Point	Sold-To Party	Sales Order	Delivery	Payer
1000	1060000	12001	80005065	1060000
1000	1062000	12002	80005068	10800000
2000	1080000	12003	80005068	1083000
2000	1000010	12004	12004000	Not invoiced
2000	1008000	12001	80005065	Not invoiced
2000	1083000	12002	80005068	Not invoiced
2000	1083000	12003	10800000	Not invoiced
2000	1083000	12004	80005068	Not invoiced

2) 선적서류, 인보이스 - 일반적으로 BL 및 Packing list의 선적서류와 인보이스를 관련 선적 건에 대한 증빙으로 취합한다.

BL(Bill of lading, 선하증권) 예시

Bill of Lading

Ship Date September 13, 2021

Bill of Lading Number: 21099992723

BOL barcode can be placed here

Ship From

Example Pick Up Company
123 Pick Up Street
Vancouver, BCV5K 0A4, Canada
Location Type: Business without Dock or Forklift
(123) 456-7890 (Example Pick Up Contact)
Pickup Hours: 9:00AM to 5:00PM
SID#: N/A
Special Handling: Protect From Freeze

Ship To

Example Delivery Company
123 Delivery Street
Toronto, ONM1B 0A1, Canada
Location Type: Business with Dock or Forklift
(123) 456-7890 (Example Consignee)
Delivery Hours: 8:00AM to 5:00PM
CID#: N/A
Special Handling: N/A

Carrier Name: EXAMPLE CARRIER
Trailer Number:
Seal Number(s):

Pro Number: N/A
Quote#: N/A
Customer PO#: N/A

Freight Charges Term (prepaid unless otherwise marked)

☐ Prepaid ☐ Collect ☑ 3rd Party
☐ Master BOL with underlying BOLs

Third Party Freight Charges Bill To:

Freightera Logistics Inc.
408 - 55 Water Street, Office 8036
Vancouver, BC V6B 1A1
800-866-4870

Please note: Email carrier invoices, BOL, POD, any accessorial document to **accountspayable@freightera.com.** Additional accessorials MUST be approved by Freightera Dispatch at email dispatch@freightera.com or call (800) 886-4870 Ext. 2.

Special Instructions

- **Shipper:** Please call 15 minutes before pickup

Carrier Information

Handling Unit						LTL Only	
Qty	**Type**	**Wt**	**Hzmt**	**Non-Stackable?**	**Description**	**NMFC**	**Class**
1	Pallet	300 lb	No	No (48x40x48 in)	Example Goods		

TOTAL WEIGHT 300 Lbs

Where the rate is dependent on value, shippers are required to state specifically in writing the agreed or declared value on the property as follows:
"The agreed or declared value of property is specifically stated by shipper to be not exceeding
__________ per __________."

Received, subject to individually determined rates or contracts that have been agreed upon in writing between carrier and shipper, if applicable, otherwise to the rates, classification and rules that have been established by the carrier and are available to the shipper, on request, and to all applicable state and federal regulations.

Note: Liability Limitation for loss or damage in this shipment may be applicable. See 49 U.S.C. -14706(c)(1)(A) and (B).

This is to certify the above named materials are properly classified, packaged, marked, and labeled, and are in proper condition for transportation according to the applicable regulations of the DOT.

Shipper Signature Date

Freight Loaded
☐ By Shipper
☐ By Driver

Freight Counted
☐ By Shipper
☐ By Driver/pallets said to contain
☐ By Driver Pieces

Carrier acknowledges receipt of packages and required placards. Carrier certifies emergency response information was made available and/or carrier has DOT emergency response guidebook or equivalent documentation in the vehicle. Property described above is in good order, except as noted.

Carrier Signature Pickup Date

Packing list 예시

PACKING SLIP

[Company Name]

[Company Slogan]
[web address]

[Stress Address]
[City, ST ZIP]
Phone: [000-000-0000]
Fax: [000-000-0000]

DATE	1/26/2010
CUSTOMER ID	[12345]

BILL TO:	SHIP TO:
[Name]	[Name]
[Company Name]	[Company Name]
[Stress Address]	[Stress Address]
[City, ST ZIP]	[City, ST ZIP]
[Phone]	[Phone]

ORDER DATE	ORDER #	PURCHASE ORDER #	CUSTOMER CONTACT
1/26/2010	[123456]	[123456]	Purchasing Dept.

ITEM #	DESCRIPTION	ORDER QTY	SHIP QTY
[23423423]	Product XYZ	15	13
[45645645]	Product ABC	1	1
	TOTAL:	16	14

Comments:

Backordered items will ship as they become available

If you have any questions or concerns, please contact
[Name, Phone #, E-mail]

Templates by Vertex42.com

Thank You For Your Business!

(c) 2010 Vertex42 LLC

Commercial Invoice 예시

Stark Industries **SAMPLE** **Commercial Invoice**

Invoice Number	AA888	**Country of Origin**	United Kingdom
Invoice Date	01/01/2023	**Country of Final Destination**	United States
Invoice Due Date	01/02/2023	**Shipping Date**	09/01/2023
Bill of Landing	BL123456	**Voyage Number**	CV123

FROM
Stark Industries Ltd.
1147 Rohan Drive Suite 819 - Burlington,
VT / 82021
Phone: 904-966-2836

TO
MetalTech
5678 Industrial Way,. Metropolis,
NY 10001
Phone: 985-282-2836

Invoice Details

Item	Qty	HS Code	Description	Total
Mahogany Table	10 pcs	MG6392	Dark wood mahogany	$5,000
Total Account Charges				$5000

Payment Terms
Payment Transferrable to:
Stark Industries
Account Number: 49124104981
Bank Name: ABC Bank
SWIFT Code: SWIFT000

Subtotal	$5000
Tax (8%)	$400
Amount Due (USD)	**$5400**

Terms and Conditions
- Please pay the balance by 01/02/2023.
- Please send your payment to Stark industries via Bank Transfer.
- This deposit is non-refundable as per our deposit agreement attached.

④ IPE 목록

통제수행에 기업이 생성한 정보(IPE)를 사용하는가?

기업이 생성한 정보(IPE : Information Produced by the Entity)는 기업이 생성한 보고서, 리스

트, 문서, 데이터 파일 등으로, 재무보고 목적 또는 통제수행 목적에 활용되는 정보를 의미한다.

통제 설계(또는 운영)평가에서 IPE를 다루는 이유는 통제담당자가 통제활동을 수행하는 과정에서 IPE에 의존해서 통제활동을 수행하는 경우, 의존한 IPE 정보가 틀린 정보이면 통제활동도 효과적이지 않을 수 있기 때문이다.

따라서 통제활동이 IPE에 의존하는 경우, 해당 IPE가 온전한 정보인지를 검증하는 절차가 필요하다.

이를 IPE의 C&A Test라고 한다. [IPE에 대한 완전성(accuracy)과 정확성(completeness)에 대한 검증]

상기 사례 통제인 "송장 미발행 선적 건 검토" 통제활동은 선적은 되었으나, 송장이 미발행되어서 매출인식이 누락되는 위험을 감소하는 통제활동으로, 매월 시스템(SAP)에서 '송장 미발행 선적 보고서'를 생성하면 그 시스템에서 생성한 '송장 미발행 선적 보고서'상의 선적되었으나, 송장이 미발행된 건들의 사유 등을 검토해서 재무제표 왜곡이 없는지를 검토하는 통제활동이다.

이러한 통제활동 과정에 통제담당자인 회계팀장이 의존하는 시스템(SAP)에서 생성된 '송장 미발행 선적 보고서'가 틀린 정보라면 통제활동도 효과적으로 운영될 수 없게 된다.

그래서 우선적으로 해당 IPE인 '송장 미발행 선적 보고서' 정보가 완전하고(complete), 정확한지(accurate)를 검증해야 한다.

SAP Invoice List – Shipments Not Invoiced

Shipping Point	Sold-To Party	Sales Order	Delivery	Payer
1000	1060000	12001	80005065	1060000
1000	1062000	12002	80005068	10800000
2000	1080000	12003	80005068	1083000
2000	1000010	12004	12004000	Not invoiced
2000	1008000	12001	80005065	Not invoiced
2000	1083000	12002	80005068	Not invoiced
2000	1083000	12003	10800000	Not invoiced
2000	1083000	12004	80005068	Not invoiced

예를 들어, 상기 시스템(SAP)에서 생성된 '송장 미발행 선적 보고서'에서는 Sales Order(12004)번이 인도(Deliver)되었다고 표시되어 있는데(12004000), 송장 미발행(Not Invoiced)로 보고서가 생성되었다.

그런데 실제 확인해보니, 해당 Sales Order(12004)는 인도(Deliver)되었고, 송장도 발행되었다고 하면, 해당 '송장 미발행 선적 보고서'는 정확하지 않기 때문에 통제담당자인 회계팀장이 해당 통제활동을 효과적으로 운영할 수 없게 되는 문제점이 발생한다.

IPE Test에 대해서는 "Chapter 3. ELC 전사수준 통제 〉 3-1. ELC 전사수준통제 설계/운영"의 ELC_20. IPE의 식별 및 평가에서 설명하고 있다.

⑤ 설계의 효과성에 대한 결론

각 통제활동별로 설계평가를 하게 되면, 설계 효과성에 대한 결론을 도출해야 한다.

상기 사례 통제인 "송장 미발행 선적 건 검토" 통제활동은 설계 테스트 결과 효과적으로 설계되어 있다고 결론을 내렸다.

이 경우, 해당 통제는 최종적으로 '효과적이다'라고 결론짓지 않고, 추가로 운영평가를 통해 운영평가도 효과적이라고 결론이 나면 최종적으로 이 통제는 효과적(effective)으로 결론짓게 된다.

반면, 설계평가 결과 해당 통제의 설계상 문제점(미비점)이 발견되면 해당 통제는 효과적이라고 결론 내릴 수 없다. 기중에 해당 통제를 개선하거나, 해당 통제는 미비점이 있다[즉, 비효과적(ineffective)]라고 결론을 내리게 된다.

3. 통제운영의 효과성 테스트

통제 설계평가 결과, 설계가 효과적이라고 결론이 나면, 추가적으로 운영평가를 수행한다. 운영평가 결과까지 효과적이라고 결론이 난 경우만 해당 통제는 최종적으로 효과적(effective)이라고 결론을 낼 수 있는 것이다.

통제 운영의 효과성 테스트			
운영 테스트의 성격, 시기, 범위 결정			
테스트 대상 기간 ①	202X년 1월 1일~9월 30일		
테스트 시기 ①	202X년 10월 X일	기중 테스트 방법 ②	기중일자 결론
통제테스트의 성격 ③	■ 질문 □ 관찰 ■ 문서검사 □ 재수행		
통제테스트 절차 ④	2건의 송장 미발행 선적 보고서를 샘플링하여 다음 절차를 수행함 〈질문〉 - 회계팀장에게 선적된 제품에 대해 인보이스가 발행되지 않은 이유를 질문하였으며 해당 항목이 도착지인도조건(DAP : Delivered at Place)으로 선적되었다는 답변을 받음 〈문서검사〉 - 송장 미발행 선적 보고서상 예외 해당 거래건의 실제 선적서류를 입수하여 검사함. 실제 선적 조건에 따라 해당 거래가 처리되었는지 확인함 - 실제 인보이스 발행 시점과 수익 인식 시점이 실제 선적 조건에 부합하는지 확인함 - 송장 미발행 선적 보고서에 202X년 X월 X일 서명 여부를 확인함		
모집단 정의 ⑤	1월~9월까지의 송장 미발행 선적 보고서		

<table>
<tr><td>모집단의 완전성을 확인하기 위해 수행한 절차 ⑤</td><td colspan="5">1월~9월까지 모든 월의 송장 미발행 선적 보고서를 확인함</td></tr>
<tr><td>통제 주기 또는 빈도 수 ⑥</td><td>monthly</td><td colspan="2">표본의 규모 ⑥</td><td>2</td><td></td></tr>
<tr><td colspan="6">통제수행자의 권한과 적격성 ⑦</td></tr>
<tr><td>통제수행자</td><td>홍길동 팀장</td><td colspan="3">통제를 수행하는 사람이 통제를 효과적으로 수행하는 데 필요한 권한과 적격성을 갖추었는지?</td><td>Yes</td></tr>
<tr><td>통제수행자의 권한과 적격성에 대한 추가 설명(필요시)</td><td colspan="5">회계팀장은 해당 직위에서 5년은 근무하였으며, 회사의 선적 조건과 매출 프로세스를 충분히 이해하고 있으며 선적되었으나 인보이스가 미발행되는 건이 무엇인지 명확히 파악하고 있음

회계팀장은 팀원들에게 지시하여 미발행 이유를 조사하게 할 수 있으며 필요한 경우 송장을 발행하거나 취소하도록 유관부서에 요청할 수 있는 권한을 보유하였음</td></tr>
<tr><td colspan="6">테스트 결과 ⑧</td></tr>
<tr><td colspan="6">통제테스트 결과를 아래에 문서화하거나 해당 조서를 참조합니다.</td></tr>
</table>

<table>
<tr><th>순번</th><th>표본 추출 일자</th><th>Reference</th><th>내용</th><th>결과</th><th>비고</th></tr>
<tr><td>1</td><td>202X년 3월</td><td>C.XX.1 –10</td><td>송장 미발행 선적 보고서 포함된 항목 : 1건
주문번호 : , 고객명 : , 제품번호 : , 수량 : , 금액 :

– 회계팀장에게 선적된 제품에 대해 인보이스가 발행되지 않은 이유를 질문하였으며 해당 항목이 도착지인도조건(DAP : Delivered at Place)으로 선적되었다는 답변을 받음
– 해당 거래 건의 실제 선적서류를 입수하여 검사함. 선적서류상 해당 거래의 선적조건은 도착지인도조건(DAP : Delivered at Place)임을 확인하였고, 선적서류를 통하여 제품은 창고에서 202X년 X월 XX일에 선적되어 도착지에 202X년 (X+1)월 XX일에 도착하였음을 확인함
– 회계팀장에게 질문한 결과 해당 거래는 X월말 현재 목적지에 도착하지 않았으므로 인보이스가 발행되어서는 안 된다고 결정하였다는 답변을 받았으며 실제 인보이스가 X+1월 X일에 발행되었음을 확인함
– 회계팀장이 송장 미발행 선적 보고서에 202X년 X월 X일 서명 확인하였음을 확인함</td><td>예외 사항 없음</td><td></td></tr>
<tr><td>2</td><td>202X년 8월</td><td>C.XX.1 –20</td><td>송장 미발행 선적 보고서 포함된 항목 : 1건
주문번호 : , 고객명 : , 제품번호 : , 수량 : , 금액 :

– 회계팀장에게 선적된 제품에 대해 인보이스가 발행되지 않은 이유를 질문하였으며 해당 항목이 FOB 도착지 조건으로 선적되었다는 답변을 받음
– 해당 거래 건의 실제 선적서류를 입수하여 검사함. 선적서류상 해당 거래의 선적조건은 도착지인도조건(DAP :</td><td>예외 사항 없음</td><td></td></tr>
</table>

순번	표본 추출 일자	Reference	내용	결과	비고
			Delivered at Place)임을 확인하였고, 선적서류를 통하여 제품은 창고에서 202X년 X월 XX일에 선적되어 도착지에 202X년 (X+1)월 XX일에 도착하였음을 확인함 – 회계팀장에게 질문한 결과 해당 거래는 X월말 현재 목적지에 도착하지 않았으므로 인보이스가 발행되어서는 안 된다고 결정하였다는 답변을 받았으며 실제 인보이스가 X+1월 X일에 발행되었음을 확인함 – 회계팀장이 송장 미발행 선적 보고서에 202X년 X월 X일 서명 확인하였음을 확인함		

발견된 예외사항의 식별과 평가 ⑨		
상기 절차의 수행 및 입수한 증거에 따라 예외사항이 발견되었는가?	No	
발견된 예외사항이 모집단을 대표하지 않는 것으로 판단되는가?		
발견된 예외사항이 모집단을 대표하지 않는 것으로 판단한 근거 및 이를 뒷받침하는 증거		
발견된 예외사항이 모집단을 대표하지 않는다고 판단한 경우, 표본을 확대하여 테스트를 수행하였는가?		
어떻게 표본을 확대하였는지, 확대 테스트의 결과는 어떠한지 문서화		
발견된 예외사항이 모집단을 대표하여 미비점에 해당하는지에 대한 최종 결론 및 근거		
운영의 효과성에 대한 결론 ⑩	효과적(effective)	

상기 사례의 통제 운영평가의 각 항목을 설명하면 다음과 같다.

테스트 대상 기간 ①	202X년 1월 1일~9월 30일		
테스트 시기 ①	202X년 10월 X일	기중 테스트 방법 ②	기중일자 결론

① 테스트 대상 기간 & 테스트 시기

통제 운영평가는 크게 중간평가와 기말평가로 구분된다.

상기 사례 통제활동은 1월~9월 기간을 중간평가 기간으로 선정하고, 10월 중에 실제 운영평가를 수행한 것이다.

② 기중 테스트 방법

기중 테스트 방법은 2가지 방법 중 하나를 선택해야 한다.

기중 테스트방법	내용	예시
1. 기중일자 결론	중간기간에 운영테스트를 수행할 때 운영효과성에 대한 결론을 내릴 수 있는 수준으로 테스트를 수행(conclude at interim)하고 잔여기간 테스트(roll-forward) 절차 수행	운영효과성 테스트 결론을 내릴 수 있는 표본 수가 25개라면, 중간기간에 25개 테스트, 중간기간~기말 잔여기간 테스트
2. 연중 고르게	운영효과성에 대한 결론을 내릴 수 있는 수준의 표본 수를 중간기간과 이후 기간에 배분하되 테스트 결론은 중간기간에 내리지 않고 평가기준일 테스트가 완료된 후 내리는 방법	운영효과성 테스트 결론을 내릴 수 있는 표본 수가 25개라면, 중간기간에 20개 테스트, 중간기간~평가기준일 5개 테스트

상기 사례 통제활동은 중간평가방법을 **'1. 기중일자 결론'**을 선택한 것이다. 즉, 전체 모집단(10개)에서 추출해야 하는 샘플 수 2개를 중간평가 때 모두 선택하고, 기말에는 잔여기간(10월~12월)에 대해서는 잔여기간 테스트를 별도로 수행하고 있다.

통제테스트의 성격 ③	■ 질문 □ 관찰 ■ 문서검사 □ 재수행
통제테스트 절차 ④	2건의 송장 미발행 선적 보고서를 샘플링하여 다음 절차를 수행함 〈질문〉 – 회계팀장에게 선적된 제품에 대해 인보이스가 발행되지 않은 이유를 질문하였으며 해당 항목이 도착지인도조건(DAP : Delivered at Place)으로 선적되었다는 답변을 받음 〈문서검사〉 – 송장 미발행 선적 보고서상 예외 해당 거래 건의 실제 선적서류를 입수하여 검사함. 실제 선적 조건에 따라 해당 거래가 처리되었는지 확인함 – 실제 인보이스 발행 시점과 수익 인식 시점이 실제 선적 조건에 부합하는지 확인함 – 송장 미발행 선적 보고서에 202X년 X월 X일 서명 여부를 확인함

③ 통제테스트의 성격

운영테스트 방법(성격)은 평가보고 가이드라인에 의하면 질문, 관찰, 문서검사, 재수행 등의 방법이 있다고 제시하고 있으며, 이 중 하나 이상을 선택하여 테스트를 수행한다.

44. (운영의 효과성 평가 방법)

가. 내부회계관리제도 운영의 효과성을 평가하기 위하여 질문, 관찰, 문서검사, 재수행 등 4가지 방법을 사용할 수 있다. (평가보고 가이드라인 문단 44)

일반적으로 운영테스트 방법은 다음과 같이 구분될 수 있다.

운영 테스트 방법	내용	비고(예시)
질문 (Inquiry)	'질문'은 그 자체로는 통제 운영의 효과성에 대한 충분한 증거를 제공하지 않음	운영평가를 질문 절차로만 수행할 수 없음
관찰 (Observation)	'관찰'은 통제가 수행되는 절차를 관찰하여 관련된 위험이 감소하는지 여부를 확인하는 절차	관찰은 통제담당자가 통제활동을 수행할 때만 가능하다는 단점이 있어, 대부분 통제활동을 수행한 이후 관련 문서검사가 일반적임
문서검사 Inspection (or Examination)	'문서검사'는 통제의 결과가 문서화되는 경우 해당 문서 검토를 수행하는 절차	• 설계평가 및 운영평가 모두에서 문서검사가 가장 일반적인 평가방법임 • 다만, 문서가 존재하지 않는 통제활동(자동통제 등)은 문서검사가 불가능할 수 있음 • 대손충당금 검토통제(MRC)를 통제평가자가 대손충당금 계산내역(대손충당금 엑셀파일)을 검토하는 것은 문서검사에 해당함
재수행 (Reperformance)	'재수행'이란 통제 평가자가 통제를 동일한 상황을 가정하고 다시 반복하여 수행해 봄으로써 통제가 효과적으로 수행되었는지를 평가	• 통제담당자가 수행한 내역을 통제평가자가 직접 수행해 보는 것임 • 패스워드 입력통제의 경우, 통제평가자가 설계된 통제(패스워드 자릿수 등)대로 또는 설계된 통제와 반대되는 시도(try)를 하는 경우 • 시스템을 통해 이루어지는 자동통제의 일반적인 평가방법임 • 대손충당금 검토통제(MRC)를 통제평가자가 직접 재계산(Recalculation)하는 것은 재수행절차임

상기 사례 통제활동은 질문, 관찰, 문서검사, 재수행 중에 질문과 문서검사 2가지를 선택하여 절차를 취하기로 했다.

④ 통제테스트 절차

통제테스트 절차 ④	2건의 송장 미발행 선적 보고서를 샘플링하여 다음 절차를 수행함 〈질문〉 – 회계팀장에게 선적된 제품에 대해 인보이스가 발행되지 않은 이유를 질문하였으며 해당 항목이 도착지인도조건(DAP : Delivered at Place)으로 선적되었다는 답변을 받음 〈문서검사〉 – 송장 미발행 선적 보고서상 예외 해당 거래건의 실제 선적서류를 입수하여 검사함. 실제 선적 조건에 따라 해당 거래가 처리되었는지 확인함 – 실제 인보이스 발행 시점과 수익 인식 시점이 실제 선적 조건에 부합하는지 확인함 – 송장 미발행 선적 보고서에 202X년 X월 X일 서명 여부를 확인함

여기서는 일단 '④통제테스트 절차'와 '⑧테스트 결과'를 구분할 필요가 있다.

'통제테스트 절차'는 운영평가를 위한 질문, 관찰, 문서검사, 재수행 중에 하나 이상의 절차를 수행하는 테스트 절차를 설계하는 것이고, 이러한 설계하에 수행된 실제 테스트 결과를 '테스트 결과'에 기재한다.

상기 사례 통제활동에 대한 통제테스트 절차는 질문 절차와 문서검사 절차를 설계하였다. 상기 사례에서는 통제활동에 대한 테스트 절차를 수행한 내용을 기술하긴 하였다. 다만, 이는 '테스트 결과'를 구분하기 위해서 샘플링한 2개의 테스트 결과는 여기에 기재하지 않고, 아래 '⑧테스트 결과'에 기술하였다.

⑤ 모집단

모집단 정의 ⑤	1월~9월까지의 송장 미발행 선적 보고서			
모집단의 완전성을 확인하기 위해 수행한 절차 ⑤	1월~9월까지 모든 월의 송장 미발행 선적 보고서를 확인함			
통제 주기 또는 빈도 수 ⑥	monthly	표본의 규모 ⑥	2	

모집단(population)의 테스트 대상이 되는 전체를 의미한다.

상기 사례에서는 테스트 대상기간이 1월~9월이고, 매월 1회 수행하는 월(monthly)통제이기 때문에 전체 모집단은 9개이다. (물론 1월~12월 전체 모집단 기간은 12개이긴 하나, 중간평가 때의 모집단은 9개로 정의한다.) 이러한 월(monthly)통제 등 주기통제는 모집단을 정의하기가 어렵지 않다.

반면에, 수시통제(Recurring)는 모집단을 정의하기 어려운 경우가 있다. 따라서 이러한 수시통제는 모집단 완전성의 확인을 우선하는 것이 중요하다.

예를 들어, 특정 수시통제의 모집단이 실제는 100개인데 10개라고 잘못 정의되면, 모집단에서 누락된 90개에 대해서는 테스트 자체를 수행할 수 없게 되며, 100개일 때의 샘플사이즈(15개~40개), 10개일 때의 샘플사이즈(2개~4개)가 달라지기 때문에 샘플테스트에서도 완전한 테스트를 수행할 수 없게 된다.

상기 사례에서는 모집단의 완전성을 확인하기 위해서 '1월~9월까지 모든 월의 송장 미발행 선적 보고서를 확인'하였다.

이는 통제담당자인 회계팀장이 1월~9월의 모든 '송장미발행 선적보고서'를 통제평가자에게 제공해야 가능한 것이다.

(실무적으로는 통제평가자가 모집단의 완전성 확인을 위해 모집단 정보를 통제담당자로부터 제공받는 일이 원활하게 진행되지는 않고 있으며, 이는 외부감사인의 내부회계관리제도 감사를 위한 모집단 완전성 확인에서도 그대로 문제가 되고 있다.)

⑥ 표본의 규모

평가보고 가이드라인에서는 모집단 규모별로 표본 수(샘플사이즈)를 제시하고 있다. 이는 기본적으로 모집단의 규모가 클수록 샘플사이즈도 증가되어야 함을 의미한다.

45. (테스트 범위)

일반적으로 테스트의 범위는 표본조사 방법에 기반한 방식을 적용한다.

나. 통제빈도와 통제수행 모집단 개수별 표본 수를 결정할 때에는 다음의 예시를 참고할 수 있다. (평가보고 가이드라인 문단 45)

허용가능오류를 0개로 기대하는 경우의 모집단별 테스트 표본의 개수(예시)

통제활동의 빈도	통제수행 모집단 개수	위험별 테스트 대상 표본 수 (위험수준을 고려하여 판단)
연간	1	1
분기	4 이하	2
월간	12 이하	2~4
주간	52 이하	5~10
일간	250 이하	15~40
하루에 한 번 이상	250 초과	25~60

상기 사례에서는 통제주기(통제빈도)가 월별(monthly)이고, (연간)모집단이 12개이기 때문에 월간 통제빈도에 대한 표본 수(샘플사이즈)를 선택한다.

그런데, (연간) 12개(중간평가기간인 1~9월 9개) 모집단에서 2개를 선택해야 할지 4개를 선택해야 할지를 결정해야 한다. 이는 통제실패위험(risk of failure)에 따라 달라진다.

즉, 동일한 모집단에 대해서 동일한 수준의 확신을 가지기 위해서는 해당 통제활동의 위험이 높으면 많이 검증해야 하고, 해당 통제활동의 위험이 낮으면 적게만 검증해도 되는 것이다.

상기 사례에서는 샘플사이즈를 2개로 선정하였다. 이는 통제실패위험(risk of failure)을 낮게 평가했기 때문에 샘플사이즈를 2개로 선정한 것이다. 즉, 통제평가자는 해당 통제활동이 실패할 가능성이 낮다고 판단했다는 의미이다.

일반적으로 자동통제는 통제실패위험이 낮고, 수동통제는 상대적으로 통제실패위험이 높다. 이는 기본적으로 인간의 인적에러(human error) 가능성이 높기 때문인 것이다. 수동통제 중에서도 단순한 승인통제보다는 판단과 때로는 전문적인 지식이 필요한 검토통제가 통제실패위험이 높다.

이 통제실패위험은 운영평가시 샘플사이즈를 결정하는 중요한 요소이기 때문에 신중하게 정할 필요가 있다.

다만, 연간통제와 분기통제는 통제실패위험의 수준과 상관없이 샘플 수가 같기 때문에, 전략적으로 연간통제와 분기통제는 통제실패위험을 높게 선정하는 것이 외부감사인의 내부회계관리제도 감사에 무리 없이 대응할 수 있다.

＊ 샘플링(Sampling, 표본추출)

샘플링 모집단 9개 중에 2개를 샘플링해야 한다. 샘플링 방법은 어떻게 해야 할까?

표본추출 방법은 이론적으로 다양하나, 실무적으로 내부회계관리제도 운영평가에서 주로 사용하는 표본추출 방법을 정리하면 다음과 같다.

표본추출(샘플링)은 모집단에서 특정 모집단 구성단위의 일부를 선정하여 테스트하는 것으로서, 모집단에 대한 확신을 가지는 것으로 목적으로 한다.

예를 들어, 1,000개의 모집단에 대해 확신을 가지지 위해 효율적인 방법으로 샘플을 100개 선정해서 테스트하는 경우, 샘플링된(sampled) 항목의 테스트 결과가 문제가 없으면 1,000개의 모집단에 문제가 없다는 확신을 가질 수 있다는 의미이다.

표본추출에는 '금액을 구성하는 재무제표 항목과 같은 모집단'에 대해 금액단위표본추출(PPS)방법이 있는 반면, '내부회계관리제도의 통제활동 100건'에 대해 속성표본추출방법이 이론적으로는 가장 적합하다.

외부감사인이 내부회계관리제도 운영평가 시 회사의 표본추출방법에 대해서는 '임의추출'은 평가자의 편의가 개입될 수 있는 여지가 있어 허용하지 않는다.

표본추출방법은 아래와 같이 크게 구분된다.

표본추출 방법	정의/절차	실무적 특징 및 유의사항	비고
단순무작위추출 (Simple Random Sampling)	모집단 내 모든 항목이 동일한 확률로 선택되도록 난수(Random Number) 등을 이용해 추출	• 가장 기본적이며 객관적인 방법 • 모집단 크기가 작거나 데이터 정렬이 무의미할 때 적합 • Excel RAND 함수로 구현 용이	일반적인 방법
계통추출 (Systematic Sampling)	모집단을 일정 간격(k)으로 나눈 후, 임의의 시작점에서 일정 간격으로 표본을 추출	• 시간순 · 일련번호순 등 정렬된 모집단에 유용 • 간격(k)=모집단 수/표본 수 • 주기적 패턴이 있는 모집단에는 부적합	
층화추출 (Stratified Sampling)	모집단을 특정 기준(예 : 월별, 부서별, 금액대별 등)으로 층(Strata)으로 구분하고 각 층별로 무작위추출	• 층별 특성 반영, 대표성 제고 • 층 간 편차가 클 때 효과적 • 각 층 내 무작위추출을 원칙으로 함	
판단추출 (Judgment Sampling)	감사인 또는 평가자가 **전문적 판단에 의해** 위험이 높거나 대표성 있는 항목을 직접 선정	• 무작위 표본이 아님 • 위험중심 접근(RBA) 시 보완적 활용 • 선정 근거를 반드시 문서화해야 함	

표본추출 방법	정의/절차	실무적 특징 및 유의사항	비고
확률비례추출 (PPS : Probability Proportional to Size)	금액 등 특정 속성의 크기에 비례하여 추출확률을 부여하는 방법	• 주로 거래테스트(금액 중심)에 활용 • 금액이 큰 항목일수록 선택 확률 높음 • 속성테스트(운영평가)에는 제한적	기말재무제표 감사에서 감사인이 활용(예 : 채권채무 조회서 샘플링)
편의추출 (Convenience Sampling)	시간 · 비용 · 자료 접근성 등 현실적 제약으로 임의 선정	• 통계적 신뢰성 부족, 일반적으로 비권장 • 내부회계 운영평가에서는 사용하지 않음	외부감사인이 인정하지 않음

내부회계관리제도 운영을 위해 IT시스템을 구축한 회사는 통계적 표본추출이나 무작위추출을 수행할 수 있다.

다만, 임의추출은 통제평가자의 편의(bias)가 개입될 수 있으므로 외부감사인의 내부회계관리제도 감사에서 인정하지 않고 있다.

상기 사례에서는 모집단 9개 중에 3월과 8월 2개를 샘플링하였다.

⑦ 통제수행자의 권한과 적격성

<table>
<tr><th colspan="4">통제수행자의 권한과 적격성 ⑦</th></tr>
<tr><td>통제수행자</td><td>홍길동 팀장</td><td>통제를 수행하는 사람이 통제를 효과적으로 수행하는 데 필요한 권한과 적격성을 갖추었는지?</td><td>Yes</td></tr>
<tr><td rowspan="2">통제수행자의 권한과 적격성에 대한 추가 설명 (필요시)</td><td colspan="3">회계팀장은 해당 직위에서 5년은 근무하였으며, 회사의 선적 조건과 매출 프로세스를 충분히 이해하고 있으며 선적되었으나 인보이스가 미발행되는 건이 무엇인지 명확히 파악하고 있음</td></tr>
<tr><td colspan="3">회계팀장은 팀원들에게 지시하여 미발행 이유를 조사하게 할 수 있으며 필요한 경우 송장을 발행하거나 취소하도록 유관부서에 요청할 수 있는 권한을 보유하였음</td></tr>
</table>

통제활동이 자동통제인 경우 통제를 운영하는 관련 시스템의 적격성을 검증해야 하고(ITGC), 수동통제인 경우 통제를 운영하는 '사람'의 적격성을 검증해야 한다.

사례 통제는 IT의존 수동통제로서 통제운영자인 '회계팀장'이 이 통제를 운영할 적격성(능력)과 권한이 있는지를 평가해야 한다. 즉, 통제평가자는 통제담당자인 회계팀장이 해당 통제인 '송장 미발행 선적건의 검토' 통제를 수행할 수 있는 적격성(능력)과 권한이 있는지를 평가해야 한다.

사례에서 통제담당자인 회계팀장은 해당 직위에서 5년간 근무하였으며, 선적과 매출 프로세스 등을 이해하고 있고, 선적했는데 송장이 미발행되는 경우에 대한 전문지식이 있다고 판단하였으며, 또한 해당 통제활동 운영과정에서 문제가 발생할 경우 이를 조사하고 시정하도록 조직 내에서 요청할 수 있는 권한을 보유하고 있음을 확인하였다.

만약 통제담당자가 관련 지식이 없는 인사팀 사원이라고 하면, 적격성이 있다고 보기도 어렵고, 권한이 있다고 보기도 어려운 것이다.

이 경우 사례 통제는 통제담당자의 적격성과 권한의 미비로 인해 통제가 효과적으로 운영되지 않을 가능성이 높아 통제 미비점으로 결론 내야 한다.

⑧ 테스트 결과

테스트 결과 ⑧					
통제테스트 결과를 아래에 문서화하거나 해당 조서를 참조합니다.					
순번	표본 추출 일자	Reference	내용	결과	비고
1	202X년 3월	C.XX.1-10	송장 미발행 선적 보고서 포함된 항목 : 1건 주문번호 : , 고객명 : , 제품번호 : , 수량 : , 금액 : - 회계팀장에게 선적된 제품에 대해 인보이스가 발행되지 않은 이유를 질문하였으며 해당 항목이 도착지인도조건(DAP : Delivered at Place)으로 선적되었다는 답변을 받음 - 해당 거래 건의 실제 선적서류를 입수하여 검사함. 선적서류상 해당 거래의 선적조건은 도착지인도조건(DAP : Delivered at Place)임을 확인하였고, 선적서류를 통하여 제품은 창고에서 202X년 X월 XX일에 선적되어 도착지에 202X년 (X+1)월 XX일에 도착하였음을 확인함 - 회계팀장에게 질문한 결과 해당 거래는 X월말 현재 목적지에 도착하지 않았으므로 인보이스가 발행되어서는 안 된다고 결정하였다는 답변을 받았으며 실제 인보이스가 X+1월 X일에 발행되었음을 확인함 - 회계팀장이 송장 미발행 선적 보고서에 202X년 X월 X일 서명 확인하였음을 확인함	예외 사항 없음	
2	202X년 8월	C.XX.1-20	송장 미발행 선적 보고서 포함된 항목 : 1건 주문번호 : , 고객명 : , 제품번호 : , 수량 : , 금액 : - 회계팀장에게 선적된 제품에 대해 인보이스가 발행되지 않은 이유를 질문하였으며 해당 항목이 FOB 도착지 조건으로 선적되었다는 답변을 받음 - 해당 거래 건의 실제 선적서류를 입수하여 검사함. 선적서류상 해당 거래의 선적조건은 도착지인도조건(DAP : Delivered at Place)임을 확인하였고, 선적서류를 통하여 제품은 창고에서 202X년 X월 XX일에 선적되어 도착지에 202X년 (X+1)월 XX일에 도착하였음을 확인함 - 회계팀장에게 질문한 결과 해당 거래는 X월말 현재 목적지에 도착하지 않았으므로 인보이스가 발행되어서는 안 된다고 결정하였다는 답변을 받았으며 실제 인보이스가 X+1월 X일에 발행되었음을 확인함 - 회계팀장이 송장 미발행 선적 보고서에 202X년 X월 X일 서명 확인하였음을 확인함	예외 사항 없음	

통제평가자는 모집단 9개의 완전성을 확인한 이후, 2개를 표본추출방법에 의해서 3월과 8월을 샘플링하였다.

통제평가자는 통제담당자인 회계팀장에게 3월에 8월의 통제수행내역을 요청하였다.

통제평가자는 아래의 항목(증빙)들을 통제담당자인 회계팀장으로부터 입수하여, 통제활동의 운영이 설계된 대로 운영되었는지를 평가하였다.

송장 미발행 선적 보고서 예시

SAP Invoice List – Shipments Not Invoiced

Shipping Point	Sold-To Party	Sales Order	Delivery	Payer
1000	1060000	12001	80005065	1060000
1000	1062000	12002	80005068	10800000
2000	1080000	12003	80005068	1083000
2000	1000010	12004	12004000	Not invoiced
2000	1008000	12001	80005065	Not invoiced
2000	1083000	12002	80005068	Not invoiced
2000	1083000	12003	10800000	Not invoiced
2000	1083000	12004	80005068	Not invoiced

통제담당자인 회계팀장의 통제운영 내용을 검토한 결과 다음과 같다.

- 3월 : 송장 미발행 선적 보고서 포함된 항목 1건 → 도착지 인도조건으로 확인함 → 이상 없음(예외사항 없음)
- 8월 : 송장 미발행 선적 보고서 포함된 항목 1건 → 도착지 인도조건으로 확인함 → 이상 없음(예외사항 없음)

각 샘플링된(sampled) 3월과 8월 각각 통제운영이 설계된 대로 운영되었다고 판단하고, '결과'에 '예외사항 없음'으로 기재한다.

각 샘플링된(sampled) 항목들의 '결과(예외사항 없음, 있음)'는 최종적인 각 통제활동별 '결론(효과적, 비효과적)'과는 구분된다.

⑨ 발견된 예외사항의 식별과 평가

상기 사례는 9건의 모집단 중에 2개를 샘플링해서 평가한 결과, 각 샘플링된(sampled) 항목들이 예외사항이 없어서, 예외사항이 없다는 결과가 나왔다.

아래 운영평가문서에는 예외사항 없음으로 마무리된다.

발견된 예외사항의 식별과 평가 ⑨		
상기 절차의 수행 및 입수한 증거에 따라 예외사항이 발견되었는가?	No	
발견된 예외사항이 모집단을 대표하지 않는 것으로 판단되는가?		
발견된 예외사항이 모집단을 대표하지 않는 것으로 판단한 근거 및 이를 뒷받침하는 증거		
발견된 예외사항이 모집단을 대표하지 않는다고 판단한 경우, 표본을 확대하여 테스트를 수행하였는가?		
어떻게 표본을 확대하였는지, 확대 테스트의 결과는 어떠한지 문서화		
발견된 예외사항이 모집단을 대표하여 미비점에 해당하는지에 대한 최종 결론 및 근거		
운영의 효과성에 대한 결론 ⑩	효과적(effective)	

상기 사례와 달리, 9개의 모집단 중에 2개를 샘플링된(sampled) 항목들에 대한 평가 결과 그 중 1개가 예외사항 있으면 이후 절차 및 문서화는 어떻게 해야 하나?

이 경우는 1개의 예외사항이 모집단을 대표하는 경우와 모집단을 대표하지 않는 경우로 구분해서 이후 절차와 문서화가 달라진다.

(예시 1) 발견된 예외사항이 모집단을 대표하지 않는 것으로 판단한 경우

발견된 예외사항의 식별과 평가 ⑨		
상기 절차의 수행 및 입수한 증거에 따라 예외사항이 발견되었는가?	Yes	
발견된 예외사항이 모집단을 대표하지 않는 것으로 판단되는가?	Yes	
발견된 예외사항이 모집단을 대표하지 않는 것으로 판단한 근거 및 이를 뒷받침하는 증거	*(3월, 8월 중에 3월이 예외사항이라고 가정)* 샘플링된(sampled) 3월 송장 미발행 선적 보고서 검토가 통제담당자인 회계팀장의 해당월 결산업무 과다로 인해, 선적되었으나 송장 미발행된 건이 2건인데 1건으로 잘못 인지하고 나머지 1건에 대한 검토를 미수행함(단순한 실수로 판단됨)	
발견된 예외사항이 모집단을 대표하지 않는다고 판단한 경우, 표본을 확대하여 테스트를 수행하였는가?	Yes	
어떻게 표본을 확대하였는지, 확대 테스트의 결과는 어떠한지 문서화	통제담당자에게 추가로 6월의 송장 미발행 선적 보고서 검토 문서를 요청 입수하여 검토하였으며, 6월의 선적되었으나 송장 미발행된 3건에 대한 검토가 충분히 이루어진 것으로 판단됨	
발견된 예외사항이 모집단을 대표하여 미비점에 해당하는지에 대한 최종 결론 및 근거	발견된 예외사항이 모집단을 대표하지 않는 것으로 판단됨	
운영의 효과성에 대한 결론 ⑩	효과적(effective)	

(예시 2) 발견된 예외사항이 모집단을 대표한다고 판단한 경우

<table>
<tr><td colspan="3">발견된 예외사항의 식별과 평가 ⑨</td></tr>
<tr><td colspan="2">상기 절차의 수행 및 입수한 증거에 따라 예외사항이 발견되었는가?</td><td>Yes</td></tr>
<tr><td colspan="2">발견된 예외사항이 모집단을 대표하지 않는 것으로 판단되는가?</td><td>Yes</td></tr>
<tr><td>발견된 예외사항이 모집단을 대표하지 않는 것으로 판단한 근거 및 이를 뒷받침하는 증거</td><td colspan="2">N/A</td></tr>
<tr><td colspan="2">발견된 예외사항이 모집단을 대표하지 않는다고 판단한 경우, 표본을 확대하여 테스트를 수행하였는가?</td><td>N/A</td></tr>
<tr><td>어떻게 표본을 확대하였는지, 확대 테스트의 결과는 어떠한지 문서화</td><td colspan="2">N/A</td></tr>
<tr><td>발견된 예외사항이 모집단을 대표하여 미비점에 해당하는지에 대한 최종 결론 및 근거</td><td colspan="2">(3월, 8월 중에 3월이 예외사항이라고 가정)
샘플링된(sampled) 3월 송장 미발행 선적 보고서 검토가 통제담당자인 회계팀장이 송장 미발행 선적 보고서의 개념을 이해하지 못하고 해당 통제활동을 수행하지도 않은 것으로 파악됨
추가로 8월의 통제활동은 회계팀장이 아닌 회계팀 차장이 실제로 수행한 것으로 파악됨
이 통제는 통제담당자의 적격성이 미비되어 통제활동에 운영 미비점이 존재한다고 판단됨</td></tr>
<tr><td>운영의 효과성에 대한 결론 ⑩</td><td colspan="2">비효과적(ineffective)</td></tr>
</table>

⑩ 운영의 효과성에 대한 결론

운영의 효과성에 대한 '결론'(샘플테스트의 '결과'가 아님)은 아래 2가지로 구분된다.

운영평가 결론	내용
효과적 (effective)	통제활동은 효과적으로 운영되었다고 결론
비효과적 (ineffective)	• 통제활동은 비효과적으로 운영되었다고 결론 • 미비점으로 분류되며, 미비점 평가 필요함 • 미비점의 영향이 중요한 경우 중요한 취약점으로 분류될 수 있음(중요한 취약점으로 분류되면 내부회계관리제도 감사의견이 부적정임)

4. 잔여기간에 대한 테스트

중간평가 결과 통제활동의 운영이 효과적이라고 결론 내더라도, 이는 1 ~ 9월까지의 운영만 효과적인 것이지 연중 효과적이라고 확신할 수는 없는 것이다.

그래서, 기중에 중간평가를 수행하는 통제활동은 기말(예를 들어, 차년도 1월)에 나머지 기간(10 ~ 12월)에 대한 추가테스트를 수행해서 연간(1 ~ 12월) 효과적으로 운영되었는지에 대한 확인을 해야 한다.

이는 잔여기간 테스트라고 한다. (roll-forward)

잔여기간 테스트는 잔여기간(10 ~ 12월) 동안 해당 통제활동이 운영되는 관련 프로세스, 시스템, 인원(통제담당자)의 변동이 없다면, 중간평가기간(1월~9월)까지의 통제활동이 큰 변동 없이 유지되었으리라 추정할 수 있을 것이다.

따라서, 잔여기간 테스트는 통제담당자에게 잔여기간(10 ~ 12월) 동안 해당 통제활동이 운영되는 관련 프로세스, 시스템, 인원(통제담당자)의 변동이 없는지 여부를 '질문'하는 것에서 출발한다.

기본적으로 모든 잔여기간 테스트는 통제담당자에 대한 '질문'절차는 기본적으로 수행한다.

상기 사례에서는 우선 통제담당자에게 질문절차를 취하였으며, 통제담당자로부터 특별한 통제환경의 변동이 없다는 답변을 확인하였다.

다만, 잔여기간(10 ~ 12월) 동안 해당 통제활동이 운영되는 관련 프로세스, 시스템, 인원(통제담당자)의 변동이 있게 되면, 추가적인 증빙 테스트 등을 수행할 필요가 있다.

<table>
<tr><th colspan="2">잔여기간에 대한 테스트(roll-forward)</th></tr>
<tr><td colspan="2">잔여기간에 대한 추가 증거를 결정하기 위한 위험요소에 대한 고려</td></tr>
<tr><td colspan="2">9월말 기준 테스트 결과 통제는 효과적으로 운영되고 있으며 통제 운영 효과성에 대한 충분한 증거가 입수되었음. 잔여기간이 3개월로 상대적으로 길지 않고, 잔여기간 동안 회사의 매출 구조나 통제 운영에 유의적인 변동이 없음
따라서 통제가 잔여기간 동안 효과적이지 않을 위험이 높지 않음. 잔여기간에 대해 질문과 제한적인 문서 검사를 수행함</td></tr>
<tr><td colspan="2">잔여기간 테스트의 수행</td></tr>
<tr><td>잔여기간 테스트 대상 기간</td><td>202X년 10월 1일 ~ 12월 31일</td></tr>
<tr><td>잔여기간 테스트의 성격</td><td>■ 질문 □ 관찰 □ 문서검사 □ 재수행 □ 추가 표본 테스트</td></tr>
<tr><td>통제테스트 절차</td><td>회계팀장에게 202X년 12월 보고서상 인보이스 미발행 건의 이유와 처리 결과를 질문하고, 답변과 실제 인보이스 발행 시점이 일치하는지 확인함</td></tr>
<tr><td>통제테스트 결과</td><td>202X년 12월 보고서상 인보이스 미발행 건은 도착지인도조건(DAP : Delivered at Place)이라는 답변을 받았으며 SAP상에서 실제 인보이스는 1월에 발행되었음을 확인함</td></tr>
</table>

<table>
<tr><th colspan="6">잔여기간에 대해 세부 표본테스트를 수행하는 경우 테스트 절차와 결과</th></tr>
<tr><td colspan="2">모집단 정의</td><td colspan="4"></td></tr>
<tr><td colspan="2">모집단의 완전성을 확인하기 위해 수행한 절차</td><td colspan="4">해당사항 없음</td></tr>
<tr><td colspan="2">표본의 규모</td><td></td><td colspan="3"></td></tr>
<tr><th colspan="6">테스트 결과</th></tr>
<tr><td colspan="6">통제테스트 결과를 아래에 문서화하거나 해당 조서를 참조합니다.
해당사항 없음</td></tr>
<tr><td>순번</td><td>표본 추출 일자</td><td>Reference</td><td>내용</td><td>결과</td><td>비고</td></tr>
<tr><td></td><td></td><td></td><td></td><td></td><td></td></tr>
<tr><td></td><td></td><td></td><td></td><td></td><td></td></tr>
<tr><td></td><td></td><td></td><td></td><td></td><td></td></tr>
<tr><th colspan="6">발견된 예외사항의 식별과 평가</th></tr>
<tr><td colspan="4">잔여기간 테스트 수행 결과 예외사항이 발견되었는가?</td><td>No</td><td></td></tr>
<tr><td colspan="4">발견된 예외사항이 모집단을 대표하지 않는 것으로 판단되는가?</td><td></td><td></td></tr>
<tr><td colspan="2">발견된 예외사항이 모집단을 대표하지 않는 것으로 판단한 근거 및 이를 뒷받침하는 증거</td><td colspan="4"></td></tr>
<tr><td colspan="4">발견된 예외사항이 모집단을 대표하지 않는다고 판단한 경우, 표본을 확대하여 테스트를 수행하였는가?</td><td></td><td></td></tr>
<tr><td colspan="2">어떻게 표본을 확대하였는지, 확대 테스트의 결과는 어떠한지 문서화</td><td colspan="4"></td></tr>
<tr><td colspan="2">발견된 예외사항이 모집단을 대표하여 미비점에 해당하는지에 대한 최종 결론 및 근거</td><td colspan="4"></td></tr>
<tr><td colspan="3">잔여기간 테스트의 결론</td><td>효과적(effective)</td><td colspan="2"></td></tr>
</table>

CHAPTER 5-2

사례별 설계운영평가 - 매출 프로세스

01 매출 프로세스 주요 계정과목

매출 프로세스와 관련된 재무제표 계정과목은 아래 예시로 대표될 수 있다.

내부회계관리제도의 목적인 재무제표의 왜곡표시위험을 감소하기 위한 통제활동이 필요한데, 그 이전에 각 재무제표 계정과목에 어떠한 왜곡표시위험이 있는지 파악하는 것이 우선시된다.

매출 프로세스 예시 재무제표(제조업 가정)

재무상태표 (BS)			
[자산]		[부채]	
매출채권	1,100	부가세예수금	100
대손충당금	(200)		
		[자본]	
포괄손익계산서 (PL)			
[비용]		[수익]	
대손상각비	200	매출액	1,000

[매출 관련 기본 회계처리 사례]

매출 관련 기본 회계처리는 다음과 같다.

202x년 12월 31일(매출거래일)

(차변)		(대변)	
매출채권	1,100	부가세예수금	100
		매출액	1,000

202x년 12월 31일(결산조정)

(차변)		(대변)	
대손상각비	108,930	대손충당금	200

02 매출 프로세스 통제기술서(RCM) 예시

Sub-Process	Activity	Risk	Control
여신관리	여신한도를 등록한다.	고객의 출고한도가 임의로 생성/조정되어 부실채권이 발생할 위험	**여신한도초과 판매오더 제한 (or 출하 제한)**
주문관리	주문서를 등록한다.	가공의 판매오더 또는 부적절한 판매오더 접수로 인하여 매출 및 매출채권이 과대 인식될 위험	**주문서번호 자동생성**
출하관리	제품을 출고한다.	주문서상 고객사, 판매수량, spec 등이 부적절하게 출고될 위험	**제품출하 시 주문서와 대조확인**
매출인식	판매단가를 등록한다.	오류로 인해 잘못된 판매단가가 적용되어 대금청구 및 매출인식의 오류가 발생할 위험	**판매단가 입력통제활동(판매단가 적용 시, 시스템에서 제시된 단가 이외에는 선택할 수 없는 입력통제활동)**
매출인식	매출을 인식한다.	대금청구가 판매원장과 금액이 다르게 기재될 위험	**매출전표 자동생성**
수출매출인식	수출매출을 인식한다.	수익인식기준 적용이 잘못되어 매출 기간귀속 등이 왜곡될 위험	**수익인식 기준의 검토(C조건 운송비, D조건 각각)**
매출채권회수	매출채권회수전표를 작성한다.	매출채권 반제가 부정확하게 처리되어 매출채권잔액이 왜곡될 위험	**매출채권 회수전표 승인**

Sub-Process	Activity	Risk	Control
부실채권관리	미수업체를 관리한다.	부실거래처와 계속적 거래로 매출채권이 누적될 위험	**미수업체 현황의 주기적 검토**
대손 관리	매출채권 대손충당금을 인식한다.	매출채권의 회수가능성 평가가 부정확하여 대손충당금이 과소계상될 위험	**매출채권 대손충당금 검토(MRC)**

03 매출 프로세스 관련 주요 회계처리

3-1. 관련 K-IFRS 기업회계기준서

K-IFRS 기준서	주요 내용	내부회계 관련 주요 이슈
K-IFRS 1115호 (고객과의 계약에서 생기는 수익)	수익인식	• 수익인식 관련 수행의무 구분(C조건 매출 운송비 등) • 수익인식 시점의 적정성(cut off) • 매출 총액 순액 인식(본인 대리인 이슈)
K-IFRS 1109호(금융상품)	매출채권 손실충당금 (대손충당금)	매출채권 대손충당금 검토 통제(MRC)

3-2. 수익인식

수익인식은 주로 매출인식과 관련되어 있다. 내부회계관리제도에서 관리되어야 할 수익인식 이슈는 다음으로 요약될 수 있다.

K-IFRS 1115호(고객과의 계약에서 생기는 수익)에서는 수익인식의 단일모형을 아래와 같이 제시하고 있다.

과거 K-IFRS 1115호(고객과의 계약에서 생기는 수익) 이전에는 인도기준은 K-IFRS 1018호(수익), 진행기준은 K-IFRS 1011호(건설계약)에서 각각 수익인식 기준을 제시하였는데, 2018년부터 K-IFRS 1115호(고객과의 계약에서 생기는 수익)가 제정되면서 단일의 수인인식모형을 제시하였다.

회사가 고객에게 제공하는 **"수행의무"**를 식별하고, 각 수행의무별로 수익을 인식하도록 요구하고 있다.

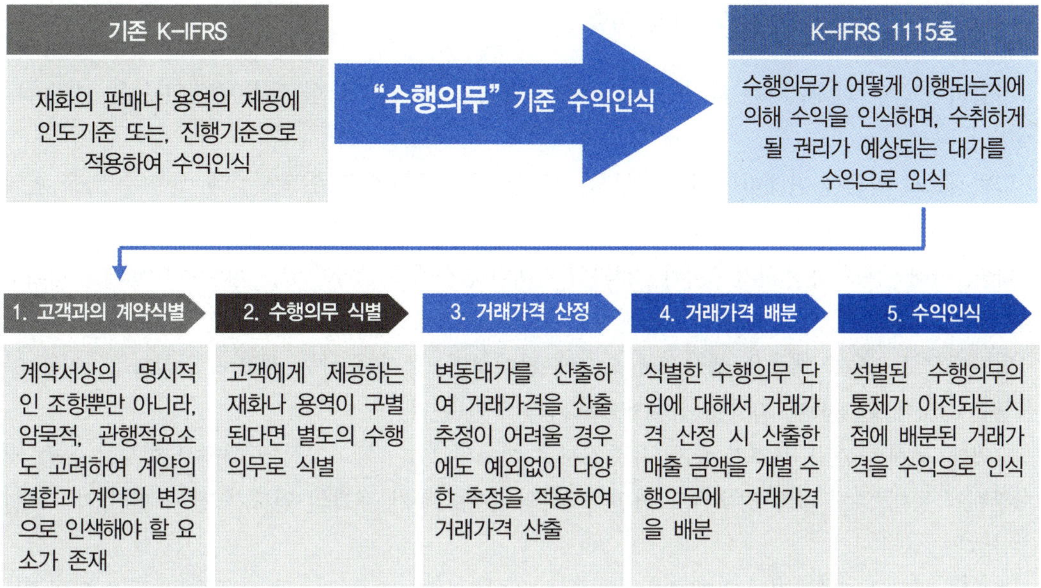

수익인식 5단계를 아래 사례를 예를 들면 다음과 같다.

단계	사례
1단계. 고객과의 계약 식별	고객인 A사와 단일의 계약을 체결하였다.
2단계. 수행의무 식별	A사와의 계약내용은 다음과 같이 구분되며, 이는 각각의 수행의무로 구분된다. • 제품 인도 : 20x1년 12월 1일 • 설치 : 20x1년 12월 1일~20x2년 2월 28일
3단계. 거래가격 산정	A사로부터 수령할 계약상 대가는 1,000원이다.
4단계. 거래가격을 계약 내 수행의무에 배분	상대적 시장가격은 다음과 같이 조사된다. • 제품 인도 : 840원(70%) • 설치용역 : 360원(30%) 거래가격(1,000원)을 수행의무별로 다음과 같이 배분한다. • 제품 인도 : 700원 • 설치용역 : 300원
5단계. 수행의무를 이행할 때 (또는 기간에 걸쳐 이행하는 대로) 수익을 인식	수익인식은 수행의무별로 다음과 같이 인식한다. • 제품 인도 : 700원 인도시점(20x1년 12월 1일)에 수익인식 • 설치용역 : 300원 진행기준에 따라 20x1년에 100원 수익인식, 20x2년에 200원 수익인식(진행률이 기간경과에 따라 일정하다고 가정)

3-3. 수익(매출)의 총액/순액 인식 이슈

기업이 상품을 판매한다는 의미는, 고객에게 재화를 공급하기로 한 약속(수행의무)을 이행하는 것이다.

일반적으로 상품을 판매하면 수행의무를 이행한 것이기 때문에, 인도시점에 매출(수익)을 인식한다.

다만, 아래 예시처럼 회사가 A사와 C사와의 거래의 중간에 포함되어 있는 상황은 어떻게 수행의무를 판단할까?

일반적으로 A사가 제품을 생산해서 회사에 판매하면, 회사는 상품 재고로 인식하고, 이후 이 상품을 C사에 판매하면 회사는 상품매출로 인식하면 된다.

그런데, A사의 제품 재고가 실제 직접 C사로 이동되고, 이 재고자산에 대해서 회사는 운송 및 보관책임 등이 일체 없는 경우라고 하면, 회사의 수행의무가 재화의 인도가 될 수 있을까? 그럴 수 없다.

회사는 제품의 판매과정에서 재고자산에 대한 책임은 없고 고객(C사)의 주문처리활동을 도와주는 역할(운송이나 결제)만 수행할 수 있다.

따라서, 이 경우 회사는 제품 전체에 대한 매출을 인식할 수 없고, 회사가 고객(C사)에 이행한 수행의무만 매출(수익)로 인식하는 것이 타당하다.

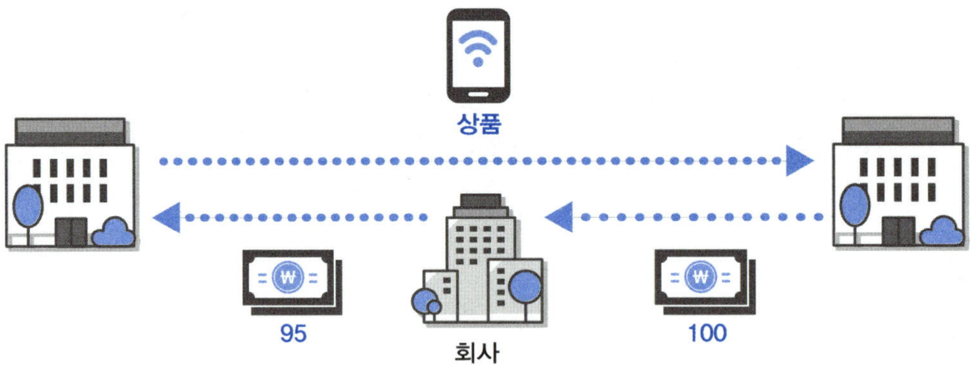

회사에 이러한 상품매출형태나 유사한 형태가 포함되어 있다면, 감사인은 재무제표 감사 시 회사에 해당 상품매출유형의 총액/순액 인식 여부의 검토를 요청할 것이다.

이는 내부회계관리제도의 매출프로세스의 매우 중요한 통제활동이 될 수 있다.

상품매출거래의 총액/순액 인식 여부 검토 통제 예시

Activity	Risk	Control	통제유형	통제주기
상품매출을 수익인식한다.	상품매출 및 매출원가를 과대계상할 위험	상품거래유형별로 상품매출의 총액/순액 여부 타당성을 검토한다.	수동통제	월별(분기별)

3-4. 진행기준 수익인식 시 진행률 추정

K-IFRS 1115호(고객과의 계약에서 생기는 수익)에서 진행기준으로 수익인식하는 것을 '기간에 걸쳐 이행하는 수행의무'로 구분하고 있다.

즉, 기업은 일정 기간에 걸쳐 이행하는 수행의무에 대해, 그 이행 정도(진행률)를 신뢰성 있게 측정할 수 있을 때, 그에 비례하여 수익을 인식해야 한다고 규정하고 있다.

진행률 추정방법

진행률 추정방법은 크게 투입법과 산출법으로 구분된다. 일반적으로 산출법은 측정가능성이 낮아 실무적으로 산출법을 가장 많이 사용하고 투입법, 즉 input의 정도는 투입법에서 '발생원가기준 투입법'을 가장 많이 적용한다.

구분	설명	주요 예시
(1) 투입법(Input method)	기업이 투입한 자원이나 노력(투입원가, 투입시간 등)을 기준으로 진행률을 측정	원가비율법(Cost-to-cost), 인력시간법, 사용기계시간법 등
(2) 산출법(Output method)	고객에게 실제로 제공된 성과(출력물, 인도량, 검사완료 등)를 기준으로 측정	인도한 제품 수량, 검사통과 수량, 수행 마일스톤 등

진행률 추정 및 회계처리

사례 진행률 추정 및 진행기준 기본 회계처리 사례

1. 상황

㈜ABC건설은 고객과 100억원 규모의 공사계약을 체결하고, 총예정원가는 80억원으로 추정하였다.

당기 발생한 공사원가는 40억원이며, 회사는 발생원가 기준 투입법으로 수익인식한다.

2. 진행률 계산

- 진행률 = 발생원가 ÷ 총예정원가 = 40억 ÷ 80억 = 50%

3. 수익인식금액 계산

- 누적수익 = 계약금액 × 진행률 = 100억 × 50% = 50억
- 당기수익 = 누적수익(50억) − 전기누적수익(0억) = 50억

〈회계처리 1〉

수익인식금액(50억원) 전액을 청구한 경우

2025년 12월 31일(결산조정)

(차변)		(대변)	
매출채권	50	매출액	50

〈회계처리 2〉

수익인식금액(50억원) 중 일부(40억원)만 청구한 경우

2025년 12월 31일(결산조정)

(차변)		(대변)	
매출채권	40	매출액	50
미청구공사	10		

* 회사의 수익인식금액과 발주처의 기성에 의한 청구금액은 달라질 수 있다. 사례처럼 회사의 수익인식금액보다 적게 청구하면 청구분(billed)은 매출채권으로, 미청구분(unbilled)은 미청구공사로 회계처리한다. 반면, 수익인식금액보다 많게 청구한 경우(예 : 60억원 청구), 청구분(60억원) 매출채권으로 인식하고, 초과해서 청구한 부분은 초과청구공사(부채)로 인식한다. 미청구공사는 K-IFRS 1115호에서 '계약자산'으로 구분되며, 초과청구공사는 '계약부채'로 분류 공시된다.

내부회계관리제도에서는 진행률 추정으로 인한 수익인식기준에서는 '총예정원가'의 추정에 불확실성이 존재하기 때문에, 이 '총예정원가'추정에 대한 검토통제(MRC)가 중요한 핵심통제에 해당한다.

3-5. 매출채권 손실충당금(대손충당금)

대표적인 금융상품(금융자산)인 매출채권은 그 회수가능성을 평가하여 손실충당금(대손충당금)을 인식하도록 요구하고 있다. 관련 기준서의 주요 내용은 다음과 같다.

K-IFRS 1109호(금융상품)

제5.5절 손상

기대신용손실의 인식

일반적인 접근법

5.5.1 금융자산, 리스채권, 계약자산 등은 기대신용손실을 손실충당금으로 인식한다.

5.5.3 최초 인식 후에 금융상품의 신용위험이 유의적으로 증가한 경우에는 매 보고기간 말에 전체기간 기대신용손실에 해당하는 금액으로 손실충당금을 측정한다.

기대신용손실의 측정

5.5.17 금융상품의 기대신용손실은 다음 사항을 반영하도록 측정한다.

(1) 일정 범위의 발생 가능한 결과를 평가하여 산정한 금액으로서 편의가 없고 확률로 가중한 금액

(2) 화폐의 시간가치

(3) 보고기간 말에 과거사건, 현재 상황과 미래 경제적 상황의 예측에 대한 정보로서 합리적이고 뒷받침될 수 있으며 과도한 원가나 노력 없이 이용할 수 있는 정보

충당금설정률표를 이용한 대손충당금 추정

사례 매출채권 대손충당금 관련 기본 회계처리 사례

매출채권 대손충당금 관련 기본 회계처리는 다음과 같다.

전기(2024년) 매출채권은 1,000원이고 대손충당금 잔액은 100원인 상황에서, 당기(2025년) 매출채권 1,680원의 대손충당금은 얼마인가?

BS				
[자산]	2025년 말	2024년 말	[부채]	
매출채권	1,680	1,000		
대손충당금	?	(100)	[자본]	

〈Step 1〉 연령분석표 집계(Aging data)

2024년 말과 2025년 말 매출채권 잔액을 연령별로 구분집계한다. 2024년 말과 2025년 말 사이의 매출채권 잔액의 경과분은 매 분기 기준으로 3개월 단위로 구분한다.

	~3월	~6월	~9월	~12월	12월 초과	Total
24.4Q	700	100	50	100	50	**1,000**
25.1Q	1,000	200	80	40	80	1,400

	~3월	~6월	~9월	~12월	12월 초과	Total
25.2Q	2,000	70	120	20	40	2,250
25.3Q	1,200	120	60	60	10	1,450
25.4Q	1,500	100	40	20	20	**1,680**

* 연령분석표 전이율의 의미

	~3월	~6월	~9월	~12월	12월 초과	Total
24.4Q	700	100	50	100	50	**1,000**
25.1Q	1,000	200	80	40	80	1,400
25.2Q	2,000	70	120	20	40	2,250
25.3Q	1,200	120	60	60	10	1,450
25.4Q	1,500	100	40	20	20	**1,680**

7% 86%

과거 분기별 경험률을 분석하면,

(전이율 7%)

25.1Q에 3개월 미만 잔액 1,000원 중 3개월이 경과된 25.2Q에 6개월 미만 잔액이 70원으로 감소함. 이는 25.2Q 3개월 동안 930원이 회수되고, 70원이 아직 미회수 상태임(이로 인해 70원은 25.1Q에는 3개월 경과채권이었다가, 25.2Q에는 6개월 경과채권이 됨)

(전이율 86%)

또한, 25.2Q 6개월 미만 잔액 70원 중 6개월이 경과된 25.3Q에 9개월 미만 잔액이 60원으로 감소함. 이는 25.3Q 3개월 동안 10원이 회수되고, 60원이 아직 미회수 상태임(이로 인해 60원은 25.3Q에는 9개월 경과채권이 됨)

〈Step 2〉 **전이율(Roll rate) 산출**

각 구간별 전이율을 산출하여, 과거 분석대상기간의 전이율 경험치를 평균하면 아래와 같음

(~3개월 미만 14% 의미)

	~3월	~6월	~9월	~12월	12월 초과	Total
24.4Q						
25.1Q	29%	80%	80%	80%	100%	
25.2Q	**7%**	60%	25%	100%	100%	
25.3Q	6%	**86%**	5550%	50%	100%	
25.4Q						
25.4Q (평균)	14%	75%	52%	77%	100%	

(~3개월 미만 '14%' 의미)

24.4Q 채권의 25.1Q 기준의 3개월 미만 채권 비율은 7%, 25.1Q 채권의 25.2Q 기준의 3개월 미만 채권 비율은 7%, 25.1Q 채권의 25.4Q 기준의 3개월 미만 채권 비율은 6%임

이 과거기간의 3개월 미만 채권의 손실률을 평균하면 '14%'가 산출됨. 나머지, 6개월 미만, 9개월 미만, 12개월 미만도 모두 동일한 방식으로 산출하며, 12개월 초과는 100% 손실로 보고 모두 100%로 추정함

〈Step 3〉 연령구간별 대손율 산출

연령구간별 대손율을 추정하면 아래와 같음

	~3월	~6월	~9월	~12월	12월 초과	Total
25.4Q	4%	30%	40%	77%	100%	

(3개월 미만) 14%×75%×52%×77%=4%

(6개월 미만) 75%×52%×77%=30%

(9개월 미만) 52%×77%=40%

(12개월 미만) 77%=77%

〈Step 4〉 기말 대손충당금 산출

연령구간별 대손율을 각 구간별 채권잔액에 곱해서 대손충당금을 산출함

	~3월	~6월	~9월	~12월	12월 초과	Total
25.4Q	1,500	100	40	20	20	1,680
설정률	4%	30%	40%	77%	100%	
대손충당금	60	30	16	15	20	141

최종 2025년 말 기준 대손충당금은 141원이 인식되어야 함

〈회계처리〉

2025년 12월 31일(결산조정)

(차변)		(대변)	
대손상각비	41	대손충당금	41

* 평가 전 대손충당금 잔액이 100원이므로, 추가로 41원을 전입(비용인식)함

사례1 매출채권 대손충당금 검토통제(MRC)

1. 통제 설명
2. 통제 설계의 효과성 테스트
3. 통제 운영의 효과성 테스트
4. 잔여기간에 대한 테스트

1. 통제 설명

통제 설명 영역은 평가대상이 되는 통제활동에 대한 요약(summary)이다.

<table>
<tr><td colspan="7">통제 설명 ①</td></tr>
<tr><td colspan="7">통제 요약</td></tr>
<tr><td>통제 번호</td><td>Description</td><td>통제수행팀</td><td>통제수행자</td><td>통제 유형</td><td>통제 빈도</td><td>관련 Application</td></tr>
<tr><td>C.10.10.01</td><td>매출채권 대손충당금 검토(MRC)</td><td>회계팀</td><td>이순신 팀장</td><td>수동통제</td><td>분기</td><td></td></tr>
<tr><td colspan="2">통제활동에 대한 설명</td><td colspan="5">매출채권 담당자의 매출채권 대손충당금 설정내역에 대한 그 회수가능성 평가가 개별평가, 집합평가 구분별로 합리적으로 추정되었는지를 상위권자가 검토한다.</td></tr>
<tr><td colspan="2">통제의 출발점(baseline)</td><td colspan="2">202x.x.xx</td><td colspan="3"></td></tr>
<tr><td colspan="7">통제가 대처하는 왜곡표시의 원천(WCGW)</td></tr>
<tr><td>관련 위험 번호</td><td colspan="2">Description</td><td>재무제표 계정</td><td>경영진 주장</td><td colspan="2"></td></tr>
<tr><td>R.XX.1</td><td colspan="2">매출채권의 회수가능성 평가가 부정확하여 대손충당금이 과소계상될 위험</td><td>매출채권 대손충당금</td><td>평가(V)</td><td colspan="2"></td></tr>
</table>

① 매출채권 대손충당금 검토(MRC)

매출채권 대손충당금 검토통제(MRC)는 회계팀원에 의해 작성하는 매출채권 대손충당금 계산내역에 왜곡이 있는지 여부를 적격성과 권한이 있는 경영진(management, 최소한 회계팀장)이 검토하는 통제활동이다. 회사의 통제기술서(RCM)에는 아래와 같이 설계되어 있을 것이다.

No.	Mega Process	Activity	Risk	Control	통제 담당자	통제속성
C.10.10.01	매출 프로세스	매출채권 대손충당금을 계산한다.	매출채권의 회수가능성 평가가 부정확하여 대손충당금이 과소계상될 위험	**매출채권 대손충당금 검토(MRC)**	회계팀장	수동통제

매출채권 대손충당금 검토통제(MRC)는 회계팀장이 수행하는 '수동통제'이며, 업무활동(대손충당금을 계산한다)을 매월 '월별'로 수행한다 하더라도, 통제활동의 수행빈도는 '분기통제'로 설계할 수 있다.

2. 통제 설계의 효과성 테스트

통제 설계의 효과성 테스트 영역은 핵심통제로 선정된 통제활동에 대한 설계평가 내용이다.

<table>
<tr><th colspan="4">통제 설계의 효과성 테스트</th></tr>
<tr><td colspan="4">설계 테스트의 수행</td></tr>
<tr><td>설계 테스트의 성격</td><td colspan="3">■ 질문 □ 관찰 ■ 문서검사 □ 추적조사</td></tr>
<tr><td>설계 테스트 절차</td><td colspan="3">1. 매출채권 MRC 체크리스트가 존재하는지 확인함(문서검사)
2. 통제담당자(회계팀장)가 MRC 체크리스트를 이해, 활용하는지를 질문하였으며, 통제담당자가 매출채권 대손충당금 계산을 수행하는 재무팀 직원의 평가내역을 MRC 체크리스트를 통해 체크하고 있음을 확인함(질문)</td></tr>
<tr><td>입수한 증빙</td><td colspan="3">대손충당금 평가 MRC 체크리스트</td></tr>
<tr><td>통제수행에 기업이 생성한 정보(IPE)를 사용하는가?</td><td colspan="3">Yes</td></tr>
<tr><td>IPE 목록</td><td colspan="3">매출채권 대손충당금 계산파일</td></tr>
<tr><td>IPE의 정확성과 완전성을 확인하는 통제에 대하여 기술하고, 해당 통제를 어디서 테스트하였는지 테스트 결과는 무엇인지 기술</td><td colspan="3">회사의 매출채권 대손충당금 계산파일을 입수하여, 해당 내역(매출채권 총액, 연령분석 정보, 대손설정률 등)이 각 기간(분기)별 매출채권 대손충당금 내역과 일치함을 확인함</td></tr>
<tr><td>설계의 효과성에 대한 결론</td><td colspan="3">효과적(effective)</td></tr>
<tr><td>발견된 예외사항의 평가 및 결론 도출 (해당 시)</td><td colspan="3"></td></tr>
<tr><td colspan="4"></td></tr>
<tr><td colspan="4">통제실패위험(Risk of faulure)</td></tr>
<tr><td colspan="4">통제실패위험 평가 절차와 고려사항</td></tr>
<tr><td colspan="4">매출채권 대손충당금 검토(MRC) 통제활동은 매출채권 대손충당금의 왜곡가능성이 재무제표에 미치는 영향과 추정, 판단의 과정을 통해 생성되는 재무정보이므로 관련 통제위험은 높다고 판단됨</td></tr>
<tr><td>통제실패위험 평가 결과</td><td colspan="3">높음</td></tr>
</table>

* 대손충당금 평가 MRC 체크리스트

예시 Management Review Control_Checklist : 매출채권 대손충당금

분류	Code	점검항목	점검내용	Source	검토 수행 여부	검토 결과
경과 채권 현황 검토	M-01	경과채권 현황 합계 일치 검증	매분기말 영업부서로부터 취합된 경과채권 현황 자료의 합계와 회계팀에서 작성된 매출채권 집합평가 자료상의 경과채권의 합계가 일치함을 확인한다.	1. 매출채권 연령분석		
	M-02	경과채권 현황분석자료의 상세정보 확인	경과채권 현황분석자료에는 거래처별 경과채권 금액, 연체사유 또는 개별평가 사유 발생 시 개별평가 사유가 기재되어 있는지 확인한다.	1. 매출채권 연령분석		
	M-03	연체사유의 합리성 검토 및 회수조치 질의	거래처별 경과채권 금액 및 연체사유를 확인하여 해당 연체사유가 합리적인지 확인하고 해당 영업부서에 회수가능성 및 회수를 위해 취하고 있는 조치에 대하여 질의한다.	1. 매출채권 연령분석 2. 개별평가채권 충당금		
	M-04	경과채권현황 vs 개별평가품의문 비교검토	경과채권현황과 현업에서 올라온 개별평가품의문을 비교하여 경과채권현황에 대손사유가 발생했으나 개별평가품의가 올라오지 않은 채권이 존재하는지 확인한다. 또한, 개별평가품의가 올라왔으나 분기별 개별평가 채권현황에서 누락된 채권이 존재하는지 확인한다.	품의서		
Aging report 검토	M-05	Aging Report상의 채권잔액 합계 및 연체구간별 금액 검증	1. Aging report상의 채권잔액의 합계와 AR Module에서 추출된 거래처별/회수기일별 매출채권 Raw data상의 채권잔액이 일치하는지 확인한다. 2. Aging report상의 연체구간별 채권잔액과 집합평가 자료상의 연체구간별 채권잔액이 일치하는지 확인한다.	1. 매출채권 연령분석		
	M-06	차이 발생 시 원인분석 및 조정 반영 검증	상기 M-05에서 차이가 발생하는 경우 담당자에게 차이/원인을 규명하도록 지시하고 확인된 차이/원인을 검토하여 합리적으로 반영되는지 확인한다.	-		

분류	Code	점검항목	점검내용	Source	검토 수행 여부	검토 결과
대손 경험률 검토	M-07	개별평가 채권 대손율 검토	분기별 개별평가 채권의 개별평가 사유를 검토하여 해당 사유에 부합하는 대손율이 적용되었는지 확인한다.	3. 집합평가 대상 외상매출금 및 받을어음		
	M-08	전이율(Roll Rate) 기반 충당금 설정률 검토	분기별 전이율이 충당금 설정표상 3개월 단위로 적절하게 전이되고 있는지를 확인한다.	3. 집합평가 대상 외상매출금 및 받을어음		
대손 충당금 설정 총괄표	M-09	대손충당금 설정총괄표 vs 재무상태표 대조	대손충당금 설정 총괄표상 대손충당금 잔액이 재무상태표상의 대손충당금 잔액과 일치하는지 확인한다.	3. 집합평가 대상 외상매출금 및 받을어음		
	M-10	대손충당금 계산의 정확성 검증	대손충당금 설정 총괄표상 일부 항목을 선정하여 재계산을 수행하여 계산이 정확한지 확인한다.	3. 집합평가 대상 외상매출금 및 받을어음		
회계 처리	M-11	대손충당금 회계처리 적정성 검증	개별평가과 집합평가 금액이 기초 대비 당기 증감으로 적절하게 회계처리 되었는지를 확인한다.	전표/시산표		

3. 통제운영의 효과성 테스트

통제 설계평가 결과, 설계가 효과적이라고 결론이 나면, 추가적으로 운영평가를 수행한다. 운영평가 결과까지 효과적이라고 결론이 난 경우만 해당 통제는 최종적으로 효과적(effective)이라고 결론 낼 수 있는 것이다.

통제 운영의 효과성 테스트			
운영 테스트의 성격, 시기, 범위 결정			
테스트 대상 기간	**202X년 1월 1일~9월 30일**		
테스트 시기	**202X년 10월 X일**	기중 테스트 방법	**기중일자 결론**
통제테스트의 성격	■ 질문 □ 관찰 ■ 문서검사 □ 재수행		
통제테스트 절차	2건의 매출채권 대손충당금 검토 문서를 샘플링하여 다음 절차를 수행함 1. 매출채권 대손충당금 검토(MRC) 체크리스트 전체 1Q~3Q 중 샘플링을 통해, 202X.2Q 및 3Q에 대한 체크리스트를 더존시스템을 통해 무작위 추출한 결과, 202X.2Q 및 3Q가 샘플링됨 2. 샘플링된 202X.2Q 및 3Q의 매출채권 대손충당금 검토(MRC) 체크리스트에 대해 통제담당자가 적절하게 체크 후 문서화하였는지를 확인함(문서검사)		
모집단 정의	매출채권 대손충당금 검토(MRC) 체크리스트(3개)		

<table>
<tr><td>모집단의 완전성을 확인하기 위해 수행한 절차</td><td colspan="5">회사의 분기별 매출채권 대손충당금 검토(MRC) 체크리스트의 존재 여부를 확인함</td></tr>
<tr><td>통제 주기 또는 빈도 수</td><td>분기</td><td>표본의 규모</td><td>2</td><td colspan="2"></td></tr>
<tr><td colspan="6">통제수행자의 권한과 적격성</td></tr>
<tr><td>통제수행자</td><td>이순신 팀장</td><td colspan="3">통제를 수행하는 사람이 통제를 효과적으로 수행하는 데 필요한 권한과 적격성을 갖추었는지?</td><td>Yes</td></tr>
<tr><td>통제수행자의 권한과 적격성에 대한 추가 설명(필요시)</td><td colspan="5">통제수행자는 입사 1년 미만자이긴 하나, 회계업무에서 10년 이상 근무하였으며, 해당 업무에 대해 충분히 이해하고 있으며 해당 업무의 요구사항이 무엇인지 명확히 파악하고 있음
통제수행자는 회계팀장으로서 해당업무에 대해 검토할 수 있는 권한을 보유하였음</td></tr>
<tr><td colspan="6">테스트 결과</td></tr>
<tr><td colspan="6">통제테스트 결과를 아래에 문서화하거나 해당 조서를 참조합니다.</td></tr>
</table>

순번	표본 추출 일자	Reference	내용	결과	비고
1	202X년 3월	202X.2Q 체크리스트	202X.2Q 매출채권 대손충당금 검토(MRC) 체크리스트를 입수 확인한 결과, 경과채권 현황, Aging report 검토, 대손경험률 검토, 대손충당금 설정률 총괄표 등을 검토한 결과, 회계팀장의 검토 통제활동이 효과적으로 운영되고 있음을 확인함	예외사항 없음	
2	202X년 8월	202X.3Q 체크리스트	202X.3Q 매출채권 대손충당금 검토(MRC) 체크리스트를 입수 확인한 결과, 경가채권 현황, Aging report 검토, 대손경험률 검토, 대손충당금 설정률 총괄표 등을 검토한 결과, 회계팀장의 검토 통제활동이 효과적으로 운영되고 있음을 확인함	예외사항 없음	
3					
4					

<table>
<tr><td colspan="3">발견된 예외사항의 식별과 평가</td></tr>
<tr><td>상기 절차의 수행 및 입수한 증거에 따라 예외사항이 발견되었는가?</td><td>No</td><td></td></tr>
<tr><td>발견된 예외사항이 모집단을 대표하지 않는 것으로 판단되는가?</td><td></td><td></td></tr>
<tr><td>발견된 예외사항이 모집단을 대표하지 않는 것으로 판단한 근거 및 이를 뒷받침하는 증거</td><td colspan="2"></td></tr>
<tr><td>발견된 예외사항이 모집단을 대표하지 않는다고 판단한 경우, 표본을 확대하여 테스트를 수행하였는가?</td><td></td><td></td></tr>
<tr><td>어떻게 표본을 확대하였는지,
확대 테스트의 결과는 어떠한지 문서화</td><td colspan="2"></td></tr>
<tr><td>발견된 예외사항이 모집단을 대표하여 미비점에 해당하는지에 대한 최종 결론 및 근거</td><td colspan="2"></td></tr>
<tr><td>운영의 효과성에 대한 결론</td><td>효과적(effective)</td><td></td></tr>
</table>

4. 잔여기간에 대한 테스트

중간평가 결과 통제활동의 운영이 효과적이라고 결론 내더라도, 이는 1월에서 9월까지의 운영만 효과적인 것이지 연중 효과적이라고 확신할 수는 없는 것이다.

그래서, 기중에 중간평가를 수행하는 통제활동은 기말(예를 들어, 차년도 1월)에 나머지 기간(10~12월)에 대한 추가 테스트를 수행해서 연간(1~12월) 효과적으로 운영되었는지에 대한 확인을 가져야 한다.

이는 잔여기간 테스트라고 한다. (roll-forward)

잔여기간 테스트는 잔여기간(10~12월) 동안 해당 통제활동이 운영되는 관련 프로세스, 시스템, 인원(통제담당자)의 변동이 없다면, 중간평가기간(1~9월)까지의 통제활동이 큰 변동 없이 유지되었으리라 추정할 수 있을 것이다.

따라서, 잔여기간 테스트는 통제담당자에게 잔여기간(10~12월) 동안 해당 통제활동이 운영되는 관련 프로세스, 시스템, 인원(통제담당자)의 변동이 없는지 여부를 '질문'하는 것에서 출발한다.

기본적으로 모든 잔여기간 테스트는 통제담당자에 대한 '질문' 절차는 기본적으로 수행한다.

상기 사례에서는 우선 통제담당자에게 질문 절차를 취하였으며, 통제담당자로부터 특별한 통제환경의 변동이 없다는 답변을 확인하였다.

다만, 잔여기간(10~12월) 동안 해당 통제활동이 운영되는 관련 프로세스, 시스템, 인원(통제담당자)의 변동이 있게 되면, 추가적인 증빙 테스트 등을 수행할 필요가 있다.

잔여기간에 대한 테스트(roll-forward)
잔여기간에 대한 추가 증거를 결정하기 위한 위험요소에 대한 고려
9월말 기준 테스트 결과 통제는 효과적으로 운영되고 있으며 통제 운영 효과성에 대한 충분한 증거가 입수되었음. 잔여기간이 3개월로 상대적으로 길지 않고, 잔여기간 동안 회사의 매출 구조나 통제 운영에 유의적인 변동이 없음
따라서 통제가 잔여기간 동안 효과적이지 않을 위험이 높지 않음. 잔여기간에 대해 질문과 제한적인 문서 검사를 수행함

잔여기간 테스트의 수행	
잔여기간 테스트 대상 기간	**202X년 10월 1일~12월 31일**
잔여기간 테스트의 성격	■ 질문 □ 관찰 □ 문서검사 □ 재수행 □ 추가 표본 테스트
통제테스트 절차	회계팀장에게 202X년 4Q의 대손충당금 검토통제를 수행하였는지 질문하고, 202x년 1-3Q기간 대비 프로세스, 조직, 또는 통제수행자이 변동이 있었는지를 질문함
통제테스트 결과	202x년 1-3Q기간 대비 202x년 4Q기간동안 프로세스, 조직 또는 통제수행자의 변동이 없다는 답변을 받고, 확인함

<table>
<tr><td colspan="6">잔여기간에 대해 세부 표본테스트를 수행하는 경우 테스트 절차와 결과</td></tr>
<tr><td colspan="2">모집단 정의</td><td colspan="4"></td></tr>
<tr><td colspan="2">모집단의 완전성을
확인하기 위해 수행한 절차</td><td colspan="4">해당사항 없음</td></tr>
<tr><td colspan="2">표본의 규모</td><td colspan="3"></td><td></td></tr>
<tr><td colspan="6">테스트 결과</td></tr>
<tr><td colspan="6">통제테스트 결과를 아래에 문서화하거나 해당 조서를 참조합니다.

해당사항 없음</td></tr>
<tr><td>순번</td><td>표본 추출 일자</td><td>Reference</td><td>내용</td><td>결과</td><td>비고</td></tr>
<tr><td></td><td></td><td></td><td></td><td></td><td></td></tr>
<tr><td></td><td></td><td></td><td></td><td></td><td></td></tr>
<tr><td></td><td></td><td></td><td></td><td></td><td></td></tr>
<tr><td colspan="6">발견된 예외사항의 식별과 평가</td></tr>
<tr><td colspan="4">잔여기간 테스트 수행 결과 예외사항이 발견되었는가?</td><td>No</td><td></td></tr>
<tr><td colspan="4">발견된 예외사항이 모집단을 대표하지 않는 것으로 판단되는가?</td><td></td><td></td></tr>
<tr><td colspan="2">발견된 예외사항이 모집단을 대표하지 않는 것으로 판단한 근거 및 이를 뒷받침하는 증거</td><td colspan="4"></td></tr>
<tr><td colspan="4">발견된 예외사항이 모집단을 대표하지 않는다고 판단한 경우,
표본을 확대하여 테스트를 수행하였는가?</td><td></td><td></td></tr>
<tr><td colspan="2">어떻게 표본을 확대하였는지, 확대 테스트의 결과는 어떠한지 문서화</td><td colspan="4"></td></tr>
<tr><td colspan="2">발견된 예외사항이 모집단을 대표하여 미비점에 해당하는지에 대한 최종 결론 및 근거</td><td colspan="4"></td></tr>
<tr><td colspan="3">잔여기간 테스트의 결론</td><td>효과적(effective)</td><td colspan="2"></td></tr>
</table>

〈통제운영테스트 세부내용 문서화〉

매출채권 대손충당금 검토통제의 통제운영 평가 시, 매출채권 대손충당금 검토 체크리스트(MRC) 항목별 예시는 다음과 같다.

〈경과채권 현황 검토〉

■ M-01. 경과채권 현황 합계 일치 검증

판매부서(영업팀)로부터 취합한 거래처별 경과채권 현황과 회계팀이 작성한 매출채권 집합평가 자료상 경과채권 현황 합계가 일치하는지를 확인함

〈1. 판매부서(영업팀) 거래처별 경과채권 현황〉

거래처명	~3개월	3~6개월	6~9개월	9~12개월	12개월 초과	합계
D사	500					500
E사	400	50	20	10		480
F사					20	20
G사	300	40	20	10		370
H사	300	10				310
합계	1,500	100	40	20	20	**1,680**

〈2. 회계팀 경과채권 현황〉

	~3월	~6월	~9월	~12월	12월 초과	Total
25.4Q	1,500	100	40	20	20	1,680

〈오류 사례〉

두 개의 경과채권의 구간별 집계 현황이 일치함을 확인해야 함

아래와 같은 경우, 해당 체크리스트는 적절하지 않은 것으로 판단하게 됨

판매부서(영업팀) 경과채권 현황과 회계팀 집계 자료의 총액 1,680원은 일치하지만, 판매부서(영업팀) 경과채권 현황의 G사의 구간 구분이 3개월 미만은 없고, 3~6개월이 340원으로 구분되어 있는데, 회계팀 집계 자료에는 구간 구분이 잘못된 경우임

〈1. 판매부서(영업팀) 거래처별 경과채권 현황〉

거래처명	~3개월	3~6개월	6~9개월	9~12개월	12개월 초과	합계
D사	500					500
E사	400	50	20	10		480
F사					20	20

거래처명	~3개월	3~6개월	6~9개월	9~12개월	12개월 초과	합계
G사	0	340	20	10		370
H사	300	10				310
합계	1,200	400	40	20	20	**1,680**

〈2. 회계팀 경과채권 현황〉

	~3월	~6월	~9월	~12월	12월 초과	Total
25.4Q	1,500	100	40	20	20	**1,680**

■ M-02. 경과채권 현황분석자료의 상세정보 확인

판매부서(영업팀)로부터 취합한 거래처별 경과채권 현황별 연체사유 및 회수대책 등이 적절한지를 검토함

〈1. 판매부서(영업팀) 거래처별 경과채권 현황별 사유〉

거래처명	~3 개월	3~6 개월	6~9 개월	9~12 개월	12개월 초과	합계	연체 또는 개별평가 사유	비고
D사	500					500	정상채권(납품 후 60일 내 회수)	
E사	400	50	20	10		480	납품대금 회수지연 (고객자금사정)	회수계획서 확보
F사					20	20	법적분쟁 중 → 개별평가 대상	법무팀 소송관리
G사	300	40	20	10		370	출하검수지연 (연체 사유 기재)	
H사	300	10				310	미수금 회수예정 (1월 납입 예정)	
합계	1,500	100	40	20	20	**1,680**		

〈오류 사례〉

만약 연체 12개월 초과하는 F사 채권이 법적분쟁 중인 경우, 집합평가 대상에서 제외하고 개별평가 절차를 수행하는 것이 적정함

■ M-03. 연체사유의 합리성 검토 및 회수조치 질의

판매부서(영업팀)에 질의하여 각 거래처별 연체금액의 사유가 합리적인지 확인하고 판매부서(영업팀)에 회수가능성 및 회수를 위해 취하고 있는 조치에 대하여 질의함

거래처명	연체구간	연체사유	검토내용 및 회수조치 질의결과	회수가능성 판단	비고
E사	3~9개월	고객의 자금사정으로 회수지연	영업1팀 질의 결과 : ① 납품대금 분할입금 합의('26.1Q 회수 예정) ② 입금계획서 수령	높음	정상회수 가능
F사	12개월 초과	법적분쟁 중 (소송 진행 중)	법무팀 질의 결과 : ① 계약해지 관련 손해배상소송 제기 ('25.12.15) ② 변제합의서 미체결 상태	낮음	개별평가 대상
G사	6~9개월	검수 지연에 따른 납품대금 미회수	영업2팀 답변 : 검수 완료 후 1월 중 지급 예정, 납품대금 확인 메일 확보	보통	회수추적 필요
H사	3~6개월	납품대금 회수 지연(고객 내부승인 절차)	영업3팀 답변 : 내부승인 완료, 2월 송금 예정	높음	단기회수 가능
합계					

■ M-04. 경과채권현황 vs 개별평가품의문 비교검토

경과채권현황과 현업에서 올라온 개별평가품의문을 비교하여 경과채권현황에 대손사유가 발생했으나 개별평가품의가 올라오지 않은 채권이 존재하는지 확인함

거래처명	경과기간	경과채권 금액	대손사유	개별평가품의 등록 여부	비교결과	조치내역
E사	3~9개월	80	납품대금 회수지연 (고객 사정)	미등록	품의 누락	영업1팀에 품의 요청 → '26.1.10 접수 완료
F사	12개월 초과	20	소송 진행 중 (법무팀 관리)	등록	일치	개별평가채권 정상 반영
G사	6~9개월	60	검수지연으로 회수지연	미등록	일치	집합평가 대상 유지
H사	3~6개월	10	내부결재 지연	미등록	일치	단기 연체 - 개별평가 대상 아님

거래처명	경과기간	경과채권 금액	대손사유	개별평가품의 등록 여부	비교결과	조치내역
I사	-	-	(해당 없음)	등록	품의만 존재, 현황 누락	회계팀 확인 후 '26.1.12 반영 완료

25.4Q 기준 경과채권현황과 개별평가품의문 간 비교 결과, 초기에는 2건의 불일치(E사 · I사)가 발견되었으나 모두 조치 완료되어 최종적으로 일치 확인됨

〈Aging report 검토〉

■ M-05. Aging Report상의 채권잔액 합계 및 연체구간별 금액 검증

Aging report상의 채권잔액의 합계와 AR Module에서 추출된 거래처별/회수기일별 매출채권 Raw data상의 채권잔액이 일치하는지 확인하였으며, Aging report상의 연체구간별 채권잔액과 집합평가 자료상의 연체구간별 채권잔액이 일치하는지 확인함

〈SAP FI-AR Module 거래처별/회수기일별 매출채권 Raw data〉

기준일자 : 2025년 12월 31일

출처 : SAP FI-AR Module(T-code FBL5N)

거래처명	총매출채권	0~3개월	3~6개월	6~9개월	9~12개월	12개월 초과
D사	500	500				
E사	480	400	50	20	10	
F사	20					20
G사	370	300	40	20	10	
H사	310	300	10			
합계	**1,680**	**1,500**	**100**	**40**	**20**	**20**

〈Aging report상의 채권잔액의 합계〉

	~3월	~6월	~9월	~12월	12월 초과	Total
25.4Q	1,500	100	40	20	20	**1,680**

■ M-06. 차이 발생 시 원인분석 및 조정 반영 검증

〈차이 사례〉

상기 과정에서 1건의 차이가 발생하였으며, 담당자에게 차이원인을 규명하도록 지시하고 확인된 차이원인을 검토하여 합리적으로 반영되는지 확인함

구분	거래처명	ERP FI-AR 잔액	Aging Report 잔액	차이	차이 유형	원인
①	E사	500	480	−20	ERP 반제처리 지연	12월 말 고객 입금 20원 미반제(2026.1 반영 예정)

• ERP 대조 결과, E사의 입금(20원)이 12월 29일에 입금되었으나 반제처리가 2026.1월에 진행됨
• 회계팀은 ERP 미반제내역을 확인하여 Aging Report에서 연체채권 −20원 조정
• 영업팀과 회계팀 합의 후, 수정 Aging Report(Aging_Report_v2_2025Q4.xlsx) 작성
• 수정 후 Aging Report 총액 = 1,680원(정상 ERP 잔액과 일치)

〈대손경험률 검토〉

■ M-07. 개별평가 채권 대손율 검토

개별평가 대상 채권에 대하여, 대손율이 해당 사유(법적분쟁 · 회수불능 등)에 합리적으로 부합하는지 검증함

거래처명	~3 개월	3~6 개월	6~9 개월	9~12 개월	12개월 초과	합계	연체 또는 개별평가 사유	비고
F사					20	20	법적분쟁 중 → 개별평가 대상	법무팀 소송관리

개별평가대상 : F사(채권금액 20원)
• 사유 : 납품대금 미지급 → 소송 진행 중(법무팀 확인서 첨부)
• 회사정책 : 소송 중 채권 → 대손율 100% 적용
• 적용대손율 : 100%
→ 정책과 일치, 합리적 적용 확인

■ M-08. 전이율(Roll Rate) 기반 충당금 설정률 검토

분기별 전이율이 충당금 설정표상 3개월 단위로 적절하게 전이되고 있는지를 확인함

〈전이율(Roll rate) 산출표(엑셀파일)〉

〈Step 1〉 연령분석표 집계(Aging data)

2024년 말과 2025년 말 매출채권 잔액을 연령별로 구분집계한다. 2024년 말과 2025년 말 사이의 매출채권 잔액의 경과분은 매 분기기준으로 3개월 단위로 구분한다.

	~3월	~6월	~9월	~12월	12월 초과	Total
24.4Q	700	100	50	100	50	**1,000**
25.1Q	1,000	200	80	40	80	1,400
25.2Q	2,000	70	120	20	40	2,250
25.3Q	1,200	120	60	60	10	1,450
25.4Q	1,500	100	40	20	20	**1,680**

* 연령분석표 전이율의 의미

	~3월	~6월	~9월	~12월	12월 초과	Total
24.4Q	700	100	50	100	50	**1,000**
25.1Q	1,000	200	80	40	80	1,400
25.2Q	2,000	70	120	20	40	2,250
25.3Q	1,200	120	60	60	10	1,450
25.4Q	1,500	100	40	20	20	**1,680**

7% **86%**

〈Step 2〉 전이율(Roll rate) 산출

각 구간별 전이율을 산출하여, 과거 분석대상기간의 전이율 경험치를 평균하면 아래와 같음

(~3개월 미만 14% 의미)

	~3월	~6월	~9월	~12월	12월 초과	Total
24.4Q						
25.1Q	29%	80%	80%	80%	100%	
25.2Q	7%	60%	25%	100%	100%	
25.3Q	6%	86%	5550%	50%	100%	
25.4Q						
25.4Q(평균)	14%	75%	52%	77%	100%	

최근 4분기 동안 3개월 단위로 대손실적률을 근거로, 전이율(Roll rate)을 산출한 표(엑셀파일)를 입수하여 전이율(Roll rate) 산출 계산의 완전성, 정확성을 검증함

〈대손충당금 설정 총괄표 검토〉

- M-09. 대손충당금 설정총괄표 vs 재무상태표 대조
- M-10. 대손충당금 계산의 정확성 검증

대손충당금 설정 총괄표상 대손충당금 잔액이 재무상태표상의 대손충당금 잔액과 일치하는지 확인하고, 일부 항목(예 : 9개월 구간)을 선정하여 재계산 검증을 수행하여 계산의 정확성을 확인함

〈Step 4〉 기말 대손충당금 산출

연령구간별 대손률을 각 구간별 채권잔액에 곱해서 대손충당금을 산출함

	~3월	~6월	~9월	~12월	12월 초과	Total
25.4Q	1,500	100	40	20	20	**1,680**
설정률	4%	30%	40%	77%	100%	
대손충당금	60	30	16	15	20	141

(예 : 9개월 구간) 40원×40% = 16원

〈회계처리〉

- M-11. 대손충당금 회계처리 적정성 검증

개별평가과 집합평가 금액이 기초 대비 당기 증감으로 적절하게 회계처리 여부를 확인함

BS				
[자산]	2025년 말	2024년 말	[부채]	
매출채권	1,680	1,000		
대손충당금	?	(100)	[자본]	

기말(2025년 말) 대손충당금 잔액은 **141원**이 인식되어야 함

추가 41원 비용인식 전입한 회계처리는 적정함을 확인함

〈회계처리〉

2025년 12월 31일(결산조정)

(차변)		(대변)	
대손상각비	41	대손충당금	41

CHAPTER 5-3

사례별 설계운영평가 - 구매 프로세스

01 구매 프로세스 주요 계정과목

구매 프로세스와 관련된 재무제표 계정과목은 아래 예시로 대표될 수 있다.

내부회계관리제도의 목적인 재무제표의 왜곡표시위험을 감소하기 위한 통제활동이 필요한데, 그 이전에 각 재무제표 계정과목에 어떠한 왜곡표시위험이 파악하는 것이 우선시된다.

구매 프로세스 예시 재무제표(제조업 가정)

재무상태표 (BS)			
[자산]		[부채]	
원재료	1,000	매입채무	1,200
미착품	200		
		[자본]	
포괄손익계산서 (PL)			
[비용]		[수익]	

[구매 관련 기본 회계처리 사례]

구매 관련 기본 회계처리는 다음과 같다.

202x년 12월 25일(원재료 매입일)

(차변)		(대변)	
미착품	1,200	매입채무	1,200

202x년 12월 31일(원재료 입고일)

(차변)		(대변)	
원재료	200	미착품	200

02 구매 프로세스 통제기술서(RCM) 예시

Sub-Process	Activity	Risk	Control
구매업체관리	신규 구매 거래처를 관리한다.	승인 받지 않은 임의의 매입 거래처가 전산시스템에 등록되어 매출원가 및 매입채무의 왜곡이 발생할 위험	**신규 원재료 구매업체 등록 승인**
구매 관리	구매업무의 업무를 분장한다.	부적절한 구매로 과다매입 또는 부정한 자금유출이 발생할 위험	**구매업무 업무분장**
	구매요청서(PR)를 승인한다.	불필요한 생산자재가 발주 및 구매될 위험	**구매요청서(PR) 승인**
	구매주문서(PO)를 시스템에 등록한다.	가공의 구매주문서(PO)의 등록 혹은 구매주문서(PO)가 이중으로 등록될 위험	**구매요청(PR) 없는 구매주문서(PO) 생성 통제**
	입고수량을 등록한다.	가공의 입고기록이 이루어지거나, 이중으로 입고처리가 이루어져, 재고자산이 과대 계상될 위험	**구매주문서(PO)와 실물 입고수량의 대조 확인**

Sub-Process	Activity	Risk	Control
구매대금지급관리	외상매입대금을 지급한다.	원자재 매입대금이 부정확하게 지급되어 매입채무가 왜곡될 위험	**외상매입 대금지급 승인**
	매입할인 전표를 작성한다.	정확하지 않은 매입할인 적용으로 인한 매입액 인식에 오류가 발생하여 재무제표에 부정확한 매입이 인식될 위험	**외상매입금 매입할인 전표 승인**
미착품 관리	선적지인도조건 매입 원재료를 미착품으로 기록한다.	미착품 관련 매입채무에 대한 무역조건 검토 절차 부재로 인해 기간귀속 오류가 발생하여 재무제표 금액이 왜곡될 위험	**미착품의 기간귀속 검토**

03 구매 프로세스 관련 주요 회계처리

3-1. 관련 K-IFRS 기업회계기준서

K-IFRS 기준서	주요 내용	내부회계 관련 주요 이슈
K-IFRS 1002호(재고자산)	원재료	• 원재료 매입 기간귀속(미착품) • 미착품 원재료 대체
K-IFRS 1109호(금융상품)	매입채무	매입채무 완전성

3-2. 미착품 회계처리

미착품은 아직 회사에 도착하지 않은 원재료 또는 상품을 의미하며, 재고자산으로 분류된다. 일부 회사는 미착품을 그 형태에 따라 미착상품 또는 미착원재료로 구분 인식하고 있다.

미착품은 회사에 도착하지 않은 경우이긴 하나, 이 미착상품이나 미착원재료가 회사의 재고자산이 될 수가 있으며, 이는 무역조건(인코텀즈, Incoterms)에 따라 달라진다.

참고 인코텀즈(Incoterms) 2020

인코텀즈(Incoterms)는 ICC(International Chamber of Commerce, 국제상업회의소) 국제무역에서 물품의 인도 조건을 표준화한 국제규칙(International Commercial Terms)으로서, 수출자(매도인)와 수입자(매수인) 간에 운송비 · 보험료 · 위험부담 · 통관책임 등을 누가 부담하는지 명확히 규정해 주는 규칙이다.

현행 인코텀즈(Incoterms)는 인코텀즈(Incoterms 2020)이 최신 버전이다. 현행 Incoterms

2020은 해상운송 4가지와 복합운송(해상운송과 항공운송 모두 해당) 7가지로 구분된다.

구분	약어	구분	명칭	매도인(수출자) 책임 종료 시점
공장출고 조건	EXW	복합운송	Ex Works (공장인도조건)	매도인 사업장(출고 시점)
선적지 인도조건	FAS	해상운송 only	Free Alongside Ship	선적항에서 본선 옆에 두었을 때
	FOB	해상운송 only	Free On Board	본선 적재 완료 시
	CFR	해상운송 only	Cost and Freight	본선에 적재 후(운임 포함)
	CIF	해상운송 only	Cost, Insurance and Freight	본선에 적재 후(운임+보험 포함)
	FCA	복합운송	Free Carrier	지정 운송인에게 인도 시
	CPT	복합운송	Carriage Paid To	운송인 인도 후(운임 포함)
	CIP	복합운송	Carriage and Insurance Paid To	운송인 인도 후(운임+보험 포함)
도착지 인도조건	DAP	복합운송	Delivered At Place	도착지에 도착했을 때(하역 전)
	DPU	복합운송	Delivered at Place Unloaded	도착지에서 하역 완료 시
	DDP	복합운송	Delivered Duty Paid	수입 통관까지 완료 후 인도 시

일반적으로 선적지 인도조건은 FOB와 CIF가 대표적이며, FOB 등을 F조건, CIF 등을 C조건이라고 실무적으로 명칭한다.

F조건은 선적시점에 재고에 대한 통제가 이전되며, 통제 이전 이후의 운임, 보험료 등은 수입자가 부담한다.

C조건은 F조건과 동일하게 선적시점에 재고에 대한 통제가 이전되나, 통제 이전 · 이후의 운임, 보험료 등은 수입자가 아닌 수출자가 부담한다.

도착지 인도조건은 통상 D조건이라 명칭하며 D조건은 선적시점이 아닌 도착시점에 재고에 대한 통제가 이전되며, 도착시점까지의 운송료, 보험료 등은 수출자가 부담한다.

미착품 예시 선적지 인도조건

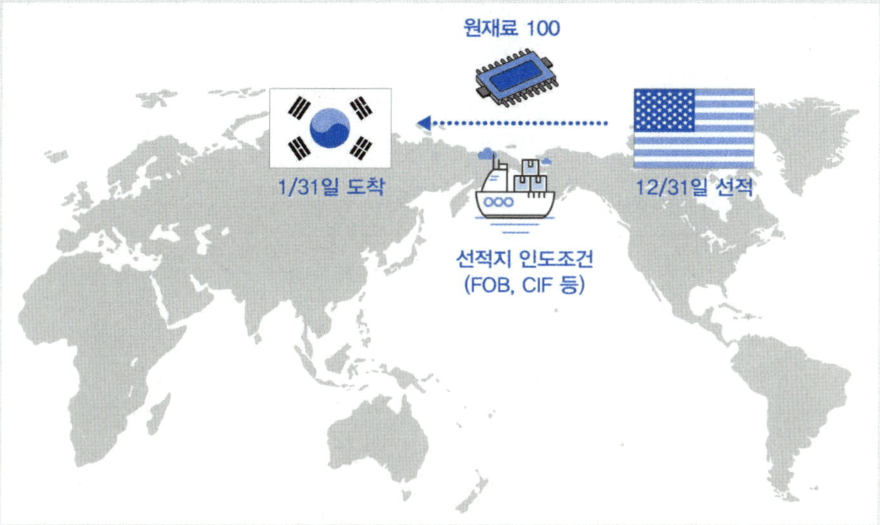

〈미국 선적시점 - 25.12.31.〉

(BS)			
[자산]		[부채]	
		매출채무	100
		[자본]	
매출채권	100		
Total		Total	

선적지 인도조건으로 미국에서 선적한 날, (한국)수입자는 미착품(재고자산)을 인식한다. (한국)수입자가 미착품(재고자산)을 인식하기 위해서는 수출자로부터 선하증권(B/L : Bill of Lading)을 입수하여 선적일자를 확인해야 한다.

〈한국 도착시점(공장입고) - 26.1.31.〉

(BS)			
[자산]		[부채]	
원재료	100	[자본]	
미착품	100		
미착품	△100	Total	

미착품으로 인식한 재고자산이 공장이 입고되면, 그 시점에 미착품을 원재료로 대체하는 회계처리를 수행한다. 이 시점이 회사의 재고수불부 중 원재료수불부에 원재료 입고를 인식하는 시점이다.

* 따라서 미착품 계정과목은 선적지 인도조건에서만 가능하고, 도착지 인도조건에는 미착품이라는 계정과목이 존재하지 않는다.

CHAPTER 5-4

사례별 설계운영평가 - 생산/재고 프로세스

01 생산/재고 프로세스 주요 계정과목

생산/재고 프로세스와 관련된 재무제표 계정과목은 아래 예시로 대표될 수 있다.

내부회계관리제도의 목적인 재무제표의 왜곡표시위험을 감소하기 위한 통제활동이 필요한데, 그 이전에 각 재무제표 계정과목에 어떠한 왜곡표시위험이 파악하는 것이 우선시된다.

생산/재고 프로세스 예시 재무제표(제조업 가정)

재무상태표 (BS)			
[자산]		[부채]	
원재료	1,000		
원재료	(500)		
재공품	2,000		
재공품	(1,000)		
제품	1,000	[자본]	
제품	(500)		
포괄손익계산서 (PL)			
[비용]		[수익]	
매출원가	500		

생산/재고 프로세스 관련 기본 회계처리 내용은 다음과 같다.

[생산/재고 관련 기본 회계처리 사례]

생산/재고 관련 기본 회계처리는 다음과 같다.

202x년 1월 1일(원재료 입고)

(차변)		(대변)	
원재료	1,000	매입채무	1,000

202x년 1월 1일(노무비 발생)

(차변)		(대변)	
급여(제조)	500	미지급금	500

202x년 1월 1일(제조경비 발생)

(차변)		(대변)	
전기료(제조)	1,000	미지급금	1,000

202x년 2월 1일(제조비용 투입 집계 – 당기총제조원가)

(차변)		(대변)	
재공품	2,000	원재료	500
		급여(제조)	500
		전기료(제조)	1,000

202x년 3월 1일(제품 완성)

(차변)		(대변)	
제품	1,000	재공품	1,000

202x년 4월 1일(제품 판매)

(차변)		(대변)	
매출원가	500	제품	500

02 생산/재고 프로세스 통제기술서(RCM) 예시

Sub-Process	Activity	Risk	Control
생산공정관리	원재료를 입고검사한다.	불량재고가 입고되어 재고자산이 왜곡표시될 위험	**원재료 입고검사 및 입고승인**
	작업일지와 작성지시서를 비교검토한다.	부정확한 작업지시로 인하여 납기지연, 클레임 등이 발생하여 재무적 손실이 발생할 위험	**작업지시서와 작업일지의 대조확인**
	등록된 입/출고를 검토한다.	실제 물량흐름과 재고수불부가 일치하지 않아 제품 및 재공품 원가계산 시 왜곡될 위험	**재공품 입고 승인/제품 입고 승인**
재고관리	재고실사를 수행한다.	실제재고자산 수량과 수불부상 재고수량이 일치하지 않아 재고자산이 왜곡될 위험	**재고실사의 실시**
	재고실사를 수행한다.	장기체화 재고에 대한 평가가 이루어지지 않을 경우 재고자산 금액에 대한 왜곡표시 위험	**장기체화 재고현황의 조사 및 처리방안 승인**
재고자산 평가	재고자산 평가를 수행한다.(저가법)	재고자산 평가가 왜곡될 위험	**재고자산 순실현가능가치 평가내역에 대한 검토(MRC)**
외주가공관리	외주가공비를 지급한다.	실제 외주가공 없이 임의로 외주가공비가 계상될 위험	**외주가공비 정산내역 대조확인**
원가관리	시스템에서 원가계산을 수행한다.	시스템상 원가 계산이 정확하지 않아 손익이 왜곡될 위험	**원가 배부의 적정성 검토**

03 생산/재고 프로세스 관련 주요 회계처리

3-1. 관련 K-IFRS 기업회계기준서

K-IFRS 기준서	주요 내용	내부회계 관련 주요 이슈
K-IFRS 1002호(재고자산)	• 재고자산 취득원가 인식(수량/단가) • 재고자산 순실현가능가치(NRV) 평가	• 재고자산 취득원가 인식(수량 이동 통제) • 재고자산 취득원가 인식(단가산정) • 재고자산 평가충당금 검토 통제(MRC)

3-2. 재고자산 단위원가 평가방법

재고자산의 수량과 단가를 측정하는 방식은 다음으로 구분된다.

- 단가 – 선입선출법, 후입선출법, 평균법
- 수량 – 계속기록법, 실지재고조사법

(1) 재고자산 수량 기록방법

구분	개념	특징	사례
계속기록법 (Perpetual Inventory System)	재고의 입출고가 발생할 때마다 장부에 즉시 기록하는 방식 **(기초재고+매입 −매출원가=기말재고)**	• 재고의 변동을 항상 실시간으로 파악 가능 • ERP 시스템(SAP, Oracle 등)을 이용 • 실사 시 실제수량과 장부수량의 일치 여부를 확인(차이가 있으면 조정 필요)	㈜ABC는 ERP를 통해 원재료 입고 시마다 자동으로 재고수량이 증가하고, 출고 시마다 감소되도록 관리함. 결산 시점에는 ERP 잔액과 실물재고를 대조하여 조정분을 반영함
실지재고 조사법 (Periodic Inventory System)	회계기간 종료 시 실제로 재고를 실사하여 잔액을 확정하는 방식 **(기초재고+매입 −기말재고=매출원가)**	• 장부상으로는 수량을 상시 파악하기 어려움 • 재고조사 결과를 통해 매출원가를 역산 • 단순한 거래구조의 회사에서 많이 사용	소매업체 A사는 매월 말 또는 분기 말에 직원들이 매장 내 재고를 직접 세어 재고수량을 파악함. 매출원가는 다음과 같이 역산함

실무적으로는 내부회계관리제도를 운영하는 상장법인 중 재고자산을 보유하는 회사들은 재고시스템을 보유하고 있기 때문에, 대부분 계속기록법으로 재고 수량을 기록한다.

계속기록법으로 재고수량을 기록하는 회사는 계산에 의한 재고수불부상의 기말재고수량이 실제 재고자산수량과 일치하는지 여부를 확인하기 위해 기말에 '재고실사(physical count)'라는 중요한 통제활동을 수행한다.

(2) 재고자산 단가산정 방법

구분	개념	특징
선입선출법(FIFO)	먼저 매입된 재고부터 먼저 판매된다고 가정	• 물가 상승 시 매출원가는 낮고 이익은 높음 • 기말재고는 최근 단가(높은 단가)로 평가
후입선출법(LIFO)	나중에 매입된 재고부터 먼저 판매된다고 가정	• 물가 상승 시 매출원가가 높고 이익은 낮음 • K-IFRS에서 허용하지 않음
평균법(Weighted Average)	매입 시점마다 단가를 평균 내어 적용	• 가격 변동의 영향을 완화 • 이동평균법(계속기록법) 또는 총평균법(실지조사법)으로 구분

재고자산 단가산정방법은 기초재고(10원)와 입고(매입 등) 재고자산(100원) 합계인 110원을 재고자산이 출고(판매)와 기말재고자산에 어떤 순서로 판매되는지 가정을 하는 것이다. 각 재고자산별로 일일이 추적하는 개별법이 가능하나, 소품종 대량생산의 경우에는 개별법으로 추적하는 것보다 일정한 가정을 하는 것이 정보의 생산비용보다 정보의 효익이 크다고 볼 수 있다.

K-IFRS에서는 후입선출법(LIFO)를 허용하지 않고 있으며, 일반적으로 평균법(WAM)을 가장 많이 사용하고, 일부 회사는 선입선출법(FIFO)을 적용하여 단가산정하고 있다.

3-3. 재고자산 평가

순실현가능가치(NRV : Net Realizable Value)는 통상적인 영업과정의 예상 판매가격에서 예상되는 추가 완성원가와 판매비용을 차감한 금액을 말한다.

다음의 경우에는 재고자산의 원가를 회수하기 어려울 수 있다.

(1) 물리적으로 손상된 경우
(2) 완전히 또는 부분적으로 진부화된 경우
(3) 판매가격이 하락한 경우
(4) 완성하거나 판매하는 데 필요한 원가가 상승한 경우

재고자산을 취득원가 이하의 순실현가능가치로 감액하는 저가법은 자산의 장부금액이 판매나 사용으로부터 실현될 것으로 기대되는 금액을 초과하여서는 아니 된다는 견해와 일관성이 있다.

재고자산을 순실현가능가치로 감액하는 저가법은 항목별로 적용한다. 그러나 경우에 따라서는 서로 비슷하거나 관련된 항목들을 통합하여 적용하는 것이 적절할 수 있다.

완성될 제품이 원가 이상으로 판매될 것으로 예상하는 경우에는 그 생산에 투입하기 위해 보유하는 원재료 및 기타 소모품을 감액하지 아니한다.

매 후속기간에 순실현가능가치를 재평가한다. 재고자산의 감액을 초래했던 상황이 해소되거나 경제상황의 변동으로 순실현가능가치가 상승한 명백한 증거가 있는 경우에는 최초의 장부금액을 초과하지 않는 범위 내에서 평가손실을 환입한다.

예시 재고자산 저가법

[개요]

회사의 20x1년 기말 재고자산 저가법 평가 이전의 장부금액의 현황은 다음과 같다.

과목	취득원가	평가충당금	장부금액
제품	100,000	(10,000)	90,000
재공품	100,000	−	100,000
원재료	100,000	−	100,000
합계	300,000	(10,000)	290,000

재고자산 중 제품수불부에 기초한 기말 제품의 저가법 평가 결과는 다음과 같다.

품목	취득원가(a)	판매예상금액	추가판매비용	NRV(b)	차이(a−b)
제품 A	20,000	24,000	2,000	20,000	2,000
제품 B	30,000	20,000	2,000	18,000	(12,000)
제품 C	50,000	52,000	5,000	47,000	(3,000)
제품 소계	100,000	94,000	9,000	83,000	(15,000)

[회계처리]

재고자산 저가법 평가 결과, 제품만 평가손실의 변동이 발생하였으며, 기말 결산조정사항은 다음과 같다.

20x1년 12월 31일(기말 결산조정)

(차변)		(대변)	
제품평가손실 (매출원가)	5,000	제품평가충당금	5,000

상기 결산조정 반영 후 재무제표의 재고자산 구성내역은 다음과 같이 변경된다.

과목	취득원가	평가충당금	장부금액
제품	100,000	(15,000)	85,000
재공품	100,000	−	100,000
원재료	100,000	−	100,000
합계	300,000	(15,000)	285,000

20x2년 말 상기 재고자산 평가 결과, 제품 평가충당금 잔액이 5,000원인 경우, 다음과 같이 결산조정 회계처리한다.

- 20x2년 12월 31일(기말 결산조정)

(차변)		(대변)	
제품평가충당금	10,000	제품평가손실환입 (매출원가 차감)	10,000

사례2 **재고자산 평가충당금 검토통제(MRC)**

1. 통제 설명
2. 통제 설계의 효과성 테스트
3. 통제 운영의 효과성 테스트
4. 잔여기간에 대한 테스트

1. 통제 설명

통제 설명 영역은 평가대상이 되는 통제활동에 대한 요약(summary)이다.

통제 설명						
통제 요약						
통제 번호	Description	통제수행팀	통제수행자	통제 유형	통제 빈도	관련 Application
C.10.10.01	**재고자산 평가충당금 검토(MRC)**	회계팀	이순신 팀장	수동통제	분기	
통제활동에 대한 설명	제품 순실현가능가치(NRV) 평가를 매 결산기마다 재무팀 담당자가 계산하여 산출하고 있다. 이 산출내역에 대해 상위권자가 계산내역을 검토한다. 1. NRV 평가 산출식 계산결과 검증 2. 판매가능액 영업데이터와의 일치 여부 검증 3. 판매부대비용 계산내역 결과 검증					
통제의 출발점(baseline)	**202x.x.xx**					

통제가 대처하는 왜곡표시의 원천(WCGW)				
관련 위험 번호	Description	재무제표 계정	경영진 주장	
R.XX.1	재고자산 평가가 왜곡될 위험	재고자산	평가	

2. 통제 설계의 효과성 테스트

통제 설계의 효과성 테스트		
설계 테스트의 수행		
설계 테스트의 성격	■ 질문 □ 관찰 ■ 문서검사 □ 추적조사	
설계 테스트 절차	1. 재고자산 MRC 체크리스트가 존재하는지 확인함(문서검사) 2. 통제담당자(재무팀장)가 MRC 체크리스트를 이해, 활용하는지를 질문하였으며, 통제담당자가 재고자산 NRV Test 계산을 수행하는 재무팀 직원의 평가내역을 MRC 체크리스트를 통해 체크하고 있음을 확인함(질문)	
입수한 증빙	**재고자산 평가 MRC 체크리스트**	

통제수행에 기업이 생성한 정보(IPE)를 사용하는가?	Yes			
IPE 목록	**재고자산 평가 계산파일**			
IPE의 정확성과 완전성을 확인하는 통제에 대하여 기술하고, 해당 통제를 어디서 테스트 하였는지 테스트 결과는 무엇인지 기술	회사의 재고자산 평가 계산파일을 입수하여, 해당 내역(재고자산수불부 금액과의 일치, 판매가격, 판매부대비용 등)이 각 기간(분기)별 실제 회사의 재고자산 및 평가손실 금액과 일치함을 확인함			
설계의 효과성에 대한 결론	효과적(effective)			
발견된 예외사항의 평가 및 결론 도출(해당 시)				

통제실패위험(Risk of faulure)	
통제실패위험 평가 절차와 고려사항	
재고자산(제품, 원재료 등) 순실현가능가치 평가내역에 대한 검토(MRC) 통제활동은 재고자산 평가충당금의 왜곡가능성이 재무제표에 미치는 영향과 추정, 판단의 과정을 통해 생성되는 재무정보이므로 관련 통제위험은 높다고 판단됨	
통제실패위험 평가 결과	높음

* 재고자산 평가충당금 MRC 체크리스트

예시 Management Review Control_Checklist : 재고자산 평가충당금

분류	Code	점검항목	점검내용	Source	검토 수행 여부	검토 결과
평가대상 재고자산의 완전성	M-01	재고자산 분류별 평가대상 재고자산 구분	회사의 재고자산은 분류별로 구분하여 관리되고 있으며, 이 재고자산이 모두 저가법에 따른 평가대상인지 확인한다. 만약, 평가대상에 해당되지 않은 재고자산의 분류가 있다면 평가에서 제외되는 이 재고자산의 분류와 제외되는 사유에 대한 근거를 검토한다.			
	M-02	수불부상 재고자산 금액과 평가충당금 계산파일 금액 일치여부	수불부상 평가대상 재고자산의 금액*1과 재고평가충당금계산서상의 평가대상 재고자산의 금액*2이 일치하는지를 확인한다. 이 때 재고평가충당금계산내역서에는 원가차이까지 같이 고려되므로 수불부와는 표준원가와의 일치를 확인하며, 원가차이는	- 재고평가충당금 계산내역서		

분류	Code	점검항목	점검내용	Source	검토 수행 여부	검토 결과
		확인	시산표상 원가차이 잔액과 일치하는지를 확인한다. *1 수불부상 평가대상 재고자산의 금액 : 표준원가 *2 재고평가충당금계산서상의 평가대상 재고자산의 금액 : 표준원가 + 배부된 재고자산 유형별 원가차이	- 재고자산수불부 - 시산표상 평가 대상 재고자산의 원가차이 금액		
평가대상 재고자산의 순실현 가능 가치의 추정	M-03	NRV(순실현 가능가치) 평가대상별 순실현가능 가치 구분	평가대상 재고자산의 보유목적에 따라 순실현가능가치가 산정되었는지 검토한다. 순실현가능가치는 추정된 판매가격에서 판매에 이르기까지 추가적으로 투입될 비용을 차감하여 산정하며, 원재료 등은 현행대체원가로 순실현가능가치를 산정할 수 있다.	- 재고평가충당금 계산내역서		
	M-04	NRV(순실현 가능가치) 예상 판매가격 산정	재고평가충당금계산내역서상의 순실현가능가치 산정 시의 판매가격은 추정일 현재 사용가능한 가장 신뢰성 있는 증거로서 최근보고기간의 판매실적에 따른 가격자료 또는 마케팅으로부터 입수한 판매가격자료 등에 일치하는지 확인한다.	- 재고평가충당금 계산내역서 - 가격자료(최근보고기간의 판매실적에 따른 품목단위당 가격자료, 마케팅그룹으로부터 입수하는 평가대상 재고자산의 품목별 단위당 판매가격 자료 등)		
	M-05	NRV(순실현 가능가치) 예상 판매비용 산정	단위당 판매부대비용은 추정일 현재 사용가능한 가장 신뢰성 있는 증거로서 최근 보고기간(예 : 12월)의 시산표상 판매비(운반비 제외)를 최근 보고기간(예 : 12월)의 수불부상 매출수량으로 나누어서 단위당 판매부대비용을 산정하였는지 확인한다.	- 재고평가충당금 계산내역서		
평가대상 재고자산의 평가손실 계산의 정확성	M-06	평가충당금 계산의 정확성 검증	재고평가충당금계산서의 각 계산이 정확하게 계산되었는지 재계산한다. 재계산 결과 차이가 발생하지 않아야 한다.	- 재고평가충당금 계산내역서		

3. 통제운영의 효과성 테스트

<table>
<tr><td colspan="5">통제운영의 효과성 테스트</td></tr>
<tr><td colspan="5">운영 테스트의 성격, 시기, 범위 결정</td></tr>
<tr><td>테스트 대상 기간</td><td colspan="4">202X년 1월 1일~9월 30일</td></tr>
<tr><td>테스트 시기</td><td>202X년 10월 X일</td><td>기중 테스트 방법</td><td colspan="2">기중일자 결론</td></tr>
<tr><td>통제테스트의 성격</td><td colspan="4">■ 질문 □ 관찰 ■ 문서검사 □ 재수행</td></tr>
<tr><td>통제테스트 절차</td><td colspan="4">1. 재고자산 순실현가능가치 평가 검토(MRC) 체크리스트 전체 1Q~3Q 중 샘플링을 통해, 202X.2Q 및 3Q에 대한 체크리스트를 더존시스템을 통해 무작위 추출한 결과, 202X.2Q 및 3Q가 샘플링됨
2. 샘플링된 202X.2Q 및 3Q의 재고자산 순실현가능가치 평가 검토(MRC) 체크리스트에 대해 통제담당자가 적절하게 체크 후 문서화하였는지를 확인함(문서검사)</td></tr>
<tr><td>모집단 정의</td><td colspan="4">재고자산 순실현가능가치 평가 검토(MRC) 체크리스트(3개)</td></tr>
<tr><td>모집단의 완전성을 확인하기 위해 수행한 절차</td><td colspan="4">회사의 분기별 재고자산 순실현가능가치 평가 검토(MRC) 체크리스트의 존재 여부를 확인함</td></tr>
<tr><td>통제 주기 또는 빈도 수</td><td>분기</td><td>표본의 규모</td><td>2</td><td></td></tr>
<tr><td colspan="5">통제수행자의 권한과 적격성</td></tr>
<tr><td>통제수행자</td><td>이순신 팀장</td><td colspan="2">통제를 수행하는 사람이 통제를 효과적으로 수행하는 데 필요한 권한과 적격성을 갖추었는지?</td><td>Yes</td></tr>
<tr><td>통제수행자의 권한과 적격성에 대한 추가 설명(필요시)</td><td colspan="4">통제수행자는 입사 1년 미만자이긴 하나, 회계업무에서 10년 이상 근무하였으며, 해당 업무에 대해 충분히 이해하고 있으며 해당 업무의 요구사항이 무엇인지 명확히 파악하고 있음

통제수행자는 회계팀장으로서 해당업무에 대해 검토할 수 있는 권한을 보유하였음</td></tr>
<tr><td colspan="5">테스트 결과</td></tr>
<tr><td colspan="5">통제테스트 결과를 아래에 문서화하거나 해당 조서를 참조합니다.</td></tr>
</table>

순번	표본 추출 일자	Reference	내용	결과	비고
1	202X년 3월	202X.2Q 체크리스트	202X.2Q 재고자산 NRV 테스트 검토(MRC) 체크리스트를 입수 확인한 결과, 평가대상 재고자산의 완전성, 평가대상 재고자산의 순실현가능가치의 추정, 평가대상 재고자산의 평가손실 계산의 정확성 등을 검토한 결과, 재무팀장의 검토 통제활동이 효과적으로 운영되고 있음을 확인함	예외사항 없음	
2	202X년 8월	202X.3Q 체크리스트	202X.3Q 재고자산 NRV 테스트 검토(MRC) 체크리스트를 입수 확인한 결과, 평가대상 재고자산의 완전성, 평가대상 재고자산의 순실현가능가치의 추정, 평가대상 재고자산의 평가손실 계산의 정확성 등을 검토한 결과, 재무팀장의 검토 통제활동이 효과적으로 운영되고 있음을 확인함	예외사항 없음	
3					

발견된 예외사항의 식별과 평가					
상기 절차의 수행 및 입수한 증거에 따라 예외사항이 발견되었는가?	No				
발견된 예외사항이 모집단을 대표하지 않는 것으로 판단되는가?					
발견된 예외사항이 모집단을 대표하지 않는 것으로 판단한 근거 및 이를 뒷받침하는 증거					
발견된 예외사항이 모집단을 대표하지 않는다고 판단한 경우, 표본을 확대하여 테스트를 수행하였는가?					
어떻게 표본을 확대하였는지, 확대 테스트의 결과는 어떠한지 문서화					
발견된 예외사항이 모집단을 대표하여 미비점에 해당하는지에 대한 최종 결론 및 근거					
운영의 효과성에 대한 결론	효과적(effective)				

4. 잔여기간에 대한 테스트

잔여기간에 대한 테스트(roll-forward)	
잔여기간에 대한 추가 증거를 결정하기 위한 위험요소에 대한 고려	
9월말 기준 테스트 결과 통제는 효과적으로 운영되고 있으며 통제 운영 효과성에 대한 충분한 증거가 입수되었음. 잔여기간이 3개월로 상대적으로 길지 않고, 잔여기간 동안 회사의 매출 구조나 통제 운영에 유의적인 변동이 없음 따라서 통제가 잔여기간 동안 효과적이지 않을 위험이 높지 않음. 잔여기간에 대해 질문과 제한적인 문서 검사를 수행함	
잔여기간 테스트의 수행	
잔여기간 테스트 대상 기간	202X년 10월 1일~12월 31일
잔여기간 테스트의 성격	■ 질문 □ 관찰 □ 문서검사 □ 재수행 □ 추가 표본 테스트
통제테스트 절차	회계팀장에게 202X년 4Q의 재고평가충당금 검토통제를 수행하였는지 질문하고, 202x년 1-3Q기간 대비 프로세스, 조직, 또는 통제수행자이 변동이 있었는지를 질문함
통제테스트 결과	202x년 1-3Q기간 대비 202x년 4Q기간 동안 프로세스, 조직 또는 통제수행자의 변동이 없다는 답변을 받고, 확인함

잔여기간에 대해 세부 표본테스트를 수행하는 경우 테스트 절차와 결과	
모집단 정의	
모집단의 완전성을 확인하기 위해 수행한 절차	해당사항 없음
표본의 규모	

테스트 결과
통제테스트 결과를 아래에 문서화하거나 해당 조서를 참조합니다. 해당사항 없음

순번	표본 추출 일자	Reference	내용	결과	비고

발견된 예외사항의 식별과 평가	
잔여기간 테스트 수행 결과 예외사항이 발견되었는가?	No
발견된 예외사항이 모집단을 대표하지 않는 것으로 판단되는가?	
발견된 예외사항이 모집단을 대표하지 않는 것으로 판단한 근거 및 이를 뒷받침하는 증거	
발견된 예외사항이 모집단을 대표하지 않는다고 판단한 경우, 표본을 확대하여 테스트를 수행하였는가?	
어떻게 표본을 확대하였는지, 확대 테스트의 결과는 어떠한지 문서화	
발견된 예외사항이 모집단을 대표하여 미비점에 해당하는지에 대한 최종 결론 및 근거	
잔여기간 테스트의 결론	효과적(effective)

〈통제운영테스트 세부내용 문서화〉

재고자산 평가충당금 검토통제의 통제운영 평가 시, 재고자산 평가충당금 검토 체크리스트(MRC) 항목별 예시는 다음과 같다.

〈평가대상 재고자산의 완전성〉

■ M-01. 재고자산 분류별 평가대상 재고자산 구분

회사의 재고자산은 분류별로 구분하여 관리되고 있으며, 이 재고자산이 모두 저가법에 따른 평가대상인지 확인함
평가대상에 해당되지 않은 재고자산의 분류의 경우 평가에서 제외되는 이 재고자산의 분류와 제외되는 사유에 대한 근거를 검토함

〈재고자산 장부(명세)〉

구분	당기말			전기말		
	취득원가	평가충당금	장부금액	취득원가	평가충당금	장부금액
원재료	10,000		10,000	9,000	(1,000)	8,000
재공품	250		250	200		200
제품	98,000		98,000	80,000	(3,820)	76,180
저장품	2,000		2,000	2,200		2,200
미착품	3,000		3,000	2,000		2,000
합계	113,250		113,250	93,400	(4,820)	88,580

- 원재료, 제품: NRV 평가대상임
- 재공품: 회사의 제조공정은 원재료 투입 후 재공과정이 매우 짧기 때문에 재공품 재고금액 자체가 소액임. 따라서, 재공품에 대해서는 NRV 평가대상에서 제외함
- 저장품: 저장품은 판매목적 보유 재고자산이 아니므로 NRV 평가대상에서 제외함(단, 물리적인 진부화 등의 저장품이 존재하는 경우 평가손실을 인식할 필요 있음)
- 미착품: 미착품은 모두 미착원재료로서, 선적지인도조건(CIF 등)으로 운송 중인 재고자산으로, NRV평가대상에서 제외함

■ M-02. 수불부상 재고자산 금액과 평가충당금 계산파일 금액 일치 여부 확인

재고수불부상 평가대상 재고자산의 금액과 재고자산평가충당금 계산서상의 평가대상 재고자산의 금액이 일치하는지를 확인함

〈재고자산수불부〉

구분	당기말			전기말		
	취득원가	평가충당금	장부금액	취득원가	평가충당금	장부금액
원재료	10,000		10,000	9,000	(1,000)	8,000
제품	98,000		98,000	80,000	(3,820)	76,180

• 재고자산평가충당금 계산서(엑셀) 금액이 일치함을 확인함

〈평가대상 재고자산의 순실현가능가치의 추정〉

■ M-03. NRV(순실현가능가치) 평가대상별 순실현가능가치 구분

평가대상 재고자산의 보유목적에 따라 순실현가능가치가 산정되었는지 검토함. 순실현가능가치는 추정된 판매가격에서 판매에 이르기까지 추가적으로 투입될 비용을 차감하여 산정하며, 원재료 등은 현행대체원가로 순실현가능가치를 산정함.

〈재고수불부〉

구분	당기말			전기말		
	취득원가	평가충당금	장부금액	취득원가	평가충당금	장부금액
원재료	10,000		10,000	9,000	(1,000)	8,000
제품	98,000		98,000	80,000	(3,820)	76,180

• 재고자산평가충당금 계산서(엑셀) 금액이 일치함을 확인함

■ M-04. NRV(순실현가능가치) 예상 판매가격 산정

재고평가충당금 계산서상의 순실현가능가치 산정 시의 판매가격은 추정일 현재 사용가능한 가장 신뢰성 있는 증거로서 최근보고기간의 판매실적에 따른 가격자료 또는 마케팅부서로부터 입수한 판매가격자료 등에 일치하는지 확인함

〈재고평가충당금 계산서(엑셀)〉

제품 CODE	제품수불부			순실현가능가치(NRV)					단가 차이	차이 금액
	원가	수량	금액	2026년 1월	2025년 12월	2025년 연평균	적용 판가	차감 후 적용판가		
K110	120	100	12,000	100	90	110	100	95	(25)	(2,500)
K111	100	10	1,000			150	150	143	43	425
K112	130	200	26,000	150		160	150	143	13	2,500
K113	140	100	14,000	120		140	120	114	(26)	(2,600)
K114	120	150	18,000	150		180	150	143	23	3,375
K115	60	400	24,000		80	100	80	76	16	6,400
K116	150	20	3,000		120	130	120	114	(36)	(720)
Total	**117**	**980**	**98,000**	**150**	**120**	**139**	**124**	**118**	**1**	**(5,820)**

- 각 제품 code 품목별로 순실현가능가치(NRV) 산정에 필요한 판매가격 정보의 적정성을 확인함
- 판매가격은 (1순위) 2026년 1월 판매가격 정보가 존재하는 경우, 없으면 (2순위) 2025년 12월 판매가격 정보를 활용, 없으면 (3순위) 2025년 연평균가격 정보를 활용하여 가장 신뢰성 있는 판매가격 정보를 예상판매가격으로 적용함
- 해당 판매가격 정보를 영업팀으로부터 입수하였으며, 이 중 일부 품목(K112 제품의 2026년 1월 판매가격 정보, K116 제품의 2025년 12월 판매가격 정보)을 샘플링하여, 해당 품목의 판매가격을 확인할 수 있는 세금계산서, 거래명세서 등을 입수하여 금액(판매가격)의 정확성을 확인함
- '적용판가'는 1순위, 2순위, 3순위에 따라 가장 신뢰성 있는 판매가격부터 적용하도록 계산식이 산정되었으며, 이대로 '적용판가'가 적용되었는지를 확인함

■ M-05. NRV(순실현가능가치) 예상 판매비용 산정

단위당 판매부대비용은 추정일 현재 사용가능한 가장 신뢰성 있는 증거로서 최근 보고기간(예 : 12월)의 시산표상 판매비(운반비 제외)를 최근 보고기간(예 : 12월)의 수불부상 매출수량으로 나누어서 단위당 판매부대비용을 산정하였는지 확인한다.

〈재고평가충당금 계산서(엑셀)〉

제품 CODE	제품수불부			순실현가능가치(NRV)					단가 차이	차이 금액
	원가	수량	금액	2026년 1월	2025년 12월	2025년 연평균	적용 판가	차감 후 적용판가		
K110	120	100	12,000	100	90	110	100	95	(25)	(2,500)
K111	100	10	1,000			150	150	143	43	425
K112	130	200	26,000	150		160	150	143	13	2,500
K113	140	100	14,000	120		140	120	114	(26)	(2,600)
K114	120	150	18,000	150		180	150	143	23	3,375
K115	60	400	24,000		80	100	80	76	16	6,400
K116	150	20	3,000		120	130	120	114	(36)	(720)
Total	117	980	98,000	150	120	139	124	118	1	(5,820)

• 당기 NRV 추정 시 판매비용은 매출액의 **5%**로 적용한 것으로 확인함

• NRV 추정 시 예상판매비용은 판매비와관리비 항목 중 시산표 계정으로 운반비, 수출제비용, 판매수수료 3개의 계정과목의 합으로 산정함

• 실제 2025년 손익계산서상의 매출액 대비 증분판매비용(운반비, 수출제비용, 판매수수료)의 비율이 5%임을 확인함

• 재고평가충당금 계산서(엑셀)상의 '차감 후 적용판가'에 적용판가에서 증분판매비용 5%를 차감한 수식이 정확하게 계산하고 있는지를 검토함

〈평가대상 재고자산의 평가손실 계산의 정확성〉

■ M-06. 평가충당금 계산의 정확성 검증

재고평가충당금 계산서의 각 계산이 정확하게 계산되었는지 재계산한다. 재계산 결과 차이가 발생하지 않도록 확인하고, 회계처리가 적정한지 확인함

〈재고자산명세서〉

구분	당기말			전기말		
	취득원가	평가충당금	장부금액	취득원가	평가충당금	장부금액
원재료	10,000		10,000	9,000	(1,000)	8,000
제품	98,000	(5,820)	92,180	80,000	(3,820)	76,180

기말(2025년 말) 제품 평가충당금은 5,820원이 인식되어야 함
추가 2,000원에 대한 비용인식 회계처리는 적정함을 확인함

〈회계처리〉

2025년 12월 31일(결산조정)

(차변)		(대변)	
제품평가손실(매출원가)	2,000	제품평가충당금	2,000

CHAPTER 5-5

사례별 설계운영평가 - 유무형자산 프로세스

01 유무형자산 프로세스 주요 계정과목

유무형자산 프로세스와 관련된 재무제표 계정과목은 아래 예시로 대표될 수 있다.

내부회계관리제도의 목적인 재무제표의 왜곡표시위험을 감소하기 위한 통제활동이 필요한데, 그 이전에 각 재무제표 계정과목에 어떠한 왜곡표시위험이 파악하는 것이 우선시된다.

유무형자산 프로세스 예시 재무제표(제조업 가정)

재무상태표 (BS)			
[자산]		[부채]	
건설중인자산	2,000	미지급금	100
건설중인자산	(1,000)	리스부채	1,000
기계장치	1,000		
감상누	(200)		
기계장치	100	[자본]	
사용권자산	1,000		
영업권	5,000		
포괄손익계산서 (PL)			
[비용]		[수익]	
감가상각비	200		
수선비	300		
손상차손	500		

유무형자산 프로세스 관련 기본 회계처리 내용은 다음과 같다.

[유무형자산 관련 기본 회계처리 사례]

유형자산 관련 기본 회계처리는 다음과 같다.

202x년 1월 1일(건설중인자산 지출)

(차변)		(대변)	
건설중인자산	2,000	미지급금(현금)	2,000

202x년 2월 1일(건설중인자산 본계정대체)

(차변)		(대변)	
기계장치	1,000	건설중인자산	1,000

202x년 2월 28일(기계장치 감가상각)

(차변)		(대변)	
감가상각비(제조)	200	기계장치 감가상각누계액	200

202x년 3월 1일(기계장치 자본적지출)

(차변)		(대변)	
기계장치	100	미지급금(현금)	100

202x년 4월 1일(기계장치 수익적지출)

(차변)		(대변)	
수선비	300	미지급금(현금)	100

202x년 5월 1일(신규리스 개시)

(차변)		(대변)	
사용권자산	1,000	리스부채	1,000

202x년 12월 31일(유형자산 손상차손 인식)			
(차변)		(대변)	
유형자산손상차손	500	기계장치 손상차손누계액	400
		비품 손상차손누계액	100

02 유무형자산 프로세스 통제기술서(RCM) 예시

Sub-Process	Activity	Risk	Control
고정자산 취득관리	고정자산을 취득한다.	부적절한 유형자산의 구입이 이루어질 위험	**고정자산 취득 승인**
	취득이 완료되면 고정자산관리 프로그램에 자산을 등록한다.	본계정 대체가 적시에 이루어지지 않아 감가상각비 및 자산이 과대/과소 계상될 위험	**건설중인자산의 본계정대체 검토(대체 시점 및 미대체 포함)**
	차입원가 자본화를 계산한다.	자본화 차입원가 계산 오류로 자산취득원가 및 이자비용이 왜곡될 위험	**차입원가 자본화 계산파일 검토 및 승인**
감가상각관리	감가상각비를 계산한다.	감가상각비의 계산이 정확하지 않아 감가상각비가 왜곡될 위험	**감가상각비 자동계산(자동배부 포함)**
	내용연수, 잔존가치, 감가상각방법 추정 변경 여부를 검토한다.	감가상각비의 계산이 정확하지 않아 감가상각비가 왜곡될 위험	**내용연수, 잔존가치, 감가상각 방법 변경 여부에 대한 상위권자의 검토**
고정자산 유지보수관리	자본적지출을 자산 취득 처리한다.	자본적지출과 수익적지출의 분류 오류로 인하여 자산/비용이 과대 계상될 위험	**자본적지출/수익적지출 구분 적정성 적용 검토**
	고정자산을 담보 제공한다.	담보제공거래가 누락되어 주석상 담보계약이 누락될 위험	**은행연합회 자료와 담보제공자산 대조확인**
리스	리스회계처리를 수행한다.	리스거래가 누락되어 자산부채 인식이 누락될 위험	**리스계약 리스부채 인식 완전성 검토**
손상평가	손상징후를 검토한다.	손상차손이 왜곡될 위험	**손상징후 식별 결과에 대한 상위권자의 검토 및 승인(손상징후 체크리스트)**
	손상평가를 수행한다.	손상차손이 왜곡될 위험	**CGU 손상평가에 대한 상위권자의 검토 및 승인(MRC)**

03 유무형자산 프로세스 관련 주요 회계처리

3-1. 관련 K-IFRS 기업회계기준서

K-IFRS 기준서	주요 내용	내부회계 관련 주요 이슈
K-IFRS 1016호 (유형자산)	• 유형자산 취득 • 감가상각 • 후속측정(원가모형/재평가모형)	• 유형자산 취득 • 건설중인자산 본계정대체 • 감가상각 • 재평가모형으로 후속측정 시 FV(공정가치) 측정
K-IFRS 1038호 (무형자산)	• 무형자산 취득 • 감가상각 • 연구개발활동 인식	• 유형자산 취득 • 무형건설중인자산 본계정대체 • 감가상각 • 연구개발비 비용/자산 인식
K-IFRS 1040호 (투자부동산)	• 투자부동산 취득 • 감가상각 • 후속측정(원가모형/공정가치모형)	• 투자부동산 취득 • 공정가치모형으로 후속측정 시 FV(공정가치) 측정
K-IFRS 11116호 (리스)	• 리스 취득(리스 해당 여부) • 사용권자산/리스부채 인식 • 전대리스 등	• 리스 완전성 검토 • 리스부채 계산 정확성
K-IFRS 1020호 (정부보조금)	정부보조금(자산취득 또는 비용보전)	정부보조금 인식 회계처리
K-IFRS 1023호 (차입원가)	차입원가 자본화	차입원가 자본화 계산
K-IFRS 1036호 (자산손상)	• 손상징후 검토 • 종속기업 관계기업 손상 • 회수가능액 측정(순공정가치, 사용가치) • 영업권 손상	• 손상징후 검토 • 유무형자산(현금창출단위, CGU) 손상평가 검토(MRC) • 종속기업(관계기업) 투자주식 손상평가 검토(MRC)

3-2. 유형자산 최초인식

유형자산의 일반적인 거래흐름은 다음과 같다.

유형자산 취득 → 감가상각 → 처분 → 손상(추가 자본적지출/수익적지출 & 자산손상)

유형자산 취득 품의 프로세스를 통해 취득 승인을 하게 되면, 구매처와 계약 이후 대금지급 절차가 진행된다.

일반적으로 대금지급 절차는 계약금, 중도금, 잔금으로 이루어진다.

유형자산 취득을 위한 계약금, 중도금, 잔금 지출 시 건설중인자산으로 인식한다.

20x1년 12월 31일(건설중인자산 지출)

(차변)		(대변)	
건설중인자산	1,000	미지급금(또는 현금)	1,000

취득이 완료되면, 이 건설중인자산을 기계장치 등 본계정대체하게 된다. 본계정대체하면 토지를 제외한 유형자산은 감가상각을 수행한다.

3-3. 감가상각 개시시점

Sub-Process	Activity	Risk	Control
고정자산 취득관리	취득이 완료되면 고정자산관리 프로그램에 자산을 등록한다.	본계정 대체가 적시에 이루어지지 않아 감가상각비 및 자산이 과대/과소 계상될 위험	**건설중인자산의 본계정대체 검토 (대체 시점 및 미대체 포함)**

유형자산의 감가상각은 자산이 사용가능한 때부터 시작한다. 즉, 경영진이 의도하는 방식으로 자산을 가동하는 데 필요한 장소와 상태에 이른 때부터 시작한다. (K-IFRS 1016.유형자산 문단 55)

감가상각은 사용가능시점부터 개시한다. 따라서, 건설중인자산의 본계정 대체시점과 감가상각 개시시점은 동일한 시점이 되며, 이 건설중인자산의 본계정 대체시점(감가상각 개시시점)이 틀리면, 감가상각비 및 관련 유형자산의 장부금액의 왜곡이 발생한다.

건설중인자산의 본계정 대체시점(감가상각 개시시점)에 대한 검토가 중요한 통제활동이 된다. 회사는 각 기계장치 등의 사용가능 시점은 공장의 공무부서(엔지니어)의 검수보고서 등의 형태가 필요하다.

3-4. 감가상각 3요소

감가상각 3요소(내용연수, 잔존가치, 감가상각방법)

Sub-Process	Activity	Risk	Control
감가상각관리	내용연수, 잔존가치, 감가상각방법 추정의 적정성을 검토한다.	감가상각비의 계산이 정확하지 않아 감가상각비가 왜곡될 위험	**내용연수, 잔존가치, 감가상각방법 추정의 적정성에 대한 상위권자의 검토**

감가상각대상자산에 대해 감가상각을 수행하려면, 각 자산별로 내용연수, 잔존가치, 감가상각방법을 정해야 한다.

내용연수, 잔존가기, 감가상각방법(정액법 또는 정률법)은 모두 회계추정의 영역이다. (K-IFRS 도입 이전 2010년까지 K=GAAP 경우에는 감가상각방법은 회계정책의 영역이었다.)

감가상각방법은 자산의 미래경제적효익이 소비될 것으로 예상되는 형태를 추정하는 것이다.

감가상각 3요소(내용연수, 잔존가치, 감가상각방법)의 재검토

Sub-Process	Activity	Risk	Control
감가상각관리	내용연수, 잔존가치, 감가상각방법 추정 변경 여부를 검토한다.	감가상각비의 계산이 정확하지 않아 감가상각비가 왜곡될 위험	**내용연수, 잔존가치, 감가상각방법 변경 여부에 대한 상위권자의 검토**

유형자산의 잔존가치와 내용연수는 적어도 매 회계연도 말에 재검토한다. (K-IFRS 1016.유형자산 문단 51)

유형자산의 감가상각방법은 적어도 매 회계연도 말에 재검토한다. (K-IFRS 1016.유형자산 문단 61)

유형자산의 잔존가치와 내용연수는 적어도 매 회계연도 말에 재검토한다.

3-5. 자본적지출/수익적지출

Sub-Process	Activity	Risk	Control
고정자산 유지보수관리	자본적지출을 자산 취득 처리한다.	자본적지출과 수익적지출의 분류 오류로 인하여 자산/비용이과대 계상될 위험	**자본적지출/수익적지출 구분 적정성 적용 검토**

유형자산을 취득 이후, 후속적인 지출이 발생한 경우 이를 자본적지출(자산 인식) 또는 수익적지출(비용 인식)할지 여부를 결정하여야 한다.

일반적으로 회사는 회계정책서에 자본적지출/수익적지출의 구분기준으로 정해놓는다.

예를 들어, 유형자산의 후속지출이 개량/교체 등으로 미래경제적효익을 증가시키면 자본적지출, 단순한 수선/유지 지출이면 수익적지출로 비용(수선비 등)으로 인식하게 하도록 정해놓는다.

법인세법상 자본적지출/수익적지출 규정에 의해 300만원 미만의 지출은 수익적지출로 인식하게 정하는 경우도 있다.

만약 자본적지출/수익적지출의 구분 오류가 발생하면 회사 재무제표가 왜곡될 가능성이 높아진다. 일반적으로 이 재무제표 왜곡가능성을 감소시키기 위해 자본적지출/수익적지출 내역을 주기적으로 상위권자가 검토하는 통제활동이 필요하다.

〈올바른 예〉

A사는 자본적지출/수익적지출은 유형자산의 후속지출 시점에 모두 수선비로 비용인식한다. 이후 매 결산기(월 또는 분기) 단위로 그간의 수선비 계정을 검토하고, 이 중 자본적지출의 정의를 충족하는 경우 기계장치 등 본계정에 자산으로 인식하는 대체전표를 생성한다.

〈잘못된 예〉

자본적지출과 수익적지출을 구분하는 회계처리가 잘못된 예시는 다음과 같다.

예시 기계장치 보조원장(장부)

일자	적요	차변	대변	잔액	비고
1.5	전기 이월	150,000,000		150,000,000	전기말 잔액
2.1	신규 설비 구입 (포장기계)	45,000,000		195,000,000	자본적 지출
3.15	생산라인 자동제어 장치 설치	20,000,000		215,000,000	자본적 지출
4.5	**정기점검 및 오일교체비용**	**3,000,000**		**218,000,000**	⚠ 수익적 지출이나 자산 처리(오류)
5.2	설비 성능 개선 (속도 향상)	8,000,000		226,000,000	자본적 지출
8.1	제2공장 신규 기계 도입	40,000,000		271,000,000	자본적 지출
9.5	자동포장라인 증설	22,000,000		293,000,000	자본적 지출
10.15	기존 설비 안전센서 추가	6,000,000		299,000,000	자본적 지출
11.3	낡은 기계 처분		10,000,000	289,000,000	처분손익 별도
12.31	감가상각비 계상		28,900,000	260,100,000	정액법 기준

설명

회사는 자본적지출은 기계장치 본계정에 직접 자산으로 인식하고 있으나, 4월 5일자 '정기점검 및 오일교체비용'은 자본적지출이 아니라 수익적지출(수선비, 비용)에 해당하는 경우이다.

수선비 3,000,000원이 자산(기계장치)에 포함되어 있는지에 대한 검토가 필요한 상황이다.

3-6. 유형자산 후속측정(원가모형/재평가모형)

예시 유형자산 재평가모형 적용

[개요]

회사의 20x1년 유형자산의 현황은 다음과 같다.

• 회사는 유형자산 중 건물유형에 대해 후속측정모형으로 재평가모형을 선택하였다.
• 취득일 20x1년 초, 취득원가 50,000원, 내용연수 5년, 감가상각방법 정액법, 잔존가치 0원

구분	취득원가 (a)	감가상각비	감가상각 누계액 (b)	상각후 장부금액 (c=a−b)	공정가치 (d)	재평가차액 (c−d)
20x1년 초	50,000	10,000				
20x1년 말	50,000	10,000	10,000	40,000	50,000	10,000
20x2년 말	50,000	12,500	12,500	37,500	22,500	(5,000)
20x3년 말	50,000	7,500	12,500	15,000	25,000	10,000

20x1년 12월 31일(기말 감가상각비 인식)

(차변)		(대변)	
감가상각비	10,000	건물 감가상각누계액	10,000

20x1년 12월 31일(기말 재평가 - FV 50,000)

(차변)		(대변)	
건물 감가상각누계액	10,000	재평가잉여금	10,000

20x2년 12월 31일(기말 감가상각비 인식)

(차변)		(대변)	
감가상각비	12,500	건물 감가상각누계액	12,500

20x2년 12월 31일(기말 재평가 - FV 22,500)

(차변)		(대변)	
재평가잉여금	10,000	건물 감가상각누계액	15,000
재평가손실	5,000		

20x3년 12월 31일(기말 감가상각비 인식)

(차변)		(대변)	
감가상각비	7,500	건물 감가상각누계액	7,500

20x3년 12월 31일(기말 재평가 - FV 25,000)

(차변)		(대변)	
건물 감가상각누계액	10,000	재평가잉여금	5,000
		재평가이익	5,000

3-7. 정부보조금

예시 자산관련 보조금 회계처리

[개요]

회사의 20x1년 초 유형자산(기계장치)을 10,000원에 취득하였으며, 이에 대해 정부로부터 20%인 2,000원을 국고보조금으로 보조받았다.

- 내용연수 10년, 감가상각방법 정액법, 잔존가치 0원

(1) 이연수익으로 표시하는 방법

20x1년 1월 1일(취득 및 정부보조금 수령)

(차변)		(대변)	
기계장치	10,000	현금	10,000
현금	2,000	이연수익	2,000

20x1년 12월 31일(기말 감가상각)

(차변)		(대변)	
감가상각비	1,000	건물 감가상각누계액	1,000
이연수익	200	기타수익	200

(2) 관련 자산에서 차감하여 표시하는 방법

20x1년 1월 1일(취득 및 정부보조금 수령)

(차변)		(대변)	
기계장치	10,000	현금	10,000
현금	2,000	국고보조금 (기계장치 차감)	2,000

20x1년 12월 31일(기말 감가상각)

(차변)		(대변)	
감가상각비	1,000	건물 감가상각누계액	1,000
국고보조금 (기계장치 차감)	200	감가상각비	200

예시 수익관련 보조금 회계처리

[개요]

(1) 당기수익으로 표시하는 방법

20x1년 1월 1일(취득 및 정부보조금 수령)

(차변)		(대변)	
현금	2,000	기타수익	2,000

(2) 관련 비용에서 차감하는 방법

20x1년 1월 1일(취득 및 정부보조금 수령)

(차변)		(대변)	
현금	2,000	관련 비용	2,000

3-8. 차입원가 자본화

Sub-Process	Activity	Risk	Control
고정자산 취득관리	차입원가 자본화를 계산한다.	자본화 차입원가 계산 오류로 자산취득원가 및 이자비용이 왜곡될 위험	**차입원가 자본화 계산파일 검토 및 승인**

차입원가(borrowing cost)는 차입금 등에 대한 이자비용을 말한다. 회사는 차입금에 대한 이자비용이 발생하면 비용으로 인식한다. 이는 비용의 인식 원칙인 수익/비용 대응의 원칙에 의해 관련 수익이 실현되는 시점에 비용으로 인식해야 하는데, 이자비용은 관련 수익을 대응할 수 없기 때문에, 이러한 비용들은 발생 즉시 비용으로 인식하는 것이다.

회계팀의 급여가 생산팀 급여와 달리 관련 수익에 대응할 수 없기 때문에 발생 즉시 판매비와관리비의 비용(급여)으로 인식하는 것과 동일하다. 회계팀 급여와 달리 제품 제조에 기여하는 생산팀 인건비는 관련 수익에 대응이 가능하다. 생산을 통해 완성된 제품이 판매되는 시점에 관련 수익이 실현되는 것이다. 그래서, 제품 생산과 관련된 비용은 일단 자산(재고자산의 제품)으로 인식하고, 관련 수익이 실현되는 시점(판매시점)에 매출액에 대응하는 비용(매출원가)으로 인식하는 것이다. 이렇게 해야 기업의 경영성과를 보여주는 손익계산서의 목적에 부합하게 된다.

이자비용도 같은 논리이다. 이자비용은 관련 수익을 대응할 수 없기 때문에, 비용으로 인식하는 게 맞지만, 만약 관련 수익에 대응할 수 있다면 어떨까? 이 경우에는 제품으로 인건비를 일단 자산으로 인식하는 것과 동일하게 이자비용을 잠시 자산으로 인식하고 있다가, 관련 수익창출에 기여하는 시점에 비용화하는 것이 더 타당하다고 판단된다.

예시 차입원가 자본화

[개요]

회사의 차입금 및 투자 관련 내역은 다음과 같다.

- 회사는 올해 20x1년에 본사건물을 신축중에 있으며, 내년(20x2년) 6월에 완공 예정이다.
- 올해 관련 지출액은 100,000원이다.
- 회사는 상기 투자와 관련하여 A차입금을 차입하였으며, 기존 운영자금 목적 차입금 B, C가 존재한다.

차입금	차입액	차입기간	연이자율	연이자비용
특정차입금 A	80,000	20x1.1.1~20x2.12.31	10%	8,000
일반차입금 B	100,000	20x0.1.1~20x3.12.31	8%	8,000
일반차입금 C	150,000	20x0.1.1~20x4.12.31	8%	12,000
합계	330,000			28,000

[회계처리]

차입원가 자본화는 결산조정사항으로 차입원가 자본화 이전 차입금 및 이자비용 회계처리는 다음과 같다.

(차변)		(대변)	
건설중인자산	100,000	현금	100,000

(차변)		(대변)	
이자비용	28,000	현금	28,000

재무상태표(20x1년)

(단위 : 원)

과목	20x1년 말	20x0년 말
[자산]		
건설중인자산	100,000	–
[부채]		
장기차입금	330,000	–

포괄손익계산서(20x1년)

(단위 : 원)

과목	20x1년	20x0년
이자비용	28,000	–

[차입원가 자본화 계산]

1. 특정차입금 차입원가 자본화

   자본화 지출액 100,000원 중 특정차입금 80,000원이 전액 사용되었다고 본다.

   특정차입금 이자 8,000원 전액을 자본화한다.

2. 일반차입금 차입원가 자본화

   자본화 지출액 100,000원 중 특정차입금을 제외한 20,000원은 나머지 차입금(일반차입금 B, C)에서 평균적으로 사용되었다고 간주한다.

   관련 자본화 이자비용을 계산하기 위해 자본화 이자율을 산정한다. 자본화이자율은 특정차입금을 제외한 나머지 모든 차입금에서 발생된 차입원가를 가중평균하여 산정한다.

   * 자본화이자율 = 이자비용(8,000 + 12,000)/일반차입금(100,000 + 150,000) = 8.0%

   * 자본화가능차입원가 = 20,000(특정차입금 지출액 제외분) × 8.0%(자본화이자율) = 1,600원

3. 차입원가 자본화 반영

결산조정분개

(차변)		(대변)	
건설중인자산	9,600	이자비용	9,600

재무상태표(20x1년)

(단위 : 원)

과목	20x1년 말	20x0년 말
[자산]		
건설중인자산	109,600	–
[부채]		
장기차입금	330,000	–

포괄손익계산서(20x1년)

(단위 : 원)

과목	20x1년	20x0년
이자비용	18,400	–

3-9. 투자부동산 공정가치모형

예시 투자부동산 공정가치모형 적용

[개요]

회사의 20x1년 초 취득한 투자부동산의 현황은 다음과 같다.

• 회사는 투자부동산 중 건물유형에 대해 후속측정모형으로 공정가치모형을 선택하였다.

구분	평가 전 장부금액 (a)	공정가치 (b)	재평가액 (a–b)	평가 후 장부금액 (b)
20x1년 초	100,000			
20x1년 말	100,000	120,000	20,000	120,000
20x2년 말	120,000	70,000	(50,000)	70,000
20x3년 말	70,000	80,000	10,000	80,000

20x1년 12월 31일(기말 재평가 - FV 120,000)

(차변)		(대변)	
투자부동산	20,000	투자부동산평가이익 (기타수익)	20,000

20x2년 12월 31일(기말 재평가 - FV 70,000)

(차변)		(대변)	
투자부동산평가손실 (기타비용)	50,000	투자부동산	50,000

20x3년 12월 31일(기말 재평가 - FV 80,000)

(차변)		(대변)	
투자부동산	10,000	투자부동산평가이익 (기타수익)	10,000

3-10. 리스

사례 리스이용자 리스회계처리

㈜ABC는 2025년 1월 1일 현재 다음과 같은 리스계약을 유지하고 있다.

(단위 : 원)

중분류	소분류	리스계약명	임차료(월)	임차료(연)	회계처리
1. 부동산	사무실	A사무실	10,000	120,000	리스부채 인식
1. 부동산	매장	B매장	변동	34,000	변동리스료
2. 차량운반구	차량	대표이사 차량렌트	5,000	60,000	잔여리스기간 1년 미만
3. 기타	정수기	정수기	500	6,000	소액리스

㈜ABC는 상기 리스계약 중 소액리스(정수기)는 리스부채 인식면제 규정을 적용하여, 당기 비용처리하고 있으며, B매장 임대료는 변동리스료이므로 리스부채를 인식하지 아니하였으며, 대표이사 차량은 2025년 1월 1일 현재 리스기간이 1년 미만이라 단기리스와 동일하게 인식면제를 적용하였다. 즉, 회사는 A사무실에 대해서만 사용권자산/리스부채를 재무제표에 인식하였다.

상기 A사무실은 다음과 같은 리스계약조건이며, 2025년 1월 1일 현재 증분차입이자율(5%)로 산출한 결과 리스부채와 사용권자산은 326,790원이다.

리스개시일	리스종료일	리스기간	진행기간	잔여리스기간	총 리스부채
2025.1.1	2027.12.31	3년	0	3년	326,790

리스부채의 상각스케줄은 다음과 같다.

기간	리스료	이자비용	상각액	리스부채
0				326,790
1	120,000	16,340	103,660	223,130
2	120,000	11,157	108,843	114,287
3	120,000	5,713	114,287	–

사용권자산의 상각스케줄은 다음과 같다.

기간	상각비	사용권자산
0	–	326,790
1	108,930	217,860
2	108,930	108,930
3	108,930	–

㈜ABC의 회계처리는 다음과 같다.

2025년 1월 1일(리스개시일)

(차변)		(대변)	
사용권자산	326,790	리스부채(유동)	103,660
		리스부채(비유동)	223,130

2025년 12월 31일(기말)

(차변)		(대변)	
사용권자산상각비	108,930	사용권자산상각누계액	108,930
리스부채(유동)	103,660	현금	120,000
이자비용	16,340		

2025년 12월 31일(기말) - 리스부채 유동성대체

(차변)		(대변)	
리스부채(비유동)	108,843	리스부채(유동)	108,843

3-11. 현금창출단위 자산손상 손상차손 배분

예시

현금창출단위의 회수가능액이 600원인 경우

(단위 : 원)

구분	장부금액	손상차손	공정가치	손상차손 배분
영업권	300		–	300
건물	500		600	–
기계장치 A	100		–	50
비품 B	100		–	50
합계	1,000	400		400

상기 현금창출단위의 장부금액은 1,000원, 회수가능액이 600원이므로, 손상차손을 400원으로 인식한다.

손상차손은 우선 영업권에 300원을 배분한다.

나머지 손상차손 100원은 현금창출단위에 포함된 유형자산(건물, 기계장치 A, 비품 B)의 장부금액 비율로 안분한다.

다만, 유형자산 중 건물의 개별 공정가치(600원)가 장부금액(500원)을 초과하기 때문에, 건물에는 손상차손을 배분하지 않고, 손상차손 100원은 나머지 유형자산(기계장치 A, 비품 B)의 장부금액 비율로 안분한다.

회계처리는 다음과 같다.

(차변)		(대변)	
무형자산손상차손	300	영업권	300
유형자산손상차손	100	기계장치 손상차손누계액	50
		비품 손상차손누계액	50

사례3 손상징후 검토 통제

1. 통제 설명
2. 통제 설계의 효과성 테스트
3. 통제 운영의 효과성 테스트
4. 잔여기간에 대한 테스트

Key Point

유형자산(현금창출단위, CGU) 또는 종속기업투자주식의 손상평가는 손상징후가 있는 경우에만 한다. 따라서, 손상징후가 있는지 여부를 검토가 필요하다.
다만, 손상징후를 검토하는 것이 통제활동이 아니라 업무활동(Activity)이고, 손상징후를 검토한 결과가 적정한지를 검토하는 것이 통제활동(Control)이니, 반드시 구분 식별해야 한다.

〈관련 회계기준 내용〉

1. 자산손상의 기본구조

자산 중 매출채권 등의 손상 여부는 K-IFRS 1109호(금융상품)에 따라 평가 및 인식하고, 재고자산의 손상 여부는 K-IFRS 1002호(재고자산)에 따라 평가 및 인식한다.
이를 제외한 비유동자산들[대표적으로 유무형자산 및 종속기업(관계기업)투자주식]은 자산손상 여부를 어떻게 평가하고 인식하는지를 규정하고 있는 기준서가 K-IFRS 1036호(자산손상)이다.
다만, 유무형자산이건 종속기업(관계기업)투자주식이건 무조건 손상평가를 수행하는 것이 아니라, 손상의 징후가 있는 경우에만 손상평가를 수행한다.

K-IFRS 1036호(자산손상)에 따른 손상의 순서는 다음과 같다.

1단계. 손상징후 여부 검토
2단계. (손상징후 있다면) 손상평가 수행
3단계. (손상평가 결과 손상차손이 나오면) 손상차손 인식

예를 들어, (1단계) 유형자산(현금창출단위, CGU)이건 종속기업투자주식이건 손상징후 여부를 검토해서 손상징후가 있다고 결론이 나면, (2단계) 손상평가를 수행한다. (손상징후가 없으면 손상평가 하지 않음)

(3단계) 손상평가 결과 다음과 같이 마무리한다.

(Case 1)

A. 유형자산(현금창출단위, CGU) 또는 종속기업투자주식 장부금액 100원

B. 유형자산(현금창출단위, CGU) 또는 종속기업투자주식 회수가능액* 80원

손상차손 20원 인식(유형자산손상차손 또는 종속기업투자주식손상차손)

* 회수가능액 = max[순공정가치(처분부대원가를 뺀 공정가치), 사용가치)]

(Case 2)

A. 유형자산(현금창출단위, CGU) 또는 종속기업투자주식 장부금액 100원

B. 유형자산(현금창출단위, CGU) 또는 종속기업투자주식 회수가능액 120원

손상차손 인식 없음

2. 손상징후 검토

손상징후 검토는 유형자산(현금창출단위, CGU)과 종속기업(관계기업)투자주식이 다르다.

(1) 유형자산(현금창출단위, CGU)의 손상징후 검토는 아래의 7가지 지표를 '고려'하도록 요구하고 있다. [K-IFRS 1036(자산손상) 문단 12]

외부정보원천

(1) 회계기간 중에 자산의 가치가 시간의 경과나 정상적인 사용에 따라 하락할 것으로 예상되는 수준보다 유의적으로 더 하락하였다는 관측 가능한 징후가 있다.

(2) 기업이 영업하는 기술 · 시장 · 경제 · 법률 환경이나 해당 자산을 사용하여 재화나 용역을 공급하는 시장에서 기업에 불리한 영향을 미치는 유의적 변화가 회계기간 중에 일어났거나 가까운 미래에 일어날 것으로 예상된다.

(3) 시장이자율(그 밖의 시장투자수익률을 포함한다. 이하 같다)이 회계기간 중에 상승하여 자산의 사용가치를 계산할 때 사용하는 할인율에 영향을 미쳐 자산의 회수가능액이 중요하게 감소할 가능성이 높다.

(4) 기업의 순자산 장부금액이 기업의 시가총액보다 많다.

내부정보원천

(5) 자산이 진부화하거나 물리적으로 손상된 증거를 얻을 수 있다.

(6) 자산의 사용 범위나 사용 방법에서 기업에 불리한 영향을 미치는 유의적 변화가 회계 기간 중에 일어났거나 가까운 미래에 일어날 것으로 예상된다. 이 변화에는 자산의 유휴화, 자산을 사용하는 영업부문을 중단하거나 구조조정할 계획, 예상 시점보다 앞서 자산을 처분할 계획, 비한정 내용연수를 유한 내용연수로 재평가하기 등을 포함한다.

(7) 자산의 경제적 성과가 예상 수준에 미치지 못하거나 못할 것으로 예상되는 증거를 내부보고에서 얻을 수 있다.

중요

유형자산(현금창출단위, CGU)의 손상징후 검토는 상기 7가지 지표(외부정보원천 4가지, 내부정보원천 3가지)를 고려하도록 요구하고 있다.
따라서, 7가지 지표 중 1개 이상이면 징후가 있다거나, 7가지 지표 모두 충족하면 징후가 있다고 판단하거나 하는 규정은 없다.
또한, 7가지 지표들은 K-IFRS 1036호(자산손상) 기준서에서 원칙적으로 제시한 내용으로, 회사마다 이를 적용하기가 어렵다.
따라서, 유형자산(현금창출단위, CGU)의 손상징후 검토를 위해서는 K-IFRS 1036호(자산손상) 기준서의 제시내용을 구체적으로 '지표화'하여 실무적용 가능성을 높이는 것이 권고된다.

(2) 종속기업(관계기업)투자주식의 손상징후 검토는 아래의 1가지 지표를 '고려'하도록 요구하고 있다. [K-IFRS 1036(자산손상) 문단 12]

종속기업, 공동기업, 관계기업에서 받은(을) 배당금

(8) 종속기업, 공동기업, 관계기업에 대한 투자의 경우에 투자자는 그 투자에서 받은(을) 배당금을 인식하고 다음 중 하나의 증거를 얻을 수 있다.

㈎ 별도재무제표에 있는 투자의 장부금액이 연결재무제표에 있는 관련 영업권을 포함한 피투자자의 순자산의 장부금액을 초과한다.

㈏ 배당이 선언된 기간에 배당금이 해당 종속기업, 공동기업, 관계기업의 총포괄이익을 초과한다.

예시

(별도재무제표) 종속기업투자주식(S사) 100원
당기말 종속기업인 S사의 순자산 장부금액이 80원(자산 200원, 부채 120원)
이 경우, 별도재무제표에 있는 투자의 장부금액(100원)이 피투자자의 순자산 장부금액(80원)을 초과하므로, 해당 종속기업인 S사 투자주식은 손상징후가 있다고 판단된다.

(결론) 종속기업 S사에 대한 손상평가를 수행해야 한다.

1. 통제 설명

통제 설명 영역은 평가대상이 되는 통제활동에 대한 요약(summary)이다.

<table>
<tr><th colspan="8">통제 설명</th></tr>
<tr><th colspan="8">통제 요약</th></tr>
<tr><th>통제 번호</th><th colspan="2">Description</th><th>통제 수행팀</th><th>통제 수행자</th><th>통제 유형</th><th>통제 빈도</th><th>관련 Application</th></tr>
<tr><td>C.10.10.01</td><td colspan="2">손상징후 식별 결과에 대한 상위권자의 검토 및 승인 (손상징후 체크리스트)</td><td>회계팀</td><td>김유신 차장</td><td>수동통제</td><td>연단위</td><td></td></tr>
<tr><td>통제활동에 대한 설명</td><td colspan="7">회계팀 담당자는 CGU, 종속회사, 관계기업투자주식에 대한 손상징후가 발생하였는지에 대한 검토를 수행하고 회계팀장의 검토 및 승인을 득함(손상징후 체크리스트 작성, 검토)</td></tr>
<tr><td>통제의 출발점 (baseline)</td><td colspan="2">202x.x.xx</td><td colspan="5"></td></tr>
<tr><th colspan="8">통제가 대처하는 왜곡표시의 원천(WCGW)</th></tr>
<tr><th>관련 위험 번호</th><th>Description</th><th colspan="3">재무제표 계정</th><th colspan="2">경영진 주장</th><th></th></tr>
<tr><td>R.XX.1</td><td>비유동자산 손상차손이 왜곡될 위험</td><td colspan="3">유형자산/무형자산/종속기업투자주식</td><td colspan="2">평가(V)</td><td></td></tr>
</table>

2. 통제 설계의 효과성 테스트

통제 설계의 효과성 테스트			
설계 테스트의 수행			
설계 테스트의 성격	■ 질문 □ 관찰 ■ 문서검사 □ 추적조사		
설계 테스트 절차	1. 손상징후 평가 체크리스트가 존재하는지 확인하고, 손상징후 체크리스트가 K-IFRS 1036호(자산손상) 문단 9~문단 12의 손상징후 검토 시 고려사항이 누락 없이 포함되어 있는지를 확인함(문서검사) 2. 통제담당자가 해당 체크리스트를 이해, 활용하는지를 질문함(질문)		
입수한 증빙	**손상징후 체크리스트**		
통제수행에 기업이 생성한 정보(IPE)를 사용하는가?	No		
IPE 목록			
IPE의 정확성과 완전성을 확인하는 통제에 대하여 기술하고, 해당 통제를 어디서 테스트하였는지 테스트 결과는 무엇인지 기술			
설계의 효과성에 대한 결론	효과적(effective)		
발견된 예외사항의 평가 및 결론 도출(해당 시)			

통제실패위험(Risk of faulure)	
통제실패위험 평가 절차와 고려사항	
손상징후 식별 결과에 대한 상위권자의 검토 및 승인(손상징후 체크리스트) 통제에 대한 유의적인 통제위험은 없다고 판단됨	
통제실패위험 평가 결과	높음

* 손상징후 체크리스트

예시 손상징후 체크리스트 - 현금창출단위(CGU)

구분	no.	손상징후 (K-IFRS 1036.12)	지표	손상기준	징후 여부
외부정보 원천	1	(1) 회계기간 중에 자산의 가치가 시간의 경과나 정상적인 사용에 따라 하락할 것으로 예상되는 수준보다 유의적으로 더 하락하였다는 관측 가능한 징후가 있다.	동종업종 평균영업 이익률	1-1. 과거 3개년 동종업종 평균영업이익률 최저점 이하 하회	

<table>
<tr><th>구분</th><th>no.</th><th>손상징후
(K-IFRS 1036.12)</th><th>지표</th><th>손상기준</th><th>징후
여부</th></tr>
<tr><td rowspan="5"></td><td rowspan="3">2</td><td rowspan="3">(2) 기업이 영업하는 기술 · 시장 · 경제 · 법률 환경이나 해당 자산을 사용하여 재화나 용역을 공급하는 시장에서 기업에 불리한 영향을 미치는 유의적 변화가 회계기간 중에 일어났거나 가까운 미래에 일어날 것으로 예상된다.</td><td rowspan="3">사업환경의 불리한 변경</td><td>2-1. 새로운 경쟁자에 의한 시장에서의 과잉경쟁 여부</td><td></td></tr>
<tr><td>2-2. 경쟁자에 의한 더 좋고, 싼 생산기술의 개발 여부</td><td></td></tr>
<tr><td>2-3. 법률 개정으로 인한 회사 주요자산 사용의 제약 여부</td><td></td></tr>
<tr><td>3</td><td>(3) 시장이자율(그 밖의 시장투자수익률을 포함한다. 이하 같다)이 회계기간 중에 상승하여 자산의 사용가치를 계산할 때 사용하는 할인율에 영향을 미쳐 자산의 회수가능액이 중요하게 감소할 가능성이 높다.</td><td>국고채수익률</td><td>3-1. 국고채수익률 20% 이상 상승</td><td></td></tr>
<tr><td>4</td><td>(4) 기업의 순자산 장부금액이 기업의 시가총액보다 많다.</td><td>PBR</td><td>4-1. PBR 1 미만</td><td></td></tr>
<tr><td rowspan="7">내부정보 원천</td><td rowspan="2">5</td><td rowspan="2">(5) 자산이 진부화하거나 물리적으로 손상된 증거를 얻을 수 있다.</td><td rowspan="2">자산의 진부화 또는 물리적 손상</td><td>5-1. 전기대비 판매량 20% 이상 감소</td><td></td></tr>
<tr><td>5-2. 전기대비 재고자산평가손실 20% 이상 증가</td><td></td></tr>
<tr><td rowspan="3">6</td><td rowspan="3">(6) 자산의 사용 범위나 사용 방법에서 기업에 불리한 영향을 미치는 유의적 변화가 회계기간 중에 일어났거나 가까운 미래에 일어날 것으로 예상된다. 이 변화에는 자산의 유휴화, 자산을 사용하는 영업부문을 중단하거나 구조조정할 계획, 예상 시점보다 앞서 자산을 처분할 계획, 비한정 내용연수를 유한 내용연수로 재평가하기 등을 포함한다.</td><td rowspan="3">유휴자산 발생, 영업부문 중단, 구조조정 계획</td><td>6-1. 주요 사업활동(영업부문) 중단 여부</td><td></td></tr>
<tr><td>6-2. 구조조정 계획 여부</td><td></td></tr>
<tr><td>6-3. 유휴자산, 사용중단자산의 발생 여부</td><td></td></tr>
<tr><td rowspan="2">7</td><td rowspan="2">(7) 자산의 경제적 성과가 예상 수준에 미치지 못하거나 못할 것으로 예상되는 증거를 내부보고에서 얻을 수 있다.</td><td rowspan="2">매출액/ 영업이익</td><td>7-1. 매출액 계획대비 20% 이상 감소</td><td></td></tr>
<tr><td>7-2. 영업손익 계획대비 20% 이상 감소</td><td></td></tr>
</table>

예시 손상징후 체크리스트 - 종속기업투자주식/관계기업투자주식

구분	no.	손상징후 (K-IFRS 1036.12)	지표	손상기준	징후 여부
종속기업, 공동기업, 관계기업에서 받은(을) 배당금	8	종속기업, 공동기업, 관계기업에 대한 투자의 경우에 투자자는 그 투자에서 받은(을) 배당금을 인식하고 다음 중 하나의 증거를 얻을 수 있다. (가) 별도재무제표에 있는 투자의 장부금액이 연결재무제표에 있는 관련 영업권을 포함한 피투자자의 순자산의 장부금액을 초과한다. (나) 배당이 선언된 기간에 배당금이 해당 종속기업, 공동기업, 관계기업의 총포괄이익을 초과한다.	순자산 BV	별도재무제표 투자주식금액이 피투자회사의 순자산 장부금액보다 큼	

3. 통제운영의 효과성 테스트

<table>
<tr><th colspan="5">통제 운영의 효과성 테스트</th></tr>
<tr><th colspan="5">운영 테스트의 성격, 시기, 범위 결정</th></tr>
<tr><td>테스트 대상 기간</td><td colspan="4">202X년 1월 1일~12월 31일</td></tr>
<tr><td>테스트 시기</td><td>202X(+1)년 1월 X일</td><td>기중 테스트 방법</td><td colspan="2">연중 고르게</td></tr>
<tr><td>통제테스트의 성격</td><td colspan="4">■ 질문 □ 관찰 ■ 문서검사 □ 재수행</td></tr>
<tr><td>통제테스트 절차</td><td colspan="4">1. 연단위 통제인 현금창출단위(CGU) 손상평가 검토(MRC) 체크리스트를 202x. 4Q 기준으로 입수함
2. 202x.4Q의 현금창출단위(CGU) 손상평가 검토(MRC) 체크리스트에 대해 통제담당자가 적절하게 체크 후 문서화하였는지를 확인함(문서검사)</td></tr>
<tr><td>모집단 정의</td><td colspan="4">현금창출단위(CGU) 손상평가 검토(MRC) 체크리스트(1개)</td></tr>
<tr><td>모집단의 완전성을 확인하기 위해 수행한 절차</td><td colspan="4">회사의 연단위 현금창출단위(CGU) 손상평가 검토(MRC) 체크리스트의 존재 여부를 확인함</td></tr>
<tr><td>통제 주기 또는 빈도 수</td><td>연단위</td><td>표본의 규모</td><td>1</td><td></td></tr>
<tr><th colspan="5">통제수행자의 권한과 적격성</th></tr>
<tr><td>통제수행자</td><td>이순신 팀장</td><td colspan="2">통제를 수행하는 사람이 통제를 효과적으로 수행하는 데 필요한 권한과 적격성을 갖추었는지?</td><td>Yes</td></tr>
<tr><td>통제수행자의 권한과 적격성에 대한 추가 설명 (필요시)</td><td colspan="4">통제수행자는 입사 1년 미만자이긴 하나, 회계업무에서 10년 이상 근무하였으며, 해당 업무에 대해 충분히 이해하고 있으며 해당 업무의 요구사항이 무엇인지 명확히 파악하고 있음
통제수행자는 회계팀장으로서 해당업무에 대해 검토할 수 있는 권한을 보유하였음</td></tr>
</table>

테스트 결과					
통제테스트 결과를 아래에 문서화하거나 해당 조서를 참조합니다.					
순번	표본 추출 일자	Reference	내용	결과	비고
1	202X(+1)년 1월	202x.4Q 손상검토 MRC 체크리스트	202x.4Q 손상검토 MRC 체크리스트를 입수 확인한 결과, 손상평가 내역에 대한 주요 factor들에 대한 검토 및 평가의 로직에 대한 검토 통제 절차가 적절하게 수행하고 있음을 확인함	예외사항 없음	

4. 잔여기간에 대한 테스트

해당 없음(연통제)

사례4 유무형자산(현금창출단위, CGU) 손상평가 검토통제(MRC)

1. 통제 설명
2. 통제 설계의 효과성 테스트
3. 통제 운영의 효과성 테스트
4. 잔여기간에 대한 테스트

1. 통제 설명

통제 설명영역은 평가대상이 되는 통제활동에 대한 요약(summary)이다.

통제 설명						
통제 요약						
통제 번호	Description	통제수행팀	통제수행자	통제 유형	통제 빈도	관련 Application
C.10.10.01	**유무형자산 현금창출단위(CGU) 손상평가 검토(MRC)**	회계팀	이순신 팀장	수동통제	연단위	
통제활동에 대한 설명	회계팀장은 외부평가기관이 작성한 현금창출단위(CGU)에 대한 손상평가보고서상 현금흐름 추정치가 적절한지 검토한다.					
통제의 출발점(baseline)	202x.x.xx					
통제가 대처하는 왜곡표시의 원천(WCGW)						
관련 위험 번호	Description			재무제표 계정	경영진 주장	
R.XX.1	현금창출단위(CGU) 손상평가액 추정에 사용되는 미래현금흐름과 제반 가정이 완전하고 정확하지 않을 위험			유형자산/무형자산	평가(V)	

2. 통제 설계의 효과성 테스트

통제 설계의 효과성 테스트	
설계 테스트의 수행	
설계 테스트의 성격	■ 질문 □ 관찰 ■ 문서검사 □ 추적조사
설계 테스트 절차	1. 손상평가 MRC 체크리스트가 존재하는지 확인함(문서검사) 2. 통제담당자(재무팀장)가 MRC 체크리스트를 이해 · 활용하는지를 질문하였으며, 통제담당자가 K-IFRS 1036호(자산손상)에 따른 손상평가 프로세스를 충분히 이해하고 있는지를 질문을 통해 확인함(질문)
입수한 증빙	**손상평가 MRC 체크리스트**

통제수행에 기업이 생성한 정보(IPE)를 사용하는가?	Yes	
IPE 목록	**손상평가 보고서 파일(pdf, 엑셀)**	
IPE의 정확성과 완전성을 확인하는 통제에 대하여 기술하고, 해당 통제를 어디서 테스트하였는지 테스트 결과는 무엇인지 기술	IPE 검토조서에서 확인	
설계의 효과성에 대한 결론	**효과적(effective)**	
발견된 예외사항의 평가 및 결론 도출(해당 시)		
통제실패위험(Risk of faulure)		
통제실패위험 평가 절차와 고려사항		
유무형자산 손상평가에 대한 검토(MRC) 통제활동은 유형자산, 무형자산 등의 평가에 대한 왜곡가능성이 재무제표에 미치는 영향과 추정, 판단의 과정을 통해 생성되는 재무정보이므로 관련 통제위험은 높다고 판단됨		
통제실패위험 평가 결과	높음	

* **현금창출단위(CGU) 손상평가 MRC 체크리스트**

예시 Management Review Control_Checklist : 현금창출단위(CGU) 손상평가

분류	Code	점검항목	점검내용	Source	검토수행 여부	검토 결과
일반	M-01	손상평가자의 적격성 평가	손상평가를 수행한 평가자의 직급, 본 평가대상 산업과 관련한 주요 경력사항, 본 평가업무와 관련한 유사 업무 경험 등을 확인한 결과, 손상평가자로서의 적격성을 갖추고 있다.	-		
	M-02	손상평가단위의 적정성 평가	회사 전체를 하나의 현금흐름창출단위(CGU)로 식별하여 손상검토를 수행한 것은 적절하다.	-		
	M-03	손상평가 시 미래 추정치의 경영진 승인 여부	P사 손상평가에 수행되는 향후 5개년 추정자료는 P사 경영진이 승인한 "사업계획" 자료에 근거한다.	-		
추정기간 & 성장률	M-04	추정기간	"사업계획" 자료상 현금흐름 추정기간은 최장 5년을 초과하지 않으며, 5년 후 성장률은 일정한 성장률을 적용하였고, 성장률은 증가할 수 없고 일정하거나 감소한다. (K-IFRS 제1036호 문단33~38)	-		

분류	Code	점검항목	점검내용	Source	검토수행 여부	검토 결과
	M-05	추정기간 이후 및 영구성장률	추정기간 이후 성장률은 한국은행에서 발행한 인플레이션보고서상의 물가상승률 전망치와 대사하여 비슷한 수준인지 확인한다.	EIU/IMF추정치 or 한국은행 인플레이션보고서 등		
매출	M-06	과거 손상평가 시 매출 추정액의 신뢰성 검토	① 당기 매출 실적금액과 ② 전년도 평가자료상 추정된 당기 매출금액과 비교한 결과, 차이가 5%를 초과하지 않는다.	과거 Data 활용		
	M-07	산업전망 리포트 비교	① 추정기간 동안의 매출액 증감비율과 ② 산업전망 Report 자료상 시장 추정치 증감비율을 비교한 결과, 차이가 5%를 초과하지 않는다.	산업전망 Report 보고서 자료 등		
	M-08	과거 매출액 변동추이 반영 여부	① 추정기간 동안의 매출액과 ② 과거 3개년 Compound annual growth rate(CAGR)를 비교한 결과, 차이가 5%를 초과하지 않는다.	과거 Data 활용		
매출원가	M-09	과거 매출원가 변동추이 반영 여부	① 추정기간 동안의 원가율과 ② 과거 4개년 실질 평균 매출원가율을 비교한 결과, 차이가 2%를 초과하지 않는다.	과거 Data 활용		
판매관리비	M-10	과거 판매관리비 변동추이 반영 여부(인건비, 변동비, 고정비 분류)	① 추정기간 동안의 판관비가 매출액에서 차지하는 비중과 ② 과거 3개년 실질 비율을 비교한 결과, 차이가 1%를 초과하지 않는다.	과거 Data 활용		
CAPEX & Depreciation	M-11	자본적지출(CAPEX) 추정 적정성	자본적지출 : ① 추정기간 동안의 매출 대비 자본적지출 비율과 ② 과거 3개년 매출 대비 자본적지출 비율을 비교한 결과, 차이가 1%를 초과하지 않는다.	과거 Data 활용		
	M-12	감가상각비 추정 적정성	감가상각비 및 무형자산상각비 : ① 추정기간 동안의 매출 대비 감가상각비 금액과 ② 과거 3개년 매출 대비 감가상각비 비율을 비교한 결과, 차이가 1%를 초과하지 않는다.	과거 Data 활용		

분류	Code	점검항목	점검내용	Source	검토수행 여부	검토 결과
Working capital	M-13	(운전자본) 매출채권 추정 적정성	매출채권 : ① 추정기간 동안의 매출채권회전율과 ② 과거 3개년 매출채권회전율을 비교한 결과, 차이비율이 10%를 초과하지 않는다.	과거 Data 활용		
	M-14	(운전자본) 재고자산 추정 적정성	재고자산 : ① 추정기간 동안의 재고자산회전율과 ② 과거 3개년 재고자산회전율을 비교한 결과, 차이비율이 10%를 초과하지 않는다.	과거 Data 활용		
	M-15	(운전자본) 매입채무 추정 적정성	매입채무 : ① 추정기간 동안의 매입채무회전율과 ② 과거 3개년 매입채무회전율을 비교한 결과, 차이비율이 10%를 초과하지 않는다.	과거 Data 활용		
할인율	M-16	무위험이자율 선정 검증	무위험이자율은 Bloomberg에서 조회한 무위험이자율과 비슷한 수준이다.	Bloomberg 조회화면 or 금융투자협회 채권정보센터 공시자료 등		
	M-17	시장위험프리미엄 선정 검증	시장위험프리미엄은 Bloomberg에서 조회한 시장위험프리미엄과 비슷한 수준이다.	Bloomberg 조회화면 or 증권거래소 시장수익률 자료 등		
	M-18	베타 검증	Beta는 Bloomberg에서 조회한 Beta와 비슷한 수준이다.	Bloomberg 조회화면 or KOSPI, P사 주가 자체 계산 등		
	M-19	타인자본비용 검증	세전타인자본비용은 A사의 가중평균차입이자율과 비슷한 수준이다.	당기 Data 활용		
	M-20	법인세율 검증	법인세율은 P사 적용 법인세율과 비슷한 수준이다.	-		
	M-21	목표자본구조 적정성 검증	목표자본구조는 P사 기획팀에서 산정하고 CFO가 승인한 목표자본구조를 사용하였으며, 과거 3개년 실제 자본구조와 비슷한 수준이다.	과거 Data 활용		

3. 통제운영의 효과성 테스트

<table>
<tr><th colspan="6">통제 운영의 효과성 테스트</th></tr>
<tr><th colspan="6">운영 테스트의 성격, 시기, 범위 결정</th></tr>
<tr><td colspan="2">테스트 대상 기간</td><td colspan="4">202X년 1월 1일~12월 31일</td></tr>
<tr><td colspan="2">테스트 시기</td><td colspan="2">202X(+1)년 1월 X일</td><td>기중 테스트 방법</td><td>연중 고르게</td></tr>
<tr><td colspan="2">통제테스트의 성격</td><td colspan="3">■ 질문 □ 관찰 ■ 문서검사 □ 재수행</td><td></td></tr>
<tr><td colspan="2">통제테스트 절차</td><td colspan="4">1. 연단위 통제인 현금창출단위(CGU) 손상평가 검토(MRC) 체크리스트를 202x.4Q 기준으로 입수함
2. 202x.4Q의 현금창출단위(CGU) 손상평가 검토(MRC) 체크리스트에 대해 통제 담당자가 적절하게 체크 후 문서화하였는지를 확인함(문서검사)</td></tr>
<tr><td colspan="2">모집단 정의</td><td colspan="4">현금창출단위(CGU) 손상평가 검토(MRC) 체크리스트(1개)</td></tr>
<tr><td colspan="2">모집단의 완전성을 확인하기 위해 수행한 절차</td><td colspan="4">회사의 연단위 현금창출단위(CGU) 손상평가 검토(MRC) 체크리스트의 존재 여부를 확인함</td></tr>
<tr><td colspan="2">통제 주기 또는 빈도 수</td><td>연단위</td><td>표본의 규모</td><td>1</td><td></td></tr>
<tr><th colspan="6">통제수행자의 권한과 적격성</th></tr>
<tr><td colspan="2">통제수행자</td><td>이순신 팀장</td><td colspan="2">통제를 수행하는 사람이 통제를 효과적으로 수행하는 데 필요한 권한과 적격성을 갖추었는지?</td><td>Yes</td></tr>
<tr><td colspan="2">통제수행자의 권한과 적격성에 대한 추가 설명(필요시)</td><td colspan="4">통제수행자는 입사 1년 미만자이긴 하나, 회계업무에서 10년 이상 근무하였으며, 해당 업무에 대해 충분히 이해하고 있으며 해당 업무의 요구사항이 무엇인지 명확히 파악하고 있음
통제수행자는 회계팀장으로서 해당업무에 대해 검토할 수 있는 권한을 보유하였음</td></tr>
<tr><th colspan="6">테스트 결과</th></tr>
<tr><td colspan="6">통제테스트 결과를 아래에 문서화하거나 해당 조서를 참조합니다.</td></tr>
<tr><th>순번</th><th>표본 추출 일자</th><th>Reference</th><th>내용</th><th>결과</th><th>비고</th></tr>
<tr><td>1</td><td>202X(+1)년 1월</td><td>202x.4Q 손상검토 MRC 체크리스트</td><td>202x.4Q 손상검토 MRC 체크리스트를 입수 확인한 결과, 손상평가 내역에 대한 주요 factor들에 대한 검토 및 평가의 로직에 대한 검토 통제 절차가 적절하게 수행하고 있음을 확인함</td><td>예외사항 없음</td><td></td></tr>
<tr><td></td><td></td><td></td><td></td><td></td><td></td></tr>
</table>

4. 잔여기간에 대한 테스트

해당 없음(연통제)

사례5 종속기업(관계기업)투자주식 손상평가 검토통제(MRC)

1. 통제 설명
2. 통제 설계의 효과성 테스트
3. 통제 운영의 효과성 테스트
4. 잔여기간에 대한 테스트

1. 통제 설명

통제 설명 영역은 평가대상이 되는 통제활동에 대한 요약(summary)이다.

통제 설명						
통제 요약						
통제 번호	Description	통제수행팀	통제수행자	통제 유형	통제 빈도	관련 Application
C.10.10.01	**종속기업투자주식 손상평가 검토** (MRC)	회계팀	이순신 팀장	수동통제	연단위	
통제활동에 대한 설명	회계팀장은 외부평가기관이 작성한 종속기업투자주식에 대한 손상평가보고서상 현금흐름 추정치가 적절한지 검토한다.					
통제의 출발점(baseline)	202x.x.xx					
통제가 대처하는 왜곡표시의 원천(WCGW)						
관련 위험 번호	Description			재무제표 계정	경영진 주장	
R.XX.1	종속기업투자주식 손상평가액 추정에 사용되는 미래현금흐름과 제반 가정이 완전하고 정확하지 않을 위험			종속기업투자주식	평가(V)	

2. 통제 설계의 효과성 테스트

통제 설계의 효과성 테스트			
설계 테스트의 수행			
설계 테스트의 성격	■ 질문 □ 관찰 ■ 문서검사 □ 추적조사		
설계 테스트 절차	1. 손상평가 MRC 체크리스트가 존재하는지 확인함(문서검사) 2. 통제담당자(재무팀장)가 MRC 체크리스트를 이해, 활용하는지를 질문하였으며, 통제담당자가 K-IFRS 1036호(자산손상)에 따른 손상평가 프로세스를 충분히 이해하고 있는지를 질문을 통해 확인함(질문)		
입수한 증빙	**손상평가 MRC 체크리스트**		
통제수행에 기업이 생성한 정보(IPE)를 사용하는가?	Yes		

IPE 목록	손상평가 보고서 파일(pdf, 엑셀)	
IPE의 정확성과 완전성을 확인하는 통제에 대하여 기술하고, 해당 통제를 어디서 테스트하였는지 테스트 결과는 무엇인지 기술	IPE 검토조서에서 확인	
설계의 효과성에 대한 결론	효과적(effective)	
발견된 예외사항의 평가 및 결론 도출(해당 시)		
통제실패위험(Risk of faulure)		
통제실패위험 평가 절차와 고려사항		
종속기업투자주식 손상평가에 대한 검토(MRC) 통제활동은 종속기업투자주식의 평가에 대한 왜곡가능성이 재무제표에 미치는 영향과 추정, 판단의 과정을 통해 생성되는 재무정보이므로 관련 통제위험은 높다고 판단됨		
통제실패위험 평가 결과	높음	

* **종속기업투자주식 손상평가 MRC 체크리스트**

예시 Management Review Control_Checklist : 종속기업투자주식 손상평가

분류	Code	점검항목	점검내용	Source	검토수행 여부	검토 결과
일반	M-01	손상평가자의 적격성 평가	손상평가를 수행한 평가자의 직급, 본 평가대상 산업과 관련한 주요 경력사항, 본 평가업무와 관련한 유사 업무 경험 등을 확인한 결과, 손상평가자로서의 적격성을 갖추고 있다.	-		
	M-02	손상평가단위의 적정성 평가	회사 전체를 하나의 현금흐름창출단위(CGU)로 식별하여 손상검토를 수행한 것은 적절하다.	-		
	M-03	손상평가 시 미래 추정치의 경영진 승인 여부	P사 손상평가에 수행되는 향후 5개년 추정자료는 P사 경영진이 승인한 "사업계획" 자료에 근거한다.	-		
추정기간 & 성장률	M-04	추정기간	"사업계획" 자료상 현금흐름 추정기간은 최장 5년을 초과하지 않으며, 5년 후 성장률은 일정한 성장률을 적용하였고, 성장률은 증가할 수 없고 일정하거나 감소한다. (K-IFRS 제1036호 문단33~38)	-		

분류	Code	점검항목	점검내용	Source	검토수행 여부	검토 결과
매출	M-05	추정기간 이후 및 영구성장률	추정기간 이후 성장률은 한국은행에서 발행한 인플레이션보고서상의 물가상승률 전망치와 대사하여 비슷한 수준인지 확인한다.	EIU/IMF추정치 or 한국은행 인플레이션보고서 등		
	M-06	과거 손상평가 시 매출 추정액의 신뢰성 검토	① 당기 매출 실적금액과 ② 전년도 평가자료상 추정된 당기 매출금액과 비교한 결과, 차이가 5%를 초과하지 않는다.	과거 Data 활용		
	M-07	산업전망 리포트 비교	① 추정기간 동안의 매출액 증감비율과 ② 산업전망 Report 자료상 시장 추정치 증감비율을 비교한 결과, 차이가 5%를 초과하지 않는다.	산업전망 Report 보고서 자료 등		
	M-08	과거 매출액 변동추이 반영 여부	① 추정기간 동안의 매출액과 ② 과거 3개년 Compound annual growth rate(CAGR)를 비교한 결과, 차이가 5%를 초과하지 않는다.	과거 Data 활용		
매출원가	M-09	과거 매출원가 변동추이 반영 여부	① 추정기간 동안의 원가율과 ② 과거 4개년 실질 평균 매출원가율을 비교한 결과, 차이가 2%를 초과하지 않는다.	과거 Data 활용		
판매관리비	M-10	과거 판매관리비 변동추이 반영 여부(인건비, 변동비, 고정비 분류)	① 추정기간 동안의 판관비가 매출액에서 차지하는 비중과 ② 과거 3개년 실질 비율을 비교한 결과, 차이가 1%를 초과하지 않는다.	과거 Data 활용		
CAPEX & Depreciation	M-11	자본적지출(CAPEX) 추정 적정성	자본적지출 : ① 추정기간 동안의 매출 대비 자본적지출 비율과 ② 과거 3개년 매출 대비 자본적지출 비율을 비교한 결과, 차이가 1%를 초과하지 않는다.	과거 Data 활용		
	M-12	감가상각비 추정 적정성	감가상각비 및 무형자산상각비 : ① 추정기간 동안의 매출 대비 감가상각비 금액과 ② 과거 3개년 매출 대비 감가상각비 비율을 비교한 결과, 차이가 1%를 초과하지 않는다.	과거 Data 활용		

분류	Code	점검항목	점검내용	Source	검토수행 여부	검토 결과
Working capital	M-13	(운전자본) 매출채권 추정 적정성	매출채권 : ① 추정기간 동안의 매출채권회전율과 ② 과거 3개년 매출채권회전율을 비교한 결과, 차이비율이 10%를 초과하지 않는다.	과거 Data 활용		
	M-14	(운전자본) 재고자산 추정 적정성	재고자산 : ① 추정기간 동안의 재고자산회전율과 ② 과거 3개년 재고자산회전율을 비교한 결과, 차이비율이 10%를 초과하지 않는다.	과거 Data 활용		
	M-15	(운전자본) 매입채무 추정 적정성	매입채무 : ① 추정기간 동안의 매입채무회전율과 ② 과거 3개년 매입채무회전율을 비교한 결과, 차이비율이 10%를 초과하지 않는다.	과거 Data 활용		
할인율	M-16	무위험이자율 선정 검증	무위험이자율은 Bloomberg에서 조회한 무위험이자율과 비슷한 수준이다.	Bloomberg 조회화면 or 금융투자협회 채권정보센터 공시자료 등		
	M-17	시장위험 프리미엄 선정 검증	시장위험프리미엄은 Bloomberg에서 조회한 시장위험프리미엄과 비슷한 수준이다.	Bloomberg 조회화면 or 증권거래소 시장수익률 자료 등		
	M-18	베타 검증	Beta는 Bloomberg에서 조회한 Beta와 비슷한 수준이다.	Bloomberg 조회화면 or KOSPI, P사 주가 자체 계산 등		
	M-19	타인자본비용 검증	세전타인자본비용은 A사의 가중평균차입이자율과 비슷한 수준이다.	당기 Data 활용		
	M-20	법인세율 검증	법인세율은 P사 적용 법인세율과 비슷한 수준이다.	-		
	M-21	목표자본구조 적정성 검증	목표자본구조는 P사 기획팀에서 산정하고 CFO가 승인한 목표자본구조를 사용하였으며, 과거 3개년 실제 자본구조와 비슷한 수준이다.	과거 Data 활용		

3. 통제운영의 효과성 테스트

<table>
<tr><th colspan="6">통제 운영의 효과성 테스트</th></tr>
<tr><th colspan="6">운영 테스트의 성격, 시기, 범위 결정</th></tr>
<tr><td>테스트 대상 기간</td><td colspan="5">202X년 1월 1일~12월 31일</td></tr>
<tr><td>테스트 시기</td><td colspan="2">202X(+1)년 1월 X일</td><td>기중 테스트 방법</td><td colspan="2">연중 고르게</td></tr>
<tr><td>통제테스트의 성격</td><td colspan="5">■ 질문 □ 관찰 ■ 문서검사 □ 재수행</td></tr>
<tr><td>통제테스트 절차</td><td colspan="5">1. 연단위 통제인 종속기업투자주식 손상평가 검토(MRC) 체크리스트를 202x.4Q 기준으로 입수함
2. 202x.4Q의 종속기업투자주식 손상평가 검토(MRC) 체크리스트에 대해 통제 담당자가 적절하게 체크 후 문서화하였는지를 확인함(문서검사)</td></tr>
<tr><td>모집단 정의</td><td colspan="5">종속기업투자주식 손상평가 검토(MRC) 체크리스트(1개)</td></tr>
<tr><td>모집단의 완전성을 확인하기 위해 수행한 절차</td><td colspan="5">회사의 연단위 종속기업투자주식 손상평가 검토(MRC) 체크리스트의 존재 여부를 확인함</td></tr>
<tr><td>통제 주기 또는 빈도 수</td><td colspan="2">연단위</td><td>표본의 규모</td><td colspan="2">1</td></tr>
<tr><th colspan="6">통제수행자의 권한과 적격성</th></tr>
<tr><td>통제수행자</td><td colspan="2">이순신 팀장</td><td colspan="2">통제를 수행하는 사람이 통제를 효과적으로 수행하는 데 필요한 권한과 적격성을 갖추었는지?</td><td>Yes</td></tr>
<tr><td>통제수행자의 권한과 적격성에 대한 추가 설명(필요시)</td><td colspan="5">통제수행자는 입사 1년 미만자이긴 하나, 회계업무에서 10년 이상 근무하였으며, 해당 업무에 대해 충분히 이해하고 있으며 해당 업무의 요구사항이 무엇인지 명확히 파악하고 있음
통제수행자는 회계팀장으로서 해당업무에 대해 검토할 수 있는 권한을 보유하였음</td></tr>
<tr><th colspan="6">테스트 결과</th></tr>
<tr><td colspan="6">통제테스트 결과를 아래에 문서화하거나 해당 조서를 참조합니다.</td></tr>
<tr><td>순번</td><td>표본 추출 일자</td><td>Reference</td><td>내용</td><td>결과</td><td>비고</td></tr>
<tr><td>1</td><td>202X(+1)년 1월</td><td>202x.4Q 손상검토 MRC 체크리스트</td><td>202x.4Q 손상검토 MRC 체크리스트를 입수 확인한 결과, 손상평가 내역에 대한 주요 factor들에 대한 검토 및 평가의 로직에 대한 검토 통제 절차가 적절하게 수행하고 있음을 확인함</td><td>예외사항 없음</td><td></td></tr>
<tr><td></td><td></td><td></td><td></td><td></td><td></td></tr>
</table>

4. 잔여기간에 대한 테스트

해당 없음(연통제)

〈통제운영테스트 세부내용 문서화〉

종속기업(관계기업)투자주식 손상평가 검토통제의 통제운영 평가 시, 종속기업(관계기업)투자주식 손상평가 검토 체크리스트(MRC) 항목별 예시는 다음과 같다.

사례

회사는 종속기업투자주식(취득원가 20,000원)을 보유하고 있다. 당기말(2025년 말) 기준 종속기업투자주식에 손상징후가 있다고 판단하여 손상평가를 수행하였다.

BS				
[자산]	2025년 말	2024년 말	[부채]	
종속기업투자주식	20,000	20,000		
			[자본]	

외부회계법인에 의해 평가된 손상평가보고서상 손상평가 내용은 다음과 같다.

(1) **손상평가** summary

DCF	Today	T+1년	T+2년	T+3년	T+4년	T+5년
매출액	2,000	2,200	2,500	3,000	3,600	4,000
매출원가	1,000	1,200	1,500	1,500	1,500	1,500
판매비와관리비	200	300	400	500	600	600
영업이익	**800**	**700**	**600**	**1,000**	**1,500**	**1,900**
감가상각비	100	100	200	300	400	500
Tax	(80)	(70)	(60)	(100)	(150)	(190)
순운전자본 증감	(200)	(100)	100	100	(200)	(200)
자본적지출(CAPEX)		(200)	(200)	(200)	(200)	(200)
Free Cash Flow	**1,000**	**430**	**640**	**1,100**	**1,350**	**1,810**
Period	–	1.0	2.0	3.0	4.0	5.0
PVIF		0.91	0.83	0.76	0.70	0.64
PV		**393**	**534**	**838**	**939**	**1,150**

〈설명〉

가치평가방법 중 이익접근법에 기초한 대표적인 가치평가기법이 현금흐름할인모형(DCF :

Discounted Cash Flow)이다.

종속기업에 대한 손상평가도 사용가치를 산정하고, 사용가치가 처분부대원가를 뺀 공정가치(순공정가치)보다 크면 사용가치를 회수가능액(FV)으로 하여 종속기업투자주식 장부금액(BV)과 비교한다.

- 추정기간 : 계속기업가정에 의해 기업가치평가를 무한정으로 할 수 없기 때문에, 향후 5년간의 현금흐름은 직접 추정(추정기간 현금흐름)하고, 5년 이후는 5년차의 현금흐름이 영구적으로 반복된다는 가정하에 추정함(영구현금흐름 : Terminal Value)
- 이익접근법인 DCF에서 각 추정기간의 현금흐름 추정은 손익계산서 항목을 추정하는 것에서 시작함(매출액 추정, 매출원가 추정, 판매관리비 추정)
- 손익항목 추정 이후에는 현금흐름과 무관한 항목(감가상각비 등)을 현금흐름에 가산함
- 순운전자본(Working Capital) : 매출액 추정 시 매출액 전액이 현금매출이라고 가정하고, 매출채권의 증감에서 현금매출이 아닌 외상매출로 인한 채권의 변동과 그 결과로 현금흐름을 가감함(매출채권, 매입채무, 재고자산은 운전자본(Working Capital)로 정의함
- 자본적지출(CAPEx : Capital Expenditure) : 유형자산 등 사용과정에서 미래 추가적인 자본적지출(교체 등)을 추정함
- 손상평가 시의 자본적지출은 일반적인 기업가치평가(주식가치평가) 시의 DCF와는 차이가 있음. 일반적인 일반적인 기업가치평가(주식가치평가) 시에는 신규투자(증설)를 고려하나, 손상평가 시 DCF에서는 현재 보유하고 있는 유형자산 등 장부금액(BV) 대비 공정가치(회수가능액 : FV)가 얼마인지를 평가하는 것이므로, 신규투자(증설)를 고려하지 않음
- FCF(Free Cash Flow) : 모든 현금흐름 추정의 결과, Free Cash Flow가 계산이 됨. 이 FCF는 미래 시점이며 현재가치로 할인해야 함
- 현재가치 할인 시 할인율은 가중평균자본비용(WACC : Weighted Average Cost of Capital)을 산정해서 할인함

(2) 손상평가(기업가치 평가) 결과

추정기간 현금흐름	3,853
영구현금흐름	13,440
영업가치	**17,293**
비영업자산	1,000
이자부부채	(2,000)
기업가치	**16,293**

- 추정기간 현금흐름 : (T+1년)~(T+5년)까지의 미래 5개년간의 현금흐름(FCF)을 추정하여

현재가치로 할인함

- 영구현금흐름 : 추정기간(5년) 이후의 현금흐름은 계속기업의 가정에 맞게 영구적으로 발생한다는 가정하여 영구현금흐름을 추정하고, 현재가치로 할인함
- 일반적으로 추정기간 현금흐름보다 영구현금흐름의 규모가 큼
- 영업가치 : 추정기간 현금흐름과 영구현금흐름을 합산함
- 기업가치 : 영업가치에 영업활동과 무관한 비영업자산(투자부동산, 투자주식 등)을 가산함

(3) 손상평가 결론

기업가치	16,293
BV	20,000
손상차손	(3,707)

- 현금흐름할인모형(DCF)에 의해 산출된 기업가치(16,293원)는 사용가치가 되며, 이 금액이 회수가능액임(FV)
- 해당 회수가능액(FV : 18,528원)이 종속기업투자주식 장부금액(BV : 20,000원)보다 낮으므로, 장부금액을 회수가능액까지 낮추는 회계처리가 필요함(손상차손 3,707원 인식)

(4) 회계처리

종속기업투자주식(취득원가 20,000원) 손상평가 결과 기업가치[FV, 사용가치(회수가능액)]가 16,293원으로 평가되어, 손상차손 **3,707원**을 인식함

〈회계처리〉

2025년 12월 31일(결산조정)

(차변)		(대변)	
종속기업투자주식손상차손	3,707	종속기업투자주식	3,707

(5) 최종 재무제표

BS				
[자산]	2025년 말	2024년 말	[부채]	
종속기업투자주식	16,293	20,000		
			[자본]	

〈매출 추정〉

■ M-08. 과거 매출액 변동추이 반영 여부

종속기업 S사는 단일제품인 제품 A만을 생산 판매하고 있으며, 종속기업의 과거 4개년간의 매출액의 구성내역과 연도별 변화내용은 다음과 같음
과거 매출이 지속적으로 증가하고 있는 상황(Case 1)과 과거 매출이 지속적으로 감소하고 있는 상황(Case 2)별로 매출 추정의 적정성 검증 절차 및 방향이 달라짐

〈Case 1〉

매출액	T-3년	T-2년	T-1년	T0	T+1년
매출액	1,520	1,660	1,820	2,000	2,200
제품A	1,520	1,660	1,820	2,000	2,200
P(가격)	20	20	20	20	
Q(판매량)	76	83	91	100	
매출성장률		9%	10%	10%	10%
평균성장률				10%	

- 매출 성장률(증가율)은 판매가격(P)과 판매량(Q) 측면에서 접근하는 게 필요함[단, 사례에서는 판매가격(P)은 일정하다고 가정함]
- (T+1)년의 매출액은 과거 매출 증가율이 일정하게 유지된다고 가정하여 추정함
- 즉, 과거 3개년 동안의 평균매출증가율은 10%이며, 이 증가율 10%가 미래에도 지속적으로 유지된다고 가정함
- 이러한 가정은 외부평가법인이나 감사인 입장에서 수용가능한 수준임
- 이 경우, 과거 매출 실적이 실제 금액과 일치하는지를 매출원장 및 재무제표(손익계산서)를 통해 확인함
- 다만, 과거의 산업(시장) 및 회사의 매출성장이 미래에도 지속된다는 가정을 뒷받침하는 산업 전망 report 등이 필요함

〈Case 2〉

매출액	T-3년	T-2년	T-1년	T0	T+1년
매출액	2,340	2,640	2,200	2,000	2,200
제품A	2,340	2,640	2,200	2,000	2,200
P(가격)	18	22	20	20	

매출액	T-3년	T-2년	T-1년	T0	T+1년
Q(판매량)	130	120	110	100	
매출성장률		13%	△17%	△9%	10%
평균성장률				△4%	

- 〈Case 2〉에서는 과거 매출증가율 대비 미래 매출이 증가한다고 가정하여 추정함
- 종속기업투자주식 S사에 대한 손상평가를 수행하는 것 자체가 손상징후가 있다고 판단한 경우이므로, 이러한 경우가 더 일반적임
- 과거 매출이 지속적으로 감소하고 있는데, 미래 매출이 증가한다는 추정은 단순하게 접근하면 비합리적이며 미래 매출을 과대 추정할 가능성이 높음
- 이러한 가정은 외부평가법인이나 감사인 입장에서 수용가능이 어려운 수준임
- 〈Case 2〉 상황에서 미래 매출을 증가하는 것으로 추정하기 위해서는, 관련 미래 긍정적인 전망치가 발표된 산업 report가 필요하며, 실제 회사 상반기 (T+1)년 1~2월의 매출이 T년보다 증가하고 있다는 증거가 존재하는지를 확인해야 함

〈매출원가 추정〉

■ M-09. 과거 매출원가 변동추이 반영 여부

미래 (T+1)년의 매출원가 추정은 일반적으로 과거 평균매출원가율을 산정하여, 이 평균이 미래에도 지속된다는 가정하에 추정함

DCF	T-3년	T-2년	T-1년	T0	T+1년
매출액	1520	1660	1820	2,000	2,200
매출원가	836	913	1100	1,000	1,200
매출원가율	55%	55%	60%	50%	55%
평균				55%	

- 회사의 과거 4개년 평균 매출원가율을 추정하니, 평균 55%가 산출되었으며, 이를 미래 (T+1)년 이후에도 유지된다고 가정함
- 이러한 가정은 외부평가법인이나 감사인 입장에서 수용가능한 수준임
- 다만, 매출원가는 원재료, 노무비, 제조경비로 구성되어 있는데, 과거 특정연도의 원재료 구매단가가 급격하게 하락했다거나, 일시적으로 노무비가 증가한 경우가 있으면, 미래 추정을 위한 조정은 필요함

〈판매관리비 추정〉

■ M-10. 과거 판매관리비 변동추이 반영 여부(인건비, 변동비, 고정비 분류)

미래 (T+1)년의 판매관리비 추정은 일반적으로 과거 평균 판매관리비율을 산정하여, 이 평균이 미래에도 지속된다는 가정하에 추정함

DCF	T-3년	T-2년	T-1년	T0	T+1년
매출액	1,520	1,660	1,820	2,000	2,200
매출원가	836	913	1,100	1,000	1,200
판매비와관리비	165	195	220	200	300
판매비와관리비율	11%	12%	12%	10%	14%
평균				11%	0%

다만, 판매관리비는 그 원가행태에 따라 고정비, 변동비로 구분하여 추정하며, 인건비도 별도로 구분하여 추정함

판매관리비의 구성은 다음과 같으며, 이를 인건비, 변동비, 고정비로 구분하여 추정함

DCF	T-3년	T-2년	T-1년	T0
판매비와관리비	165	195	220	200
인건비	45	55	50	80
변동비	40	50	60	48
고정비	80	90	110	72

(1) 인건비

DCF	T-3년	T-2년	T-1년	T0	T+1년
인건비	45	55	50	80	92
임금상승률		18%	-10%	38%	
평균				15%	

- 회사의 과거 3개년 평균 인건비의 변동을 산정해 보면, 평균 임금상승률은 15%임
- 인건비는 급여 이외 퇴직급여도 포함되는 바, 퇴직급여도 동일한 상승률을 가정함
- 이 평균 임금상승률 15%가 미래에도 매년 일정하게 지속된다고 가정함(이 가정하에서는 인원의 변동은 없고, 단위당 임금의 변동만 있다고 가정함)
- T0년의 임금 80원 대비 15%의 임금상승률을 적용하여 추정하면 (T+1)년의 인건비는 92원으로 추정됨

• (T+1)년 이후의 임금상승률은 EIU(Economist Intelligence Unit), IMF, 한국은행 등의 대한민국 임금상승률 추정치를 적용하여 추정함

(2) 변동비

DCF	T-3년	T-2년	T-1년	T0	T+1년
매출액	1,520	1,660	1,820	2,000	2,200
변동비	40	50	60	48	62
매출액 대비 변동비율	3%	3%	3%	2%	3%
평균				3%	

• 변동비는 매출액 또는 판매량의 증감에 따라 비례적으로 발생하는 비용임
• 판매수수료, 운송비, 수출제비용 등이 대표적인 변동판매관리비에 해당함
• 회사는 변동비는 매출액 증감에 따라 비례적으로 발생하는 것으로 적용하여 과거 4개년간 매출액 대비 변동비율을 산출한 결과, 평균 3%로 산정됨
• 이 과거 평균 3%가 미래에도 지속된다는 가정하에 (T+1)년의 매출액 2,200원의 3%인 62원이 (T+1)년의 변동판매관리비로 추정함

(3) 고정비

DCF	T-3년	T-2년	T-1년	T0	T+1년
고정비	80	90	110	72	146
증감율		25%	40%	−63%	
평균				33%	

• 고정비는 매출액 또는 판매량의 증감과 무관하게 발생하는 비용임
• 임차료, 지급수수료 등이 대표적인 고정판매관리비에 해당함
• 미래 고정비 추정은 과거 고정비의 증감률에 경제성장률(GDP 성장률) 정도를 반영해서 추정함
• 다만, 사례에서는 T0년의 고정비가 급격하게 하락하였으며, 이는 일시적으로 임차료 비용이 T0년에만 감소한 것으로, 이러한 비경상적인 부분은 미래 추정 시에 제외함
• 사례에서 T0년을 제외한 (T−3)년~(T−1)년까지의 평균 증감률은 33%였으며, 이 비율이 미래에도 지속된다고 가정하여 (T+1)년의 고정판매관리비를 추정함

(4) 판매관리비 추정 종합

DCF	T-3년	T-2년	T-1년	T0	T+1년
판매비와관리비	165	195	220	200	300
인건비	45	55	50	80	92
변동비	40	50	60	48	62
고정비	80	90	110	72	146

- 인건비, 변동비, 고정비로 구분하여 추정한 (T+1)년의 판매관리비 추정치가 적정하게 합산되었는지 확인함
- 일반적으로 (T+2)년 이후의 판매관리비 추정은 다음과 같이 수행함
  - 인건비 : EIU, IMF, 한국은행 등의 대한민국 임금상승률 미래 전망치를 적용함
  - 변동비 : (T+2)년 이후의 매출액 대비 변동비율을 유지한다고 가정하여 추정함
  - 고정비 : EIU, IMF, 한국은행 등의 대한민국 경제성장률(GDP 성장률) 수준으로 미래 전망치를 적용함

〈CAPEX & Depreciation 추정〉

- M-11. 자본적지출(CAPEX) 추정 적정성
- M-12. 감가상각비 추정 적정성

감가상각비는 매출원가 및 판매관리비에 포함되는 비용이긴 하나, 현금유출(cash outflow)가 없는 비용이므로, 미래 현금흐름(cashflow) 추정시에는 매출원가와 판매관리비에 포함되어 영업이익에 차감된 감가상각비를 다시 가산함

(1) 자본적지출(CAPEX) 추정

DCF	T0	T+1년	T+2년	T+3년	T+4년	T+5년	TV
자본적지출(CAPEX)		(200)	(200)	(200)	(200)	(200)	(200)

- 자본적지출(CAPEX)은 회사의 영업을 지속하는 과정에 추가적인 유형자산 취득을 의미함
- 비상장주식 공정가치 평가 등 일반적인 DCF 자본적지출(CAPEX)에서는 신규투자(공장증설 등)을 고려해서, 자본적지출(CAPEX)로 인한 현금유출이 매우 커지는 상황도 많이 존재함
- 다만, K-IFRS 1036호(자산손상)에서의 사용가치 추정을 위한 DCF에서는 신규투자를 고려하지 않음. K-IFRS 1036호(자산손상)에서는 현재 회사가 보유하고 있는 유형자산

등의 장부금액의 공정가치가 얼마인지를 추정하는 것이기 때문에 신규투자를 고려하면 안 됨

- K-IFRS 1036호(자산손상)에서의 자본적지출(CAPEX)은 기존 자산의 내용연수 종료로 인한 대체투자 등만 포함해야 함

K-IFRS 1036호(자산손상) 문단 33

사용가치는 다음과 같이 측정한다.

(2) 현금흐름은 경영진이 승인한 최근 재무예산/예측에 기초하여 측정한다. 그러나 미래의 구조조정이나 자산의 성능 개선 또는 향상에서 생길 것으로 예상하여 추정한 미래 현금유입이나 미래현금유출은 제외한다.

- 미래 (T+1)년 이후 향후 5개년간 자본적지출(CAPEX)을 추정하기 위해서는 현재 유형자산 등의 내용연수 집계를 통해 종료되는 연도를 추정하고, 물가상승률 정도만 반영한 재취득원가를 추정하여 현금유출로 추정함

(2) 감가상각비 추정

DCF	T0	T+1년	T+2년	T+3년	T+4년	T+5년	TV
감가상각비	100	100	200	300	400	500	500
자본적지출(CAPEX)		(200)	(200)	(200)	(200)	(200)	(200)

- (T+1)년 이후 향후 5개년간 감가상각비 추정은 현재 보유하고 있는 기존자산에 대한 감가상각비 부분과 자본적지출(CAPEX)로 인한 신규 유형자산에 대한 감가상각비 부분으로 구분하여 추정함
- 이렇게 추정한 감가상각비는 매출원가 및 판매관리비 추정에 포함(비용으로 인식)되었다가, 감가상각비 항목 추정에서 가산하므로, 실제 현금흐름에는 영향이 없게 됨
- 다만, 매출원가 및 판매관리비 추정에 포함(비용으로 인식)한 금액과 감가상각비 항목 추정에서 가산한 금액이 일치하는지 여부는 확인이 필요함

〈법인세(Tax) 추정〉

■ M-20. 법인세율 검증

법인세(Tax)는 현금유출을 수반하는 비용항목으로, 추정영업이익에 예상세율을 적용하여 예상 법인세 현금유출액을 추정함

(예상 법인세율은 매년 단일세율 10%로 가정함)

DCF	Today	T+1년	T+2년	T+3년	T+4년	T+5년	TV
영업이익	800	700	600	1,000	1,500	1,900	1,900
감가상각비	100	100	200	300	400	500	500
Tax	△80	△70	△60	△100	△150	△190	△190

- 매년 추정영업이익에 법인세율을 곱하여 계산하여 법인세(Tax) 현금유출액을 추정함
- 다만, 현행 법인세 구조가 누진세 구조이므로, 예상 과표구간에 따라 법인세를 계산해서 추정해야 함
- 만약, 특정 추정연도가 영업이익이 부(−)의 금액이 예상되는 경우, 회사의 현재 법인세법상 이월결손금 여부를 포함하여 법인세 현금유출액은 0으로 추정하고, 부(−)의 법인세 효과는 이월결손금으로 계속 이월하여 누적시켜서 추정해야 함
- 회사의 T0의 법인세 세무조정계산서 검토 결과, 이월결손금이 없는 것을 확인함

〈순운전자본 추정〉

■ M-13. (운전자본) 매출채권 추정 적정성

순운전자본(NWC, Net Working Capital)은 회사의 주요 운전자본(매출채권, 매입채무, 재고자산)을 의미함

DCF에서 순운전자본(NWC)을 고려해야 하는 이유는 매출 및 매출원가 추정 시는 모든 매출액 및 매출원가가 현금거래가 이루어진다고 가정하고, 이후 실제 매출 및 매출원가가 현금유출입이 발생과 달라지기 때문에 순운전자본의 변동에서 조정을 해야 실제 매출, 매출원가 등으로 인한 연도별 현금흐름을 정확하게 추정할 수 있게 됨

DCF	T0년	T+1년	T+2년	T+3년	T+4년	T+5년	TV
매출액	2,000	2,200	2,500	3,000	3,600	4,000	4,000
순운전자본 증감	△200	△100	100	100	△200	△200	0

〈NWC 매출채권 회수 흐름〉

DCF	T0년	T+1년	T+2년	T+3년	T+4년	T+5년	TV
기초AR 회수		200	300	200	100	300	500
현금	1,800	1,900	2,300	2,900	3,300	3,500	3,500
기말 AR	200	300	200	100	300	500	500

- (T0년) 매출 2,000원 중 1,800원이 회수되고, 기말 매출채권 잔액이 200원임
- (T+1년) 기초 매출채권 200원이 회수되고, 당기 매출액(2,200원) 중 1,900원은 회수되고, 기말 매출채권 잔액이 300원임
- (T+1년) 시점에서 기말 매출채권이 100원이 증가하였으며, 이는 결론적으로 누적 매출액(2,000원 및 2,200원의 합인 4,200원)에 대해 최종 현금회수가 3,900원이므로, 매출 대비 현금유입이 100원이 감소함. 이를 순운전자본 증감에서 (-)100원으로 현금흐름을 조정해 주는 것임
- 다만, 순운전자본 증감은 회사의 과거 매출채권 등의 회수실적 및 회사의 매출채권회수기간에 대한 정책(청구 후 30일 이내 회수 등)에 대한 검토 후 실질적인 회수기간 등을 추정하여 미래 순운전자본(NWC)을 추정해야 함
- 순운전자본 증감은 매출채권 이외에도 매입채무, 재고자산에 대해서도 동일한 방식으로 매출원가 대비로 추정해야 함

〈할인율 검증〉

- M-16. 무위험이자율 선정 검증
- M-17. 시장위험프리미엄 선정 검증
- M-18. 베타 검증
- M-19. 타인자본비용 검증
- M-21. 목표자본구조 적정성 검증

미래현금흐름의 현재가치 산정을 위해 적용하는 할인율은 가중평균자본비용(WACC : Weighted Average Cost of Capital)으로서 회사의 자기자본에 대한 비용과 타인자본에 대한 비용을 자기자본 총액과 이자부부채 총액으로 가중평균하여 산정함

1. 가중평균자본비용(WACC) 계산식

$$WACC = Kd \times (1-T) \times D/(D+E) + Ke \times E/(D+E)$$

Kd : 차입금의 부채비용(타인자본비용)
Ke : 자기자본비용
E : 자기자본총액
D : 이자지급부채총액
T : 한계세율

〈단순한 사례〉

타인자본비용 10%, 법인세율 10%, 자기자본비용 5%, 목표자본구조(타인자본/자기자본=50:50)

$$\begin{aligned} WACC &= Kd \times (1-T) \times D/(D+E) + Ke \times E/(D+E) \\ &= 10\% \times (1-10\%) \times 1/2 + 5\% \times 1/2 \\ &= 9.5\% \end{aligned}$$

2. 타인자본비용(Kd)(10%)

- 타인자본비용(Kd)은 회사의 차입금 조달 시 이자비용을 의미함
- 회사가 실제 차입금이 존재하는 경우, 차입금들의 평균이자율을 가중평균해서 산정함
- 회사가 실제 차입금이 존재하지 않으나 미래 차입금 조달이 필요한 상황에서는 회사의 신용등급에 기초한 가중평균 차입금 만기의 이자율을 조회하여 산정함(Kofia bond 채권수익률 정보 활용)
- 회사는 하나의 차입금(2,000원)이 존재하며, 이 차입금의 실제 이자율이 10%여서, 사례에서는 타인자본비용(Kd)을 10% 적용함

3. 자기자본비용(Ke)(5%)

- 자기자본비용(Ke)은 주주가 기업에게 요구하는 기대수익률을 의미하며, 주주가 회사에 투자할 때 요구하는 자본조달의 기회비용을 의미함

자기자본비용은 CAPM(Capital Asset Pricing Model, 자본자산가격결정모형)에 의해 다음의 산식으로 추정함

$$Ke = Rf + \beta \times [E(Rm) - Rf] + \alpha$$

Rf : 무위험이자율

β : 시장 포트폴리오에 대한 해당 투자의 상대적 위험도(체계적 위험)

E(Rm) - Rf : 시장위험프리미엄

α : Specific Premium

$$\begin{aligned} Ke &= Rf+\beta(Rm-Rf) \\ &= 2\% + 0.725(6.14\% - 2\%) + 0 \\ &= 5\% \end{aligned}$$

- Rf(무위험이자율) : 대한민국 자본시장(주식시장)의 무위험이자율을 산정함
- Rm－Rf(시장위험프리미엄) : 시장 전체의 기대수익률과 무위험수익률의 차이를 계산함
- β(베타) : 시장수익률 변동에 대한 기업 주가의 민감도를 산정함

(1) 무위험이자율(Rf)

• 블룸버그(Bloomberg) 조회를 통해서 종속기업의 소재지(대한민국)의 무위험이자율을 조회하여 적용함
• 평가기준일(T0년 12월 31일) 현재 대한민국의 무위험이자율을 조회함(2.0%)

(2) 시장위험프리미엄(Rm−Rf)

• 블룸버그(Bloomberg)나 한국은행 등 조회를 통해서 종속기업의 소재지(대한민국)의 시장수익률과 무위험이자율의 차이인 시장위험프리미엄을 산정함
• 평가기준일(T0년 12월 31일) 현재 시장수익률(Rm, 6.14%)과 무위험이자율(Rf, 2.0%)의 차이인 시장위험프리미엄(4.14%)을 적용함

(예시)

일자	배당수익률	성장률	배당성향	시장수익률	RF 금리	프리미엄
12/30/25	1.9%	12.2%	15.1%	6.14%	2.0%	4.14%

(3) 베타(β)

• 베타(β)는 시장위험프리미엄(Rm−Rf)에 대한 회사 주가의 민감도를 의미함
• 종속기업 S는 상장사이므로 유사 사업을 영위하는 대용회사를 선정하지 아니하고 회사의 영업베타(Unlevered Beta)와 회사의 목표자본구조를 적용하여 Levered β를 산정함

무위험베타(영업베타)(βU, Unlevered Beta)

회사명	Levered Beta	Market Cap.	Debt	Unlevered Beta
종속기업 S	1.00	4,000	2,000	0.50

위험베타(βL, Levered Beta)

Unlevered Beta	목표자본구조	한계세율	Levered Beta
0.50	50%	10%	0.725

$$\beta L = 0.5\times[\ 1 + (1-0.1)\times 0.5]$$
$$= 0.5\times 1.45$$
$$= 0.725$$

(4) 자기자본비용(Ke)

무위험이자율	Risk Premium	Levered Beta	자기자본비용
2.0%	4.14%	0.725	5.0%

4. 가중평균자본비용(WACC)(9.5%)

$$\begin{aligned} WACC &= Kd \times (1-T) \times D/(D+E) + Ke \times E/(D+E) \\ &= 10\% \times (1-10\%) \times 1/2 + 5\% \times 1/2 \\ &= 9.5\% \end{aligned}$$

CHAPTER 5-6

사례별 설계운영평가 - 인사급여 프로세스

01 인사급여 프로세스 주요 계정과목

인사급여 프로세스와 관련된 재무제표 계정과목은 아래 예시로 대표될 수 있다.

내부회계관리제도의 목적인 재무제표의 왜곡표시위험을 감소하기 위한 통제활동이 필요한데, 그 이전에 각 재무제표 계정과목에 어떠한 왜곡표시위험이 파악하는 것이 우선시된다.

인사급여 프로세스 예시 재무제표

재무상태표 (BS)			
[자산]		[부채]	
		확정급여부채	1,000
		[자본]	
포괄손익계산서 (PL)			
[비용]		[수익]	
급여	1,000		
퇴직급여	200		

인사급여 프로세스 관련 기본 회계처리 내용은 다음과 같다.

[인사급여 관련 기본 회계처리 사례]

인사급여 관련 기본 회계처리는 다음과 같다.

202x년 1월 1일(급여 지급)

(차변)		(대변)	
급여	1,000	미지급금(현금)	1,000

202x년 12월 31일[퇴직급여 발생(DB형 가정) – 결산조정]

(차변)		(대변)	
퇴직급여	200	확정급여채무	200

02 인사급여 프로세스 통제기술서(RCM) 예시

Sub-Process	Activity	Risk	Control
인사관리	인사정보를 관리한다.	임직원이 임의로 등록되어 가공의 임직원에 급여가 지급될 위험	**인사시스템 접근제한**
급여마스터 정보	급여정보를 관리한다.	급여지급액 및 공제액 마스터 정보의 임의 수정으로 급여가 왜곡될 위험	**급여마스터 정보 변경권한 통제**
급여계산 (사무직)	급여를 계산한다.	급여 기초정보가 승인된 내역과 달리 적용되어 부정확한 급여가 지급되고 급여가 왜곡될 위험	**승인된 급여기초정보와 급여 계산내역 대조확인**
급여계산 (생산직)	근태내역을 관리한다.	근태시간이 임의로 수정되어 급여가 왜곡될 위험	**근태집계 정보의 변경 승인**
급여지급	급여를 이체한다.	오류 또는 고의로 급여전표와 상이한 금액을 이체하여 급여지급에 오류 또는 부정이 발생할 위험	**급여계산액과 지급액의 대조확인**
퇴직급여	퇴직금을 계산한다.	퇴직금이 잘못 계산되어 퇴직급여가 과대/과소계상될 위험	**퇴직금계산 및 퇴직발령 품의 승인**

Sub-Process	Activity	Risk	Control
	계리보고서의 자료를 검토한다.	계리보고서 산출내역에 오류가 존재하여 확정급여부채에 오류가 존재할 위험	**계리보고서 제출 자료의 검토**
	계리보고서를 검토한다.	계리보고서 산출내역에 오류가 존재하여 확정급여부채에 오류가 존재할 위험	**계리보고서의 검토**

03 인사급여 프로세스 관련 주요 회계처리

3-1. 관련 K-IFRS 기업회계기준서

K-IFRS 기준서	주요 내용	내부회계 관련 주요 이슈
K-IFRS 1019호 (종업원급여)	• 단기종업원급여 • 퇴직급여(DB, DC) • 기타장기종업원급여	• DB형 퇴직급여 계리보고서 입수 및 검토 • 기타장기종업원급여에 대한 계리보고서 입수 및 검토
K-IFRS 1102호 (주식기준보상)	• 주식기준보상(stock option) • 주식결제형과 현금결제형 구분	• 스톡옵션 부여 시 공정가치 평가 검토 • 스톡옵션 회계처리 • 스톡옵션 행사, 소멸 등 회계처리

3-2. 순확정급여부채 회계처리

DC형(확정기여형)이 아닌 DB형(확정급여형) 회계처리 예시는 다음과 같다. DB형(확정급여형) 퇴직급여는 계리전문가의 계리보고서에 의존하여 인식한다.

예시 확정급여제도 회계처리

재무상태표

과목	20x2년(당기) 말	20x1년(전기) 말
부채		
비유동부채		
확정급여채무의 현재가치	1,800	1,500
사외적립자산의 공정가치	(1,350)	(1,000)
순확정급여부채	450	500
…		

[회계처리]

20x2년 말 회사는 계리전문가로부터 계리보고서를 입수하였으며, 계리보고서에 근거한 회계 처리는 다음과 같다.

1. **확정급여채무의 현재가치**

20x2년 기중(퇴직금 지급)

(차변)		(대변)	
확정급여채무	200	현금	200

20x2년 12월 31일(기말) - 당기근무원가(300원) 및 이자원가(100원)

(차변)		(대변)	
퇴직급여*	400	확정급여채무	400

* 퇴직급여는 제조원가와 판매비와관리비로 구분됨

20x2년 12월 31일(기말) - 재측정요소

(차변)		(대변)	
재측정요소(OCI)	100	확정급여채무	100

2. **사외적립자산의 공정가치**

20x2년 기중(퇴직금 지급 및 기금납입)

(차변)		(대변)	
현금	100	사외적립자산	100
사외적립자산	300	현금	300

20x2년 12월 31일(기말) - 이자수익(100원)

(차변)		(대변)	
사외적립자산	100	퇴직급여*	100

* 퇴직급여는 제조원가와 판매비와관리비로 구분됨

20x2년 12월 31일(기말) - 재측정요소

(차변)		(대변)	
사외적립자산	50	재측정요소(OCI)	50

3-3. 기타장기종업원급여부채 회계처리

많은 기업들이 근로제공에 대한 대가로 장기근속에 대한 포상제도를 운영하고 있다. 이에 대한 회계처리를 K-IFRS 1019호(종업원급여)에 따라 다음과 같이 회계처리가 필요하다.

기타장기종업원급여 회계처리를 위해서는 DB형 퇴직급여와 마찬가지로 계리전문가로부터 계리보고서를 입수하여야 한다. 이는 종업원의 장기근속이 미래에 어느 정도 발생할지, 관련 장기근속포상은 미래에 어느 정도 발생할지를 추정해야 하므로, 계리전문가의 예측단위적립방식 추정이 필요하기 때문이다.

참고로 기타장기종업원급여에 대해 계리보고서를 입수하여 회계처리하는 것은 퇴직급여제도와 무관하다. 따라서 회사가 퇴직급여제도를 전액 DC형으로 가입하고 있더라도, 기타장기종업원급여를 위한 계리보고서의 입수는 필요하다. 다만 장기근속에 대한 포상제도의 규모가 작아서 중요성 차원에서 기타장기종업원급여를 인식하지 않는 경우도 있다.

예시 기타장기종업원급여제도 회계처리

재무상태표

과목	20x2년(당기) 말	20x1년(전기) 말
부채		
비유동부채		
기타장기종업원급여부채	1,300	1,000
…		

[회계처리]

20x2년 말 회사는 계리전문가로부터 기타장기종업원급여에 대한 계리보고서를 입수하였으며, 계리보고서에 근거한 회계처리는 다음과 같다.

1. **기타장기종업원급여부채 현재가치**

20x2년 기중(장기근속 포상 지급)

(차변)		(대변)	
기타장기종업원급여부채	200	현금	200

20x2년 12월 31일(기말) - 당기근무원가(300원) 및 이자원가(100원)

(차변)		(대변)	
기타장기종업원급여	400	기타장기종업원급여부채	400

20x2년 12월 31일(기말) - 재측정요소

(차변)		(대변)	
기타장기종업원급여*	100	기타장기종업원급여부채	100

* 퇴직급여와 달리 기타장기종업원급여의 재측정요소는 당기손익으로 인식함(K-IFRS 1019, 문단 156)

3-4. 주식기준보상

주식기준보상은 부여 형태에 따라 크게 아래 2가지로 구분되며, 각각의 회계처리의 차이가 존재한다.

- 주식결제형 주식기준보상
- 현금결제형 주식기준보상

주식결제형 주식기준보상거래의 인식과 측정

주식결제형 주식기준보상거래의 경우, 제공받는 재화나 용역과 그에 상응하는 자본의 증가를 제공받는 재화나 용역의 공정가치로 직접 측정한다. 그러나 제공받는 재화나 용역의 공정가치를 신뢰성 있게 추정할 수 없다면 제공받는 재화나 용역과 그에 상응하는 자본의 증가는 부여한 지분상품의 공정가치에 기초하여 간접 측정한다. 구체적인 회계처리는 다음과 같다.

(1) 종업원에게서 제공받는 용역의 공정가치는 일반적으로 신뢰성 있게 추정할 수 없어, 부여한 지분상품의 공정가치에 기초하여 측정한다. 부여한 지분상품의 공정가치는 부여일 기준으로 측정한다.

(2) 부여한 지분상품의 공정가치에 기초하여 거래를 측정하는 때에는, 구할 수 있는 시장가격을 기초로 하되 지분상품의 부여조건을 고려하여 측정기준일 현재 공정가치를 측정한다. 시장가격이 없다면 측정기준일 현재 합리적 판단력과 거래의사가 있는 독립된 당사자 사이의 거래에서 결정될 지분상품 가격을 추정할 때 적용할 수 있는 가치평가기법을 사용하여 공정가치를 추정한다.

(3) 이 기준서에서는 부여한 지분상품의 조건을 변경(예 : 주식선택권의 행사가격 인하)하는 경우와 부여한 지분상품을 취소하거나 중도청산하거나 다른 지분상품부여로 대체하는 경우도 규정한다. 이 기준서에 따르면 기업은 지분상품을 부여한 당시의 조건을 변경하는지, 부여한 지분상품을 취소하거나 중도청산할지와는 관계없이 일반적으로 종업원에게서 제공받는 근무용역을 최소한 지분상품 부여일의 공정가치로 인식한다.

주식결제형 주식기준보상거래의 기본적인 회계처리는 다음 예시와 같다.

예시 주식결제형 주식기준보상거래 회계처리

[개요]

회사는 20x1년 초에 종업원에게 아래 조건의 주식결제형 주식기준보상을 제공하였다.

구분	내용
부여수량	1,000개
가득조건	2년 근무 시 행사가능
행사가능시점	가득 직후 1년간
행사가격	100원(액면가 10원)

연도별 공정가치 측정치 내역은 다음과 같다.

시기	공정가치
20x1년 초(부여일)	100
20x1년 말	250
20x2년 말	200
행사일	300

[회계처리]

회사는 주식선택권 부여시점에 주식선택권(자본)으로 인식하고, 주식선택권 행사시점에 자본금의 증가가 발생한다.

주식선택권 부여시점(20x1년 말)

(차변)		(대변)	
주식보상비용(판관비)	50,000*	주식선택권(자본)	50,000

* 100 x 1,000 x 1/2 = 50,000

주식선택권 부여(20x2년 말)

(차변)		(대변)	
주식보상비용(판관비)	50,000*	주식선택권(자본)	50,000

* 100 x 1,000 - 50,000 = 50,000

행사시점(20x3년 기중)

(차변)		(대변)	
주식선택권(자본)	100,000	자본금	10,000
현금	100,000	자본잉여금	190,000

현금결제형 주식기준보상거래의 인식과 측정

현금결제형 주식기준보상거래의 경우에는 제공받는 재화나 용역과 그 대가로 부담하는 부채를 부채의 공정가치로 측정한다. 구체적인 회계처리는 다음과 같다.

(1) 부채가 결제될 때까지 매 보고기간 말과 결제일에 부채의 공정가치를 재측정하고, 공정가치의 변동액은 당기손익으로 인식한다.

(2) 부채의 공정가치를 측정할 때 가득조건과 비가득조건을 고려하는 방법은 주식결제형 주식기준보상거래를 측정할 때의 고려방법과 동일하다.

(3) 이 기준서에서는 현금결제형에서 주식결제형 주식기준보상거래로 분류를 바꾸는 조건변경에 대해서도 규정한다. 조건변경일에 부여된 지분상품의 공정가치에 기초하여 측정하여 주식결제형 주식기준보상거래 중 재화나 용역을 제공받은 만큼은 자본으로 인식하고, 현금결제형 주식기준보상거래 관련 부채는 제거하며, 그 차이금액은 즉시 당기손익으로 인식한다.

현금결제형 주식기준보상거래의 기본적인 회계처리는 다음 예시와 같다.

예시 현금결제형 주식기준보상거래 회계처리

[개요]

회사는 20x1년 초에 종업원에게 아래 조건의 현금결제형 주식기준보상을 제공하였다.

구분	내용
부여수량	1,000개
가득조건	2년 근무 시 행사가능
행사가능시점	가득 직후 1년간
행사가격	100원

연도별 공정가치 측정치 내역은 다음과 같다.

시기	공정가치
20x1년 초(부여일)	100
20x1년 말	120
20x2년 말	130
행사일	130

[회계처리]

회사는 주식선택권 부여시점에 장기미지급비용(부채)으로 인식하고, 주식선택권 행사시점에 현금의 감소가 발생한다. 현금결제형 주식기준보상거래는 매 보고기간 말 해당 주식기준보상의 공정가치로 재측정한다.

주식선택권 부여시점(20x1년 말)

(차변)		(대변)	
주식보상비용(판관비)	60,000*	장기미지급비용(부채)	60,000

* 120×1,000×1/2=60,000

주식선택권 부여(20x2년 말)

(차변)		(대변)	
주식보상비용(판관비)	70,000(*)	장기미지급비용(부채)	70,000

* 130×1,000−60,000=70,000

행사시점(20x3년 기중)			
(차변)		(대변)	
장기미지급비용(부채)	130,000	현금	130,000

사례 계리보고서 검토통제

1. 통제 설명
2. 통제 설계의 효과성 테스트
3. 통제 운영의 효과성 테스트
4. 잔여기간에 대한 테스트

1. 통제 설명

통제 설명 영역은 평가대상이 되는 통제활동에 대한 요약(summary)이다.

통제 설명						
통제 요약						
통제 번호	Description	통제수행팀	통제수행자	통제 유형	통제 빈도	관련 Application
C.10.10.01	**계리보고서의 검토(MRC)**	회계팀	이순신 팀장	수동통제	연단위	
통제활동에 대한 설명	회계팀장은 외부평가기관에서 수령한 계리보고서상의 주요 가정치의 적정성을 검토한다.					
통제의 출발점(baseline)	202x.x.xx					

통제가 대처하는 왜곡표시의 원천(WCGW)			
관련 위험 번호	Description	재무제표 계정	경영진주장
R.XX.1	계리보고서 산출내역에 오류가 존재하여 확정급여부채에 오류가 존재할 위험	확정급여채무, 사외적립자산	완전성(C), 평가(V)

2. 통제설계의 효과성 테스트

통제 설계의 효과성 테스트	
설계 테스트의 수행	
설계테스트의 성격	■ 질문 □ 관찰 ■ 문서검사 □ 추적조사
설계테스트 절차	1. 계리보고서 MRC 체크리스트가 존재하는지 확인하였다. (문서검사) 2. 통제담당자(회계팀장)가 MRC 체크리스트를 이해, 활용하는지를 질문하였으며, 통제담당자가 K-IFRS 1019호(종업원급여)에 따른 계리보고서 측정 프로세스를 충분히 이해하고 있는지를 질문을 통해 확인하였다. (질문)
입수한 증빙	**계리보고서 MRC 체크리스트**

통제 수행에 기업이 생성한 정보(IPE)를 사용하는가?	Yes			
IPE 목록	계리보고서 수령본(PDF)			
IPE의 정확성과 완전성을 확인하는 통제에 대하여 기술하고, 해당 통제를 어디서 테스트하였는지 테스트 결과는 무엇인지 기술	IPE 검토조서에서 확인			
설계의 효과성에 대한 결론	효과적(effective)			
발견된 예외사항의 평가 및 결론 도출(해당 시)				
통제실패위험(Risk of faulure)				
통제실패위험 평가 절차와 고려사항				
계리보고서 평가에 대한 검토(MRC) 통제활동은 순확정급여부채의 평가에 대한 왜곡가능성이 재무제표에 미치는 영향과 추정, 판단의 과정을 통해 생성되는 재무정보이므로 관련 통제위험은 높다고 판단됨				
통제실패위험 평가 결과	높음			

* **계리보고서 MRC 체크리스트**

예시 Management Review Control_Checklist : 계리보고서 평가

분류	Code	점검항목	점검내용	Source	검토수행 여부	검토 결과
평가자 적격성	M-01	계리법인	외부평가기관인 계리법인의 적격성 여부를 확인한다.			
계산 검증	M-02	확정급여 채무	기초 금액이 전기말 금액과 일치하는지 확인한다.	계리보고서		
	M-03	사외적립 자산	기초 금액에서 증감 내역의 합계가 기말금액과 일치하는지 확인한다.	계리보고서		
	M-04	당기손익 인식	당기근무원가 및 이자비용과 사외적립자산의 이자수익의 순합계가 손익계산서 퇴직급여(제조+판관) 금액과 일치하는지 확인한다. * 계리보고서 금액에 확정기여형(DC)금액 합계가 손익계산서 퇴직급여와 일치하여야 함	계리보고서		

분류	Code	점검항목	점검내용	Source	검토수행 여부	검토 결과
	M-05	기타포괄 손익 인식	확정급여채무와 사외적립자산의 재측정요소의 순합계가 기타포괄손익의 재측정요소 금액과 일치하는지 확인한다. * 법인세효과 반영 후 금액과 일치하여야 함	계리보고서		
퇴직금 정보	M-06	퇴직금 지급액	계리보고서상 퇴직금 지급액이 실제 퇴직금 지급액과 일치하는지 계정원장과 대사확인한다.	계리보고서/ 퇴직금지급 내역		
	M-07	기여금 납입액	계리보고서상 기여금 납입액이 실제 납입액과 일치하는지 계정원장과 대사확인한다.	계리보고서/ 기여금 납입내역		
보험수리적 가정	M-08	재무적 가정 및 인구통계적 가정	재무적가정(할인율, 임금상승률) 및 인구통계적가정(퇴직률, 사망률) 정보의 업데이트가 적정한지 확인한다.	Kofia bond, 보험개발원		
	M-09	민감도 분석	민감도분석 정보의 부호가 적절하게 표시되어 있는지 확인한다.			

3. 통제운영의 효과성 테스트

통제 운영의 효과성 테스트				
운영 테스트의 성격, 시기, 범위 결정				
테스트 대상 기간	202X년 1월 1일 ~ 12월 31일			
테스트 시기	202X(+1)년 1월 X일	기중 테스트 방법	연중 고르게	
통제테스트의 성격	■ 질문 □ 관찰 ■ 문서검사 □ 재수행			
통제테스트 절차	1. 연단위 통제인 계리보고서 검토(MRC) 체크리스트를 202x.4Q 기준으로 입수함 2. 202x.4Q의 계리보고서 검토(MRC) 체크리스트에 대해 통제담당자가 적절하게 체크 후 문서화하였는지를 확인함(문서검사)			
모집단 정의	계리보고서 검토(MRC) 체크리스트(1개)			
모집단의 완전성을 확인하기 위해 수행한 절차	회사의 연단위 계리보고서 검토(MRC) 체크리스트의 존재 여부를 확인함			
통제 주기 또는 빈도수	연단위	표본의 규모	1	

<table>
<tr><th colspan="6">통제수행자의 권한과 적격성</th></tr>
<tr><td>통제 수행자</td><td colspan="2">이순신 팀장</td><td colspan="2">통제를 수행하는 사람이 통제를 효과적으로 수행하는 데 필요한 권한과 적격성을 갖추었는지?</td><td>Yes</td></tr>
<tr><td>통제수행자의 권한과 적격성에 대한 추가 설명 (필요시)</td><td colspan="5">통제수행자는 입사 1년 미만자이긴 하나, 회계업무에서 10년 이상 근무하였으며, 해당 업무에 대해 충분히 이해하고 있으며 해당 업무의 요구사항이 무엇인지 명확히 파악하고 있음
통제수행자는 회계팀장으로서 해당업무에 대해 검토할 수 있는 권한을 보유하였음</td></tr>
<tr><th colspan="6">테스트 결과</th></tr>
<tr><td colspan="6">통제테스트 결과를 아래에 문서화하거나 해당 조서를 참조합니다.</td></tr>
<tr><th>순번</th><th>표본 추출 일자</th><th>Reference</th><th>내용</th><th>결과</th><th>비고</th></tr>
<tr><td>1</td><td>202X(+1)년 1월</td><td>202x.4Q 계리보고서 MRC 체크리스트</td><td>202x.4Q 계리보고서 MRC 체크리스트를 입수 확인한 결과, 계리보고서 대한 주요 가정치(재무적 가정, 인구통계적 가정)들에 대한 검토 및 평가의 로직에 대한 검토 통제 절차가 적절하게 수행하고 있음을 확인함</td><td>예외사항 없음</td><td></td></tr>
</table>

4. 잔여기간에 대한 테스트

해당 없음(연통제)

〈통제운영테스트 세부내용 문서화〉

계리보고서 검토통제의 통제운영 평가 시, 계리보고서 검토 체크리스트 항목별 예시는 다음과 같다.

사례

확정급여형(DB) 퇴직금 관련 재무제표 인식금액은 다음과 같다.

재무상태표					
〈자산〉	당기말	전기말	〈부채〉	당기말	전기말
			확정급여채무의 현재가치	10,110,000	9,800,000
			사외적립자산의 공정가치	(4,706,500)	(3,700,000)
			순확정급여부채	5,403,500	6,100,000

포괄손익계산서					
〈비용〉	당기	전기	〈수익〉	당기	전기
퇴직급여	2,480,000				
			재측정요소	223,500	

〈계리보고서〉

1. 확정급여채무의 현재가치 변동 내역

구분	2025-12-31	2024-12-31
기초 확정급여채무의 현재가치	9,800,000	
당기근무원가	2,200,000	
이자원가	680,000	
급여지급액	(2,800,000)	
확정급여채무 재측정요소 손실(이익)	230,000	
1) 재무적가정의 변동에서 발생하는 보험수리적 손실(이익)	200,000	
2) 인구통계적가정의 변동에서 발생하는 보험수리적 손실(이익)	30,000	
3) 경험조정	0	
과거근무원가	0	
제도의 축소나 정산으로 인한 손실(이익)	0	
기말 확정급여채무의 현재가치	10,110,000	9,800,000

2. 사외적립자산의 공정가치 변동내역

구분	2025-12-31	2024-12-31
기초 사외적립자산의 공정가치	3,700,000	
사외적립자산의 이자수익	1,400,000	
기여금 납부액	100,000	
급여지급액	(500,000)	
사외적립자산의 재측정요소	6,500	

구분	2025-12-31	2024-12-31
제도의 축소나 정산으로 인한 손실(이익)	0	
기말 사외적립자산의 공정가치	10,110,000	9,800,000

3. 사외적립자산의 구성내역

구분	2025-12-31		2024-12-31	
지분상품	0	0%	0	0%
채무상품	0	0%	0	0%
기타*	4,706,500	100%	3,700,000	100%
합계	4,706,500		3,700,000	

* 전액 퇴직보험상품인 원리금 보장형상품에 투자되어 있습니다.

4. 재무상태표에서 인식할 금액

구분	2025-12-31	2024-12-31
기금이 적립되는 확정급여채무의 현재가치	10,110,000	
사외적립자산의 공정가치	(4,706,500)	
소계	5,403,500	
자산인식상한효과에 따른 미인식 사외적립자산	0	
합계 (순부채)	5,403,500	

5. 손익 계정에서 인식할 금액

구분	2025-12-31	2024-12-31
근무원가		
1) 당기근무원가	2,200,000	
2) 과거근무원가	0	
3) 청산으로 인한 손익	0	
순확정급여부채(자산)의 순이자		
1) 확정급여채무에 대한 이자원가	680,000	
2) 사외적립자산에 대한 이자수익	(1,400,000)	
3) 자산인식상한효과에 대한 이자	0	
회계기간 동안 발생한 비용	1,480,000	

6. 기타포괄손익의 인식

구분	2025-12-31	2024-12-31
당기에 인식한 보험수리적 손실(이익)	223,500	
자산인식상한의 효과	0	
당기에 인식할 기타포괄손익	223,500	

7. 주요 보험수리적 가정

구분	2025-12-31	2024-12-31
할인율	3.23%	
미래 임금상승률	6.10%	

8. 확정급여채무의 현재가치 민감도 분석

구분	1% 포인트 감소	Medium	1% 포인트 증가
할인율	10,569,624	9,910,000	9,323,837
미래 임금상승률	9,314,252	9,910,000	10,568,152

9. FY 2026년 예상비용

구분	FY 2025년
당기근무원가	2,341,350
순이자비용(수익)	301,281
예상비용	2,642,631
매출원가	2,000,000
판매비와관리비	642,631

10. 만기구성에 대한 정보

확정급여채무의 가중평균만기는 9.75년이다.

구분	퇴직급여예상액
1년 미만	94,237
2년 미만	269,674
3년 미만	141,567

구분	퇴직급여예상액
4년 미만	191,342
5년 미만	101,075
5년 이상~10년 미만	845,387
10년 이상~20년 미만	1,923,546

〈계산 검증〉

■ M-02 ~ M04. 계산 검증

1. **확정급여채무**

기초 금액이 전기말 금액과 일치하는지 확인한다.

확정급여채무 기초금액(9,800,000원)이 전기말 금액과 일치하는지를 전기 공시된 재무제표 및 전기말에 입수한 계리보고서를 통해 확인함

2. **사외적립자산**

기초 금액에서 증감 내역의 합계가 기말금액과 일치하는지 확인한다.

확정급여채무 기초금액(3,700,00원)이 전기말 금액과 일치하는지를 전기 공시된 재무제표 및 전기말에 입수한 계리보고서를 통해 확인함

3. **당기손익 인식**

당기근무원가 및 이자비용과 사외적립자산의 이자수익의 순합계가 손익계산서 퇴직급여(제조+판관) 금액과 일치하는지 확인한다.

(1) 계리보고서상 비용인식대상 금액(1,480,000원)

당기근무원가	2,200,000
이자원가	680,000
사외적립자산의 이자수익	(1,400,000)
비용 인식	1,480,000

(2) 손익계산서 퇴직급여 인식액(2,480,000원)

(3) 차이

차이금액 1,000,000원은 확정기여형(DC)퇴직급여 기여금 납입액으로 확인함

특이사항 없음

4. **기타포괄손익 인식**

확정급여채무와 사외적립자산의 재측정요소의 순합계가 기타포괄손익의 재측정요소 금액과 일치하는지 확인한다.

확정급여채무 재측정요소	230,000	
사외적립자산 재측정요소	(6,500)	
재측정요소	223,500	계리보고서 금액과 일치함을 확인함
법인세효과(세율 20%)	44,700	
차감액	178,800	포괄손익계산서금액과 일치함을 확인함

〈퇴직금 정보〉

- M-06. 퇴직금 정보
- M-07. 기여금 정보

1. **퇴직금 지급액**

계리보고서상 퇴직금 지급액이 실제 퇴직금 지급액과 일치하는지 계정원장과 대사확인한다.
계리보고서상 확정급여채무의 퇴직금 지급액은 2,800,000원이며, 사외적립자산의 퇴직금 지급액은 500,000원이다.
즉, 회사는 일부 종업원이 퇴사하여, 기중에 퇴직금 2,800,000원 지급의무가 발행하여 종업원에게 2,800,000원을 지급하였지만, 이 중 500,000원은 사외적립자산이 기여금으로 적립한 금액에서 지급된 것이다.
따라서, 회사의 순 현금유출은 2,300,000원에 해당한다.
해당 계리보고서의 퇴직금 지급내역이 실제 현금흐름과 일치하는지를 장부 대사로 확인하였다.

〈회계처리 – 퇴직금 지급〉

2025년 8월 1일(기중 거래)

(차변)		(대변)	
확정급여채무	2,800,000	현금	2,800,000
현금	500,000	사외적립자산	500,000

2. 기여금 납입액

계리보고서상 기여금 납입액이 실제 납입액과 일치하는지 계정원장과 대사확인한다.

계리보고서상 기여금 납입액 100,000원이 실제 퇴직연금기관(ABC보험)에 납입하였는지를 확인하였다.

〈회계처리 - 기여금 납입〉

2025년 12월 1일(기중 거래)

(차변)		(대변)	
사외적립자산	100,000	현금	100,000

〈보험수리적 가정 정보〉

- M-08. 재무적 가정 및 인구통계적 가정
- M-09. 민감도 분석

1. 할인율(3.23%)

K-IFRS 1019호(종업원급여)에 의하면 퇴직급여채무를 할인하기 위해 사용하는 할인율은 보고기간말 현재 우량회사채(AA 이상)의 시장수익률을 참조하여 결정한다.

(실무)

할인율을 결정하는 구체적인 방법론은 "한국계리업무기준 제3편 문단2.6.3 할인율 결정방식"에 명시된 대로 "수익률곡선접근법(Yield Curve Method)"을 적용함

즉, 퇴직금 지급에 대한 예상만기에 따른 예상지급시기 및 예상금액을 고려하여 현물이자율(spot rate)을 할인율로 적용하여 산정함

회사의 할인율은 예상만기(5년)의 공모보증 우량회사채(AA+) 수익률을 적용함을 확인함 (3.226%)

〈채권시가수익률 정보〉

종류	종류명	신용등급	고시기관	3월	6월	9월	1년	1년6월	2년	2년6월	3년	4년	5년	7년	10년
회사채 I(공모사채)	***보증	특수은행,우량시중은행	평가사 평균('23.1.9~)	2.607	2.653	2.679	2.706	2.742	2.805	2.821	2.885	-	3.107	-	-
		시중은행	평가사 평균('23.1.9~)	2.637	2.692	2.724	2.752	2.819	2.905	2.937	3.015	-	3.242	-	-
		우량지방은행	평가사 평균('23.1.9~)	2.731	2.789	2.844	2.889	2.998	3.104	3.151	3.237	-	3.551	-	-
		기타금융기관	평가사 평균('23.1.9~)	2.766	2.878	3.013	3.080	3.241	3.492	3.578	3.748	-	4.133	-	-
	무보증	AAA	평가사 평균('23.1.9~)	2.622	2.662	2.701	2.740	2.765	2.868	2.886	2.961	3.011	3.163	3.248	3.579
		AA+	평가사 평균('23.1.9~)	2.661	2.714	2.750	2.785	2.822	2.936	2.951	3.035	3.082	3.226	3.354	3.867
		AA0	평가사 평균('23.1.9~)	2.682	2.736	2.777	2.816	2.853	2.962	2.979	3.064	3.121	3.292	3.452	4.205
		AA-	평가사 평균('23.1.9~)	2.707	2.762	2.809	2.849	2.888	3.005	3.021	3.117	3.188	3.394	3.651	4.567
		A+	평가사 평균('23.1.9~)	2.747	2.801	2.903	2.993	3.131	3.316	3.388	3.531	3.749	4.105	4.360	5.146
		A0	평가사 평균('23.1.9~)	2.846	2.917	3.047	3.149	3.307	3.499	3.587	3.799	4.106	4.541	4.809	5.607
		A-	평가사 평균('23.1.9~)	3.074	3.161	3.316	3.417	3.606	3.845	3.989	4.252	4.603	5.129	5.337	6.119
		BBB+	평가사 평균('23.1.9~)	3.474	3.885	4.307	4.510	5.115	5.886	6.219	6.561	6.787	7.024	7.140	7.606
		BBB0	평가사 평균('23.1.9~)	3.846	4.386	4.888	5.189	5.921	6.832	7.245	7.599	7.830	8.073	8.193	8.702
		BBB-	평가사 평균('23.1.9~)	4.525	5.188	5.823	6.185	7.048	7.999	8.486	8.972	9.198	9.425	9.533	10.055
회사채 II(사모사채)	무보증	AAA	평가사 평균('23.1.9~)	2.698	2.766	2.824	2.875	2.911	3.023	3.053	3.136	3.196	3.364	3.479	3.843
		AA	평가사 평균('23.1.9~)	2.795	2.888	2.947	2.997	3.046	3.167	3.193	3.287	3.353	3.542	3.721	4.478
		A+	평가사 평균('23.1.9~)	2.938	3.036	3.161	3.275	3.429	3.627	3.719	3.878	4.110	4.487	4.781	5.597
		A0	평가사 평균('23.1.9~)	3.059	3.184	3.337	3.460	3.629	3.845	3.951	4.181	4.521	4.969	5.272	6.109
		A-	평가사 평균('23.1.9~)	3.322	3.459	3.644	3.773	3.968	4.223	4.386	4.672	5.037	5.589	5.830	6.644

(출처: Kofia bond)

2. 미래 임금상승률(6.10%)

미래 임금상승률은 최근 5개년 평균 임금인상률을 적용하였다고 계리보고서에 기재되어 있으며, 회사의 급여대장 및 임금상승 공문 등을 입수하여 과거 5개년 평균임금상승률을 재계산하여 계리보고서 임금상승률 정보가 일치하는지를 확인함

연도	2020	2021	2022	2023	2024	평균
임금인상률	5.50%	5.40%	6.10%	6.40%	7.10%	6.10%

3. 퇴직률(5.0%)

회사가 계리법인에 제출한 과거 경험퇴직률(5.0%)과 계리평가보고서상 예상퇴직률이 일치하는지 확인함

4. 사망률(평균 0.05%)

보험개발원 최근 업데이트 자료를 계리법인이 사용하였는지 확인함

5. 민감도분석

민감도분석 정보의 부호가 적절하게 표시되어 있는지 확인함

- 할인율이 1% 감소하면, 확정급여채무는 증가하며, 1% 증가하면 확정급여채무는 감소함을 확인함
- 임금상승률이 1% 감소하면, 확정급여채무는 감소하며, 1% 증가하면 확정급여채무는 증가함을 확인함

CHAPTER 5-7

사례별 설계운영평가 - 자금 프로세스

01 자금 프로세스 주요 계정과목

자금 프로세스와 관련된 재무제표 계정과목은 아래 예시로 대표될 수 있다.

내부회계관리제도의 목적인 재무제표의 왜곡표시위험을 감소하기 위한 통제활동이 필요한데, 그 이전에 각 재무제표 계정과목에 어떠한 왜곡표시위험이 있는지 파악하는 것이 우선시된다.

자금 프로세스 예시 재무제표

재무상태표 (BS)			
[자산]		[부채]	
현금예금	1,000	차입금	1,000
FVOCI	1,000		
		[자본]	
		자본금	1,000
포괄손익계산서 (PL)			
[비용]		[수익]	
이자비용	100	FVOCI평가이익	200

자금 프로세스 관련 기본 회계처리 내용은 다음과 같다.

[자금 관련 기본 회계처리 사례]

자금 관련 기본 회계처리는 다음과 같다.

202x년 1월 1일(자금조달 - 차입금 차입)

(차변)		(대변)	
현금	1,000	차입금	1,000

202x년 2월 1일(자금조달 - 유상증자)

(차변)		(대변)	
현금	1,000	자본금	1,000

202x년 3월 1일(자금운용 - 주식 취득)

(차변)		(대변)	
FVOCI*	1,000	현금	1,000

* FVOCI : 기타포괄손익-공정가치금융자산

202x년 12월 31일(자금운용 - 주식 취득 - 기말 공정가치 측정)

(차변)		(대변)	
FVOCI	200	FVOCI평가이익(OCI)	200

02 자금 프로세스 통제기술서(RCM) 예시

Sub-Process	Activity	Risk	Control
자금집행	신규 지급거래처를 등록한다.	가공의 거래처가 등록되어 잘못된 거래처로 자금이 지급되어 부당한 자금의 유출이 발생할 위험	**지급거래처 등록 승인**
	자금이체 권한을 관리한다.	승인되지 않은 자금 이체로 회사의 자금이 부당하게 유출될 위험	**자금이체 권한권리**
	전자결재 시스템으로 자금을 이체한다.	승인되지 않은 자금 이체로 회사의 자금이 부당하게 유출될 위험	**전자결제 지급등록 승인**
자금계획 및 조달	자금조달 계획을 수립한다.	자금의 흐름이 경영진에게 보고되지 않아 자금운영에 차질이 발생할 위험	**자금조달(사채발행 또는 신규차입) 승인**
법인카드관리	법인카드를 분출한다.	법인카드 발급이 무분별하게 이루어져 자금유용이 발생할 위험	**법인카드의 사용권한관리 및 접근제한**
기타자금관리	실물자산은 금고에 보관한다.	보유한 실물 자산이 분실 또는 도난될 위험	**중요 실물 금융자산에 대한 접근제한**
	법인인감을 사용한다.	임의로 법인인감이 날인되어 자금유용이 발생하거나 법적 피해가 발생하게 될 위험	**법인인감관리 및 접근제한**
	사용인감을 관리한다.	임의로 사용인감이 날인되어 자금유용이 발생하거나 법적 피해가 발생하게 될 위험	**사용인감 관리대장 검토**
금융상품 관리	보유중인 유가증권(주식, 채권)에 대해 평가한다.	금융상품 평가가 왜곡될 위험	**금융상품 공정가치 측정에 대한 검토(MRC)(특히 비상장주식, Level 3)**

2-1. 관련 K-IFRS 기업회계기준서

K-IFRS 기준서	주요 내용	내부회계 관련 주요 이슈
K-IFRS 1109호 (금융상품)	금융자산 및 금융부채 인식과 측정	• 금융자산 중 지분상품(타법인주식)에 대한 기말 공정가치 측정 • 비상장주식인 경우 외부평가에 대한 검토 통제(MRC)

CHAPTER 5-8

사례별 설계운영평가 - 재무보고(결산) 프로세스

01 재무보고(결산) 프로세스 주요 계정과목

재무보고(결산) 프로세스는 대부분 타 메가프로세스에서 설계된 통제활동을 제외한 일반적인 재무결산 과정의 회계처리에 대한 검토통제활동이 재무보고(결산) 프로세스로 분류된다.

내부회계관리제도의 목적인 재무제표의 왜곡표시위험을 감소하기 위한 통제활동이 필요한데, 그 이전에 각 재무제표 계정과목에 어떠한 왜곡표시위험이 파악하는 것이 우선시된다.

재무결산 프로세스 예시 재무제표

ALL

재무상태표 (BS)			
[자산]		[부채]	
		[자본]	
포괄손익계산서 (PL)			
[비용]		[수익]	

02 재무보고(결산) 프로세스 통제기술서(RCM) 예시

Sub-Process	Activity	Risk(WCGW)	Control
회계정책의 선택과 적용	회계정책서를 구비, 유지한다.	회사의 회계처리 기준이 없어 회계정책의 적용이 일관성이 없이 부정확하게 적용될 위험	**회계정책서 수립(회계매뉴얼 포함) 및 변경 승인**
계정과목 관리	COA를 신설, 변경한다.	부적절한 계정코드 적용으로 인한 재무제표 왜곡 위험	**계정코드(COA) 생성에 대한 상위권자의 검토 및 승인**
전표처리절차	전표를 작성, 승인한다.	전표발행 및 승인이 부적절하여 재무제표가 왜곡될 위험	**전표발행번호에 대한 통제**
	전표를 수정한다.	전표가 부적절하게 수정될 위험	**전표 수정의 제한 및 수정 전표에 대한 시스템 통제**
	전표를 작성, 승인한다.	전표발행 및 승인이 부적절하여 재무제표가 왜곡될 위험	**회계시스템 접근 권한 통제**
	전표를 작성, 승인한다.	전표발행 및 승인이 부적절하여 재무제표가 왜곡될 위험	**전표 작성자와 전표 승인권자의 권한 분리**
결산마감절차	결산마감업무를 수행한다.	결산재무제표가 전표회계처리 내역이 적절하게 결산집계 및 공시되지 못할 위험	**결산체크리스트의 검토, 승인**
	결산마감업무를 수행한다.	결산마감과정이 부적절하게 처리될 위험	**마감 이후 전표 입력 통제**
결산재무제표 작성 보고	가수금, 가지급 등 가계정을 사용한다.	정리되지 않은 계정이 재무제표에 반영될 위험	**가계정 잔액 존재 여부 검토**
	매분기별로 이연법인세를 계산한다.	이연법인세 계산이 왜곡될 위험	**이연법인세 산출내역의 적정성 검토**
	현금흐름표를 작성한다.	현금흐름표가 부적절하게 작성 공시될 위험	**현금흐름표 검토**
	주석을 작성한다.	주석사항이 부적절하게 공시될 위험	**재무제표 주석 체크리스트와 주석작성파일 대조확인**
	특수관계자 거래내역을 파악 주석 공시한다.	특수관계자 주석사항이 부적절하게 공시될 위험	**특수관계자 거래 내역의 검토**
	재무제표 작성이 완성된다.	결산재무제표가 적절한 승인과정을 거치지 못할 위험	**결산재무제표의 승인**
지분법 평가	지분법 평가한다.	지분법 평가가 왜곡되어 작성 공시될 위험	**지분법 평가 내역에 대한 검토**
세무관리	법인세를 신고한다.	법인세가 부정확하게 신고되어 세무조사로 손실이 발생할 위험	**법인세 세무조정 검토**

내부회계관리제도 감사 FAQ

17. 보고기간 말 재무보고 프로세스(결산 프로세스)에서 중요한 결산 항목을 대부분 결산 체크리스트에 포함하고 결산 체크리스트를 작성, 검토, 승인하는 통제활동을 설계, 운영하는 경우 미비점에 해당하는지요?

결산 체크리스트의 관리와 작성은 결산 절차에 대한 완전성 확보와 관련하여 효과적인 통제활동이나 결산 체크리스트만으로 각 항목에 대한 통제활동이 충분하게 수행되었다는 증거를 제시할 수는 없습니다. 따라서 유의적인 회계추정이나 특수관계자 거래 등과 같이 위험이 높은 항목에 대한 통제는 결산 체크리스트에 통합하기보다는 별도의 통제로 구분하여 설계, 운영하는 것이 바람직합니다.

위험이 높지 않은 결산 항목은 결산 체크리스트에 포함하고 체크리스트를 작성, 검토 · 승인하는 통제를 설계, 운영할 수 있습니다. 기업이 체크리스트 통제를 운영하는 경우 감사인은 통제 테스트 시 다음과 같은 사항을 고려합니다.

- 결산 조정 금액의 정확성/완전성을 확인하기 위한 목적 달성을 위해 결산 체크리스트가 충분한지?
- 결산 체크리스트 작성 시 설정된 기준에 따라 이상항목(outliers)을 식별하고 조사하고 해결하는 절차가 적절하게 설계되어 있는지?
- 이상항목들을 적시에 식별하고 조사하고 해결하기에 결산 체크리스트 작성 빈도가 충분한지?
- 결산 체크리스트 작성에 이용되는 내 · 외부 정보가 결산 체크리스트 목적을 달성하기에 충분하고 적절한지(즉, 관련성이 있고 신뢰할 수 있는지)?

해설 - 저자 주

일반적으로 재무결산 프로세스에 결산 체크리스트 검토 및 승인통제활동이 포함되어 있는 경우가 많다. 다만, 결산체크리스트에 해당 유무만 체크하는 것은 재무제표의 완전성을 높이는 통제활동으로 효과적이기 않기 때문에, 결산 체크리스트 각 결산조정 항목의 실제 작성과정에 대한 검토통제가 필요한 것이다. (예 : 외화환산의 재계산 검증 등)

내부회계관리제도 감사 FAQ

18. 주석 공시사항의 왜곡표시 위험에 대처하는 통제로 공시사항 점검표를 작성하여 공시사항의 완전성을 점검하고 각 주석 항목에 공시된 금액과 재무제표상 금액이 일치하는지 대조 확인하는 통제만을 설계, 운영하는 경우 미비점에 해당하는지요?

해당 공시 항목의 왜곡표시 위험이 단순히 재무제표 금액과 주석 공시 금액이 불일치할 여부에만 있다면 공시사항 점검표를 작성하여 공시사항의 완전성을 점검하고 각 주석 항목에 공시된 금액과 재무제표상 금액이 일치하는지 대조 확인하는 통제로도 해당 위험에 충분히 효과적으로 대처한다고 볼 수 있습니다.

그러나 공시 내용에 재무제표 금액을 특정 기준에 따라 분류한 내용이나 특수관계자 거래와 같이 추가적인 정보가 포함되는 경우에는 세부 내역 확인에 대한 통제를 별도로 식별하고 테스트하여야 합니다. 다만 공시 내용의 정확성과 완전성을 확인하는 통제가 다른 거래 프로세스에서 수행될 수도 있습니다.

해설 - 저자 주

재무제표 주석은 크게 다음과 같이 구분된다.

1. 재무제표(재무상태표, 포괄손익계산서 등)에 대한 보충적 정보
   - 예 : 재고자산, 유형자산, 금융자산 등에 대한 보충적 정보(세부정보)
   - 이러한 주석사항은 재무제표 금액과 일치여부를 확인하는 정도로 주석정보의 완전성, 정확성을 높일수 있음
2. 정보이용자에게 추가로 제공하는 주석 정보
   - 예 : 비용의 성격별 분류, 금융위험관리, 특수관계자 공시 등
   - 이러한 주석사항은 주석공시를 위해 별도의 정보를 생산하여 작성해야 하는 것으로, 해당 주석정보의 생성과정에 대한 검토활동이 필요함

내부회계관리제도 감사 FAQ

16. 지분법을 적용하는 경우, 감사 범위에 포함되는 해당 재무보고 체계에 따른 기업 재무제표상의 보고에 대한 통제(감사기준서 1100 문단 87 참조)는 어떤 통제를 말하는 것인지요?

감사 범위에 포함되는 해당 재무보고 체계에 따른 기업 재무제표상의 보고에 대한 통제란 피투자회사 재무정보의 신뢰성을 확인하는 통제와 이러한 재무정보를 기초로 이루어지는 지분법 회계처리의 정확성을 확인하는 통제를 의미합니다. 내부회계관리제도 감사는 일반적으로 지분법으로 회계처리하는 피투자회사의 통제로 확대되지는 않습니다(감사기준서 1100 문단 A110).

피투자회사의 재무정보가 신뢰성을 확보하지 못할 위험은 각 회사의 상황에 따라 다르므로 피투자회사의 재무정보의 신뢰성을 확인하기 위해 요구되는 구체적인 통제는 전문가적 판단의 사항입니다. 이러한 통제에는 다음과 같은 통제가 포함될 수 있습니다.

(1) 감사받은 재무정보의 입수 및 검도(회계정책에 대한 검토 포함)

- 분석적 검토, 공시 재무제표 대사 등

(2) 감사받지 않은 재무제표(혹은 가결산 재무제표)에 대한 통제. 즉 감사받은 재무제표와 중요한 차이가 발생하지 않을 것이라는 합리적 확신을 얻는 통제

- 감사받지 않은 재무제표에 대한 피투자회사의 대표이사 서명 날인 확보
- 피투자회사가 시장에 공시한 중요한 거래나 회계적 사건을 포함하여 투자회사가 인지하고 있는 중요한 거래나 회계적 사건이 가결산 재무제표에 적절히 반영되었는지를 확인 (예 : 이사회 자료 등 내부 문서 요청하여 유의적인 거래, 회계정책, 영업환경 등 검토)
- 기타 가결산 재무제표와 감사받은 재무제표 간에 발생할 수 있는 차이 분석(전기말 사용된 재무정보에 대한 소급적 검토 포함)

해설 - 저자 주

관계기업, 공동기업에 대한 지분법평가는 연결재무제표 해당사항이다.
다만, 2014년 K-IFRS 1027호(별도재무제표) 기준서 개정에 따라, 2016년부터 회사가 회계정책으로 별도제무제표에서도 관계기업, 공동기업, 종속기업에 대해 지분법평가를 선택하는 것으로 허용하였다.
이에 따라 회사가 별도재무제표에서 지분법 평가를 선택한 범주(관계기업, 공동기업, 종속기업 범주)가 있는 경우, 지분법을 적용하는 피투자회사의 재무제표에 대한 검토통제가 별도재무제표에 대한 내부회계관리제도에서 필요하게 된다.

03 재무보고(결산) 프로세스 관련 주요 회계처리

3-1. 관련 K-IFRS 기업회계기준서

매출, 재고 등 타 프로세스에서 분류되지 않는 재무보고(결산) 관련 주요 K-IFRS 기준서는 다음과 같다.

K-IFRS 기준서	주요 내용	내부회계 관련 주요 이슈
K-IFRS 1007호 (현금흐름표)	• 현금흐름표 표시 • 현금흐름표 공시	현금흐름표 검토통제

K-IFRS 기준서	주요 내용	내부회계 관련 주요 이슈
K-IFRS 1012호 (법인세)	• 당기법인세와 이연법인세 인식 • 이연법인세자산의 실현가능성 평가 • 미인식 이연법인세	• 당기법인세(법인세 세무조정 draft) 검토 • 이연법인세 검토 • 이연법인세자산 실현가능성 검토
K-IFRS 1024호 (특수관계자)	• 특수관계자 범위 • 특수관계자 거래, 채권채무 공시 • 주요경영진보상 공시	• 특수관계자 범위 검토 • 특수관계자 거래, 채권채무 공시 적정성 검토 • 특수관계자 담보 보증 공시 검토

3-2. 법인세비용 회계처리

(1) 이연법인세 회계처리 기본

K-IFRS 1012호(법인세) 기준서에서는 법인세를 당기법인세와 이연법인세로 구분한다. 당기법인세가 기본적으로 알고 있는 법인세부담액(미지급법인세)이다.

이연법인세는 K-IFRS 1012호(법인세) 기준서에서는 재무상태표상 자산 또는 부채의 장부금액과 세무기준액의 차이를 '일시적 차이'로 정의하고, 일시적 차이의 법인세효과를 '이연법인세'로 정의한다.

예시 이연법인세 기본

[개요]

A사의 20x1년 손익계산서는 다음과 같다.

손익계산서	
Ⅰ. 매출액	10,000
Ⅱ. 매출원가	△ 5,000
Ⅲ. 매출총이익	
Ⅳ. 판매비와관리비	△ 4,000
감가상각비(비품)*	**△ 500**
Ⅵ. 법인세비용차감전순이익	1,000
Ⅶ. 법인세비용	**△ 200**
Ⅷ. 당기순이익	800

* A사는 당기초 비품을 1,500원에 취득하였으며, K-IFRS 1016호(유형자산) 기준서에 따라 회사가 추정한 내용연수 3년 동안 정액법으로 상각하였다. 당기 중 손익계산서 감가상각비는 500원이다. (비품 장부금액 1,000원)

이 경우 동일한 비품을 1,500원에 취득한 B사가 내용연수 추정을 1년으로 하게 되면, 다른 조건이 동일하다면 B사는 감가상각비(비품)를 1,500원으로 인식하게 되고(비품 장부금액 0원), 법인세비용차감전순이익이 0이 되어 법인세비용이 0이 된다.

즉, 동일한 비품을 취득하더라도 회사마다 K-IFRS에 따른 내용연수 추정이 달라지면 감가상각비가 달라지고, 법인세 납부를 위한 기초금액인 법인세비용차감전순이익이 달라지게 되어, 회사마다 법인세부담액이 달라진다.

이에 따라, 법인세법에서는 모든 비품에 대해서 비품의 감가상각을 5년 동안 하도록 강제하여(기준내용연수), A사 B사 모두 법인세 납부액에 차이가 없도록 법으로 규정하고 있다.

따라서, A사 B사 모두, 회사의 K-IFRS 손익계산서와 무관하게 법인세납부액을 산정하기 위한 법인세납부액을 구하기 위한 '세법상 손익계산서'는 다음과 같게 된다.

세법상 손익계산서	
Ⅰ. 매출액	10,000
Ⅱ. 매출원가	△ 5,000
Ⅲ. 매출총이익	
Ⅳ. 판매비와관리비	△ 3,800
감가상각비(비품)	**△ 300**
Ⅵ. 법인세비용차감전순이익	1,200
Ⅶ. 법인세비용	**△ 240**
Ⅷ. 당기순이익	960

상기 사례에서 A사, B사 모두 법인세는 240원을 납부해야 한다. 그러면 A사의 손익계산서 법인세비용도 200원이 아니라, 240원을 납부해야 하는 것일까? 그렇지 않다.

A사의 K-IFRS에 의한 감가상각비는 여전히 200원이고, 법인세비용차감전순이익도 1,000원이기 때문에 A사의 (회계상)법인세부담액인 법인세비용은 200원을 유지해야 한다. 즉, A사의 손익계산서는 변하지 않는다.

결론적으로 A사의 손익계산서상의 법인세비용 200원과 회사의 당기 법인세 부담액 240원은 40원의 차이가 나는데, 이를 이연법인세라고 한다.

이러한 회계와 세법의 차이 때문에 회계 입장에서는 당기에 당장 법인세를 40원 더 냈다고 억울해할 수도 있다고 생각할 수 있다. 실제 그런지 한번 따져보자.

비품 감가상각비는 회계는 3년 동안, 세법은 5년 동안 상각한다고 하면, 향후 5년 동안의 손익 effect와 법인세 납부액의 effect는 어떻게 될지 분석하면 다음과 같다.

구분	20x1년	20x2년	20x3년	20x4년	20x5년
(회계)감가상각비	500	500	500	-	-
(세법)감가상각비	300	300	300	300	300
차이	200	200	200	△300	△300
세율	20%	20%	20%	20%	20%
법인세효과(이연법인세)	40	40	40	△60	△60

즉, 회계 입장에서는 20x1년에 법인세를 40원 더 납부해서 억울하다고 생각할 수 있지만, 20x2년과 20x3년에 납부한 누적액 120원을 20x4년과 20x5년에 덜 납부하게 되는 효과가 발생해서 결론적으로 5개년 동안 납부하는 법인세액은 동일해진다.

개념적으로는 비품 취득가액 1,500원이 비용화하면서 법인세 부담액을 줄여주는 1,500원의 20%인 300원이 3개년 동안 적용될지, 5개년 동안 적용될지의 차이일 뿐이다.

이러한 차이를 회계와 세법의 차이 중에서 '일시적 차이(temporary difference)'라고 한다. 20x1년 회계 입장에서는 당장의 40원 법인세납부액이 증가하긴 했으나, 나중에(4년차, 5년차)에 미리 낸 40원 때문에 납부할 법인세를 줄여주는 효익이 존재하게 된다. 이렇게 미래 cash out의 감소라는 경제적 효익이 존재하므로 이를 '자산'으로 정의한다.

이 두 개념을 합쳐서 '이연법인세자산'이라고 인식하게 된다. (반대의 경우는 '이연법인세부채'로 인식한다.)

이 사례를 통한 회사의 법인세 회계처리는 항상 아래의 2단계로 이루어진다.

당기법인세

(차변)		(대변)	
법인세비용	240	당기법인세부채 (미지급법인세)	240

이연법인세

(차변)		(대변)	
이연법인세자산	40	법인세비용	40

(2) 이연법인세 관련 주요 이슈

이연법인세자산의 실현가능성 평가

이연법인세부채와 달리 이연법인세자산은 미래 경제적 효익이라는 자산의 정의를 충족할 수 있는지를 판단하기 위해 자산의 실현가능성 평가를 추가로 해야 한다.

상기 기본사례에서 이연법인세 회계처리는 다음과 같다.

이연법인세

(차변)		(대변)	
이연법인세자산	40	법인세비용	40

상기 기본사례에서 20x1년에 미리 납부했다고 판단되는 40원을 '미래 납부할 법인세를 줄여주는' 미래 경제적 효익이 있다고 해서 '이연법인세자산'으로 인식하였다. 그런데, 만약 '미래 납부할 법인세'가 없다면 이 40원은 미래 경제적 효익이 없는 것이다.

그래서, 이연법인세부채와 달리 이연법인세자산은 미래 경제적 효익을 자산으로 인식하기 위해서는 미래 납부할 법인세가 있는지 여부를 평가해야 한다. 이를 이연법인세자산의 실현가능성 평가라고 한다.

이연법인세자산의 실현가능성의 예시는 다음과 같다.

사례 당기 감가상각비로 인한 차감할 일시적 차이가 2,000원인 경우

(Case 1) 미래 예상과세소득 등이 충분한 경우

당기(20x0년) 차감할 일시적 차이 2,000원의 법인세효과 400원 전액이 이연법인세자산으로 인식된다.

(Case 2) 미래 예상과세소득이 충분하지 않은 경우

	차감할 일시적 차이 (20x0년)	20x1년	20x2년	20x3년	20x4년	20x5년
1. 차감할 일시적 차이						
감가상각비	2,000	(400)	(400)	(400)	(400)	(400)
2. 가산할 일시적 차이						
미수수익		100	–	–	–	–
3. 예상과세소득		100	100	100	100	100
4. 인식가능한 차감할 일시적 차이		(200)	(100)	(100)	(100)	(100)
이연법인세자산	120	40	20	20	20	20

차감할 일시적 차이의 예상 소멸시점별 가산할 일시적 차이와 예상 과세소득의 합계까지만 차감할 일시적 차이에 대해 이연법인세자산을 인식할 수 있다.

(20x1년) 차감할 일시적 차이의 소멸 예상금액은 400원
가산할 일시적 차이(100원)과 예상 과세소득(100원)의 합계인 200원까지만 일시적 차이의 법인세효과를 인식할 수 있다. (200원×20% = 40원)

(20x2년 이후) 차감할 일시적 차이의 소멸 예상금액은 400원
예상 과세소득(100원)까지만 일시적 차이의 법인세효과를 인식할 수 있다. (100원×20% = 20원)

당기(20x0년) 발생한 차감할 일시적 차이 2,000원에 대해서 실현가능성 평가를 거쳐 총 120원만을 이연법인세자산을 인식한다. (즉, 나머지는 실현가능성 평가를 통해 일시적 차이가 있으나, 80원의 이연법인세자산을 인식하지 아니함)

3-3. 특수관계자 공시

K-IFRS 1024호(특수관계자 공시)는 특수관계자의 범위와 특수관계자 관련 거래내역 등 주석공시를 요구하고 있다.
즉, 회사와 제3자가 아닌 특수관계자와의 거래 등이 존재하면, 주석에 공시하도록 요구하고 있다.

특수관계자의 범위

특수관계자의 범위는 다음과 같이 정의하고 있다. [K-IFRS 1024호(특수관계자 공시) 문단 9]

특수관계자 : 재무제표를 작성하는 기업('보고기업')과 특수관계에 있는 개인이나 기업

(1) **개인**이 다음 중 어느 하나에 해당하는 경우, 그 개인이나 그 개인의 가까운 가족은 보고기업과 특수관계에 있다.
- (가) 보고기업에 지배력 또는 공동지배력이 있는 경우
- (나) 보고기업에 유의적인 영향력이 있는 경우
- (다) 보고기업 또는 그 지배기업의 주요 경영진의 일원인 경우

(2) **기업**이 다음의 조건 중 어느 하나에 적용될 경우 보고기업과 특수관계에 있다.
- (가) 기업과 보고기업이 동일한 연결실체 내의 일원인 경우(지배기업과 종속기업 및 연결실체 내의 다른 종속기업은 서로 특수관계에 있음을 의미)

(나) 한 기업이 다른 기업의 관계기업이거나 공동기업인 경우(또는 그 다른 기업이 속한 연결실체 내의 일원의 관계기업이거나 공동기업인 경우)
(다) 두 기업이 동일한 제3자의 공동기업인 경우
(라) 제3의 기업에 대해 한 기업이 공동기업이고 다른 기업이 관계기업인 경우
(마) 기업이 보고기업이나 그 보고기업과 특수관계에 있는 기업의 종업원급여를 위한 퇴직급여제도인 경우. 보고기업 자신이 퇴직급여제도인 경우, 그 제도의 책임사용자도 보고기업과 특수관계에 있다.
(바) 기업이 (1)에서 식별된 개인에 의하여 지배 또는 공동지배되는 경우
(사) (1)의 (가)에서 식별된 개인이 기업에 유의적인 영향력이 있거나 그 기업(또는 그 기업의 지배기업)의 주요 경영진의 일원인 경우
(아) 보고기업이나 보고기업의 지배기업에게 주요 경영인력용역을 제공하는 기업이나 그 기업이 속한 연결실체의 모든 일원

이를 도식화하면 다음과 같다.

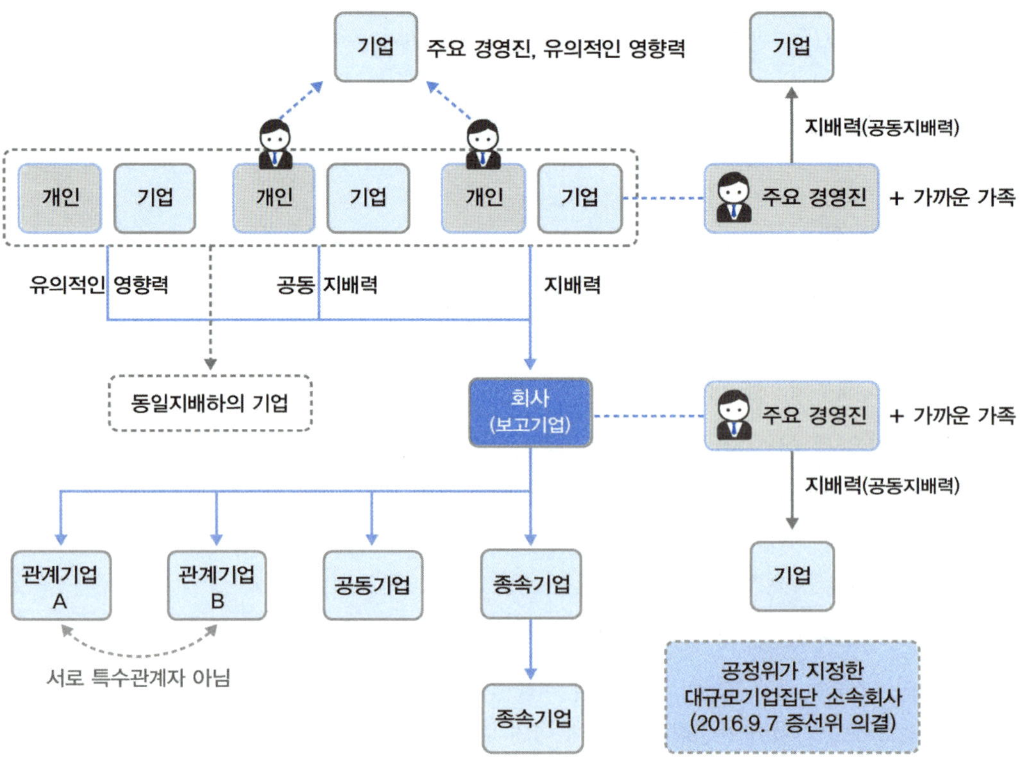

특수관계자 거래내역 공시

특수관계자 거래내역은 다음의 사항을 공시하도록 요구하고 있다. [K-IFRS 1024호(특수관계자 공시) 문단 17,18]

구분	주요 내용	고려사항
1. 특수관계자 거래내역	매출, 매입 등	• 단, 거래내역을 매출등, 매입등으로 애매하게 합산하는 것은 적절하지 않음 • 아래 거래유형별로 구분해서 공시하도록 요구함 (1) 재화(완성품이나 재공품)의 매입이나 매출 (2) 부동산과 그 밖의 자산의 구입이나 매각 (3) 용역의 제공이나 수령 (4) 리스 (5) 연구개발의 이전 (6) 라이선스계약에 따른 이전 (7) 금융약정에 따른 이전(대여와 현금출자나 현물출자 포함) (8) 보증이나 담보의 제공
2. 특수관계자 채권채무 잔액	• 채권, 채무 등 • 관련 대손충당금, 대손상각비 공시	• 자금거래는 기말잔액이 없어도 기중거래내역 구분 공시(대여 회수/차입 상환)
3. 특수관계자 담보 보증	채권 · 채무에 대하여 제공하거나 제공받은 보증 또는 담보제공액	• 은행연합회 담보, 보증내역 등 참조
4. 주요경영진 보상	• 단기종업원급여 • 퇴직급여 • 기타 장기급여 • 해고급여 • 주식기준보상	• 각 주요 경영진별 보상내역을 개인별로 집계해야 공시 가능함

사례8 이연법인세 검토통제(MRC)

1. 통제 설명
2. 통제 설계의 효과성 테스트
3. 통제 운영의 효과성 테스트
4. 잔여기간에 대한 테스트

1. 통제 설명

통제 설명 영역은 평가대상이 되는 통제활동에 대한 요약(summary)이다.

통제 설명						
통제 요약						
통제 번호	Description	통제수행팀	통제수행자	통제 유형	통제 빈도	관련 Application
C.10.10.01	**이연법인세 산출내역의 적정성 검토**	회계팀	김유신 차장	수동통제	연단위	
통제활동에 대한 설명	이연법인세 계산내역(세무조정사항의 검토, 이연법인세 산출 계산식, 추정에 적용된 평균세율, 미인식 이연법인세 여부, 이연법인세자산 실현가능성 등) 적용의 적정성을 검토한다.					
통제의 출발점(baseline)	202x.x.xx					

통제가 대처하는 왜곡표시의 원천(WCGW)			
관련 위험 번호	Description	재무제표 계정	경영진 주장
R.XX.1	이연법인세 계산이 왜곡될 위험	이연법인세자산(부채), 법인세비용	완전성(C), 평가(V)

2. 통제 설계의 효과성 테스트

통제 설계의 효과성 테스트	
설계 테스트의 수행	
설계 테스트의 성격	■ 질문 □ 관찰 ■ 문서검사 □ 추적조사
설계 테스트 절차	1. 이연법인세 계산 체크리스트가 존재하는지 확인함(문서검사) 2. 통제담당자가 해당 체크리스트를 이해, 활용하는지를 질문함(질문)
입수한 증빙	**이연법인세 계산 검토 체크리스트**
통제수행에 기업이 생성한 정보(IPE)를 사용하는가?	Yes
IPE 목록	**이연법인세 계산파일/법인세 세무조정파일**
IPE의 정확성과 완전성을 확인하는 통제에 대하여 기술하고, 해당 통제를 어디서 테스트하였는지 테스트 결과는 무엇인지 기술	회사의 202x년 법인세 세무조정파일과 이연법인세 계산파일을 입수하여 해당 내역이 재무제표와 일치하는지를 확인함

설계의 효과성에 대한 결론	효과적인(effective)
발견된 예외사항의 평가 및 결론 도출(해당 시)	
통제실패위험(Risk of faulure)	
통제실패위험 평가 절차와 고려사항	
이연법인세 산출내역의 적정성 검토 통제활동은 이연법인세 관련 재무제표 계정과목(이연법인세자산/부채, 법인세비용 등)의 왜곡가능성이 재무제표에 미치는 영향이 중요하고, 이연법인세 계산과정이 복잡하고 통제활동을 통해서도 위험이 낮추기가 어려울 수 있기 때문에 통제실패위험은 높다고 판단됨	
통제실패위험 평가 결과	높음

*** 이연법인세 검토 체크리스트**

예시 이연법인세 검토 Checklist

분류	Code	점검항목	점검내용	Source	검토수행 여부	검토 결과
당기법인세	M-01	세무조정 대상 재무제표 확인	당기법인세 산출을 위해 세무조정 이전에 손익계산서가 완성된 재무제표인지 여부를 확인한다.	재무제표		
	M-02	법인세 세무조정 적정성	법인세 세무조정이 당기 개정된 법인세법에 따라 세무조정되었는지를 주요 세무조정항목별로 확인하고, 일부 항목은 세무조정내역을 재계산 검증한다.	법인세 세무조정계산서 (draft)		
	M-03	소득처분 적정성	법인세 세무조정의 소득처분이 유보항목과 유보 이외의 항목으로의 구분이 적정한지를 검증한다.	법인세 세무조정계산서 (draft)		
	M-04	당기법인세 회계처리 적정성	법인세 세무조정 계산 결과에 대해 적정하게 당기법인세 회계처리가 수행되었는지를 확인한다.	전표		
이연법인세	M-05	일시적 차이 (유보항목) 적정성	이연법인세 대상이 되는 일시적 차이(유보)항목이 중복되거나 누락되는지 여부를 확인한다.	법인세 세무조정계산서 (draft)		

분류	Code	점검항목	점검내용	Source	검토수행 여부	검토 결과
	M-06	평균세율 계산 적정성	일시적 차이의 법인세효과를 산정하기 위한 평균세율 계산이 적정한지는 확인한다.	이연법인세 계산파일(EUC)		
	M-07	자본에 가감하는 이연법인세 반영 적정성	자본에 가감하는 이연법인세 관련 항목이 적정하게 계산되었는지를 확인한다.	이연법인세 계산파일(EUC)		
	M-08	미인식 이연법인세 반영 적정성	종속기업 등 관련 일시적 차이 중 미인식 대상 여부를 확인한다.			
	M-09	이연법인세 회계처리 적정성	일시적 차이에 대한 이연법인세 계산이 적절하게 회계처리되었는지를 확인한다.	전표		
이연법인세 자산 실현가능성	M-10	예상과세소득 적정성	이연법인세자산에 해당하는 경우, 실현가능성 평가를 위해 예상과세소득의 계산이 적정한지를 검증한다.	이연법인세 계산파일(EUC)		
	M-11	실현가능성 검토 적정성	미래 예상과세소득과 가산할 일시적 차이의 차감 등 실현가능성 검토를 위한 항목들이 정확하게 계산되었는지를 확인한다.	이연법인세 계산파일(EUC)		

3. 통제운영의 효과성 테스트

통제 운영의 효과성 테스트				
운영 테스트의 성격, 시기, 범위 결정				
테스트 대상 기간	**202X년 1월 1일~12월 31일**			
테스트 시기	**202X(+1)년 1월 X일**	기중 테스트 방법	**연중 고르게**	
통제테스트의 성격	■ 질문 □ 관찰 ■ 문서검사 □ 재수행			
통제테스트 절차	이연법인세 검토 체크리스트(20.4Q)를 입수하여 해당 체크리스트에 대해 통제담당자가 적절하게 체크 후 문서화하였는지를 확인함(문서검사)			
모집단 정의	이연법인세 계산파일_202x.4Q			
모집단의 완전성을 확인하기 위해 수행한 절차	이연법인세 계산파일이 최종 제시 재무제표 금액과 일치하는지 확인함			
통제 주기 또는 빈도 수	**연단위**	표본의 규모	1	

<table>
<tr><td colspan="6">통제수행자의 권한과 적격성</td></tr>
<tr><td colspan="2">통제수행자</td><td colspan="2">김유신 차장</td><td>통제를 수행하는 사람이 통제를 효과적으로 수행하는 데 필요한 권한과 적격성을 갖추었는지?</td><td>Yes</td></tr>
<tr><td colspan="2">통제수행자의 권한과 적격성에 대한 추가 설명(필요시)</td><td colspan="4">통제수행자는 입사 후 회계업무에서 10년 이상 근무하였으며, 해당 업무에 대해 충분히 이해하고 있으며 해당 업무의 요구사항이 무엇인지 명확히 파악하고 있음</td></tr>
<tr><td colspan="6">테스트 결과</td></tr>
<tr><td colspan="6">통제테스트 결과를 아래에 문서화하거나 해당 조서를 참조합니다.</td></tr>
<tr><td>순번</td><td>표본 추출 일자</td><td>Reference</td><td>내용</td><td>결과</td><td>비고</td></tr>
<tr><td>1</td><td>202X(+1)년 1월</td><td>이연법인세 계산파일</td><td>이연법인세 검토 체크리스트를 입수하여 통제담당자가 법인세비용 계산을 위한 당기법인세/이연법인세/미인식 이연법인세 등을 적절하게 계산하였는지를 적정하게 검토함을 확인함</td><td>예외사항 없음</td><td></td></tr>
<tr><td>2</td><td></td><td></td><td></td><td></td><td></td></tr>
</table>

4. 잔여기간에 대한 테스트

해당 없음(연통제)

〈통제운영테스트 세부내용 문서화〉

이연법인세 검토통제의 통제운영 평가 시, 이연법인세 검토 체크리스트 항목별 예시는 다음과 같다.

사례

회사의 당기 세무조정 이전 손익계산서와 세무조정 과정은 다음과 같음

1. 세무조정 이전 손익계산서

손익계산서	
영업수익	100,000
영업비용	90,000
(접대비)	**3,000**
(감가상각비)	**5,000**
법인세비용차감전순이익	10,000
법인세비용	?
당기순이익	

2. 법인세 세무조정

(1) 소득금액조정합계표(별지 제15호 서식)

〈익금산입(손금불산입)〉			〈손금산입(익금불산입)〉
접대비 한도초과액	1,000	기타사외유출	
감가상각비 한도초과액	2,000	유보	
	3,000		

- 접대비 한도초과액 : 법인세법상 접대비 한도 2,000원, 회사 비용인식액 3,000원, 세무조정에서 세법상 한도 초과액인 1,000원을 손금불산입함
- 감가상각비 한도초과액 : 법인세법상 감가상각비 한도 3,000원, 회사 비용인식액 5,000원, 세무조정에서 세법상 한도 초과액인 2,000원을 손금불산입함

(2) 법인세과세표준 및 세액조정 계산서(별지 제3호 서식)

법인세비용차감전순이익	10,000
(+)익금산입, 손금불산입	3,000
(−)손금산입, 익금불산입	−
과세표준	13,000
세율	20%
산출세액	2,600

- K-IFRS에 따라 작성된 손익계산서상 법인세비용차감전순이익(10,000원)에 포함된 수익과 비용이 법인세법과 차이가 있는 항목을 조정하는 과정임
- 접대비 한도초과액(1,000원)과 감가상각비 한도초과액(2,000원) 합계인 3,000원이 손익계산서 비용 중에 법인세법에서 인정하지 않는 비용이므로, 비용을 부인함(손금불산입)
- 법인세법상 과세표준은 13,000원이며, 이에 법인세율(단일세율 20%라고 가정)을 적용하여 산출한 결과, 최종 산출세액은 2,600원임
- 회사는 이 금액을 최종적으로 차년도 3월말에 법인세 신고 납부할 예정임

(3) 회계처리

법인세 세무조정 결과를 당기법인세로 회계처리함

〈회계처리 - 당기법인세〉

2025년 12월 31일(결산조정)

(차변)		(대변)	
법인세비용	2,600	당기법인세부채(미지급법인세)	2,600

3. 이연법인세 계산

법인세 세무조정을 통해 당기법인세가 산출하고 나면, 이를 근거로 이연법인세를 산출함

이연법인세는 회사의 손익계산서(회계기준)과 법인세법과의 차이 중 기간 간의 차이인 일시적 차이(temporary differences)의 법인세효과를 말함

이 사례에서 일시적 차이는 감가상각비 한도초과 2,000원이며, 일시적 차이 2,000원의 법인세효과인 400원이 이연법인세에 해당함

이 일시적 차이는 추후 미래 반대효과가 발생하는 시점에 법인세를 줄여주는 '차감할' 일시적 차이에 해당하며, 차감할 일시적 차이에 대한 법인세효과는 이연법인세자산으로 인식함(반대로 가산할 일시적 차이의 경우 이연법인세부채를 인식함)

'차감할' 일시적 차이	
(감가상각비 한도초과액)	2,000
세율	20%
이연법인세자산	400

(2) 회계처리

회계와 세법과의 차이 중 일시적 차이에 대한 이연법인세를 계산 후 인식함

〈회계처리 - 이연법인세〉

2025년 12월 31일(결산조정)

(차변)		(대변)	
이연법인세자산	400	법인세비용	400

- 접대비 한도초과액 : 법인세법상 접대비 한도 2,000원, 회사 비용인식액 3,000원, 세무조정에서 세법상 한도 초과액인 1,000원을 손금불산입함

• 감가상각비 한도초과액 : 법인세법상 감가상각비 한도 3,000원, 회사 비용인식액 5,000원, 세무조정에서 세법상 한도 초과액인 2,000원을 손금불산입함

4. 최종 재무제표

재무상태표

〈자산〉		〈부채〉	
이연법인세자산	400	당기법인세부채(미지급법인세)	2,600

손익계산서	
영업수익	100,000
영업비용	90,000
(접대비)	4,000
(감가상각비)	5,000
법인세비용차감전순이익	10,000
법인세비용	2,200
당기순이익	7,800

〈당기법인세 검증〉

■ M-02. 법인세 세무조정 적정성

손익계산서 및 소득금액조정합계표(별지 제15호 서식)를 대조하여 세무조정 항목이 누락 없이 반영되었는지 확인함

〈오류 사례 1〉

(1) 소득금액조정합계표(별지 제15호 서식)

〈익금산입(손금불산입)〉			〈손금산입(익금불산입)〉
감가상각비 한도초과액	2,000	유보	
	3,000		

• 법인세법상 접대비 한도가 2,000원이어야 하는데, 법인세법상 접대비 한도 계산 오류로 인하여 한도를 4,000원으로 계산함. 이로 인해 회사의 접대비 비용인식액(3,000원)이 한도 이내이므로, 접대비 한도초과액이 없다고 잘못 계산될 수 있음

• 법인세 세무조정의 오류는 당기법인세 및 법인세비용 인식액 오류의 원인임

〈오류 사례 2〉

(1) 소득금액조정합계표(별지 제15호 서식)

〈익금산입(손금불산입)〉			〈손금산입(익금불산입)〉
접대비 한도초과액	2,000	기타사외유출	
감가상각비 한도초과액	2,000	유보	
	4,000		

• 법인세법상 접대비 한도가 2,000원이어야 하는데, 법인세법상 접대비 한도 계산 오류로 인하여 한도를 1,000원으로 계산함. 이로 인해 회사의 접대비 비용인식액(3,000원)에 대한 한도초과액을 2,000원으로 잘못 계산할 수 있음
• 법인세 세무조정의 오류는 당기법인세 및 법인세비용 인식액 오류의 원인임

〈이연법인세 검증〉

■ M-09. 이연법인세 회계처리 적정성

각 세무조정항목의 세무상 성격을 검토하여 접대비 한도초과액은 사외유출(영구적 차이), 감가상각비 한도초과액은 유보(일시적 차이)로 구분해야 함. 이 구분에서 오류가 존재하는 경우 이연법인세금액의 왜곡이 발생함

〈오류 사례 1〉

(1) 소득금액조정합계표(별지 제15호 서식)

〈익금산입(손금불산입)〉			〈손금산입(익금불산입)〉
접대비 한도초과액	1,000	유보	
감가상각비 한도초과액	2,000	유보	
	3,000		

• 법인세법상 접대비 한도는 영구적 차이에 해당하며, 이는 법인세법상 소득처분으로 기타사외유출로 구분해야 하는데, 일시적 차이인 유보로 구분하게 되면 당기법인세 금액에는 영향이 없으나, 이연법인세 금액의 왜곡이 발생함

- 올바른 이연법인세자산은 일시적 차이인 감가상각비 한도초과액 2,000원에 대한 법인세효과 400원만을 이연법인세자산으로 인식하여야 하나, 접대비 한도초과액도 일시적 차이라고 잘못 분류한 경우, 이연법인세자산은 일시적 차이 3,000원의 20%인 600원으로 인식하게 됨
- 즉, 이 경우 이연법인세자산이 200원 과대계상되며, 법인세비용이 200원 과소계상됨

〈오류 사례 2〉

(1) 소득금액조정합계표(별지 제15호 서식)

〈익금산입(손금불산입)〉			〈손금산입(익금불산입)〉
접대비 한도초과액	1,000	기타사외유출	
감가상각비 한도초과액	2,000	기타사외유출	
	4,000		

- 법인세법상 감가상각비 한도초과액은 일시적 차이에 해당하며, 이는 법인세법상 소득처분으로 유보로 구분해야 하는데, 영구적 차이인 기타사외유출로 구분함으로 인하여 당기법인세 금액에는 영향이 없으나, 이연법인세 금액의 왜곡이 발생함
- 올바른 이연법인세자산은 일시적 차이인 감가상각비 한도초과액 2,000원에 대한 법인세효과 400원을 이연법인세자산으로 인식해야 하나, 감가상각비 한도초과액을 일시적 차이로 잘못 분류하면, 이연법인세자산 400원이 과소계상됨

〈이연법인세자산 실현가능성 검증〉

- M-09. 예상과세소득 적정성
- M-10. 실현가능성 검토 적정성

이연법인세부채와 달리 이연법인세자산은 미래 납부할 법인세를 줄여주는 경제적효익으로 인해 그 자산의 실현가능성을 평가하고, 실현가능성이 존재하는 정도까지만 이연법인세자산을 인식하게 됨

1. 예상과세소득 적정성

예상과세소득은 각 차감할 일시적 차이가 반대효과로 소멸될 시점의 과세소득이 존재하는지 여부를 평가함

회사는 예상과세소득을 과거 3개년 세무조정계산서의 과세표준이 미래에도 일정하다고 가정하여 예상과세소득을 추정함

	차감할 일시적 차이 (20x0년)	20x1년	20x2년	20x3년	20x4년	20x5년
3. 예상과세소득		100	100	100	100	100

2. 이연법인세자산의 실현가능성 검토

이연법인세자산의 실현가능성의 예시는 다음과 같음

사례 당기 감가상각비로 인한 차감할 일시적 차이가 2,000원인 경우

(Case 1) 미래 예상과세소득 등이 충분한 경우

당기(20x0년) 차감할 일시적 차이 2,000원의 법인세효과 400원 전액이 이연법인세자산으로 인식된다.

(Case 2) 미래 예상과세소득이 충분하지 않은 경우

	차감할 일시적 차이 (20x0년)	20x1년	20x2년	20x3년	20x4년	20x5년
1. 차감할 일시적 차이						
감가상각비	2,000	(400)	(400)	(400)	(400)	(400)
2. 가산할 일시적 차이						
미수수익		100	–	–	–	–
3. 예상과세소득		100	100	100	100	100
4. 인식가능한 차감할 일시적 차이		(200)	(100)	(100)	(100)	(100)
이연법인세자산	120	40	20	20	20	20

• 당기(20x0년) 발생한 차감할 일시적 차이 2,000원에 대해서 실현가능성 평가를 거쳐 총 120원만을 이연법인세자산을 인식한다. (즉, 나머지는 실현가능성 평가를 통해 일시적 차이가 있으나, 80원의 이연법인세자산을 인식하지 아니함)

내부회계관리제도 실무

PART 06

내부회계관리제도 보고

Chapter

CHAPTER

6-1 미비점 평가

01 미비점 평가 개요

전사수준 통제(ELC) 및 프로세스수준 통제(PLC) 설계운영평가가 마무리되면, 내부회계관리제도에 대한 보고를 하게 된다.

다만, 설계운영평가 결과 특정 통제활동에 미비점이 존재하면 미비점의 심각성을 평가한 후에 최종적으로 내부회계관리제도 보고를 이행한다.

미비점 평가는 일반적으로 내부회계 전담자가 수행한다.

> 평가보고기준
>
> **18. (미비점에 대한 평가)**
>
> 경영진은 회계연도 말 시점을 기준으로 각 미비점이 개별적으로 또는 결합하여 중요한 취약점인지 고려한다.
>
> 가. 하나의 통제 미비점 또는 통제 미비점들의 결합이 중요한 취약점인지 결정하기 위하여 경영진은 파악된 개별 통제 미비점의 심각성을 평가하여야 한다.
>
> 나. 경영진은 통제 미비점들이 결합되어 중요한 취약점으로 평가되는지 판단하기 위하여 개별 통제 미비점들이 동일한 재무제표 금액이나 공시사항, 또는 동일한 내부통제제도 구성요소나 원칙에 영향을 미치는지 평가하여야 한다.
>
> 다. 중요한 취약점으로 평가한 통제 미비점은 내부회계관리제도의 효과성 평가에 대한 경영진의 운영실태보고서에 반영되어야 한다. 중요한 취약점 및 유의한 미비점으로 고려된 통제 미비점은 감사(또는 감사위원회)와 이사회 및 외부감사인에게 보고되어야 한다.

평가보고기준에서는 미비점 평가에 대해 다음과 같은 원칙을 제시하고 있다. (평가보고기준 문단 18)

- 통제 미비점이 존재하면 통제 미비점의 심각성을 평가해야 한다.
- 통제 미비점의 심각성을 평가 결과가 내부회계관리제도 보고에 반영된다.

- 통제 미비점이 중요한 취약점으로 결론이 나면 내부회계관리제도 보고에 효과적으로 설계 · 운영되고 있다고 할 수 없다.
- 중요한 취약점으로 결론이 나면 대표이사는 감사(위원회), 이사회 및 외부감사인에게 보고해야 한다.

내부회계관리제도 미비점 평가는 사례를 예로 들면 다음과 같다.

사례

㈜ABC는 전사수준 통제(ELC) 및 프로세스수준 통제(PLC) 포함 총 200개의 통제활동을 설계 · 운영하고 있다.
이 중 핵심통제(Key Control) 100개에 대해서 설계운영평가 수행 결과, 3개 핵심통제(Key Control)에서 최종적으로 미비점이 존재한다고 결론지었다.

내부회계관리제도 평가

구분	통제활동	결론
ELC	CONTROL 1	effective
	…	
	CONTROL 30	effective

구분	통제활동	결론
PLC (ITGC 포함)	CONTROL 31	미비점
	CONTROL 32	effective
	CONTROL 55	미비점
	CONTROL 56	effective
	…	
	CONTROL 100	미비점

1. 미비점 집계

통제활동	설계운영 평가 결론
CONTROL 31	미비점
CONTROL 55	미비점
CONTROL 100	미비점

2. 미비점 심각성 평가

통제활동	미비점 심각성 평가 결론
CONTROL 31	단순한 미비점
CONTROL 55	유의한 미비점
CONTROL 100	단순한 미비점

3. 보고

미비점 평가 결과	보고
중요한 취약점 없음	효과적으로 설계 운영되고 있음
중요한 취약점 존재	효과적으로 설계 운영되지 아니함

1. 미비점 집계

3개의 통제미비점 현황을 집계하면 다음과 같다.

순번	Control	관련 통제 / 통제 미비점	통제 유형	미비점 속성	
				미비점 유형	Recurring 여부
1	C31	**주문 접수, 출고 처리, 청구서 발행 업무가 분장되어 있다.** [미비점] 운영평가 테스트 결과 주문 접수와 출고 처리를 동일인원이 수행한 건이 샘플 25건 중 3건 발견됨	PLC	운영	최초 발생
2	C55	**건설중인자산의 적시 본계정 대체 검토:** 회계팀 결산담당자는 발생 이후 1년 이상 본계정으로 대체되지 않은 건설중인자산을 조회하여 각 담당자에게 사유 확인을 요청한다. [미비점] 각 담당자는 기계장치 취득 등 건설중인자산이 지급된 재화/용역 취득의 진행 현황을 파악하여 회계팀 결산담당자에게 통보하고 있으나 회계팀 결산담당자 또는 독립된 제3자가 회신이 완전하고 사유가 타당한지를 실질적으로 검토하고 있지 않음	PLC	설계/ 운영	최초 발생
3	C100	**데이터베이스에 적절한 권한을 부여받은 인원만 접근할 수 있다.** [미비점] 프로그램 개발자 중 1인이 Super user로서 데이터베이스에 제한 없이 접근한다.	ITGC	설계/ 운영	최초 발생

2. 미비점 심각성 평가

Control	통제활동 내용	미비점 심각성 평가 Case 1	미비점 심각성 평가 Case 2
C31	주문 접수, 출고 처리, 청구서 발행 업무가 분장되어 있다.	단순한 미비점	단순한 미비점
C55	건설중인자산의 적시 본계정 대체 검토	유의한 미비점	중요한 취약점
C100	데이터베이스에 적절한 권한을 부여받은 인원만 접근할 수 있다.	단순한 미비점	유의한 미비점

미비점 심각성 평가는 각각의 통제활동별 미비점 또는 미비점들의 집합으로 종합적으로 고려해서 평가할 수 있다.

3. 보고

구분	미비점 심각성 평가 결론	보고 결론
Case 1	중요한 취약점 없음	내부회계관리제도는 효과적으로 설계 · 운영되었다고 결론
Case 2	중요한 취약점 존재	내부회계관리제도는 효과적으로 설계 · 운영되고 있지 않다고 결론

즉, 미비점 평가 결과, 단순한 미비점 또는 유의한 미비점만 존재하는 경우, 내부회계관리제도 보고는 효과적으로 설계 · 운영되고 있다고 결론 낼 수 있다.

평가보고 가이드라인

50. (내부회계관리제도 미비점)

내부회계관리제도와 관련된 통제상 미비점은 경영진과 종업원이 담당 업무를 수행하는 정상적인 과정에서 적시에 재무제표 왜곡표시를 예방하거나 적발할 수 없을 때 발생하며 설계상 미비점과 운영상 미비점으로 구분된다.

가. (설계상 미비점) 내부회계관리제도의 목적을 달성하기 위하여 필요한 통제가 존재하지 않거나 수립된 통제가 적절하게 설계되지 않아 설계된 대로 운영되더라도 통제목적이 충족되지 못하는 경우에 발생한다.

나. (운영상 미비점) 적절하게 설계된 내부회계관리제도가 설계된 대로 운영되지 못하거나 통제 업무 수행자가 통제를 효과적으로 수행하기 위한 자격요건이나 권한을 갖추고 있지 않아 통제의 목적이 충족되지 못하는 경우에 발생한다.

내부회계관리제도의 미비점은 설계의 미비점이 존재할 수도 있고, 운영상의 미비점이 존재할 수 있다.

이를 (사례 1) 우산과 (사례 2) 매출채권 대손충당금 검토(MRC)를 예로 들면 다음과 같이 구분된다.

미비점 구분	내용	(사례 1) 우산	(사례 2) 매출채권 대손충당금 검토(MRC)
설계상 미비점	• 필요한 통제가 존재하지 않는다. • 수립된 통제가 적절하게 설계되지 않는다.	• 우산이 없다. • 찢어진 우산만 있다.	• MRC Checklist가 없다. • MRC Checklist가 매출채권 대손충당금 왜곡표시를 적발할 수 있는 수준이 아니다.
운영상 미비점	(적절하게 설계된 내부회계관리제도가) • 설계된 대로 운영되지 못했다. • 통제 업무 수행자가 통제를 효과적으로 수행하기 위한 자격요건이나 권한을 갖추고 있지 않았다.	(멀쩡한 우산은 있으나) • 우산을 쓰지 않는다. • 우산을 제대로 쓰지 않는다.	(MRC Checklist는 잘 구비되어 있으나) • MRC 평가를 하지 않는다. • MRC Checklist의 각 항목을 제대로 평가할 수 있는 능력이 없다. (대손충당금을 모른다.)

내부회계관리제도 감사 FAQ

29. 감사인이 통제 테스트 결과 통제 이탈을 식별하면 내부회계관리제도 미비점인지요?

감사인이 운영 효과성 테스트를 수행한 결과 통제 이탈*을 식별한 경우, 통제 이탈이 변이*가 아니고 이탈 횟수가 허용가능 오류*를 초과한다면 내부회계관리제도 미비점으로 식별하여야 합니다.

* 통제 이탈 : 통제가 설계된 대로 운영되지 않을 때 발생(감사기준서 1100 문단 A62). 예외사항이라고도 함
* 변이(anomaly) : 모집단의 이탈을 대표하지 않는 것이 명백한 이탈[감사기준서 530 문단 5.(e)]. 비체계적(non-systematic) 이탈, 무작위적(random) 이탈이라고도 함
* 허용가능 오류 : 표본에서 발생한 이탈이 특정 횟수 이내여야만 모집단의 실제 이탈률이 허용이탈률 이내라는 결론을 내릴 수 있을 때 그 특정 횟수
* 허용이탈률 : 모집단의 실제 이탈률이 감사인이 설정한 이탈률을 초과하지 않는다는 적합한 수준의 확신을 얻기 위한 관점에서 감사인이 설정한 내부통제절차의 이탈률[감사기준서 530 문단 5.(j)]

감사인이 테스트 대상으로 선정하지 않은 통제를 경영진이 내부회계관리제도 평가 목적으로 테스트하기로 결정한 경우, 경영진이 선정한 핵심통제에 감사인이 선정한 테스트 대상 통제가 완전하고 정확하게 포함되어 있다면 일반적으로 감사인이 추가 고려할 사항은 없습니다.

극히 드문 상황에서, 감사인이 표본에서 발견된 통제 이탈을 변이라고 본다면 감사인은 그러한 이탈이 모집단을 대표하지 않는다는 점에 높은 수준의 확신을 얻어야 합니다. 감사인은 이러한 높은 수준의 확신을 얻기 위해 추가적인 감사절차를 수행함으로써 통제 이탈이 모집단의 잔여 부분에는 영향을 미치지 않는다는 것을 입증하는 충분하고 적합한 감사증거를 입수하여야 합니다. (감사기준서 530 문단 13)

실무적으로 감사인이 통제 이탈을 변이라고 판단하였고 표본을 확대하여 테스트를 수행한다면 모집단의 실제 이탈률이 허용이탈률 이내라는 결론을 내릴 수 있을 것으로 예상하는 경우

감사인은 테스트 표본을 확대하기로 결정할 수 있습니다.

예를 들어 일별 통제에서 표본 수가 25개이고 표본 내 통제 이탈이 없거나 표본 수가 40개이고 표본 내 통제 이탈이 1개일 경우 모집단 내 실제 이탈률이 허용이탈률 이내라는 결론을 내릴 수 있는 상황을 가정했을 때, 최초 25개 표본을 테스트한 결과 변이로 판단되는 통제 이탈이 1개 식별될 수 있습니다. 이러한 상황에서 추가적인 통제 이탈이 발생하지 않을 것이라고 예상한다면 감사인은 15개의 표본을 추가(총 40개) 테스트 할 수 있습니다.

통제 이탈이 변이인 경우, 표본을 확대하여 테스트를 수행하고 추가적인 통제 이탈이 식별되지 않아 모집단의 실제 이탈률이 허용이탈률 이내라는 결론을 내릴 수 있다면 감사인은 통제가 효과적으로 운영된다고 결론 내릴 수 있습니다.

해설 - 저자 주

회계감사기준에서 감사인의 '통제이탈'은 내부회계관리제도 모범규준에서 '발견된 예외사항'과 동일한 개념이다.

- 발견된 예외사항이 모집단을 대표하지 않는 경우 → 통제이탈이 변이가 아닌 것
- 발견된 예외사항이 모집단을 대표하는 경우 → 통제이탈의 변이인 것

02 미비점 구분

평가보고 가이드라인

51. (미비점 평가)

가. 내부회계관리제도의 미비점은 재무제표 왜곡표시의 발생가능성 및 금액적 중요도에 따라 단순한 미비점, 유의한 미비점, 중요한 취약점*으로 구분하며, 중요한 취약점이 발견된 경우 경영진은 회사의 내부회계관리제도가 효과적이라고 결론을 내릴 수 없다. 경영진은 발견된 모든 미비점을 개별적으로 그리고 다른 미비점과 결합하여 평가하여 회사의 내부회계관리제도에 유의한 미비점 또는 중요한 취약점이 존재하는지 여부를 평가한다.

* 내부회계관리제도의 중요한 취약점(Material Weakness)은 내부통제의 중요한 미비점(Major Deficiency) 수준에 대응된다.

<table>
<tr><th>준거 기준</th><th>내부통제제도의 미비점 분류
(설계 · 운영 개념체계 문단 7)</th><th>내부회계관리제도의 미비점 분류
(설계 · 운영 개념체계 문단 27 및 평가 · 보고기준)</th></tr>
<tr><td rowspan="3">미비점 구분</td><td>중요한 미비점
(Major Deficiency)</td><td>중요한 취약점
(Material Weakness)</td></tr>
<tr><td rowspan="2">미비점
(Deficiency)</td><td>유의한 미비점
(Significant Deficiency)</td></tr>
<tr><td>미비점
(Deficiency)</td></tr>
</table>

나. 경영진은 발견된 미비점이 내부회계관리제도의 5가지 구성요소와 17가지 원칙에 미치는 영향을 고려한다. 내부회계관리제도의 미비점은 경영진의 모니터링 활동, 내부감사업무, 외부감사, 규제 기관의 감독 업무 등 다양한 경로를 통하여 발견될 수 있으며, 평가 대상 미비점을 취합 시에는 다양한 경로로 확인된 재무보고상의 문제점과 관련된 미비점이 존재하는지 확인하여야 한다. 이미 효과적이라고 판단한 통제라 하더라도 관련된 재무보고에 오류나 부정이 확인되는 경우에는 해당 효과성 평가 결과가 적절한 것인지 재검토하여야 한다.

다. 미비점을 분류하기 위해서는 해당 미비점의 발생가능성(Likelihood), 금액적 크기(Magnitude), 보완통제(Compensating Controls) 등의 존재 여부, 회계와 내부회계관리제도에 충분한 전문지식을 갖춘 객관적인 관리자(Prudent Officials)의 관점 등을 고려하여야 한다. 미비점의 분류는 객관적인 기준의 적용뿐만 아니라 높은 수준의 판단을 필요로 하므로 경영진은 지속적으로 외부감사인과 충분한 협의를 거치는 것이 바람직하다.

각 통제활동별 설계운영평가 결론 이후, 미비점이 집계되면 각각의 미비점은 아래와 같이 구분된다.

'내부통제제도'에서는 미비점은 ① 중요한 미비점과 ② 미비점 2가지로 구분하지만, '내부회계관리제도'에서는 ① 중요한 취약점, ② 유의한 미비점, ③ 미비점 3가지로 구분해야 한다.

이를 표로 비교표시 정리하면 다음과 같다.

준거 기준	내부통제제도의 미비점 분류 (설계·운영 개념체계 문단 7)	내부회계관리제도의 미비점 분류 (설계·운영 개념체계 문단 27 및 평가·보고기준)
미비점 구분	중요한 미비점 (Major Deficiency)	중요한 취약점 (Material Weakness)
	미비점 (Deficiency)	유의한 미비점 (Significant Deficiency)
		미비점 (Deficiency)

내부회계관리제도 감사 FAQ

34. 기업이 생성한 정보의 완전성과 정확성에 대한 통제에서 미비점이 식별된 경우, 경영진이 이러한 미비점이 해당 정보를 사용하는 통제에 실제 영향을 미쳤는지 직접 확인하는 절차를 수행하였다면 미비점의 심각성을 평가할 때 그러한 절차의 결과를 고려할 수 있는지요?

기업이 생성한 정보를 통제에 사용하는 경우, 해당 정보를 생성하고 유지하는 과정 또는 해당 정보를 사용하는 통제를 수행하는 과정에서 정보의 완전성과 정확성에 대한 통제를 설계·운영할 필요가 있습니다.

이러한 정보의 완전성과 정확성에 대한 통제에서 미비점이 식별된 경우, 경영진은 정보의 완전성과 정확성에 대한 통제의 미비점이 해당 정보를 사용한 통제에 실제 영향을 미쳤는지 확인하기 위해, 해당 정보가 실제로 완전하고 정확하게 작성되었음을 직접 확인하는 절차를 대체적인 통제로서 설계·운영할 수 있습니다. 동일한 목적으로 경영진은 유사한 절차를 모니터링 통제의 일부로 내부회계관리제도 평가 절차에 포함하고 주기적으로 수행할 수도 있습니다.

경영진이 위와 같은 대체적인 통제를 설계·운영하여 해당 정보의 완전성과 정확성을 직접 확인함으로써 정보의 완전성과 정확성에 대한 통제의 미비점이 해당 정보를 사용한 통제에는 실제 영향을 미치지 않았음을 입증하였고, 감사인이 대체적인 통제를 테스트한 결과 해당 통제가 효과적으로 설계·운영된다고 결정하였다면, 감사인은 해당 정보를 사용하는 통제 자체에는 미비점이 없고 기업이 생성한 정보의 완전성과 정확성에 대한 통제에만 미비점이 있는 것으로 고려할 수 있습니다. 또한 감사인은 해당 정보의 완전성과 정확성에 대한 통제 미비점을 평가할 때 이러한 대체적인 통제를 미비점의 심각성을 완화하는 보완통제로 고려할 수도 있습니다.

경영진이 이와 같은 대체적인 통제도 설계·운영하지 않은 경우, 기업이 생성한 정보의 완전성과 정확성에 대한 통제뿐 아니라 해당 정보를 사용하는 통제에도 미비점이 식별될 가능성이 매우 높으며 정보의 완전성과 정확성에 대한 통제의 심각성도 높게 평가될 가능성이 높습니다. 이러한 경우에 미비점 평가 목적만으로 감사인이 기업이 생성한 정보의 완전성과 정확성을 직접 확인하는 절차를 수행하는 것은 적절하지 않습니다.

다만 감사 과정에서 해당 정보의 완전성과 정확성을 확인하는 실증절차가 수행되고 해당 정보가 실제로 완전하고 정확하게 작성되었음을 뒷받침하는 충분하고 적합한 감사증거가 입수될 수 있습니다. 이러한 경우에도 해당 정보가 실제로 완전하고 정확하게 작성되었다는 사실만으로 해당 정보의 완전성과 정확성에 대한 통제 미비점의 심각성이 낮다고 결론 내릴 수는 없습니다. 그러나 해당 정보가 실제로 완전하고 정확하다는 사실은 아래와 같이 미비점의 심각성을 낮추는 요소가 있음을 시사할 수 있습니다.

감사인은 해당 통제 미비점의 심각성을 평가할 때 미비점의 심각성에 영향을 미치는 위험요소로 해당 정보의 복잡성, 생성 · 사용 빈도, 부정 취약성 등의 특성을 고려할 수 있습니다. 예를 들어 해당 정보가 부정에 노출될 위험이 낮다거나, 복잡하지 않다거나, 해당 정보를 작성하는 데 주관적인 판단이 개입되지 않는다거나, 해당 정보가 드물게 생성 · 사용된다면 감사인은 이와 같은 특성을 왜곡표시의 발생 가능성을 낮추는 요소로 고려할 수 있습니다.

감사인이 위와 같은 해당 정보의 특성 등을 왜곡표시의 발생가능성을 낮추는 요소로 판단할 때 해당 정보가 실제 완전하고 정확하게 작성되었다는 사실은 감사인의 판단을 뒷받침하는 간접 증거로 고려할 수 있습니다.

해설 - 저자 주

기업이 생성한 정보(IPE)의 완전성과 정확성이 담보되지 않으면 해당 통제활동이 효과적으로 설계 운영되지 않을 가능성이 높다.

예를 들어, 매출채권 대손충당금 검토통제(MRC)에서 기업이 생성한 정보(IPE)인 연령분석표(Aging report)상의 정보가 연령구간이 잘못 분류되는 등 왜곡되어 있으면 이로 인한 집합평가상 대손충당금 계산내역의 왜곡이 발생하게 된다.

따라서, 감사인은 기업이 생성한 정보(IPE)의 미비점을 발견하면, 미비점이 치유되었을 경우의 대손충당금 계산결과가 회사의 재무제표상 제시한 금액과의 차이를 비교하여 그 미비점의 정보를 파악한다.

미비점의 금액적 크기가 크면, 감사인의 해당 기업이 생성한 정보(IPE)로 인한 미비점이 중요한 취약점으로 결론 내게 되는 근거가 될 수도 있다.

03 미비점의 심각성 평가

평가보고 가이드라인

52. (미비점의 심각성 평가)

미비점의 심각성 평가 시에는 재무제표 왜곡표시의 발생가능성과 잠재적 왜곡표시의 금액적 크기를 고려한다.

Key Point

내부회계관리제도 미비점은 1. (재무제표 왜곡표시) 발생가능성, 2. 금액적 크기의 2가지 평가기준이 제일 중요하다. 즉, (재무제표 왜곡표시) 발생가능성이 낮거나, 금액이 작으면 미비점이 중요한 취약점으로 분류될 가능성은 낮다.

미비점으로 집계된 각각의 통제활동은 미비점 심각성을 평가하여 중요한 취약점, 유의한 미비점, 단순한 미비점으로 분류해야 한다.

미비점의 심각성 평가 시는 각각의 통제활동별로 다음의 항목별을 순서대로 고려하도록 하고 있다.

미비점 심각성 평가를 위한 고려요소

미비점 구분 고려 순서	기준	Box
1. 발생가능성	평가보고 가이드라인 문단 53	Box 1
2. 금액적 크기	평가보고 가이드라인 문단 54	Box 2
3. 보완통제의 고려	평가보고 가이드라인 문단 55	Box 3
4. 객관적인 관리자의 판단	평가보고 가이드라인 문단 56	Box 4
5. 재무보고 감독 기구의 판단	평가보고 가이드라인 문단 57	Box 5
6. 미비점의 다른 미비점과의 종합적인 고려	평가보고 가이드라인 문단 58	

이러한 6가지 고려요소를 고려한 미비점 심각성 평가는 다음의 절차를 따르게 된다.

즉, '중요한 취약점'으로 분류되는 고려요소는 **'1. 발생가능성', '2. 금액적 크기'**가 가장 큰 영향을 미친다. 이는 내부회계관리제도의 목적이 재무제표의 왜곡표시위험을 낮추는 것이기 때문인 것과 일맥상통한다.

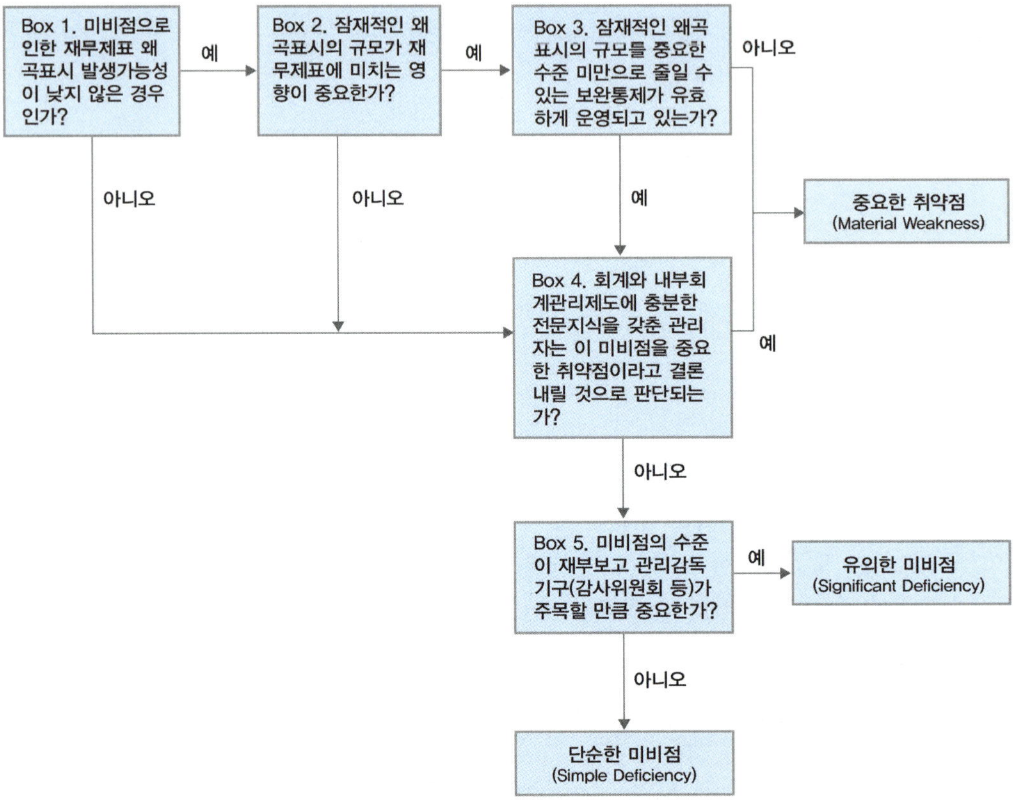

3-1. 발생가능성

평가보고 가이드라인

53. (발생가능성)

발생가능성이란 재무제표 왜곡표시가 방지되거나 발견되지 못하는 경우가 발생할 잠재적 가능성을 말하는 것으로 재무제표의 왜곡표시가 실제로 발생하였는가 여부를 고려하는 것은 아니다.

가. 일반적으로 발생가능성은 (i) 낮은(remote), (ii) 합리적으로 발생가능한(reasonably possible), (iii) 높은(probable)의 세 단계로 구분되는데, 여기에서 (ii) 합리적으로 발생가능한(reasonably possible) 또는 (iii) 높은(probable) 가능성의 경우는 '가능성이 낮지 않은(reasonable possibility) 경우'에 해당한다. 해당 미비점의 발생가능성이 낮지 않다면(Reasonable Possibility) 유의한 미비점이나 중요한 취약점으로 분류할 수 있다.

* (i) 낮은(remote) 분류에 해당하지 않는 경우 '가능성이 낮지 않은(reasonable possibility)' 경우에 해당하며, 이에 따라 실무적으로는 이를 'more than remote(낮지 않은 발생가능성)'라고 표현하기도 함

나. 발생가능성을 평가함에 있어서는 재무제표의 왜곡표시를 발생시키는 다음의 원인들을 고려한다.

(1) 예외사항의 근본적 발생원인 및 발생빈도

(2) 예외사항의 영향을 받는 계정과목, 주석사항 및 경영자 주장의 내용

(3) 계정과목, 공시사항에 내재된 주관성, 복잡성 및 판단요소의 성격

(4) 관련 자산이나 부채상의 손실, 또는 부정에 관련될 수 있는 민감도

(5) 통제미비점이 장래에 미칠 수 있는 영향의 결과

(6) 통제의 상호의존성 또는 중복성(Redundancy)의 정도

내부회계관리제도의 목적은 재무제표 왜곡표시를 낮추는 것이다. 이 내부회계관리제도 목적을 달성하기 위해 통제활동을 설계 운영하는 것인데, 특정 통제활동이 본래의 역할을 하지 못하면 재무제표 왜곡표시 발생가능성이 높아지게 된다.

발생가능성(Probability)이란 재무제표 왜곡표시가 방지되거나 발견되지 못하는 경우가 발생할 잠재적 가능성을 말하는 것으로 재무제표의 왜곡표시가 실제로 발생하였는가 여부를 고려하는 것은 아니다.

발생가능성(Probability)의 개념은 다음과 같이 요약된다.

일반적인 발생가능성 (Probability)	내부회계관리제도 적용	미비점 분류
낮은(remote)	낮은(remote)	해당 없음
합리적으로 발생가능한 (reasonably possible)	가능성이 낮지 않은 (reasonable possibility)	• 유의한 미비점 또는 • 중요한 취약점으로 분류
높은(probable)		

발생가능성 여부를 판단할 때는 통제상의 미비점에 대해 다음 사항을 고려한다.

일반적인 발생가능성 (Probability)	가능성이 낮은(remote) 예시	가능성이 낮지 않은 (reasonable possibility) 예시
(1) 예외사항의 근본적 발생원인 및 발생빈도	• 일시적 시스템 오류로 인한 단건 오류로, 재발 가능성이 낮음 • 내부 점검 및 수정 완료 후 재발 방지 절차 구축됨	• 유사한 예외사항이 과거에도 반복 발생 • 근본 원인(승인절차 미흡, 시스템 통제 부재)이 여전히 존재
(2) 예외사항의 영향을 받는 계정과목, 주석사항 및 경영자 주장의 내용	• 금액적 영향이 미미하고, 관련 계정의 양적, 질적 중요성이 낮음 • 중요성 금액 미만 사항	• 매출채권 대손충당금, 재고평가충당금, 손상차손 등 주요 계정에 영향 • 중요성금액을 초과하는 사항
(3) 계정과목, 공시사항에 내재된 주관성, 복잡성 및 판단요소의 성격	• 기계적 계산 오류, 단순 입력 착오로 발생 • 판단요소가 거의 없는 단순 업무 영역	• 대손충당금 추정, 자산손상 등 고도의 판단 요구 영역 • 관련 내부 검토 절차 미흡으로 오류 가능성 높음
(4) 관련 자산이나 부채상의 손실, 또는 부정에 관련될 수 있는 민감도	• 내부 부정 관련 증거 없음 • 내부통제상 승인 및 모니터링이 강력하게 작동 중	• 특정 부서 · 직원의 권한 집중으로 승인 절차 약화 • 동일 유형의 부정 사례가 타기업에서도 보고됨
(5) 통제미비점이 장래에 미칠 수 있는 영향의 결과	• 미비점이 개별 거래 수준에 한정됨 • 오류 누적 시에도 전체 재무제표 영향 미미	미비점이 반복적으로 여러 계정에 영향을 미침
(6) 통제의 상호의존성 또는 중복성 (Redundancy)의 정도	• 동일 위험에 대해 대체 통제 존재 • 핵심통제 미작동 시에도 보완통제로 오류 방지 가능	• 보완통제 부재 • 핵심통제 실패 시 오류 방지 수단 없음

㈜ABC 사례의 통제미비점에 대한 '발생가능성' 평가 예시는 다음과 같다.

순번	Control	관련 통제 / 통제 미비점	발생가능성	근거
1	C31	**주문 접수, 출고 처리, 청구서 발행 업무가 분장되어 있다.** [미비점] 운영평가 테스트 결과 주문 접수와 출고처리를 동일인원이 수행한 건이 샘플 25건 중 3건 발견됨	낮음 (Remote)	이들 업무는 실무적으로 구분되어 있으나, 출고담당자가 출고확인 후 시스템에 출고처리를 주문접수자에게 요청하고 있기 때문에 동일인원이 수행한 것으로 나타남 다만, 출고처리 관련 ERP시스템에서 주문접수/출고처리/청구서 발행을 크로스체크하는 시스템적인 통제가 있어, 재무제표의 왜곡표시 및 업무왜곡의 발생가능성은 낮은(Remote) 것으로 판단됨

순번	Control	관련 통제 / 통제 미비점	발생가능성	근거
2	C55	**건설중인자산의 적시 본계정 대체 검토:** 회계팀 결산담당자는 발생 이후 1년 이상 본계정으로 대체되지 않은 건설중인 자산을 조회하여 각 담당자에게 사유 확인을 요청한다. [미비점] 각 담당자는 기계장치 취득 등 건설중인 자산이 지급된 재화/용역 취득의 진행 현황을 파악하여 회계팀 결산담당자에게 통보하고 있으나 회계팀 결산담당자 또는 독립된 제3자가 회신이 완전하고 사유가 타당한지를 실질적으로 검토하고 있지 않음	낮지 않음 (reasonable possibility)	건설중인자산이 적시에 본계정대체되지 않으면, 감가상각비 인식의 지연으로 비용이 과소계상될 가능성이 존재함 이를 시스템적으로 통제하지 않고, 회계팀 담당자에 의해 검토하도록 통제 설계가 되어 있는데, 담당자가 적시에 검토하지 않으면 재무제표 왜곡표시 발생가능성이 낮지 않음(reasonable possibility)
3	C100	**데이터베이스에 적절한 권한을 부여받은 인원만 접근할 수 있다.** [미비점] 프로그램 개발자 중 1인이 Super user로서 데이터베이스에 제한 없이 접근한다.	낮음 (Remote)	회사의 202X.1.1~12.31 데이터베이스 직접 변경 log에서 표본 XXX건 추출하여 변경 승인 여부를 테스트한 결과, 승인 받지 않은 데이터 변경 건은 없었음. Super-user가 승인 받지 않고 데이터를 변경할 가능성은 낮다고(Remote) 판단함

3-2. 금액적 크기

평가보고 가이드라인

54. (금액적 크기)

금액적 크기란 발생할 수 있는 잠재적인 재무제표 왜곡표시의 크기(Magnitude of the Potential Misstatement)를 말한다.

가. 실제로 발생한 재무제표의 왜곡표시 금액이 아닌 발생 가능한 왜곡표시의 예상치이다.

나. 미비점으로 인한 잠재적 재무제표 왜곡표시의 크기가 중요한 수준 미만이라고 확신할 수 있다면 중요한 취약점으로 구분하지는 않으며, 금액적 크기를 평가할 때에는 다음의 요소들을 고려한다.

(1) 미비점에 따라 영향을 받는 재무제표 금액 또는 거래총액

(2) 당기에 이미 발생되었거나 향후 발생될 것으로 예상되는 미비점에 따라 영향을 받는 거래의 계정잔액 및 거래금액의 크기

(3) 보완통제의 영향으로 감소되는 발생가능한 왜곡표시의 예상치

다. '잠재적 재무제표 왜곡표시 크기의 유의한 수준'이란 회사의 재무보고를 감독할 책임이 있는 이사회, 감사(또는 감사위원회) 등이 주목할 만한 수준으로 중요성 금액 기준의 일정비율을 의미하며, 유의한 미비점과 단순한 미비점을 구분할 수 있는 하나의 기준이 된다.

라. 잠재적 왜곡표시의 금액적 크기를 평가할 때 과대계상될 수 있는 계정잔액 또는 거래금액 합계의 최대값은 일반적으로는 기록된 금액이지만 과소계상의 경우에는 더 큰 금액으로 평가될 수 있다. 또한, 대부분의 경우에는 소액의 왜곡표시 가능성이 거액의 왜곡표시 가능성보다 더 높다.

(1) 금액적 크기 추정

통제활동의 미비점으로 인해 '발생가능성'이 '낮지 않은(reasonable possibility)' 것으로 결론나면, 이 통제미비점으로 인한 재무제표 왜곡표시 가능성의 금액적 크기[잠재적인 재무제표 왜곡표시의 크기(Magnitude of the Potential Misstatement)]를 추정해야 한다.

㈜ABC 사례의 통제미비점에 대한 '발생가능성' 평가 예시는 다음과 같다. [㈜ABC의 중요성 금액이 1,000원이라고 가정]

'발생가능성'이 '낮지 않은(reasonable possibility)' 것으로 결론이 나도, Case 1처럼 잠재적 왜곡표시의 금액적 크기가 100원으로 추정되는 경우, 중요성금액(1,000원) 미만이므로 중요한 취약점으로 분류될 가능성이 낮고, 반면 Case 2처럼 잠재적 왜곡표시의 금액적 크기가 10,000원으로 추정되는 경우, 중요성금액(1,000원) 이상이므로 중요한 취약점으로 분류될 가능성이 낮지 않게 된다.

일반적인 발생가능성 (Probability)	중요성금액	잠재적인 재무제표 왜곡표시의 크기	미비점 분류
Case 1	1,000원	100원	해당 없음
Case 2	1,000원	10,000원	중요한 취약점으로 분류할 가능성 존재

(2) 금액적 크기 추정 사례

영업권 손상평가 검토 통제(MRC)에서 미비점으로 집계되었다고 하자. 이 손상평가 검토 통제(MRC)상 미비점으로 중요한 취약점으로 분류할지 여부를 판단하는 과정의 예시이다. (다만, 이 사례가 절대적인 기준은 아니다.)

예시 영업권 손상 검토 통제 미비

[잠재적 왜곡표시의 크기]

1억원 / less than material

► 수행중요성(PM) : 4억원

[산정근거]

20XX년 12월 31일 현재 스마트 냉장고와 스마트 물류 부문의 영업권은 5억원이지만 해당 계정잔액은 1억원(잔액의 25%)까지 과대평가될 수 있다고 평가하였음

회사의 유사한 영업 부문에서 기록된 손상금액에 대한 검토, 업계에 대한 지식과 경험, 실제 경제 상황에 대한 이해를 바탕으로 총 계정 잔액의 25%인 1억원이 계정의 잠재적인 최대 과대계상 추정치로 합리적이라고 판단함

3-3. 보완통제의 고려

평가보고 가이드라인

55. (보완통제의 고려)

가. 보완통제란 본래의 통제에서 미비점이 발견되었다 하더라도 그 미비점으로 인해 발생할 수 있는 유의한 재무제표 왜곡표시 위험을 경감시켜 줄 수 있는 통제를 말한다. 효과적인 보완통제의 존재가 미비점으로 인한 재무제표 왜곡표시 위험을 경감시켜 주기 때문에 발견된 미비점이 유의한 미비점 또는 중요한 취약점인지를 결정할 때 보완통제를 고려하는 것이 필요하다.

나. 보완통제가 재무제표 왜곡표시 위험을 경감시킨다고 결론짓기 위해서는 해당 보완통제의 설계 및 운영의 효과성 평가 결과가 효과적이어야 하며, 특정 미비점이 효과적인 보완통제의 존재로 인해 유의한 미비점이나 중요한 취약점으로 분류되지 않았다고 하더라도 다른 미비점을 종합적으로 고려하여 유의한 미비점 또는 중요한 취약점에 해당하는지 여부에 대해서도 판단하여야 한다.

보완통제란 본래의 통제에서 미비점이 발견되었다 하더라도 그 미비점으로 인해 발생할 수 있는 유의한 재무제표 왜곡표시 위험을 경감시켜 줄 수 있는 통제를 말하며, 보완통제가 없는 경우도 많다.

만약 회사가 동일한 통제목표를 달성하기 위한 보완통제가 존재한다면, 해당 통제활동의 미비점은 유의한 미비점이나 중요한 취약점으로 분류될 가능성은 낮아지게 된다.

(사례 1) 우산과 (사례 2) 매출채권 대손충당금 검토(MRC) 통제활동에서 각각 미비점으로 집계된 경우의, 보완통제 예시는 다음과 같다.

구분	(사례 1) 우산	(사례 2) 매출채권 대손충당금 검토(MRC)
Activity	비 오는 거리를 걷는다.	매출채권 대손충당금을 계산한다.
Risk	비를 맞을 위험	매출채권 대손충당금이 잘못 계산될 위험
Control	우산을 쓴다.	매출채권 대손충당금에 대한 검토를 수행한다. (MRC)
통제 실패 (미비점)	• (설계) 우산이 없다. • (운영) 우산을 제대로 쓰지 않는다.	• (설계) MRC Checklist가 없다. • (운영) MRC Checklist의 각 항목을 제대로 평가할 수 있는 능력이 없다.
보완통제 예시	**• 우비를 입는다.** **• 차를 타고 길을 지나간다.**	**• 시스템적으로 자동계산하며 검증하도록 설계한다.** **• 매출채권 대손충당금 적정성 내용을 외부 전문가가 검증한다.**

3-4. 객관적인 관리자의 판단

평가보고 가이드라인

56. (객관적인 관리자의 판단)

가. 경영진은 미비점의 중요도를 판단할 때 회계와 내부회계관리제도에 충분한 전문지식을 갖춘 객관적인 관리자의 기준에서 정보이용자의 입장을 고려하여 판단하여야 한다. 즉, 규정에 따라 업무처리를 수행하는 관리자가 그들의 업무수행 과정에서 발생하는 거래가 회계처리기준에 따라 적정하게 재무제표에 기록되고 있다고 합리적 확신(Reasonable Assurance)을 가질 수 있어야 한다.

나. 만일 발견된 문제점에 대해 회계와 내부회계관리제도에 충분한 전문지식을 갖춘 객관적인 관리자가 그러한 합리적 확신을 가지지 못한다면 해당 미비점은 유의한 미비점 또는 중요한 취약점으로 분류되어야 한다.

객관적인 관리자(Prudential Officer)란 회계와 내부회계관리제도에 충분한 전문지식을 갖춘 자를 말하며, 객관적인 관리자(Prudential Officer)의 판단이라는 의미는, 내부회계 전담부서에서 결론 낸 회사의 내부회계관리제도에 미비점이 존재한다는 판단 자체가 회계와 내부회계관리제도에 충분한 전문지식을 갖춘 객관적인 관리자(Prudential Officer)가 보았을 때도 동일한 결론인지를 따져보자는 의미이다.

참고로, 외부감사인은 회사의 재무제표나 내부회계관리제도에 대한 감사절차를 수행하면 감사조서(working paper)를 작성 · 보관해야 하는데, 감사조서(working paper) 작성의 핵심은 객관적인 관리자(Prudential Officer)가 검토할 때도 동일한 결론에 이르는지에 대한 수준인지 여부가 제일 중요하다.

예를 들어, A회계사가 작성하고 결론 낸 감사결론이 B회계사 또는 C회계사가 객관적인 관리자(Prudential Officer) 기준으로 동일한 절차를 수행했을 때 동일한 결론을 낼 수 있는지 여부를 판단하는 것이다.

다만, 내부회계관리제도의 미비점에 대한 객관적인 관리자(Prudential Officer)의 판단은 실무적으로 적용하기는 거의 불가능할 것으로 보인다.

3-5. 재무보고 감독 기구의 판단

평가보고 가이드라인

57. (재무보고 감독 기구의 판단)

가. 경영진은 미비점의 중요도를 판단할 때 내부회계관리제도와 재무보고를 감독할 책임이 있는 이사회, 감사(또는 감사위원회) 등의 시각도 함께 고려하여야 한다. 즉, 중요한 취약점으로 분류될 수준은 아니지만 이러한 감독기구가 주목할 만큼 중요하다면 해당 미비점은 유의한 미비점으로 분류되어야 한다.

나. 발생한 미비점으로 인하여 5가지 구성요소와 17가지 원칙이 존재하지 않거나 기능하지 않는 경우에는 감사(또는 감사위원회)가 주목하는 항목으로 유의한 미비점이나 중요한 취약점으로 분류되어야 한다.

내부회계관리제도의 운영 책임은 경영진에게 있지만, 이를 감독할 책임은 이사회 또는 감사(위원회)에 있다.

감독기관인 이사회 또는 감사(위원회)는 경영진이 내부회계관리제도를 효과적으로 운영하였는지를 감독해야 하며, 특히 감사(위원회)는 경영진과는 독립적으로 회사의 내부회계관리제도에 대한 평가보고를 수행해야 한다.

내부회계관리제도의 미비점 중에 중요한 취약점으로 분류되지 않은 미비점은 감독기구인 이사회 또는 감사(위원회)가 주목할 만큼 중요하다고 판단되면, 단순한 미비점으로 분류할 수 없고, 유의한 미비점으로 분류해야 한다.

이를 정리하면 다음과 같다.

구분	분류1	분류2
중요한 취약점	중요한 취약점으로 분류	중요한 취약점으로 분류
중요한 취약점 아님	유의한 미비점 또는 단순한 미비점으로 분류	감독기구가 주목할 만큼 중요하다고 판단 → 유의한 미비점으로 분류
		감독기구가 주목할 만큼 중요하다고 판단하지 않음 → 단순한 미비점으로 분류

3-6. 미비점의 다른 미비점과의 종합적인 고려(Aggregation of Deficiencies)

평가보고 가이드라인

58. (미비점의 다른 미비점과의 종합적인 고려)(Aggregation of Deficiencies)

가. 미비점을 분류할 때에는 개별적인 미비점의 중요성뿐만 아니라 다른 미비점들과 종합적으로 고려하였을 경우의 효과에 대해서도 판단하여야 하며 이러한 종합적 고려는 유의한 계정과목별로 하도록 한다.

나. 예를 들어, 충분히 정교하게 설계 및 운영되는 직접 전사 통제와 업무프로세스 수준의 통제는 통제목적 달성에 직접적인 영향을 미치므로 해당 미비점이 유의한 미비점으로 분류되지 않더라도 다른 미비점과의 결합효과를 고려하여 유의한 미비점 및 중요한 취약점으로 구분될 수 있다.

다. 한편, 간접 전사 통제와 정보기술 일반통제는 통제 성격상 회사의 내부회계관리제도 전반에 걸쳐 중요한 영향을 미치나 특정 계정과목과 관련한 경영자 주장에는 간접적인 영향을 미친다. 따라서, 간접적인 영향을 미치는 통제의 미비점이 발견될 경우 그 자체로 미비점의 수준을 판단하기보다는 관련된 업무프로세스 수준의 통제가 효과적인지 여부를 고려하여 종합적으로 판단한다(발생가능성, 금액적 크기 등).

통제상 미비점은 전사수준통제(ELC), 업무프로세스수준통제(PLC), 정보기술 일반통제(ITGC) 각각에서 나올 수 있다. 다만, 통제 미비점의 원천이 어디인지에 따라 유의한 미비점 또는 중요한 취약점 여부에 영향을 미친다.

이를 구분하면 다음과 같다.

통제 구분	미비점 평가
업무프로세스수준의 통제(PLC)	다른 미비점과의 결합효과를 고려하여 유의한 미비점 및 중요한 취약점으로 구분될 수 있음
직접 전사 통제(ELC)	
간접 전사 통제(ELC)	• 특정 계정과목과 관련한 경영자 주장에는 간접적인 영향을 미침 • 관련된 업무프로세스(PLC)통제가 효과적인지 여부를 고려하여 종합적으로 판단함
정보기술 일반통제(ITGC)	

재무제표 왜곡표시에 직접적인 영향을 미칠 수 있는 업무프로세스수준 통제(PLC)에서의 미비점이 재무제표 왜곡표시에 직접적인 영향을 미쳐 재무제표가 중요하게 왜곡될 수 있다.

반면에, 전사수준통제(ELC)의 윤리경영이나 정보기술 일반통제(ITGC)의 패스워드 정책의 미비점이 재무제표 왜곡표시에 직접적인 영향을 미친다고 보긴 어려워, 해당 통제상 미비점이 재무제표 왜곡표시에 어떠한 영향을 미치는지를 추가적으로 고려해야 한다.

04 중요한 취약점의 징후

평가보고 기준

22. (중요한 취약점의 징후)

경영진은 다음 상황이 발생하는 경우에는 해당 내부회계관리제도의 미비점이 중요한 취약점인지를 평가하여야 한다.

가. 금액이 중요한지와 관계 없이 고위 경영진에 의한 부정이 발견된 경우

나. 중요한 왜곡표시의 수정을 반영하기 위하여 기존 재무제표를 재작성하는 경우

다. 회사의 내부회계관리제도에 의해 파악하지 못한 중요한 당기 수정사항으로써 외부감사인에 의하여 파악된 경우(최종 재무제표에 동 수정사항을 반영하였는지 여부는 관계없음)

라. 회사의 외부 재무보고와 내부회계관리제도에 대한 감사(또는 감사위원회)의 감독기능이 효과적이지 않은 경우

마. 합리적인 근거 없이 외부감사법 제8조에서 정한 사항이 내부회계관리규정에 포함되지 않거나 준수되지 않은 경우

내부회계관리제도의 통제활동상의 미비점이 존재할 경우, 그 심각성에 따라 중요한 취약점 여부를 평가하고 판단해야 한다.

다만, 〈평가보고기준〉에서는 아래의 5가지 상황의 경우, 설계운영평가 결과와 무관하게 중요한 취약점 여부를 평가하도록 요구하고 있다.

Key Point

내부회계관리제도는 아래 5가지 상황이 발생하면 '중요한 취약점'으로 평가할 가능성이 매우 높다.
이는 외부감사인의 내부회계관리제도 감사도 유사하며, 실무적으로 아래 이슈로 인한 내부회계관리제도의 중요한 취약점, 그로 인한 내부회계관리제도 감사의견에서 비적정(부적정 의견 또는 의견거절)이 제일 빈번하다.

1. 고위 경영진의 부정
2. 전기재무제표 재작성
3. 중요한 감사수정사항
4. 감독기능이 비효과적
5. 외부감사법 제8조 위반

중요한 취약점 징후	내용
1. 고위 경영진의 부정	금액이 중요한지와 관계없이 고위 경영진에 의한 부정이 발견된 경우
2. 전기재무제표 재작성	중요한 왜곡표시의 수정을 반영하기 위하여 기존 재무제표를 재작성하는 경우
3. 중요한 감사수정사항	회사의 내부회계관리제도에 의해 파악하지 못한 중요한 당기 수정사항으로써 외부감사인에 의하여 파악된 경우(최종 재무제표에 동 수정사항을 반영하였는지 여부는 관계없음)
4. 감독기능이 비효과적	회사의 외부 재무보고와 내부회계관리제도에 대한 감사(또는 감사위원회)의 감독기능이 효과적이지 않은 경우
5. 외부감사법 제8조 위반	합리적인 근거 없이 외부감사법 8조에서 정한 사항이 내부회계관리규정에 포함되지 않거나 준수되지 않은 경우

참고로 외부감사인의 〈회계감사기준〉에서도 중요한 취약점을 판단하는 징후를 제시하고 있으며, 이를 비교하면 다음과 같다.

회사만 외부감사법 제8조 위반사항이 존재하면 중요한 취약점의 징후가 있다고 평가해야 하며, 외부감사인의 내부회계관리제도의 중요한 취약점의 징후에는 이 내용은 없다.

회사 평가 〈평가보고기준 22〉	외부감사인 〈회계감사기준 1100. A82〉
1. 고위 경영진의 부정	1. 고위 경영진의 부정
2. 전기재무제표 재작성	2. 전기재무제표 재작성
3. 중요한 감사수정사항	3. 중요한 감사수정사항
4. 감독기능이 비효과적	4. 지배기구의 감시가 비효과적
5. 외부감사법 8조 위반	–

이 중 '3. 중요한 감사수정사항'을 예로 들어 설명하면 다음과 같다.

예시 중요한 감사수정사항

업무단계	예시
회사	• 회사는 손상징후가 있는 종속기업(S사)에 대한 손상평가를 수행한 결과, 손상차손 100원을 인식함 • 종속기업투자주식(S사)은 장부가액 300원에서 손상차손 100원을 인식한 후, 장부가액이 200원으로 회계처리함(최종)
회사 내부회계관리제도	회사는 '종속기업투자주식 손상평가 검토통제(MRC)' 설계운영평가 결과 효과적이라고 결론 냄
회사	별도재무제표 사전제출함(주총 6주 전)
외부감사인	기말 재무제표 감사과정에서 회사의 종속기업투자주식(S사)에 대한 회수가능액(FV)이 과대계상되어 있다고 판단하여, 회사에 재무제표 수정을 권고함
회사	회사는 기말재무제표 감사과정에서 외부감사인의 수정권고 의견을 받아들여, 종속기업투자주식(S사) 손상차손을 기존의 100원에서 200원으로 수정 인식함(종속기업투자주식(S사) 장부금액은 평가 전 300원에서 100원으로 감소함)

이 경우 외부감사인은 기말 재무제표 감사과정에서 중요한 재무제표 왜곡표시(100원)가 발생하였다고 판단하여, 재무제표의 수정을 권고하여 회사는 이를 반영하였다.
이 경우 재무제표 '자체'의 왜곡표시위험은 최종적으로 감소하게 된다.
그러나, 이러한 중요한 감사수정사항이 외부감사인의 재무제표 감사과정에서 발견되었다는 의미는, 회사 스스로 재무제표 왜곡표시위험을 방지(예방 및 적발)하기 위해 설계운영한 내부회계관리제도가 효과적이지 않다는 반증이 되는 것이다.
[회사의 재무제표 왜곡표시(100원)는 내부회계관리제도(회사)에 의해서 방지하지 못하고, **"외부"**회계관리제도(감사인)에 의해 발견 및 반영되었다는 의미이다.]

내부회계관리제도 감사 FAQ

7. 간접 전사통제에서 미비점이 식별되면 유의적 미비점이나 중요한 취약점에 해당하는지요?

간접 전사통제에서 미비점이 식별되더라도 거래 수준 통제와 같이 중요한 왜곡표시를 직접적으로 예방, 발견 수정할 수 있는 다른 통제가 효과적으로 설계 운영된다면 일반적으로 간접 전사통제의 미비점이 그 자체로 유의적 미비점이나 중요한 취약점에 해당하지는 않습니다. 다만 간접 전사통제의 미비점이 감사기준서 1100 문단 A82에서 제시한 중요한 취약점의 지표나 감사기준서 265 문단 A7에서 제시한 유의적 미비점의 징후에 해당한다면 간접 전사통제의 미비점 자체로도 중요한 취약점이나 유의적 미비점에 해당할 수 있으므로 감사인은 해당 미비점을 신중하게 평가하여야 합니다.

내부회계관리제도 감사 FAQ

23. IT일반통제에서 미비점을 식별하는 경우, 감사인은 어떠한 대응 절차를 수행할 수 있는지요?

IT일반통제에서 미비점이 식별된 경우, 감사인은 회사의 검토 및 영향 분석과 별도로 IT일반통제의 미비점에 영향을 받는 응용통제를 결정하고 IT일반통제의 미비점이 각 관련 응용통제에 미치는 잠재적 영향을 평가하여 문서화한 후 다음과 같은 대응 절차를 수행할 수 있습니다.

(1) 보완통제를 고려함

- 동일한 위험에 대처하는 다른 IT일반통제

  상황에 따라 감사인은 IT일반통제에서 미비점이 식별된 경우 미비점이 있는 IT일반통제가 대응하고자 했던 위험을 충분히 감소시키는 다른 IT일반통제가 있는지, 즉 IT일반통제의 보완통제가 있는지 고려합니다. 예를 들어 프로그램 접근 통제에서 미비점이 식별되었으며 이러한 미비점 때문에 프로그램 개발자가 응용프로그램에 접속하여 프로그램을 무단 변경할 수 있는 경우에 시스템에서 변경 불가능한 프로그램 변경 로그 리포트가 생성되고 프로그램 개발자와 독립적인 경영진이 매주 로그 리포트와 프로그램 변경 승인 리스트를 비교하는 적발통제를 수행한다면 이러한 적발통제는 프로그램 접근 통제의 미비점을 보완할 수 있습니다.

  보완통제가 미비점이 있는 IT일반통제가 대처하고자 했던 위험을 충분히 경감시키고 감사인이 보완통제를 테스트한 결과 효과적으로 설계, 운영된다면 감사인은 IT일반통제의 지원을 받는 프로세스 수준 응용통제에 의존할 수 있습니다.

- IT일반통제 미비점에 영향을 받지 않는 응용통제

  상황에 따라 감사인은 IT일반통제의 미비점에 영향을 받는 응용통제와 동일한 위험에 대처하면서 IT일반통제 미비점의 영향을 받지 않는 다른 프로세스수준 통제, 즉 응용통제의 보완통제를 고려합니다. 예를 들어, 전표를 기표하는 총계정원장 시스템의 로그인 패스워드가 패스워드 정책을 준수하여 설정되지 않은 경우 해당 전표가 적절한 사람에 의해 승인받는 통제가 있을 경우 보완이 되는 것으로 판단할 수 있습니다.

감사인은 IT일반통제 또는 응용통제의 보완통제가 위험을 충분히 경감시킬 수 있는지 유의하여야 합니다. 또한 감사인은 보완통제가 IT일반통제의 미비점 때문에 신뢰성이 훼손된 시스템에서 생성된 정보를 사용하는 경우처럼 보완통제가 미비점이 있는 IT일반통제에 의존하지는 않는지 유의하여야 합니다.

(2) IT일반통제의 미비점이 응용통제에 미친 영향이 제한적임을 확인하는 경영진의 대체적 통제를 고려함

IT일반통제에서 미비점이 식별되었으나 보완통제가 식별되지 않거나 비효과적인 경우, 경영진은 운영실태평가 등 모니터링 통제의 일환이나 개선 계획에 따른 신규 통제로 미비점이 있는 IT일반통제가 감사 대상 기간 동안 응용통제에 실제로 영향을 미쳤는지 확인하는 대체적인 통제를 설계 · 운영할 수 있습니다. 예를 들어 자동통제가 운영되는 응용프로그램의 프로그램 변경 권한에 대한 통제에서 미비점이 식별된 경우, 경영진은 감사 대상 기간 중 해당 응용프로그램에 변경이 없었는지 또는 모두 적절한 근거에 따라 임의 변경되지 않았는지 확인하는 대체적인 통제를 설계 · 운영할 수 있습니다.

이처럼 경영진이 대체적인 통제를 설계 · 운영하여 IT일반통제 미비점이 응용통제에 영향을 미치지 않았음을 확인하였고 감사인이 대체적인 통제를 테스트한 결과 효과적으로 운영된다고 결론 내렸다면, 감사인은 IT일반통제의 지원을 받는 응용통제에 의존할 수 있습니다. 또한 감사인은 IT일반통제의 미비점을 평가할 때 이러한 대체적인 통제를 미비점의 심각성을 완화하는 보완통제로 고려할 수도 있습니다.

(3) 프로세스수준 자동통제(IT의존수동통제 포함)가 일관성 있게 운영되었다는 직접적인 증거를 입수하는 절차를 수행함

IT일반통제가 효과적이지 않은 상황에서 감사인은 IT일반통제의 영향을 받는 자동통제가 일관성 있게 운영되었다는 직접적인 증거를 입수할 수 있습니다. 이러한 방법은 프로그램 변경 요청/테스트 승인 통제에 미비점이 있을 때만 적용 가능하며, 데이터 직접 변경 등 프로그램 변경 이력 추적만으로는 확신을 얻을 수 없는 다른 IT일반통제에서 미비점이 발생한 경우에는 적용이 불가할 수 있습니다.

이러한 직접적인 증거를 입수하는 절차의 예는 다음과 같으며, 미비점이 발생한 IT일반통제의 성격에 따라 적절한 절차를 수행하여야 합니다.

- 자동통제가 운영되는 응용프로그램이 마지막으로 테스트된 이후 변경되지 않았다는 증거를 입수함

• 감사 대상 기간에 걸쳐 자동통제를 수동통제와 유사한 빈도로 테스트함. 다만, 감사대상 기간에 걸쳐 해당 자동통제를 수동통제와 유사한 빈도로 테스트할지 여부를 결정하기 위해서는 아래 요소를 종합적으로 고려하여 판단하여야 함
  - IT 환경의 복잡성
  - 유의적 위험에 대응하는 자동통제인지 여부
  - 자동통제의 복잡성 및 운영빈도(예 : 운영 빈도가 빈번하여 감사인이 테스트하는 간격의 길이가 매우 짧은 경우에는 적용하기 어려움)
  - 관련 IT시스템 변경의 빈도
  - 자동통제와 관련된 위험의 유의성
  - 자동통제와 관련된 IT일반통제 미비점의 평가수준(예 : 관련 미비점이 유의적 미비점으로 식별되는 경우에는 적용하기 어려움)

감사인이 직접적인 증거를 입수한 결과 응용통제가 일관성 있게 운영되었다고 결정하였다면 감사인은 해당 응용통제에 의존할 수 있습니다.
상기 (1)~(3)의 절차를 수행한 결과 효과적인 보완통제나 대체적인 통제가 설계 · 운영되지 않고 응용통제가 일관성 있게 운영되었다는 증거를 입수하지 못하였다면 감사인은 IT일반통제의 영향을 받는 프로세스수준 응용통제에 의존할 수 없으며 응용통제 관련 사항도 미비점으로 식별하고 심각성 평가를 수행하여야 합니다.

해설 - 저자 주

감사인은 IT일반통제에서 미비점이 식별되면, 전사수준통제에서와 동일하게 이로 인한 재무제표 왜곡표시 가능성을 검토하게 된다.
예를 들어, 단순 패스워드 입력통제 오류로 인하여 재무제표 왜곡표시 가능성은 높지 않다고 판단할 수 있는 반면, 'Super user'의 관리 미비는 이로 인해 회사의 ERP시스템에서 무단으로 재무제표가 의도적으로 왜곡될 가능성에 대해 추가적으로 검토할 것이다.
일반적으로는 IT일반통제의 미비점은 간접 전사통제와 같이 재무제표 왜곡표시위험이 직접적인 영향을 미치는 통제로 보지는 않는다.

05 내부회계관리제도의 미비점 평가 절차

평가보고 가이드라인

59. (내부회계관리제도의 미비점 평가 절차)

내부회계관리제도상의 미비점은 그 심각성에 따라 단순한 미비점, 유의한 미비점, 중요한 취약점으로 구분하며 아래의 단계를 이용할 수 있다.

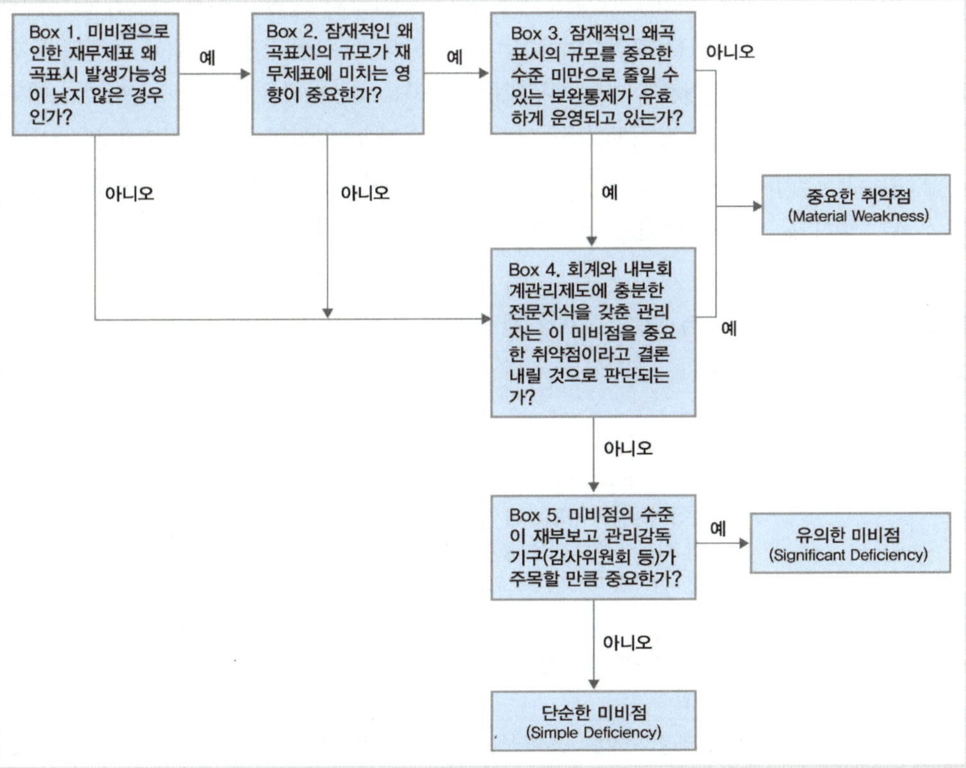

가. 내부회계관리제도의 미비점을 분류할 때에는 일반적으로 재무제표에 미치는 영향의 크기와 같은 양적 요소와 함께 질적인 특성을 고려하도록 한다.

나. 일반적으로 거래수준 통제를 평가하지 않고 전사적 수준 통제에 미비점이 존재한다는 이유만으로 내부회계관리제도가 효과적이지 않다고 결론 내리지 않는다. 단, 내부회계관리제도와 관련하여 외부감사법규 등에서 강조되는 감사(또는 감사위원회)의 기능이 미흡하거나 내부회계관리규정을 위반한 경영진의 지시사항에 대응하는 절차에 단순하지 않은 미비점이 존재하는 등의 경우에는 중요한 취약점의 징후로 고려되어야 한다.

다. 또한, 위험평가 과정에서 중요한 누락이 발생하는 미비점이 존재하는 경우, 예를 들어 중요한 주석 항목이나 현금흐름표의 영업현금 관련 항목이 평가에서 제외되는 경우 경영진은 해당 부분의 내부통제의 평가를 수행하지 않고 내부회계관리제도의 설계와 운영이 적정하다고 결론 내릴 수 없을 것이다.

라. 관련법규에서 강조하는 사항이나 회사가 선택한 내부통제체계에서 정의한 효과적인 내부회계관리제도에 부합하지 않는 경우에는 이는 적어도 유의한 미비점 이상으로 간주되어야 한다.

마. 미비점을 중요한 취약점이나 유의한 미비점으로 분류할 때에는 미비점을 계정과목별, 공시항목별 또는 내부회계관리제도의 5가지 구성요소와 17가지 원칙별로 집계하여 다른 미비점과의 결합효과를 고려하여야 한다. 특정 계정과목이나 공시항목과 관련된 통제에 다수의 미비점이 존재하게 되면 재무제표의 왜곡표시가 발생할 가능성이 높아지기 때문에 유의한 계정과목이나 공시항목별로 통제의 미비점을 집계하는 것이 필요하다. 내부회계관리제도의 5가지 구성요소와 17가지 원칙별로 통제의 미비점을 집계하는 것은 계정과목별, 공시항목별 집계방식보다 어렵고 더 많은 판단을 필요로 한다.

내부회계관리제도의 미비점 평가 절차와 관련해서 고려해야 할 사항은 다음과 같다.

구분	내용
전사수준통제(ELC) 미비점	• 전사수준통제(ELC) 미비점이 존재한다는 이유만으로 내부회계관리제도가 효과적이지 않다고 결론 내리지 않음 • 단, 감독기구[감사(또는 감사위원회)] 기능 미비 또는 내부회계관리규정을 위반한 경영진의 지시사항에 대응하는 절차에 단순하지 않은 미비점이 존재하는 등의 경우에는 중요한 취약점의 징후로 고려해야 함
관련 법규 강조사항	관련 법규에서 강조하는 사항이나 회사가 선택한 내부통제체계에서 정의한 효과적인 내부회계관리제도에 부합하지 않는 경우에는 이는 적어도 유의한 미비점 이상으로 간주되어야 함
계정과목별 미비점 집계	• 특정 계정과목이나 공시항목과 관련된 통제에 다수의 미비점이 존재하게 되면 재무제표의 왜곡표시가 발생할 가능성이 높아지기 때문에 유의한 계정과목이나 공시항목별로 통제의 미비점을 집계하는 것이 필요 • 다른 미비점과의 결합효과를 고려하여야 함

내부회계관리제도 미비점 평가절차에서 집계된 미비점에 대해서 미비점의 심각성을 평가하는 절차는 다음 사례와 같다.

사례

㈜ABC의 집계된 3개의 미비점에 대해 다음의 미비점 심각성 평가절차를 진행한다.

1. 미비점 심각성 평가

(1) 발생가능성

㈜ABC의 통제미비점에 대한 '발생가능성' 평가 예시는 다음과 같다.

순번	Control	관련 통제 / 통제 미비점	발생가능성	근거
1	C31	**주문 접수, 출고 처리, 청구서 발행 업무가 분장되어 있다.** [미비점] 운영평가 테스트 결과 주문 접수와 출고 처리를 동일인원이 수행한 건이 샘플 25건 중 3건 발견됨	낮음 (Remote)	이들 업무는 실무적으로 구분되어 있으나, 출고담당자가 출고확인 후 시스템에 출고처리를 주문접수자에게 요청하고 있기 때문에 동일 인원이 수행한 것으로 나타남. 다만, 출고처리 관련 ERP시스템에서 주문접수/출고처리/청구서 발행을 크로스체크하는 시스템적인 통제가 있어, 재무제표의 왜곡표시 및 업무 왜곡의 발생가능성은 낮은(Remote) 것으로 판단됨
2	C55	**건설중인자산의 적시 본계정 대체 검토 :** 회계팀 결산담당자는 발생 이후 1년 이상 본계정으로 대체되지 않은 건설중인자산을 조회하여 각 담당자에게 사유 확인을 요청한다. [미비점] 각 담당자는 기계장치 취득 등 건설중인자산이 지급된 재화/용역 취득의 진행 현황을 파악하여 회계팀 결산담당자에게 통보하고 있으나 회계팀 결산담당자 또는 독립된 제3자가 회신이 완전하고 사유가 타당한지를 실질적으로 검토하고 있지 않음	낮지 않음 (reasonable possibility)	건설중인자산이 적시에 본계정으로 대체되지 않으면, 감가상각비 인식의 지연으로 비용이 과소계상될 가능성이 존재함 이를 시스템적으로 통제하지 않고, 회계팀 담당자가 검토하도록 통제설계가 되어 있는데, 담당자가 적시에 검토하지 않으면 재무제표 왜곡표시의 발생가능성이 낮지 않음(reasonable possibility)
3	C100	**데이터베이스에 적절한 권한을 부여받은 인원만 접근할 수 있다.** [미비점] 프로그램 개발자 중 1인이 Super user로서 데이터베이스에 제한 없이 접근한다.	낮음 (Remote)	회사의 202X.1.1~12.31 데이터베이스 직접 변경 log에서 표본 XXX건 추출하여 변경 승인 여부를 테스트한 결과, 승인받지 않은 데이터 변경 건은 없었음 Super-user가 승인받지 않고 데이터를 변경할 가능성은 낮다고 (Remote) 판단함

(2) 금액적 크기

3가지 미비점으로 집계된 항목 중 재무제표 왜곡표시 발생가능성이 낮기 않은 통제(C55)에 대해서 잠재적 왜곡표시의 금액적 크기는 추정한다.

[단, 금액적 크기가 중요한 상황(Case 1)과 중요하지 않은 상황(Case 2)으로 구분해서 예시를 설명한다.]

순번	Control	관련 통제 / 통제 미비점	잠재적 왜곡표시의 금액적 크기	근거
1	C31	**주문 접수, 출고 처리, 청구서 발행 업무가 분장되어 있다.** [미비점] 운영평가 테스트 결과 주문 접수와 출고 처리를 동일인원이 수행한 건이 샘플 25건 중 3건 발견됨	N/A	N/A
2	C55	**건설중인자산의 적시 본계정 대체 검토:** 회계팀 결산담당자는 발생 이후 1년 이상 본계정으로 대체되지 않은 건설중인자산을 조회하여 각 담당자에게 사유 확인을 요청한다. [미비점] 각 담당자는 기계장치 취득 등 건설중인자산이 지급된 재화/용역 취득의 진행 현황을 파악하여 회계팀 결산담당자에게 통보하고 있으나 회계팀 결산담당자 또는 독립된 제3자가 회신이 완전하고 사유가 타당한지를 실질적으로 검토하고 있지 않음	〈Case 1〉 금액적 크기가 중요함 〈Case 2〉 금액적 크기가 중요하지 않음	〈Case 1〉 건설중인자산의 연간 본계정대체 금액은 총 100억원이며, 기말 건설중인 자산 장부금액은 50억원임 이는 중요성금액인 10억원을 초과하는 금액임 또한, 본계정대체 금액 및 기말 건설중인자산 금액이 적시에 대체되지 않음으로 예상되는 잠재적 왜곡표시 금액은 10억 이상으로 추정됨. 따라서, 해당 미비점의 잠재적 왜곡표시의 금액적 크기는 중요한 것으로 판단됨 〈Case 2〉 건설중인자산의 연간 본계정대체 금액은 총 100억원이며, 기말 건설중인 자산 장부금액은 50억원임 이는 중요성금액인 200억원 미만임 따라서, 해당 미비점의 잠재적 왜곡표시의 금액적 크기는 중요하지 않은 수준으로 판단됨
3	C100	**데이터베이스에 적절한 권한을 부여받은 인원만 접근할 수 있다.** [미비점] 프로그램 개발자 중 1인이 Super user로서 데이터베이스에 제한 없이 접근한다.	N/A	N/A

(3) 보완통제 고려

재무제표 왜곡표시 발생가능성이 있고, 금액적 크기가 중요한 상황인 경우(Case 1), 해당 통제상 미비점으로 인한 재무제표 왜곡표시 가능성을 감소할 수 있는 보완통제(Compensating controls)가 설계 운영되고 있는지를 판단한다.

순번	Control	관련 통제 / 통제 미비점	보완통제 (Compensating controls)	근거
1	C31	**주문 접수, 출고 처리, 청구서 발행 업무가 분장되어 있다.** [미비점] 운영평가 테스트 결과 주문 접수와 출고 처리를 동일 인원이 수행한 건이 샘플 25건 중 3건 발견됨	N/A	N/A
2	C55	**건설중인자산의 적시 본계정 대체 검토 :** 회계팀 결산담당자는 발생 이후 1년 이상 본계정으로 대체되지 않은 건설중인자산을 조회하여 각 담당자에게 사유 확인을 요청한다. [미비점] 각 담당자는 기계장치 취득 등 건설중인자산이 지급된 재화/용역 취득의 진행 현황을 파악하여 회계팀 결산담당자에게 통보하고 있으나 회계팀 결산담당자 또는 독립된 제3자가 회신이 완전하고 사유가 타당한지를 실질적으로 검토하고 있지 않음	〈Case 1〉 Case 1-1) 보완통제 있음 (Case 1-2) 보완통제 없음 〈Case 2〉 N/A	〈Case 1〉 (Case 1-1) **보완통제** 있는 경우 건설중인자산 본계정대체 검토 통제가 미비되어 있어도, 기말 결산재무제표 검토 통제활동(C121)에 해당 건설중인자산 본계정검토 적정성 검토항목이 추가되어 있으며, 기말 미대체 건설중인자산 검토 통제(C56, 비핵심통제)에서 기말 건설중인자산 프로젝트별 잔액에 대해 미대체 사유를 검토하고 있음 (Case 1-2) **보완통제 없는** 경우 관련 보완통제는 없음 〈Case 2〉 N/A
3	C100	**데이터베이스에 적절한 권한을 부여받은 인원만 접근할 수 있다.** [미비점] 프로그램 개발자 중 1인이 Super user로서 데이터베이스에 제한 없이 접근한다.	N/A	N/A

설명

통제미비점중 C55통제(건설중인자산의 적시 본계정 대체 검토)는 재무제표 왜곡표시 발생가능성, 잠재적 왜곡표시의 금액적 크기에 따라 다음과 같이 결론을 내게 된다.
아래와 같이 〈Case 1-2〉, 즉 발생가능성이 낮지 않고, 금액적 크기도 중요하며, 보완통제도 없는 경우에는 해당 통제상 미비점은 중요한 취약점으로 결론 내게 된다.
이외에는 미비점으로 분류하고, 해당 미비점이 유의한 미비점인지 단순한 미비점인지 여부만 구분 판단한다.

Control	통제활동 내용		(1) 발생가능성	(2) 금액적 크기	(3) 보완통제 여부	결론
C55	건설중인자산의 적시 본계정 대체 검토	Case 1-1	발생가능성이 낮지 않음	중요함	있음	미비점
		Case 1-2	**발생가능성이 낮지 않음**	**중요함**	**없음**	**중요한 취약점**
		Case 2	발생가능성이 낮지 않음	중요하지 않음	N/A	미비점

(4) 재무보고 감독기구의 판단

미비점 중 (C31, 업무분장 미비) 및 (C100, 슈퍼유저) 통제활동은 중요한 취약점으로 분류되지 않는다.

이 2개의 통제(C31, C100)은 해당 미비점이 유의한 미비점인지, 단순한 미비점인지를 판단하여야 하고, 이는 관련 지배기구가 주목할 만큼 중요한지 여부로 판단한다.

(단, 중요한 취약점으로 이미 분류된 C55 통제활동은 재무보고 감독기구의 판단을 할 필요가 없다.)

순번	Control	관련 통제 / 통제 미비점	재무보고 감독기구의 판단	근거
1	C31	**주문 접수, 출고 처리, 청구서 발행 업무가 분장되어 있다.** [미비점] 운영평가 테스트 결과 주문 접수와 출고 처리를 동일인원이 수행한 건이 샘플 25건 중 3건 발견됨	중요하지 않음	해당 미비점인 매출 관련 업무분장 미비로 인한 내부통제 구조상 업무상 오류나 재무제표 왜곡이 거의 없으므로, 지배기구가 주목할 만큼 중요하지 않다고 판단됨
2	C55	**건설중인자산의 적시 본계정 대체 검토 :** 회계팀 결산담당자는 발생 이후 1년 이상 본계정으로 대체되지 않은 건설중인자산을 조회하여 각 담당자에게 사유 확인을 요청한다.	N/A	N/A

순번	Control	관련 통제 / 통제 미비점	재무보고 감독기구의 판단	근거
		[미비점] 각 담당자는 기계장치 취득 등 건설중인 자산이 지급된 재화/용역 취득의 진행 현황을 파악하여 회계팀 결산담당자에게 통보하고 있으나 회계팀 결산담당자 또는 독립된 제3자가 회신이 완전하고 사유가 타당한지를 실질적으로 검토하고 있지 않음		
3	C100	**데이터베이스에 적절한 권한을 부여받은 인원만 접근할 수 있다.** [미비점] 프로그램 개발자 중 1인이 Super user로서 데이터베이스에 제한 없이 접근한다.	중요함	해당 미비점인 Super user 통제절차 미비는 전반적으로 IT시스템을 통한 오류 가능성이 상존하기 때문에, 지배기구가 주목할 만큼 중요하다고 판단됨

내부회계관리제도 감사 FAQ

24. IT일반통제에서 미비점을 식별된 경우 미비점의 심각성은 어떻게 평가하는지요?

IT일반통제의 미비점은 데이터 변경 관련 미비점을 제외하고는 일반적으로 재무제표 왜곡표시를 직접적으로 초래하지는 않지만, 해당 IT일반통제 미비점에 영향을 받는 비효과적인 응용통제는 왜곡표시를 초래할 수 있습니다. 따라서 IT일반통제 미비점은 해당 통제가 응용통제에 미치는 영향과 관련하여 평가됩니다.

감사인은 IT일반통제의 미비점의 심각성을 평가할 때 감사기준서 1100 A75 ~ A77과 더불어 다음과 같은 요소를 고려할 수 있습니다.

- 미비점의 성격과 중요성(예 : 미비점이 프로그램 개발 프로세스상 단일 단계와 관련이 있는지? 아니면 전체 프로세스 미비점인지)
- 미비점이 IT 응용프로그램과 데이터에 미치는 전반적인 영향(예 : IT일반통제 미비점의 영향을 받는 중요한 거래 유형과 관련된 자동통제와 IT의존수동통제의 범위 및 개수)
- 기업의 IT 환경의 복잡성과 미비점이 재무제표와 관련된 프로그램과 데이터의 무결성에 악영향을 미칠 수 있는 가능성
- IT일반통제의 미비점이 손실 또는 부정에 취약한 계정과목이나 공시사항과 관련된 응용프로그램 또는 데이터에 영향을 미치는지 여부

- IT일반통제의 미비점의 영향으로 발생한 예외사항의 원인과 빈도. 예를 들어 기중 프로그램 변경이 없었다는 사실은 프로그램 변경 통제의 심각성을 낮추는 요소 중 하나로 고려할 수도 있습니다.
- IT일반통제 미비점의 영향을 받는 응용프로그램과 관련된 왜곡표시 이력을 통해 입증된 위험의 증가 징후(당기 왜곡표시 포함)

내부회계관리제도 감사 FAQ

30. 감사 전 재무제표 제출 이후 회사의 재무제표가 수정되면 내부회계관리제도 미비점인지요?

회사가 감사인과 증권선물위원회에 감사 전 재무제표를 제출한 이후 재무제표가 수정되었다면 감사인은 회계감사실무지침 2018-3 문단 15~17에 따라 재무제표 수정사항이 회사의 적절한 내부통제에 의해 식별, 승인, 반영되었는지 평가하여야 합니다. 감사인의 평가 결과 재무제표 수정사항이 회사의 적절한 내부통제에 의해 식별, 승인, 반영되지 않았다면 이는 내부회계관리제도의 미비점입니다.

이러한 평가를 할 때 감사인이 고려할 사항의 예를 들면 다음과 같습니다.

- 통제 성격상 감사 전 재무제표 제출 이후 수행하는 것으로 통제를 설계(예 : 재무제표 제출 이후 확정된 성과급 지급률 반영)하였고 그러한 설계대로 통제를 수행함에 따라 재무제표가 수정되었는지?
- '보고기간 후 사건'이 감사 전 재무제표 제출 이후 발생하였거나 인지 가능하였고, 회사가 내부통제에 의해 그러한 사건을 식별하여 반영하였는지?

감사인이 테스트 대상으로 선정하지 않은 통제를 경영진이 내부회계관리제도 평가 목적으로 테스트하기로 결정한 경우, 경영진이 선정한 핵심통제에 감사인이 선정한 테스트 대상 통제가 완전하고 정확하게 포함되어 있다면 일반적으로 감사인이 추가 고려할 사항은 없습니다.

해설 - 저자 주

상장법인은 주주총회 6주 전에 별도재무제표를, 주주총회 4주 전에 연결재무제표를 금융감독원에 제출해야 한다. (사전재무제표 제출 의무)

만약, 상기 기한 전에 감사인이 기말감사업무를 착수하게 되면, 착수 이전에 금융감독원에 해당 재무제표를 제출해야 한다.

이 사전재무제표 제출 제도하에서 제출한 재무제표가 회사의 내부회계관리제도에 의한 '최종' 재무제표에 해당하는 것이다. 감사인은 회사의 내부회계관리제도를 통해 완성된 사전재무제표를 감사하면서, 재무제표의 실제 왜곡표시 여부를 검증하게 된다.

감사인의 감사 착수 이후 재무제표가 수정되었다는 의미는, 특정 회계처리상의 오류가 내부회계관리제도에 의해 모니터링되고 수정되지 못했다는 의미이며, 이는 내부회계관리제도가 효과적이지 않으므로 미비점이 있다는 의미이다.
또한, 중요한 감사수정사항이 감사과정에서 발견된 경우, 이는 단순한 미비점이나 유의한 미비점이 아닌 중요한 취약점으로 분류하고, 부적정의견을 표명할 가능성이 높다.

내부회계관리제도 감사 FAQ

31. 감사인과 회사 간 회계기준 해석 차이나 판단 차이로 감사인이 중요한 왜곡표시를 식별한 경우 중요한 취약점에 해당하는지요?

감사인이 식별한 중요한 왜곡표시는 감사기준서 1100 문단 A82에 따라 중요한 취약점의 지표로 고려하여야 합니다. 그러나 중요한 취약점의 지표에 해당한다고 하여 해당 미비점이 반드시 중요한 취약점인 것은 아니며 감사인은 왜곡표시가 발생한 원인과 미비점의 성격을 면밀히 검토하여 중요한 취약점 여부를 신중하게 판단하여야 합니다.
다음의 예에서와 같이 회사가 적절한 회계처리 방안을 도출하기 위해 통제 절차를 효과적으로 설계 · 운영하였다면 회계기준 해석 차이나 판단 차이로 중요한 왜곡표시가 식별되었더라도 중요한 취약점에 해당하지 않을 수 있습니다.

- 회계정책 매뉴얼 작성, 변경 등 회계정책 수립, 적용과 관련한 통제 절차를 효과적으로 설계 운영하였음
- 적절한 회계처리 방안 도출을 위해 외부 전문가의 도움을 받고 외부 전문가의 의견을 검토하는 등 경영진 검토 통제를 효과적으로 설계 운영하였음

해설 - 저자 주

감사인의 재무제표 감사 중 발견한 중요한 왜곡표시가 해석이나 판단의 차이인 경우, 내부회계관리제도가 효과적이지 않다고 결론 내기는 쉽지 않다.
즉, 발견된 중요한 왜곡표시가 내부회계관리제도를 통해 충분히 통제가 설계 운영되었음에도 해석이나 판단의 차이에서 감사인과 경영진이 의견불일치가 존재할 수 있기 때문에, 이러한 사항은 재무제표 감사 시 수정 여부에만 집중하고, 내부회계관리제도에 대해서는 효과적이라고 결론을 낼 수 있다.

CHAPTER

6-2 외부서비스제공자의 이용

Key Point

회사(A)가 외부서비스제공자(B기업)를 이용하는 경우, 회사(A)는 외부서비스제공자(B기업) 자체의 내부통제가 문제가 없다는 점을 확인해야 한다.
반면, 경영진 측 전문가는 외부서비스제공자가 아니며, 경영진 측 전문가를 이용하는 회사(A)의 통제활동별로 이 전문가 및 전문가 산출물의 적정성을 검증하면 된다.

01 경영진 측 전문가 vs. 외부서비스제공자 구분

기업의 일상적인 업무활동뿐만 아니라, 재무보고와 관련된 업무의 일정부분을 외부전문가 또는 외부서비스조직의 도움을 받아 수행하고 있다. 이러한 상황에서 외부전문가 자체에 문제가 있거나, 외부전문가의 산출물에 문제가 있을 경우 기업의 재무제표는 왜곡될 수 있다.
내부회계관리제도에서는 외부전문가 또는 외부서비스조직의 도움을 받는 영역을 식별하고, 이들이 재무제표 및 내부회계관리제도에 미치는 영향에 대해 평가를 해야 한다.

외부감사인의 〈회계감사기준〉에서는 외부전문가를 1) 경영진 측 전문가와 2) 서비스조직으로 구분하고 있으며, 각각의 구분에 따른 감사절차를 달리 하고 있다.
〈내부회계관리제도 감사 FAQ〉에서는 1) 경영진 측 전문가와 2) 서비스조직을 아래와 같이 구분 제시하고 있다. (아래 구분은 절대적인 기준이 아니며 특정 항목에 해당한다고 자동적으로 결론을 내릴 수 있는 것은 아니라고 명시함)

경영진 측 전문가 vs. 서비스조직 구분(내부회계관리제도 감사 FAQ 52)

구분	경영진 측 전문가	서비스조직
감사기준상 정의	• 회계나 감사 외의 분야에서 전문성 보유 • 기업의 재무제표 작성에 도움을 줌	• 정보시스템의 일부를 구성 • 대부분 사업운영에 필수적인 부분을 수행
기업의 전문성에 대한 기대	유사 기업에서 비슷한 전문성을 갖추는 것을 기대하지 않음	유사 기업에서 비슷한 전문성을 갖추는 것이 일반적
중요왜곡표시위험의 변동	중요왜곡표시위험이 감소함	중요왜곡표시위험의 증가, 감소 모두 가능
외부전문가 사용 목적	순수하게 재무제표 작성에 도움을 받을 목적	재무제표 작성에 도움을 받는 것 외의 목적
외부전문가의 서비스 제공 방식	기업의 특정 자산이나 거래에 한정하여 개별 제공하는 서비스	일상적으로 다수의 정보 이용자에게 제공하는 서비스
감사기준상 예시	보험계리, 가치평가, 공학적 데이터	은행 신탁부서, 모기지 은행, 응용서비스 제공자

02 외부서비스제공자의 내부통제에 대한 평가

평가보고 가이드라인

61. (외부서비스제공자의 이용)

회사가 재무보고와 관련된 서비스를 제공하는 외부서비스제공자를 이용하고 있는 경우, 이러한 외부서비스제공자의 서비스와 관련된 통제의 책임은 경영진에게 있으므로 경영진은 외부서비스제공자의 내부통제에 대한 평가를 수행한다.

가. 외부서비스제공자의 내부통제 설계 및 운영의 효과성을 평가하기 위해서는 다음 방식을 적용할 수 있다.

(1) 외부서비스제공자의 통제를 직접 평가

(2) 외부서비스제공자의 통제의 적정성을 충분히 모니터링할 수 있는 회사의 모니터링 통제 평가(단, 해당 서비스의 규모나 복잡성이 큰 경우에는 적절하지 않을 수 있다.)

(3) 외부서비스제공자의 감사인이 제공하는 통제 설계와 운영의 효과성 평가에 대한 보고서 ['서비스조직의 통제에 대한 인증업무 기준'에 의한 인증보고서, 3402 보고서(한국공인회계사회나 국제감사인증기준위원회가 인증한 서비스조직의 통제에 대한 보고서)]

(4) 중소기업의 경우에는 외부서비스제공자가 제공하는 정보의 정확성을 확인하기 위한 회사의 검토 절차를 평가할 수 있다.

나. 외부서비스제공자 감사인이 3402 보고서(서비스조직의 통제에 대한 인증보고서)를 경영진에게 제공한다면, 경영진은 이러한 보고서가 외부서비스제공자의 통제 평가를 뒷받침하기에 충분한 증거를 포함하고 있는지 평가할 때 다음의 항목을 고려한다.

(1) 보고서 일자와 경영진의 평가기준일 간 차이 여부

(2) 보고서의 테스트 대상 범위와 테스트 방법

(3) 외부서비스제공자 감사인의 적격성과 독립성

(4) 외부서비스제공자 감사인의 보고서 의견

다. 보고서 일자와 경영진의 평가기준일 사이에 유의한 차이가 있다면 다음과 같은 추가 절차를 수행한다. 단, 중소기업의 경우에는 외부서비스제공자의 경영진이 제공하는 확인서 입수를 통해 보고서일 이후 평가기준일 사이의 기간 동안 외부서비스제공자의 통제가 변경되었는지, 외부서비스제공자가 수행하는 통제의 효과성에 부정적 변화가 있었는지를 확인하는 절차로 대신할 수 있다.

(1) 보고서일 이후 외부서비스제공자의 통제가 변경되었는지 확인한다.

(2) 변경사항이 파악된 경우 내부회계관리제도의 효과성에 미치는 영향을 평가한다. 예를 들어, 서비스조직의 3402 보고서가 9월말 기준으로 발행되었고 회사는 12월말을 기준으로 내부회계관리제도를 평가하는 경우 회사는 9월말 기준의 3402 보고서를 활용할 수 있다. 다만, 9월말 이후 12월말까지 서비스조직의 내부통제에 중요한 변화가 존재하지 않았는지, 9월말 이후 12월까지 통제의 운영에도 변화가 존재하지 않음을 확인하여야 하며, 중요한 변화가 발생한 경우에는 관련 통제에 대한 설계 및 운영 평가를 추가로 수행하여야 한다.

라. 경영진은 회사의 감사인과 외부서비스제공자 감사인이 동일한 경우 외부서비스제공자 감사인의 적격성과 독립성을 평가하여 3402 보고서 활용 여부를 결정할 수 있다. 그러나, 3402 보고서를 발행한 외부서비스제공자 감사인이 경영진이 의존하는 외부서비스제공자의 프로세스와 관련된 내부통제를 직접 설계 또는 구축하였다면 감사인의 자기평가위협에 해당하여 독립성이 훼손되므로 경영진은 해당 보고서를 이용할 수 없다.

마. 외부서비스제공자 감사인의 보고서를 제공받지 못하거나 추가 증거의 입수가 필요하다고 판단되면 경영진은 외부서비스제공자의 통제를 직접 테스트하는 등 추가적인 절차를 취하는 것을 고려한다.

바. 경영진은 내부회계관리제도에 대한 평가 결론을 표명할 때 외부서비스제공자 감사인의 보고서를 언급해서는 안 된다.

사. 외부서비스제공자가 3402 보고서(서비스조직의 통제에 대한 인증보고서)를 제공하려 하지 않거나 외부서비스제공자에 구축된 통제의 효과성을 경영진이 직접 평가하는 것을 허용하지 않을 수 있다. 또한, 경영진은 대체적인 방법으로 프로세스에 대한 통제의 효과성 판단을 가능하게 하는 보완통제를 가지고 있지 않을 수도 있다. 그럼에도 불구하고 경영진은 내부회계관리제도 운영실태보고서에 내부회계관리제도의 효과성에 관한 종합결론을 표명하여야 하며 '특정 부분을 제외하고는 효과적이다'는 식의 한정적인 표현을 사용할 수 없다.

2-1. 외부서비스제공자 내부통제 평가 방법

회사가 재무보고와 관련된 서비스를 제공하는 외부서비스제공자를 이용하고 있는 경우, 이러한 외부서비스제공자의 서비스와 관련된 통제의 책임은 경영진에게 있으므로 경영진은 외부서비스제공자의 내부통제에 대한 평가를 수행한다.

이는 크게 아래 3가지 방법으로 구분된다.

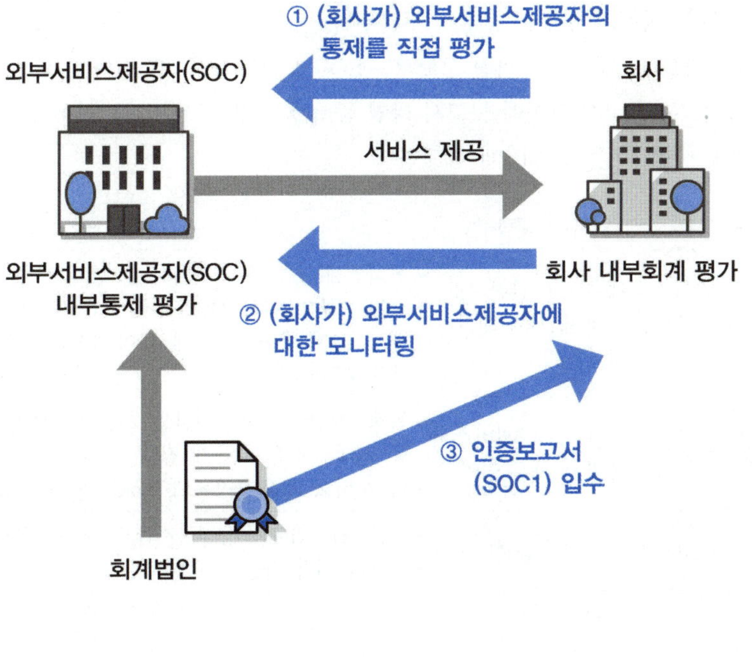

평가방법	비고
① 외부서비스제공자의 통제를 직접 평가	현실적으로 거의 불가능함
② 외부서비스제공자에 대한 회사의 모니터링 통제	해당 서비스의 규모나 복잡성이 큰 경우에는 적절하지 않을 수 있음
③ 인증보고서 입수	• 외부서비스제공자의 감사인이 제공 • 3402 보고서('서비스조직의 통제에 대한 인증업무 기준'에 의한 인증보고서) • 한국공인회계사회나 국제감사인증기준위원회가 인증한 서비스조직의 통제에 대한 보고서

상기 3가지 방법 중 "③ 인증보고서 입수" 관련 인증업무 및 인증보고서 관련 내용은 다음과 같다.

참고 인증보고서(SOC 보고서)

1. 인증보고서 구분

SOC(System and Organization Controls) 보고서는 외부 서비스 조직(예 : 클라우드, 데이터센터, 아웃소싱 회계처리 업체 등)이 제공하는 서비스의 내부통제가 신뢰할 만한지를 검증한 보고서로서, 아래의 3가지 형태로 구분된다.

내부회계관리제도 및 재무보고 관련 보고서는 SOC 1 보고서에 해당한다. 〈평가보고 가이드라인〉에서 제시하는 보고서도 아래 보고서 타입 중 SOC 1 보고서(이 중 3402 보고서(서비스조직의 통제에 대한 인증보고서))에 해당한다.

인증보고서	주요 목적	내용
1. SOC 1 보고서	재무보고 관련 내부통제(내부회계 감사용)	• 목적 : 재무보고에 영향을 주는 통제 검증 • 근거 기준 : **ISAE 3402(국제)** / SSAE 18(미국) • 예시 : 회계 아웃소싱 업체, 급여 계산 서비스, 수납 · 매출 처리 위탁업체
2. SOC 2 보고서	보안 · IT 서비스 통제 (비재무 영역)	• 목적 : 보안, 가용성, 기밀성, 개인정보 보호, 처리 무결성 등 비재무적 영역 통제 검증 • IT 서비스 조직(클라우드, SaaS 등)에서 많이 사용
3. SOC 3 보고서	SOC 2의 공개버전	• SOC 2와 범위는 동일하지만, 대외 공개용 요약본 • 누구나 열람 가능

2. 서비스조직의 통제에 대한 인증업무기준(ISAE 3402)

한국공인회계사회는 2013년 인증업무에 대한 감사기준을 제정하였으며, 국제회계사연맹의 ISAE 3402(Assurance Reports on Controls at a Service Organization)를 토대로 한국형 기준인 「서비스조직의 통제에 대한 인증업무기준」을 마련하였다. 이후 해당 기준은 2022년에 개정되었다.

인증보고서	내용
ISAE 3402	• 국제회계사연맹에서 ISAE 3402(Assurance Reports on Controls at a Service Organization) 공표(효력발생일 : 2011.6.15. 이후 종료하는 대상기간의 보고서) • 역사적 재무정보에 대한 감사 또는 검토 외의 인증업무를 다루는 기준으로 주로 내부통제, 추정재무정보 등이 대상이 됨 • 한국공인회계사회는 번역 전문을 감사 · 인증기준위원회에서 제정함(2013.12.18) • 이후 2022년에 ESG를 비롯한 지속가능경영 보고서의 인증에 널리 사용되는 국제인증업무기준 3000(ISAE 3000)의 내용을 반영해서 개정함(2022.2.23)
서비스 조직의 예	• 자산을 운용하는 조직이 여러 기업의 유가증권에 대해 회계기록을 유지하고 각종보고서, 공정가치 평가자료를 제공하는 경우 • 은행 또는 보험회사가 수행해 주는 신탁업무, 기록관리 업무, 인터넷 서비스 provider, 재무 또는 일반업무의 shared service center • 기타
인증 보고서의 유형	• **유형 1 인증보고서** : 서비스 조직의 시스템기술서(내부통제기술서)가 잘 표시되고, 기술된 관련 통제들이 특정일 현재 적합하게 설계되었는지 여부 • **유형 2 인증보고서** : 유형 1 인증보고서의 내용 + 기술된 통제들이 특정 기간 동안 효과적으로 운영되었는지 여부

3. 인증보고서 예시

이 두 보고서의 가장 큰 차이는 통제에 대한 **'운영'**을 포함하는가의 여부이다.

보고서 유형	보고서명
사례1 : 유형 2 보고서	통제의 기술, 설계 및 운영효과성에 대한 독립된 감사인의 인증보고서
사례2 : 유형 1 보고서	통제의 기술과 설계에 대한 독립된 감사인의 인증보고서

사례1 유형 2 보고서

통제의 기술, 설계 및 운영효과성에 대한 독립된 감사인의 인증보고서

XYZ 회사
이사회 귀중

업무의 범위

우리는 첨부된 XYZ 회사(또는 이하 "서비스조직"이라고 함)의 20x1 년 x월 x일[시작일]

부터 20x1년 x월 x일[종료일]까지 이용자기업의 거래를 처리하기 위한 xx 시스템[시스템의 종류 또는 이름을 기재함]에 대한 기술서(이하 "시스템기술서"라고 함), 그리고 해당 시스템기술서에 기재된 통제목적의 관련 통제에 대한 설계와 운영에 대해 보고하는 업무를 수행하였습니다. [㈜ 만약 시스템기술서의 일부 요소가 업무의 범위에 포함되어 있지 않으면, 인증보고서에 그러한 사실을 명시한다. 또 필요한 경우에는 해당 페이지를 언급한다. 이하 각 사례에서 같다]

XYZ 회사의 책임

XYZ 회사는 시스템기술서와 이에 대한 관련 진술의 작성, 그리고 그 내용의 완전성과 정확성 및 표시방법에 대해 책임이 있습니다. XYZ 회사는 또 시스템기술서에 표시된 서비스를 제공하고 통제목적을 기술하며, 이러한 통제목적을 달성하기 위한 통제를 설계하고 실행하며 효과적으로 운영할 책임이 있습니다.

독립성 및 품질관리

우리는 한국공인회계사회가 제정한 공인회계사윤리기준상 독립성 요구사항과 기타 윤리적 요구사항을 준수합니다. 공인회계사윤리기준은 성실, 공정, 전문가적 적격성 및 정당한 주의, 비밀유지, 전문가적 품위라는 윤리강령에 기초하고 있습니다.

우리는 회계법인으로서 품질관리기준서 1을 적용하며 이에 따라 윤리적 요구사항, 전문직 기준과 해당 법규의 요구사항 준수에 관한 문서화된 정책과 절차 등을 포함한 포괄적인 품질관리시스템을 유지하고 있습니다.

감사인의 책임

우리의 책임은 우리가 수행한 절차를 근거로 XYZ 회사의 시스템기술서, 해당 시스템기술서에 기재된 통제목적의 관련 통제에 대한 설계와 운영에 대하여 의견을 표명하는 것입니다. 우리는 한국공인회계사회가 제정한 "서비스조직의 통제에 대한 인증업무기준"에 따라 업무를 수행하였습니다. 이 기준은 시스템기술서가 중요성의 관점에서 공정하게 표시되었는지, 그리고 통제가 중요성의 관점에서 적합하게 설계되고 효과적으로 운영되었는지에 대해 합리적인 확신을 얻을 수 있도록 절차를 계획하고 수행할 것을 요구하고 있습니다.

서비스조직 통제의 기술, 설계 및 운영에 대한 인증업무에는 시스템기술서의 공시내용, 통제의 설계와 운영효과성에 대한 증거를 입수하기 위한 절차의 수행이 포함됩니다. 절차의 선택은 시스템기술서가 공정하게 표시되지 않았을 위험 그리고 통제가 적합하게 설계되지 않았거나 효과적으로 운영되지 않았을 위험에 대한 평가 등 감사인의 판단에 따릅니다. 우리의 절차에는 시스템기술서에 기재된 통제목적이 달성되었다는 합리적 확신의 제공에 필요하다고 고려되는 관련 통제들에 대한 운영효과성의 테스트가 포함됩니다. 또한 이와 같은 종류의 인증업무에는 시스템기술서의 전반적인 표시, 해당 시스템기술서에 기재된 목적의 적합성, 그리고 x 페이지에 기술된 XYZ 회사가 규정한 준거기준의 적절성에 대한 평가가 포함됩니다.

우리는 우리가 입수한 증거가 우리의 의견을 위한 근거로서 충분하고 적합하다고 믿습니다.

서비스조직 통제의 한계

XYZ 회사의 시스템기술서는 광범위한 이용자기업과 그 감사인들의 공통된 필요성을 충족시킬 수 있도록 작성되었으며, 그 결과 개별 이용자기업과 그 감사인이 이들의 개별적 환경에서는 중요하다고 판단할 수 있는 서비스조직 시스템의 측면이 모두 포함되지는 않을 수 있습니다. 또한, 서비스조직 통제의 성격으로 인하여 해당 통제는 거래의 처리와 보고 과정의 모든 오류와 누락을 예방하거나 발견하지 못할 수 있습니다. 또 통제의 효과성에 대한 평가를 미래의 기간으로 연장하는 것은 서비스조직의 통제가 부적합하게 되거나 실패하게 될 위험에 영향을 받습니다.

의견

우리의 의견은 이 보고서의 제시된 각 내용에 근거하여 형성되었습니다. 우리가 의견을 형성하기 위해 이용한 준거기준은 xx 페이지에 기술된 바와 같습니다. 우리의 의견은 다음과 같습니다.

(a) 시스템기술서는 20x1년 x월 x일부터 20x1년 x월 x일의 기간 중 설계되고 실행된 대로 XXX 시스템[시스템의 종류 또는 이름을 기재한다]을 중요성의 관점에서 공정하게 표시하고 있습니다.
(b) 시스템기술서에 기재된 통제목적의 관련 통제들은 20x1년 x월 x일부터 20x1년 x월 x일의 기간 동안 중요성의 관점에서 적합하게 설계되었습니다.
(c) 시스템기술서에 기재된 통제목적이 달성되었다는 합리적 확신을 제공하는 데 필요한 통제들은 테스트 결과 20x1년 x월 x일부터 20x1년 x월 x일의 기간 동안 중요성의 관점에서 효과적으로 운영되었습니다.

통제테스트에 대한 기술

테스트한 특정 통제, 테스트의 성격과 시기 및 결과는 페이지 [yy–zz]에 열거하였습니다.

의도된 이용자 및 보고서의 목적

이 보고서 및 통제테스트에 대한 시스템기술서(페이지 [yy-zz])는 이용자기업 재무제표의 중요한 왜곡표시위험을 평가할 때 이용자기업이 자체적으로 운영하고 있는 통제에 대한 정보 등 기타정보와 더불어 이 보고서와 시스템기술서를 고려할 수 있는 충분한 이해를 갖춘, XYZ 회사의 XXX 시스템[시스템의 종류 또는 이름을 기재한다]을 이용하고 있는 이용자기업과 이용자기업 감사인만을 위한 것입니다.

[감사인의 서명]
[인증보고서일]
[감사인의 주소]

사례2 유형 1 보고서

통제의 기술과 설계에 대한 독립된 감사인의 인증보고서

XYZ 회사
이사회 귀중

업무의 범위

우리는 첨부된 XYZ 회사(또는 이하 "서비스조직"이라고 함)의 20x1년 x월 x일 현재 이용자기업의 거래를 처리하기 위한 xx 시스템[시스템의 종류 또는 이름을 기재함]에 대한 시스템기술서, 그리고 해당 시스템기술서에 기재된 통제목적과 관련된 통제의 설계에 대해 보고하는 업무를 수행하였습니다. 우리는 시스템기술서에 포함된 통제의 운영효과성에 대하여는 어떠한 절차도 수행하지 않았습니다. 따라서 이에 대하여는 의견을 표명하지 아니합니다.

XYZ 회사의 책임

XYZ 회사는 시스템기술서와 이에 대한 관련 진술의 작성, 그리고 그 내용의 완전성과 정확성 및 표시방법에 대해 책임이 있습니다. XYZ 회사는 또 시스템기술서에 표시된 서비스를 제공하고 통제목적을 기술하며, 이러한 통제목적을 달성하기 위한 통제를 설계하고 실행하며 효과적으로 운영할 책임이 있습니다.

독립성 및 품질관리

우리는 한국공인회계사회가 제정한 공인회계사윤리기준상 독립성 요구사항과 기타 윤리적 요구사항을 준수합니다. 공인회계사윤리기준은 성실, 공정, 전문가적 적격성 및 정당한 주의, 비밀유지, 전문가적 품위라는 윤리강령에 기초하고 있습니다.

우리는 회계법인으로서 품질관리기준서 1을 적용하며 이에 따라 윤리적 요구사항, 전문직 기준과 해당 법규의 요구사항 준수에 관한 문서화된 정책과 절차 등을 포함한 포괄적인 품질관리시스템을 유지하고 있습니다.

감사인의 책임

우리의 책임은 우리가 수행한 절차를 근거로 XYZ 회사의 시스템기술서, 해당 시스템기술서에 기재된 통제목적에 관련된 통제의 설계와 운영에 대하여 의견을 표명하는 것입니다. 우리는 한국공인회계사회가 제정한 "서비스조직의 통제에 대한 인증업무기준"에 따라 업무를 수행하였습니다. 이 기준은 우리가 윤리적 요구사항을 준수하며 시스템기술서가 중요성의 관점에서 공정하게 표시되었는지, 그리고 통제가 중요성의 관점에서 적합하게 설계되었는지에 대해 합리적인 확신을 얻을 수 있도록 절차를 계획하고 수행할 것을 요구하고 있습니다.

서비스조직 통제의 기술과 설계에 대한 인증업무에는 시스템기술서의 공시내용, 통제의 설계에 대한 증거를 입수하기 위한 절차의 수행이 포함됩니다. 절차의 선택은 시스템기술서가 공정하게 표시되지 않았거나 통제가 적합하게 설계되지 않았을 위험에 대한 평가 등 감사인의 판단에 따릅니다. 또한 이와 같은 종류의 인증업무에는 시스템기술서의 전반적인 표시, 해당 시스템기술서에 기재된 목적의 적합성, 그리고 x 페이지에 기술된 XYZ 회사가 규정한 준거기준의 적절성에 대한 평가가 포함됩니다.

업무의 범위에 대한 설명에 제시한 바와 같이, 우리는 시스템기술서에 포함된 통제의 운영효과성에 대하여는 어떠한 절차도 수행하지 않았습니다. 따라서 이에 대하여는 의견을 표명하지 아니합니다.

우리는 우리가 입수한 증거가 우리의 의견에 대한 근거로서 충분하고 적합하다고 믿습니다.

서비스조직 통제의 한계

XYZ 회사의 시스템기술서는 광범위한 이용자기업과 그 감사인들의 공통된 필요성을 충족시킬 수 있도록 작성되었으며, 그 결과 개별 이용자기업과 그 감사인이 이들의 개별적 환경에서는 중요하다고 판단할 수 있는 서비스조직 시스템의 측면이 모두 포함되지는 않을 수 있습니다. 또한, 서비스조직 통제의 성격으로 인하여 해당 통제는 거래의 처리와 보고 과정의 모든 오류와 누락을 예방하거나 발견하지 못할 수 있습니다.

의견

우리의 의견은 이 보고서의 제시된 각 내용에 근거하여 형성되었습니다. 우리가 의견을 형성하기 위해 이용한 준거기준은 xx 페이지에 기술된 바와 같습니다. 우리의 의견은 다음과 같습니다.

(a) 시스템기술서는 20x1년 x월 x일 현재 설계되고 실행된 대로 XXX 시스템[시스템의 종류 또는 이름을 기재한다]을 중요성의 관점에서 공정하게 표시하고 있습니다.

(b) 시스템기술서에 기재된 통제목적의 관련 통제들은 20x1년 x월 x일 현재 중요성의 관점에서 적합하게 설계되었습니다.

의도된 이용자 및 보고서의 목적

이 보고서는 재무보고 관련 이용자기업의 정보시스템을 이해하려고 할 때, 이용자기업이 자체적으로 운영하고 있는 통제에 대한 정보 등 기타정보와 함께 인증보고서를 고려할 수 있는 충분한 이해를 갖춘, XYZ 회사의 XXX 시스템[시스템의 종류 또는 이름을 기재한다]을 이용하고 있는 이용자기업 및 이용자기업 감사인만을 위한 것입니다.

[감사인의 서명]
[인증보고서일]
[감사인의 주소]

2-2. 외부서비스 제공자에 대한 내부통제 평가 방법

(1) 3402 인증보고서를 제공받은 경우

외부서비스제공자에 대한 통제평가 보고서인 3402 인증보고서를 입수한 경우 경영진은 다음의 절차를 취해야 한다.

구분	내용
1. 3402 보고서에 대한 회사 경영진의 평가절차	회사의 경영진은 아래 사항을 고려하여 통제 평가해야 함 • 보고서 일자와 경영진의 평가기준일 간 차이 여부 • 보고서의 테스트 대상 범위와 테스트 방법 • 외부서비스제공자 감사인의 적격성과 독립성 • 외부서비스제공자 감사인의 보고서 의견
2. 보고서 일자와 경영진의 평가기준일 사이에 유의한 차이가 있는 경우	• 보고서일 이후 외부서비스제공자의 통제가 변경되었는지 확인 • 변경사항이 파악된 경우 내부회계관리제도의 효과성에 미치는 영향을 평가
3. 회사의 감사인과 외부서비스제공자 감사인이 동일한 경우	• 외부서비스제공자 감사인의 적격성과 독립성을 평가하여 3402 보고서 활용 여부를 결정 • **단, 3402 보고서를 발행한 외부서비스제공자 감사인이 경영진이 의존하는 외부서비스제공자의 프로세스와 관련된 내부통제를 직접 설계 또는 구축하였다면 감사인의 자기평가위협에 해당하여 독립성이 훼손되므로 경영진은 해당 보고서를 이용할 수 없음**

(2) 3402 인증보고서를 제공받지 못한 경우

구분	내용
1. 외부서비스제공자 감사인의 보고서를 제공받지 못한 경우	외부서비스제공자의 통제를 직접 테스트하는 등 추가적인 절차를 취하는 것을 고려
2. 외부서비스제공자의 거부로 인증서를 입수하지 못하는 경우	• 외부서비스제공자가 3402 보고서(서비스조직의 통제에 대한 인증보고서)를 제공하려 하지 않는 경우 • 외부서비스제공자에 구축된 통제의 효과성을 경영진이 직접 평가하는 것을 허용하지 않는 경우 → 이러한 경우에도, 경영진은 내부회계관리제도 운영실태보고서에 내부회계관리제도의 효과성에 관한 종합결론을 표명하여야 하며 '특정 부분을 제외하고는 효과적이다'는 식의 한정적인 표현을 사용할 수 없다.

(3) 내부회계관리제도 평가보고서와의 관계

경영진은 내부회계관리제도에 대한 평가 결론을 표명할 때 외부서비스제공자 감사인의 보고서를 언급해서는 안 된다.

내부회계관리제도 감사 FAQ

54. 경영진이 서비스조직을 이용한 경우에는 내부통제 인증보고서(3402 인증보고서)를 감사증거로서 입수하여야 하는지요?

회사가 서비스조직을 이용하고 서비스조직의 통제가 감사인이 내부회계관리제도의 효과성에 대한 결론을 내리는 데에 관련성이 있다면 감사인은 다음 중 하나 이상의 절차를 통해 감사증거를 입수하여야 합니다(감사기준서 1100 문단 A114).

- 입수가능하다면 유형 2 보고서를 입수함
- 서비스조직의 통제에 대해 적합한 통제테스트를 수행함
- 서비스조직의 통제에 대해 통제테스트를 수행한 타감사인의 업무를 활용함

또한 서비스조직에 설치되어 있는 통제와 무관하게, 이용자기업이 서비스조직의 서비스에 대한 통제를 수립하고 관련 경영진 주장의 일부나 전부에 대응하도록 효과적으로 운영한다면, 감사인은 이러한 이용자기업의 통제를 테스트할 수 있습니다. 이러한 통제에는 다음이 포함될 수 있습니다(감사기준서 1100 문단 A115, 감사기준서 402 문단 A12).

- 이용자기업이, 서비스조직이 처리한 항목 중 일부를 선택하여 독립적으로 재수행함
- 이용자기업이, 서비스조직의 산출물과 원천문서를 대사하고 조정(reconciliation)함

해설 - 저자 주

외부감사인도 회사와 마찬가지로 내부회계관리제도 감사과정에서 회사가 외부서비스조직(SOC)을 이용하는 경우, 해당 서비스조직의 통제에 대한 검증절차를 수행해야 한다.
그 방법은 〈평가보고 가이드라인〉에서 제시하고 있는 3가지 방법과 동일하다. 다만, 감사인은 인증보고서를 입수할 때 가능하면 SOC 1보고서 중 유형2 보고서를 입수하는 것을 요구하고 있다. 통제의 '설계'까지만 평가하는 SOC 1보고서 유형1 보고서보다 '운영'까지도 평가에 포함시키는 유형2 보고서를 요구하고 있다.

CHAPTER

6-3 대표자의 운영실태 보고

01 대표자의 내부회계관리제도에 대한 효과성 평가 결론

내부회계관리제도에 대한 설계운영 평가 결과와 미비점 평가까지 완료되면, 대표자는 회사의 내부회계관리제도에 대한 결론을 내고, 이를 보고해야 한다.

평가보고 가이드라인

60. **(대표자의 내부회계관리제도 효과성 평가 결론)**

가. 경영진은 회사의 내부회계관리제도의 효과성에 대한 평가를 수행하고 내부회계관리제도에 대한 효과성 평가 절차를 통해 얻은 자료, 감사(또는 감사위원회) 및 외부감사인과의 논의 내용 등을 고려하여 내부회계관리제도의 효과성에 대한 평가 결론을 도출한다. 경영진은 평가기준일 현재 내부회계관리제도가 효과적으로 설계 및 운영되고 있는지 여부에 대해 경영진 스스로 합리적인 수준의 확신을 가지고 내린 종합 결론을 '내부회계관리제도 운영실태보고서'에 반영한다.

나. 대표자의 운영실태보고서에는 회사의 내부회계관리제도가 효과적인지 비효과적인지에 대한 결론을 명확한 문구를 사용하여 표명한다. 즉, 중요한 취약점이 없는 경우 '중요성의 관점에서 효과적으로 설계되어 운영되고 있다고 판단됩니다', 중요한 취약점이 있는 경우 '중요성의 관점에서 효과적으로 설계되어 운영되고 있지 않다고 판단됩니다'라는 문구를 운영실태보고서에 사용한다.

다. 내부회계관리자의 운영실태보고서에는 '식별된 특정 중요한 취약점을 제외하고는 효과적이다' 또는 '특정 부분을 제외하고는 효과적이다'는 식의 한정적 표현이나 '효과적이지 않다는 것을 나타내는 특별한 사항을 인지하지 못하였다'는 식의 소극적 확신(Negative Assurance)을 통한 결론표명을 할 수 없다.

대표자의 운영실태보고서의 결론은 내부회계관리제도가 효과적인지 비효과적인지에 따라 다음과 같이 구분된다.

결론	구분	보고서 문구
내부회계관리제도가 효과적으로 결론	중요한 취약점이 없는 경우	'중요성의 관점에서 효과적으로 설계되어 운영되고 있다고 판단됩니다.'
내부회계관리제도가 비효과적으로 결론	중요한 취약점이 있는 경우	'중요성의 관점에서 효과적으로 설계되어 운영되고 있지 않다고 판단됩니다.'

단, 내부회계관리제도 결론은 아래의 한정적 표현이나 소극적 확신을 표명할 수 없다.

부적절한 결론	부적절한 보고서 문구
한정적 표현	• '식별된 특정 중요한 취약점을 제외하고는 효과적이다.' • '특정 부분을 제외하고는 효과적이다.'
소극적 확신 (Negative Assurance)	'효과적이지 않다는 것을 나타내는 특별한 사항을 인지하지 못하였다.'

02 내부회계관리제도 운영실태보고서

평가보고 가이드라인

62. (내부회계관리제도 운영실태보고서)

내부회계관리제도 운영실태보고서에는 평가 · 보고 기준 문단 25의 내용을 포함하여야 하며, 〈별첨〉 내부회계관리제도 운영실태보고서 예시를 참고하여 작성할 수 있다.

내부회계관리제도 운영실태보고서 예시 및 사례는 "Chapter 6-5. 보고서"에서 설명한다.

내부회계관리제도 감사 FAQ

37. 감사인은 경영진의 운영실태에 관한 보고내용에 대해 별도의 의견을 표명하여야 하는지요?

감사기준서 1100 문단 5에 따라 내부회계관리제도 감사를 수행하는 감사인이 달성할 목적은 내부회계관리제도 평가기준일 현재 중요한 취약점이 존재하는지 여부에 대해 합리적인 확신을 얻는 것입니다. 감사기준서 1100은 문단 A5에서 감사인의 인증 대상이 '내부회계관리제도' 자체임을 명확히 하고 있습니다.
감사기준서 1100 문단 A6은 감사인이 내부회계관리제도감사를 수행할 때 내부회계관리제도 운영실태에 관한 보고내용이 외부감사법의 요구사항을 포함하여 '내부회계관리제도 평가 및 보고 모범규준'에 따라 작성되었는지를 평가하도록 하고 있습니다. '운영실태에 관한 보고내용'은 인증 대상, 즉 의견 표명 대상이 아니므로 감사인이 '운영실태에 관한 보고내용'에 대한 별도의 의견을 형성할 목적으로 감사 절차를 수행할 필요는 없습니다. 감사기준서 1100 문단 A6은 운영실태 보고 내용이 외부감사법과 모범규준에 따라 작성되었는지를 평가하는 절차를 내부회계관리제도의 효과성을 감사하는 절차의 일부로서 수행하여야 한다는 의미입니다. 다시 말해 감사인은 회사가 '운영실태에 관한 보고 내용을 작성하는 절차'를 내부통제의 일부로서 고려하여 다른 통제와 마찬가지로 통제의 성격에 적합한 테스트 절차를 수행하면 됩니다. '운영실태에 관한 보고 내용을 작성하는 절차'는 주로 경영진의 운영실태 평가 · 보고 절차와 이를 뒷받침하는 회사의 통제 설계 문서화로 구성되며 대부분 전사적 수준 통제(예 : 위험평가 프로세스, 모니터링 통제)에 해당합니다.
한편 감사인은 감사기준서 1100 문단 59, 60에 따라 내부회계관리제도의 효과성에 대한 의견을 형성한 후 내부회계관리제도 운영실태보고서의 '필수요소에 대한 경영진의 표시내용'을 평가하여 필수 요소가 불완전하거나 부적절하게 표시되었다고 결정하는 경우 운영실태보고서를 수정하도록 요청하고 경영진이 수정하지 않으면 감사보고서에 기타사항으로 기재합니다.

해설 - 저자 주

감사인은 회사의 내부회계관리제도의 일부에 대한 의견을 표명하는 것이 아니다. 즉, 회사의 설계운영에 대한 의견과 평가에 대한 의견, 경영진의 운영실태에 대한 의견을 별도로 표명하지 않는다.
감사인의 내부회계관리제도 감사는 내부회계관리제도의 모든 내용을 종합하여 단일의 의견을 표명하는 것이다. 회사와 달리 감사인은 회사의 내부회계관리제도가 외부감사법의 요건을 충족하는지에 대한 내용도 추가적으로 검증한다.
또한, 감사인의 내부회계관리제도에 대한 감사의견은 경영진의 운영실태 의견과 무관하게 독립적으로 다른 의견을 표명할 수 있다. (예 : 경영진은 효과적이라고 결론 내고, 감사인은 효과적이 아니라고 판단하여 부적정의견을 표명)

CHAPTER 6-4

감사(또는 감사위원회)의 내부회계 관리제도에 대한 효과성 평가 결론

01 감사(또는 감사위원회)의 평가

평가보고 가이드라인

63. [감사(또는 감사위원회)의 평가]

가. 감사(또는 감사위원회)는 경영진이 실시한 평가 절차와 운영실태 평가 결과의 적정성을 감독자의 관점에서 독립적으로 평가하는 과정에서 필요에 따라 경영진의 평가와 관련된 자료를 근거로 평가 절차를 수행할 수 있다.

나. 감사(또는 감사위원회)는 경영진이 수행한 평가가 충분하지 않다고 판단하거나 추가 테스트가 필요하다고 판단하는 경우 별도 테스트를 추가할 수 있다. 또한, 별도 테스트 수행을 위해 내부감사 등의 지원이 필요한 경우 대표자에게 이를 요청할 수 있다. 이러한 추가 절차는 중복적인 작업이 될 가능성이 높으므로 감사(또는 감사위원회)는 경영진의 평가 과정이 충분하지 않다고 판단되는 경우에 국한해서 진행할 수 있다.

다. 감사(또는 감사위원회)의 평가 방식은 회사의 상황에 따라 외부감사법규 등의 요구사항을 고려하여 감사(또는 감사위원회)가 결정하고 내부회계관리규정에 포함하는 것이 바람직하다.

라. 동일한 내부평가조직이 경영진의 내부회계관리제도 운영실태보고를 위한 통제 설계 및 운영 평가를 수행한 경우, 감사(또는 감사위원회)가 해당 내부평가조직이 작성한 평가 계획과 수행한 절차 및 결과 등을 충분히 관리 · 감독하였다면 감사(또는 감사위원회)가 내부회계관리제도의 운영실태를 독립적으로 평가한 것으로 판단할 수 있다. 다만, 감사(또는 감사위원회)가 경영진과는 독립적으로 내부회계관리제도를 평가하도록 한 취지를 고려할 때 평가조직의 독립성을 확보할 수 있는 방안(예 : 감사(또는 감사위원회)의 내부감사 책임자의 임면권, 성과평가 권한 등)을 마련하거나 내부평가조직 내에서 경영진의

평가에 참여한 인원과 감사(또는 감사위원회)의 독립적인 평가에 참여한 인원을 분리하는 등의 방안을 마련할 필요가 있다.

마. 중소기업의 경우에는 감사(또는 감사위원회)는 내부회계관리제도 운영실태 평가는 경영진이 보고하는 위험평가 결과에 기반한 평가 계획, 경영진이 보고하는 중간 · 기말평가 절차 및 결과를 포함하여 경영진이 운영실태 보고를 위해 작성한 자료를 검토하는 절차를 위주로 이루어진다.

감사(또는 감사위원회)는 감독기관으로서 회사의 내부회계관리제도를 경영진과 독립적으로 평가하고 보고해야 할 의무가 있다.

감사(또는 감사위원회)는 다음의 독립적인 평가절차를 수행한다.

구분	내용
독립적인 평가절차	• 독립적으로 평가하는 과정에서 경영진의 평가와 관련된 자료를 근거로 평가 절차 수행 가능함 • 감사(또는 감사위원회)의 판단하에 별도 테스트 추가 가능함(경영진의 평가 과정이 충분하지 않다고 판단되는 경우에 국한해서 진행 가능함) • 감사(또는 감사위원회)의 평가방식은 감사(또는 감사위원회)가 결정하고 내부회계관리규정에 포함하는 것이 바람직함
평가조직	• 경영진의 내부평가조직이 작성한 평가 계획과 수행한 절차 및 결과 등을 충분히 관리 · 감독하였다면 감사(또는 감사위원회) 평가도 활용 가능함 • 평가조직의 독립성을 확보할 수 있는 방안 마련 필요함(동일한 평가조직 내 평가인원 분리)
중소기업	경영진이 운영실태 보고를 위해 작성한 자료를 검토하는 절차를 위주로 가능함(즉, 독립적인 평가절차는 생략 가능함)

내부회계관리제도 감사 FAQ

45. 외부감사법 제8조 제5항에 따른 감사(위원회)의 평가를 감사하는 절차는 무엇인지요?

평가 및 보고 모범규준에 따르면 감사(위원회)가 동 모범규준 문단 95의 활동을 수행한 경우 감사(위원회)의 독립적인 평가가 이뤄졌다고 판단할 수 있습니다.
감사(위원회)의 독립적 평가에만 국한한다면, 일반적으로 감사인은 회의록이나 기타 문서를 열람하여 감사(위원회)가 모범규준 문단 95의 활동을 수행하였다는 증거를 입수하고 감사(위원회)의 평가보고서가 정보이용자를 호도하지 않는지를 확인하는 것으로 감사(위원회)의 독립적인 평가가 이루어졌는지를 결정할 수 있습니다. 이때 감사인은 감사(위원회)가 모범규준 문단 95의 활동을 수행하였다는 증거를 입수하여야 하므로 경영진이 감사(위원회)에 보고한 자료만으로는 감사위원회가 모범규준 문단 95의 활동을 수행하였다는 증거가 될 수 없습니다.

그러나 감사(위원회)의 감독 기능이 전반적으로 효과적인지를 평가하는 감사 절차는 감사(위원회)의 독립적 평가를 테스트하는 절차에 국한되지 않습니다. 감사인은 감사(위원회)의 감독 기능이 효과적인지를 평가하기 위하여 통제환경 테스트를 포함한 다른 감사 절차에서도 충분한 감사 증거를 입수하여야 합니다.

해설 - 저자 주

회사는 내부회계관리제도에 대해서 경영진이 운영실태보고를 하고, 감사(위원회)가 이에 대해 독립적인 평가보고를 수행한다.
반면, 감사인은 이를 종합하여 회사의 내부회계관리제도에 하나의 감사의견을 표명한다. 이를 위해 감사인은 경영진의 설계운영 및 평가보고뿐만 아니라, 감사(위원회)의 독립적인 평가가 효과적인지에 대해 검증을 수행해야 한다.
감사인은 단순히 경영진이 감사(위원회)에 보고했다는 사실만으로 감사(위원회)의 독립적인 평가가 이루어졌다고 결론 낼 수 없으며, 감사(위원회)가 독립적인 평가 및 결론을 내기 위해서는 절차에 대한 문서검증 등의 절차를 통해 확인해야 한다.
따라서, 회사는 감사(위원회)가 독립적인 평가 절차를 수행하였다는 (미비점을 보고받고, 미비점에 대한 그 심각성을 평가하는 등) 증빙을 문서화하여야 한다. 이 절차는 실무적으로는 내부회계관리제도 전담부서가 수행하는 것이 실무 관행이다.

02 감사(또는 감사위원회)의 효과성 평가 결론

평가보고 가이드라인

64. (감사(또는 감사위원회)의 효과성 평가 결론)

가. 감사(또는 감사위원회)의 평가보고서에는 경영진의 경우와 동일하게 회사의 내부회계관리제도가 효과적인지 비효과적인지에 대한 결론을 명확한 문구를 사용하여 표명한다. 감사(또는 감사위원회)는 회사의 내부회계관리제도의 효과성에 대해 감사(또는 감사위원회) 스스로 합리적인 수준의 확신을 가지고 효과성 평가에 대한 결론을 내린다.

나. 감사(또는 감사위원회)는 내부회계관리제도의 효과성 평가 절차를 통해 발견된 미비점들에 대해 중요도를 구분하여 평가 결론의 근거로 활용하며, 평가기준일 현재 존재하는

미비점은 단순한 미비점, 유의한 미비점, 중요한 취약점으로 구분한다. 감사(또는 감사위원회)는 평가기준일의 내부회계관리제도에 대한 효과성 평가의 결과로 하나 이상의 중요한 취약점이 발견된 경우에는 회사의 내부회계관리제도가 효과적이라고 결론을 내릴 수 없다.

감사(또는 감사위원회)의 평가보고서의 결론은 경영진과 동일하게 내부회계관리제도가 효과적인지 비효과적인지에 따라 다음과 같이 구분된다.

감사(또는 감사위원회)는 독립적인 평가 결론을 표명하기 때문에 내부회계관리제도의 효과성에 대한 결론이 경영진의 운영실태보고의 결론과 일치하지 않을 수 있다.

결론	구분	보고서 문구
내부회계관리제도가 효과적으로 결론	중요한 취약점이 없는 경우	'중요성의 관점에서 효과적으로 설계되어 운영되고 있다고 판단됩니다.'
내부회계관리제도가 비효과적으로 결론	중요한 취약점이 있는 경우	'중요성의 관점에서 효과적으로 설계되어 운영되고 있지 않다고 판단됩니다.'

03 내부회계관리제도 평가보고서

평가보고 가이드라인

65. (내부회계관리제도 평가보고서)

내부회계관리제도 평가보고서에는 평가 · 보고기준 문단 28의 내용을 포함하여야 하며, 〈별첨〉 내부회계관리제도 평가보고서 예시를 참고하여 작성할 수 있다.

내부회계관리제도 운영실태보고서 예시 및 사례는 "Chapter 6-5. 보고서"에서 설명한다.

CHAPTER

6-5 보고서

01 내부회계관리제도 운영실태보고서 예시

〈평가보고기준〉에서는 대표이사의 내부회계관리제도 운영실태보고서에 아래와 같은 내용이 포함되도록 요구하고 있다.

평가보고 기준

25. (내부회계관리제도 운영실태보고서 포함 내용)

내부회계관리제도 운영실태보고서는 다음의 내용을 포함한다. 다만 금융회사를 제외한 내부회계관리제도 검토 대상 회사는 내부회계관리제도 운영실태보고서에 아래 차목의 내용을 포함하지 아니할 수 있다.

가. 수신인이 주주총회, 이사회 및 감사(또는 감사위원회)임을 기술
나. 평가기준일에 평가 대상 기간에 대하여 내부회계관리제도의 설계 및 운영의 효과성에 대하여 평가하였다는 사실
다. 경영진이 선택한 내부통제체계와 이에 따른 내부회계관리제도의 설계 및 운영의 책임은 대표이사 및 내부회계관리자를 포함한 회사의 경영진에 있다는 사실
라. 내부회계관리제도의 설계 및 운영의 평가기준으로 평가 · 보고기준을 사용하였다는 사실
마. 중요성의 관점에서 평가 · 보고기준에 따른 내부회계관리제도 평가 결론
바. 중요한 취약점이 있는 경우 내부회계관리제도의 설계와 운영상의 중요한 취약점에 대한 설명
(1) 중요한 취약점을 발생시킨 통제 미비점의 원인을 이해하고 각각의 중요한 취약점의 잠재적인 영향을 평가할 수 있는 정보를 공시하는 것을 고려한다.
(2) 중요한 취약점과 관련하여 내부회계관리규정을 위반한 임직원의 징계 내용 등을 포함

한다.

사. 중요한 취약점에 대한 시정조치 계획. 단, 내부회계관리제도에 대하여 외부감사법 시행령 제29조에 따른 감리를 받은 경우에는 그 감리에 따른 시정조치계획을 포함한다.

아. 직전 사업연도에 보고한 중요한 취약점에 대한 시정조치 계획의 이행결과

자. 다음 (1)~(3)의 사항을 확인하고 서명하여 보고 내용에 첨부하였다는 사실

(1) 보고 내용이 거짓으로 기재되거나 표시되지 아니하였고, 기재하거나 표시하여야 할 사항을 빠뜨리고 있지 아니하다는 사실

(2) 보고 내용에 중대한 오해를 일으키는 내용이 기재되거나 표시되지 아니하였다는 사실

(3) 충분한 주의를 다하여 보고 내용의 기재 사항을 직접 확인 · 검토하였다는 사실

차. 횡령 등 자금 관련 부정위험에 대응하기 위해 회사가 수행한 내부통제 활동

카. 보고서 일자

타. 대표이사 및 내부회계관리자의 서명 날인

1-1. 중요한 취약점이 없는 경우

① xx주식회사 주주, 이사회 및 감사(위원회) 귀중

본 대표이사 및 내부회계관리자는 20xx년 x월 x일 현재 동일자로 종료하는 회계연도에 대한 당사의 (연결)내부회계관리제도의 설계 및 운영실태를 평가하였습니다.

(연결)내부회계관리제도의 설계 및 운영에 대한 책임은 본 대표이사 및 내부회계관리자를 포함한 회사의 경영진에 있습니다.
본 대표이사 및 내부회계관리자는 회사의 (연결)내부회계관리제도가 신뢰할 수 있는 (연결)재무제표의 작성 및 공시를 위하여 (연결)재무제표의 왜곡을 초래할 수 있는 오류나 부정행위를 예방하고 적발할 수 있도록 효과적으로 설계 및 운영되고 있는지의 여부에 대하여 평가하였습니다.

② 본 대표이사 및 내부회계관리자는 (연결)내부회계관리제도의 설계 및 운영을 위해 내부회계관리제도운영위원회에서 발표한 '내부회계관리제도 설계 및 운영 개념체계(다른 체계를 사용한 경우 그 체계의 명칭)'를 준거기준으로 사용하였습니다. 또한 (연결)내부회계관리제도의 설계 및 운영실태를 평가함에 있어 「외부감사 및 회계 등에 관한 규정 시행세칙」 별표6 '내부회계관리

제도 평가 및 보고 기준'을 평가기준으로 사용하였습니다.

③ 본 대표이사 및 내부회계관리자의 (연결)내부회계관리제도 운영실태 평가결과, 20××년 ×월 ×일 현재 당사의 (연결)내부회계관리제도는 '내부회계관리제도 설계 및 운영 개념체계(다른 체계를 사용한 경우 그 체계의 명칭)'에 근거하여 볼 때, 중요성의 관점에서 효과적으로 설계되어 운영되고 있다고 판단됩니다.

본 대표이사 및 내부회계관리자는 보고내용이 거짓으로 기재되거나 표시되지 아니하였고, 기재하거나 표시하여야 할 사항을 빠뜨리고 있지 아니함을 확인하였습니다.

또한 본 대표이사 및 내부회계관리자는 보고내용에 중대한 오해를 일으키는 내용이 기재되거나 표시되지 아니하였다는 사실을 확인하였으며, 충분한 주의를 다하여 직접 확인·검토하였습니다.

(붙임) ④

ㅇ 직전 사업연도에 보고한 중요한 취약점의 시정조치 계획 이행결과

ㅇ 횡령 등 자금 관련 부정위험에 대응하기 위해 회사가 수행한 내부통제 활동

20××년 ×월 ×일

대표이사 × × × (인)

내부회계관리자 × × × (인)

① 보고대상

대표이사의 운영실태보고의 대상은 주주총회, 이사회 및 감사(위원회)이다. 이는 2018년 외부감사법 개정으로 보고대상에 주주총회가 추가되었으며, 내부회계관리자가 아닌 대표이사의 직접 보고로 변경되었기 때문이다.

참고 외부감사법 제8조

주식회사등의 외부감사에 관한 법률 제8조

(내부회계관리제도의 운영 등)

④ 회사의 대표자는 사업연도마다 주주총회, 이사회 및 감사(감사위원회가 설치된 경우에는 감사위원회를 말한다. 이하 이 조에서 같다)에게 해당 회사의 내부회계관리제도의 운영실

태를 보고하여야 한다. 다만, 회사의 대표자가 필요하다고 판단하는 경우 이사회 및 감사에 대한 보고는 내부회계관리자가 하도록 할 수 있다.

② 준거기준

내부회계관리제도 준거기준은 다음과 같이 구분되며, 해당 준거기준을 보고서에 명시한다.

구분	준거기준	비고
설계 · 운영	내부회계관리제도 운영위원회에서 발표한 **'내부회계관리제도 설계 및 운영 개념체계'**	다른 체계를 사용한 경우 그 체계의 명칭
평가	「외부감사 및 회계 등에 관한 규정 시행세칙」 별표 6 **'내부회계관리제도 평가 및 보고 기준'**	다른 체계 없음

③ 평가의견

내부회계관리제도 평가의견은 다음의 2가지로만 구분된다.

결론	구분	보고서 문구
내부회계관리제도가 효과적으로 결론	중요한 취약점이 없는 경우	'중요성의 관점에서 효과적으로 설계되어 운영되고 있다고 판단됩니다.'
내부회계관리제도가 비효과적으로 결론	중요한 취약점이 있는 경우	'중요성의 관점에서 효과적으로 설계되어 운영되고 있지 않다고 판단됩니다.'

④ 붙임

내부회계관리제도 평가의견이 효과적인 경우 '붙임'은 아래 2가지로 구성된다.

결론	구분	비고
1. 직전 사업연도에 보고한 중요한 취약점의 시정조치 계획 이행결과	전년도 중요한 취약점이 있는 경우에만 기재	일반적인 경우(매년 효과적으로 결론), 해당 없음
2. 횡령 등 자금 관련 부정위험에 대응하기 위해 회사가 수행한 내부통제 활동	(2025년부터) 모든 회사 필수 기재	→ (참조) 6장. 내부회계관리제도 보고 〉 6-6. 자금부정방지통제 보고

1-2. 중요한 취약점이 없는 경우 – 내부회계관리제도 사례

삼성전자 2024년 내부회계관리제도 운영실태보고서 공시 사례

내부회계관리제도 운영실태 보고

삼성전자주식회사 주주, 이사회 및 감사위원회 귀중

대표이사 및 내부회계관리자는 2024년 12월 31일 현재 동일자로 종료되는 회계연도에 대한 당사의 내부회계관리제도의 설계 및 운영실태를 평가하였습니다.

내부회계관리제도의 설계 및 운영에 대한 책임은 대표이사 및 내부회계관리자를 포함한 회사의 경영진에 있습니다.

대표이사 및 내부회계관리자는 회사의 내부회계관리제도가 신뢰할 수 있는 재무제표의 작성 및 공시를 위하여 재무제표의 왜곡을 초래할 수 있는 오류나 부정행위를 예방하고 적발할 수 있도록 효과적으로 설계 및 운영되고 있는지의 여부에 대하여 평가하였습니다.

대표이사 및 내부회계관리자는 내부회계관리제도의 설계 및 운영을 위해 내부회계관리제도운영위원회에서 발표한 '내부회계관리제도 설계 및 운영 개념체계'를 준거기준으로 사용하였습니다. 또한 내부회계관리제도의 설계 및 운영실태를 평가함에 있어 '내부회계관리제도 평가 및 보고 모범규준'을 평가기준으로 사용하였습니다.

회사는 내부회계관리규정을 관리 · 운영하는 내부회계관리 조직을 운영하고 있으며, 내부회계관리제도의 효율적 운영 및 회계정보의 투명성 제고를 위해 내부회계관리 시스템을 운영하고 있습니다.

회사는 내부회계관리 시스템을 통해 주요업무를 15개 영역으로 세분화하고 핵심 통제항목에 대해 주기적으로 평가 · 점검하였습니다.

대표이사 및 내부회계관리자의 내부회계관리제도 운영실태 평가결과, 2024년 12월 31일 현재 당사의 내부회계관리제도는 '내부회계관리제도 설계 및 운영 개념체계'에 근거하여 볼 때, 중요성의 관점에서 효과적으로 설계되어 운영되고 있다고 판단됩니다.

대표이사 및 내부회계관리자는 보고내용이 거짓으로 기재되거나 표시되지 아니하였고, 기재하거나 표시하여야 할 사항을 빠뜨리고 있지 아니함을 확인하였습니다.

또한 대표이사 및 내부회계관리자는 보고내용이 중대한 오해를 일으키는 내용이 기재되거나 표시되지 아니하였다는 사실을 확인하였으며, 충분한 주의를 다하여 직접 확인 · 검토하였습니다.

2025년 1월 24일

대표이사 한종희 (서명)

내부회계관리자 박순철 (서명)

1-3. 중요한 취약점이 없는 경우 - 연결내부회계관리제도 사례

삼성전자 2024년 연결내부회계관리제도 운영실태보고서 공시 사례

연결내부회계관리제도 운영실태 보고

삼성전자주식회사 주주, 이사회 및 감사위원회 귀중

대표이사 및 내부회계관리자는 2024년 12월 31일 현재 동일 일자로 종료하는 회계연도에 대한 당사의 연결내부회계관리제도의 설계 및 운영실태를 평가하였습니다.

연결내부회계관리제도의 설계 및 운영에 대한 책임은 대표이사 및 내부회계관리자를 포함한 회사의 경영진에 있습니다.

대표이사 및 내부회계관리자는 회사의 연결내부회계관리제도가 신뢰할 수 있는 재무제표의 작성 및 공시에 관하여 연결재무제표의 왜곡을 초래할 수 있는 유의한 부정행위를 예방하고 적발할 수 있도록 효과적으로 설계 및 운영되어 있는지 여부에 대하여 평가하였습니다.

대표이사 및 내부회계관리자는 연결내부회계관리제도의 설계 및 운영의 유효성에 대하여 내부회계관리제도 운영실태 평가를 한 바, 연결내부회계관리제도 설계 및 운영은 공정거래기준으로 사용하였습니다. 또한 연결내부회계관리제도의 설계 및 운영실태를 평가함에 있어 '내부회계관리제도 평가 및 보고 모범규준'을 평가기준으로 사용하였습니다.

회사는 내부회계관리규정을 관리 · 운영하는 내부회계관리 전담조직을 운영하고 있으며, 연결내부회계관리제도의 효과적 운영 및 회계정보의 투명성 제공을 위해 내부회계관리 시스템을 운영하고 있습니다.

회사는 내부회계관리 시스템을 통해 주요업무를 157개 영역으로 세분화하고 핵심 통제항목에 대하여 주기적으로 평가 · 점검하였습니다.

대표이사 및 내부회계관리자의 연결내부회계관리제도 운영실태 평가결과, 2024년 12월 31일 현재 당사의 연결내부회계관리제도는 '내부회계관리제도 설계 및 운영 모범규준'에 근거하여 볼 때, 중요성의 관점에서 효과적으로 설계되어 운영되고 있다고 판단합니다.

대표이사 및 내부회계관리자는 보고내용이 거짓으로 기재되거나 표시되지 아니하였고, 기재하거나 표시해야 할 사항을 빠뜨리지 아니하였음을 확인하였습니다.

또한 대표이사 및 내부회계관리자는 보고내용이 중대한 오류를 일으키는 내용이 기재되거나 표시되지 아니하였다는 사실을 확인하였으며, 충분한 주의를 다하여 직접 확인 · 검토하였습니다.

2025년 1월 24일

대표이사 한종희 (서명)

내부회계관리자 박순철 (서명)

1-4. 중요한 취약점이 있는 경우

xx주식회사 주주, 이사회 및 감사(위원회) 귀중

본 대표이사 및 내부회계관리자는 20xx년 x월 x일 현재 동일자로 종료하는 회계연도에 대한 당사의 (연결)내부회계관리제도의 설계 및 운영실태를 평가하였습니다.

(연결)내부회계관리제도의 설계 및 운영에 대한 책임은 본 대표이사 및 내부회계관리자를 포함한 회사의 경영진에 있습니다.

본 대표이사 및 내부회계관리자는 회사의 (연결)내부회계관리제도가 신뢰할 수 있는 (연결)재무제표의 작성 및 공시를 위하여 (연결)재무제표의 왜곡을 초래할 수 있는 오류나 부정행위를 예방하고 적발할 수 있도록 효과적으로 설계 및 운영되고 있는지의 여부에 대하여 평가하였습니다.

본 대표이사 및 내부회계관리자는 (연결)내부회계관리제도의 설계 및 운영을 위해 내부회계관리제도운영위원회에서 발표한 '내부회계관리제도 설계 및 운영 개념체계(다른 체계를 사용한 경우 그 체계의 명칭)'를 준거기준으로 사용하였습니다. 또한 (연결)내부회계관리제도의 설계 및 운영실태를 평가함에 있어 「외부감사 및 회계 등에 관한 규정 시행세칙」 별표6 '내부회계관리제도 평가 및 보고 기준'을 평가기준으로 사용하였습니다.

본 대표이사 및 내부회계관리자의 (연결)내부회계관리제도 운영실태 평가결과, 20××년 ×월 ×일 현재 당사의 (연결)내부회계관리제도는 다음과 같은 중요한 취약점으로 인해 '내부회계관리제도 설계 및 운영 개념체계(다른 체계를 사용한 경우 그 체계의 명칭)'에 근거하여 볼 때, 중요성의 관점에서 효과적으로 설계되어 운영되고 있지 않다고 판단됩니다.①

②〈중요한 취약점의 내용〉

〈중요한 취약점에 대한 시정조치 계획

(내부회계관리제도에 대한 감리를 받은 경우에는 그 감리에 따른 시정조치 계획을 포함)〉

본 대표이사 및 내부회계관리자는 보고내용이 거짓으로 기재되거나 표시되지 아니하였고, 기재하거나 표시하여야 할 사항을 빠뜨리고 있지 아니함을 확인하였습니다.

또한 본 대표이사 및 내부회계관리자는 보고내용에 중대한 오해를 일으키는 내용이 기재되거나 표시되지 아니하였다는 사실을 확인하였으며, 충분한 주의를 다하여 보고 내용의 기재사항을 직접 확인·검토하였습니다.

③(붙임)

ㅇ 중요한 취약점에 대한 상세평가내용

- 중요한 취약점을 발생시킨 통제 미비점의 원인을 이해하고 각각의 중요한 취약점의 잠재적인 영향을 평가할 수 있는 정보
- 중요한 취약점과 관련하여 내부회계관리규정을 위반한 임직원의 징계 내용 등을 포함

④ㅇ 직전 사업연도에 보고한 중요한 취약점의 시정조치 계획 이행결과

ㅇ 횡령 등 자금부정 위험에 대응하기 위해 회사가 수행한 내부통제 활동

20××년 × 월 × 일

대표이사 × × × (인)

내부회계관리자 × × × (인)

내부회계관리제도 운영실태보고서는 중요한 취약점이 없는 경우와 중요한 취약점이 있는 경우의 2가지만 존재한다.

〈중요한 취약점이 없는 경우〉

중요한 취약점이 없는 경우는 보고서 본문에 **'중요성의 관점에서 효과적으로 설계되어 운영되고 있다고 판단됩니다.'**는 의견만 표명한다.

〈중요한 취약점이 있는 경우〉

중요한 취약점이 있는 경우에는 보고서 본문에 **'중요성의 관점에서 효과적으로 설계되어 운영되고 있지 않다고 판단됩니다.'**는 의견을 표명하고, 그 중요한 취약점의 내용을 본문에 기재하고, 추가적으로 중요한 취약점의 상세내용을 붙임에 공시해야 한다.

이를 구분 정리하면 다음과 같다.

결론	구분	보고서 문구 ①	보고서 본문 ②	보고서 붙임 ③
내부회계관리제도가 효과적으로 결론	중요한 취약점이 없는 경우	'중요성의 관점에서 효과적으로 설계되어 운영되고 있다고 판단됩니다.'	해당 없음	해당 없음

결론	구분	보고서 문구 ①	보고서 본문 ②	보고서 붙임 ③
내부회계관리제도가 비효과적으로 결론	중요한 취약점이 있는 경우	'중요성의 관점에서 효과적으로 설계되어 운영되고 있지 않다고 판단됩니다.'	〈중요한 취약점의 내용〉 〈중요한 취약점에 대한 시정조치 계획(내부회계관리제도에 대한 감리를 받은 경우에는 그 감리에 따른 시정조치 계획을 포함)〉	• 중요한 취약점에 대한 상세평가 내용 – 중요한 취약점을 발생시킨 통제 미비점의 원인을 이해하고 각각의 중요한 취약점의 잠재적인 영향을 평가할 수 있는 정보 – 중요한 취약점과 관련하여 내부회계관리규정을 위반한 임직원의 징계 내용 등을 포함

④ 붙임

'붙임'의 아래 2가지 항목은 내부회계관리제도 운영실태보고의 결론이 효과적이든 비효과적이든 동일하다.

결론	구분	비고
1. 직전 사업연도에 보고한 중요한 취약점의 시정조치 계획 이행결과	전년도 중요한 취약점이 있는 경우에만 기재	일반적인 경우(매년 효과적으로 결론), 해당 없음
2. 횡령 등 자금 관련 부정위험에 대응하기 위해 회사가 수행한 내부통제 활동	(2025년부터) 모든 회사 필수 기재	(참조) 6장. 내부회계관리제도 보고 〉 6-6. 자금부정방지통제 보고

1-5. 중요한 취약점이 있는 경우 – 내부회계관리제도 사례

〈오스템임플란트㈜ 2021년 내부회계관리제도 운영실태보고서 공시 사례〉

> 오스템임플란트 주식회사 주주, 이사회 및 감사 귀중
>
> 본 대표이사 및 내부회계관리자는 2021년 12월 31일 현재 동일자로 종료하는 회계연도에 대한 당사의 내부회계관리제도의 설계 및 운영실태를 평가하였습니다.
>
> 내부회계관리제도의 설계 및 운영에 대한 책임은 본 대표이사 및 내부회계관리자를 포함한 회사의 경영진에 있습니다.
>
> 본 대표이사 및 내부회계관리자는 회사의 내부회계관리제도가 신뢰할 수 있는 재무제표의 작성 및 공시를 위하여 재무제표 왜곡표시를 초래할 수 있는 오류나 부정행위를 예방하고 적발할 수 있도록 효과적으로 설계 및 운영되고 있는지의 여부에 대하여 평가하였습니다.
>
> 본 대표이사 및 내부회계관리자는 내부회계관리제도의 설계 및 운영을 위해 내부회계관리제

도운영위원회에서 발표한 '내부회계관리제도 설계 및 운영 개념체계'를 준거기준으로 사용하였습니다.

또한 ①내부회계관리제도의 설계 및 운영실태를 평가함에 있어 내부회계관리제도운영위원회에서 발표한 '내부회계관리제도 평가 및 보고 모범규준'을 평가기준으로 사용하였습니다.

본 대표이사 및 내부회계관리자의 내부회계관리제도 운영실태 평가결과, 2021년 12월 31일 현재 당사의 내부회계관리제도는 다음과 같은 중요한 취약점으로 인해 '내부회계관리제도 설계 및 운영 개념체계'에 근거하여 볼 때, 중요한 관점에서 효과적으로 설계되어 운영되고 있지 않다고 판단합니다.

②

중요한 취약점의 내용	중요한 취약점에 대한 시정조치 계획
회사는 자금일보 승인 과정에서 충분하고 적합한 통제절차를 운영하지 않았습니다.	• 독립된 부서의 자금업무 상세 검증절차 추가 • 효과적인 검토를 위한 자금일보 관련문서 개선
회사는 법인인감의 물리적 보안과 관련하여 충분하고 적합한 통제절차를 운영하지 않았습니다.	• 법인인감 사용 및 관리감독 강화 • 법인인감 실물에 대한 물리적 보안 강화
회사는 자금이체를 위한 공인인증서 및 OTP의 물리적 보안과 관련하여 충분하고 적합한 통제절차를 운영하지 않았습니다.	• 펌뱅킹 시스템 기반 통제활동 강화(계좌관리, 사용자 관리, 업무분장 등) • 공인인증서 및 OTP 관리 절차 강화

본 대표이사 및 내부회계관리자는 보고내용이 거짓이거나 기재되지 아니하였고, 기재하거나 표시하여야 할 사항을 빠뜨리지 아니하였음을 확인하였습니다.

또한 본 대표이사 및 내부회계관리자는 보고내용에 중대한 오해를 일으키는 내용이 기재되거나 표시되지 아니하였다는 사실을 확인하였으며, 충분한 주의를 다하여 보고내용의 기재사항을 확인 · 검토하였습니다.

2022년 2월 18일

대표이사 염 태 권

내부회계관리자 송 인 섭(인)

단, 상기 공시 사례는 2021년 기준으로 현행 기준과는 차이가 존재한다.

중요한 취약점으로 결론 낸 경우의 운영실태 보고 형식의 변경

구분	사례회사 (2024년 이전)	현행 (2025년 이후)
① 평가기준 및 평가기준 문구	또한 내부회계관리제도의 설계 및 운영실태를 평가함에 있어 내부회계관리제도운영위원회에서 발표한 '내부회계관리제도 평가 및 보고 모범규준'을 평가기준으로 사용하였습니다.	또한 내부회계관리제도의 설계 및 운영실태를 평가함에 있어 「외부감사 및 회계 등에 관한 규정 시행세칙」 별표 6 '내부회계관리제도 평가 및 보고 기준'을 평가기준으로 사용하였습니다.
② 중요한 취약점의 내용	중요한 취약점의 내용과 중요한 취약점에 대한 시정조치 계획을 본문에 기재	• 중요한 취약점의 내용은 본문에 기재 • 중요한 취약점의 상세내용과 중요한 취약점에 대한 시정조치 계획은 '붙임'에 기재

1-6. 일부 사업단위를 평가대상에서 제외한 경우

중요한 취약점이 없는 경우의 운영실태보고서 예시이며, 중요한 취약점이 있는 경우에도 동일 방식으로 적용한다.

xx주식회사 주주, 이사회 및 감사(위원회) 귀중

본 대표이사 및 내부회계관리자는 20xx년 x월 x일 현재 동일자로 종료하는 회계연도에 대한 당사의 (연결)내부회계관리제도의 설계 및 운영실태를 평가하였습니다.

(연결)내부회계관리제도의 설계 및 운영에 대한 책임은 본 대표이사 및 내부회계관리자를 포함한 회사의 경영진에 있습니다.

본 대표이사 및 내부회계관리자는 회사의 (연결)내부회계관리제도가 신뢰할 수 있는 (연결)재무제표의 작성 및 공시를 위하여 (연결)재무제표의 왜곡을 초래할 수 있는 오류나 부정행위를 예방하고 적발할 수 있도록 효과적으로 설계 및 운영되고 있는지의 여부에 대하여 평가하였습니다.

본 대표이사 및 내부회계관리자는 (연결)내부회계관리제도의 설계 및 운영을 위해 내부회계관리제도운영위원회에서 발표한 '내부회계관리제도 설계 및 운영 개념체계(다른 체계를 사용한 경우 그 체계의 명칭)'를 준거기준으로 사용하였습니다. 또한 (연결)내부회계관리제도의 설계 및 운영실태를 평가함에 있어 「외부감사 및 회계 등에 관한 규정 시행세칙」 별표 6 '내부회계관리제도 평가 및 보고 기준'을 평가기준으로 사용하였습니다.

본 대표이사 및 내부회계관리자의 (연결)내부회계관리제도 운영실태 평가결과, 20××년 ×월 ×일 현재 당사의 (연결)내부회계관리제도는 '내부회계관리제도 설계 및 운영 개념체계(다른 체계를 사용한 경우 그 체계의 명칭)'에 근거하여 볼 때, 중요성의 관점에서 효과적으로 설계되어 운영되고 있다고 판단됩니다.

① 당사는 (평가 제외 사유 공시 : 평가기준일 현재 합병일로부터 1년이 경과하지 않아 내부회계관리제도 평가를 현실적으로 수행하기 어려운) 피합병부문인 xx주식회사 부문(합병기준일 20xx년 x월 x일, 평가기준일 현재 자산총액 및 매출액은 x원 및 x원, 합병 후 자산총액 및 매출액의 x% 및 x%에 해당)을 내부회계관리제도 평가 대상에서 제외하였습니다.

본 대표이사 및 내부회계관리자는 보고내용이 거짓으로 기재되거나 표시되지 아니하였고, 기재하거나 표시하여야 할 사항을 빠뜨리고 있지 아니함을 확인하였습니다.

또한 본 대표이사 및 내부회계관리자는 보고내용에 중대한 오해를 일으키는 내용이 기재되거나 표시되지 아니하였다는 사실을 확인하였으며, 충분한 주의를 다하여 직접 확인 · 검토하였습니다.

〈중요한 취약점의 내용〉

〈중요한 취약점에 대한 시정조치 계획

(내부회계관리제도에 대한 감리를 받은 경우에는 그 감리에 따른 시정조치 계획을 포함)〉

본 대표이사 및 내부회계관리자는 보고내용이 거짓으로 기재되거나 표시되지 아니하였고, 기재하거나 표시하여야 할 사항을 빠뜨리고 있지 아니함을 확인하였습니다.

또한 본 대표이사 및 내부회계관리자는 보고내용에 중대한 오해를 일으키는 내용이 기재되거나 표시되지 아니하였다는 사실을 확인하였으며, 충분한 주의를 다하여 보고 내용의 기재사항을 직접 확인 · 검토하였습니다.

(붙임)

ㅇ 직전 사업연도에 보고한 중요한 취약점의 시정조치 계획 이행결과

ㅇ 횡령 등 자금 관련 부정위험에 대응하기 위해 회사가 수행한 내부통제 활동

20××년 ×월 ×일

대표이사 × × × (인)

내부회계관리자 × × × (인)

① 평가 대상 사업단위의 선정

평가보고기준 문단 14(다)에서는 평가대상 사업단위를 선정할 때, 특정 사업단위가 추가되거나 제외될 수 있을 것이다.

평가보고 기준 14. (평가 대상 사업단위의 선정)

14. (평가 대상 사업단위의 선정)

다. 사업연도 중에 인수(합병)한 사업단위나, 평가기준일에 중단영업 등으로 회계처리된 사업단위도 평가 대상 사업단위 결정 시 기존의 사업단위와 함께 고려한다. 다만, 다음 (1)~(4)에 해당하는 경우에는 1년을 초과하지 않는 범위 내에서 당해 사업연도의 내부회계관리제도 평가 대상에서 제외할 수 있다.

(1) 평가기준일 현재 인수(합병)일로부터 1년이 경과하지 않은 법인 또는 사업단위

(2) 평가기준일 이전에 매각, 분할, 폐지가 완료된 사업단위

(3) 평가기준일 현재 매각, 분할, 폐지가 완료되지 않은 사업단위로서 직전 평가기준일 이후 중요한 변화 없이 단기간 동안 운영된 경우

(4) 평가기준일 이전에 분할된 사업단위가 신규로 연결내부회계관리제도 적용대상에 편입되는 경우

이러한 상황의 예는 다음과 같다.

- A사가 기중에 B사를 인수하여 기말부터 연결재무제표에 포함되는 종속기업이 되는 경우
- A사가 기중에 B사를 합병하여 합병시점부터 자산부채가 증가되는 경우
- 특정사업부를 기중에 처분하거나 중단영업이 되는 경우

이 상황들이 기중에 발생하면, 올해는 1년을 초과하지 않으므로 내부회계관리제도 평가 대상에서 제외할 수 있다고 규정하고 있다.

이 경우에는 보고서 본문에 아래와 같이 문구를 추가하도록 요구하고 있다.

> 당사는 (평가 제외 사유 공시 : 평가기준일 현재 합병일로부터 1년이 경과하지 않아 내부회계관리제도 평가를 현실적으로 수행하기 어려운) 피합병부문인 xx주식회사 부문(합병기준일 20xx년 x월 x일, 평가기준일 현재 자산총액 및 매출액은 x원 및 x원, 합병 후 자산총액 및 매출액의 x% 및 x%에 해당)을 내부회계관리제도 평가 대상에서 제외하였습니다.

02 내부회계관리제도 평가보고서 예시

〈평가보고 기준〉에서는 감사(위원회)의 내부회계관리제도 평가보고서에 아래와 같은 내용이 포함되도록 요구하고 있다.

평가보고 기준

28. (내부회계관리제도 평가보고서 포함 내용)

내부회계관리제도 평가보고서에는 다음의 내용을 포함한다.

가. 수신인이 이사회임을 기술

나. 평가기준일에 평가 대상 기간에 대하여 내부회계관리제도가 신뢰성 있는 회계정보의 작성 및 공시에 실질적으로 기여하는지를 평가한 결과 및 시정의견

다. 경영진이 선택한 내부통제체계와 이에 따른 내부회계관리제도의 설계 및 운영의 책임은 대표이사 및 내부회계관리자를 포함한 회사의 경영진에 있으며 감사(또는 감사위원회)는 관리감독 책임이 있다는 사실

라. 내부회계관리제도의 설계 및 운영의 평가 기준으로 평가 · 보고기준을 사용하였다는 사실

마. 중요성의 관점에서 평가 · 보고기준에 따른 내부회계관리제도 평가 결론

바. 중요한 취약점이 있는 경우 내부회계관리제도의 설계 및 운영상의 중요한 취약점에 대한 설명

사. 중요한 취약점이 있는 경우 중요한 취약점에 대한 시정조치 계획 또는 이미 수행 중인 절차

아. 감사(또는 감사위원회)는 내부회계관리제도 운영실태보고서를 참고하여 평가하였다는 사실, 추가적인 검토절차를 수행한 경우 해당 사실

자. 내부회계관리제도 운영실태보고서에 거짓으로 기재되거나 표시된 사항이 있거나, 기재하거나 표시하여야 할 사항을 빠뜨리고 있는지를 점검한 결과 및 조치 내용

차. 내부회계관리제도 운영실태보고서의 시정 계획이 회사의 내부회계관리제도 개선에 실질적으로 기여할 수 있는지를 검토한 결과 및 대안

카. 내부회계관리제도 운영실태 평가를 위한 경영진과의 대면 협의 및 자금 관련 부정위험에 대한 감사인과의 의사소통 내역

타. 보고서 일자

파. 감사(위원회)의 서명 날인

2-1. 중요한 취약점이 없는 경우

xx주식회사 이사회 귀중

본 감사(위원회)는 20××년 ×월 ×일 현재 동일자로 종료하는 회계연도에 대한 당사의 (연결)내부회계관리제도의 설계 및 운영실태를 평가하였습니다.

내부회계관리제도의 설계 및 운영에 대한 책임은 대표이사 및 내부회계관리자를 포함한 회사의 경영진에 있으며 본 감사(위원회)는 관리감독 책임이 있습니다.

본 감사(위원회)는 대표이사 및 내부회계관리자가 본 감사(위원회)에게 제출한 (연결)내부회계관리제도 운영실태보고서를 참고로, 회사의 (연결)내부회계관리제도가 신뢰할 수 있는 (연결)재무제표의 작성 및 공시를 위하여 (연결)재무제표의 왜곡을 초래할 수 있는 오류나 부정행위를 예방하고 적발할 수 있도록 효과적으로 설계 및 운영되고 있는지 여부에 대하여 평가하였으며, (연결)내부회계관리제도가 신뢰성있는 회계정보의 작성 및 공시에 실질적으로 기여하는지를 평가하였습니다.

또한 본 감사(위원회)는 (연결)내부회계관리제도 운영실태보고서에 거짓으로 기재되거나 표시된 사항이 있거나, 기재하거나 표시하여야 할 사항을 빠뜨리고 있는지를 점검하였으며, (연결)내부회계관리제도 운영실태보고서의 시정 계획이 해당 회사의 (연결)내부회계관리제도 개선에 실질적으로 기여할 수 있는지를 검토하였습니다.

회사는 (연결)내부회계관리제도의 설계 및 운영을 위해 내부회계관리제도운영위원회에서 발표한 '내부회계관리제도 설계 및 운영 개념체계(다른 체계를 사용한 경우 그 체계의 명칭)'를 준거기준으로 사용하였습니다.

본 감사(위원회)는 (연결)내부회계관리제도의 설계 및 운영실태를 평가함에 있어 「외부감사 및 회계 등에 관한 규정 시행세칙」 별표6 '내부회계관리제도 평가 및 보고 기준'을 평가기준으로 사용하였습니다.

본 감사(위원회)의 의견으로는, 20××년 ×월 ×일 현재 당사의 (연결)내부회계관리제도는 '내부회계관리제도 설계 및 운영 개념체계(다른 체계를 사용한 경우 그 체계의 명칭)'에 근거하여 볼 때, 중요성의 관점에서 효과적으로 설계되어 운영되고 있다고 판단됩니다.

(붙임)

○ 권고사항

○ (연결)내부회계관리제도가 신뢰성있는 회계정보의 작성 및 공시에 실질적으로 기여하지 못하고 있다고 판단한 경우 그 시정 의견

○ (연결)내부회계관리제도 운영실태보고서에 거짓으로 기재되거나 표시된 사항이 있거나, 기재하거나 표시하여야 할 사항을 빠뜨리고 있는지를 점검한 결과에 대한 조치내용

○ (연결)내부회계관리제도 운영실태보고서의 시정 계획이 해당 회사의 (연결)내부회계관리제도를 개선하는 데 실질적으로 기여하지 못하고 있다고 판단한 경우 대안

○ (연결)내부회계관리제도 운영실태 평가를 위한 경영진과의 대면 협의 및 자금 관련 부정위험에 대한 감사인과의 의사소통 내역

구 분	일자	참석자	주요 논의내용*
경영진(대표자, 내부회계관리자 등)			
외부감사인			

* 이전연도 발견된 미비점에 대한 시정계획의 이행결과 검토, 자금관련 부정위험 통제를 위한 회사의 통제활동에 대한 평가, 경영진과 감사인의 내부회계관리제도에 대한 평가 내역 차이 등

20××년 ×월 ×일

(감사 설치 회사) 감사 × × × (인)

(감사위원회 설치 회사) 감사위원회 위원장 × × × (인)

대표이사 및 내부회계관리자의 운영실태보고서와 감사(위원회)의 평가보고서는 결론 등 내용적으로는 큰 차이는 없지만, 여러 차이점이 존재한다.

즉, 대표이사 및 내부회계관리자는 내부회계관리제도를 운영하는 주체이므로, 스스로 운영한 내용을 평가하고 결론 내는 것인 반면, 감사(위원회)는 대표이사 및 내부회계관리자가 운영하고 평가, 보고한 내부회계관리제도를 감독하는 입장에서 독립적으로 평가하는 것 등이 주요한 차이이다.

이를 비교 정리하면 다음과 같다.

운영실태보고서 vs. 평가보고서 본문

구분	(대표이사) 운영실태보고서	(감사위원회) 평가보고서	주요 차이점
평가 주체	본 대표이사 및 내부회계관리자는 20××년 ×월 ×일 현재 동일자로 종료하는 회계연도에 대한 당사의 (연결) 내부회계관리제도의 설계 및 운영실태를 평가하였습니다.	본 감사(위원회)는 20××년 ×월 ×일 현재 동일자로 종료하는 회계연도에 대한 당사의 (연결)내부회계관리제도의 설계 및 운영실태를 평가하였습니다.	평가주체가 다름

구분	(대표이사) 운영실태보고서	(감사위원회) 평가보고서	주요 차이점
책임	(연결)내부회계관리제도의 설계 및 운영에 대한 책임은 본 대표이사 및 내부회계관리자를 포함한 회사의 경영진에 있습니다.	내부회계관리제도의 설계 및 운영에 대한 책임은 대표이사 및 내부회계관리자를 포함한 회사의 경영진에 있으며 본 감사(위원회)는 관리감독 책임이 있습니다.	(평가보고서) 운영책임과 감독책임 구분
평가 목적	본 대표이사 및 내부회계관리자는 회사의 (연결)내부회계관리제도가 신뢰할 수 있는 (연결)재무제표의 작성 및 공시를 위하여 (연결)재무제표의 왜곡을 초래할 수 있는 오류나 부정행위를 예방하고 적발할 수 있도록 효과적으로 설계 및 운영되고 있는지의 여부에 대하여 평가하였습니다.	본 감사(위원회)는 대표이사 및 내부회계관리자가 본 감사(위원회)에게 제출한 (연결)내부회계관리제도 운영실태보고서를 참고로, 회사의 (연결)내부회계관리제도가 신뢰할 수 있는 (연결)재무제표의 작성 및 공시를 위하여 (연결)재무제표의 왜곡을 초래할 수 있는 오류나 부정행위를 예방하고 적발할 수 있도록 효과적으로 설계 및 운영되고 있는지 여부에 대하여 평가하였으며, (연결)내부회계관리제도가 신뢰성있는 회계정보의 작성 및 공시에 실질적으로 기여하는지를 평가하였습니다.	(평가보고서) 추가로 신뢰성 있는 회계정보에 실질적으로 기여하는지 여부 평가 문구 추가
	본 대표이사 및 내부회계관리자는 보고내용이 거짓으로 기재되거나 표시되지 아니하였고, 기재하거나 표시하여야 할 사항을 빠뜨리고 있지 아니함을 확인하였습니다. 또한 본 대표이사 및 내부회계관리자는 보고내용에 중대한 오해를 일으키는 내용이 기재되거나 표시되지 아니하였다는 사실을 확인하였으며, 충분한 주의를 다하여 직접 확인 · 검토하였습니다.	또한 본 감사(위원회)는 (연결)내부회계관리제도 운영실태보고서에 거짓으로 기재되거나 표시된 사항이 있거나, 기재하거나 표시하여야 할 사항을 빠뜨리고 있는지를 점검하였으며, (연결)내부회계관리제도 운영실태보고서의 시정 계획이 해당 회사의 (연결)내부회계관리제도 개선에 실질적으로 기여할 수 있는지를 검토하였습니다.	(평가보고서) 시정계획의 실질 기여 여부 검토 문구 추가
설계 운영 기준	본 대표이사 및 내부회계관리자는 (연결)내부회계관리제도의 설계 및 운영을 위해 내부회계관리제도운영위원회에서 발표한 '내부회계관리제도 설계 및 운영 개념체계(다른 체계를 사용한 경우 그 체계의 명칭)'를 준거기준으로 사용하였습니다.	회사는 (연결)내부회계관리제도의 설계 및 운영을 위해 내부회계관리제도 운영위원회에서 발표한 '내부회계관리제도 설계 및 운영 개념체계(다른 체계를 사용한 경우 그 체계의 명칭)'를 준거기준으로 사용하였습니다.	설계운영 주체는 회사임
평가 기준	또한 (연결)내부회계관리제도의 설계 및 운영실태를 평가함에 있어 「외부감사 및 회계 등에 관한 규정 시행세칙」 별표 6 '내부회계관리제도 평가 및 보고 기준'을 평가기준으로 사용하였습니다.	본 감사(위원회)는 (연결)내부회계관리제도의 설계 및 운영실태를 평가함에 있어 「외부감사 및 회계 등에 관한 규정 시행세칙」 별표 6 '내부회계관리제도 평가 및 보고 기준'을 평가기준으로 사용하였습니다.	평가 주체가 달라짐 (운영실태보고서는 대표이사, 평가보고서는 감사위원회)

구분	(대표이사) 운영실태보고서	(감사위원회) 평가보고서	주요 차이점
평가 의견	본 대표이사 및 내부회계관리자의 (연결)내부회계관리제도 운영실태 평가 결과, 20××년 ×월 ×일 현재 당사의 (연결)내부회계관리제도는 '내부회계관리제도 설계 및 운영 개념체계(다른 체계를 사용한 경우 그 체계의 명칭)'에 근거하여 볼 때, 중요성의 관점에서 효과적으로 설계되어 운영되고 있다고 판단됩니다.	본 감사(위원회)의 의견으로는, 20××년 ×월 ×일 현재 당사의 (연결)내부회계관리제도는 '내부회계관리제도 설계 및 운영 개념체계(다른 체계를 사용한 경우 그 체계의 명칭)'에 근거하여 볼 때, 중요성의 관점에서 효과적으로 설계되어 운영되고 있다고 판단됩니다.	• 의견 주체만 달라짐 • (운영실태보고서) 평가결과 효과적임 • (평가보고서) '평가결과'라는 문구 없음

대표이사 및 내부회계관리자의 운영실태보고서와 감사(위원회)의 평가보고서 본문과 달리 '붙임'은 두 보고서가 큰 차이를 보인다.

이는 운영책임인 운영실태보고서와 감독책임인 평가보고서의 차이에 기인한다.

이를 비교 정리하면 다음과 같다.

운영실태보고서 vs. 평가보고서 '붙임'

구분	(대표이사) 운영실태보고서	(감사위원회) 평가보고서
전년도 중요한 취약점 시정계획 이행결과	직전 사업연도에 보고한 중요한 취약점의 시정조치 계획 이행결과	–
자금부정방지 통제활동	횡령 등 자금 관련 부정위험에 대응하기 위해 회사가 수행한 내부통제 활동	–
권고사항	–	권고사항
시정의견	–	• 내부회계관리제도가 신뢰성 있는 회계정보의 작성 및 공시에 실질적으로 기여하지 못하고 있다고 판단한 경우 그 시정 의견 • 내부회계관리제도 운영실태보고서에 거짓, 누락 여부를 점검한 결과에 대한 조치내용 • 내부회계관리제도 운영실태보고서의 시정계획이 개선에 실질적으로 기여하지 못하고 있다고 판단한 경우 대안
커뮤니케이션 내역 ①	–	• (경영진과의 대면 협의) 내부회계관리제도 운영실태 평가를 위한 경영진과의 대면 협의 • (외부감사인과 소통) 자금 관련 부정위험에 대한 감사인과의 의사소통 내역

① (감사위원회) 평가보고서에 포함되는 커뮤니케이션 내역은 아래 예시 표에 정리하도록 권고하고 있다.

(연결)내부회계관리제도 운영실태 평가를 위한 경영진과의 대면 협의 및 자금 관련 부정위험에 대한 감사인과의 의사소통 내역

구 분	일자	참석자	주요 논의내용*
경영진(대표자, 내부회계관리자 등)			
외부감사인			

* 이전연도 발견된 미비점에 대한 시정계획의 이행결과 검토, 자금관련 부정위험 통제를 위한 회사의 통제활동에 대한 평가, 경영진과 감사인의 내부회계관리제도에 대한 평가 내역 차이 등

2-2. 중요한 취약점이 없는 경우 – 내부회계관리제도 사례

LG전자 2024년 연결내부회계관리제도 평가보고서 공시 사례

연결내부회계관리제도 평가보고서

LG전자주식회사 이사회 귀중

본 감사위원회는 2024년 12월 31일 현재 동일자로 종료하는 회계연도에 대한 당사의 연결내부회계관리제도의 설계 및 운영실태를 평가하였습니다.

내부회계관리제도의 설계 및 운영에 대한 책임은 대표이사 및 내부회계관리자를 포함한 회사의 경영진에 있으며 본 감사위원회는 관리감독 책임이 있습니다.

본 감사위원회는 대표이사 및 내부회계관리자가 본 감사위원회에 제출한 연결내부회계관리제도 운영실태보고서를 참고로, 회사의 연결내부회계관리제도가 신뢰할 수 있는 연결재무제표의 작성 및 공시를 위하여 연결재무제표의 왜곡을 초래할 수 있는 오류나 부정행위를 예방하고 적발할 수 있도록 효과적으로 설계 및 운영되고 있는지의 여부에 대하여 평가하였으며, 연결내부회계관리제도가 신뢰성 있는 회계정보의 작성 및 공시에 실질적으로 기여하는지를 평가하였습니다.

또한 본 감사위원회는 연결내부회계관리제도 운영실태 보고서에 거짓으로 기재되거나 또는 표시된 사항이 있거나, 기재하거나 표시하여야 할 사항을 빠뜨리고 있는지를 점검하였으며, 연결내부회계관리제도 운영실태보고서의 시정 계획이 회사의 연결내부회계관리제도 개선에 실질적으로 기여할 수 있는지를 검토하였습니다.

회사는 연결내부회계관리제도의 설계 및 운영을 위해 내부회계관리제도운영위원회에서 발표한 '내부회계관리제도 설계 및 운영 개념체계'를 준거기준으로 사용하였습니다.

본 감사위원회는 연결내부회계관리제도의 설계 및 운영실태를 평가함에 있어 「외부감사 및 회계 등에 관한 규정 시행세칙」 별표6 '내부회계관리제도 평가 및 보고 기준'을 평가기준으로 사용하였습니다.

본 감사위원회의 의견으로는, 2024년 12월 31일 현재 당사의 연결내부회계관리제도는 '내부회계관리제도 설계 및 운영 개념체계'에 근거하여 볼 때, 중요성의 관점에서 효과적으로 설계되어 운영되고 있다고 판단됩니다.

2025년 2월 18일

감사위원회 위원장 류충렬 (서명)
위원 이상구 (서명)
위원 강수진 (서명)
위원 서승우 (서명)

(붙임) 연결내부회계관리제도 운영실태평가를 위한 경영진과의 대면 협의 및 자금 관련 부정위험에 대한 감사인과의 의사소통 내역

구분	일자	참석자	주요 논의내용
경영진	2024.01.24.	내부회계관리자, 감사위원 4인	회사의 연결내부회계관리제도 운영 계획
경영진	2024.07.24.	내부회계관리자, 감사위원 4인	감사위원회의 연결내부회계관리제도 평가 계획
경영진	2025.01.22.	내부회계관리자, 감사위원 4인	회사의 연결내부회계관리제도 운영실태 결과
경영진	2025.02.18.	내부회계관리자, 감사위원 4인	감사위원회의 연결내부회계관리제도 평가 결과
외부감사인	2024.10.17.	외부감사인 업무수행이사, 감사위원 4인	외부감사인의 자금관련 부정위험에 대한 연결내부회계 검토 및 감사 진행 현황 및 검토 결과
외부감사인	2025.02.14.	외부감사인 업무수행이사, 감사위원 4인	외부감사인의 자금관련 부정위험에 대한 연결내부회계 감사 결과

2-3. 중요한 취약점이 있는 경우

감사(위원회)의 내부회계관리제도 평가보고서에 중요한 취약점이 있는 경우는 대표이사의 내부회계관리제도 운영실태보고서와의 차이와, 중요한 취약점이 있는 경우와의 차이의 조합이다.

즉, 아래와 같은 구분점이 있다.

- 운영 책임이 있는 대표이사의 내부회계관리제도 운영실태보고서와는 다른 감독책임의 보고서임
- 중요한 취약점이 있다고 결론 내는 점

> xx주식회사 이사회 귀중
>
> 본 감사(위원회)는 20××년 ×월 ×일 현재 동일자로 종료하는 회계연도에 대한 당사의 (연결)내부회계관리제도의 설계 및 운영실태를 평가하였습니다.
>
> 내부회계관리제도의 설계 및 운영에 대한 책임은 대표이사 및 내부회계관리자를 포함한 회사의 경영진에 있으며 본 감사(위원회)는 관리감독 책임이 있습니다.
>
> 본 감사(위원회)는 대표이사 및 내부회계관리자가 본 감사(위원회)에게 제출한 (연결)내부회계관리제도 운영실태보고서를 참고로, 회사의 (연결)내부회계관리제도가 신뢰할 수 있는 (연결)재무제표의 작성 및 공시를 위하여 (연결)재무제표의 왜곡을 초래할 수 있는 오류나 부정행위를 예방하고 적발할 수 있도록 효과적으로 설계 및 운영되고 있는지의 여부에 대하여 평가하였으며, (연결)내부회계관리제도가 신뢰성있는 회계정보의 작성 및 공시에 실질적으로 기여하는지를 평가하였습니다.
>
> 또한 본 감사(위원회)는 (연결)내부회계관리제도 운영실태보고서에 거짓으로 기재되거나 표시된 사항이 있거나, 기재하거나 표시하여야 할 사항을 빠뜨리고 있는지를 점검하였으며, (연결)내부회계관리제도 운영실태보고서의 시정 계획이 해당 회사의 (연결)내부회계관리제도를 개선에 실질적으로 기여할 수 있는지를 검토하였습니다.
>
> 회사는 (연결)내부회계관리제도의 설계 및 운영을 위해 내부회계관리제도운영위원회에서 발표한 '내부회계관리제도 설계 및 운영 개념체계(다른 체계를 사용한 경우 그 체계의 명칭)'를 준거기준으로 사용하였습니다.
>
> 본 감사(위원회)는 (연결)내부회계관리제도의 설계 및 운영실태를 평가함에 있어 「외부감사 및 회계 등에 관한 규정 시행세칙」 별표6 '내부회계관리제도 평가 및 보고 기준'을 평가기준으로 사용하였습니다.

본 감사(위원회)의 의견으로는, 20××년 ×월 ×일 현재 당사의 (연결)내부회계관리제도는 다음과 같은 중요한 취약점으로 인해 '내부회계관리제도 설계 및 운영 개념체계(다른 체계를 사용한 경우 그 체계의 명칭)'에 근거하여 볼 때, 중요성의 관점에서 효과적으로 설계되어 운영되고 있지 않다고 판단됩니다.

〈중요한 취약점 및 시정조치 계획〉

(붙임)

- ㅇ 운영실태보고서에 보고한 중요한 취약점 요약
- ㅇ 권고사항
- ㅇ (연결)내부회계관리제도가 신뢰성있는 회계정보의 작성 및 공시에 실질적으로 기여하지 못하고 있다고 판단한 경우 그 시정 의견
- ㅇ (연결)내부회계관리제도 운영실태보고서에 거짓으로 기재되거나 표시된 사항이 있거나, 기재하거나 표시하여야 할 사항을 빠뜨리고 있는지를 점검한 결과에 대한 조치내용
- ㅇ (연결)내부회계관리제도 운영실태보고서의 시정 계획이 해당 회사의 (연결)내부회계관리제도를 개선하는 데 실질적으로 기여하지 못하고 있다고 판단한 경우 대안
- ㅇ (연결)내부회계관리제도 운영실태 평가를 위한 경영진과의 대면 협의 및 자금 관련 부정위험에 대한 감사인과의 의사소통 내역

<table>
<tr><th>구 분</th><th>일자</th><th>참석자</th><th>주요 논의내용*</th></tr>
<tr><td rowspan="2">경영진(대표자, 내부회계관리자 등)</td><td></td><td></td><td></td></tr>
<tr><td></td><td></td><td></td></tr>
<tr><td>외부감사인</td><td></td><td></td><td></td></tr>
</table>

* 이전연도 발견된 미비점에 대한 시정계획의 이행결과 검토, 자금관련 부정위험 통제를 위한 회사의 통제활동에 대한 평가, 경영진과 감사인의 내부회계관리제도에 대한 평가 내역 차이 등

20××년 ×월 ×일

(감사 설치 회사) 감사 × × × (인)

(감사위원회 설치 회사) 감사위원회 위원장 × × × (인)

CHAPTER 6-6

자금부정 방지 통제활동 보고

01 자금부정 방지 통제활동 보고 개요

금융감독원은 2025사업연도부터 상장회사와 대형비상장회사는 「내부회계관리제도 운영실태보고서」에 '횡령 등 자금부정을 예방 · 적발하기 위한 통제활동'을 기재하도록 요구하고 있다.

금융감독원은 자금부정을 방지하기 위한 통제활동과 점검결과를 구체적으로 공시하게 하여 기업의 책임의식을 높이고, 내부회계관리제도를 보다 내실있게 운영하고자 하는 취지이다.

자금부정 방지 통제활동 기재 시행 시기

구분	내부회계 감사 대상	내부회계 검토 대상
상장회사	자산 1천억원 이상 (2025년 의무 적용)	자산 1천억원 미만 금융회사(2025년 의무 적용)
		자산 1천억원 미만 비금융회사(2026년 의무 적용)
대형비상장회사	해당 없음	자산 1천억원 이상 금융회사(2025년 의무 적용)
		• 자산 1천억원 이상 공시대상기업집단소속회사(2026년 의무 적용) • 자산 1천억원 이상 사업보고서제출대상법인(2026년 의무 적용) • 자산 5천억원 이상 기타 비상장회사(2026년 의무 적용)

이 자금부정 방지 통제활동 기재는 연도별로 시행시기를 달리 하고 있다.

비금융 상장법인만 정리하면, 내부회계 감사 대상인 자산 1천억원 이상 상장법인은 2025년부터 의무 기재 대상이고, 내부회계 검토 대상인 자산 1천억원 미만 상장법인은 2026년부터 의무 기재 대상이다.

02 '자금부정 통제 공시서식' 예시 개정본

「내부회계관리제도 평가 및 보고 가이드라인」

(별첨 1) 내부회계관리제도 운영실태보고서 예시

(붙임) 횡령 등 자금 관련 부정위험에 대응하기 위해 회사가 수행한 내부통제 활동

내부회계관리제도('자금부정 통제 공시서식' 예시)

구분 ①	회사가 수행한 통제 활동 ①·②	설계·운영 실태 점검 결과 (수행부서, 수행 시기 등) ③
전사적수준 통제	(예) 〈**부정 방지 제도 운영**〉 경영진은 횡령 사고 등의 부정 방지를 위해 내부고발자제도(익명제보채널), 부정 방지 및 모니터링 프로그램을 운영하며, 동 프로그램 준수에 대한 경영진의 의지를 정기적으로 전 임직원에게 전사 공지를 통해 전달하고 있음	(예) 테스트 수행 결과, 중요한 취약점이 발견되지 않음 (내부회계팀, 'X1.7월, 'X1.10월, 'X2.1월)
자금통제 (입출금 계좌 관리, 입출금 관리, 수표 관리, 법인카드 관리 등)	(예) 〈**계좌 등록/변경**〉 자금팀장은 계좌등록 및 변경 시 사유를 검토하여 승인함	(예) 테스트 수행 결과, 중요한 취약점이 발견되지 않음 (내부회계팀, 'X1.7월, 'X1.10월, 'X2.1월)
	(예) 〈**법인인감, OTP 사용통제**〉 감사팀에 의해 법인인감, OTP의 물리적 접근이 통제되고 있으며, 감사팀장의 사용대장상 날인/사용 목적의 검토 및 승인을 통해 날인/사용이 허용됨	(예) 테스트 수행 결과, XX의 중요한 취약점이 발견되었으며 XXX의 시정조치를 이행할 예정임 (내부회계팀, 'X1.7월, 'X1.10월, 'X2.1월)
	...	...
기타 업무 수준 통제	(예) 〈**거래처 Master 생성·변경 검토**〉 회계팀장은 거래처 Master 생성·변경 요청서상 주요 정보(사업자등록번호, 주소 등)가 근거 문서와 일치하는지 검토 후 승인함	(예) 테스트 수행 결과, 중요한 취약점이 발견되지 않음 (내부회계팀, 'X1.7월, 'X1.10월, 'X2.1월)
	...	...

① 자금횡령 방지를 위한 내부회계관리제도 업무 체크포인트(2022.12월, 한국공인회계사회, 한국상장회사협의회, 코스닥협회)에서 제시한 자금 관련 부정위험을 예방 또는 적발하기 위한 통제와 그 항목 구분을 예시로 참고하되, 회사의 규모 등 상황에 따라 회사의 통제활동을 적절하게 기재 및 구분할 수 있다.

② 전사적수준 통제와 자금통제 중 자금 관련 부정위험을 예방 또는 적발하는 데 관련된 것으로 판단한 통제(다만, 자금통제는 직접 관련된 핵심통제에 한함)를 기술하되, 그 외 업무수준 통제

중 회사가 자금 관련 부정위험을 예방 또는 적발하는 데 직접 관련된 것으로 판단한 핵심통제를 포함하여 기술할 수 있다. 이때, 통제기술서의 통제활동을 통합 · 요약 기술하는 것을 원칙으로 하되, 회사의 상황에 따라 통제기술서의 통제활동 내용을 그대로 기술할 수도 있다. 다만, 통제수행자와 통제항목은 명시적으로 기술한다.

③ 설계 및 운영 평가 수행한 결과를 표기하되, 수행팀, 수행 시기, (중요한 취약점이 있는 경우) 중요한 취약점 및 이에 대한 시정조치 계획 또는 이행 결과를 포함한다.

연결내부회계관리제도('자금부정 통제 공시서식' 예시)

구분 ①	회사가 수행한 통제 활동 ① · ②	대상 회사 ③	설계 · 운영 실태 점검 결과 (수행부서, 수행 시기 등) ④
전사적수준 통제	(예) **〈부정 방지 제도 운영〉** 경영진은 횡령 사고 등의 부정 방지를 위해 내부고발자제도(익명제보채널), 부정 방지 및 모니터링 프로그램을 운영하며, 동 프로그램 준수에 대한 경영진의 의지를 정기적으로 전 임직원에게 전사 공지를 통해 전달하고 있음	(예) A사, B사 외 4개사	(예) 테스트 수행 결과, 중요한 취약점이 발견되지 않음 (A사 XX팀, B사 외 4개사 YY팀, 'X1.7월, 'X1.10월, 'X2.1월 등)
자금통제 (입출금 계좌 관리, 입출금 관리, 수표 관리, 법인카드 관리 등)	(예) **〈법인인감, OTP 사용통제〉** 감사팀에 의해 법인인감, OTP의 물리적 접근이 통제되고 있으며, 감사팀장의 사용대장상 날인/사용 목적의 검토 및 승인을 통해 날인/사용이 허용됨	(예) A사, B사 외 4개사	(예) 테스트 수행 결과, XX의 중요한 취약점이 발견되었으며 XX의 시정조치를 이행할 예정임 (A사 XX팀, B사 외 4개사 YY팀, 'X1.7월, 'X1.10월, 'X2.1월 등)
	…	…	…
기타 업무 수준 통제	(예) **〈거래처 Master 생성 · 변경 검토〉** 회계팀장은 거래처 Master 생성 · 변경 요청서상 주요 정보(사업자등록번호, 주소 등)가 근거 문서와 일치하는지 검토 후 승인함	(예) A사, C사 외 3개사	(예) 테스트 수행 결과, 중요한 취약점이 발견되지 않음 (A사 XX팀, C사 외 3개사 YY팀, 'X1.7월, 'X1.10월, 'X2.1월 등)
	…	…	…

① 자금횡령 방지를 위한 내부회계관리제도 업무 체크포인트(2022.12월, 한국공인회계사회, 한국상장회사협의회, 코스닥협회)에서 제시한 자금 관련 부정위험을 예방 또는 적발하기 위한 통제와 그 항목 구분을 예시로 참고하되, 회사의 규모 등 상황에 따라 회사의 통제활동을 적절하게 기재 및 구분할 수 있다.

② 전사적수준 통제와 자금통제 중 자금 관련 부정위험을 예방 또는 적발하는 데 관련된 것으로 판단한 통제(다만, 자금통제는 직접 관련된 핵심통제에 한함)를 기술하되, 그 외 업무수준 통제 중 회사가 자금 관련 부정위험을 예방 또는 적발하는 데 직접 관련된 것으로 판단한 핵심통제를 포함하여 기술할 수 있다. 이때, 통제기술서의 통제활동을 통합 · 요약 기술하는 것을 원칙으로 하되,

회사의 상황에 따라 통제기술서의 통제활동 내용을 그대로 기술할 수도 있다. 다만, 통제수행자와 통제항목은 명시적으로 기술한다.

③ 작성 및 공시 범위는 연결내부회계관리제도 평가 · 보고 대상 전체와 같으며, 각 통제를 설계 및 운영한 회사를 기재한다(다만, 대상 회사가 3개 이상인 경우, '○○, ○○ 외 ○개사'로 기재 가능).

④ 설계 및 운영 평가 수행한 결과를 표기하되, 수행팀, 수행 시기, (중요한 취약점이 있는 경우) 중요한 취약점 및 이에 대한 시정조치 계획 또는 이행 결과를 포함한다.

03 '자금부정 통제 공시서식'의 작성 사례

3-1. 일반 사례(개별 · 별도 기준)

구분	회사가 수행한 통제 활동	설계 · 운영 실태 점검 결과 (수행부서, 수행 시기 등)
전사적 수준 통제	〈부정 방지 제도 운영〉 경영진은 횡령 사고 등의 부정 방지를 위해 내부고발자 제도(익명제보채널) 및 부정 방지 및 모니터링 프로그램을 운영하며, 동 프로그램 준수에 대한 경영진의 의지를 전 임직원에게 전사 공지를 통해 정기적으로 전달하고 있음	테스트 수행 결과, 중요한 취약점이 발견되지 않음 (내부회계팀, 'X1.7월, 'X1.10월, 'X2.1월)
	〈부정위험 평가〉 경영진은 업무 프로세스 변화 등을 고려하여 잠재적 부정위험에 대한 식별 및 평가를 최신화하고 이를 통제에 적절히 반영함. 과거 부정 사고 발생 건 존재 시 해당 사항을 고려함	테스트 수행 결과, 중요한 취약점이 발견되지 않음 (내부회계팀, 'X1.7월, 'X1.10월, 'X2.1월)
	〈업무분장 현황 관리〉 경영진은 거래수준 통제활동의 설계(신규 및 변경) 시 내부회계관리지침에 따라 업무분장 및 접근권한(제한)을 고려함. 내부회계관리제도 전담조직은 업무 프로세스의 변화 등을 고려하여 통제의 업무분장 설계가 최신화되어 적절하게 운영될 수 있도록 관리함	테스트 수행 결과, 중요한 취약점이 발견되지 않음 (내부회계팀, 'X1.7월, 'X1.10월, 'X2.1월)
	〈모니터링〉 경영진은 발생빈도가 정상적인 거래보다 현저히 높거나 특정거래처로 집중되거나 동일한 항목으로 다수 거래처에 출금되는 등 정상거래로 보기 어려운 이상거래가 발생하는 경우 이를 자동적으로 검토하는 "이상거래 모니터링 시스템"을 구축하여 운용함	테스트 수행 결과, 중요한 취약점이 발견되지 않음 (내부회계팀, 'X1.7월, 'X1.10월, 'X2.1월)

구분	회사가 수행한 통제 활동	설계 · 운영 실태 점검 결과 (수행부서, 수행 시기 등)
자금통제 (입출금 계좌 관리, 입출금 관리, 자금 조달 등)	〈계좌 등록/변경〉 자금팀장은 계좌등록 및 변경 시 사유를 검토하여 승인함	테스트 수행 결과, XX의 중요한 취약점이 발견되었으며 XX의 시정조치를 이행할 예정임 (내부회계팀, 'X1.7월, 'X1.10월, 'X2.1월)
	〈계좌 현황 관리〉 자금팀장은 ERP상 등록된 회사 명의 계좌에 대해 용도, 해지 여부 등 현황 검토 후 승인함	테스트 수행 결과, XX의 중요한 취약점이 발견되었으며 XX의 시정조치를 이행할 예정임 (내부회계팀, 외부전문가 활용, 'X1.7월, 'X1.10월, 'X2.1월)
	〈계좌 완전성 검토〉 자금팀장은 ERP상 미등록된 회사명의 계좌를 파악하기 위해 계좌개설이 가능한 금융기관에 회사 명의 사업장의 사업자등록번호로 전수 조회하여 계좌의 완전성을 검토하고 승인함	테스트 수행 결과, 통제에서 발견된 미비점은 그 자체로는 중요한 취약점에 해당하지 않으나, XX통제의 미비점과 결합하여 중요한 취약점으로 평가하였음. XX의 시정조치를 이행할 예정임 (내부회계팀, 'X1.7월, 'X1.10월, 'X2.1월)
	〈인감 사용통제〉 총무팀장은 법인 · 사용인감의 물리적 접근을 제한하고 날인 목적 및 요청부서 승인 기안 검토 후, 사용대장상 관련 사항 기재 및 서명 후 날인함	테스트 수행 결과, 중요한 취약점이 발견되지 않음 (내부회계팀, 'X1.7월, 'X1.10월, 'X2.1월)
	〈자금 집행 제한, 펌뱅킹〉 ERP상 Vendor Master에 등록되지 않은 계좌로 이체가 불가하도록 설정되어 있음	테스트 수행 결과, 중요한 취약점이 발견되지 않음 (내부회계팀, 'X1.7월, 'X1.10월, 'X2.1월)
	〈자금 집행 검토〉 자금팀장은 일일 지급결의 계획서와 지급결의 요청서 간의 일치 여부 및 구매요청서 등의 근거 서류상 주요 내역(지급처 식별자, 계좌) 간 일치 여부를 검토 후 승인함	테스트 수행 결과, 중요한 취약점이 발견되지 않음 (내부회계팀, 'X1.7월, 'X1.10월, 'X2.1월)
	〈자금 집행 전표 승인 업무분장〉 자금 전표 기표자와 승인자는 분리되어 있으며, 자금 집행 승인권자와 자금 전표 최종승인권자가 분리되어 있음	테스트 수행 결과, 중요한 취약점이 발견되지 않음 (내부회계팀, 'X1.7월, 'X1.10월, 'X2.1월)
	〈일일자금 입출금 내역 관리〉 자금팀장은 ERP 혹은 일일자금 마감보고서상 잔액과 입출금 내역이 은행조회 내역과 일치하는지 검토하며, 차이 존재 시 소명 내역의 적정성을 검토 후 승인함	테스트 수행 결과, 중요한 취약점이 발견되지 않음 (내부회계팀, 'X1.7월, 'X1.10월, 'X2.1월)
	〈자금 조달 검토〉 자금팀장은 차입 및 사채발행 품의서상 주요 요건의 적정성을 검토하고 승인하며, 이사회 결의를 요하는 경우 이사회에 상정함	테스트 수행 결과, 중요한 취약점이 발견되지 않음 (내부회계팀, 'X1.7월, 'X1.10월, 'X2.1월)

구분	회사가 수행한 통제 활동	설계·운영 실태 점검 결과 (수행부서, 수행 시기 등)
	〈채권·채무조정 검토〉 자금팀장은 채권·채무 관련 조정사항(Debit/Credit notes)에 대하여 영업관리팀·구매팀이 승인한 근거 문서 내 사유의 적정성을 검토 후 승인함	테스트 수행 결과, 중요한 취약점이 발견되지 않음 (내부회계팀, 'X1.7월, 'X1.10월, 'X2.1월)
	〈Vendor Master 생성·변경 검토〉 회계팀장은 Vendor Master 생성·변경 요청서상 주요 정보(사업자등록번호, 계좌번호 등)가 근거 문서와 일치하는지 검토 후 승인함	테스트 수행 결과, 중요한 취약점이 발견되지 않음 (내부회계팀, 'X1.7월, 'X1.10월, 'X2.1월)
기타 업무 수준 통제	**〈거래처 Master 생성·변경 검토〉** 회계팀장은 거래처 Master 생성·변경 요청서상 주요 정보(사업자등록번호, 주소 등)가 근거 문서와 일치하는지 검토 후 승인함	테스트 수행 결과, 중요한 취약점이 발견되지 않음 (내부회계팀, 'X1.7월, 'X1.10월, 'X2.1월)
	〈실사를 통한 재고수량 확정〉 회계팀장은 재고실사결과 보고서를 수령하여 적격 승인 및 실사절차상 하자의 존재 여부, 실사수량과 실사 전 ERP상 수량 간의 차이사유 적정성을 검토 후 ERP상 차이조정에 대해 승인함	테스트 수행 결과, 중요한 취약점이 발견되지 않음 (내부회계팀, 'X1.7월, 'X1.10월, 'X2.1월)
	〈판매 재고 출고 제한〉 시스템상 판매 재고 출고는 거래처 마스터 등록 거래처로만 이루어짐	테스트 수행 결과, 중요한 취약점이 발견되지 않음 (내부회계팀, 외부전문가 활용, 'X1.7월, 'X1.10월, 'X2.1월)

3-2. 일반 사례(연결 기준)

구분	회사가 수행한 통제 활동	대상 회사	설계·운영 실태 점검 결과 (수행부서, 수행 시기 등)
자금통제 (입출금 계좌 관리, 관리, 자금 조달 등)	**〈자금 집행 검토〉** 자금팀장은 일일 지급결의 계획서와 지급결의 요청서 간의 일치 여부 및 구매요청서 등의 근거 서류상 주요 내역(지급처 식별자, 계좌) 간 일치 여부를 검토 후 승인함	A사, B사 외 4개사	테스트 수행 결과, 중요한 취약점이 발견되지 않음 (A사 내부회계팀, B사 외 4개사 총무팀, 'X1.7월, 'X1.10월, 'X2.1월 등)
	〈자금 집행 전표 승인 업무분장〉 자금 전표 기표자와 승인자는 분리되어 있으며, 자금 집행 승인권자와 자금 전표 최종승인권자가 분리되어 있음	A사, B사 외 4개사	테스트 수행 결과, XX의 중요한 취약점이 발견되었으며 XX의 시정조치를 이행할 예정임 (A사 내부회계팀, B사 외 4개사 총무팀, 'X1.7월, 'X1.10월, 'X2.1월 등)

구분	회사가 수행한 통제 활동	대상 회사	설계 · 운영 실태 점검 결과 (수행부서, 수행 시기 등)
	〈일일자금 입출금 내역 관리〉 자금팀장은 ERP 혹은 일일자금 마감보고서상 잔액과 입출금 내역이 은행조회 내역과 일치하는지 검토하며, 차이 존재 시 소명 내역의 적정성을 검토 후 승인함	A사, B사, C사 외 3개사	테스트 수행 결과, 중요한 취약점이 발견되지 않음 (A사 내부회계팀, B사 외 3개사 총무팀, C사 총무팀, 외부전문가 활용, 'X1.7월, 'X1.10월, 'X2.1월 등)

3-3. 금융업 사례(은행)

이 사례는 금융업 특성상 '3-1. 일반 사례(개별 · 별도 기준)'와 다른 통제를 일부 제시하고 있다.

구분	회사가 수행한 통제 활동	설계 · 운영 실태 점검 결과 (수행부서, 수행 시기 등)
전사적수준 통제	**〈순환근무 · 강제명령휴가〉** 유인과 압력으로 인한 부정의 발생 가능성을 고려하여 장기근무를 제한하며, 명령휴가제도 등 부정 감소를 위한 상시 절차를 운영함	테스트 수행 결과, 중요한 취약점이 발견되지 않음 (내부회계팀, 'X1.7월, 'X1.10월, 'X2.1월)
	〈내부고발제도〉 경영진은 익명으로 내부고발자제도를 운영하고 있으며 고발유형별로 보상기준을 다양화하고, 내규상 특정 상황에 대한 고발 및 고발의무 위반에 대한 검사와 조치를 의무화하고 있음	테스트 수행 결과, 중요한 취약점이 발견되지 않음 (내부회계팀, 'X1.7월, 'X1.10월, 'X2.1월)
	〈사고예방대책〉 경영진은 주기적으로 지점 및 본점부서 사고예방대책 마련을 수행하며 대책 관련 직무 및 직급별 역할과 책임을 구체화함	테스트 수행 결과, 중요한 취약점이 발견되지 않음 (내부회계팀, 'X1.7월, 'X1.10월, 'X2.1월)
	〈직무분리〉 경영진은 고위험 거래 범위를 구체화하여 직무분리 대상을 설정하고 주기적으로 최신화함. 또한 직무분리 관리시스템을 구축하고 상시 모니터링을 수행함	테스트 수행 결과, 중요한 취약점이 발견되지 않음 (내부회계팀, 'X1.7월, 'X1.10월, 'X2.1월)
	〈상시감시〉 경영진은 중요 이상지표에 대한 보고 및 처리, 사후 관리 체계를 구축하여 상시감시를 수행하며, 감시 대상에는 지점과 본점이 모두 포함됨	테스트 수행 결과, 중요한 취약점이 발견되지 않음 (내부회계팀, 'X1.7월, 'X1.10월, 'X2.1월).
	〈자점감사〉 경영진은 자점감사제도를 시행하며 감사결과는 본사 감사팀에 보고됨. 감사결과 발견된 부실징후 영업점에 대하여 현장점검 절차가 마련되어 있음	테스트 수행 결과, 중요한 취약점이 발견되지 않음 (내부회계팀, 'X1.7월, 'X1.10월, 'X2.1월)

구분	회사가 수행한 통제 활동	설계·운영 실태 점검 결과 (수행부서, 수행 시기 등)
자금통제 (입출금 계좌 관리, 입출금 관리, 자금 조달, 수표 및 어음 관리 등)	**〈여신실행 업무분장〉** 영업점 여신실행 업무는 담당자와 책임자로 업무분장이 이루어짐	테스트 수행 결과, 중요한 취약점이 발견되지 않음 (내부회계팀, 'X1.7월, 'X1.10월, 'X2.1월)
	〈여신 실행 시스템 제한〉 여신의 시스템상 실행은 승인된 건으로 제한되며, 승인 관련 중요 항목 및 필수 조건에 대한 승인이 이루어지지 않은 경우 시스템상 실행이 제한됨	테스트 수행 결과, 중요한 취약점이 발견되지 않음 (내부회계팀, 'X1.7월, 'X1.10월, 'X2.1월)
	〈여신 송금 제한〉 대출 시 전산상 수취인명은 수신 계좌입력 시 종속변수로 임의 변경이 불가하며, 사전에 등록된 지정 계좌로만 송금이 이루어짐	테스트 수행 결과, 중요한 취약점이 발견되지 않음 (내부회계팀, 'X1.7월, 'X1.10월, 'X2.1월)
	〈영업점 출납합계표 마감 승인〉 영업점 출납책임자 및 금고책임자는 출납담당자가 출납 시재 실물과 시스템 등록내역을 대사하여 마감 후 작성한 출납합계표에 대하여 적정성을 검토 후 승인함	테스트 수행 결과, 중요한 취약점이 발견되지 않음 (내부회계팀, 'X1.7월, 'X1.10월, 'X2.1월)
	〈일일 거래 건 대사 확인〉 자금팀장은 일별 거래 건에 대해 거래내역, 결제요청서, 시스템상 결제금액을 대사하여 차이 여부를 확인하고 승인함	테스트 수행 결과, 중요한 취약점이 발견되지 않음 (내부회계팀, 'X1.7월, 'X1.10월, 'X2.1월)
	〈자금인출 거래 승인〉 자금인출 거래 시 자금부 인출담당팀장은 인출요청 부서로부터 수령한 인출요청서 및 인출 선행조건 충족 확인 공문을 시스템 내 거래입력 내용과 대사 확인한 내역에 대해 승인 후 인출을 실행함	테스트 수행 결과, 중요한 취약점이 발견되지 않음 (내부회계팀, 'X1.7월, 'X1.10월, 'X2.1월)
	〈인출대금 지급 승인〉 자금부 등의 지급 책임자는 대금 지급 또는 결제와 관련하여 증빙서류 등 근거 문서의 적정성에 대해 검토 후 지급 거래 전 사전 승인함	테스트 수행 결과, 중요한 취약점이 발견되지 않음 (내부회계팀, 'X1.7월, 'X1.10월, 'X2.1월)
	〈BOK-Wire 자금결제 권한 분리〉 BOK-Wire 자금 결제 시 사용자, 책임자, 사용자 관리자, OTP 관리자가 각각 구분 관리됨. 접근가능 ID, PW, OTP가 지정되어 운영되고, OTP 관리자의 OTP 사용을 통해서만 자금 이체가 가능함	테스트 수행 결과, 중요한 취약점이 발견되지 않음 (내부회계팀, 'X1.7월, 'X1.10월, 'X2.1월)
	〈지준예치금 잔액 대사 확인〉 자금결제 담당자는 BOK-WIRE상 지준예치금 잔액과 시스템상 잔액 간 대사 확인하고 승인함	테스트 수행 결과, 중요한 취약점이 발견되지 않음 (내부회계팀, 'X1.7월, 'X1.10월, 'X2.1월)

구분	회사가 수행한 통제 활동	설계 · 운영 실태 점검 결과 (수행부서, 수행 시기 등)
기타 업무 수준 통제	**〈파생상품 거래 승인〉** 파생상품 거래 담당자는 파생상품 거래 시 시스템상 거래 입력 내역과 거래 상대방과의 근거문서를 대사하며, 파생상품 거래 담당팀장은 해당 대사내역의 적정성에 대해 검토 후 승인함	테스트 수행 결과, 중요한 취약점이 발견되지 않음 (내부회계팀, 'X1.7월, 'X1.10월, 'X2.1월)
	〈파생상품 기표 확정 권한 분리〉 파생상품 거래, 결제, 결산 관련 기표 확정 권한은 각각 분리되어 있으며, 내규상 정의된 담당자만 가능하도록 권한이 부여되어 있음	테스트 수행 결과, 중요한 취약점이 발견되지 않음 (내부회계팀, 'X1.7월, 'X1.10월, 'X2.1월)
	〈대출서류 관리〉 자금인출 요청서는 은행 공용 메일로만 수신되고, 전자문서로 등록이 이루어짐. 자금팀장은 이에 대해 일 마감 시 사후 확인을 수행하고 문서화함	테스트 수행 결과, 중요한 취약점이 발견되지 않음 (내부회계팀, 'X1.7월, 'X1.10월, 'X2.1월)
	〈유가증권 거래 입력 및 실행 권한 분리〉 유가증권 거래 입력 권한 및 실행 권한은 분리되어 있음	테스트 수행 결과, 중요한 취약점이 발견되지 않음 (내부회계팀, 'X1.7월, 'X1.10월, 'X2.1월)
	〈유가증권 거래 승인〉 유가증권 담당자는 유가증권 거래 시 판매사 또는 거래 상대방으로부터 수령한 거래 관련 근거문서와 출금 · 입금 내역을 대사하고 일치 여부를 확인 후 거래를 수행하며, 유가증권 담당팀장은 일 마감 시 증빙 간 대사 적정성을 점검하고 승인함	테스트 수행 결과, 중요한 취약점이 발견되지 않음 (내부회계팀, 'X1.7월, 'X1.10월, 'X2.1월)

04 자금부정 통제 공시서식 관련 주요 이슈(FAQ 포함)

4-1. 공시 대상 통제활동 범위

모든 회사는 업무프로세스수준 통제(PLC)에 자금프로세스를 설계 · 운영하고 있다. 업무프로세스 수준 통제(PLC)에 자금프로세스에 있는 모든 통제활동, 또는 평가하는 모든 핵심통제활동을 공시해야 하는가?

반드시 그렇진 않다.

그러면, 자금프로세스에 있는 핵심통제활동 중 어떠한 통제활동은 공시하고, 어떠한 통제활동은 공시하지 않아도 되는지에 대해 알아보자.

자금부정 통제 공시서식 FAQ

2. 자금부정 통제 공시서식에서 공시할 통제활동 범위는?

이를 내부회계관리제도의 3가지 영역에서 검토하기로 한다.

(1) 전사수준 통제(ELC)

자금 관련 부정위험을 예방 또는 적발하는 데 관련된 것으로 판단한 통제로서, 내부회계 설계·운영의 주요 원칙*에 대응하여 판단

* 대부분의 회사에서 전사적수준 통제로 활용되는 내부회계 구성요소 '① 통제환경, ② 위험평가, ③ 통제활동, ④ 정보 및 의사소통, ⑤ 모니터링 활동' 관련 총 17개의 원칙 참고(「내부회계 설계 및 운영 개념체계」)

자금 부정위험에 관련된 전사적수준 통제 예시

구분	설계 및 운영 개념체계	판단 사유 등
경영진의 의지 및 실질적인 내부회계 운영	(원칙1, 원칙14) 부정위험 방지 프로그램	(적발) 부정 적발과 관련하여 경영진의 의지를 통한 자금 부정 예방 (단, 윤리강령 등 선언적 통제는 제외)
부정위험 평가	(원칙8) 부정위험 평가	(예방) 전사적 수준에서의 부정위험 평가 수행을 통해 자금 부정 위험을 식별하여 통제 설계 및 운영에 반영
업무분장 체계 구축	(원칙10) 전사적수준에서 통제별 업무분장 체계적 관리	(예방) 자금 부정의 유인과 기회를 사전에 제거
상시·수시 모니터링, 이상 거래 모니터링	(원칙16) 상시 모니터링	(예방·적발) 자금 부정 사전 방지(수시) 또는 조기 식별(상시)
순환근무·강제명령휴가	-	(예방) 자금 부정의 유인과 기회를 사전에 제거

(2) 자금 프로세스(PLC)

자금 관련 부정위험을 예방 또는 적발하는 데 직접 관련된 것으로 판단한 핵심통제로서, 동 핵심통제를 선별하는 데 다음의 기준을 참고

1. 자금 관련 부정위험을 예방하거나 적발하기 위한 통제인가?
2. 효과적으로 설계 및 운영되지 않는 경우, 발생할 수 있는 횡령 등 자금 관련 부정이 명확히 식별되는가?
3. 효과적으로 설계 및 운영되지 않는 경우, 횡령 등 자금 관련 부정의 발생 가능성이 낮지 않은가?

자금 부정 위험에 '직접 관련' 여부 판단기준 및 예시

'직접 관련' 여부 판단기준	예시	포함 고려	제외 고려
1. 자금 관련 부정위험을 예방하거나 적발하기 위한 통제인가?	오류위험 또는 자금 관련성이 낮은 부정위험을 예방하거나 적발하는 데 방점이 있는 통제는 제외 고려	차입 시 승인 통제 → (포함 고려)	• 지급이자 재계산 통제(오류) 등 → (제외 고려) • 차입금 유동성대체 승인 통제(재무보고 부정) → (제외 고려)
2. 효과적으로 설계 및 운영되지 않는 경우, 발생할 수 있는 횡령 등 자금 관련 부정이 명확히 식별되는가?	통제가 운영되지 않더라도 자금 관련 부정이 발생하지 않을 수 있다면 제외 고려		자금조달 시 담보제공내역 승인 통제 → (제외 고려)
	일별 통장 잔고와 결산시스템 내 현금 · 예금 잔액 간 대사를 수행하지 않는 경우 자금부정이 발생할 가능성이 있으므로 포함 고려	일일 시재 대사(일마감) 통제 → (포함 고려)	
3. 효과적으로 설계 및 운영되지 않는 경우, 횡령 등 자금 관련 부정의 발생 가능성이 낮지 않은가?	소액이며 보완통제의 존재로 자금부정 발생 유인이 낮은 경우 해당 통제는 제외 고려		부서별로 시스템상 소액 경비지출 한도가 설정되어 있으며, 주기적 사후 적발통제가 존재할 때 소액 경비지출 승인 통제 → (제외 고려)

(3) 기타 업무프로세스(PLC)

전사적 수준 통제와 자금통제 외 자금 관련 부정위험을 예방 또는 적발하는 데 직접 관련된 것으로 판단한 핵심통제로서, 동 핵심통제 선별 시 자금통제와 동일한 판단기준을 적용

자금부정 위험에 '직접 관련' 여부 판단기준 및 예시

'직접 관련' 여부 판단기준	예시	포함 고려	제외 고려
1. 자금 관련 부정위험을 예방하거나 적발하기 위한 통제인가?	오류위험 또는 자금 관련성이 낮은 부정위험을 예방하거나 적발하는 데 방점이 있는 통제		• 재고 입출고 관련 인적오류 예방 · 적발 통제(오류) → (제외 고려) • 특수관계자 거래내역 승인 통제(재무보고 부정) → (제외 고려)
2. 효과적으로 설계 및 운영되지 않는 경우, 발생할 수 있는 횡령 등 자금 관련 부정이 명확히 식별되는가?	거래처 Master 생성 · 변경 시 검토 및 승인절차가 부재하여 가공의 거래처 혹은 가공의 주소가 등록될 경우, 제 · 상품 관련 횡령 발생이 가능하므로 포함 고려	거래처 Master 생성 · 변경 통제 → (포함 고려)	

'직접 관련' 여부 판단기준	예시	포함 고려	제외 고려
3. 효과적으로 설계 및 운영되지 않는 경우, 횡령 등 자금 관련 부정의 발생 가능성이 낮지 않은가?	재고의 현금화나 물리적 이전이 실질적으로 불가능하여 자금부정 개연성이 낮은 경우		재고실사를 통한 기말재고 수량 확정 통제 → (제외 고려)

4-2. 통제활동 공시 방식

자금프로세스(PLC) 등의 통제기술서(RCM)에는 자금부정 방지를 위한 통제활동들이 설계 · 운영되고 있다. 이 내용들을 그대로 자금부정 통제를 공시해야 하는가?

반드시 그렇진 않다.

그 세부사항을 FAQ 5번을 통해 정리하면 다음과 같다.

자금부정 통제 공시서식 FAQ

5. 자금부정 통제 공시서식에서 통제활동 기술 시 유사한 성격의 통제들을 통합 및 요약 기재하는 것이 가능한지?

통제활동 기술 시 통제기술서의 통제활동을 통합 · 요약 기술하는 것을 원칙으로 하되, 회사의 상황에 따라 통제기술서의 통제활동 내용을 그대로 기술할 수도 있다. 즉, 통제기술서(RCM)의 내용을 그대로 공시하는 것도 가능하다.

다만, 공시대상 통제들의 단순 열거로 공시량이 과다해지지 않고 정보이용자가 핵심적인 내용을 파악할 수 있도록 통합 · 요약기재를 원칙으로 한다.

즉, 통제기술서(RCM)의 내용이 요약되지 않는 나열이면, 공시할 경우에는 단순 요약해서 공시해야 정보이용자들의 자금통제 공시내용에 대한 이해도가 높아질 것이다.

(1) 통합 공시 – 동질통제

통제활동 기술 시 통제기술서의 통제활동을 통합 · 요약 기술하는 것을 원칙으로 하되, 회사의 상황에 따라 통제기술서의 통제활동 내용을 그대로 기술할 수도 있다. 즉, 통제기술서(RCM)의 내용을 그대로 공시하는 것도 가능하다.

예시 실질적으로 동일 성격의 통제이나, 통제수행자만 다른 경우

XX, YY, ZZ팀별로 구분되어 설계 및 운영되는 지급결의 승인 통제

(1) 통제기술서(RCM)

통제기술서(RCM) 예시 - 동질통제

No.	Mega Process	Control	통제팀	통제담당자
C1.A	자금 프로세스	**자금 집행 검토 및 승인**	XX팀	XX팀 팀장
C1.B	자금 프로세스	**자금 집행 검토 및 승인**	YY팀	YY팀 팀장
C1.C	자금 프로세스	**자금 집행 검토 및 승인**	ZZ팀	ZZ팀 팀장

(2) 자금부정 방지 통제 공시

XX팀 팀장 등 적격한 승인권자는 지급결의 요청서의 적정성을 검토 후 승인함(통합 기재, 통제수행자 : XX팀, YY팀 외 1개 팀 팀장)

(2) 통합 공시 - 유사한 통제

자금 집행 대상별로 유사한 통제가 세분화되어 있는 경우에는 통제항목들을 통합하여 주요한 통제활동을 선택하여 공시한다.

예시 실자금 집행 대상별로 유사한 통제가 세분화되어 있는 경우

임대보증금 반환액, 지급이자, 유가증권 투자대금 등 집행 대상별로 동일한 자금 입출 검토 및 승인 통제

(1) 통제기술서(RCM)

통제기술서(RCM) 예시 - 유사한 통제

No.	Mega Process	Control	통제팀	통제담당자
C2	자금 프로세스	**임대보증금 반환액 자금 집행 검토 및 승인**	XX팀	XX팀 팀장
C3	자금 프로세스	**지급이자 자금 집행 검토 및 승인**	YY팀	YY팀 팀장
C4	자금 프로세스	**유가증권 투자대금 자금 집행 검토 및 승인**	ZZ팀	ZZ팀 팀장

(2) **자금부정 방지 통제 공시**

XX팀 팀장 등 적격한 승인권자는 자금 시스템에 등록된 자금 입출액과 증빙상 금액이 일치하는지 입출의 적정성을 검토 후 승인함(통합 기재, 통제수행자 : XX팀, YY팀 외 1개 팀 팀장, 검토 및 승인 대상 : 임대보증금 반환, 지급이자 외 1개)

(3) 통합 공시 – 시스템이 다른 동일한 통제

동일한 성격의 자동통제로, 시스템별로 세분화되어 있는 경우에는 통제항목들을 통합하여 공시한다.

예시 동일한 성격의 자동통제로, 시스템별로 세분화되어 있는 경우

대출(A), 파생(B), 유가증권(C) 시스템 내 거래 · 결제 입력과 승인 권한 분리 통제

(1) **통제기술서(RCM)**

통제기술서(RCM) 예시 – 다른 시스템의 동일한 자동통제

No.	Mega Process	Control	통제시스템	통제담당자
C5	자금 프로세스	**대출(A) 관련 시스템 내 거래 · 결제 입력과 승인 권한 분리 통제**	대출 ERP	
C6	자금 프로세스	**파생(B) 관련 시스템 내 거래 · 결제 입력과 승인 권한 분리 통제**	파생 ERP	
C7	자금 프로세스	**유가증권(C) 관련 시스템 내 거래 · 결제 입력과 승인 권한 분리 통제**	유가증권 ERP	

(2) **자금부정 방지 통제 공시**

대출(A) 등의 시스템에서는 거래 · 결제내역을 입력 · 승인하는 담당자의 권한이 내규에 따라 분리되어 운영됨(통합 기재, 시스템 : 대출 ERP, 파생 ERP 외 1개)

(4) 수행시기 기재

수행시기는 각 단계 평가를 완료한 시점이 속한 **월**을 기재한다.

예시 수행시기 기재

기중 1차 운영 평가기준일이 20X1년 6월 30일이고 평가 완료일이 20X1년 7월 25일이며, 감사 등 보고일이 20X1년 8월 1일인 경우, 20X1년 7월로 기재한다.

기준일	일자	수행시기 기재
1차 운영 평가기준일	20X1년 6월 30일	20X1년 7월로 기재
평가 완료일	20X1년 7월 25일	
감사 등 보고일	20X1년 8월 1일	

(5) '중요한 취약점' 판단기준 및 기재방식

내부회계관리제도 미비점을 집계하고 미비점 심각성 평가 결과 중요한 취약점으로 결론 나면, 해당 회계연도의 내부회계관리제도 보고는 비효과적으로 결론지어야 한다.

추가적으로 자금부정 방지 통제에서 중요한 취약점으로 결론 나면 자금부정 통제 공시에서도 동일한 내용을 기재해야 한다.

아래 상황별 중요한 취약점 기재 여부를 구분하면 다음과 같다.

자금부정 방지 통제활동에서의 '중요한 취약점' 기재 예시

사례	중요한 취약점 공시 여부
1. 기중 경영진 평가에서 미비점이 발견되었으나 개선을 통해 평가기준일 현재 중요한 취약점으로 평가되지 않는 경우	중요한 취약점 공시 제외
2. 중요한 취약점이 보완통제 등의 효과를 고려하여 유의한 미비점으로 평가된 경우	중요한 취약점 공시 제외
3. 공시대상 자금통제의 미비점이 개별로는 중요한 취약점으로 평가되지 않으나 다른 통제 미비점과 결합하여 중요한 취약점으로 평가된 경우	• 다른 통제 미비점과 결합하여 중요한 취약점으로 평가되었다는 사실 공시 • 중요한 취약점 및 시정 조치 계획(또는 이행 결과)의 내용 공시

4-3. 연결내부회계관리제도 자금부정 통제 공시

자금부정 방지 통제는 (별도)내부회계관리제도 보고뿐만 아니라, 연결내부회계관리제도 보고에도 포함해서 공시해야 한다.

연결내부회계관리제도 자금부정 방지 통제 관련 공시 관련 FAQ 내용을 정리하면 다음과 같다.

(1) 자금부정 통제 공시 대상 종속회사 범위

연결내부회계관리제도 범위선정에 포함된 종속회사의 경우, 자금부정 통제 공시서식 대상에 해당 여부는 다음의 경우 공시 제외 가능하다.

연결내부회계관리제도 자금부정 방지 통제 공시 제외 종속기업 사례 예시

사례	중요한 취약점 공시 여부
특정 종속회사의 특정 프로세스만을 연결 내부회계 평가범위로 선정하였고 해당 프로세스 관련 통제들이 자금부정 통제 공시서식 대상 통제활동에 해당하지 않는다고 판단한 경우	해당 종속회사에 자금부정 관련 통제가 존재하더라도 자금부정 통제 공시서식 대상에서 제외 가능

(2) 통제수행자 및 통제평가팀 기재 방법

연결내부회계관리제도에서 통제수행자 및 통제평가팀은 다음과 같이 기재 방법이 구분된다.

통제수행자 기재 방법

사례	기재 여부
1. 지배회사의 통제수행자	명시적으로 기재
2. 지배회사와 종속회사의 통제수행자가 명칭만 다르고 유사한 성격의 자금전담팀(부서) 책임자인 경우	판단하여 추가 표기 생략 가능
3. 종속회사 중 통제수행자의 겸업 등으로 성격이 현저히 다른 경우	구분하여 종속회사 통제수행자 기재

통제수행 평가팀 기재 방법

사례	기재 여부
1. 지배회사 수행한 평가팀(부서 등)	명시적으로 기재
2. 종속회사 평가팀	추가적으로 기재할 필요는 없음
3. 현업팀(회계, 총무팀 등)의 겸업 등으로 내부회계전담팀이 수행하지 않거나 외부전문가를 활용하는 등 지배회사와 차이가 있는 경우	• 구분하여 기재 • (예시) A사 외 4개사 내부회계전담팀, B사 회계팀 외부전문가 활용

(3) 연결 공시 그룹차원에서 고려사항

연결 자금부정 통제 공시서식에서 통제활동 기재 시 그룹 차원에서 종속회사가 작성한 내역에 대하여 다음과 같은 사항 등을 고려하여 점검하고 단순 취합을 지양할 필요가 있다.

연결 공시 시 그룹차원 고려사항

고려사항	예시
1. 지배 · 종속회사별 특성을 고려하되 일관된 기준으로 작성하였는지 검토	연결 내부회계 대상 A사와 B사가 영위하는 사업 및 규모, 조직구조 등이 유사함에도, 통제 X를 A사는 서식에 포함하나 B사는 포함하지 않는 경우 등
2. 그룹 차원에서 서식 작성 · 공시 대상이나, 종속회사 제출 서식에서 합리적인 사유 없이 누락된 통제가 없는지 검토	
3. 종속회사 제출 서식에서 통제활동 선별 시 고려한 판단기준이 합리적인지 검토	

(4) 연결 공시 수행시기 기재방법

연결내부회계관리제도에서의 수행 시기는 다음과 같이 통합하여 기재 가능하다.

예시 연결 수행 시기 기재

연결내부회계관리제도 평가시점 연결 내부회계 대상회사 간 설계 · 운영 평가 시점이 다른 경우, 통합하여 기재 가능하다.

기준일	일자	수행시기 기재
A사 평가 완료일	20X1년 7월 30일	A사 외 4개사 내부회계팀, B사 회계팀, 2024.7월, 2024.10월, 2025.1월 등
B사 평가 완료일	20X1년 10월 25일	
C사 평가 완료일	20X2년 1월 20일	
D사 평가 완료일	20X2년 1월 25일	

05 자금부정 통제 공시 서식 공시 사례

자금부정 통제 공시는 20204년에 선택적으로 공시할 수 있고, 2025년 이후부터 의무 공시대상이다. 일부 2024년에 공시한 회사들의 공시내용은 다음과 같다.

2024년의 공시는 금융감독원이 제시한 사례와 큰 차이를 보이지 않고 있다.

사례1 ㈜LG전자 2024년 연결내부회계관리제도 운영실태보고서 붙임

(붙임) 횡령 등 자금 관련 부정위험에 대응하기 위해 회사가 수행한 내부통제 활동

구분	회사가 수행한 핵심통제 활동	대상회사	설계·운영 실태 점검 결과 (수행부서, 수행 시기 등)
전사적수준 통제	〈부정 방지 제도 운영〉 경영진은 횡령 사고 등의 부정 방지를 위해 내부고발자제도(익명 제보)를 운영하고 있으며, 준법 경영이념 원칙을 설정하여 전 임직원에게 전달하고 있음	LG전자 주식회사 외 30개사	테스트 수행 결과, 중요한 취약점 발견되지 않음 (LG전자 주식회사 외 30개사 내부회계관리팀 등, 2024.4월, 2024.11월, 2025.1월 등)
	〈부정위험 평가〉 경영진은 업무프로세스 변화 등을 고려하여 잠재적 부정위험에 대한 식별 및 평가를 최신화하고 이를 통제에 적절히 반영함. 과거 횡령 사고 발생 건 존재 시 해당 사항을 고려함	LG전자 주식회사 외 30개사	테스트 수행 결과, 중요한 취약점 발견되지 않음 (LG전자 주식회사 외 30개사 내부회계관리팀 등, 2024.4월, 2024.11월, 2025.1월 등)
	〈업무분장 현황 관리〉 경영진은 거래수준 통제활동의 설계(신규 및 변경 시) 전사권한관리 기준에 따라 업무분장 및 접근권한(제한)을 고려함. 내부회계관리제도 전담조직은 업무프로세스의 변화 등을 고려하여 통제의 업무분장 설계가 최신화되어 적절하게 운영될 수 있도록 관리함	LG전자 주식회사 외 30개사	테스트 수행 결과, 중요한 취약점 발견되지 않음 (LG전자 주식회사 외 30개사 내부회계관리팀 등, 2024.4월, 2024.11월, 2025.1월 등)
	〈모니터링〉 경영진은 동일한 항목(동일 업체 및 금액 등)으로 반복 출금되는 등 정상거래로 보기 어려운 이상거래가 발생하는 경우 이를 자동적으로 검토하는 이상거래 모니터링 시스템을 구축하여 운용함	LG전자 주식회사 외 30개사	테스트 수행 결과, 중요한 취약점 발견되지 않음 (LG전자 주식회사 외 30개사 내부회계관리팀 등, 2024.4월, 2024.11월, 2025.1월 등)
자금통제 (입출금 계좌 관리, 입출금 관리, 자금 조달 등)	〈계좌 등록/해지〉 자금팀장은 계좌 등록 및 해지 시 사유를 검토하여 승인함	LG전자 주식회사 외 30개사	테스트 수행 결과, 중요한 취약점이 발견되지 않음 (내부회계파트, 2024.8월, 2024.11월, 2025.1월 등)
	〈계좌 현황 관리〉 자금팀장은 시스템에 등록된 회사 명의 계좌에 대해 용도, 해지 여부 등 현황 검토 후 승인함	LG전자 주식회사 외 30개사	테스트 수행 결과, 중요한 취약점이 발견되지 않음 (내부회계파트, 2024.8월, 2024.11월, 2025.1월 등)

구분	회사가 수행한 핵심통제 활동	대상회사	설계·운영 실태 점검 결과 (수행부서, 수행 시기 등)
자금통제 (입출금 계좌 관리, 입출금 관리, 자금 조달 등)	〈인감사용 통제〉 금융기획팀장 등은 회사인감의 물리적 접근을 제한하고 날인목적 및 요청부서 승인 기안 검토 후 날인함	LG전자 주식회사 외 30개사	테스트 수행 결과, 중요한 취약점이 발견되지 않음 (내부회계파트, 2024.8월, 2024.11월, 2025.1월 등)
	〈자금집행 제한〉 시스템상 Vendor Master에 등록되지 않은 계좌로 이체가 불가능하도록 설정되어 있음	LG전자 주식회사 외 30개사	테스트 수행 결과, 중요한 취약점이 발견되지 않음 (내부회계파트, 2024.8월, 2024.11월, 2025.1월 등)
	〈자금집행 검토〉 자금팀장은 지급요청서의 이상유무를 확인한 후 승인함	LG전자 주식회사 외 30개사	테스트 수행 결과, 중요한 취약점이 발견되지 않음 (내부회계파트, 2024.8월, 2024.11월, 2025.1월 등)
	〈자금집행 전표승인 업무분장〉 자금 지급 요청 권한과 지급처리 승인 권한은 분리됨	LG전자 주식회사 외 30개사	테스트 수행 결과, 중요한 취약점이 발견되지 않음 (내부회계파트, 2024.8월, 2024.11월, 2025.1월 등)

사례2 ㈜씨제이이엔엠 2024년 연결내부회계관리제도 운영실태보고서 붙임

(붙임) 횡령 등 자금 관련 부정위험에 대응하기 위해 회사가 수행한 내부통제 활동

구분 (연결)	회사가 수행한 통제 활동	대상회사	설계·운영 실태 점검 결과 (수행부서, 수행 시기 등)
자금통제 (입출금 계좌 관리, 입출금 관리, 자금 조달 등)	〈부정 방지 제도 운영〉 경영진은 횡령 사고 등의 부정 방지를 위해 내부고발자제도(익명 제보)를 운영하고 있으며, 준법 경영이념 원칙을 설정하여 전 임직원에게 전달하고 있음	씨제이이엔엠, 스튜디오드래곤 외 5개사	테스트 수행 결과, 중요한 취약점이 발견되지 않음 (내부회계파트, 2024.7월 등)
	〈부정위험 평가〉 경영진은 업무 프로세스 변화 등을 고려하여 잠재적 부정위험에 대한 식별 및 평가를 최신화하고 이를 통제에 적절히 반영함	씨제이이엔엠, 스튜디오드래곤 외 5개사	테스트 수행 결과, 중요한 취약점이 발견되지 않음 (내부회계파트, 2024.7월 등)
	〈업무분장 현황 관리〉 재무보고와 관련된 프로세스와 업무기술서, 업무분장표 등이 설계되어 있으며, 수행하여야 하는 업무의 권한 및 책임이 명확하게 구분되어 있음	씨제이이엔엠, 스튜디오드래곤 외 5개사	테스트 수행 결과, 중요한 취약점이 발견되지 않음 (내부회계파트, 2024.7월 등)

구분 (연결)	회사가 수행한 통제 활동	대상회사	설계 · 운영 실태 점검 결과 (수행부서, 수행 시기 등)
자금통제 (입출금 계좌 관리, 입출금 관리, 자금 조달 등)	**〈계좌 개설/해지 승인〉** 자금팀장은 계좌 개설 및 해지에 관련하여 목적 및 사유를 확인하고 승인함	씨제이이엔엠, 스튜디오드래곤 외 4개사	테스트 수행 결과, 중요한 취약점이 발견되지 않음 (내부회계파트, 2024.8월, 2024.11월, 2025.1월 등)
	〈입출금 내역 관리〉 자금팀장은 재무보고를 확인하고 ERP상 금액과 은행계좌 조회내역이 일치하는지 검토하고 승인함	씨제이이엔엠, 스튜디오드래곤 외 5개사	테스트 수행 결과, 중요한 취약점이 발견되지 않음 (내부회계파트, 2024.8월, 2024.11월, 2025.1월 등)
	〈출금자산 관리〉 인감, OTP, 유가증권, 패스워드 등 중요 출금자산은 금고에 보관하거나, 지정된 담당자 접근이 가능함	씨제이이엔엠, 스튜디오드래곤 외 4개사	테스트 수행 결과, 중요한 취약점이 발견되지 않음 (내부회계파트, 2024.8월, 2024.11월, 2025.1월 등)
	〈자금 집행 검토〉 자금팀장은 자금집행 전 출납담당자가 작성한 지급세부내역(지급처, 지급내역)을 확인하고 승인함	씨제이이엔엠, 스튜디오드래곤 외 4개사	테스트 수행 결과, 중요한 취약점이 발견되지 않음 (내부회계파트, 2024.8월, 2024.11월, 2025.1월 등)
	〈자금차입에 대한 승인〉 자금팀 담당자는 차입조건에 대하여 적절한 승인권자의 승인을 받은 후 차입약정서를 첨부하여 승인된 조건에 맞게 전표를 작성하여 자금팀장에게 승인을 받음	씨제이이엔엠, 스튜디오드래곤 외 4개사	테스트 수행 결과, 중요한 취약점이 발견되지 않음 (내부회계파트, 2024.8월, 2024.11월, 2025.1월 등)
	〈금융상품 취득 및 처분〉 유가증권 등 금융상품 취득 및 처분 시 각 현업부서 담당자는 유관부서에 사전검토를 받고 전결규정에 따라 승인을 받음	씨제이이엔엠, 스튜디오드래곤 외 3개사	테스트 수행 결과, 중요한 취약점이 발견되지 않음 (내부회계파트, 2024.8월, 2024.11월, 2025.1월 등)
	〈부정한 지급 방지〉 현업 담당자가 자금이체를 위해 시스템에 지급처에 대한 정보 입력 시 자금팀 출납 담당자가 임의로 수정하지 못하도록 설정되어 있음	씨제이이엔엠, 스튜디오드래곤 외 5개사	테스트 수행 결과, 중요한 취약점이 발견되지 않음 (내부회계파트, 2024.8월, 2024.11월, 2025.1월 등)

내부회계관리제도 실무

PART 07

연결내부회계관리제도

Chapter

CHAPTER

7-1 연결내부회계관리제도 개요

01 연결재무제표의 왜곡표시위험

기업의 (별도)재무제표의 왜곡표시위험을 감소하기 위해 (별도)내부회계관리제도를 설계 · 운영해야 한다.

연결재무제표도 (별도)재무제표와 동일하게 재무제표의 왜곡표시위험을 감소해야 하고, 이를 위해 연결재무제표에 대한 내부회계관리제도의 설계 · 운영도 필요하게 된 것이다.

지배기업의 별도재무제표가 거의 완벽하다 하더라도, 연결재무제표가 왜곡될 가능성은 별개로 고려해야 한다.

연결재무제표의 왜곡표시는 몇 개의 유형으로 구분될 수 있으며, 이 유형별로 내부회계관리제도를 통해서 왜곡표시위험을 감소시켜야 한다.

Key Point

연결내부회계관리제도는 연결재무제표만의 왜곡표시위험을 감소하기 위한 별도의 통제활동(내부회계관리제도)이 설계 · 운영되어야 한다.

연결재무제표의 왜곡표시는 다음의 몇 개의 유형으로 구분될 수 있으며, 이 유형별로 내부회계관리제도를 통해서 왜곡표시위험을 감소시켜야 한다.

〈유형 1〉 연결조정분개 오류(투자자본상계 제거, 내부거래 제거 등)
〈유형 2〉 종속기업(관계기업) 재무제표 오류
〈유형 3〉 (관계기업) 지분법 평가 오류

연결재무제표의 왜곡표시위험에 대해서는 별도재무제표와 동일하게 내부회계관리제도를 설계 · 운영해야 한다. 다만, 각 유형별 내부회계관리제도를 설계 · 운영해야 하는 주체가 달라질 수 있다.

이를 정리하면 다음과 같다.

연결재무제표의 왜곡표시위험	위험의 내용	내부회계관리제도 주체
1-1. 연결조정분개상의 왜곡표시위험	지배기업과 종속기업의 재무제표를 연결하는 과정에서의 오류 가능성	지배기업
1-2. 종속기업(관계기업) 자체의 왜곡표시위험	종속기업(관계기업) 자체의 K-IFRS 재무제표 오류 가능성	각 종속기업 (또는 관계기업)
1-3. 관계기업에 대한 지분법 평가의 왜곡표시위험	관계기업 재무제표에 대한 지분법 회계처리 시 오류 가능성	지배기업

1-1. 연결조정분개상의 왜곡표시위험

〈유형 1〉 연결조정분개 오류(투자자본상계 제거, 내부거래 제거 등)

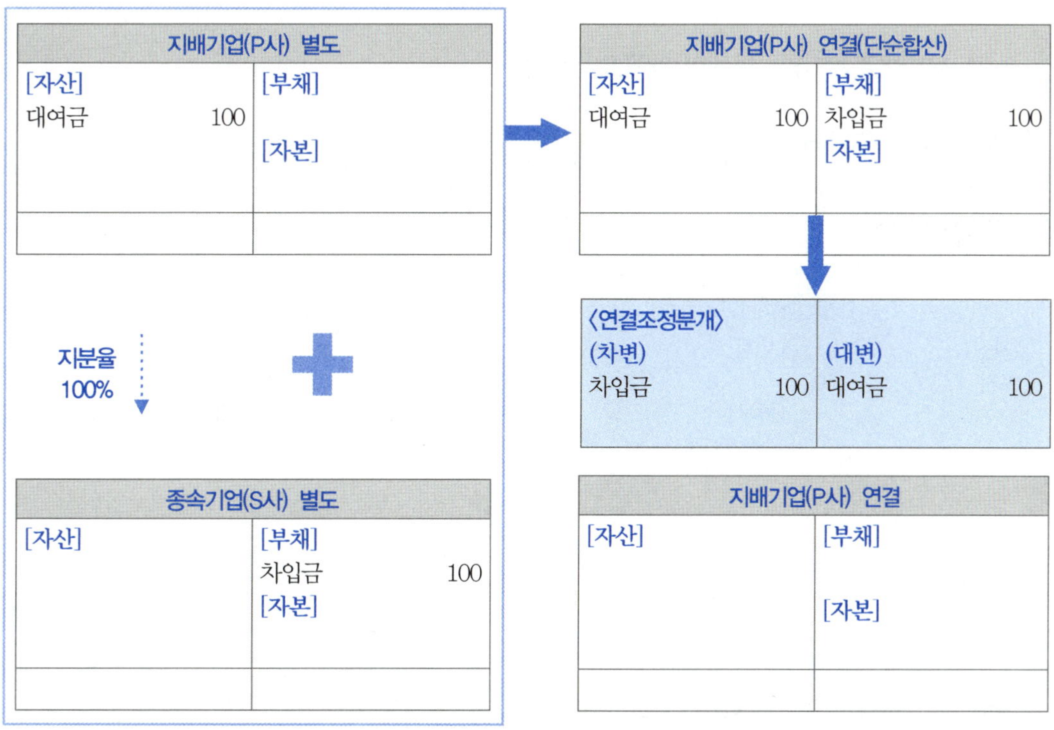

위 사례는 지배기업 P사가 종속기업 S사에 100원을 대여한 경우이다. P사와 S사는 각각 대여금(자산) 100원과 차입금(부채) 100원을 각각의 별도재무제표에 인식하였다.

연결재무제표의 작성순서별로 지배기업 P사와 종속기업 S사의 재무제표를 단순합산하면, P사+S사(연결재무제표)에 대여금 100원과 차입금 100원이 동시에 인식된다.

연결조정분개에서는 이 내부거래를 제거하기 위한 연결조정분개를 다음과 같이 인식한다.

연결조정(내부거래 제거)			
(차변)		(대변)	
차입금	1,200	대여금	1,200

만약 연결조정을 수행하는 지배기업의 회계팀이 상기 회계처리를 누락하거나 잘못 회계처리하게 되면, 연결재무제표가 왜곡표시된다.

따라서, 이러한 유형(즉, 연결조정분개) 회계처리의 적정성을 검토하는 통제활동이 필요하며, 이는 주로 지배기업의 연결조정분개 회계처리에 대한 검토통제 등이 필요한 것이다.

1-2. 종속기업(관계기업) 자체의 왜곡표시위험

〈유형 2〉 종속기업 재무제표 오류

(1) 잘못된 회계처리

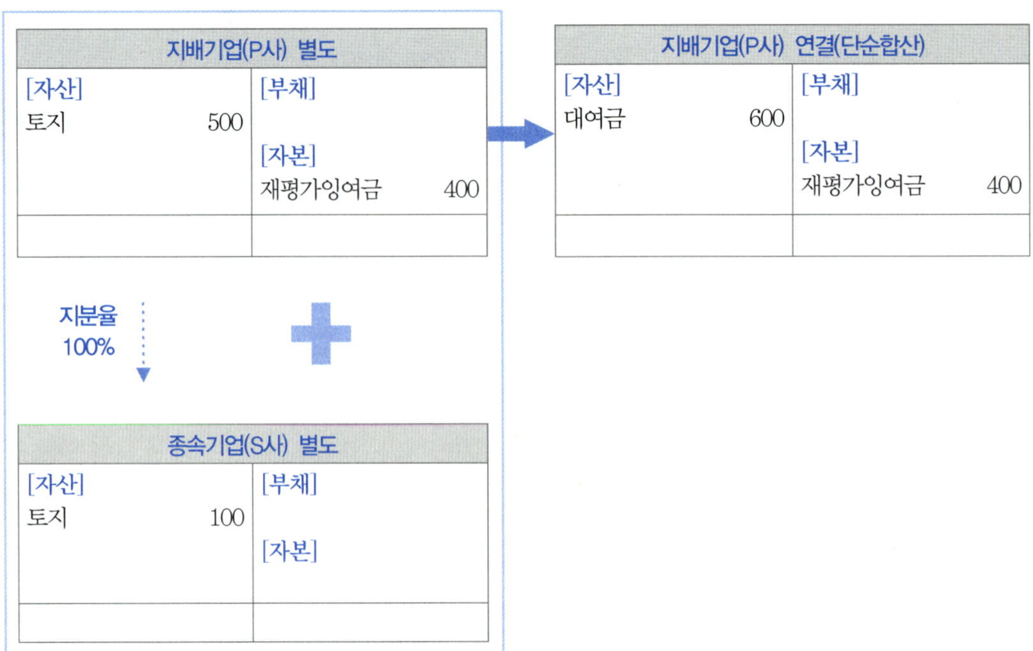

(2) 올바른 회계처리

지배기업(P사) 별도	
[자산]	[부채]
토지 500	
	[자본]
	재평가잉여금 400

→

지배기업(P사) 연결(단순합산)	
[자산]	[부채]
토지 1,000	
	[자본]
	재평가잉여금 800

지분율 100%

＋

종속기업(S사) 별도	
[자산]	[부채]
토지 100	
	[자본]
토지 400	재평가잉여금 400

상기 사례는 지배기업이 유형자산 중 '토지'유형에 대해서 후속측정모형으로 재평가모형을 선택한 경우이다. 유형자산 기준서에 따라 회사(지배기업)의 후속측정모형을 원가모형과 재평가모형 중 재평가모형을 회계정책으로 선택한 경우이다. [K-IFRS 1016(유형자산) 문단 29]

지배기업이 선택한 회계정책은 연결재무제표에 포함되는 모든 연결실체에 동일한 회계정책을 적용해야 한다. [K-IFRS 1110(연결재무제표) 문단 19]

따라서, 이 경우는 연결조정분개를 수행하기 이전 단계에서 종속기업 S사의 (별도)재무제표가 왜곡되었기 때문에, 종속기업 S사 재무제표의 적정성에 대해 검토하는 통제활동이 필요한 것이다. 이러한 경우에는 종속기업 S사가 연결 Scoping(범위선정)에 의해서 연결내부회계관리제도의 범위에 포함되는 게 적절하다.

1-3. 관계기업에 대한 지분법 평가의 왜곡표시위험

〈유형 3〉 (관계기업) 지분법 평가 오류

연결재무제표 기준서에 의하면, 관계기업투자주식 또는 공동기업투자주식에 대해서는 연결재무제표에서 지분법 평가를 한다.

지분법 평가는 취득일 이후에 발생한 <u>피투자자의 당기순손익</u> 중 투자자의 몫에 해당하는 금액을 인식하기 위하여 장부금액을 가감하는 것이다. [K-IFRS 1028(관계기업 공동기업에 대한 투자) 문단 10]

다만, 연결재무제표 작성과정에서 이 피투자자의 당기순손익에 지배기업의 지분율을 곱하여 산정하는데, 피투자자인 관계기업의 재무제표에 오류가 있다면, 이로 인한 연결재무제표에 관계기업투자주식 증분과 지분법손익 금액의 왜곡이 발생하게 된다.

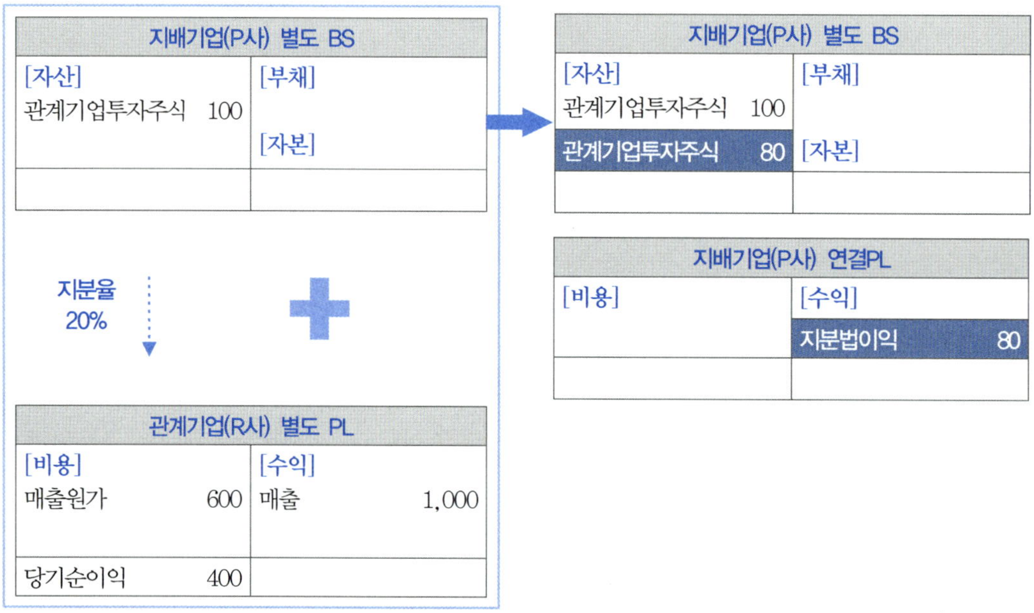

상기 사례에서 지배기업 P사는 관계기업 R사의 지분 30%를 취득하여 유의적인 영향력을 보유한 것으로 보아, 별도재무제표에서 관계기업투자주식으로 인식하였다.

지배기업 P사는 연결재무제표 작성 시 관계기업 R사의 순자산 변동분인 당기순이익(400원)의 지분(20%)에 해당하는 것으로 지배기업 P사의 몫으로 보아, 연결조정분개에서 지분법 회계처리를 수행한다.

연결조정(지분법 평가)

(차변)		(대변)	
관계기업투자주식	80	지분법이익	80

다만, 부정이나 오류 등의 사유로 관계기업 R사의 재무제표에 왜곡이 존재한다면, 지배기업 P사 연결재무제표에 왜곡된 회계처리로 이어지므로, 결론적으로 지배기업 P사의 연결재무제표는 왜곡된다. 따라서, 지배기업 P사는 연결재무제표를 작성할 때 관계기업 R사의 재무제표에 중요한 왜곡표시가 없는지를 우선 검토하고, 연결결산절차를 수행해야 한다.

지분법 평가 시에는 아래 사유 등으로 인하여 지분법 평가의 오류가 발생할 가능성이 존재한다.

- 관계기업 재무제표 자체의 왜곡
- 관계기업과 지배기업과의 회계기준 또는 회계정책 불일치(지배기업은 K-IFRS, 관계기업은 K-GAAP인 경우 등)
- 관계기업과 지배기업 간의 내부거래가 존재하는 상황에서 내부거래를 제거하지 않은 경우

CHAPTER 7-2

연결내부회계관리제도 범위선정(Scoping)

01 연결 범위선정(Scoping) 개요

연결재무제표의 왜곡표시위험을 감소하기 위해서는 연결재무제표를 구성하는 지배기업뿐만 아니라, 종속기업 관계기업의 재무제표 및 연결조정과정에서의 왜곡표시 여부에 대한 관리(내부회계관리제도, 즉 통제활동)가 필요하다.

다만, 연결재무제표 작성과정에서 종속기업이나 관계기업의 수가 지나치게 많거나, 그 규모가 상대적으로 작아 중요하지 않은 경우에도, 연결재무제표에 포함되는 모든 종속기업 및 관계기업의 재무제표에 대해 내부회계관리제도를 설계 · 운영해야 하는가?

이러한 문제를 정리하기 위해, 연결 범위선정(scoping) 절차를 우선 진행해야 한다.

연결 범위선정(scoping)에서의 목표는 크게 아래 2가지이다.

- **연결내부회계관리제도에 포함될 종속기업 여부**
- **연결내부회계관리제도에 포함될 연결재무제표 계정과목 여부**

연결내부회계관리제도의 범위선정과 관련해서 금융감독원에서는 〈연결내부회계관리제도 평가 · 보고 대상범위 선정(Scoping) 가이드라인(이하 "연결 Scoping 가이드라인"라 함), 2023.12.29. 제정〉을 제정하였다.

이하 연결 범위선정 관련 내용은 금융감독원이 제정한 〈연결 Scoping 가이드라인〉에 근거하여 설명하고자 한다.

아래 사례처럼 지배기업 P사가 3개의 종속기업 A사, B사, C사를 포함하여 연결재무제표를 작성한다고 가정하자.

기본적으로는 지배기업 P사의 연결재무제표에 종속기업 A, B, C사의 재무제표가 포함되므로, 지배기업 P사뿐만 아니라, 종속기업 A사, B사, C사 모두 지배기업과 동일하게 각각의 내부회계관리제도를 설계 · 운영하는 것이 합리적일 것이다.

사례 1

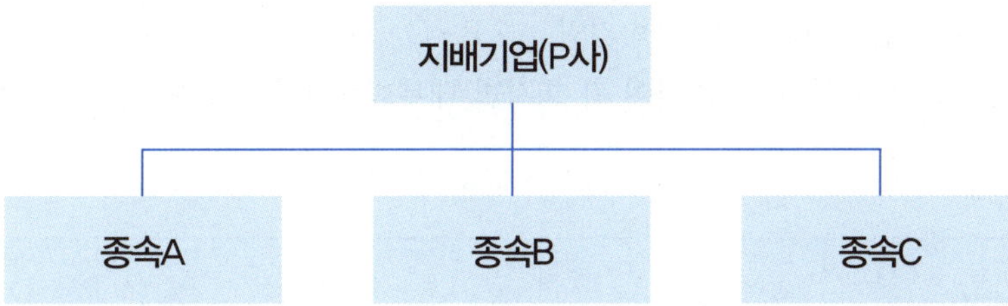

그런데, 상기 지배기업 P사와 종속기업 A사, B사, C사의 재무제표를 확인해 보니, 종속기업 A사는 금액이 크므로 연결재무제표에서 차지하는 비중이 커서, 지배기업 P사와 동일한(유사한) 수준의 내부회계관리제도가 필요해 보이지만, 종속기업 B사 및 종속기업 C사는 상대적으로 회사 규모가 연결실체 관점에서 미미한 수준이어서 이 B사, C사에 대한 내부회계관리제도가 필요한지에 대한 검토가 필요하다.

사례 1 – 세부

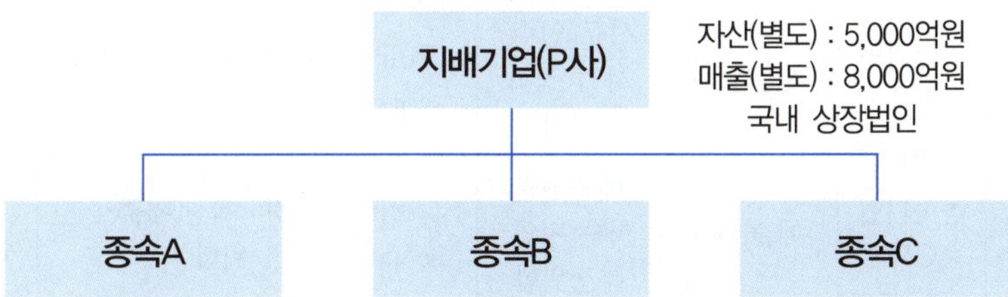

	종속A	종속B	종속C
소재지	미국	국내	국내
자산	1,000억원	100억원	20억원
매출	1,0000억원	10억원	100억원

〈연결 Scoping 가이드라인〉에서는 각 회사별로 연결재무제표에 대한 연결내부회계관리제도가 어느 수준의 회사까지 필요한지에 대한 가이드라인을 다음과 같이 제공하고 있다.

02 연결 범위선정(Scoping) 요약

〈연결 Scoping 가이드라인〉에서는 연결재무제표에 포함되는 종속기업들을 어떤 기준으로 구분하고, 어떤 수준으로 내부회계관리제도를 설계·운영하는지에 대한 가이드를 제공하고 있다.

이를 아래 기본사례를 가정하여 구분하면 다음과 같이 요약된다.

〈기본사례〉

연결 실체는 지배기업 P사와 6개 종속기업 A · B · C · D · E · F사로 구성되어 있다.

〈연결 Scoping 가이드라인〉에 근거하여 각 회사별 내부회계관리제도 대상은 다음과 같이 구분할 수 있다.

①				②		③
단계	회사	연결 기여도 (매출 등)	질적 요소	Scoping 결과	근거	내부회계관리제도 적용
1단계 : 유의적 부문 선정	지배기업 P사	매출 20%	연결조정 · 전사 통제	Full scope	연결 전체 재무보고 영향	P사 전체 프로세스 설계 · 운영 중임
	종속기업 A사	매출 40%	주요 생산공장, 원가 · 재고 핵심	Full scope	재무적으로 유의적 (매출 〉 15%)	A사 전체 프로세스 설계 운영 필요
	종속기업 B사	매출 12%	신규 인수, 사업 성격 상이	Full scope	질적 기준(신규 취득, 특정 위험)	B사 전체 프로세스 설계 운영 필요
2단계 : 개별적으로 왜곡 가능성 낮지 않은 부문	종속기업 C사	매출 6%	매출채권 회수 지연, 부정위험	Specific scope	특정 계정(매출채권) 관련 위험	C사 매출프로세스만 설계 · 운영 필요
	종속기업 D사	매출 4%	그룹 ERP 미사용, 내부감사 미수행	Specific scope	그룹 통제 미적용 → 위험 존재	D사 생산프로세스, 매출프로세스만 설계 · 운영 필요(그룹 ERP 미사용)
3단계 : 잔여 부문 합산 위험 고려	종속기업 E사	매출 2%	그룹 ERP 사용, 규모 작음	Limited scope	• 단독으로는 미미하며, 잔여 합계 시 중요성 8배수 고려 • 그룹 통제로 커버	지배기업에서 통제 추가(E사 자체의 내부회계관리제도 설계 · 운영 필요 없음)
Scope out	종속기업 F사	매출 1%	그룹 ERP 사용, 규모 작음	Scope out	해당 없음	해당 없음

〈연결 Scoping 순서〉

연결 Scoping은 요약하면 아래의 순서대로 구분하여 진행하게 된다.

① 부문 선정(유의적 부문 등 3단계로 구분)

② 내부회계관리제도 범위 선정(Full Scope 등 3가지로 구분)

③ 각 구분된 범위대로 설계 · 운영

03 부문 선정

부문 선정은 회사가 부문과 관련된 연결재무제표의 중요한 왜곡표시 위험에 대해 양적 · 질적 판단기준을 적용하여 연결내부회계관리제도 평가 · 보고 대상 부문의 범위를 결정하는 과정이다.

부문 선정은 아래의 3단계로 진행하면서 부문들(종속기업들)을 구분한다.

단계	부문 선정		정의
(1단계)	유의적 부문 선정	재무적으로 유의적인 부문	연결재무제표와 관련하여 개별적으로 재무적인 유의성을 가지는 부문
		특정 위험에 따른 유의적인 부문	부문의 고유한 성격이나 상황으로 인하여 연결재무제표상 유의적인 중요한 왜곡표시위험을 포함할 가능성이 있는 부문
(2단계)	유의적이지는 않지만 개별적으로 중요한 왜곡표시를 발생시킬 가능성이 낮지 않은 부문 선정		개별 부문에서 식별된 중요한 왜곡표시위험이 유의적인 위험은 아니더라도 해당 위험으로 인하여 연결재무제표의 특정 거래유형, 계정잔액 또는 공시에 중요한 왜곡표시를 발생시킬 가능성이 낮지 않은 부문
(3단계)	유의적이지는 않지만 다른 부문과 합쳤을 때 중요한 왜곡표시를 발생시킬 가능성이 낮지 않은 부문 선정		식별된 중요한 왜곡표시위험이 유의적인 위험이 아니더라도 둘 이상의 부문을 합칠 경우 해당 위험으로 인하여 연결재무제표의 특정 거래유형, 계정잔액 또는 공시에 중요한 왜곡표시를 발생시킬 가능성이 낮지 않은 부문

1단계, 2단계 및 3단계의 각 단계별 부문 선정의 구체적인 판단요소와 예시는 "5.부문선정 단계 및 범위선정 사례"에서 후술한다.

04 범위 선정

각 부문별로 부문이 중요한지, 중요하지 않은지를 3단계(유의적 부분 등)로 구분하고 나면, 각 중요도에 의해 구분된 부문에 대해 내부회계관리제도를 설계 · 운영하는 범위를 3가지 범위로 구분하고 있다.

범위는 아래 3가지로 구분된다.

- Full scope(부문의 전체 프로세스)는 유의적인 부문에 대해서 지배기업과 동일하게 해당 부문(종속기업) 전 프로세스에 대해서 내부회계관리제도를 설계 · 운영해야 한다.
- Specific scope(부문의 특정 프로세스)는 Full scope은 아니고 해당 부문(종속기업)의 특정 프로세스에 대해서만 내부회계관리제도를 설계 · 운영해야 하는 경우이다.

• Limited scope(그룹 차원의 통제 프로세스)는 Full scope, Specific scope에 해당되지 않은, 상대적으로 중요도가 낮은 부문들(종속기업) 중의 연결 관점에서 관리가 필요한 영역이고, 이를 그룹차원에서 통제를 설계 · 운영하는 것이다.

이를 표 형식으로 정리하면 다음과 같다.

구분	해당 부문	범위선정(Scoping)	예시
Full scope (부문의 전체 프로세스)	• 재무적으로 유의적인 부문 • 특정 위험으로 인해 유의적인 부문 • 유의적이지는 않으나 개별적으로 또는 다른 부문과 합쳤을 때 중요한 왜곡표시를 발생시킬 가능성이 낮지 않은 부문이 연결재무제표의 유의한 계정과목 등에 광범위한 영향을 미치는 경우	부문의 재무제표상 유의한 계정과목 등과 관련된 내부회계관리제도 프로세스 **전체**를 연결내부회계관리제도 평가 · 보고범위에 포함	종속기업(A)에 대해 지배기업과 동일한 수준의 내부회계관리제도 설계 · 운영
Specific scope (부문의 특정 프로세스)	• 특정 위험으로 인해 유의적인 부문 • 유의적이지는 않으나 개별적으로 또는 다른 부문과 합쳤을 때 중요한 왜곡표시를 발생시킬 가능성이 낮지 않은 부문이 연결재무제표의 유의한 계정과목 등 중에서 특정 계정과목 등에 한정된 영향을 미치는 경우	부문의 재무제표상 **특정** 유의한 계정과목 등과 관련된 내부회계관리제도 프로세스만을 연결내부회계관리제도 평가 · 보고범위에 포함	• 종속기업(B)의 일부 프로세스만 내부회계관리제도 설계 · 운영 • 예 : 자금프로세스
Limited scope (그룹 차원의 통제 프로세스)	개별적으로 또는 다른 부문과 합쳤을 때 연결재무제표에 중요한 왜곡표시를 발생시킬 가능성이 낮은 부문	그룹 수준의 위험평가와 부문의 재무보고 결과에 대한 모니터링 등 그룹 차원의 통제를 통하여 잔여 부문의 위험에 대응	그룹 자금통제에 해당 종속기업을 포함시킴
Scope out	중요성이 낮은 부문	해당 없음	해당 없음

05 부문 선정 단계 및 범위 선정 사례

각 부문(종속기업)별 부문을 선정하고 각 선정된 부문에 대해 내부회계관리제도 설계 · 운영의 범위 사례를 정리하면 다음과 같다.

5-1. 유의적 부문 선정(1단계)

각 부문별로 부문이 중요한지, 중요하지 않은지를 3단계(유의적 부분 등)로 구분하고 나면, 각 중요도에 의해 구분된 부문에 대해 내부회계관리제도를 설계 · 운영하는 범위를 3가지 범위로 구분하고 있다.

〈연결 Scoping 가이드라인〉에서는 (1단계)유의적 부문 선정을 아래와 같이 제시하고 있다.

연결내부회계관리제도 평가보고 대상범위 선정 가이드라인

제2장 유의적 부문 선정(1단계)

6. 회사는 재무적으로 유의적인 부문 또는 특정 위험으로 인해 유의적인 부문을 선정함에 있어 양적 또는 질적 판단기준을 고려하여 어떤 부문을 유의적 부문으로 선정할지를 판단하여야 한다.

가. (양적 판단기준) 연결재무제표상 매출, 총자산, 세전손익 등 재무지표 중에서 주요 재무지표를 선정한 뒤, 주요 재무지표의 15%를 초과하는 부문은 재무적으로 유의적인 부문으로 선정하는 것을 우선 고려하여야 한다.
위의 우선적 고려기준에도 불구하고 회사는 부문의 업종, 규모, 그룹 구조에 따른 중요한 왜곡표시위험 등을 고려하여 주요 재무지표의 15%보다 높거나 낮은 백분율을 적용할 수 있으며, 다수의 재무적 지표를 고려하여 유의적인 부문을 선정하는 것이 타당하다고 판단될 경우에는 다수의 재무적 지표를 이용하여 유의적 부문을 선정할 수 있다.

나. (질적 판단기준) 회사는 특정 위험에 따른 유의적인 부문을 결정하기 위해서 다음의 질적 판단기준에 해당하는 부문인지를 양적 판단기준과 함께 종합적으로 고려할 필요가 있다.

(1) 부문에서 식별한 유의적 위험이 연결재무제표 및 공시에 중요한 영향을 미치는 부문
(2) 그룹 수준에서 결정한 유의적 위험과 관련된 부문
(3) 규제 목적으로 유의적인 부문
(4) 명확한 사업적 목적이 존재하지 않는 부문
(5) 신규 취득한 부문
(6) 지속적으로 손실이 발생하거나 전기에 유의한 미비점 또는 중요한 취약점이 존재한 부문
(7) 부문 경영진의 회계 관련 적격성이 부족한 부문
(8) 부정위험이 높은 부문
(9) 기타 회사가 특정 위험이 있다고 판단한 부문

아래 사례를 통해 **"(1단계)유의적 부문의 선정"**을 설명하면 다음과 같다.

1단계 사례별 범위선정(scoping) 예시

종속기업	자산 비중 (% of Consolidated)	매출 비중 (% of Consolidated)	위험 수준	1단계	접근방법
A사(국내)	**40%**	**35%**	**높음**	**재무적으로 유의한 부문**	**Full Scope Audit**
B사(해외, 미국)	**15%**	**20%**	**중간**	**재무적으로 유의한 부문**	**Full Scope Audit**
C사(해외, 중국)	10%	10%	높음		Specified Audit Procedures (재고/매출)
D사(국내)	5%	3%	낮음		Analytical Procedures Only
E사(신규 취득)	4%	5%	높음		Specified Audit Procedures(취득 관련 회계처리 검토)
F사(국내 SPC)	2%	0%	중간		Analytical Procedures Only

A사와 B사는 재무적으로 유의한 부문으로 구분된다.

연결재무제표상 주요 재무지표(매출, 총자산, 세전손익 등)의 15%를 초과하는 부문이므로, 유의적인 부문으로 우선 선정한다.

1단계와 관련된 주요 사례는 다음과 같다.

사례	주요 내용
〈사례 1〉 벤치마크의 15%를 초과하는 유의적 부문	• 그룹업무팀은 선택한 벤치마크의 15%를 초과하는 부문을 유의적 부문으로 간주할 수 있을 것이다. • 해당 상황에 따라서는 더 높거나 낮은 백분율 값도 적합한 것으로 볼 수 있을 것이다.
〈사례 2〉 주요 재무지표의 15%보다 높거나 낮은 백분율 적용	• A사는 14개의 부문(종속회사)을 보유하고 있다. 부문1은 주요 재무지표의 12%, 부문2는 10%, 나머지 부문은 각각 2%~8% 사이를 차지하고 있다. • 15%를 초과하는 부문은 없으나 A사는 그룹 구조에 따른 중요한 왜곡표시위험을 고려하여 주요 재무지표 비율이 상대적으로 높은 부문1과 부문2를 유의적 부문으로 선정하였다.
〈사례 3〉 다수의 재무지표 적용	• B사는 매출액의 변동성은 낮으나 세전손익의 변동성은 높은 부문을 보유하고 있다. • B사는 매출액을 주요 재무지표로 선정하였으나, 주요 부문의 특성에 따른 중요한 왜곡표시위험을 고려하여 세전손익과 매출액 등 다수의 재무지표를 사용하는 것이 적절하다고 판단하였으며, 적어도 한 가지 이상의 재무지표 기준을 충족할 경우 유의적 부문으로 판단하였다.

사례	주요 내용
〈사례 4〉 부문의 유의적 위험이 그룹에 중요한 영향을 미칠 경우	C사는 제조업 부문과 보험업 부문을 보유하고 있다. 보험계약부채의 중요성과 보험준비금 추정의 불확실성 등을 고려하여 보험업 부문의 유의적 위험이 그룹에 중요한 영향을 미칠 수 있다고 판단하였으며, 매출 규모 및 종업원 수 등을 감안할 때 연결재무제표 전반에 미치는 영향이 광범위하다고 판단하여 보험업 부문의 전체 프로세스를 평가 · 보고 대상 범위에 포함하였다.
〈사례 5〉 부문의 유의적 위험이 그룹에 중요한 영향을 미칠 경우	• D사의 부문1은 그룹의 주요 생산법인으로서 원가 집계 프로세스의 중요성이 높으며, 이에 따라 연결재무제표상 유의한 계정과목인 재고자산 등에 대한 중요한 왜곡표시위험이 존재한다고 판단하였다. • 부문1은 연결재무제표의 특정 유의한 계정과목 등에 영향을 미치므로 연결재무제표의 왜곡표시가 발생할 가능성을 낮은 수준으로 유지하기 위하여 부문1의 원가 및 재고자산 등 특정한 계정과목과 관련된 프로세스를 평가 · 보고 대상 범위에 포함하였다.
〈사례 6〉 그룹 수준의 유의적 위험이 부문에도 관련된 경우	• E사는 손상된 재고자산이나 장기간 이동이 없는 무이동 재고자산을 완전하게 식별하지 못하여 재고자산 평가손실충당금의 추정치 금액이 적정하게 평가되지 않을 위험을 그룹 수준의 중요한 왜곡표시위험으로 판단하였다. • E사의 부문1은 재무적으로 유의적 부문에 해당하지는 않으나 연결재무제표상 재고자산 비중이 높으므로 중요한 왜곡표시가 발생할 수 있는 특정한 계정과목이 존재한다고 판단하였고 이에 따라 부문1의 특정한 계정과목과 관련된 프로세스를 평가 · 보고범위에 포함하였다.

내부회계관리제도 감사 FAQ

57. 연결 내부회계관리제도 감사 목적으로 각 부문을 구분하는 방법은 무엇인지요?

통제테스트를 수행할 부문을 결정할 때, 그룹업무팀은 해당 부문과 관련한 재무제표의 중요왜곡표시위험을 평가하고 해당 부문과 관련한 위험에 상응하는 정도의 주의를 기울여야 합니다(감사기준서 1100 문단 84). 이처럼 부문의 중요왜곡표시위험을 평가하고 이에 대응하는 위험기반 접근법은 재무제표 감사와 다르지 않으며, 감사인은 감사기준서 600 '그룹재무제표 감사 – 부문감사인이 수행한 업무 등 특별 고려사항'의 요구사항을 필요에 맞게 조정하여 내부회계관리제도 감사에 적용할 수 있습니다(감사기준서 1100 문단 A107).
연결 내부회계관리제도 감사 목적으로 각 부문은 다음과 같이 구분할 수 있습니다.

(1) 유의적 부문

그룹업무팀이 다음 중 하나의 특성을 갖는 것으로 식별한 부문입니다.

• 재무적으로 유의적인 부문 : 그룹재무제표에 대해 개별적으로 재무적 유의성을 가지는 부문[감사기준서 600 문단 9(m)(i)]

• 특정 위험으로 인하여 유의적인 부문 : 부문의 고유한 성격이나 상황으로 인하여 그룹재무제표에 대하여 유의적인 중요왜곡표시위험을 포함할 가능성이 있는 부문[감사기준서 600 문단 9(m)(ii)]

(2) **유의적이지 않은 부문**

상기 유의적 부문에 해당하지 않는 부문으로, 다음과 같은 부문들이 있습니다.

- 개별적으로 그룹재무제표에 중요한 왜곡표시를 발생시킬 가능성이 낮지 않은(more than remote) 특정 위험을 포함하는 부문
- 개별적으로는 그룹재무제표에 중요한 왜곡표시를 발생시킬 가능성이 낮지만 다른 부문과 합쳤을 때 그룹재무제표의 특정 거래유형, 계정잔액 또는 공시에 중요한 왜곡표시를 발생시킬 가능성이 낮지 않은(more than remote) 부문
- 기타 : 개별적으로 또는 합쳤을 때 그룹재무제표에 중요한 왜곡표시를 발생시킬 가능성이 낮은(remote) 부문(감사기준서 1100 문단 A108) 등 상기에 해당하지 않는 기타 부문

해설 - 저자 주

감사인은 연결재무제표 감사를 위해서 범위선정(scoping)을 수행하며, 연결범위선정(scoping)은 Full Scope, Limited Scope, Specific Items, Scope out 등 연결실체 내의 부문(종속기업 등)을 구분하는 작업을 수행한다.

감사인이 연결재무제표 감사를 위해 범위를 선정하는 방식은 연결 내부회계관리제도에서도 거의 동일하게 적용된다.

회사 입장에서는 감사인의 연결재무제표 감사 시 범위선정에 여러 부문에 대한 소통 이후에 연결내부회계관리제도 범위선정을 수행하는 게 적정해 보인다.

즉, 감사인의 연결재무제표 감사에서 중요한 부문(종속기업)은 내부회계관리제도도 필요한 것이고, 중요하지 않은 부문(종속기업)은 내부회계관리제도가 요구되지 않을 것이다.

5-2. 유의적이지는 않지만 개별적으로 중요한 왜곡표시를 발생시킬 가능성이 낮지 않은 부문 선정(2단계)

〈연결 Scoping 가이드라인〉에서는 (2단계) 유의적이지는 않지만 개별적으로 중요한 왜곡표시를 발생시킬 가능성이 낮지 않은 부문 선정을 아래와 같이 제시하고 있다.

연결내부회계관리제도 평가보고 대상범위 선정 가이드라인

제3장 유의적이지는 않지만 개별적으로 중요한 왜곡표시를 발생시킬 가능성이 낮지 않은 부문 선정(2단계)

7. 1단계에 따른 유의적 부문으로 선정되지는 않았으나 개별적으로 특정 거래유형, 계정잔액 또는 공시에 중요한 왜곡표시를 발생시킬 가능성이 낮지 않은 부문은 연결내부회계관리제도 평가·보고 대상 범위에 포함할 것을 고려하여야 한다.

가. (양적 판단기준) 1단계에 따른 유의적인 부문으로 선정되지 않은 부문의 연결재무제표상 유의한 계정과목 금액이 중요성 금액의 4배수 이상인 경우 회사는 연결내부회계관리제도 평가·보고 대상 부문으로 포함할 것을 우선적으로 고려하여야 한다.
다만, 1단계에 따른 유의적인 부문으로 선정되지 않은 부문의 연결재무제표상 유의한 계정과목 금액이 중요성 금액의 4배수 이상이지만 그 발생원인, 성격 등을 볼 때 연결재무제표상 중요한 왜곡표시를 발생시킬 가능성이 낮다고 판단된다면 회사는 2단계 관련 부문 선정에서 제외할 수 있다.

나. (질적 판단기준) 회사는 2단계 관련 부문을 선정함에 있어 다음의 질적 판단기준에 해당하는 부문인지를 양적 판단기준과 함께 종합적으로 고려할 필요가 있다.

(1) 유의적인 변화(예 : 양수, 자산취득 등)가 발생한 부문
(2) 그룹이 공통적으로 사용하는 시스템, 프로세스 및 통제를 활용하지 않는 부문
(3) 그룹 차원 통제의 운영 효과성이 낮은 부문
(4) 내부감사기능 업무가 수행되지 않는 부문
(5) 그룹 차원에서 수행한 분석적 절차를 통해 비경상적인 변동이 식별된 부문
(6) 기타 중요한 왜곡표시를 발생시킬 가능성이 낮지 않다고 판단되는 부문

아래 사례를 통해 **"(2단계) 유의적이지는 않지만 개별적으로 중요한 왜곡표시를 발생시킬 가능성이 낮지 않은 부문 선정"**을 설명하면 다음과 같다.

2단계 사례별 범위선정(scoping) 예시

종속기업	자산 비중 (% of Consolidated)	매출 비중 (% of Consolidated)	위험 수준	1단계	접근방법
A사(국내)	40%	35%	높음	재무적으로 유의한 부문	Full Scope Audit
B사(해외, 미국)	15%	20%	중간	재무적으로 유의한 부문	Full Scope Audit

종속기업	자산 비중 (% of Consolidated)	매출 비중 (% of Consolidated)	위험 수준	1단계	접근방법
C사(해외, 중국)	10%	10%	높음		Specified Audit Procedures(재고/매출)
D사(국내)	5%	3%	낮음		Analytical Procedures Only
E사(신규 취득)	4%	5%	높음		Specified Audit Procedures (취득 관련 회계처리 검토)
F사(국내 SPC)	2%	0%	중간		Analytical Procedures Only

C사~F사 이 4개 종속기업은 재무적으로 유의한 부문에 해당하지 않는다.

1단계에서 재무적으로 유의한 부문으로 분류한 A사, B사를 제외하고, 나머지 C사~F사는 유의한 요소가 없는지를 추가 검토한다.

(1) 특정 거래유형, 계정잔액 또는 공시에 중요한 왜곡표시를 발생시킬 가능성이 낮지 않은 부문

구분	예시
특정 거래유형	• 종속기업 A사는 지배기업 P사의 제품을 미국에서 판매만을 전문으로 하는 판매법인임 • 종속기업 A사는 상품판매에 대한 매출프로세스에 재무제표 왜곡표시위험이 발생할 가능성이 낮지 않음
특정 계정잔액	• 종속기업 B사는 지배기업 P사로부터 원재료를 사급받아 제품을 해외에서 생산하는 생산법인임 • 종속기업 B사의 외주가공용역은 지배기업 P사의 외주가공비(비용)와 종속기업 B사의 용역매출액(수익)인 바, 종속기업 B사의 용역매출액(수익)이 적정한지에 대해 재무제표 왜곡표시위험이 발생할 가능성이 낮지 않음
특정 공시	• 지배기업 P사와의 매출/매입거래 규모가 큰 종속기업 C사의 주석공시사항 중 특수관계자 거래내역의 공시가 재무제표 왜곡표시위험이 발생할 가능성이 낮지 않음

(2) 연결재무제표상 유의한 계정과목 금액이 중요성 금액의 4배수 이상인 경우 부문

구분	중요성 금액	연결재무제표상 유의한 계정과목 금액	범위 선정
Case 1	1,000원	100원	해당 없음
Case 2	1,000원	4,000원	중요성 금액의 4배수 이상이므로, 해당 부문 포함 고려

상기 상황을 종합하여 (2단계)의 부문 선정은 다음과 같이 C사와 E사를 (2단계)대상 부문으로 선정하게 된다.

종속기업	자산 비중 (% of Consolidated)	매출 비중 (% of Consolidated)	위험 수준	1단계/2단계	접근방법
A사(국내)	40%	35%	높음	재무적으로 유의한 부문	Full Scope Audit
B사(해외, 미국)	15%	20%	중간	재무적으로 유의한 부문	Full Scope Audit
C사(해외, 중국)	**10%**	**10%**	**높음**	**유의적이지는 않지만 개별적으로 중요한 왜곡표시를 발생시킬 가능성이 낮지 않은 부문**	**Specified Audit Procedures (재고/매출)**
D사(국내)	5%	3%	낮음		Analytical Procedures Only
E사(신규 취득)	**4%**	**5%**	**높음**	**유의적이지는 않지만 개별적으로 중요한 왜곡표시를 발생시킬 가능성이 낮지 않은 부문**	**Specified Audit Procedures (취득 관련 회계처리 검토)**
F사(국내 SPC)	2%	0%	중간		Analytical Procedures Only

2단계에서 C사는 Specified Audit Procedures(재고/매출), E사는 Specified Audit Procedures(취득 관련 회계처리 검토)를 연결내부회계관리제도에 포함시켜야 한다.

2단계와 관련된 주요 사례는 다음과 같다.

사례	주요 내용
〈사례 7〉 부문의 개수와 상대적인 재무적 규모 고려	• F사는 100개의 부문을 가지고 있으며, 부문의 규모 및 중요한 왜곡표시위험을 고려하여 11개의 부문을 유의적 부문으로 식별하였다. 유의적이지 않은 89개의 부문 중 85개의 부문은 연결재무제표 매출액(연결재무제표 중요성을 결정하는 데 사용된 측정기준)의 9%를 차지하고, 나머지 4개 부문은 7%를 차지한다. • F사는 7%를 차지하는 4개 부문의 연결재무제표상 유의한 계정과목 일부가 연결재무제표 중요성의 4배수를 초과함에 따라, 개별적으로 중요한 왜곡표시를 발생시킬 가능성이 낮지 않은 부문으로 판단하고 내부회계관리제도 평가 · 보고범위에 포함하였다.
〈사례 8〉 유의적인 변화가 발생한 부문	• G사는 사업다각화를 위해 당기 중에 호텔 및 골프장 부문을 인수하였다. 신규 사업 부문이 G사의 주요 재무지표인 연결재무제표 자산에서 차지하는 비중은 5%이며, 그룹의 유의적인 위험에도 해당되지 않아 유의적인 부문으로 선정되지는 않았다. • 그러나 G사는 신규 사업 부문이 기존 사업 부문과 성격이 상이함에 따라 신규 사업과 관련된 거래유형이 중요한 왜곡표시를 발생시킬 가능성이 낮지 않은 부문으로 판단하여 유의한 계정과목과 관련된 신규 사업거래 프로세스를 내부회계관리제도 평가 · 보고범위에 포함하였다.

사례	주요 내용
〈사례 9〉 그룹 공통 시스템, 프로세스 및 통제를 활용하지 않는 부문	• H사는 소비재를 생산 및 판매하고 있다. 100개의 국가에서 지역 총판과의 독점판매계약(B2B 거래)을 체결하여 영업을 영위하고 있으나, 일부 미주 지역에서는 대리점을 운영하여 소비자에게 직접 판매 · 활동(B2C 거래)을 영위하고 있다. 소비자와의 직접적인 판매활동을 위해 별도의 시스템 및 거래 구조를 운영하고 있고, 해당 부문의 매출액은 연결매출액의 3%를 차지하고 있다. • H사는 B2C 거래가 영위되고 있는 부문을 부문의 독특한 중요한 사업이나 프로세스라고 보아 개별적으로 중요한 왜곡표시를 발생시킬 가능성이 낮지 않은 부문으로 판단하고 유의한 계정과목과 관련된 B2C 거래 프로세스를 내부회계관리제도 평가 · 보고범위에 포함하였다.
〈사례 10〉 그룹 공통 시스템, 프로세스 및 통제를 활용하지 않는 부문	I사는 20개의 부문 중 1개의 부문을 제외하고는 모두 동일한 ERP시스템을 사용하고 있으며, 동일한 ERP시스템을 사용하고 있지 않은 부문은 단독으로 다른 ERP시스템을 사용하고 있다. 또한, I사는 ERP시스템에 대해 모두 공통적인 프로세스와 통제를 설계하여 운영하도록 하고 있으나, 해당 부문은 독립적인 프로세스와 통제를 설계하여 운영하고 있으므로, I사는 해당 부문을 개별적으로 중요한 왜곡표시를 발생시킬 가능성이 낮지 않은 부문으로 판단하고 내부회계관리제도 평가 · 보고범위에 포함하였다.
〈사례 11〉 그룹 차원 통제의 운영 효과성이 낮은 경우	• J사는 연결재무제표 작성을 위해 그룹 수준에서 내부거래 금액과 미실현손익, 내부거래 관련 계정 등을 모니터링하고 조정하는 통제활동을 수행하고 있다. 내부거래 금액 등의 확인을 위해 그룹의 연결시스템상 내부거래를 집계하고 제거하는 작업이 이루어지고 있으나 일부 부문의 경우 내부거래 입력에 있어 오류 및 누락이 자주 발생하고 있으며 이에 대한 효과적인 모니터링이 이루어지고 있지 않다. • 이에 J사는 연결재무제표 작성을 위한 내부거래 모니터링과 관련된 그룹 차원 통제의 운영 효과성이 낮다고 판단하였으며, 오류 및 누락 등으로 인해 개별적으로 특정 거래유형 등에 중요한 왜곡표시를 발생시킬 가능성이 낮지 않은 부문을 식별하여 연결 내부회계관리제도 평가 · 보고범위에 포함하였다.
〈사례 12〉 그룹 차원 분석적 절차로 비경상적인 변동이 식별된 부문	• K사는 내부회계관리제도 평가 · 보고범위 선정을 위해 연결재무제표 수준에서 분석적 절차를 수행하였으며, 특정 부문이 매출채권 잔액은 감소하였으나 회수기일이 전기 대비 급증하였고, 미착재고의 변동과 외상매입금의 변동 양상이 과거 비율과 상이하게 변동되었음을 식별하였다. • K사는 특정 부문이 K사의 주요 재무지표인 연결재무제표 자산의 3% 수준으로 유의적인 부문으로 식별되지 않았으나, 분석적 절차 수행 결과 비경상적 변동이 있다고 보아 해당 부문을 개별적으로 중요한 왜곡표시를 발생시킬 가능성이 낮지 않은 부문으로 판단하고 내부회계관리제도 평가 · 보고범위에 포함하였다.

5-3. 유의적이지는 않지만 다른 부문과 합쳤을 때 중요한 왜곡표시를 발생시킬 가능성이 낮지 않은 부문 선정(3단계)

〈연결 Scoping 가이드라인〉에서는 (3단계) 유의적이지는 않지만 다른 부문과 합쳤을 때 중요한 왜곡표시를 발생시킬 가능성이 낮지 않은 부문 선정을 아래와 같이 제시하고 있다.

연결내부회계관리제도 평가보고 대상범위 선정 가이드라인

제4장 유의적이지는 않지만 다른 부문과 합쳤을 때 중요한 왜곡표시를 발생시킬 가능성이 낮지 않은 부문 선정(3단계)

8. 1단계 및 2단계에서 선정되지 않은 개별 잔여 부문이 다른 부문과 합쳤을 때 잔여 위험으로 인해 특정 거래유형, 계정잔액 또는 공시에 중요한 왜곡표시를 발생시킬 가능성이 낮지 않은 부문은 연결내부회계관리제도 평가 · 보고 대상 범위에 포함하여야 한다.

가. (양적 판단기준) 회사는 1단계 및 2단계에서 선정되지 않은 잔여 부문의 연결재무제표상 유의한 계정과목 합계금액이 중요성 금액의 8배수 이상인 경우 연결내부회계관리제도 평가 · 보고대상 부문으로 포함할 것을 고려하여야 한다.

다만, 잔여 부문의 유의한 계정과목 합계금액이 중요성 금액의 8배수 이상이지만 그 발생원인, 성격 등을 고려할 때 연결재무제표상 중요한 왜곡표시를 발생시킬 가능성이 낮다고 판단되는 경우 3단계에 따른 부문 선정에서 제외할 수 있다.

한편, 양적 판단기준을 적용함에 있어 회사는 위의 중요성 금액과 더불어 아래의 양적기준을 추가로 고려할 수도 있다.

(1) 잔여 금액이 유의한 계정과목에서 차지하는 비중
(2) 특정 개별 부문이 유의한 계정과목의 잔여 금액에서 차지하는 비중
(3) 잔여 금액을 구성하는 부문의 개수

나. (질적 판단기준) 회사는 3단계 관련 부문을 선정함에 있어 다음의 질적 판단기준을 양적 판단기준과 함께 종합적으로 고려할 필요가 있다.

(1) 부문의 자산, 부채 또는 거래의 성격
(2) 부문에서 중요한 왜곡표시 위험의 수준
(3) 특정 부문에서의 왜곡표시 위험이 다른 부문에도 해당됨으로써 연결재무제표상의 중요한 왜곡표시 위험을 나타내는지 여부
(4) 기록과 정보처리의 중앙집중화의 정도
(5) 부문으로의 권한 이양과 부문의 활동에 대한 감독을 포함한 통제환경의 효과성
(6) 부문에 대한 모니터링 활동 등 그룹 차원 통제의 주기, 시기 및 범위
(7) 기타 잔여 부문이 다른 부문과 합쳤을 때 중요한 왜곡표시를 발생시킬 가능성

'아래 사례를 통해 **"(3단계) 유의적이지는 않지만 다른 부문과 합쳤을 때 중요한 왜곡표시를 발생시킬 가능성이 낮지 않은 부문 선정"**을 설명하면 다음과 같다.

3단계 사례별 범위선정(scoping) 예시

종속기업	자산 비중 (% of Consolidated)	매출 비중 (% of Consolidated)	위험 수준	1단계/2단계/3단계	접근방법
A사(국내)	40%	35%	높음	재무적으로 유의한 부문	Full Scope Audit
B사(해외, 미국)	15%	20%	중간	재무적으로 유의한 부문	Full Scope Audit
C사(해외, 중국)	10%	10%	높음	유의적이지는 않지만 개별적으로 중요한 왜곡표시를 발생시킬 가능성이 낮지 않은 부문	Specified Audit Procedures (재고/매출)
D사(국내)	5%	3%	낮음		Analytical Procedures Only
E사(신규 취득)	4%	5%	높음	유의적이지는 않지만 개별적으로 중요한 왜곡표시를 발생시킬 가능성이 낮지 않은 부문	Specified Audit Procedures (취득 관련 회계처리 검토)
F사(국내 SPC)	2%	0%	중간		Analytical Procedures Only

1단계 및 2단계에서 선정되지 않은 개별 잔여 부문이 다음과 같다.

단계	범위
1단계	A사, B사
2단계	C사, E사
잔여 부문	D사, F사

■ **연결재무제표상 유의한 계정과목 금액이 중요성 금액의 8배수 이상인 경우(잔여 부문)**

구분	중요성 금액	연결재무제표상 유의한 계정과목 금액	범위 선정
Case 1	1,000원	100원	해당 없음
Case 2	1,000원	8,000원	중요성 금액의 8배수 이상이므로, 해당 부문을 포함 고려

3단계와 관련된 주요 사례는 다음과 같다.

사례	주요 내용
〈사례 13〉 부문의 개수와 상대적인 재무적 규모 고려	• L사는 200개의 부문을 가지고 있으며, 부문의 규모 및 중요한 왜곡표시 위험을 고려하여 45개의 부문을 내부회계관리제도 평가·보고범위에 포함하였다. 유의한 계정과목에서 155개 잔여 부문의 합계금액은 모두 중요성 금액의 8배수 이내이며, 유의한 계정과목에서 각각 잔여 부문이 차지하는 비중은 1% 미만이다. 또한, 잔여 부문의 합계금액은 연결재무제표의 중요성을 결정하는 데 사용된 측정기준인 연결재무제표 자산의 9% 수준이다. • 이에 L사는 155개 잔여 부문은 연결재무제표의 중요한 왜곡표시를 발생시킬 가능성이 낮다고 판단하여 내부회계관리제도 평가·보고범위에서 제외하였다.
〈사례 14〉 부문의 자산, 부채 또는 거래의 성격 및 금액 고려	• M사는 3개의 부문을 보유하고 있으며, 이중 부문1은 수행의무가 다수인 거래 및 진행률 매출 등 유의적인 판단이 요구되는 복잡한 매출거래의 성격을 가지고 있다. • 이에 M사는 부문1이 1단계 및 2단계에 따른 평가·보고 대상에는 해당되지 않으나 특정 거래유형, 계정잔액 등에서 중요한 왜곡표시를 발생시킬 가능성이 낮지 않다고 판단하여 연결 내부회계관리제도 평가·보고범위에 포함하였다.
〈사례 15〉 기록과 정보처리의 중앙집중화의 정도	• N사의 특정 부문은 데이터가 중앙에서 추출되는 자동화된 기술을 사용하고 있어 부문이 수정하는 전표가 없으며, 전표 거래처리에 관여하는 직원의 수가 극히 제한되어 있다. • 이에 N사는 해당 부문이 1단계 및 2단계에 따른 평가·보고 대상에는 해당되지 않으며, 특정 거래유형, 계정잔액 등에서 중요한 왜곡표시를 발생시킬 가능성이 낮다고 판단하여 해당 부문을 연결 내부회계관리제도 평가·보고범위에서 제외하였다.
〈사례 16〉 그룹 차원 통제의 주기, 시기 및 범위	• O사는 총 30개의 종속회사 중 12개의 부문을 1단계 및 2단계에 따른 평가·보고 대상으로 선정하였다. 그 외 18개의 잔여 부문을 총 4개의 세부 그룹으로 식별하여 각 세부 그룹의 양적 및 질적 판단기준을 검토하였으며, 2개의 세부 그룹을 중요한 왜곡표시 위험이 낮지 않다고 판단하였다. • O사는 유의한 계정과목별 잔여금액의 유의성과 그룹 차원 통제의 효과성 및 주기 등을 고려하여 각 세부 그룹의 중간 지배회사에서 운영중인 그룹 차원 통제의 효과성에 의존할 수 있다고 판단한 뒤, 그룹 차원 통제를 평가·보고범위에 포함하였다. 또한, 예측불가능성의 요소를 포함하여 중요한 왜곡표시 위험의 식별가능성을 높이기 위해 종속회사의 통제활동을 순환기준에 따라 평가·보고범위에 포함하여 주기적으로 모니터링하는 계획을 수립하였다.

5-4. 부문 선정 종합사례

1단계, 2단계, 3단계를 모두 고려한 종합사례는 다음과 같다.

사례 17. 종합사례

구분	주요 내용	비고
개요	P사는 총 30개의 종속회사를 보유하고 있는 건설업을 주업으로 영위하는 회사로 연결내부회계 평가 · 보고 대상범위를 선정하려고 한다. P사는 내부거래가 제거된 연결재무제표를 기준으로 중요성 기준을 설정하고 각 계정과목에 대한 위험평가를 우선 실시하였다. 이후 연결내부회계관리제도 평가 및 보고대상 범위를 선정하기 위한 절차를 진행하였다.	• P사 종속기업 30개 • 건설업 주업
1단계	• 스코핑 1단계 절차인 유의적인 부문을 선정하기 위한 양적 판단기준으로 회사는 매출액을 선정하고 매출액이 5%를 초과하는 부문(종속회사)을 우선 유의적인 부문으로 선정하였다. 주요 종속기업인 A사는 연결재무제표 매출액의 60%를 차지하므로 1단계 대상으로 선정하고, 추가로 그룹구조를 고려하여 매출액의 5% 이상을 차지하는 부문 2개(B사, C사)를 재무적으로 유의한 부문으로 판단한 뒤, 각 부문의 전체 프로세스(계정과목)를 평가 · 보고 대상으로 선정하였다. • 이에 더해 질적 판단기준(부정위험 등)을 적용하여 D사를 1단계인 유의적인 부문으로 선정하고 부정위험 등과 관련된 D사의 프로세스(계정과목)를 평가 · 보고 대상으로 선정하였다.	• 벤치마크 : 매출액 • 유의적인 부문 : 매출액 5% 초과 부문 • 유의적인 부문 선정 : A사(60%), B사, C사(5%), D사(질적, 부정위험)
2단계	• 유의적이지는 않지만 개별적으로 중요한 왜곡표시를 발생시킬 가능성이 낮지 않은 부문(2단계)을 추가로 선정하기 위하여 회사는 유의한 계정과목 중 중요성 금액의 4배수를 초과하는 5개 종속기업의 22개 프로세스(계정과목)를 연결내부회계 평가 · 보고 대상으로 선정하였다. • 또한, 질적 판단기준을 적용하여 유의적인 변화가 발생하였거나 그룹 시스템을 사용하지 않는 부문, 내부감사기능 업무가 수행되지 않은 부문(계정과목)의 특정 프로세스를 추가로 2단계 대상으로 선정하였다.	• 중요성 금액의 4배수를 초과하는 5개 종속기업의 22개 프로세스(계정과목) 선정 • 유의적인 변화 부문, 그룹 시스템을 사용하지 않은 부문, 내부감사기능 업무가 수행되지 않은 부문 프로세스 추가 선정
3단계	• 3단계 절차로 유의한 계정과목에서 1단계 및 2단계로 선정되지 않은 잔여 부문(계정과목)의 합계가 중요성의 8배수를 초과하는 3개의 계정과목에 대해서는 잔여 부문의 합계가 유의한 계정과목에서 차지하는 비중 및 특정 개별 부문이 유의한 계정과목의 잔여 금액에서 차지하는 비중 등을 고려하여 3개 종속기업의 5개 프로세스를 추가로 평가 · 보고 대상으로 선정하였다. • 이에 더해 자산, 부채 또는 거래의 성격, 중요한 왜곡표시 위험 수준 등 질적 판단기준도 적용하여 3단계 평가 · 보고 대상부문(계정과목)을 선정하였다.	• 잔여 부문(계정과목)의 합계가 중요성의 8배수를 초과하는 3개의 계정과목 • 3개 종속기업의 5개 프로세스를 추가 선정

상기 〈종합사례〉를 정리하면 다음과 같다.

단계	No.	부문	매출액 비중	기준	유의적 부문	Scope
	지배기업	P사				
1단계	1	A사	60%	매출액이 5%를 초과하는 부문	유의적 부문	Full Scope
	2	B사	5%	매출액이 5%를 초과하는 부문	유의적 부문	Full Scope
	3	C사	5%	매출액이 5%를 초과하는 부문	유의적 부문	Full Scope
	4	D사	1%	질적 판단기준(부정위험 등)	유의적 부문	Specific scope (부정위험 관련 프로세스)
2단계	5	E사	2%	유의한 계정과목 중 중요성 금액의 4배수를 초과	유의적이지는 않지만 개별적으로 중요한 왜곡표시를 발생시킬 가능성이 낮지 않은 부문	Specific scope (5개 프로세스)
	6	F사	2%	유의한 계정과목 중 중요성 금액의 4배수를 초과	유의적이지는 않지만 개별적으로 중요한 왜곡표시를 발생시킬 가능성이 낮지 않은 부문	Specific scope (5개 프로세스)
	7	G사	2%	유의한 계정과목 중 중요성 금액의 4배수를 초과	유의적이지는 않지만 개별적으로 중요한 왜곡표시를 발생시킬 가능성이 낮지 않은 부문	Specific scope (5개 프로세스)
	8	H사	2%	유의한 계정과목 중 중요성 금액의 4배수를 초과	유의적이지는 않지만 개별적으로 중요한 왜곡표시를 발생시킬 가능성이 낮지 않은 부문	Specific scope (2개 프로세스)
	9	I사	2%	유의한 계정과목 중 중요성 금액의 4배수를 초과	유의적이지는 않지만 개별적으로 중요한 왜곡표시를 발생시킬 가능성이 낮지 않은 부문	Specific scope (5개 프로세스)
3단계	10	J사	1%	잔여부문(J사, K사, L사)(계정과목)의 합계가 중요성의 8배수를 초과하는 3개의 계정과목		Specific scope (1개 프로세스)
	11	K사	1%			Specific scope (2개 프로세스)
	12	L사	1%			Specific scope (2개 프로세스)
	…	…				
	30	…				

내부회계관리제도 감사 FAQ

61. 연결 내부회계관리제도 감사 시 유의적 부문에서 수행하여야 할 절차는 무엇인지요?

(1) 재무적으로 유의적인 부문

재무적으로 유의적인 부문에서 그룹업무팀 또는 그룹업무팀을 대신하는 부문감사인(이하 '부문감사인 등')은 그룹업무팀이 별도로 지정하거나 부문중요성 금액을 기준으로 선정한 부문재무제표의 유의적인 거래유형, 계정잔액 및 공시와 식별된 모든 관련경영진주장에 대하여 평가된 왜곡표시위험에 대처하는 통제를 테스트합니다.

(2) 특정 위험으로 인하여 유의적인 부문

부문감사인 등은 그룹업무팀이 결정한 업무 유형에 따라 특정 위험으로 인하여 유의적인 부문에서 다음 중 하나 이상의 절차를 수행합니다.

- 그룹업무팀이 별도로 지정하거나 부문중요성 금액을 기준으로 선정한 부문재무제표의 유의적 거래유형, 계정잔액 및 공시와 식별된 모든 관련경영진주장에 대하여 평가된 왜곡표시위험에 대처하는 통제를 테스트함
- 그룹재무제표에 유의적인 중요왜곡표시위험을 발생시키는 특정 위험을 포함하여 그룹재무제표의 특정 거래유형, 계정잔액 또는 공시에 중요한 왜 곡표시를 발생시킬 가능성이 낮지 않은(more than remote) 특정 위험에 대처하는 통제를 테스트함(또는 특정 위험이 발생하는 관련경영진주장의 평가된 왜곡표시위험에 대처하는 통제를 테스트함)

추가적으로 부문감사인 등이 일부 전사적수준 통제의 운영효과성 테스트를 수행할 필요가 있을 수 있습니다(FAQ 67 참조).

해설 - 저자 주

연결재무제표 감사 수행 시 지배기업 감사인은 유의적 부문에 대해서 직접 감사 또는 부문감사인을 활용한 재무제표 감사절차를 수행한다.

이와 마찬가지로, 연결재무제표의 비중이 유의적인 부문(종속기업)은 연결감사인이 직접 부문의 통제테스트를 수행하거나, 부문의 감사인에게 통제테스트를 요구한다.

부문감사인이 수행하나 유의적인 부문(종속기업)에 대해서는 연결감사인이 그 통제테스트 내역에 대해서 질문절차를 취하거나 일부 직접 통제테스트 결과에 대한 문서검사를 수행한다.

63. 연결 내부회계관리제도 감사 시 유의적이지 않은 부문 중 추가 고려에 포함된 부문에서 수행하여야 할 절차는 무엇인지요?

유의적이지 않은 부문 중 개별적으로 그룹재무제표에 중요한 왜곡표시를 발생시킬 가능성이 낮지 않은(more than remote) 특정 위험을 포함하는 부문은, 특정 위험에 대응하는 거래수준 통제의 운영효과성 테스트 등 '특정 위험으로 인하여 유의적인 부문'과 유사한 절차(FAQ 61, 62 참조)를 수행할 필요가 있습니다.

반면 그룹업무팀이 위험이 낮다고 판단한 부문(특정 부문이 다른 부문들과 합쳤을 때에만 중요한 왜곡표시를 발생시킬 가능성이 낮지 않은 경우 등)의 경우, 먼저 전사적 수준 통제(조직 전체에 걸쳐 적합한 통제가 존재한다는 확신을 제공하는 모니터링 통제 포함)를 테스트하는 것이 감사인에게 충분한 증거를 제공하는지 여부를 평가할 수 있습니다(감사기준서 1100 문단 A109).

이때 충분한 증거를 제공할 수 있는 전사적 수준 통제는 거래 수준 통제와 유사하게 해당 부문 또는 부문 집합에서 발생할 수 있는 왜곡표시를 적시에 예방하거나 발견·수정할 정도로 정밀한 수준으로 운영되는 통제입니다. 그러한 통제는 많은 경우 여러 부문의 상위 수준(sub-group) 또는 그룹 수준에서 운영될 수 있습니다(FAQ 66 참조). FAQ 66에서 언급한 그룹차원 통제의 경우도 해당 부문 또는 부문 집합에서 발생할 수 있는 왜곡표시를 적시에 예방하거나 발견·수정할 정도로 정밀한 수준으로 운영된다면 감사인에게 충분한 증거를 제공하는 통제일 수 있습니다.

예를 들어 그룹재무보고 매뉴얼을 배포하여 그룹 회계정책을 일관되게 적용하게 하는 통제는 왜곡표시를 적시에 예방하거나 발견·수정할 정도로 정밀하지 않으므로 이러한 통제를 테스트하는 것은 감사인에게 충분한 증거를 제공하지 않으나, 그룹경영진이 유의적이지 않은 부문에서 제출한 보고패키지를 검토하여 정밀한 수준(예 : 그룹수행중요성 금액의 일정 비율 이하)으로 이상 변동치를 식별하고 원인을 파악하는 통제를 수행하는 경우 이러한 통제는 감사인에게 충분한 증거를 제공하는 통제일 수 있습니다.

동일한 목적을 위해 설계된 그룹차원의 통제일지라도, 통제활동의 세부 내용 및 정밀함의 수준에 따라 해당 그룹차원의 통제로부터 감사인이 입수하는 증거의 충분성은 다를 수 있습니다. 예를 들어, 그룹경영진이 유의적이지 않은 부문에서 제출한 보고패키지의 재무정보에 대하여 그룹수행중요성의 일정 비율을 기준으로 주요 변동을 검토하는 통제에서, 일정 비율을 낮게 결정하도록 설계된 통제는 그렇지 않은 통제보다 감사인에게 더 충분한 증거를 제공할 수 있습니다.

유의적 부문에서 수행한 업무, 유의적이지 않은 부문 중 개별적으로 그룹재무제표에 중요한 왜곡표시를 발생시킬 가능성이 낮지 않은 특정 위험을 포함하는 부문(FAQ 63 참고)에서 수행한 업무, 그리고 기타 유의적이지 않은 부문에서 수행한 전사적 수준 통제 테스트를 통해 충분하고 적합한 감사증거를 입수하지 못한 경우, 그룹업무팀은 유의적이지 않은 부문 중 일부를 추가로 선정하여 거래수준 통제(예 : 다른 부문과 합쳤을 때 그룹재무제표에 중요한 왜곡표시를 발생시킬 가능성이 낮지 않은(more than remote) 위험에 대처하는 통제)에 대해 테스트를 요청하는 등 추가 증거를 입수합니다.

이상과 같이 위험 평가에 따른 부문 구분과 해당 부문에서 부문감사인 등이 수행하는 절차를 요약하면 다음과 같습니다.

부문 구분		부문감사인 등이 수행하는 감사절차
유의적 부문	재무적으로 유의적인 부문	부문재무제표의 유의적인 거래유형, 계정잔액 및 공시와 식별된 모든 관련경영진주장에 대하여 평가된 왜곡표시위험에 대처하는 통제를 테스트
	특정 위험으로 유의적인 부문	특정 위험을 포함하여 그룹재무제표의 특정 거래유형, 계정잔액 또는 공시에 중요한 왜곡표시를 발생시킬 가능성이 낮지 않은 특정 위험에 대처하는 통제를 테스트*1
유의적이지 않은 부문	개별적으로 중요한 왜곡표시 가능성이 낮지 않은 부문	특정 위험에 대응하는 거래수준 통제의 운영효과성 테스트 등 '특정 위험으로 인하여 유의적인 부문'과 유사한 절차를 수행
	합쳤을 때 중요한 왜곡표시 가능성이 낮지 않은 부문	전사적 수준 통제를 테스트하는 것이 감사인에게 충분한 증거를 제공하는지 여부를 먼저 평가
	기타 부문	추가 고려에서 제외할 수 있음

*1 식별된 특정 위험이 전반적인지 여부 등에 따라 모든 관련경영진주장에 대한 통제테스트도 가능

내부회계관리제도 감사 FAQ

64. 연결 내부회계관리제도 감사 목적으로 부문의 감사 범위 등을 결정할 때 내부거래 제거 전 또는 제거 후인지요?

그룹재무제표를 대상으로 하는 것이므로 내부거래 제거 후 재무제표를 기준으로 감사 범위 등을 결정하는 것이 타당합니다. 다만 회사의 연결 결산 프로세스의 한계 등으로 범위 결정 시점에 내부거래 제거 후 그룹재무제표가 정확하게 산출되지 않는 경우에는 내부거래 제거 전 금액에 내부거래는 파악되는 수준에서 별도로 고려하여 범위 결정에 활용할 수 있습니다. 그룹업무팀은 그룹경영진이 연결 결산 절차의 일부로서 내부거래의 기록과 제거의 정확성 및 완전성에 대한 통제의 효과성을 테스트하여야 합니다. 또한 특수관계자 주석 작성에 대한 통제 역시 테스트 대상 통제로 선정하여야 할 가능성이 높습니다.

CHAPTER

7-3 연결내부회계관리제도 고려사항

01 지배기업 통제활동 추가 고려사항

연결내부회계관리제도를 설계 운영하기 위해서는 연결 Scoping을 통해 연결내부회계관리제도에 포함시킬 종속기업 등 부문을 선정하는 것이 중요하다.

이와 동시에 지배기업은 별도 재무제표에 대한 내부회계관리제도 이외에 연결재무제표를 포함한 연결내부회계관리제도에 추가적인 통제활동을 설계 운영하는 것이 필요하다.

추가적인 통제활동은 전사수준통제(ELC), 프로세스수준통제(PLC), 정보기술일반통제(ITGC) 등 각각에서 필요하다.

연결내부회계관리제도 관련 지배기업이 추가로 필요한 통제활동은 다음과 같이 구분된다.

(1) 전사수준통제(ELC) 추가 고려사항

전사수준통제(ELC)에서는 연결재무제표에 포함되는 주요 종속기업에 대한 연결실체(그룹) 차원의 통제활동이 필요하다. 이는 각 포함되는 종속기업들의 개별 전사수준통제(ELC)에서 설계운영되지 않는 영역을 지배기업이 설계 운영해야 하는 영역이다.

전사수준통제(ELC) 관련 통제기술서(RCM)에 추가가 필요한 예시는 다음과 같다.

구분	위험(Risk)	통제활동(Control Activity)	통제유형	빈도	수행부서	증빙
ELC-01	종속회사 식별 및 연결범위 누락	경영기획팀이 신규 투자 · 지분변동을 분기별로 검토하여 회계팀에 통보 후 CFO 승인	예방통제	분기별	경영 기획팀/ 회계팀	연결대상 검토서, 투자현황표
ELC-02	연결회계정책 불일치	연결회계정책서(Consolidation Accounting Manual)를 매년 업데이트하고 전 종속회사에 공지	예방통제	연 1회	회계팀	연결회계정책서, 공문
ELC-03	연결재무제표 승인절차 미흡	연결재무제표 초안 검토 후 CFO 및 감사위원회 승인	적발통제	분기별	회계팀/ CFO	연결재무제표 결산체크 리스트

구분	위험(Risk)	통제활동(Control Activity)	통제유형	빈도	수행부서	증빙
ELC-04	연결 EUC 통제 미흡	연결재무제표 작성 과정의 EUC 항목(연결정산표 등)에 대한 EUC통제 필요	예방통제/적발통제	분기별	회계팀/CFO	연결EUC 리스트

(2) 프로세스수준통제(PLC) 추가 고려사항

프로세스수준통제(PLC)에서는 각 종속기업의 별도재무제표에 대한 프로세스수준통제(PLC) 이외에도 연결재무제표 작성 과정에서 발생하는 연결조정분개 등의 왜곡표시위험을 감소시키는 통제활동이 필요하며, 대부분은 재무결산 mega process 단에서 추가로 설계 운영되어야 하는 통제활동이다.

프로세스수준통제(PLC) 관련 통제기술서(RCM)에 추가가 필요한 예시는 다음과 같다.

구분	위험(Risk)	통제활동(Control Activity)	통제유형	빈도	수행부서	증빙
PLC-01	내부거래 제거 누락	각 법인별 내부거래대사표 상호확인 및 차이 조정내역 승인	적발통제	분기별	회계팀	대사표, 제거분개전표
PLC-02	연결조정분개 오류	연결조정분개 작성 시 담당자 · 검토자 · 승인자 3단계 승인 절차 수행	예방통제/적발통제	분기별	회계팀	연결조정분개 리스트, 승인로그
PLC-03	비지배지분(NCI) 계산 오류	NCI 변동내역 검토표 작성 및 CFO 승인	적발통제	분기별	회계팀	검토표, 승인문서
PLC-04	환율환산 오류	외화재무제표 환산 시 기준환율(한국은행 고시) 적용 검토	적발통제	분기별	회계팀	외화환산검토표
PLC-05	연결현금흐름표 오류	연결현금흐름표 작성 시 내부자금거래 제거 체크리스트 검토	적발통제	분기별	회계팀	연결현금흐름표 체크리스트
PLC-06	지분법 평가 오류	관계기업 등에 대한 지분법 평가내역에 대한 검토	적발통제	분기별	회계팀	지분법 평가 체크리스트

(3) 정보기술일반통제(ITGC) 추가 고려사항

정보기술일반통제(ITGC)에서는 각 종속기업의 개별적인 ITGC 이외에 지배기업과 동일한 ERP시스템을 유지하는 경우, 일부 보안, 운영통제 등이 지배기업 수준에서 이루어져야 하는 통제활동들이 추가로 설계 운영되어야 한다.

추가로, 연결정산표 작성과정에 IT시스템을 활용하는 경우, 해당 연결시스템을 IT Scoping 과정에서 in scope하고 이에 대한 ITGC 통제를 추가하는 것이 필요하다.

정보기술일반통제(ITGC) 관련 통제기술서(RCM)에 추가가 필요한 예시는 다음과 같다.

구분	위험(Risk)	통제활동(Control Activity)	통제유형	빈도	수행부서	증빙
ITGC-01	연결조정 엑셀파일 무단수정	연결조정파일 접근권한을 회계팀 내 한정, 변경 시 승인	예방통제	상시	IT관리자/회계팀	접근권한 리스트
ITGC-02	연결조정 템플릿 변경 무검증	연결조정 템플릿 변경 시 변경요청 · 테스트 · 승인 절차 수행	예방통제	필요시	회계팀/IT	변경요청서, 테스트결과
ITGC-03	데이터 전송 오류 (종속→모회사)	종속회사에서 제출한 재무정보 자동업로드 시 전송로그 확인	적발통제	분기별	IT/회계팀	전송로그, 업로드기록
ITGC-04	시스템 백업 및 복구 미비	Consolidation Server 주기적 백업 및 복구테스트 수행	예방통제	월 1회	IT팀	백업로그, 복구테스트 결과

내부회계관리제도 감사 FAQ

66. 연결 내부회계관리제도 감사 시 그룹업무팀이 테스트할 필요가 있는 그룹차원 통제는 무엇인지요?

그룹차원 통제는 그룹경영진이 그룹의 재무보고에 대하여 설계, 실행하고 유지하는 통제[감사기준서 600 문단 9.(l)]로서 다음과 같은 통제의 조합을 포함합니다(감사기준서 600 보론 2).

- 사업동향을 논의하고 그 성과를 검토하기 위한 그룹경영진과 부문경영진과의 정규 회의
- 통상적인 정기보고 등 부문의 영업과 그 재무결과에 대한 모니터링. 이를 통해 그룹경영진은 부문의 예산 대비 실적을 모니터링하고 적합한 조치를 취할 수 있다.
- 그룹경영진의 위험평가절차, 즉 그룹재무제표에 중요한 왜곡표시를 초래할 수 있는 사업위험(부정위험 포함)을 식별, 분석, 관리하는 절차
- 그룹 내부거래 및 미실현이익, 그룹 내부거래 계정잔액에 대하여 그룹수준에서 수행하는 모니터링, 통제, 조정 및 제거 절차
- 부문에서 제공받은 재무정보의 적시성을 모니터링하고 해당 정보의 정확성 및 완전성을 평가하기 위한 절차
- 그룹의 전체 또는 일부에 적용되는 공통의 일반정보기술통제에 의해 통제되는 중앙 정보기술시스템
- 모든 부문이나 일부 부문에 공통으로 적용되고 있는 정보시스템 내부의 통제활동

• 내부감사기능 및 자체평가 프로그램의 활동 등 통제에 대한 모니터링
• 그룹재무보고절차에 대한 매뉴얼 등 일관된 정책과 절차
• 윤리규정이나 부정예방 프로그램 등 그룹차원의 프로그램
• 부문경영진에게 권한과 책임을 위임하는 절차

그룹업무팀은 그룹 · 부문과 그 환경을 이해하는 절차의 일환으로 감사와 관련 있는 그룹차원 통제의 설계효과성과 실행 여부를 결정하여야 합니다(감사기준서 600 문단 17). 또한 그룹업무팀은 그룹이 효과적인 연결 내부회계관리제도를 갖추고 있는지 여부에 대한 감사인의 결론에 중요한 그룹차원 통제를 식별하고 테스트하여야 합니다(감사기준서 1100 문단 24). 또한 그룹업무팀은 다음과 같은 경우에 해당 그룹차원 통제의 운영효과성을 테스트하여야 합니다.

• 유의적이지 않은 부문 중 추가 고려에 포함될 부문을 결정할 때 그룹차원 통제가 효과적으로 운영된다고 기대한 경우
• 특정 위험으로 인하여 유의적인 부문, 유의적이지 않은 부문 중 추가 고려에 포함된 부문에서 수행할 업무 유형을 결정할 때 그룹차원 통제가 효과적으로 운영된다고 기대한 경우
• 부문감사인 등이 해당 부문에서 관련경영진주장에 대한 통제 테스트의 성격, 시기, 범위를 결정할 때 그룹차원 통제가 효과적으로 운영된다고 기대한 경우
• 유의적이지 않은 부문 중 추가 고려에 포함된 부문에서 그룹차원 통제를 포함한 전사적 수준 통제를 테스트하여 충분한 증거를 입수하기로 결정한 경우

그룹차원 통제는 그룹경영진이 설계하고 실행하지만 통제의 운영은 하위 그룹(예 : 중간지배회사)이나 각 부문 수준에서 이루어질 수 있습니다. 예를 들어 '그룹재무보고절차에 대한 매뉴얼 등 일관된 정책과 절차'는 그룹경영진이 설계하고 실행하지만 실제 정책과 절차를 준수하고 적용하는 것은 부문에서 이루어질 수 있습니다. 또한 그룹차원 통제의 운영에 필요한 정보를 하위 그룹이나 각 부문에서 생성할 수도 있습니다. 하위 그룹이나 부문 수준에서 운영되는 그룹차원 통제의 테스트 또는 하위 그룹이나 각 부문에서 생성되는 정보에 대한 통제 테스트는 그룹업무팀이 직접 수행하거나 부문감사인이 수행하도록 요청할 수 있습니다.

내부회계관리제도 감사 FAQ

67. 연결 내부회계관리제도 감사 시 부문감사인 등이 부문의 전사적 수준 통제를 테스트하여야 하는 경우가 있는지요?

연결 내부회계관리제도 감사 시 감사와 관련된 전사적 수준 통제는 주로 그룹경영진이 그룹 수준에서 설계, 운영하는 통제이므로 그룹 수준에서 통제 테스트를 수행하는 경우가 일반적이

지만 다음과 같은 경우에는 부문에서 전사적 수준 통제를 테스트할 필요가 있을 수도 있습니다.

- 그룹경영진이 설계, 실행하는 통제이나 운영은 해당 부문에서 이루어지는 경우. 예를 들어 그룹 전체에서 윤리강령을 준수하는 통제의 경우, 윤리강령의 제정 · 배포 · 관리는 그룹경영진이 수행하지만 임직원의 윤리강령 준수 서약서 작성은 부문수준에서 이루어질 수 있습니다.
- 그룹업무팀이 부문의 전사적 수준 통제를 테스트하는 것이 감사 목적에 더 적합하다고 판단하여 부문감사인에게 전사적 수준 통제의 테스트를 요청한 경우(예 : 그룹재무제표에서 유의적인 비중을 차지하면서 새로 인수한 해외 부분, 실질적으로 그룹 전사적 수준 통제의 영향 밖에 있는 부문 등)

내부회계관리제도 감사 FAQ

68. 연결 내부회계관리제도 감사에 부문감사인을 활용하는 경우, 부문감사인으로부터 감사 의견을 수령하여야 하는지요?

연결 내부회계관리제도 감사에 부문감사인을 활용하는 경우, 부문감사인으로부터 부문 내부회계관리제도에 대한 감사 '의견'을 수령하도록 요구되지는 않습니다.

연결 내부회계관리제도 감사에서 그룹업무팀은 부문감사인에게 연결 내부회계관리제도 감사 목적에서 필요한 통제를 테스트하도록 요청하고 부문감사인으로부터 (1) 업무 유형에 해당하는 범위에 따라 수행한 통제 테스트의 성격, 시기, 범위 및 그 결과, (2) 부문에서 식별된 통제 미비점으로 주로 구성된 결과물을 제공받음으로써 연결 내부회계관리제도의 효과성을 평가할 수 있습니다.

부문감사인이 그룹업무팀의 요청에 따라 수행하는 절차만으로 부문 내부회계관리제도에 대해 감사의견을 표명할 수 있는 경우는 드물 것으로 예상됩니다. 예를 들어 그룹업무팀의 요청에 따라 수행하는 절차만으로 부문에서 '내부회계관리제도 설계 및 운영 개념체계'와 같은 적합한 준거기준 전체를 누락 없이 적용하였는지 여부에 대해 의견을 형성할 수 있는 경우는 드물 것입니다.

해설 - 저자 주

연결감사인은 연결재무제표 감사 수행 시 일반적으로 연결package의 형식으로 부문감사인과 커뮤니케이션을 한다.

부문감사인은 연결과는 별도로 부문(종속기업)의 재무제표에 대해 감사의견을 표명하지만, 연결감사인이 부문(종속기업)들의 의견을 취합하여 연결재무제표 의견을 표명하는 것은 아니다.

마찬가지로, 부문감사인은 각 부문(종속기업)의 법적 요구사항 등에 의해 부문(종속기업)의 내부회계관리제도에 대해 감사의견(또는 검토의견)을 표명하지만, 이 의견을 연결 내부회계관리제도의 의견에 합산하여 표명하는 것은 아니다.

내부회계관리제도 감사 FAQ

70. 부문에서 식별된 미비점(중요한 취약점, 유의한 미비점 등)이 연결 내부회계관리제도 감사의견에 미치는 영향은 무엇인지요?

그룹업무팀은 연결 기준의 내부회계관리제도 감사의견을 형성하기 위하여 부문에서 식별된 모든 미비점을 집계하여야 합니다. 그룹업무팀은 부문에서 식별된 미비점을 집계할 때 부문감사인에게 미비점으로 인해 발생할 수 있는 잠재적 왜곡표시의 규모와 발생가능성을 평가하도록 요청할 수 있습니다. 또한 그룹업무팀은 부문감사인에게 요청하여 보완통제를 식별하고 테스트하도록 요청할 수도 있습니다.

다만, 부문감사인에게 미비점에 대한 평가를 요청한 경우에도 미비점에 대한 최종 평가는 그룹업무팀이 수행하여야 합니다.

그룹업무팀은 부문에서 식별된 모든 미비점을 집계하고 미비점이 개별적으로 또는 결합하여 그룹재무제표 수준에서 중요한 왜곡표시를 발생시킬 가능성이 낮지 않은지 평가합니다. 그룹업무팀의 평가 결과는 부문의 평가 결과와 다를 수 있습니다. 예를 들어 그룹중요성과 부문중요성의 차이로 부문에서 유의한 미비점이 그룹 수준에서는 유의하지 않을 수도 있고, 동일한 성격의 미비점이 여러 부문에서 발생한 경우 개별 부문에서는 심각성이 낮은 미비점을 그룹 수준에서 심각성이 높다고 평가할 수도 있습니다.

내부회계관리제도 감사 FAQ

73. 회사의 평가 · 보고 대상범위 선정(Scoping)에 대해 감사인은 어떤 절차를 수행하여야 하는지요?

회사가 평가 · 보고 대상범위를 선정(Scoping)하는 절차는 내부통제 구성 요소 중 위험평가와 모니터링의 일부이며 성격상 간접 전사적 수준 통제에 해당합니다. 감사인은 회사의 Scoping 절차를 간접 전사적 수준 통제로서 고려하고 설계 · 운영 효과성 테스트를 수행하여야 합니다. 이러한 통제는 금융감독원이 제정한 '내부회계관리제도 평가 및 보고기준(회사가 연결내부회계관리제도 평가 · 보고 대상범위 선정(Scoping) 가이드라인에 따라 Scoping 절차를 수행한 경우 해당 가이드라인 포함)'(이하 '평가 및 보고기준')에 따라 회사의 평가 · 보고 대상 범위를 선정하기 위하여 설계 · 운영되며 다음과 같은 절차를 포함합니다.

- 그룹 구조, 그룹 및 각 부문의 환경과 그 변화, 부문의 재무정보 등 관련 정보를 입수하는 절차
- 평가 및 보고기준에 따라 각 단계별 양적, 질적 판단기준을 고려하는 절차
- Scoping 결과를 검토하고 승인하는 절차

감사인의 설계 · 운영 효과성 테스트는 회사의 Scoping 절차를 이해하고 회사의 Scoping 절차가 평가 및 보고기준에 따라 대상 범위를 선정하는 통제로서 효과적인지 평가하는 것입니다. 이때 감사인이 고려할 수 있는 사항의 예는 다음과 같습니다.

- 회사의 Scoping 방법이 평가 및 보고기준에 부합하는지
- 양적, 질적 판단기준이 적절한 근거와 함께 문서화되었는지
- 적절한 경영진이 Scoping 결과를 검토하고 승인하는 절차

다시 말해서 일반적으로 감사인의 테스트는 회사의 Scoping 절차에 대한 이해를 바탕으로 적절한 질문과 함께 회사의 Scoping 문서를 검사하는 것으로 진행됩니다.

내부회계관리제도 실무

PART 08

내부회계관리제도 감사

Chapter

CHAPTER 8-1

외부감사인 내부회계관리제도 감사(검토)

01 내부회계관리제도 감사(검토) 개요

내부회계관리제도는 재무제표의 왜곡표시위험을 감소시키기 위한 회사의 제도인데, 이 재무제표의 왜곡표시위험이 효과적으로 감소하고 있는지를 독립적인 외부 제3자가 들여다 볼 필요가 있는 것이다.

마침 재무제표의 왜곡표시위험 자체를 검증하는 것이 외부감사인의 재무제표 감사이니, 그 재무제표 감사를 수행하는 외부감사인에게 재무제표의 작성 과정 자체인 내부회계관리제도를 들여다 보도록 의무화하였다.

02 내부회계관리제도 검토의무(2006년)

우리나라는 2003년에 외부감사법(주식회사의 외부감사에 관한 법률)을 개정하면서 외부감사인에게 회사의 내부회계관리제도를 검증하도록 요구하였다.

2005년부터 외부감사인은 외부감사대상 회사에 대한 재무제표 감사뿐만 아니라, 내부회계관리제도에 대한 검증의무도 추가되었다.

Key Point

우리나라에 내부회계관리제도가 처음 도입된 2006년도에 외부감사인에게 '검토'의무가 부과되면서, 그 검증의 실효성이 떨어지게 되어, 2019년부터 '감사'의무로 인증의무가 상향된 것이다.

내부회계관리제도 도입 첫해 이후 금융감독원에서 발표한 관련 보도자료의 내용은 다음과 같다.

내부회계관리제도 모범규준 시행 1년 평가 및 향후 운영방향

(2007.6.19 금융감독원)

1. 배경

□ 지난 1년간 상장대기업이 「내부회계관리제도 모범규준」*을 적용한 결과가 공시됨에 따라, 지난 1년간의 시행결과를 평가하는 한편 내부회계관리제도에 대한 향후 운영방향을 제시할 필요

* 상장 대기업은 '06.1.1. 이후 개시사업연도, 상장 중소기업 및 비상장 대기업은 '07.1.1. 이후 개시 사업연도부터 적용

2. 내부회계관리제도 모범규준 시행 1년 평가

〈전반적인 평가결과〉

□ **내부회계관리제도에 대한 감사인**의 검토 결과, 모범규준을 준수한 회사의 지적 건수가 준수하지 않은 회사의 지적 건수보다 매우 적어 모범규준의 적용이 효과적인 내부회계통제 구축에 큰 도움이 된 것으로 나타남

구 분	주요 계정과목별 지적	주요 기능별 지적
모범규준을 준수한 회사의 지적 건수	7건**(10.6%)**	11건**(7.9%)**
모범규준을 준수하지 않은 회사의 지적 건수	59건(89.4%)	128건(92.1%)
합 계	66건(100.0%)	139건(100.0%)

〈감사인의 검토의견 현황〉

□ 회사의 내부회계관리제도에 대한 감사인의 검토의견은 **적정의견이 대부분(95%)을 차지**하고 있으며, 모범규준을 적용한 회사의 적정의견 비중이 적용하지 않은 회사보다 높은 것으로 나타남

구 분	적정	한정	부적정	의견거절	합계
모범규준을 준수한 회사의 지적 건수	502사 **(97.6%)**	5사 (1.0%)	1사 (0.2%)	6사 (1.2%)	514사 (100.0%)
모범규준을 준수하지 않은 회사의 지적 건수	939사 **(93.5%)**	9사 (0.9%)	37사 (3.7%)	19사 (1.9%)	1,004사 (100.0%)
합 계	1,441사 **(95.0%)**	14사 (0.9%)	38사 (2.5%)	25사 (1.6%)	1,518사* (100.0%)

* Mutual Fund 등 외부감사대상이 아닌 상장기업을 제외한 숫자임

□ 감사인의 검토의견이 비적정으로 제시된 경우(77사)에도 **재무제표에 대한 감사의견은 대부분 적정**(67사, 87%)임

ㅇ 이는 내부회계관리제도에 다소 문제가 있더라도 감사범위를 확대하는 등 대체적인 방법을 통해 감사증거를 확보함에 따른 것임

〈비적정의견의 사유분석〉

□ 검토의견의 비적정사유

ㅇ 비적정사유로 주로 현금 입출금 및 자금집행승인, 내부통제 정책, 절차 및 문서화와 관련 인력 부족 등이 지적되고 있어 아직 **상당수 기업들이 기본통제 구축에 어려움을 겪고 있는 것으로 나타남**

주요 계정과목별 지적사유		주요 기능별 지적사유	
현금·대여금 등 당좌자산	**33건(50.0%)**	**정책·문서화 등 미비**	**74건(53.2%)**
주석 및 기타 공시사항	8건(12.1%)	운영실태 평가자료 입수곤란	25건(18.0%)
비용인식	7건(10.6%)	회계관련 인력 미비	14건(10.1%)
기 타	18건(27.3%)	기 타	26건(18.7%)
합 계	66건(100.0%)	합 계	139건(100.0%)

※ 미국은 주요계정별 지적의 경우 우리나라와는 달리 이연법인세 등 보다 난이도 높은 내부통제도의 지적비중이 높으며, 주요기능별 지적의 경우에는 우리나라와 동일하게 정책·문서화 등 미비의 지적비중이 높음

〈상장중소기업용 내부회계관리제도 모범규준의 제정〉

□ 현행 모범규준에서 중소기업은 완화된 특례기준을 적용할 수 있도록 허용하고 있으나, 관련 내용이 부족하여 실무적 적용이 곤란한 실정이므로 대기업보다 완화된 중소기업용 모범규준 마련 예정

※ 상장협 산하 '내부회계관리제도 모범규준 운영위원회'에서 공개초안에 대한 의견을 수렴 중임

〈연결재무제표 중심의 내부회계관리제도 구축〉

□ 국제회계기준의 전면도입을 위한 로드맵이 발표됨에 따라 향후에는 연결재무제표 중심의 회계정보가 작성되어 공시될 예정이므로 연결실체를 기준으로 한 내부회계관리제도 구축 필요

〈비상장중소기업에 대한 내부회계관리제도 적용〉

□ 자산총액 500억원 미만의 비상장 중소기업*에 대한 적용유예기간이 올해말로 종료됨에 따라 내년부터는 비상장 중소기업도 내부회계관리제도를 전면적으로 적용하여야 함

* '06.12말 현재 11,728개사로 전체 외감대상회사(15,757개사)의 73.4%를 차지

○ 비상장중소기업의 경우 이해관계자가 적은 반면 회계인프라가 부족하고 관리부문의 비용이 큰 부담으로 작용

※ 내부회계관리제도를 최초로 도입한 미국의 경우에도 상장기업에 대해서만 동 제도를 적용하고 있으며, 상장기업 중에서도 중소기업에 대하여는 보다 완화된 기준을 적용할 예정

…(이하 후략)…

상기 내부회계관리제도 검토의무가 도입된 첫해인 2006년의 이슈는 내부회계관리제도라기보다는 **내부통제제도에 중점을 두었던 것으로 보인다.** 즉, 자금통제 및 부정위험에 대한 통제 위주였지, 재무제표의 왜곡표시위험을 감소시키기 위한 통제활동 여부에 대한 의무는 크게 드러나지 않았던 것으로 보인다.

상기 **〈검토의견의 비적정사유〉**만 보더라도, 현행 내부회계관리제도 감사의 중심이슈인 검토 통제나 MRC(Management Review Control : 경영진에 의한 검토통제)의 내용은 보이지 않는다.

또한, 자산 500억원 이상 비상장기업에 확대적용하고자 했던 감독당국의 의지는 여러 이슈로 뒷걸음치게 되었다.

03 내부회계관리제도 감사의무(2019년)

2006년부터 도입한 내부회계관리제도 검토의무는 그 본질적인 목적을 충족하지 못하여서, 2017년 외부감사법 전부개정 시 외부감사인의 내부회계관리제도 "감사" 의무로 인증수준이 상향되었다.

현행 내부회계관리제도 인증 의무는 다음과 같다.

(전년도말) 자산총액	New 모범규준	내부회계 감사	연결기준 감사
[상장법인]			
자산 2조원 이상	2019년	2019년	~~2022년~~ 2023년
자산 5천억원 이상	2020년	2020년	~~2023년~~ ~~2024년~~ 2029년

(전년도말) 자산총액	New 모범규준	내부회계 감사	연결기준 감사
자산 1천억원 이상	2022년	2022년	~~2024년~~ ~~2025년~~ 2030년
전체 상장법인 (1천억원 미만)	2023년	~~2023년~~ 검토의무 유지	~~2024년~~ 의무 없음
[대형비상장법인]			
(5천억원 이상)*	2023년	검토의무 유지	의무 없음

* 대형비상장법인의 규모는 1천억원 이상 비상장법인에서 5천억원 이상 비상장법인으로 상향됨

당초 외부감사법 개정 시점의 내부회계관리제도 감사의무는 다음과 같이 출발하였다. (2017년 10월 31일)

(전년도말) 자산총액	New 모범규준	내부회계 감사	연결기준 감사
[상장법인]			
자산 2조원 이상	2019년	2019년	2022년
자산 5천억원 이상	2020년	2020년	2023년
자산 1천억원 이상	2022년	2022년	2024년
전체 상장법인 (1천억원 미만)	2023년	2023년	2024년
[대형비상장법인]			
(1천억원 이상)	2023년	검토의무 유지	의무 없음

CHAPTER

8-2 주요 감사 이슈사항

01 주요 부적정의견 사유 분석

외부감사인은 내부회계관리제도 감사절차를 통해 특정 통제활동의 미비점을 '중요한 취약점'으로 판단한 경우, 부적정의견을 표명해야 한다.

최근(2022~2024년) 외부감사인의 내부회계관리제도 감사의견을 분석한 결과, 중요한 취약점으로 인한 주요 부적정의견 표명 사유와 이에 대한 회사의 대응전략은 다음과 같이 구분된다.

구분	주요 원인	실제 사례(국내 상장사 중심)	대응 전략 (Best Practice)
① 회계 전문성 부족	내부 담당자 회계지식 미흡, IFRS 해석 오류, 통제 설계 오류	A사(2023) : 신용손실충당금 산정 시, 회계기준(K-IFRS 1109)의 "기대신용손실(12개월 vs 전 기간)" 구분을 이해하지 못하고 단순 비율로 계산 → 외부감사 시 모형 오류 지적	• 회계기준 변경 시 교육 프로그램 정기화
		B사(2024) : 매출 인식 시점 IFRS 1115의 '본인 vs 대리인 판단' 오류 → 내부검토 미흡으로 부정확한 인식	• CFO 산하 회계정책위원회 구성 • 복잡계정(금융상품, 수익인식, 리스 등)별로 **회계전문가 검토 절차 추가**
② 범위 제한 · 스코핑 오류	자회사 · 사업부 일부 누락, 위험 기반 접근 부재	C사(2023) : 연결 자회사 12개 중 3개(매출비중 8%) 제외 → 내부평가 범위 오류로 비적정 의견	• **스코핑 매트릭스**(Risk vs Materiality) 기준 도입
		D사(2024) : 해외법인(중국공장) 재고통제 미반영 → 연결 내부회계관리제도 '중요취약점'	• 자회사별 중요성 평가(매출 · 자산 · 위험도)로 범위 선정 • 연결 내 정보공유 · 통제 절차 표준화

구분	주요 원인	실제 사례(국내 상장사 중심)	대응 전략 (Best Practice)
③ 회계처리 복잡성 관련 내부통제 미비	계열사 거래, 손상, 투자, 수익인식 통제 설계 부족	E사(2024) : 관계기업 투자손상 평가 미수행 → 공정가치 추정 미비	• 복잡계정별 **전문가 리뷰**(Valuation, Tax, IT) 절차 도입
		F사(2023) : 장기공사 수익인식(진행률 산정) 산출 근거 부재 → IPE 검증 실패	• 공정가치 평가 · 손상검토 시 **감사 전 사전검토(Pre-Audit)** 운영 • 내부감사 단계에서 'IPE 테스트' 선(先)진행
④ 자금 통제 미비 / 자금 유용 위험	지급 · 이체 승인 통제 미흡, ERP 접근권한 불일치	G사(2024) : ERP상 자금이체 승인자가 회계팀 직원 1인으로 설정 → 이중승인 미작동	• ERP Workflow에 **이중승인**(dual approval) 설정
		H사(2023) : 현금지급 증빙 미비 · 관리자 승인 누락 → 통제 실패로 내부감사 지적	• 자금계좌별 접근권한 SOD(업무분장) 점검 • 자금 · 지급 관련 EUC(엑셀 등 수기파일) 최소화
⑤ 경영진 부적절 행위 / 통제 우회	CEO · 임원 통제 무력화, 승인 절차 생략, 지시 · 우회	I사(2023) : CEO가 재고평가손실 조정 내역 직접 수정 → 내부감사 통제 절차 우회	• 감사위원회 직속 내부감사기능 강화
		J사(2024) : 경영진이 자회사 투자손상 검토 보고 생략 지시 → 감사 시 "tone at the top" 문제로 지적	• 고위경영진 윤리 · 준법 서약, 'CEO 인증(Control Certification)' 제도화 • 통제우회 발생 시 즉시 감사위 보고 체계 구축

이러한 내부회계관리제도의 부적정의견은 단순한 제도 미비가 아닌, 통제의 실질적 운영과 경영진의 리스크 인식 부족에서 비롯된다. 특히 상장법인은 내부회계관리제도를 단순 규제 대응이 아닌, 기업의 신뢰와 투명성 제고 수단으로 활용해야 할 필요가 있겠다.

내부회계관리제도 감사 FAQ

55. 내부회계관리제도 감사에서 감사인이 '내부감사기능'이 수행한 업무를 활용할 수 있는지요?

감사인은 감사기준서 1100 문단 21에 따라 내부회계관리제도 감사에서 내부감사인이 수행한 업무를 활용할 수 있습니다. 감사기준서 1100 문단 A25에서도 감사증거를 입수할 때 '내부감사기능'이 수행한 업무를 활용할 수 있다고 명시되어 있습니다. 따라서 내부회계관리제도 감사를 수행하는 감사인은 '내부감사기능'이 수행한 업무를 활용할 수 있습니다.
감사기준서 1100 제정개요의 문단 38은 "기준위원회는 AS2201 내용 중 내부감사기능의 직접적 보조 활용과 '타인'이 수행한 업무의 활용 관련 내용은 제정안에 반영하지 않았다"라고 언급하고 있습니다. 여기서 타인이란 '내부감사기능을 제외한' 타인을 의미합니다. 즉 제정개요의 문단 38은 감사기준서 1100에 따른 감사에서는 '내부감사기능을 제외한' 타인이 수행한 업무를 활용할 수 없다는 의미입니다.

해설 - 저자 주

회사가 특정 통제(수시통제)에 대해서 모집단 1,000개에서 25개를 샘플링하여 운영평가를 수행했다고 하면, 이는 회사가 내부회계관리제도의 대한 경영진의 운영실태 결론을 내기 위한 평가과정인 것이다.
감사인의 내부회계관리제도 감사는 이와는 별개로 모집단 1,000개에서 독립적으로 25개를 샘플링하여 감사증거를 검증할 필요가 있다.
다만, 내부감사기능(실무적으로는 회사의 내부회계관리제도를 평가하는 내부회계전담조직)의 25개 샘플링을 일부 활용하는 것은 가능하다. 이 경우에도 모든 핵심통제에 대해 내부감사기능에 의존하는 경우, 감사인은 내부회계관리제도 감사절차를 적정하게 수행했다고 보기 어려울 것이다.

내부회계관리제도 감사 FAQ

56. 내부회계관리제도 전담팀이나 외부 설계 · 운영테스트 전문가가 수행한 업무를 감사인이 활용할 수 있는지요?

감사기준서 610 문단 A2에 따르면 내부감사기능이 수행한 활동과 비슷한 활동을 기업 내 다른 명칭을 가진 기능이 수행할 수 있으며 내부감사기능의 일부 또는 전체 활동은 제3자 서비스 제공자에게 아웃소싱될 수도 있습니다. 따라서 내부회계관리제도 전담팀이나 외부 테스트 전문가도 감사기준서 610의 내부감사기능의 정의(기준서 610 문단 14, A1~A4 참조)를 충족한다면 내부감사기능에 해당할 수 있습니다.
감사인은 감사기준서 610 문단 15~16, A5~A14에 따라 내부감사기능의 객관성, 적격성, 체계적이고 규율된 접근법의 적용 여부를 평가하여 내부감사 기능이 수행한 업무를 감사목적을 위해 활용할 수 있는지 결정하여야 합니다.
요컨대 내부회계관리제도 전담팀이나 외부 테스트 전문가가 감사기준서 610에 따른 내부감사기능의 정의를 충족하고 동 기준서에 따라 객관성, 적격성, 체계적이고 규율된 접근법의 적용 등 활용 요건을 갖추었다면, 감사인은 내부회계관리제도 전담팀이나 외부 테스트 전문가가 수행한 업무를 활용할 수 있습니다.
다만 감사인은 내부감사기능, 특히 지배기구 직속이 아닌 내부감사기능이 감사기준서 610에 따라 객관성, 적격성, 체계적이고 규율된 접근법 적용 등의 활용 요건을 충족하기는 매우 어렵다는 점에 유의하여 활용 요건 충족 여부를 엄격하게 판단하여야 합니다. 또한 내부감사기능이 수행한 업무를 활용하기로 결정하였다면 동 기준서에 따른 절차를 철저하게 준수하여야 합니다. 이러한 판단과 절차의 예는 다음과 같습니다.

- 내부회계관리 전담팀이나 외부 테스트 전문가가 객관성, 적격성, 체계적이고 규율된 접근법을 갖추었는지 판단할 때 감사기준서 610 문단 15와 A5~A11의 요구사항을 충분하게 고려함. 예를 들어 내부감사기능이 객관성을 갖추려면 내부감사기능의 조직 내 위상과 관련 정책 및 절차가 내부감사인의 객관성을 지원하여야 하며 지원 여부를 판단하기 위해 내부감사기능이 지배기구에게 직접 보고하는지 여부, 내부감사기능이 내부감사기능 외의 관리·운영상 책임이 없는지 여부, 지배기구가 내부감사기능의 보상 정책을 결정하는지 여부 등을 고려하여야 함(감사기준서 610 문단 A7)
- 내부감사기능이 수행한 업무를 감사에 활용하려면 감사 계획 단계부터 정교한 활용 계획을 수립하고 내부감사기능과 협의하여야 하며 지배기구와도 활용 계획을 커뮤니케이션해야 함. 사전에 정교한 활용 계획을 수립하지 않고 즉흥적으로 업무를 활용하는 것은 허용되지 않음
- 관련된 감사절차 계획·수행과 입수된 감사증거의 평가에 판단이 많이 수반될수록, 유의적 위험을 포함하여 관련경영진주장의 평가된 중요왜곡표시가 높을수록, 통제와 연관된 위험이 높을수록 내부감사기능이 수행한 업무의 활용을 줄이고 감사인이 직접 수행한 업무를 늘리도록 계획하여야 함. 일반적으로 감사인이 내부감사기능의 업무를 활용하는 분야는 위험이 낮은 분야에 국한되며 중요왜곡표시위험이나 통제와 연관된 위험이 높은 분야는 내부감사기능을 활용할 수 있는 상황이 극히 드물 것임. 또한 추적조사 등 잠재적 왜곡표시의 원천을 이해하는 절차는 감사인이 직접 수행하여야 함(감사기준서 1100 문단 33)
- 감사인이 내부감사기능을 활용하더라도 내부감사기능의 운영실태평가는 내부통제의 일부로서 독립적으로 수행되어야 함. 예를 들어 운영실태 평가를 위한 테스트 표본 추출에 감사인이 개입하는 것은 허용되지 않음
- 감사인은 내부감사기능이 수행한 업무가 감사 목적상 적절한지 평가하기 위해 충분한 감사절차를 수행하여야 함. 이러한 감사 절차에는 일부 업무의 재수행을 포함하여야 함
- 또한 감사인은 상기와 같이 내부감사기능이 수행한 업무를 평가한 결과를 반영하여 내부감사기능을 활용하는 것이 여전히 적합한지 재평가하여야 함. 특히 내부감사기능이 수행한 운영실태 평가 절차에서 미비점이 식별되었다면 감사인은 내부감사인이 수행한 업무를 감사 목적으로 활용할 수 없음(FAQ 39 참조)
- 감사인은 내부감사기능의 객관성, 적격성, 체계적이고 규율된 접근법 적용 여부를 평가한 결과와 근거, 내부감사기능의 활용과 관련하여 지배기구 등과 커뮤니케이션한 내용, 활용한 업무의 적절성을 평가하기 위해 수행한 절차를 구체적으로 문서화하여야 함

해설 - 저자 주

감사 FAQ 56과 유사하게 내부회계 전담부서나 외부 전문가(평가 회계법인)를 활용할 수 있다.

다만, 내부감사기능을 활용하는 경우나 내부회계 전담팀 또는 외부전문가 집단을 활용하는 경우에도 감사인이 의존하는 기능의 객관성, 적격성, 체계적이고 규율된 접근법에 대한 검증이 필요하다. (즉, 객관성 등에 대한 문서화가 필요하다.)

CHAPTER 8-3

내부회계관리제도 감사보고서

01 내부회계관리제도 감사의견

외부감사인은 (회사) 경영진의 내부회계관리제도 운영실태보고서 또는 감사(위원회)의 내부회계관리제도 평가보고서와 별개로 감사보고서 발행 의무가 있다.

외부감사인은 감사대상회사의 내부회계관리제도에 대해 다음의 3가지 의견 중 하나를 표명해야 한다.

- **적정의견**
- **부적정의견**
- **의견거절**

감사의견	구분	예시
적정의견	내부회계관리제도가 효과적으로 설계 · 운영되고 있다고 판단하는 경우	
부적정의견	평가기준일 현재에 개별적으로 혹은 결합적으로 하나 이상의 중요한 취약점이 존재한다고 판단하는 경우	중요한 취약점이 존재하는 경우
의견거절	내부회계관리제도감사의 업무범위에 대한 제한이 있다고 판단하는 경우	• 회사의 내부회계관리제도가 설계 또는 운영되지 않은 경우 • 회사의 내부회계관리제도가 평가 또는 보고되지 않은 경우 등

과거 내부회계관리제도 검토의무인 경우에는 적정의견, 한정의견, 부적정의견, 의견거절이 외부감사인은 (회사) 경영진의 내부회계관리제도 운영실태보고서 또는 감사(위원회)의 내부회계관리제도 평가보고서와 별개로 감사보고서 발행 의무가 있다.

02 내부회계관리제도 감사보고서 예시

2-1. (예시) 내부회계관리제도 적정의견

예시 내부회계관리제도 적정의견

독립된 감사인의 내부회계관리제도 감사보고서

ABC 주식회사의 주주 귀중 [또는 다른 적합한 수신인]

내부회계관리제도에 대한 감사의견

우리는 20X1년 12월 31일 현재 「내부회계관리제도 설계 및 운영 개념체계」에 근거한 ABC 주식회사의 내부회계관리제도를 감사하였습니다.

우리의 의견으로는 회사의 내부회계관리제도는 20X1년 12월 31일 현재 「내부회계관리제도 설계 및 운영 개념체계」에 따라 중요성의 관점에서 효과적으로 설계 및 운영되고 있습니다.

우리는 또한 회계감사기준에 따라, ABC 주식회사의 20X1년 12월 31일 현재의 재무상태표, 동일로 종료되는 보고기간의 손익계산서(또는 포괄손익계산서), 자본변동표, 현금흐름표를 감사하였으며, 20X2년 XX월 XX일자[내부회계관리제도 감사보고서일자와 동일한 보고서일자] 감사보고서에서 [의견의 성격 포함]을 표명하였습니다.

내부회계관리제도 감사의견근거

우리는 회계감사기준에 따라 감사를 수행하였습니다. 이 기준에 따른 우리의 책임은 이 감사보고서의 내부회계관리제도감사에 대한 감사인의 책임 단락에 기술되어 있습니다.

우리는 내부회계관리제도감사와 관련된 공인회계사윤리기준에 따라 회사로부터 독립적이며 공인회계사윤리기준에 따른 기타 윤리적 책임들을 이행하였습니다. 우리가 입수한 감사증거가 감사의견을 위한 근거로서 충분하고 적합하다고 우리는 믿습니다.

내부회계관리제도에 대한 경영진과 지배기구의 책임

경영진은 효과적인 내부회계관리제도를 설계, 실행 및 유지할 책임이 있으며, 내부회계관리제도 운영실태보고서에 포함된, 내부회계관리제도의 효과성에 대한 평가에 책임이 있습니다.

지배기구는 회사의 내부회계관리제도의 감시에 대한 책임이 있습니다.

내부회계관리제도감사에 대한 감사인의 책임

우리의 책임은 우리의 감사에 근거하여 회사의 내부회계관리제도에 대한 의견을 표명하는 데 있습니다. 우리는 회계감사기준에 따라 감사를 수행하였습니다. 이 기준은 우리가 중요성의 관점에서 내부회계관리제도가 효과적으로 유지되는지에 대한 합리적 확신을 얻도록 감사를 계획하고 수행할 것을 요구하고 있습니다.

내부회계관리제도 감사는 중요한 취약점이 존재하는지에 대한 감사증거를 입수하기 위한 절차의 수행을 포함합니다. 절차의 선택은 중요한 취약점이 존재하는지에 대한 위험평가를 포함하여 감사인의 판단에 따라 달라집니다. 감사는 내부회계관리제도에 대한 이해의 획득과 평가된 위험에 근거한 내부회계관리제도의 설계 및 운영에 대한 테스트 및 평가를 포함합니다.

내부회계관리제도의 정의와 고유한계

회사의 내부회계관리제도는 지배기구와 경영진, 그 밖의 다른 직원에 의해 시행되며, [일반적으로 인정된 회계처리기준과 같은 적용 가능한 회계기준]에 따라 신뢰성 있는 재무제표의 작성에 합리적인 확신을 제공하기 위하여 고안된 프로세스입니다. 회사의 내부회계관리제도는 (1) 회사 자산의 거래와 처분을 합리적인 수준으로 정확하고 공정하게 반영하는 기록을 유지하고 (2) [일반적으로 인정되는 회계처리기준과 같은 회계기준]에 따라 재무제표가 작성되도록 거래가 기록되고, 회사의 경영진과 이사회의 승인에 의해서만 회사의 수입과 지출이 이루어진다는 합리적인 확신을 제공하며 (3) 재무제표에 중요한 영향을 미칠 수 있는 회사 자산의 부적절한 취득, 사용 및 처분을 적시에 예방하고 발견하는 데 합리적인 확신을 제공하는 정책과 절차를 포함합니다.

내부회계관리제도는 내부회계관리제도의 본질적인 한계로 인하여 재무제표에 대한 중요한 왜곡표시를 발견하거나 예방하지 못할 수 있습니다. 또한, 효과성 평가에 대한 미래기간의 내용을 추정 시에는 상황의 변화 혹은 절차나 정책이 준수되지 않음으로써 내부회계관리제도가 부적절하게 되어 미래기간에 대한 평가 및 추정내용이 달라질 위험에 처할 수 있습니다.

이 독립된 감사인의 내부회계관리제도 감사보고서의 근거가 된 감사를 실시한 업무수행이사는 [이름]입니다.

[해당 국가에 따라 회계법인의 명칭이나 감사인 개인이름, 또는 두 가지]
[감사인의 주소]
[감사보고서일]

2-2. (공시사례) 내부회계관리제도 적정의견

공시사례1 내부회계관리제도 적정의견(삼성전자 2024년 내부회계 감사보고서)

독립된 감사인의 내부회계관리제도 감사보고서

삼성전자주식회사	
주주 및 이사회 귀중	2025년 2월 18일

내부회계관리제도에 대한 감사의견

우리는 2024년 12월 31일 현재 「내부회계관리제도 설계 및 운영 개념체계」에 근거한 삼성전자주식회사(이하 "회사")의 내부회계관리제도를 감사하였습니다.

우리의 의견으로는 회사의 내부회계관리제도는 2024년 12월 31일 현재 「내부회계관리제도 설계 및 운영 개념체계」에 따라 중요성의 관점에서 효과적으로 설계 및 운영되고 있습니다.

우리는 또한 대한민국의 회계감사기준에 따라, 회사의 2024년 12월 31일 현재의 재무상태표, 동일로 종료되는 보고기간의 손익계산서, 포괄손익계산서, 자본변동표 및 현금흐름표 그리고 중요한 회계정책 정보를 포함한 재무제표의 주석을 감사하였으며, 2025년 2월 18일자 감사보고서에서 적정의견을 표명하였습니다.

내부회계관리제도 감사의견근거

우리는 대한민국의 회계감사기준에 따라 감사를 수행하였습니다. 이 기준에 따른 우리의 책임은 이 감사보고서의 내부회계관리제도감사에 대한 감사인의 책임 단락에 기술되어 있습니다. 우리는 내부회계관리제도감사와 관련된 대한민국의 윤리적 요구사항에 따라 회사로부터 독립적이며, 그러한 요구사항에 따른 기타 윤리적 책임들을 이행하였습니다. 우리가 입수한 감사증거가 감사의견을 위한 근거로서 충분하고 적합하다고 우리는 믿습니다.

내부회계관리제도에 대한 경영진과 지배기구의 책임

경영진은 효과적인 내부회계관리제도를 설계, 실행 및 유지할 책임이 있으며, 내부회계관리제도 운영실태보고서에 포함된, 내부회계관리제도의 효과성에 대한 평가에 책임이 있습니다. 지배기구는 회사의 내부회계관리제도의 감시에 대한 책임이 있습니다.

내부회계관리제도감사에 대한 감사인의 책임

우리의 책임은 우리의 감사에 근거하여 회사의 내부회계관리제도에 대한 의견을 표명하는 데 있습니다. 우리는 대한민국의 회계감사기준에 따라 감사를 수행하였습니다. 이 기준은 우리가 중요성의 관점에서 내부회계관리제도가 효과적으로 유지되는지에 대한 합리적 확신을 얻도록 감사를 계획하고 수행할 것을 요구하고 있습니다.

내부회계관리제도 감사는 중요한 취약점이 존재하는지에 대한 감사증거를 입수하기 위한 절차의 수행을 포함합니다. 절차의 선택은 중요한 취약점이 존재하는지에 대한 위험평가를 포함하여 감사인의 판단에 따라 달라집니다. 감사는 내부회계관리제도에 대한 이해의 획득과 평가된 위험에 근거한 내부회계관리제도의 설계 및 운영에 대한 테스트 및 평가를 포함합니다.

내부회계관리제도의 정의와 고유한계

회사의 내부회계관리제도는 지배기구와 경영진, 그 밖의 다른 직원에 의해 시행되며, 한국채택국제회계기준에 따라 신뢰성 있는 재무제표의 작성에 합리적인 확신을 제공하기 위하여 고안된 프로세스입니다. 회사의 내부회계관리제도는 (1) 회사 자산의 거래와 처분을 합리적인 수준으로 정확하고 공정하게 반영하는 기록을 유지하고 (2) 한국채택국제회계기준에 따라 재무제표가 작성되도록 거래가 기록되고, 회사의 경영진과 이사회의 승인에 의해서만 회사의 수입과 지출이 이루어진다는 합리적인 확신을 제공하며 (3) 재무제표에 중요한 영향을 미칠 수 있는 회사 자산의 부적절한 취득, 사용 및 처분을 적시에 예방하고 발견하는 데 합리적인 확신을 제공하는 정책과 절차를 포함합니다.

내부회계관리제도는 내부회계관리제도의 본질적인 한계로 인하여 재무제표에 대한 중요한 왜곡표시를 발견하거나 예방하지 못할 수 있습니다. 또한, 효과성 평가에 대한 미래기간의 내용을 추정 시에는 상황의 변화 혹은 절차나 정책이 준수되지 않음으로써 내부회계관리제도가 부적절하게 되어 미래기간에 대한 평가 및 추정내용이 달라질 위험에 처할 수 있습니다.

이 독립된 감사인의 내부회계관리제도 감사보고서의 근거가 된 감사를 실시한 업무수행이사는 한상현입니다.

서울특별시 강남구 테헤란로 152(역삼동, 강남파이낸스센터 27층)

삼정회계법인 대표이사 김교태

2-3. (예시) 내부회계관리제도 부적정의견

예시 내부회계관리제도 부적정의견

독립된 감사인의 내부회계관리제도 감사보고서

ABC 주식회사의 주주 귀중 [또는 다른 적합한 수신인]

내부회계관리제도에 대한 부적정의견

우리는 20X1년 12월 31일 현재 「내부회계관리제도 설계 및 운영 개념체계」에 근거한 ABC 주식회사의 내부회계관리제도를 감사하였습니다.

우리의 의견으로는 부적정의견근거 단락에 기술된 「내부회계관리제도 설계 및 운영 개념체계」의 목적을 달성하기 위한 중요한 취약점의 영향 때문에 ABC 주식회사의 내부회계관리제도는 20X1년 12월 31일 현재 효과적으로 설계 및 운영되고 있지 않습니다.

우리는 또한 회계감사기준에 따라, ABC 주식회사의 20X1년 12월 31일 현재의 재무상태표, 동일로 종료되는 보고기간의 손익계산서(또는 포괄손익계산서), 자본변동표, 현금흐름표를 감사하였으며, 20X2년 XX월 XX일자[내부회계관리제도 감사보고서 일자와 동일한 보고서일자] 감사보고서에서 [의견의 성격 포함]을 표명하였습니다. 우리는 우리의 20X1년 재무제표 감사에 적용된 감사절차의 성격, 시기 및 범위를 결정하는 데 있어 식별된 중요한 취약점을 고려하였으며, 이 감사보고서는 그러한 재무제표 감사보고서에 영향을 미치지 아니합니다.

내부회계관리제도 부적정의견 근거

우리는 회계감사기준에 따라 감사를 수행하였습니다. 이 기준에 따른 우리의 책임은 이 감사보고서의 내부회계관리제도감사에 대한 감사인의 책임 단락에 기술되어 있습니다. 우리는 내부회계관리제도감사와 관련된 공인회계사윤리기준에 따라 회사로부터 독립적이며 공인회계사윤리기준에 따른 기타 윤리적 책임들을 이행하였습니다. 우리가 입수한 감사증거가 부적정의견을 위한 근거로서 충분하고 적합하다고 우리는 믿습니다.

중요한 취약점은 내부회계관리제도 미비점 혹은 미비점들의 결합으로, 회사의 재무제표의 중요한 왜곡표시가 적시에 예방되거나 발견 · 수정되지 못할 가능성이 낮지 않은 경우에 존재합니다. 다음의 중요한 취약점이 식별되었으며, 첨부된 내부회계관리제도 운영실태보고서에 포함되었습니다.

[내부회계관리제도 운영실태보고서에서 기술된 중요한 취약점을 식별함]

내부회계관리제도에 대한 경영진과 지배기구의 책임

경영진은 효과적인 내부회계관리제도를 설계, 실행 및 유지할 책임이 있으며, 내부회계관리제도 운영실태보고서에 포함된, 내부회계관리제도의 효과성에 대한 평가에 책임이 있습니다. 지배기구는 회사의 내부회계관리제도의 감시에 대한 책임이 있습니다.

내부회계관리제도감사에 대한 감사인의 책임

우리의 책임은 우리의 감사에 근거하여 회사의 내부회계관리제도에 대한 의견을 표명하는 데 있습니다. 우리는 회계감사기준에 따라 감사를 수행하였습니다. 이 기준은 우리가 중요성의 관점에서 내부회계관리제도가 효과적으로 유지되는지에 대한 합리적 확신을 얻도록 감사를 계획하고 수행할 것을 요구하고 있습니다.

내부회계관리제도 감사는 중요한 취약점이 존재하는지에 대한 감사증거를 입수하기 위한 절차의 수행을 포함합니다. 절차의 선택은 중요한 취약점이 존재하는지에 대한 위험평가를 포함하여 감사인의 판단에 따라 달라집니다. 감사는 내부회계관리제도에 대한 이해의 획득과 평가된 위험에 근거한 내부회계관리제도의 설계 및 운영에 대한 테스트 및 평가를 포함합니다.

내부회계관리제도의 정의와 고유한계

회사의 내부회계관리제도는 지배기구와 경영진, 그 밖의 다른 직원에 의해 시행되며, [일반적으로 인정된 회계처리기준과 같은 적용 가능한 회계기준]에 따라 신뢰성 있는 재무제표의 작성에 합리적인 확신을 제공하기 위하여 고안된 프로세스입니다. 회사의 내부회계관리제도는 (1) 회사 자산의 거래와 처분을 합리적인 수준으로 정확하고 공정하게 반영하는 기록을 유지하고 (2) [일반적으로 인정되는 회계처리기준과 같은 회계기준]에 따라 재무제표가 작성되도록 거래가 기록되고, 회사의 경영진과 이사회의 승인에 의해서만 회사의 수입과 지출이 이루어진다는 합리적인 확신을 제공하며 (3) 재무제표에 중요한 영향을 미칠 수 있는 회사 자산의 부적절한 취득, 사용 및 처분을 적시에 예방하고 발견하는 데 합리적인 확신을 제공하는 정책과 절차를 포함합니다.

내부회계관리제도는 내부회계관리제도의 본질적인 한계로 인하여 재무제표에 대한 중요한 왜곡표시를 발견하거나 예방하지 못할 수 있습니다. 또한, 효과성 평가에 대한 미래기간의 내용을 추정 시에는 상황의 변화 혹은 절차나 정책이 준수되지 않음으로써 내부회계관리제도가 부적절하게 되어 미래기간에 대한 평가 및 추정내용이 달라질 위험에 처할 수 있습니다.

이 독립된 감사인의 내부회계관리제도 감사보고서의 근거가 된 감사를 실시한 업무수행이사는 [이름]입니다.

[해당 국가에 따라 회계법인의 명칭이나 감사인 개인이름, 또는 두 가지]
[감사인의 주소]
[감사보고서일]

2-4. (공시사례) 내부회계관리제도 부적정의견

공시사례2 내부회계관리제도 부적정의견(세종메디칼 2024년 내부회계 감사보고서)

독립된 감사인의 내부회계관리제도 감사보고서

ABC 주식회사의 주주 귀중 [또는 다른 적합한 수신인]

내부회계관리제도에 대한 부적정의견

우리는 2024년 12월 31일 현재 「내부회계관리제도 설계 및 운영 개념체계」에 근거한 주식회사 세종메디칼(이하 "회사")의 내부회계관리제도를 감사하였습니다.

우리의 의견으로는 부적정의견근거 단락에 기술된 「내부회계관리제도 설계 및 운영 개념체계」의 목적을 달성하기 위한 중요한 취약점의 영향 때문에 회사의 내부회계관리제도는 2024년 12월 31일 현재 효과적으로 설계 및 운영되고 있지 않습니다.

우리는 또한 대한민국의 회계감사기준에 따라, 회사의 2024년 12월 31일 현재의 재무상태표, 동일로 종료되는 보고기간의 포괄손익계산서, 자본변동표, 현금흐름표 그리고 중요한 회계정책 정보를 포함한 재무제표의 주석을 감사하였으며, 2025년 4월 7일자 감사보고서에서 적정의견을 표명하였습니다. 우리는 우리의 2024년 재무제표감사에 적용된 감사절차의 성격, 시기 및 범위를 결정하는 데 있어 식별된 중요한 취약점을 고려하였으며, 이 감사보고서는 그러한 재무제표 감사보고서에 영향을 미치지 아니합니다.

내부회계관리제도 부적정의견근거

우리는 대한민국의 회계감사기준에 따라 감사를 수행하였습니다. 이 기준에 따른 우리의 책임은 이 감사보고서의 내부회계관리제도감사에 대한 감사인의 책임 단락에 기술되어 있습니다. 우리는 내부회계관리제도감사와 관련된 대한민국의 윤리적 요구사항에 따라 회사로부터 독립적이며, 그러한 요구사항에 따른 기타 윤리적 책임들을 이행하였습니다. 우리가 입수한 감사증거가 부적정의견을 위한 근거로서 충분하고 적합하다고 우리는 믿습니다.

중요한 취약점은 내부회계관리제도 미비점 혹은 미비점들의 결합으로, 회사의 재무제표의 중요한 왜곡표시가 적시에 예방되거나 발견 · 수정되지 못할 가능성이 낮지 않은 경우에 존재합니다. 다음의 중요한 취약점이 식별되었으며, 첨부된 내부회계관리제도 운영실태보고서에 포함되었습니다.

(1) 회사는 재고자산 및 제품매출원가 계산오류로 인해 중요한 전기오류가 발생하였으며 과거 재무제표가 재작성되었습니다. 이에 따라 재고자산 및 매출원가 검토에 대한 통제가 평가기간 동안 효과적으로 운영되지 않았습니다. 이는 회사가 설계하여 운영 중인 내부회계관리제도의 중요한 취약점을 나타냅니다.

- 코스트센터별 비용이 정확한 코스트센터에 귀속되었는지 확인하고 코스트센터별 비용의 원가/판관비 배부가 정확한지를 검증하는 통제
- 제품별 제조원가 계산 및 재고수불부에 따른 재고자산 및 매출원가 계산 통제

(2) 회사는 당기 감사 전 재무제표 제출 이후 복합금융상품 회계처리에 대한 수정사항이 발생하였습니다. 이에 따라 복합금융상품 및 결산 검토에 대한 통제가 평가기간 동안 효과적으로 운영되지 않았습니다. 이는 회사가 설계하여 운영 중인 내부회계관리제도의 중요한 취약점을 나타냅니다.

- 외부평가기관에서 작성한 평가보고서에 대해 MRC Checklist를 작성하여 검토하는 통제
- 파생상품평가손익의 계산이 정확한지 여부에 대하여 검토하는 통제
- 결산 Checklist를 검토 후 승인하는 통제

이러한 미비점은 재고자산, 매출원가, 파생상품자산/부채, 파생상품평가손익, 이자수익, 미수수익, 전환권조정, 금융상품평가손익, 사채상환손익, 기타자본잉여금, 미처분이익잉여금, 당기법인세부채 그리고 법인세비용 등의 재무상태표 계정과 포괄손익계산서 계정이 적절히 기록되지 않을 수 있는 중요한 취약점을 의미합니다.

내부회계관리제도에 대한 경영진과 지배기구의 책임

경영진은 효과적인 내부회계관리제도를 설계, 실행 및 유지할 책임이 있으며, 내부회계관리제도 운영실태보고서에 포함된 내부회계관리제도의 효과성에 대한 평가에 책임이 있습니다. 지배기구는 회사의 내부회계관리제도의 감시에 대한 책임이 있습니다.

내부회계관리제도감사에 대한 감사인의 책임

우리의 책임은 우리의 감사에 근거하여 회사의 내부회계관리제도에 대한 의견을 표명하는데 있습니다. 우리는 회계감사기준에 따라 감사를 수행하였습니다. 이 기준은 우리가 중요성

의 관점에서 내부회계관리제도가 효과적으로 유지되는지에 대한 합리적 확신을 얻도록 감사를 계획하고 수행할 것을 요구하고 있습니다.

내부회계관리제도 감사는 중요한 취약점이 존재하는지에 대한 감사증거를 입수하기 위한 절차의 수행을 포함합니다. 절차의 선택은 중요한 취약점이 존재하는지에 대한 위험평가를 포함하여 감사인의 판단에 따라 달라집니다. 감사는 내부회계관리제도에 대한 이해의 획득과 평가된 위험에 근거한 내부회계관리제도의 설계 및 운영에 대한 테스트 및 평가를 포함합니다.

내부회계관리제도의 정의와 고유한계

회사의 내부회계관리제도는 지배기구와 경영진, 그 밖의 다른 직원에 의해 시행되며, 한국채택국제회계기준에 따라 신뢰성 있는 재무제표의 작성에 합리적인 확신을 제공하기 위하여 고안된 프로세스입니다. 회사의 내부회계관리제도는 (1) 회사 자산의 거래와 처분을 합리적인 수준으로 정확하고 공정하게 반영하는 기록을 유지하고 (2) 한국채택국제회계기준에 따라 재무제표가 작성되도록 거래가 기록되고, 회사의 경영진과 이사회의 승인에 의해서만 회사의 수입과 지출이 이루어진다는 합리적인 확신을 제공하며 (3) 재무제표에 중요한 영향을 미칠 수 있는 회사 자산의 부적절한 취득, 사용 및 처분을 적시에 예방하고 발견하는 데 합리적인 확신을 제공하는 정책과 절차를 포함합니다.

내부회계관리제도는 내부회계관리제도의 본질적인 한계로 인하여 재무제표에 대한 중요한 왜곡표시를 발견하거나 예방하지 못할 수 있습니다. 또한, 효과성 평가에 대한 미래기간의 내용을 추정 시에는 상황의 변화 혹은 절차나 정책이 준수되지 않음으로써 내부회계관리제도가 부적절하게 되어 미래기간에 대한 평가 및 추정내용이 달라질 위험에 처할 수 있습니다.

2025년 04월 07일
서울특별시 강남구 역삼로 542
현대회계법인
대표이사 곽규백

2-5. (예시) 내부회계관리제도 의견거절

예시 내부회계관리제도 의견거절

독립된 감사인의 내부회계관리제도 감사보고서

ABC 주식회사의 주주 귀중 [또는 다른 적합한 수신인]

내부회계관리제도에 대한 의견거절

의견거절근거 단락에서 기술된 사항의 유의성 때문에 우리는 감사의견의 근거를 제공하는 충분하고 적합한 감사증거를 입수할 수 없었습니다. 따라서 우리는 ABC회사의 내부회계관리제도 효과성에 대한 의견을 표명하지 않습니다.

우리는 또한 회계감사기준에 따라, ABC 주식회사의 20X1년 12월 31일 현재의 재무상태표, 동일로 종료되는 보고기간의 손익계산서(또는 포괄손익계산서), 자본변동표, 현금흐름표를 감사하였으며, 20X2년 XX월 XX일자[내부회계관리제도 감사보고서 일자와 동일한 보고서일자] 감사보고서에서 [의견의 성격 포함]을 표명하였습니다. 우리는 우리의 20XX년 재무제표 감사에 적용된 감사절차의 성격, 시기 및 범위를 결정하는 데 있어 식별된 중요한 취약점을 고려하였으며, 이 감사보고서는 그러한 재무제표 감사보고서에 영향을 미치지 아니합니다.

내부회계관리제도 의견거절근거

[의견거절을 초래하는 사항을 기술함]

상기에서 기술된 사항 때문에, 우리는 감사의견의 근거를 제공하는 데 충분하고 적합한 감사증거를 입수할 수 없었습니다. 그러나 중요한 취약점이 식별되었습니다. 중요한 취약점은 내부회계관리제도 미비점 혹은 미비점들의 결합으로, 회사의 재무제표의 중요한 왜곡표시가 적시에 예방되거나 발견 · 수정되지 못할 가능성이 낮지 않은 경우에 존재합니다. 하나 이상의 중요한 취약점이 존재하는 경우 회사의 내부회계관리제도는 효과적이라고 간주될 수 없습니다. 다음의 중요한 취약점은 첨부된 내부회계관리제도 운영실태보고서에 포함되었습니다. [내부회계관리제도 운영실태보고서에서 기술된 중요한 취약점을 식별하고 중요한 취약점의 성격과 중요한 취약점이 존재하였던 기간에 발행된 기업의 재무제표의 표시에 중요한 취약점이 미치는 실질적 그리고 잠재적 영향을 포함한 중요한 취약점에 대한 기술을 포함한다.]

내부회계관리제도에 대한 경영진과 지배기구의 책임

경영진은 효과적인 내부회계관리제도를 설계, 실행 및 유지할 책임이 있으며, 내부회계관리제도 운영실태보고서에 포함된, 내부회계관리제도의 효과성에 대한 평가에 책임이 있습니다.

지배기구는 회사의 내부회계관리제도의 감시에 대한 책임이 있습니다.

내부회계관리제도감사에 대한 감사인의 책임

우리의 책임은 회계감사기준에 따라 감사를 수행하고 이를 근거로 ABC 회사의 내부회계관리제도에 의견을 표명하는 데 있습니다. 그러나 이 감사보고서의 의견거절근거 단락에서 기술된 사항 때문에 감사의견의 근거를 제공하는 충분하고 적합한 감사증거를 입수할 수 없었습니다.

내부회계관리제도의 정의와 고유한계

회사의 내부회계관리제도는 지배기구와 경영진, 그 밖의 다른 직원에 의해 시행되며, [일반적으로 인정된 회계처리기준과 같은 적용 가능한 회계기준]에 따라 신뢰성 있는 재무제표의 작성에 합리적인 확신을 제공하기 위하여 고안된 프로세스입니다. 회사의 내부회계관리제도는 (1) 회사 자산의 거래와 처분을 합리적인 수준으로 정확하고 공정하게 반영하는 기록을 유지하고 (2) [일반적으로 인정되는 회계처리기준과 같은 회계기준]에 따라 재무제표가 작성되도록 거래가 기록되고, 회사의 경영진과 이사회의 승인에 의해서만 회사의 수입과 지출이 이루어진다는 합리적인 확신을 제공하며 (3) 재무제표에 중요한 영향을 미칠 수 있는 회사 자산의 부적절한 취득, 사용 및 처분을 적시에 예방하고 발견하는 데 합리적인 확신을 제공하는 정책과 절차를 포함합니다.

내부회계관리제도는 내부회계관리제도의 본질적인 한계로 인하여 재무제표에 대한 중요한 왜곡표시를 발견하거나 예방하지 못할 수 있습니다. 또한, 효과성 평가에 대한 미래기간의 내용을 추정 시에는 상황의 변화 혹은 절차나 정책이 준수되지 않음으로써 내부회계관리제도가 부적절하게 되어 미래기간에 대한 평가 및 추정내용이 달라질 위험에 처할 수 있습니다.

이 독립된 감사인의 내부회계관리제도 감사보고서의 근거가 된 감사를 실시한 업무수행이사는 [이름]입니다.

[해당 국가에 따라 회계법인의 명칭이나 감사인 개인이름, 또는 두 가지]
[감사인의 주소]
[감사보고서일]

2-6. (공시사례) 내부회계관리제도 의견거절

공시사례3 내부회계관리제도 의견거절(케이씨그린홀딩스 2024년 내부회계 감사보고서)

독립된 감사인의 내부회계관리제도 감사보고서

내부회계관리제도에 대한 의견거절

내부회계관리제도 의견거절근거 단락에서 기술된 사항의 유의성 때문에 우리는 감사의견의 근거를 제공하는 충분하고 적합한 감사증거를 입수할 수 없었습니다. 따라서 우리는 케이씨그린홀딩스 주식회사(이하 "회사")의 내부회계관리제도 효과성에 대한 의견을 표명하지 않습니다.

우리는 또한 회사의 2024년 12월 31일 현재의 재무제표에 대한 감사계약을 체결하였으며, 재무제표에 대한 감사보고서의 의견거절근거 단락에서 기술된 사항의 유의성 때문에 회사의 재무제표에 대하여 의견을 표명하지 않았습니다.

내부회계관리제도 의견거절근거

우리는 회사가 종속기업투자주식 및 대여금의 손상차손 및 기타포괄손익 공정가치 측정 금융자산 평가 등과 관련된 통제절차를 설계하고 운영하고 있다는 충분하고 적합한 감사증거를 확보할 수 없었습니다.

그리고 회사의 재무제표 작성 및 보고와 관련한 적절한 통제활동이 미흡하여 기초 잔액의 오류가 발생하였고, 다수의 중요한 수정사항이 발생되었습니다. 이로 인해 우리는 회사가 재무제표의 작성 및 중요한 오류사항에 대한 발견 등과 관련된 통제절차를 설계하고 운영하고 있다는 충분하고 적합한 감사증거를 확보할 수 없었습니다.

상기에서 기술된 사항 때문에, 우리는 감사의견의 근거를 제공하는 데 충분하고 적합한 감사증거를 입수할 수 없었습니다.

내부회계관리제도에 대한 경영진과 지배기구의 책임

경영진은 효과적인 내부회계관리제도를 설계, 실행 및 유지할 책임이 있으며, 내부회계관리제도 운영실태보고서에 포함된, 내부회계관리제도의 효과성에 대한 평가에 책임이 있습니다.

지배기구는 회사의 내부회계관리제도의 감시에 대한 책임이 있습니다.

내부회계관리제도감사에 대한 감사인의 책임

우리의 책임은 대한민국의 회계감사기준에 따라 감사를 수행하고 이를 근거로 회사의 내부회계관리제도에 대한 의견을 표명하는 데 있습니다. 그러나 이 감사보고서의 의견거절근거 단락에서 기술된 사항 때문에 감사의견의 근거를 제공하는 충분하고 적합한 감사증거를 입수할 수 없었습니다.

내부회계관리제도의 정의와 고유한계

회사의 내부회계관리제도는 지배기구와 경영진, 그 밖의 다른 직원에 의해 시행되며, [일반적으로 인정된 회계처리기준과 같은 적용 가능한 회계기준]에 따라 신뢰성 있는 재무제표의 작성에 합리적인 확신을 제공하기 위하여 고안된 프로세스입니다. 회사의 내부회계관리제도는 (1) 회사 자산의 거래와 처분을 합리적인 수준으로 정확하고 공정하게 반영하는 기록을 유지하고 (2) [일반적으로 인정되는 회계처리기준과 같은 회계기준]에 따라 재무제표가 작성되도록 거래가 기록되고, 회사의 경영진과 이사회의 승인에 의해서만 회사의 수입과 지출이 이루어진다는 합리적인 확신을 제공하며 (3) 재무제표에 중요한 영향을 미칠 수 있는 회사 자산의 부적절한 취득, 사용 및 처분을 적시에 예방하고 발견하는 데 합리적인 확신을 제공하는 정책과 절차를 포함합니다.

내부회계관리제도는 내부회계관리제도의 본질적인 한계로 인하여 재무제표에 대한 중요한 왜곡표시를 발견하거나 예방하지 못할 수 있습니다. 또한, 효과성 평가에 대한 미래기간의 내용을 추정 시에는 상황의 변화 혹은 절차나 정책이 준수되지 않음으로써 내부회계관리제도가 부적절하게 되어 미래기간에 대한 평가 및 추정내용이 달라질 위험에 처할 수 있습니다.

서울특별시 용산구 한강대로 100
삼일회계법인
대표이사 윤훈수
2025년 3월 20일

03 내부회계관리제도 감사의견 현황

금융감독원이 최근(2025년 6월)에 발표한 보도자료에 의하면 내부회계관리제도 감사대상인 회사 2,681개 중 66개 회사(2.5%)의 감사인이 내부회계관리제도에 대해 비적정의견(부적정의견 또는 의견거절)을 표명한 것으로 나타났다.

사례 [금융감독원 보도자료] 2025.6.19(목)

2024 회계연도 상장법인 재무제표와 내부회계관리제도 감사의견 분석 및 유의사항 안내

2024년 내부회계 감사의견 적정 상장법인 현황(단위 : 사, %)							
구 분	시장별			규모별(2024년 말 자산기준)			합 계
	유가증권	코스닥	코넥스	~5천억원	5천억원 ~2조원	2조원 이상	
전 체	751	859	5	1,043	370	202	**1,615**
적정의견	735	842	5	1,013	367	202	**1,582**
(비 중)	(97.9)	(98.0)	(100.0)	(97.1)	(99.2)	(100.0)	**(98.0)**

2024년 내부회계 감사의견 비적정 상장법인 현황(단위 : 사, %)							
구 분	2024년(A)				2023년(B)	증 감(A-B)	
		유가증권	코스닥	코넥스		회사 수	비율
의견거절	22	10	12	-	26	△4	△15.4
부 적 정	11	6	5	-	17	△6	△35.3
합 계	33	16	17	-	43	△10	△23.3

현업 이슈와 사례 해설을 더한

내부회계관리제도
감사 대응 실무서

내부회계
관리제도
실무

저자 약력

윤현택

한국공인회계사, 세무사
한양대학교 경영학과
서울시립대학교 경영대학원 회계학 전공
(前) KPMG 삼정회계법인
(現) 현대회계법인

hyuntaekyoon@naver.com

내부회계관리제도 실무

저 자	**윤현택**
발 행 인	**서원진**
편집 · 교정	**류현수, 김영림**
편집디자인	**이은희, 이미영, 황자애**
발 행 처	**㈜조세통람**
펴 낸 날	**2025년 11월 28일 제1판 발행**
주 소	서울특별시 중구 동호로 14길 5–6(신당동)
등 록	1976. 11. 5. 제9–81호
대표전화	02) 2231–7027
F A X	02) 2231–7994
구입문의	02) 2231–7027
I S B N	979–11–6064–367–1 13320
정 가	**70,000원**

저자와의 협의하에 인지생략

(주)조세통람은 좋은 책을 만들기 위해 독자 여러분의 의견을 기다립니다.
• 독자 의견 및 도서 문의 메일 : josetop@inaus.co.kr